Dongya Huaren Shehui de Xingcheng he Fazhan

　　本书是教育部基地重大项目"台湾与东南亚的政治、经济关系"、国务院侨办重点研究项目"世界华侨华人数量、分布和发展趋势"及"国家清史工程·华侨志"的阶段研究成果。

"十一五"国家重点图书

东亚华人社会 的 形成和发展

华商网络、移民与一体化趋势

Dongya Huaren Shehui de Xingcheng he Fazhan
Huashang Wangluo Yimin yu
Yitihua Qushi

庄国士　刘文正　著

厦门大学出版社

XIAMEN UNIVERSITY PRESS

庄国土教授简介

　　庄国土博士,1952 年 12 月生,现任厦门大学特聘教授、政治学和历史学博士生导师、厦门大学国际关系学院院长、南洋研究院院长,教育部人文社科委员会委员兼综合研究学部(国际问题、港澳侨台和交叉学科)召集人,国务院侨办专家咨询委员会委员,世界华人研究学会(ISSCO)常务理事(中国大陆唯一)和中国分部主任、中国东南亚学会会长、中国华侨华人研究学会副会长、中国世界民族学会副会长、中国中外关系史学会副会长、中国海交史学会副会长。

　　自 1986 年以来,先后在荷兰国立莱顿大学、荷兰皇家科学院高级人文研究院(NIAS)、意大利那不勒斯东方大学、台湾暨南国际大学和东海大学、香港城市大学、美国纽约大学、日本立命馆大学和京都大学、马来西亚拉曼大学担任聘任研究员、客座教授等职。

　　出版专著 4 部,在国内外发表学术论文 78 篇(其中,英文论文 13 篇、日文 6 篇)。主要著述有:《中国封建政府的华侨政策》《华侨华人与中国的关系》、《二战以后东南亚华族社会地位的变化》,《当代华商网络与华人移民:起源、兴起与发展》等。获得省部级科研和教学一、二、三等奖共 13 项。

目 录

第一篇　东亚华商网络、中国海外
移民与华侨社会的形成

第三篇　东亚华人经济体崛起及其一体化趋势

绪　论

一、研究缘起

　　相比其他国家的海外移民及其裔群研究,中国的华侨华人研究具有超越一般学术价值的特殊性。这不但在于庞大的海外华侨华人曾在历史上对中国本土的社会发展起特殊作用,更在于华侨华人迄今仍是中国最重要的海外资源,是中华民族复兴的主动力之一。中国改革开放事业的发展,一直建立在充分利用华侨华人资源上,海外侨胞提供了中国现代化建设最急需的资金、现代化企业和国际营销网络。1979—2006 年间,中国大陆共吸收外商直接投资6000 多亿美元,近 95％的外资来自 20 个主要国家与地区,在这 20 个最大的外资来源地,有 11 个以海外华资为主,约占中国引进外资总数的 69％。在台湾,华侨华人也在经贸和科技发展中扮演重要角色。

　　近 30 年来,东亚华侨华人已成为世界各主要国家政治界、经济界、学术界关注的热点。近代以来,研究华侨华人的国外学者,向来主要是民族、文化、历史学者和汉学家。而 20 世纪 80 年代以来,国外的中国学研究者、国际经济学者、亚太地区国际关系研究者等,也纷纷将研究焦点投向华侨华人,尤其是研究这一群体经济实力迅速发展的原因、华人族群认同和文化乃至政治地位前景、华侨华人与中国的互动关系及其对海峡两岸关系的影响。在国内,由于华侨华人一直是中国改革开放事业发展的主动力之一,中央及各部委对涉侨工作的重视前所未有。中央有五个正部级机构主管华侨华人事务,[①]这种行政设置在世界各主要国家中独一无二,体现了中国政府对华侨华人的重视。诸如统战部、中联部、商务部、教育部、公安部等越来越多的部委,也对涉侨工作日益关注。与此相关,华侨华人研究的地位亦有所提升,不但位列教育部人文社科重点研究基地项目,中国社科院亦设立华侨华人研究中心。

　　作为专门的研究领域,中国的华侨华人研究已历百余年,对民族学、人类学、历史学、社会学、经济学等传统学科的发展作出较大的贡献。随着近 30 年

---

　　①　即所谓的中央"五侨":全国人大侨务委员会、全国政协港澳台侨委员会、国务院侨办、中国致公党和全国侨联。

华侨华人数量及其经济实力和政治潜力的急遽增长,其研究的现实意义更具中国特色。

然而,本书的研究目的,并非说明中国应当如何利用华侨华人资源,而是试图通过研究东亚地区华人华侨社会的形成和发展及其与中国大陆互动的历史,阐述在东亚经济一体化进程中,东亚华人经济体间进一步整合的可能性和必然性及其在东亚一体化进程中的先导作用。

二、东亚经贸圈及华商网络与移民的互动

1. 东亚经贸圈及其凝聚力

海外华人高度集中在东亚地区,尤其是东南亚地区。这一现象不但是地理因素使然,更是东亚经济贸易圈的形成和发展所致。远在欧洲人东来以前,东亚地区已大体形成华商主导的、从日本海到赤道的经贸圈,被及日本、朝鲜、中国东部地区和东南亚地区。这一商圈与印度和阿拉伯人主导的印度洋经贸圈、欧洲人主导的大西洋和地中海经贸圈鼎立,共同组成世界的主要贸易体系。

相比其他地域经贸圈,东亚经贸圈具有更强的凝聚力。

凝聚力之一,是中国与其他国家构成核心—边缘关系。由于中国的幅员、人口和物产远超东亚其他地区,经济和文化发展程度也相对较高,中国产品成为这一地区的主要贸易商品,中国的制度文化也对其他地区具有较大的影响。这种关系在19世纪中期以前长期稳定,历时近千年。虽然19世纪中期以后中国经历近百年的积弱而失去核心地位。但近30年的经济崛起,有望使中国返回东亚商贸圈的核心或核心之一的地位。

凝聚力之二,是这一商圈相当大程度上与东亚汉文化圈重合。构成东亚汉文化圈的要素有汉字、儒家伦理、汉化宗教、中华典章制度、生活习俗和价值体系等。中国、日本、韩国、越南以及东南亚华人社区,是这一文化圈的主要覆盖区域。文化相近有利于相互沟通,降低交易成本,支撑了经贸圈的存在和发展。从历史到当代,汉文化圈覆盖区域一直是东亚社会经济发展水平较高的地区,尤其是20世纪60年代以来,这一文化圈的各地区经济相继起飞,创造举世瞩目的"东亚经济奇迹"。

凝聚力之三,是在历史上,这个商圈的主要相关地区之间的政治关系相对平等而稳定。19世纪以前,东亚各区域在所谓的"朝贡体系"中长期和平相处。虽然朝贡体系并非如日本的滨下武志教授演绎的,是东亚国际关系的主

要模式,[1]但中国以"厚往薄来"的"朝贡贸易"名义行睦邻政策,从不以"上国"地位对邻国实施经济掠夺,使东亚地区长期保持和平环境。不像其他商圈,其内部为支配权的争夺而长期处于征战和杀伐中。

凝聚力之四,是这个商圈内的经济和文化交流以海上交通为主。海洋隔离不但极大减少相互间的武力冲突机会,而且工业化以前海上交通的低成本,又推动相关各地海域经济的发展,形成支撑东亚商贸圈的主要经济体。因此,早在西洋人东来以前,东亚地区已呈现以东亚商贸圈为标志的某种经济整合趋势。西洋人东来以后,这一商圈并未瓦解,而是与西洋人主导的世界贸易网络衔接,构成其有机组成部分。

东亚商贸圈的存在或溯自宋代(公元 12 世纪),迄今已近千年。虽然在19 世纪中期以后,受到欧美势力的强烈冲击而凝聚力有所下降,但在 20 世纪后期东亚经济腾飞后,其凝聚力再次提升。在区域一体化的趋势中,传统的东亚商贸圈再现活力。东盟"10+3"(东南亚和中国、韩国、日本)建构的提出和实施,或可看作东亚商贸圈的复兴。

2. 华商网络发展及其与移民的互动

大体而言,自 13 世纪以至 19 世纪中期,以海商为主的华商网络,是东亚商贸圈的主导力量。

就时间和空间而言,中国海商经贸网络形成于宋元时代(13 世纪以后)。宋代以后,中国政治、经济中心南移,海洋开拓的物质基础逐渐坚实。随着海外贸易的发展,中国海商水手相率出洋,足迹遍及日本、南洋和印度洋沿岸。到 14 世纪中后期,中国海商活跃于东亚各地商港,中国移民在爪哇和苏门答腊等地已形成大规模的华人社会。17 世纪前期以降,中国海商网络进入大发展时期。欧洲人东来带来的巨大商机,使华商海外贸易得到前所未有的飞跃发展。一方面,欧洲人将东亚带入欧洲人主导的全球贸易网络,使东亚商品,尤其是中国商品,能大规模进入国际市场。既然热望中国商品的欧洲人不能在中国沿海建立贸易据点(澳门除外),他们不得不与掌握中国商品的中国海商合作。另一方面,欧洲人在开发东南亚殖民地过程中,也必须依靠中国海商提供必需的物资和人力供应。无论在西属菲律宾、荷属东印度,还是法属印度支那、英属马来亚,招徕中国海商、工匠和劳力,都成为殖民地发展的重要保障之一。

17 世纪以后,中国海商网络发展的最重要特点是与移民活动的互动。这

---

① [日]滨下武志著,朱荫贵、欧阳菲译:《近代中国的国际契机——朝贡贸易体系与近代亚洲贸易圈》,北京:中国社会科学出版社,1999 年。

种互动关系使移民规模及移民社会不断扩大,而中国海外移民的发展也使华商网络获得最可靠的支柱。从北方的日本长崎到赤道附近巴达维亚,华人社区遍布东亚各地。到 19 世纪中叶,东南亚华人总数约在 150 万左右。到 20 世纪 20 年代,东南亚华人社会更多达 500 多万人,韩国和日本的华人也各有万余人。移民社会是海外华商网络的支柱。海外华人社区的迅速扩大和产业的发展,则不但使华商网络在海外拥有稳定的辅助服务和所需的人力,而且海外华人社区成为华商网络的市场、商品生产和加工地。

19 世纪中叶到 20 世纪中叶是中国海商网络的大调整时期。成功的经济调整使中国海商网络不再主要依靠中国市场和中国商品经营,而是依靠庞大的海外华人社区和产业。华商网络的大本营也逐渐从中国东南沿海向海外转移,中国海商网络转型为海外华商网络。与此相应的是中国移民社会的转型,即侨民社会逐渐整合入(Integration)当地社会,作为华族而成为当地多元民族社会的组成部分。同时,华侨的政治认同也有了根本变化,即在短暂的(19 世纪末到 20 世纪 40 年代)中华民族主义诉求后,转而在政治上效忠于当地社会,从而使经济组织与网络在当地扎根。但即使东亚海外华人社会政治认同转向后,与中国大陆的文化、商贸联系仍然保持。

从 1949 年到 1978 年,中国大陆实行计划经济体制,取消私营企业,海外华商被视为"资产阶级",属于打击对象,海外华商与中国大陆的直接经贸关系基本中断。同时,持续数百年的中国对东南亚的移民活动既被东南亚民族国家所拒绝,也为中国政府所不容,华商网络与中国移民的互动从此中止。然而,香港仍被作为海外华商对中国大陆贸易和汇款的中转港。二战以后,香港一直成为海外华商资金的避难所和集散地。1949 年至 1990 年,东南亚华商对香港的投资约 730 亿港币,超过同期美国和日本对香港的投资。[1] 这些华人资金少部分作为侨汇寄往大陆或投资再到外国,大部分都投资于香港的房地产业、工商业和金融业。[2] 因此,香港实际上成为华人的金融都会,是世界华商网络的核心。[3] 通过香港,海外华商网络仍与中国大陆维持小规模的经贸关系。

---

[1] 许又声:《东南亚华人经济在香港的拓展》,《侨务工作研究》1992 年第 2 期,第 20 页。

[2] [美]吴元黎等著,汪慕恒、薛学了译:《华人在东南亚经济发展中的作用》,厦门:厦门大学出版社,1989 年,第 157~158 页。

[3] Lynn Pan, *Sons of the Yellow Emperor: the story of the overseas Chinese*, Secker & Warburg, London, 1990, p. 362.

从 20 世纪 70 年代末海外华商网络重新扩展到中国大陆以来,中国大陆在海外华商网络中的重要性与日俱增。数百年来,东亚华商网络在中国大陆的覆盖区域主要是东南沿海地区。但近十几年来,海外华商网络在中国大陆的覆盖范围已经遍及中国东部,并越来越多地进入中西部,已远远超越传统东亚华商网络的范围。

随着中国经济的崛起及其经济国际化程度的飞速发展,中国与东亚各经济体的资本、贸易、产业、技术的交流和融合程度前所未有,其先导作用首先在于华人经济体之间的高度整合。东亚地区的人员往来和迁徙也以空前的规模进行。最引人注目的是 20 世纪 80 年代以后中国人第四次移民东南亚热潮,多达 250 万以上的中国移民进入东南亚,近百万人移居日本和韩国,东亚各地密布华人社区,再次呈现经贸与移民互动的状况。与此同时,近 80 万韩国人、数以十万计的日本和东南亚人以及百万台湾同胞和数十万港澳同胞在中国大陆或经商、或求学、为佣。东亚华人经济体之间的密切互动推动了东亚经济一体化的进展,而东亚经济一体化的进展也进一步促进东亚华人经济体之间的整合。

三、相关概念界定

1. 东亚、东亚华人社会和东亚华人经济体

东亚(East Asia)指亚洲东部,大体上与"远东"(Far East)的概念相当。学者在运用"东亚"概念时,大体有狭义和广义之分。狭义的"东亚"包括日本、朝鲜和中国。[①] 广义的"东亚"则包括东南亚。本书取广义的"东亚"(East Asia)概念,地域范围包括中国、日本、韩国、朝鲜和东南亚区域。[②] 本书的"东亚华人社会"(Chinese Societies in East Asia)概念,指东亚区域内的所有华人群体。台湾、香港和澳门是中国的组成部分,但其经济发展相对独立于大陆,其在中国大陆的投资,通常也被统计为"外资"。为研究方便,本书将其作为"东亚华人经济体"的组成部分。但本书主要研究中国大陆以外的华人经济体及其与中国大陆的合作,对中国大陆本身的社会经济发展不作专门研究。

---

① Encyclopedia Americana, Danbury, Conn: Grolier Inc., 1991, Vol. 9, p. 555.

② 罗荣渠:《现代化新论·续篇——东亚与中国的现代化进程》,北京:北京大学出版社,1997 年,第 59 页。

2. 华商网络

对网络(network)这一概念,不同的学科乃至不同的学者有不同的定义。本书所用的"网络",指相对稳定的联系状态。华商网络,指的是华商因市场、商品、活动地域、共同利益关系而形成相对稳定的联系网络。本书的"东亚华商网络",主要指东亚区域华商之间跨华人经济体间的网络。

3. 华侨

华侨(Overseas Chinese)。这一概念在不同时期有不同内涵。从20世纪初到50年代中期,"华侨"这一概念被广泛用于称谓在海外定居的有中国血统并某种程度上保存中国文化的群体和个人,无论是否正式持有中国国籍。1955年,中国与印度尼西亚政府签订《关于双重国籍问题的条约》,中国政府从此正式放弃双重国籍的政策。此后,"华侨"仅指那些保留中国国籍者。但对"华侨"这一概念作出明确法律解释,则迟至1990年。根据《中华人民共和国归侨侨眷权益保护法》(1990年)第2条规定:华侨是指定居在国外的中国公民。何为中国公民?《中华人民共和国国籍法》(1980年)第4条和第5条规定:父母双方或一方为中国公民,本人出生在中国或外国者具有中国国籍,但本人出生时即具有外国国籍者不具有中国国籍。[①] 因此,"华侨"这一概念在20世纪50年代以前,可泛指海外中国移民及其后裔,在此之后,在政治和法律意义上仅指定居国外的持有中国国籍者。然而,概念的使用常有约定俗成的惯性。迄今一些国内外学者(尤其是日本学者)、民间人士和政府官员仍经常使用"华侨"这一概念泛称海外中国移民及其后裔。

4. 华人

什么是"华人"?各国(包括中国)官方和学界的认知并非完全一致,但基本上按政治(法律)和文化族群类型划分,但两者又有密切联系。在研究海外中国人及其后裔时,我们倾向于将"华人"定义为:一定程度上保持中华文化(或华人文化)、中国人血缘的非中国公民,其对应英文概念为"ethnic Chinese"。血缘和文化,是华人属性的最本质特征,体现了客观差异的标识。我们强调"一定程度",是因为随着离乡去国日久,中国移民及其后裔的文化和血统混杂程度越高,与中国本土人们的差异越大。作为族群、文化意义上的华人

---

① 国务院侨务办公室编:《侨务法规文件汇编(1955—1999)》,内部文件,1999年印,第1、151页。

共性,越来越依赖于主观认同。① 近年来,欧美学者越来越多地使用"Chinese Diaspora"这个概念称谓中国以外的华人,将其归入移民群体之类。② 然而,diaspora 的词源隐含"流浪漂泊群体"之意,故得不到多数华人和中国学者的认可。在称谓包括中国人与中国以外的中国人后裔时,如尚无更合适概念,我们仍用"华人"这个概念,其内涵与英文的"Chinese"相当。因此,本书在讨论"东亚华人社会"之间的合作时,也包括中国社会本身。

---

① 在 20 世纪 50 年代东南亚各国政府实行程度不同的排华政策和华侨归化于当地的过程中,认同为华人的意识是大多东南亚中国移民及其后裔的社会和族群认同选择。但明确以"Chineseness"(华人意识)对此加以总结的是王赓武教授。参见:Wang Gungwu, The Study of Chinese Identities in Southeast Asia, in J. Cushman & Wang Gungwu, *Changing Identities of the Southeast Asian Chinese Since World War Two*, pp. 16~17, Hong Kong University Press, 1988.

② 如澳大利亚学者 Constance L. Tracy(*The Chinese Diaspora and Mainland China*, Macmilan Press, London, 1996)、美国学者 Ling-chi Wang(*The Chinese Diaspora*, Time Academic Press, Singapore, 1998)等。

第一篇
东亚华商网络、中国海外移民与华侨社会的形成

第一章

明清时期中国的二次海洋
机遇与华商网络的形成

早期中国海外移民之发轫与中国的海外交通,尤其是海外贸易的产生和发展密切相关。大体可以说,从有海外贸易始,就可能有因贸易原因而"住蕃"的华人。中国海商在东亚水域的开拓,是中国移民赖以成行的前提。这不但因为中国商品及与中国的商贸关系是华侨谋生的主要手段,而且在于中国帆船是 19 世纪后期以前中国移民赖以成行的运输工具。海外中国移民社会则成为华商贸易网络的据点。大小不一的华侨聚集区和中国东南沿海港口,共同构成日本海以南、赤道以北的中国海商网络。

虽然早在汉唐时期,华商就已积极从事海外贸易,但形成相对稳定的海上贸易网络状态,则至迟在明初出现。华商海上贸易网络的形成,是宋元时期中国南方商品经济、航海、造船业的发展和朝廷鼓励海上贸易政策的结果,也因东南沿海人民,尤其是闽南商民的海外开拓精神所致。华商贸易网络形成的意义,不但在于一改宋以前中外贸易主要由番商番舶主导的局面,而且华商以中国商品、中国帆船和中国市场为依托,形成了东亚、东南亚的海上贸易网络,从而呈现长达数百年的东亚商贸与移民互动的盛况。

第一节 中国海洋发展史上的二次发展机遇及丧失原因

一、宋元时期:中国海洋发展史上的第一次机遇

从汉代至唐代,中原政权的对外开拓主要是向西域、漠北和云贵高原发展,海洋方向的开拓成就有限。海外贸易主要是奢侈品贸易,即以中国的丝织品和贵金属交换海外特产。前来中国贸易的番商,数量远多于前往海外的中国商人。往来中国的贸易船多数是番舶,尤以扶南舶、波斯舶为主。两宋时期,陆路西向发展受阻,中国的对外开拓方向为之一变,海洋开拓事业逐渐发展。

宋元时期是中国直面海洋、锐意进取的时期。两宋时期,商业经济突飞猛

进,郝延平教授称之为"宋代商业革命"。① 宋元朝廷虽然也力图管制和主导海外贸易,但寓管制于开放,民间海外贸易飞速发展,政府也因民间商贸繁荣而广辟财源。繁荣的海外贸易和移民也密切了与海外诸国的关系。朝廷和民间的合力,商品经济和航海知识的发展,造就国人的重商和海洋意识以及海外进取精神,也使国人主导了印度洋以东的国际贸易和航运,堪与16世纪前期西方重商主义的兴盛时期相比。宋元时期中国海洋发展成就有以下标识:

1. 华商成为中国海外贸易的主角和海商世家的形成

宋元时期,中国海商数以万计,虽然中小商人最多,但资产数十万乃至上百万的海商也层出不穷。建康巨商杨二郎由牙僧起家,到南海贸易十余年,蓄资千万。② 南宋初,泉州商人"夜以小舟载铜钱十余万缗入洋"。③ 铜钱在海外,可以十贯之数,易番货百贯之物。估计一次贸易额就超过了一百万贯。④ 福建"南安丘发林从航海起家,至其孙三世,均称百万";⑤ 更著名者如"泉州杨客为海贾十余年,致赀二万万";⑥ 泉州海商王元懋,"尝随海舶诣占城国,国王嘉其兼通藩汉书,延为馆客,仍嫁以女,留十年而归,所蓄奁具百万缗"。⑦ 泉州纲首蔡景芳自建炎元年(1127)至绍兴四年(1134),收净利钱九十八万余贯,因商贩额巨大而得补承信郎。⑧ 宋末元初,最著名的海商是蒲寿庚,"擅蕃舶利者三十年"。⑨ 如果说,南宋大海商主要出自泉州,入元以后,东南沿海则形成以太仓为基地的长江三角洲海商集团、澉浦杨氏为首的浙东海商集团和泉州蒲氏为主的闽南海商集团。据说,"泉之诸蒲,为贩舶作三十年,岁一千万而五其息,每以胡椒八百斛为不足道"。⑩ 蒲寿庚之婿佛莲是波斯人,为宋末元

① [美]郝延平:《中国三大商业革命和海洋》,见张炎宪主编《中国海洋发展史论文集》第6辑,台北:中研院中山人文社科研究所,1997年,第10页。

② 洪迈:《夷坚志补》卷二一《鬼国母》,北京:中华书局,1981年,第1741页。

③ 《建炎以来系年要录》卷一五〇,北京:中华书局,1988年,第2422页。

④ 廖大珂:《福建海外贸易史》,福州:福建人民出版社,2002年,第64页。

⑤ 蔡永兼:《西山杂志》,东埕条,泉州海交馆抄本。

⑥ 洪迈:《夷坚丁志》卷六《泉州杨客》,第588～589页。

⑦ 洪迈:《夷坚志三志己》卷六《王元懋巨恶》,第1345页。

⑧ 《宋史》卷一八五《食货志》,北京:中华书局,1978年,第4537页。

⑨ 《宋史》卷四七《瀛国公本纪》,第942页。

⑩ 方回:《桐江集》卷六《己亥前上书本末》,宛委别藏本第105册,台北:商务印书馆,1981年,第374页。

初泉州著名回回巨商,"凡发海舶八十艘",家赀"珍珠一百三十石,他物称是"。① 太仓朱清、张瑄二人,南宋末年就雄长于海上,降元时,张瑄已经有巨舶五百艘。他俩以太仓为基地发展海外贸易,积累巨额财富,"田园巨宅遍吴中,库藏仓庾相望,巨艘大舶帆交番夷中"。② 元代澉浦杨氏世代为官,世代经商,聚集大批海舶。元初,杨发领浙东西市舶总司事,占籍澉浦,每岁招舶商。其子杨梓也因有大量私家船队而被任命为海运官员。杨梓之子杨枢19岁就以官本船浮海到西洋,6年后又自备舟楫粮秣,护送西域使臣回波斯湾的忽鲁模斯。元代中期,负责泉府司和市舶司的沙不丁,先后管理海外贸易二三十年,拥有可与澉浦杨氏相比的庞大私家船队。③ 根据吴承明教授的看法,在明代万历年间,数十万就算是大贾,上百万的是少数。在明朝嘉靖、万历年间,积资五十万两以上的就算是天下头等富豪了,这种富豪,全国只有17人。④ 可见明代大贾的财富,已远不如宋元时期的海商。宋元时期的中国海商,其海外贸易范围、财力和探险精神,完全不亚于15世纪地中海城市的商人。

2. 对海外的认识空前丰富

唐代前期宰相贾耽考订的"广州通夷道",提及东亚和印度洋水域的29个海外国家和地区。成书于南宋后期的《诸蕃志》,记载南海53个国家和地区。元代前期成书的《大德南海志》,记录了与广州通商的海外国家和地区有143个,⑤ 分为大东洋、小东洋、小西洋等几个海域。到元代末年成书的《岛夷志略》,涉及的海外地名达200多个,其中,99个国家和地区为作者汪大渊亲身所经历,耳目所亲见,遍及东南亚和印度洋沿岸。仅在《岛夷志略》中,涉及的海外物产和商品的种类就达352种。⑥ 郑和下西洋动员人力数以万计,所历30多个国家和地区,获得的海外资讯整体上并未超出元代华商所知。

① 周密:《癸辛杂识》续集下,北京:中华书局,1988年,第193页。

② 陶宗仪:《辍耕录》卷五《朱张》,文渊阁四库全书本第1040册,第467~468页。

③ 关于澉浦航海世家杨氏和沙不丁,参见陈高华:《元代的航海世家澉浦杨氏》,《海交史研究》1995年第1期。

④ 吴承明:《论明代国内市场和商人资本》(2),中国社会科学院经济研究所学术委员会编《中国社会科学院经济研究所集刊》第5集,北京:中国社会科学出版社,1983年。

⑤ 陈大震:《大德南海志》卷七,宋元方志丛刊,北京:中华书局,1990年,第8431~8432页。

⑥ 汪大渊:《岛夷志略》,《后序》,苏继顺校释本,北京:中华书局,1981年,第385、427~434页。

3. 航海技术和造船业的发展

宋元时期,中国造船业异军突起,所造船舶规模大,数量多。大型中国海舶载重达 10000～12000 石(500～600 吨),同时还可搭载 500～600 人。中型海舶载重 2000～4000 石(100～200 吨),搭载 200～300 人。[①] 宋代出使高丽的神舟,在"长阔、杂物、器用、人数,皆三倍于"长十余丈的福建客舟,[②]载重约 1000 吨,其规模与郑和"宝船"不遑多让。[③]

北宋时期将指南针应用于航海是航海史上划时代的事件,使以往的中国帆船沿岸航行发展为跨洋航行。到了南宋时期,指南针成为中国海舶普遍的导航手段。郑和时期的造船技能,似乎并未超越宋元时期的造船业。宋元时期中国航海技术和造船业的发展,一改前朝中外贸易以番舶为主的态势。13世纪初,中国拥有印度洋上最好的船舶,所以从阿拉伯人手中夺走了大部分海上贸易,[④]中国帆船成为中外贸易的主要运输工具。据元代来华的摩洛哥旅行家伊本·白图泰(Ibn Batuta)的记载,中国船分大、中、小三种,大船可载上千人,从印度洋去中国者多乘中国船。[⑤]

4. 海外华商网络初步形成

宋元中央政府虽然力图管制海外贸易,但仍给予海上私商一定的发展空间。宋元时期,从东北亚的日本、高丽,到东南亚各地和印度沿海各地,乃至波斯湾和东非各港口,都是中国海商活动范围。中国私商网络,遍及东亚和印度洋水域。印度以东水域的贸易,基本上由中国海商主导。倾国力进行的郑和下西洋,其活动也基本上在宋元海商网络范围内。

5. 海外华人聚居地出现

海外华人已开始有自己的集中聚居处,而且规模可观。宋代高丽"王城有

---

① 吴自牧:《梦粱录》卷一二,《丛书集成初编》(616),上海:商务印书馆,1936 年,第 108 页。

② 徐兢:《宣和奉使高丽图经》卷三四,台北:商务印书馆,第 891～892 页。

③ 韩振华先生认为,郑和的"宝船"实际上身长 15 丈。韩振华:《论郑和下西洋船的尺度》,韩振华《航海交通贸易研究》,香港:香港大学亚洲研究中心,2002 年,第 292 页。

④ [美]Louise Levathes 著,丘仲麟译:《当中国称霸海上》,桂林:广西师范大学出版社,2004 年,第 30 页。

⑤ 马金鹏译:《伊本·白图泰游记》,银川:宁夏人民出版社,1985 年,第 490～491 页。

第一章 明清时期中国的二次海洋机遇与华商网络的形成

13

华人数百,多闽人因贾舶至者"。① 泉州商人商于乌爹(今缅甸沿海),因获巨利,"故贩其地者,十去九不还也"。② 根据泰国编年史记载,泰国华人社会的势力大到与国王共同建造阿瑜陀耶最重要的寺庙越亚伦寺。③ 明初爪哇新村和苏门答腊的旧港各有数千家和数千人聚居。海商集团有自己的组织机构和武装。梁道明为爪哇数千家之首,雄视一方。陈祖义为旧港当地华人头目,啸聚数千人马。聚居的华人从事共同或相互联系的职业,即海上贸易及劫掠活动。

6. 大规模出口商品生产基地的形成

宋代以来,南方农业经济的发展,使一大部分人力从农业、手工业中分离出来,成为商人,也提供了可供出口的农产品。唐代以前,中国出口商品主要是贵金属和丝绸等奢侈品,贸易规模有限。宋代以来手工业的发展使纺织品、瓷器、日用器皿等出口商品能大批量生产,大量廉价手工业产品的出口意味着贸易商品从奢侈品过渡到大众消费品为主,从而使大规模商品出口成为可能。到元代,出口的丝织品有绸、缎、绫、罗、绢、纱、绉、纺等品种,棉纺织品有 30 多种,瓷器有青瓷、白瓷、青花瓷等系列的十多种商品,销往海外数十个国家和地区。④ 中国商品成为东亚、西洋贸易的主要商品。

7. 宋元朝廷鼓励海外贸易的政策

两宋时期,中原与西夏、辽、金长期对立,除茶、马互市外,陆路交通几乎断绝,海外贸易地位日趋重要。宋朝竭力鼓励海外贸易。朝廷奖掖海外贸易的措施分两方面:一是招诱番商来华贸易,二是鼓励中国商人出海贸易,对贩洋私商卓有成就者甚至奖与官职。朝廷在各通商口岸设置提举市舶司管理和控制海上中外私商贸易,实施征收商税、若干海货专营、接待朝贡、发放出海贸易公引等职能。元初海上贸易制度基本承袭宋代,采取发放公凭船货抽分的制度,"大抵皆因宋旧制而为之法焉"。⑤

综上所述,宋元时期出现了中国海洋发展史上的第一次机遇。中国拥有世界最好的造船业和航海技术,对海外的认识空前丰富,大规模出口商品的生

---

① 《宋史》卷四八七《列传》,高丽条,第 14053 页。

② 汪大渊:《岛夷志略》,乌爹条,第 376 页。

③ [法]苏尔梦:《华人对东南亚发展的贡献:新评价》,《南亚东南亚评论》(3),北京:北京大学出版社,1989 年,第 165 页。

④ 汪大渊:《岛夷志略》,第 427~434 页。

⑤ 《元史》卷九四《食货志》,市舶条,北京:中华书局,1976 年,第 2401 页。

产基地已经形成,政府重视民间海外贸易。其结果是华商成为中国海外贸易的主角,海外华商网络初步形成,支撑海外华商网络的海外华人聚居地也逐渐出现,中国商人主导了印度洋和东亚的海上贸易。这一海洋发展的态势,丝毫不亚于16世纪前期欧洲人的海外扩张。然而,宋元时期出现中国的海洋发展机遇,被明朝政府的海外政策所扼杀。郑和下西洋即是明初海外政策的组成部分。

从明太祖到明成祖,明代前期的海外政策一脉相承,其核心是朝贡制度和海禁政策。朝贡制度是明代前期对外政治、经济关系的框架,海禁政策是明朝内政的海外延伸。朝贡制度有两个目标,一是制造万邦来朝的盛况,为甫得政权的明朝皇帝增添统治合法性的光彩;二是政府直接掌控对外经济联系,独占海贸之利。海禁政策既是为了扼杀民间海外利薮,也让朝廷能严密控制臣民,防止他们在海外生乱。

朱元璋称帝当年(洪武元年)十二月二十六日,就派遣使臣携诏书到安南和高丽,宣告中国已经改朝换代和自己已经荣登帝位:"自元政失纲,天下兵争者十有七年,四方遐远,信不好通。朕肇基江左,扫群雄定华夏,臣民推戴,已主中国,建国号大明,改元洪武。顷者克平元都,疆宇大同,已承正统,方与远迩相安于无事,以共享太平之福。惟尔四夷君长酋帅等,遐远未闻,故兹诏示,想宜知悉。"① 次年正月,又遣使到日本、占城、爪哇、西洋诸国,宣告即位的诏谕。② 朱元璋在位三十一年间,先后向海外 30 余个国家遣使 20 余次,13 次集中在其即位的前三年,有 120 余个使团入贡。③

明成祖在遣使诏谕海外诸国朝贡方面,比其父更加迫不及待。在其夺得帝位仅三个月后,就遣使携即位诏书到日本、占城、爪哇、暹罗、琉球、苏门答腊、西洋等国宣示,并谕礼部,让其优待朝贡者:"太祖高皇帝时,诸番国遣使来朝,一皆遇之以诚,其以土物来市易者,悉听其便。或有不知避忌,而误干宪条者,皆宽宥之,以怀远人。今四海一家,正当广示无外,诸国有输诚来贡者听。尔其谕之,使明知朕意。"④ 朝贡贸易在明成祖时代(1403—1424)最为轰轰烈烈。永乐一朝,到海外宣谕的使者如过江之鲫,达 21 批之多。来中国朝贡的使团有 193 批。⑤ 有些朝贡使更贪得无厌,大量运来明朝早已库胀仓满的滞

① 《明太祖实录》卷三七,台北:中研院史语所校本,1962 年,第 22~23 页。

② 《明太祖实录》卷三八,第 11 页。

③ 邱炫煜:《明初与南海诸蕃国之朝贡贸易》,张彬村、刘石吉主编《中国海洋发展史论文集》(第 5 辑),台北:中研院,1993 年,第 122 页。

④ 《明太宗实录》卷一二,第 7 页。

⑤ 邱炫煜:《明帝国与南海诸蕃国关系的演变》,台北:兰台出版社,1995 年,第 140~142、183~184 页。

货,让好大喜功的明朝高价吃下,"虽倾府库之贮亦难满其谷壑之欲"。明太祖曾规定:"凡海外诸国入贡,有附私物者悉蠲其税。"①看不惯贡使形同奸商的地方官建议对大量携带私货的贡团随员征税,明成祖仍大方地下令:"商税者,国家以抑逐末之民,岂以为利。今夷人慕义远来,乃欲侵其利,所得几何,而亏辱大体万万矣。"②倾中华国力的郑和下西洋壮举虽把朝贡贸易推向顶峰,却也把朱元璋时期积下来的"百姓充实、府藏衍溢"的家底折腾得差不多了。

海禁政策是明初统治者敌视中国民间海外开拓的体现,是明朝对内高度集权专制在海外的延伸。明初法律规定,凡将马牛、军需铁货、铜钱、缎匹、绸绢、丝绵,私出外境货卖及下海者,杖一百。③ 海禁政策首颁于洪武四年(1372)十二月:"诏……仍禁濒海民不得私出海。"④其目的是为了肃清海上反明势力。此后,朱元璋连续四次颁布"片板不得入海"的法令。相比朱元璋,明成祖对中国海商的打击力度更大。他继位伊始,马上下令有关海禁的规定"一遵洪武事例"。⑤ 永乐二年(1404),又下令"禁民间海船,原有海船者悉改为平头船。所在有司防其出入"。⑥ 禁止民间建造出洋海舶和将现有海舶改为不能出远洋的平头船,是对中国海商的致命打击。宋元以来凭借中国帆船纵横东亚、印度洋水域的中国海商,从此被釜底抽薪。

明成祖的海禁政策比朱元璋更严厉,不但禁止国人出海,而且毫不掩饰武力打击中国海商和海外游民的决心。这个决心最终由郑和来执行。永乐四年(1406),明成祖再次诏令海外中国流民回国,"尔等本皆良民,为有司虐害,不得已逃移海岛劫掠苟活,流离失业,积有岁年。天理良心,未尝泯灭。思还故乡,畏罪未敢。朕比闻之,良用测然。兹特遣人赍敕谕尔:凡前所犯,悉经赦宥,譬之春冰,涣然消释。宜即还乡复业,毋怀疑虑,以取后悔"。⑦ 此诏令可谓极尽威胁利诱之能事,但看来收效甚微。虽然隔年即有白屿洋都总管林来等,⑧率八百多海岛流民回国,⑨但数以万计的海商流民仍选择留在国外。永

---

① 《明太祖实录》卷一五九,第2459~2460页。

② 《明太宗实录》卷二四,第447~448页。

③ 《明律集解附例》卷一五《兵律、关津、私出外境及违禁下海》,关津条,第12页,清光绪三十四年法律馆重刻本。

④ 《明太祖实录》卷七〇,第1300页。

⑤ 《明太宗实录》卷一〇,第149页。

⑥ 《明太宗实录》卷二七,第498页。

⑦ 《明成祖实录》卷五二,第787页。

⑧ "白屿"位于东爪哇锦石(Gresik)北面,见陈佳荣、谢方、陆峻岭等编《古代南海地名汇释》,北京:中华书局,2002年,第290页。

⑨ 《明太宗实录》卷六三,第905页。

乐七年(1409),明成祖诏令暹罗国王,遣送"屯居岛外,窜入暹罗"的"南海叛民"何八观等,并警告暹罗国王,"毋为逋逃主"。① 暹罗国王正热衷于与明朝进行一本万利的朝贡贸易,于次年遣暹罗贡使"附送八观等返"。②

　　明朝政府的海外政策结束了宋元时期中国开放的局面。明初统治者对臣民实行酷政,力图将政治权力和经济利益最大限度地集中于皇帝手中。明初的海外政策服务于朝廷追求政治权力和经济利益最大限度集中这一目标。宋元时期繁荣的海外贸易和东南沿海地区的海外移民妨碍了这个目标,明朝统治者毫不犹豫地通过海禁和朝贡贸易,剥夺民间的海外利源,铲除海商势力和海外移民据点。无论是推动朝贡贸易,夺民间海外贸易之利,营造万国来朝的盛况,还是招抚海外流民和打击海外华商武装集团,都是郑和下西洋的主要使命。③

　　由于明初朝廷不遗余力推行海禁政策以及郑和下西洋对海上游民和海外华商的打击,中国海商基本上退出东亚和印度洋海域,中国的第一次海洋发展机遇从此终结。

二、明末清初:中国海洋发展史上的第二次机遇

　　明朝推行海禁政策后,沿海舟楫不通,生计萧条,商民只好冒禁出洋市贩,以走私形式维持宋元以来形成的海上私商贸易。走私的形式有多种,较普遍的为私下出洋贩运。他们通常分别在不同地点购物、造船和出洋,以躲避官府稽查。如在浙江购物时,发现此地海禁严厉,则在广东或福建造船出洋。有冒充明朝使臣出海贸易者,也有将外国商船引到沿海走私港交易。由于明朝厉行海禁,原有的通商港口悉被严查,中国海商将货物集散地、交易场所、仓储、补给基地等转移到沿海小岛与偏僻澳湾之处,形成从浙江至广东沿海地区的走私港网络。广东的东莞、涵头、浪北、麻蚁屿,潮州的南澳,福建的走马溪、古雷、大担、浯屿、海门、金门、崇武、湄州,浙江的双屿、烈港、普陀、东潘等地,均为海盗盘踞之地。④ 明朝廷对走私贸易的打击决不留情。一经擒获,为首者和主要骨干均被处死。官军不但在沿海稽查出洋者和返航者,尚行文各相关国家,解回中国走私商人与船货。被解回者以数千计。同时,明朝官军到

第一章　明清时期中国的二次海洋机遇与华商网络的形成

---

① 张燮:《东西洋考》卷三,暹罗条,北京:中华书局,1981年,第33页。

② 《明太宗实录》卷九七,第1280页。

③ 关于郑和下西洋对海外华商的损害,详见庄国土《论郑和下西洋对中国海外开拓事业的破坏》,《厦门大学学报》2005年第3期。

④ 王抒:《条处海防事宜仰祈速赐施行疏》,《明经世文编》卷二八三,第2995～2996页。

处摧毁走私港口,封锁出洋口岸,旨在从根本上铲除海商的基地与生存环境。

朝廷武力镇压走私贸易的结果是走私商人转变为海寇商人,中国海上私商贸易由隐蔽的走私贸易转为武装对抗下的公开贸易,并以劫掠沿海地区作为武力对抗手段。海寇商人因贸易、武装联盟等原因而勾结倭人,即日本海上浪人和海商,联合对抗朝廷的高压政策。16 世纪前期,葡萄牙人到中国沿海寻求贸易机会。在中国海商的配合下,大批葡人来到中外走私商人聚居的宁波附近的双屿港,以其为基地从事走私贸易,在闽浙沿海亦商亦盗。1548 年,浙江巡抚朱纨派兵围剿双屿港,使昔日繁华的国际贸易港成为废墟。是役有 800 名葡人丧生。[1]

到 16 世纪 60 年代,东南沿海商民与海禁的长期斗争,终于使朝廷认识到,海禁愈严,盗氛愈炽,军事镇压的巨额开支使财政支绌的明朝政府不堪重负。[2] 此外,中国北部边界屡为游牧民族侵入,耗费了逐渐衰落的明中央政权大量的人力物力,使其无足够力量平息东南沿海盗氛。而沿海地方督抚士绅基于本地利益,不断上疏要求开放海禁。隆庆元年(1567),明朝部分开放海禁。开禁地点在偏远的福建月港,取其月港远离福建政治中心,又远离中国政治中心缘故,仍具有强烈限制海外贸易规模的意义。

海禁部分开放后,东南沿海人民蜂拥海外谋生。到明末,在海外求衣食者已达十余万。[3] 但海禁开放以后合法出洋的中国海商,所处环境已非宋元时期中国商人独步印度洋以东海域的时代。葡萄牙人以强大的舰队为后盾,以果阿(印度)、澳门、马六甲和长崎为据点,构建葡萄牙东方贸易网络。1565 年,西班牙人在向来为中国海商活动范围的菲律宾建立殖民政权,中国海商的菲律宾贸易,从此以后不得不仰西班牙人之鼻息。1619 年,荷兰人在爪哇巴达维亚建立殖民政权,逐渐控制了华商对印尼群岛的贸易与移民。英国人于 17 世纪初到达香料群岛,于 1613 年在日本出岛建立商馆,但迫于荷兰人的压力,在 17 世纪 30 年代淡出远东水域,集中精力经营印度。到 18 世纪后期,英人卷土重来,逐渐在马六甲、槟城、新加坡、仰光等地建立了包括暹罗在内的远东贸易圈。

当 16 世纪中期中国东南沿海商民大规模重返海洋时,印度洋几乎已经成

---

① T'ien-tse Chang, *Sino-Portuguese Trade*, Leiden, 1933, p. 34.

② 闽抚许孚远《请计处倭酋疏》提到,"计山东、浙、直、闽、广备倭兵饷岁不下二百万两,积之十年,则二千万"。(张燮:《东西洋考》卷一一,第 233 页);仅漳南沿海一带,军事开支每年 58000 两白银(许孚远:《疏通海禁疏》,《明经世文编》卷四〇〇,第 4333 页)。

③ 庄国土:《明季华侨数量及职业和籍贯构成》,《南洋问题研究》1990 年第 2 期。

为欧洲殖民者的内窬,即使在东亚水域,面对的也是全副武装并受到本国政府全力支持的西洋人。中国海商的因应对策是组成武装海商集团,如李旦、郑芝龙、林道乾、林凤等部。这些中国海商集团与西洋人贸易、竞争乃至武力对抗,同时还要应对朝廷对海商的横征暴敛乃至武力围剿。17世纪前期,明朝主要军力用于对付北方后金的威胁,无力镇压东南沿海的海商集团,就采取以盗制盗方略,招抚实力较强的郑芝龙海商集团来对付其他中国海商武装集团和西洋海盗。受封为海上游击的郑芝龙在迅速打垮和收容其他海商集团后,确立了在中国海商中的领袖地位,福建沿海地区成为其独立王国和牢固的后方。1633年,郑芝龙与荷兰舰队在金门料罗湾决战,击败了荷兰舰队。此役之后,荷兰人退出福建沿海,台湾海峡成为郑氏舰队的内湖。郑芝龙成功地控制了绝大部分华商的海上贸易活动,海商远洋贩运,通常需领郑氏牌照。无数华商在其号召下耕耘于远东水域。其继承者郑成功在征服荷兰人盘踞的台湾后,更将父亲的事业发展到顶峰。郑成功征台以前,马尼拉的传教士金提尼(T. M. Gentile)曾记载:"著名的国姓爷是海上君主和统治者,在中国从未有如此众多和庞大的船队,仅在厦门水域的水师就多达13000艘帆船,成千上万分布在整个沿海线上的其他船只也听命于这个帝国。⋯⋯这一庞大水师像铁幕一样把鞑靼人关闭起来,使其无法在靠近沿海的城市和乡镇行使统治权,同样也使与其有贸易往来的欧洲及其殖民地陷于瘫痪。"①

　　郑芝龙的崛起是中国海外开拓事业在宋元以后的第二次机遇。中国海商第一次拥有一支实力巨大的军事力量支持其海外商务开拓,并成功地在东亚水域挫败欧洲殖民者。

　　然而,郑氏集团崛起的时机是明末中央政权的衰落。随着清廷入主中原并实施严厉的海禁和迁界政策对付郑氏集团,郑氏集团与之对抗数十年后崩溃。郑氏政权瓦解后,清廷虽然开放海禁,但严禁出洋携带军器,不准建梁头超过一丈八尺的出洋海船,武装华商不复存在,政府不予保护,华商再次成为"没有政权或武装保护的商人"(merchants without empire)。② 前往东南亚的中国人,已经不再是宋元时期主导东亚海上贸易的天朝贵客,也非郑氏集团武力保护下的臣民,而是作为整船谦卑和顺的商人、工匠或苦力,要向爪哇苏丹、暹罗国王,或者西班牙、荷兰、英国、法国殖民政权申请,经获准才能定居下来。"他们就像埃利斯岛(Ellis Island)上的捷克或意大利农民,等候着进入希望之

---

　　① 〔意〕P. Carioti 著,庄国土等译:《郑成功:远东国际舞台上的风云人物》,南宁:广西人民出版社,1997年,第70~71页。

　　② Wang Gungwu, *China and the Chinese Overseas*, Times Academic Press, Singapore, 1992, p.79.

乡的批准。"①

三、中国丧失海洋发展史上两次机遇的原因

从宋元到明清,中国东南沿海商民从未放弃海外开拓。宋元时期东南沿海商民到海外寻求财富的热情和成就,并不亚于地理大发现时期的欧洲人。工商业的发展和造船与航海技术,更有过之。明末清初中国海商在郑氏武装集团的组织下,成功地挫败欧洲殖民者,确立在东亚水域的优势地位。然而,东南沿海商民的海外开拓事业,却屡屡被明清政府所扼杀。为什么同时期的欧洲各国统治者均支持民间海外开拓,而明清政府总是敌视东南沿海商民的海外开拓进而背向海洋呢?

这一答案在于明清政府的极端专制性。自秦汉以降,中央集权制一直为历代政权所奉行,这与维持中国这个传统大陆农业大国的统一是相适应的。对农业社会的专制政权而言,严厉控制民众有两方面的意义。经济上,依靠土地谋生的人民所提供的赋税,一直是专制政府财政的主要源泉。因此,尽可能强迫农民与土地结合,是维护专制政权经济基础的必要措施。政治上,专制政权力图最大限度控制民众的生活和居留,以利管理。虽然古代中国的中央集权政体运行已久,但明朝开国之君朱元璋,却将中央集权制推向极端。明代是皇权统治最严酷的一个朝代,朱元璋在军事、政治、经济、文化方面采取前所未有的集权措施:对官员权贵,采取包括收回相权、屠杀功臣、兴文字狱、严防外戚权臣干政等措施,以便大权独揽,确保皇权不被染指;对民间百姓,则采取重农抑商、限制迁徙等措施,以便将百姓牢牢束缚于土地,不至于富而生异心,不因迁徙而生乱。洪武十八年(1385),朱元璋明言其抑制工商的态度:"人皆言农桑衣食之本,然弃本逐末,鲜有救其弊者。先王之世,野无不耕之民,室无不蚕之女,水旱无虞,饥寒不至。自什一之涂[途]开,奇巧之技作,而后农桑之业废,一农执末而百家待食,一女事织而百夫待衣,欲人无贫,得乎?朕思足食在于禁末作,足衣在于禁华靡。"②明朝政府规定,外出经商要交钱申请路引,路引上标明外出者的年龄籍贯,外出理由和目的地以及出门和归来时间。洪武二十四年(1391),朱元璋敕谕,"若有不务耕种专事末作者,是为游民,则逮捕之"。③连国内商民都被视为游民,出洋者就更让明朝政府坐立不安了。万历

---

① V. Purcell, *Chinese in Southeast Asia*, Oxford University Press, Kuala Lumper, 1980, p. 23.

② 《明太祖实录》卷一七五,第 2663 页。

③ 《明太祖实录》卷二〇八,第 3099 页。

年间曾任山西布政史参议的王圻在论及朝廷市舶制度时说明:"贡舶者,王法之所许,市舶之所司,乃贸易之公也。海商者,王法之所不许,市舶之所不经,乃贸易之私也。"① 当中世纪末欧洲城市商业资本主义方兴未艾时,中国朝廷则"垄断了供朝廷和行政机构消费的许多商品的生产和分配,这些商品包括武器、纺织品、陶器、皮革制品、服装和酒等。另外,政府还完全控制了全体人民所必需的基本商品的生产和分配,如盐和铁。这些限制剥夺了中国商人成为无约束的企业家的机会,使经济失去了自由发展的可能性,同时也助长了官员的腐化和堕落"。②

明代前期中央政权空前强大,皇帝对臣民和各地区的控制有如天罗地网。这种皇帝个人高度集权和对百姓严厉控制的制度在有明一代贯彻始终,并为清朝所继承。在鸦片战争以前,清朝颁布的多种海贸和移民政策,无一不是用来遏制国人的海外贸易与移民。③ 同时期欧洲的政治则是一种松散型的政治结构,对国家实施统治的中心有国王和教会,王权受到限制。区域组织有庄园与城市,庄园由领主控制,是农业生产中心;城市则很大程度是自治的,是工商业的中心。每一个城市通常有独立的行政机构和司法机构,有军队、警察、监狱,有自己的货币和度量衡单位。城市市民是自由民。市民、教会、王室,各有大小不等的权利与利益,也就能在谋求共同利益的基础上相互支持。欧洲人的海外探险和商务扩张,即是在此共同寻求财富的背景下进行。中国商人阶层缺乏西方商人拥有的政治权利和社会地位,无力在制度层面向海禁政策挑战。而极端专制的明朝政府,有能力将所有的人民束缚于土地上,从而保障税赋和无限制掠取民间财富,满足皇室和朝廷的需要,无须以海外贸易裕国。同时,也能避免因民人迁徙而失去控制所引发的不利于朝廷的动乱。诚如英国著名经济学家乔德里所言,"亚洲大帝国中的统治阶级与欧洲城邦中的统治阶级不同,他们既不为政府利益也不为他们自己的利益从事商业活动"。④ 尽管海外贸易利润可能高得异乎寻常,但任何中国政府都不会许可以中国为基地的私人武装贸易的发展。

而欧洲人的海外冒险和殖民扩张,受到本国政府和权贵的全力支持。自

① 王圻:《续文献通考》卷三一《市舶互市》,北京:现代出版社,1986 年,第 459 页。

② [美]斯塔夫里阿诺斯著,吴象婴、梁赤民译:《全球通史:1500 年以前的世界》,上海:上海社会科学出版社,1988 年,第 444 页。

③ 详见庄国土:《中国封建政府的华侨政策》,厦门:厦门大学出版社,1989 年。

④ K. N. Chaudhuri, *Trade and Civilization in the Indian Ocean: An Economic History from the Rise of Islam to 1750*, Cambridge University Press, 1985, p. 228. 转引自[美]彭慕兰著,史建云译:《大分流:欧洲、中国及现代世界经济的发展》,南京:江苏人民出版社,2003 年,第 156 页。

14世纪初以来,葡萄牙的王权、贵族和新兴商业资产阶级具有共同寻求财富的一致利益,合力推动海外探险和商务。葡萄牙人到海外寻求财富的动机和中国东南海商并无不同,但历代葡王都把发展海上势力作为传统政策。在以航海家著称的亨利王子(Henrique O Navegador)的支持下,航海技术和海外探险不断发展。与郑和下西洋几乎同步,在1415年,亨利王子的探险船队就参与了由葡王若昂一世(D. Joao Ⅰ)亲自指挥的非洲探险远征舰队,到达非洲北部重要港口城市休达(Ceuta)。此后几十年间,王室支持下的葡萄牙船队不断进行海外探险。1498年,达·伽马(Vasco da Gama)远航印度。哥伦布"发现"美洲和麦哲伦的环球航行,从一开始就是在皇室的支持下,并与朝廷有明确的利益分享。荷兰人的远东探险和商务扩张也是在政府的全力支持下,并与其反抗西班牙皇室统治的独立战争结合起来。1594—1602年间,先后有65艘船携带荷兰联省共和国议会的特许证远航亚洲,并在亚洲与西、葡舰队继续斗争。英国的海外探险也是如此。英王亨利七世在1496年颁发特许证给航海家卡博特父子,授权他们以充分的和自由的权利航行至所有海域、区域和海岸,去寻找一切海岛、陆地、国家和地区。同时,国王约定从探险的收益中提取1/5的利润。欧洲各国竞相进行海外探险和商务扩张,自然在海外各地引发冲突。各国执政者基本上都支持本国的海外冒险者。法国的法兰西斯一世(1515—1547年在位)给法国海盗提供资金和签发特许状,认可他们袭击西、葡船只的合法性,分享海盗收入。英国伊丽莎白女王和荷兰联省共和国也随之仿效,立法认可其进行海外扩张的臣民可以武装攻击竞争对手。

随欧洲各国海外探险而来的是殖民扩张。欧洲各国政府都赋予其进行海外商务扩张的贸易公司某种代表本国政府的政权职能。如荷兰东印度公司,具有管理远东殖民地、招募军队、与外国立约、宣战的全部权力。荷兰政府"发放各种重型军械给东印度公司的船舶,以便对付其竞争对手"。① 英国、法国、葡萄牙和西班牙的海外公司,也具有相似权力和武装。但在17世纪中期到19世纪中期,中国海商和海外移民,一直是在西方殖民政权和清朝政府的夹缝中谋求生存和发展。

在宋元时期和明末清初,先后出现中国海洋发展史上的两次发展机遇,但都被明清中央政府所扼杀。东南沿海商民的海外开拓,在极端专制的明清政府看来,是游离于朝廷控制的不安定因素,必须予以打击。至于沿海人民的生计,则理应为中央政权的集权统治而牺牲。郑和则是明初海外政策

---

① ［荷］包乐史著,庄国土等译:《巴达维亚华人与中荷贸易》,南宁:广西人民出版社,1997年,第23页。

的执行者。明初海外政策的结果是中国背向海洋,毁灭了宋元时期中国走向海洋大国的机遇。清廷入主中原后,建立同样的极端专制统治,基本上继承明代的内外政策,葬送了明末清初中国海洋发展的第二次机遇。在明清数百年间东南沿海商民面向海洋和朝廷背向海洋的抗争中,强大的中央政权都是最后的胜利者。

第二节 闽南人与 18—19 世纪华商网络的发展

闽南海商集团崛起于 13 世纪,全盛于 17 世纪的郑氏海上帝国时期,主导中国海外华商网络到 19 世纪中期。如同荷兰人被称为欧洲的"海上马车夫"一样,较早进入远东贸易网络的荷兰人也誉称闽南人为中国的"海上马车夫",是 17 世纪中国的"世界主义者"(Cosmopolitan)。[①] 中国海岸线漫长,沿海地区广阔,闽南地区既非中国最佳良港所在,亦无便捷交通往中国内陆地区,更无富庶广阔经济腹地可依托,何以 16 世纪中期以降闽南海商能一枝独秀,主导中国海外华商网络达 300 年? 本节分析闽南人文特性及其海商集团兴起和发展的过程,了解其崛起的主客观条件,探讨闽南海商 17—19 世纪主导海外华商网络的原因。

一、闽南人文精神特点

人文精神的概念难以精确界定。"人文"大体与文化与文明相通,广义人文包括除经济基础以外的全部上层建筑以及由此形成的社会关系。笔者在此使用的"人文精神",大体指"人类为求生存与发展设计的价值体系及追求价值的行为方式"。所谓的闽南人文精神,大体即闽南人的价值体系和行为方式。闽南人文精神中的冒险、重商、开放性,使闽南成为中国社会中最有特点的群体之一。

1. 闽南文化的基本形态——边缘形态

秦汉以降,中国作为集权大帝国和东亚的商贸文化中心,其凝聚力和向心

---

① L. Blusse, Tribuut aan China, Chapter 2, Otto Outgever, Amsterdam 1989;"Minnan-jen or Cosmopolitan? The rise of Cheng Chih-lung alias Nicolas Iquan", in E. B. Vermeer, ed., *Development and Decline of Fuchien Province in the 17th—19th Centuries*, Leiden,1990.

力不在武力支撑,而是中国发展出"一种类似民族主义的文化主义精神"。①支撑大一统的集权国家体制,正是这种文化的凝聚力。然而这种主流文化在幅员广阔的中华大地,其渗透状况呈现一定差异性。中原文化在其传播过程中也受到异质文化的侵蚀,或在传播过程中因地理、人文环境的变化而产生某种程度的变异,从而形成区域特色文化,其区别有如"雅文化"与"俗文化"、"大传统"与"小传统"。《史记·货殖列传》云:

> 楚越之地,地广人稀,饭稻耕鱼,或火耕而水缛,果隋赢蛤,不待贾而足。地势饶食,无饥馑之患,以故呰窳偷生,无积聚而多贫。是故江淮以南,无冻饿之人,亦无千金之家。沂泗以北,以宜五谷、桑麻、六畜,地少人众,数被水灾之害,民好畜藏,故秦、夏、梁、鲁好农而重民。三河、宛、陈亦然,加以商贾。齐、赵设智巧,仰机利,燕、代田畜而事蚕。

这里,司马迁强调的是决定地域文化形成的地理环境和社会环境。然而,由于文化的相对稳定性,某种人文精神一旦形成,常比地理环境对当地民生起更大的作用。闽南人文精神,即是中华大地上较具特色的区域文化现象。

闽南文化的基本特征是什么呢?相对于中原文化或福建主体文化,闽南文化表现出明显的边缘形态。政治上,闽南人从未产生过叱咤中国政坛的人物。经济上,除航海贸易外,闽南的经济和财政向来不为中央政权所重视。军事上,除郑成功集团外,征服闽南地区的从来多是外来者,更谈不上逐鹿中原。文化上,闽南区域文化从未主导过中国社会思潮。这种边缘状态既是由于闽南在中华大地的边缘,也在于中原文化在其传播扩展过程中,由近及远而产生的明显差异,甚至表现为某种程度的对立。毋庸置疑,闽南文化的主体仍是中原文化。与中国其他汉族地区一样,以儒法学说为基础的中原文化长期支配闽南人民的意识。闽南的语言、文学、宗教、伦理及重要的民俗,仍基本体现中原文化的要素。现在遍布闽南的门匾,如"延陵衍派"、"温陵衍派"、"锦绣传芳"等,均证明中原传统在闽南的延伸。它们不但说明现今闽南主体居民是来自中原地区的移民,而且强调祖先渊源的形式,本身就说明对中原文化的尊崇。

然而,我们要强调的是中原文化延伸至边缘地区产生的变异。无须赘言,中原文化是中原移民带入闽南地区的,随着移民成为当地居民的主体,中原文化也成为闽南文化的主体,闽南文化实质是一种移民文化。如同世界各地的移民文化一样,进入闽南地区的中原文化在其颠沛流离的环境中经长途跋涉后,其完整程度已与本土文化产生一定差异,原有的观念、伦理、习俗亦因新环

---

① John K. Fairbank, *Tributary trade and China's relations with the West*, in Far Eastern Quarterly, vol. 1(1942), P. 130.

境的挑战需要加以调整与扬弃。其次,闽南原为百越之地,虽然其原有的基本文化形态被中原移民带来的更先进的文化所征服和同化,但当中原居民迁徙到一个陌生、好斗、敬祀鬼神的蛮荒之地后,也会产生一定程度的入乡随俗心理。百越人的部分习俗也为中原移民所接受,成为闽南文化组成部分。闽南人祭祀鬼神、图腾之风特别盛行,相信是受百越族人的影响。玉皇、关帝、观音、佛祖等中原人民敬祀的神佛仍为闽南人民广为奉祀,而山石、大树、蛇、虎、虫、蝎等,也成为祭祀的对象,显然受百越人对自然物崇拜的影响。

2. 闽南人文精神的优点

根基于闽南文化的这种边缘形态,闽南人的人文精神也显出与中原和闽南沿海之外的其他地区民众相当不同的特色。

(1)冒险与进取精神。百越族的抗争精神、移民行为本身所激发的好斗与进取精神、迁离祖居地所需的叛逆意识使闽南人民养成离经叛道、铤而走险的民俗。这种习俗与"山高皇帝远"的地理环境结合,形成闽南文化的重要特征之一:冒险与进取精神。对中心与权威的游离,敢为天下先的勇气,是这种边缘文化形态外化的最有价值的民性。相对闽省其他地区,闽南人,尤其是沿海闽南人更少循规蹈矩,更具蔑视权威、敢于离经叛道的独立自主精神。宋元时期,闽南人大规模出洋贸易。明清海禁时期,闽南人敢于冒禁下海。闽南人为走私的主力,其走私网络遍布东南沿海,漳之诏安有梅岭,龙溪有海沧、月港,泉州有安海,福宁有铜山,广东有南澳、香山,浙江有双屿、烈港、舟山等,"各海澳僻,贼之窝响,船主、喇哈、火头、舵公皆出焉"。① 明清时期的冒禁下海走私,与 20 世纪 80 年代初漳泉人从事走私贸易和率先与台湾贸易,都体现了闽南人"铤而走险"精神,非有一搏生死之意志不敢为之。即使在"文革"时期,晋江石狮人也体现出这种精神。在全国各地大割"资本主义尾巴"时,晋江石狮人仍冒险犯禁,开设"地下工厂","投机倒把做生意",当时"石狮街上的资本主义小摊小点有 993 个,日成交额达 60 万元"。② 台湾中小商人在世界各地的闯荡,更展现闽南人一往无前的逐利精神。今天,《爱拼才会赢》成为闽南人家喻户晓的歌曲,在某种程度上即反映闽南人的勇于冒险进取的心态。甚至官方也以此为区域精神,用以凝聚、鼓舞当地民众。如晋江市政府,就以"拼搏"作为晋江人文精神的核心。③

---

① 茅元仪:《武备志》卷二一四,"福建事宜"。

② 参见 1976 年中央工作组在石狮拍摄的纪录片《铁证如山》。

③ 晋江市长龚清概先生主题发言《弘扬晋江精神,再创侨乡辉煌》,中国侨乡国际研讨会,1998 年 10 月,晋江。

（2）重商与务实逐利精神。相对于"万般皆下品，唯有读书高"的儒家信条，闽南人更重事功实利，具有强烈的务实逐利心态。由于移民传统的影响和生存环境的恶劣，闽南人的价值体系更重物质利益和改善生存条件。而闽南人崇尚工商的习俗应始于宋元时期，形成于明清封建王朝推行"重农抑商"的国策之际，与西方重商主义的兴起几乎同步，这不能不说是一个奇迹。西方重商主义受到新贵族与皇室的支持，成为资本主义发展的动力之一。而闽南人民的重商主义，却屡受中国政府海禁和抑商政策的摧残。直到改革开放以后，闽南地区的重商主义才得到淋漓尽致的发挥。这也是边缘文化形态派生的特色之一。

闽南地瘠民稠。戴云山之东南至海，多为丘陵山地，除漳州平原外，多为赤土黄沙。严酷的自然环境，移民的生存意识，孕育了闽南文化的务实精神。崇尚工商的传统，正是闽南人的务实精神的外化。闽南地少且贫瘠，生存空间狭迫，民以海为田，赁海为市。宋末元初，泉州港成为中国第一大港，至明代泉州港淤塞，月港及安平、东石等小港继之。诸港的繁荣，既是闽南人民世代浮瀚海、通异域所致，也培养了他们的经商传统。闽南沿海人尚贾，十家而七，或坐地列市，谋求微利，或贩运货物，通内地与海外。农、儒、童、妇，皆以贾为荣。商贾的活跃也带动了手工业的发展。磁灶的陶瓷器制作闻名海内外，畅销于东南亚；安海的纺织业也颇有名气，所谓"巷女能成苎麻布，土商时贩木棉花"。明人何乔远所录"杨郡丞安平镇海汛碑"载明代安海镇人尚贾之盛况："安平一镇在郡东南陬，濒于海上，人户且十余万，诗书寇绅等一大邑。仅为积压转贩之小贾，继之行旁郡国，岁转毂以百数，进而为中贾，最后四方郡国，无所不至转毂千万计，而成富豪之大贾矣。"

重商趋利与铤而走险的精神结合，使闽南人在通商逐利时特别地无所畏惧。历史上闽南人就以敢做"杀头生意"著称于世。明人冯璋在《通番舶议》中说，"泉漳风俗，唯利通番，今虽重处以充军、处死之条，尚犹结党成风，造船出海，私相贸易，恬无畏忌"[1]，从而，能"富家征货，固得捆载而归，贫者为庸，亦搏升米自给"[2]。自隆庆元年（1567）海禁开放以后，闽南商人逐渐主导中国海外贸易近 400 年。尤其是郑成功统率的海上帝国，其实力足以与东来的西方殖民者在远东海域抗衡。[3] 在 18 世纪以后茶叶成为中国的主要出口商品时，

---

① 《明经世文编》卷二八〇，冯养虚集。

② 《明神宗实录》卷四九八，万历四十八年八月丁卯。

③ 参见［意］白蒂著，庄国土译：《郑成功》，南宁：广西人民出版社，1997 年。关于 16—17 世纪闽南商人的海外贸易优势地位，还可参见：L. Blusse, Minnan-jen or Cosmopolitan? The rise of Cheng Chih-lung alias Nicolas Iquan, in E. B. Vermeer, ed. , *Development and Decline of Fuchien Province in the 17th—19th Centuries*, Leiden 1990；Ng Chin-keong, Trade and Society: *The Amoy network on the China coast 1683—1735*, Singapore, 1983.

闽南商人是国内生产和营销出口茶叶的主要组织者。清代闽南海商不仅活跃沿海和远东水域,且赴闽省内陆,闽北经营茶叶贸易的还是闽南商人。清代中期闽北崇安茶市中,"负贩之辈,江西、汀州及兴泉人为多",闽南商人将茶销往苏州、粤东、厦门等处。① 赣东北河口镇是闽茶输广州的重要集散地,闽南商人与安徽商人挟巨资来此经营茶叶、制烟等业。② 欧人东渐之初,最先在东南亚水域遭遇到的中国商人即是漳泉海商。③ 1733 年,居住在印尼巴城的闽南茶商陈魏、杨营携眷回国,被清朝官府捕获勒令捐谷 1.3 万石结案。二人供词如下:二人都是闽南人,都从事从广东贩茶到巴城;虽都在巴城娶华女为妻,仍常往来广东与巴城间做茶叶生意。④ 18 世纪 40 年代以前,中国出口茶叶大多在巴城交易,在中国帆船与荷人之间从事茶叶交易的多是当地闽南籍华商,闽南籍甲必丹连富光本人也经营茶叶贸易。乾隆二十四年(1759)清朝实行广州一口贸易制度,茶叶需从广州出口,行商独享茶叶出口业务,当时著名的广东13 行中,闽南籍占半数以上,包括两个最著名的行商伍浩官(Howque)与潘启官(Punkgeque)。⑤ 清代闽南商人组成了内陆茶商、行商、海商、海外华商的贸易网络,在 19 世纪中期以前控制了中国茶叶输出。⑥ 鸦片战争以后,虽然闽南商人独步中国海外贸易的局面不复存在,但闽南籍海外华商,仍一直是东南亚举足轻重的商贸力量。

中国改革开放以后,闽南人的重商逐利本性再次被充分激发。闽南重商精神的表现,在于民众普遍的经商意识。百万晋江人在改革开放初期,就有中小个体企业上万家。改革开放前,泉州地区是福建经济最落后的地区之一,1997 年泉州市管辖的 4 市 4 县(安溪、永春、德化、惠安县;南安、晋江、石狮市和泉州市鲤城区),其 GDP 产值占福建 26%,人口仅占 16%。⑦ 如以泉州沿海的晋江、石狮、南安、惠安和鲤城区计,则人口只占福建的 10%,总产值占20%,近 10 年的年平均经济增长率达 20%,而泉州市是福建省中国家投资最少的地区之一。

① 嘉庆《崇安县志》卷一,第 1~4 页。

② 乾隆《广信府志》卷三《物产》。

③ [荷]包乐史著,庄国土译:《中荷交往史》,阿姆斯特丹:路口店出版社,1989 年,第189 页。

④ 郝玉麟编:《朱批谕旨》第 55 册,雍正十一年二月二十日,第 105 页。

⑤ 梁嘉彬:《广东十三行考》,上海,1937 年,第 203~277 页。

⑥ 关于 18 世纪中国茶叶出口贸易及闽南商人的作用,参见:Zhuang Guotu, *Tea, Silver, Opium and War: The International Tea Trade and Western Commercial Expansion into China in* 1740—1840, Xiamen University Press 1993.

⑦ 《泉州晚报》1998 年 11 月 2 日。

闽南人的重商意识,还表现于"老板意识",即都想当"头家",不想当"伙计",所谓"泉州人个个猛","宁做鸡头,不当牛尾"等流行古今民谚,都是民风的绝妙反映。

(3)兼容性与开放性。相对于民风较为保守的中国北方和内地,闽南人更具开放和向外开拓意识。早在明清时代的闽南,社会思潮已萌发重商意识。即使在士大夫阶层,传统儒家文化的"鄙视商贾"也并不居于支配地位,社会思潮表现出对商工的宽容。李贽在《又与焦弱侯》的信中说,"且商贾亦何可鄙之有?挟数万之资,经风涛之险,受辱于关吏,忍诟于市易,辛勤万种,所挟者重,所得者末"。李光缙在《景璧集》中,甚至主张儒者为贾,"士君子不居朝廷,必游市肆,此非羞贫贱而厌仁义,良亦欲有所行其志焉"。闽南社会价值观,明显表现出与内地的差异。明代万历时在福建为官的江南人王世懋对比了福建内地与沿海的这种差异,他在《闽部疏》中写道:"闽西诸郡人皆食山为足,为举子业不求甚工。漳泉海隅,其人以业文为不贵,以航海为恒产,故文则扬葩而吐藻,几埒三吴;武则轻生而健斗,雄于东南夷,无事不令人畏也。"道光年间成书的《晋江县志》,将商贾与农工并列,而非置于四民之末,"行货曰商,居货曰贾,商贾之名,虽亚乎士,而与农工,均在四民之列"①。

传统文化注重的安土重迁,"父母在不远游",在闽南几乎没什么影响力。他们唯利是趋,与台湾人一样,"舍祖宗之丘墓,族党之团圆,隔重洋之渡险,处于天尽海飞之地"②。至少在宋元以降,闽南男儿就视出洋为正途。明清时期,闽南人移民海外络绎于途。为求生存和发展,闽南人更需有主动适应异地环境的心态和能力,培养兼容和开放的精神。明代后期以降的海外移民活动更为闽南文化注入异域文化的活力,尤其是17世纪以来,闽南大规模向南洋移民。这些移民绝大多数居住在西方国家的殖民地,直接参与现代资本主义生产经营,有的人还进入当地主流社会。闽南沿海地区向海外移民众多,其数量超过本地居民,且与家乡保持密切联系。西方文化较早经过闽南海外商民进入闽南地区。闽南不仅生活习俗深受海外影响,其语言文化与价值观念也与中原地区发生微妙区别。如老一辈所说的"拐杖"(Dong-kai)、针车(Magin)、肥皂(Sammuen)等词语,均来自西文 Stick、Machine、Soap。外来词语对闽南的影响力就如现今粤港词语对全国的影响。更重要的是西方市场意识对闽南地区的渗透。西方的格言"生意场上无父子",在侨乡广为流传,这是对儒家传统学说典型的否定。现代化经营管理方式(如股份公司)早在20世纪初就已流行于闽南。闽南第一批现代企业及最早的

---

① 道光《晋江县志》卷七二《风俗志》,商贾。
② 高明群编:《石狮商工文化研究》,厦门:厦门大学出版社,1995年,第164页。

市政建设,都出自于华侨之手。闽南的乡土文化习俗,有着浓郁的西洋特色。其生意活动,更贯穿了"经济关系高于一切关系"(包括亲属关系)的西方市场经济原则。这种文化的多元性与开放性,是闽南人务实精神与蔑视正统的体现。

3. 闽南人文精神的局限

以上闽南人文精神的三个特点相互依存与联系,以重商趋利为核心,为逐利而勇于冒险进取,因重商而兼容开放,蔑视权威定式。这些特点的发挥同时也带来局限性。

闽南人通常缺乏坚定的政治理念以及为之奋斗的献身精神,这种献身精神与修身、律己相关。由于重商逐利而功利目的明确,其活动有明显的短期行为。由于全民重商又常历风波之险,如王十朋咏泉州诗中所谓"大商航海蹈万死",闽南这块土地上很少滋生出领一代风骚之大思想家,有破旧之勇气而无立新之韧性。即使是明末大思想家李贽,其学说也是对传统现实抨击有余而建构不足。南宋以降,南方学术重镇此伏彼起,引领中国政治思潮,蜀学、浙学、湘学、徽学等先后引导中国思潮,南粤大地近百年更领社会思潮的风气之先。福建对全国有一定影响的闽学,其基地在闽江流域,与闽南基本无关。近千年来在中国政治、文化舞台上叱咤风云者,闽人屈指可数,林则徐、严复等,都是闽江流域孕育出来的,亦与闽南无关。

相反,闽南人在政治理念上的摇摆和务实,却常受时人的诟病。率南宋水师降元而加速南宋覆灭的蒲寿庚,[①]为清军扫荡中原立下汗马功劳的洪承畴,受南明大恩却又降清的郑芝龙,背叛郑成功又率水师剿灭郑成功后裔的施琅,都被时人和后人认为气节有亏。唯一的异数是郑成功,据金厦丛迩小岛而敢北向中原争天下,南拓海疆与欧人抗争。在南明国子监就学和隆武帝的知遇之恩使郑成功矢志孤忠,与清朝抗争到底,其坚定的政治理念与军事组织能力在闽南人中可谓千载难遇,但郑成功却有一半日本人血统。毛泽东在谈到北伐战争时曾戏言:广东人闹革命,福建人出钱,湖南人当兵,浙江人做官。[②] 这里说的福建人,相信指的是闽南人(闽南籍华侨)。

与政治、文化人才凤毛麟角相反,闽南籍大商家辈出,东南亚闽南籍华商如陈嘉庚、胡文虎、陈六使、黄仲涵、李清泉等,当前的黄奕聪、郑周敏、陈永栽、郭令灿等,都是富甲一方的豪商。若以世界华人富豪榜所列资产 1 亿美元以

---

① 蒲寿庚为阿拉伯人后裔,但其海商集团代表的是闽南海商集团的利益。

② 辛向阳等:《人文中国》,北京:中国社会出版社,1996 年,第 482 页。

上者统计,闽南籍和来自闽南文化圈范围者(台湾、广东潮汕地区)约占 2/3。①

尽管在闽南重商传统的沃土中产生了少数远见卓识的大商家,但就多数中小商人而言,其行为多短期功利,缺乏远见卓识,尤其缺乏最终走向政治理念的长远商务战略,这在企业乃至社会的现代化进程中成为致命弱点。或许源于传统的冒险生涯和漂泊的居无定所,闽南商人勇于冒险开拓而拙于精明策划,注重眼前利益而疏于长期和群体战略,尤其疏于社会整体发展战略。在大陆,闽南人善抓改革开放之机而先行一步,但在产业升级和社会整体发展战略方面却明显弱于广东和江浙。

闽南人也较缺乏大团队精神。所谓大团队精神,指的是为一定的理念或共同利益而大规模组合的凝聚力。凡追求大目标、大建树,大团队精神尤为必要。中国历史上影响力较大的体现区域文化特色的政治、经济、军事力量,无不具有明显的团队精神。如晚清以来的湘军、淮军、山西票号、粤军、江浙帮、桂系、川系军阀等,无不具有以区域势力逐鹿中原之势,能在一面旗帜下聚合区域资源,呈现一种大团队精神。

郑氏以降,闽南人从未有效地进行区域资源整合,这也可能与商人习性有关。海商行贾,"皆四方萍聚雾散之客",聚散无定所。闽南人观点上重商贾轻大义,提不出"虽千万人吾往之"的有号召力的政治理念,又缺乏为信仰赴汤蹈火的献身精神。闽南人虽生性敢于冒险,但多为个人逐利动机所驱使,也就缺少共赴公难的精神与气势。有个人血气之勇和义气当先,少民族大义和大社会整合理念。个人的强悍表现在民风上,是所谓的"勇于私斗,怯于公战"。至多是聚众械斗,同族、同乡、同郡聚众斗殴(其性质有如同乡、同族聚合下海做生意),有小集体凝聚力,可以大姓为王,凭借血缘、地缘形成一定的集团势力,从而互相帮助又互相监督,共谋发展。明末闽南海商集团如李旦、刘香、郑芝龙等,都依托乡族势力而成一定气候。但由于无大团队精神,遇官军镇压或强邻压境,即作鸟兽散。17 世纪西班牙殖民者在马尼拉多次屠杀以闽南人为主的华侨,1740 年荷兰殖民者在爪哇巴达维亚屠杀的也是以闽南人为主的华侨,这些闽南人虽然人数居多,却未组织起码的反抗,如任人屠杀之羔羊。②相反,以客家人为主的婆罗洲华侨,却组织起拥有武装的兰芳公司,与西方殖民者武力对峙长达数十年。闽南人会馆之多,无其他籍贯者可比,仅晋江人在

① 吕林伟编:《世界华人亿万富豪榜》,深圳:海天出版社,1995 年。据统计,1995 年世界华人资产上亿美元者为 368 人,闽南籍者 66 人,台湾籍 83 人,潮汕籍者 66 人。

② 关于西方殖民者屠杀马尼拉和巴达维亚华侨,参见庄国土:《中国封建政府的华侨政策》,第 51～53 页;第 98 页。

菲律宾的宗亲会馆就有 200 个以上。[1] 这些会馆都以"敦乡梓而联商情"为宗旨,鲜见因共同政治理念而长期存在的团体。这些会馆固可利用乡谊扩大商业网络,但也常为利益和地盘互相竞争。这种缺乏大团队精神同时也表现在只要当"头家",不想当"伙计"的社会心态上。所谓的"泉州人个个猛",都想占山为王,缺乏整合意识。在现代化过程中,这种缺乏团队精神就使现代化社会的分工、整合意识难于被接受。

缺乏法制意识和社会均衡意识,也是闽南人的一大缺陷。闽南人的趋利精神一洗中原传统思想中的轻商意识,发展出类似西方的重商主义精神。西方的重商主义是与资本主义政治、经济制度的逐步建立同步发展的,但闽南人的重商意识是在专制传统下发展起来的,并一直受到专制政权与专制意识的压迫,从而养成在经商活动中蔑视传统权威和法统的意识。由于历史上中原政权向来罔顾闽南区域的利益和诉求,闽南人惯于在利用中央政策漏洞或疏于防范中求发展,从而养成对自上而下的法规法令不甚遵从的民俗。如果说,明清时期的走私、海盗行径尚有反抗专制统治的积极因素,但改革开放以后仍大规模从事走私、制假、盗版等活动,疏于循正常经济秩序发展企业,这就集中反映了闽南人急功近利性格往恶性发展。群体的无序最终以损害群体中的绝大多数个人为结果。极端功利主义的发展使社会思潮充满短期意识,缺乏对文化、制度、社会均衡的总体思考。商业上的极端冒险精神,常演化为政治思想的易变、务实与短视。闽南商人在竞争本能中懂得选用最好的生产工具,模仿有效的管理方式,重视技术更新,但提不出先进的、系统的管理思想,更疏于社会的法制建构和高层次的人文教育。他们需要的是实用性,缺少的是创造性。

二、10—14 世纪:闽南海商集团的崛起

闽南本为善于航海通商的古闽越人居地。闽越人为古越族一支,[2]习于海上谋生,"水行而山处,以船为车,以楫为马,往若飘风,去则难从"[3]。从西

---

① Zhuang Guotu, The Social Impact on their home town of Jinjiang emigrants' Activities during the 1930s, in Leo Douw & P. Post eds. , *South China : State, Culture and Social Change during the 20th Century*, Royal Academy Press, Amsterdam, 1996, pp. 173~174;J. Amyot, *The Manila Chinese*, Quezon City, 1973, pp. 87~89.

② 吴春明:《中国东南土著民族历史与文化的考古学观察》,厦门:厦门大学出版社,1999 年,第 10~11 页。

③ 越王勾践语。袁康、吴平:《越绝书》卷八《外传》,长沙:岳麓书社,1996 年,第 123 页。

晋到五代,中原汉人数次南迁福建,成为福建主体居民,①闽人航海通商的传统,除地理因素使然外,可能也受闽越遗风影响,诚如唐代独孤及所言,"闽越旧风,机巧剽轻,资产货利,与巴蜀挣富"。②

南朝时,泉州可能已成为中国与南海交通的中转港(扬州与交州间)。③唐中期以后,向为汉唐时代中国海贸中心的广州,其贸易已部分移到泉州,海商图其税轻,④躲避广州的重税和地方官员的盘剥。何乔远《闽书》记载,唐武德年间(618—626 年),穆罕默德四大门徒来华传教,大贤传于广州,二贤传于扬州,三贤、四贤传于泉州,⑤此条广为流传的史料未必可信,但泉州中唐以后海外交通有较大发展,成为"南海番舶常到"、"岛夷斯杂"之地,却是不争之实。故唐文宗颁令善待来华番商时,特指岭南、福建(泉州)与扬州番客。⑥ 当时的诗人包何咏泉州云:"傍海皆荒服,分符重汉臣。云山百越路,市井十洲人。执玉来朝远,还珠入贡频。连年不见雪,到处即行春。"⑦

唐代中国的海外贸易主要由番商番舶来华进行,广州是主要贸易港,终唐一代,泉州只是中国对外贸易的辅助港。唐代广州万商云集,番商与当地人杂居嫁娶,"多占田畴,广营地舍"⑧。唐末黄巢起义军攻陷广州时,据说殉难番商达 12 万。⑨

五代时期,闽国统治者励精图治,发展海外贸易裕国,并将海外奇珍异物大量进贡中原政权,以便维持偏安局面,在五代十国战乱纷纷期间,保持福建 32 年的稳定发展时期,奠定闽南海外贸易的发展。闽国先后治泉州的

---

① 从西晋到唐代,汉人南迁福建较大规模者 3 次:西晋永嘉时期"八王之乱",中原林、黄、陈、郑、詹、邱、何、胡八大姓入闽;唐前期陈政为岭南行军总管,率兵众 5600 人及官佐等入闽镇守漳州,随同入闽者 58 姓。唐末黄巢起义,王潮、王审之率府兵(光州固始县子弟兵)5000 多人和官佐入闽,建闽国。参见朱维幹:《福建史稿》(上),福州:福建教育出版社,1984 年,第 64~66 页;第 112~113 页;第 149~150 页。

② 道光《福建通志》卷六二《学校》,同治年重刊本,第 1265 页。

③ 梁朝来华传经的西印度高僧真谛从南海到建康,途经梁安郡。据考证,梁安位于泉州。参见李玉昆:《泉州海外交通史略》,厦门:厦门大学出版社,1995 年,第 7~10 页。

④ Frederick Hirth and W. W. Rockhill,*Chu Fan Chih*(诸蕃志):*Chau Ju-kua,on the Chinese and Arab Trade*, Sant Peterburg,1911,p. 18.

⑤ 何乔远:《闽书》卷七《方域志》,福建人民出版社 1994 年点校本,第 165~166 页。

⑥ 诏文为:"南海蕃舶本以慕化而来……其岭南、福建及扬州蕃客,宜委节度观察使常加存问,除舶脚、收市、进奉外,任其来往,自为交易,不得重加率税。"《唐大诏令集》卷十,太和三年,商务印书馆点校本。

⑦ 转引自李玉昆:《泉州海外交通史略》,第 13 页。

⑧ 《新唐书》卷一八二《卢钧传》,中华书局点校本。

⑨ 穆根来等译:《中国印度见闻录》,北京:中华书局,1983 年,第 96 页。

王延彬、留从效和陈洪进均奖励海外贸易,积极招徕番商。王延彬任泉州刺史三十年,"每发蛮舶,无失坠者,人因谓之招宝侍郎"①。留从效扩泉州城时,"重加版筑,旁植刺桐环绕",被认为是元代访问泉州的摩洛哥旅行家伊本·白图泰提到的刺桐城(Zaiton)的由来。黄巢起义军对广州番商的大屠杀,是五代时期番商、"蛮舶"大批前往泉州的重要原因,也造就闽南海外贸易发展的先声。

两宋时期,中国社会经济的发展步入黄金时期,不但商品经济发达,人口迅速增长,而且各项科技发明层出不穷,是当时世界经济、文化、技术最发达的国家。福建的开发也突飞猛进,茶、甘蔗等商品作物种植,瓷器、棉布、丝绸、造纸等手工业商品生产,采冶金、铜等矿冶业和造船业等,均在全国居重要地位。至南宋期间,福建经济、文化发展已是国内前列。② 福建经济发展成为宋代泉州港繁盛和闽南海商集团崛起的物资基础。

北宋初年,朝廷"诏诸蕃国香料宝货至广州、交趾、泉州、两浙,非出官库者不得私相贸易",③表明泉州当时已是重要港口。元祐二年(1087年),宋朝在泉州设市舶司,泉州海外贸易蒸蒸日上,中外商人云集,"珍珠、玳瑁、犀象齿角、丹砂、水银、沈檀等香、稀奇难得之宝,其至如委。巨商大贾,摩肩接足,相刃于道"。④ 南宋期间,泉州与广州作为中国主要贸易港的地位开始逆转,泉州贸易规模呈赶超广州之势。究其原因有二:一是宋室南迁杭州,福建距政治中心更近,部分宗室迁到泉州,朝廷对泉州的政治、经济地位更为重视;二是南宋发展与高丽等东北亚地区的贸易,泉州在沟通东北亚和南海贸易方面占有地理优势。到宋绍兴年间后期,泉州的市舶收入与广州相当,表明泉州港贸易规模已和广州并驾齐驱。在南宋最著名的关于海外贸易与海外地理名著《诸蕃志》中,凡载中国与海外各国的航线、距离、日程、方位等,多以泉州为基准。⑤ 尽管这也可能是因为著者是泉州市舶司提举,但泉州为中国最重要海贸基地之一却是不争之实。到元代时,"泉,七闽之都会也,番货远物,异宝珍玩之所渊薮,殊方别域,富商巨贾之所窟穴,号为天下之最"。⑥ 根据元代最著名的海贸和海外地理名著《岛夷志略》载,当时与泉州通商的海外国家

---

① 吴任臣:《十国春秋》卷九四《王延彬传》,中华书局点校本,第 1363~1364 页。

② 徐晓望在对福建经济在全国的地位进行细致比较后认为,南宋时期的福建是中国经济文化最发达的区域。徐晓望:《妈祖的子民:闽台海洋文化研究》,上海:学林出版社,1999 年,第 217 页。

③ 《宋会要辑稿》,《职官》四四之一,北平图书馆 1936 年影印本。

④ 何乔远:《闽书》卷五五《文莅志》,福建人民出版社 1994 年点校本。

⑤ 赵汝适:《诸蕃志》,卷上各条,冯承钧校注本,台北:商务印书馆,1962 年。

⑥ 吴澄:《吴文正公集》卷一六《宋姜曼卿赴泉州路录事序》,四库全书本。

与地区达九十多个,比《诸蕃志》所载多五十多个,输出商品种类也多出数十种,泉州海贸规模与地位超过广州。当时游历泉州的威尼斯旅行家马可·波罗在其游记中认为:"刺桐港是世界最大的港口之一,大批商人云集于此,货物堆积如山。"[①]

对闽南海商崛起具有重要意义的尚有宋代漳州港的兴起。漳州通番舶可能始于五代,北宋时朝廷已在漳州设"黄淡头巡检",维护航道安全和招徕海舶,民间海外贩运活动频繁。虽然漳州的海贸规模不及广州和泉州,但对闽南海商尤其是漳州地区海商的成长有重要意义。

随宋元时期以泉州为中心的闽南海贸繁荣而来的,是闽南海商集团的兴起。闽南地区掌控和从事海贸活动的商人主要为三类:番商及其定居泉州的后裔、外地商人和本地商人。随着番商与外地商人的本土化,与本地商人合流,形成闽南海商集团。

在北宋年间,主导泉州对外贸易的可能主要是番商。明人张燮说:"市舶之设,始于唐宋,大率夷人入市中国。"[②]直到南宋时期,番商及其后裔仍是闽南海贸巨擘,如蒲罗辛、罗智力、施那帏、蒲亚里、蒲寿庚等。这些番商有的是应宋朝廷招徕(番商生意的抽直达30万贯者,可授官职承信郎)。大食番商施那帏"乔寓泉南,轻财乐施,作丛冢于泉州城外之东南隅,以掩胡贾之遗骸"。[③]以回回商人为主的定居于泉州的番商成千上万,"胡贾航海踵至,富者赀累巨万,列居城南",形成番人巷,[④]泉州现在的蒲、郭、丁、白、铁、金等姓多是其后裔。泉州有专门的番商墓区,至今仍在,现称为"伊斯兰墓地",是旅游点之一。元末泉州穆斯林教派什叶派和逊尼派(蒲氏为首)冲突,关南门相互厮杀,伤亡数千人。泉州最有名的回回商人是蒲寿庚,其向背竟然关系到宋朝的存续。蒲氏祖先为阿拉伯商人,先在占城,后到广州,蒲寿庚之父1204年之前到泉州,初为安溪主簿(1204年),后经营海贸有成,授承信郎(1233年)。蒲寿庚善海贸,1274年平海寇有功,授福建招抚沿海都制使,"擅蕃舶利三十年",致产巨万,家仆数千,成为官商合一者,与后来的郑芝龙相似。南宋小朝廷企图依靠蒲寿庚财力物力继续抗元,升其为福建广东招抚使兼福建提举市舶,总海上事宜。元朝极力招诱蒲寿庚集团。南宋张世杰护送端宗到泉州,蒲闭城门不纳,世杰夺蒲船400多艘而去,蒲杀南宋宗子3000多人后降元,元统治者因此掌握南宋所有的海舶。蒲寿庚降元后,受封为福建行省中书左丞,权势炙天,

---

① 陈开俊等译:《马可波罗游记》,福州:福建科技出版社,1981年,第192页。

② 张燮:《东西洋考》卷七《饷税考》。

③ 赵汝适:《诸蕃志》,大食条。

④ 乾隆《泉州府志》卷七五《拾遗上》,同治年重刊本。

在海外贸易上更是独占鳌头。

宋元时期，由于泉州成为中国海贸中心，吸引众多江浙淮湖之贾客迁泉州定居，贾客"自远方而来徙泉者，复多于穴之蚁巢之蜂"。如元代杭州大商人张存，流寓泉州起家贩舶；海盐陈思恭商于泉州，娶泉州庄氏为妻，浮海贩易，客死海外；其子陈宝生与泉州本地海商孙天富到海外贸易十年，所涉异国遍及东西夷。① 外地商人加入泉州海商行列不但加强了泉州海商的实力，对泉州成为国内海贸商品的主要集散地、扩展泉州海商的国内市场具有重大意义。

尽管由于历史和现实政治原因（如元朝对色目商人的偏爱），宋元时期巨商多为番商及其后裔，但泉州本地海商群体的迅速成长更为引人注目。除朝廷朝贡贸易外，海上私商贸易仍以散商为绝大多数。他们虽然资力微薄，但人数众多，散商在"海舶大者数百人，小者百余人……商人分占贮货，人得数尺许，下以贮物，夜卧其上"，②惨淡经营。随着海外贸易的发展，假以时日，泉州本地商人也逐渐大商家辈出。"泉州扬客为海贾十余年，致资二万万。"③巨商王元懋出身寺院杂役，学番语后泛海往占城，占城王招为婿，后归泉州，成为大海商。④ 纲首陈应、吴兵、朱纺和李充、林昭庆等，都是当时有名的大海商。⑤尚有世代相习以海商为业者，如上文所提及的陈思恭、陈宝生父子，又如大商人柳悦、黄师舜，"世从本州给凭，贾贩高丽"。⑥ 值得注意的是宋元时期已有少数定居于海外的商贩和华人移民。如泉州商人到缅甸东海岸商贸，因彼地利厚，"故贩其地者，十去九不还"。⑦ 元末泉州籍朱道山海商集团定居海外，"以宝货往来海上，务有信义，故凡海内外之为商者，皆推焉以为师"。⑧ 明初郑和下西洋所知的定居在爪哇和苏门答腊华人群体以广东和漳泉人为主，⑨相信应是宋元时期移居到海外的。

---

① 陈高华：《元代泉州舶商》，陈高华《元史研究论稿》，北京：中华书局，1991年，第429页。

② 朱彧：《萍洲可谈》卷二。

③ 洪迈：《夷坚丁志》卷六《泉州扬客》。

④ 《宋会要辑稿》，《蕃夷》七之五十。

⑤ 李玉昆：《泉州海外交通史略》，第46～47页。

⑥ 李金明、廖大珂：《中国古代海外贸易史》，南宁：广西人民出版社，1995年，第144页。

⑦ 汪大渊：《岛夷志略》，乌爹条。

⑧ 王彝：《王常宗集》，补遗，《送朱道山还京序》，转引自李金明、廖大珂：《中国古代海外贸易史》，第208页。

⑨ 马欢：《瀛涯胜览》，爪哇条、旧港条，《丛书集成初编》(624)，商务印书馆刊本。

尽管与中国其他港口一样,番商很大程度掌控了海外贸易,但也推动了闽南本地海商群体的崛起。随着时间的推移,番商和外地商人逐渐当地化,与本地商人归为一体,形成闽南海商集团,成为中国海外华商经贸网络的重要组成部分。中国海外华商经贸网络的肇基始于宋元时代,到 15 世纪初基本形成,在 17—18 世纪经历扩张和发展而达到顶峰,从而形成一个以中国市场为中心,遍及北起日本,内含中国大陆沿海地区、台湾,南括东南亚地区的东亚、东南亚商贸网络。这个经贸网络与欧洲人的远东经贸网络互相交叉、利用和补充,构成由欧洲人主导的东西方经贸网络的组成部分。①

尽管福建在宋末元初的对外贸易规模已超过广州,但广州海贸历史悠久,经营海贸网络时间更长。在宋元到明初时期,闽南海商在中国海商网络中的影响力可能还不如广东海商,至多在元末明初与广东海商各擅胜场。15 世纪初在东爪哇杜板、新村、苏鲁把益(Sarabaya,现苏拉巴亚)和苏门答腊旧港等地皆有千人至数千人的华人聚居,其首领和成员还是广东人为主。②

三、15—17 世纪:从走私贸易、海寇贸易、合法贸易到"海上帝国"

明代以降,泉州港贸易迅速衰落。究其原因有三:一是泉州港逐渐淤塞,海舶难进;二是明初朝廷实行海禁,不许海上私商贸易,将海外贸易集中于朝廷组织的朝贡贸易,宋元时期活跃的泉州海上私商贸易迅速凋零;三是明初统治者惩治支持元朝的色目人,元代聚居泉州的数万色目番商及其后裔顿时星散,或逃离泉州或隐名埋姓。

由于东南沿海人民长期以来籍海为生,海禁后舟楫不通,生计萧条,只好冒禁出洋市贩,以走私形式维持宋元以来形成的海上私商贸易。由于明朝历

---

① 庄国土:《论早期海外华商经贸网络的形成(11—15 世纪初)》,《厦门大学学报》1999 年第 3 期。

② 东爪哇杜板居民"约千家,以二头目为主。其间多有中国广东及漳州人流居此地,鸡羊鱼菜甚贱"。新村"番名革儿昔,原系沙滩之地,盖因中国人来此蛰居,遂名新村。至今村主广东人也,约有千余家"。苏鲁把益"番名苏八把牙……亦有村主,掌管番人千余家,其间也有中国人";"国有三等人,回回人、唐人和土人。一等回回,皆是西番流落此地。……一等唐人,皆是广东漳泉等处人,窜居此地,食用亦美洁,多有从回回教门受戒持斋者"。苏门答腊旧港"国人多是广东、漳泉州人逃居此地,内甚富饶,地土甚肥。……昔洪武年间,广东人陈祖义等,全家逃于此地,充为头目,甚是豪横"(马欢《瀛涯胜览》,爪哇条;旧港条)。旧港地区还有另一股以广东南海豪民梁道明为首的华人势力,在永乐初年"窜泊兹土,众推为酋。闽广流移从者数千人"(张燮《东西洋考》卷三,旧港条)。

行海禁,原有的通商港口悉被严查,中国海商将货物集散地、交易场所、仓储、补给基地等转移到沿海小岛与偏僻澳湾之处,形成从浙江至广东沿海地区的走私港网络。泉州海商以安平港为基地从事走私贸易,或多往漳州,参与当地活跃的走私贸易。日本、葡萄牙人和东南亚商人群趋这些走私港贸易。漳州地区经济文化较泉州相对落后,远离福建政治中心,不为朝廷官府瞩目,沿海多偏僻港口,又临近走私猖獗的粤东地区,因此在嘉靖万历年间,成为中国沿海走私贸易的中心区域。走私的形式有多种,较普遍的为私下出洋贩运。海商通常分别在不同地点购物、造船和出洋,以躲避官府稽查。如在浙江购物时,发现此地海禁严厉,则在广东或福建造船出洋。漳州人陈贵等7人连年率26 艘货船到琉球交易,1542 年到达琉球时,尚有广东潮阳的 21 艘商船也在当年抵琉,船上水手舵工达 1300 人之多。① 也有将外国商船引到沿海走私港进行交易者。嘉靖年间,漳州商人水手最早将日本走私船引到泉州:"有日本夷船数十只,其间船主水梢,多是漳州亡命,谙于土俗,不待勾引,直来围头、白沙等澳湾泊。"②明中叶倭患炽烈,勾结倭寇最多者似为漳州人。明末最先引来荷兰人的也是漳州人:漳州海澄人"李锦者,久驻大泥,与和兰相习。而猾商潘秀、郭震亦在大泥,与和兰贸易往还。忽一日与酋麻韦郎(应为韦麻郎)谈中华事。锦曰:'若欲肥而橐,无以易漳者。漳故有彭湖屿在海外,可营而守也。'酋曰:'倘守臣不允,奈何?'锦曰:'采珰在闽,负金钱癖,若第善事之,珰特疏以闻,无不得请者。守臣安敢抗明诏哉!'酋曰:'善。'"③这位将荷兰人引到福建的李锦,即荷兰东印度公司档案中的华商"En p'o"。他久居马来半岛的贸易重地北大年,并曾在荷兰居住,接受过荷兰新教的洗礼而成为教徒,荷兰商人把他"当作是荷兰人而不是北大年人……"④

明朝廷对走私贸易的打击决不留情。一经擒获,为首者和主要骨干均被处死。官军不但在沿海稽查出洋者和返航者,尚行文各相关国家,解回中国走私商人与船货,被解回者以数千计。同时,明朝官军到处摧毁走私港口,封锁出洋口岸,旨在从根本上铲除海商的基地与生存环境。朝廷武力镇压走私贸易的结果是走私商人转变为海寇商人,中国海上私商贸易由隐蔽的走私贸易转为武装对抗下的公开贸易,并以劫掠沿海地区作为武力对抗手段。海寇商

---

① 严嵩:《琉球调解送通番人犯疏》,《明经世文编》卷二一九,第 2301 页。

② 安海志修编小组:《安海志》(新编)卷一二《海港》,安海,1983 年,第 127 页。

③ 张燮:《东西洋考》卷六,红毛番条,第 127～128 页;关于西班牙人到海澄的贸易,参见菲律乔治:《西班牙与漳州之初期通商》,《南洋研究资料译丛》1957 年第 4 期。

④ 伯克霍尔特(V. Boecholt)1611 年 12 月 1 日的信,海牙档案馆,K. A. 类 966 号。转引自[荷]包乐史著,庄国土等译:《巴达维亚华人与中荷贸易》,第六章《华商恩浦和早期的荷中关系》。

人因贸易、武装联盟等原因而勾结倭人,即日本海上浪人和海商,联合对抗朝廷的高压政策。由走私商贩到海寇商贩的转变也使华商组织形态有一定的变化,即大小海商、舵工水手因走私与武装反抗的需要而分化组合为分属几个较大的武装海商集团。这些海商武装集团之间或争斗或联手,虽群龙无首,但各自啸聚一方从事海外贸易,使明初以来小规模、隐蔽性的海外私商演成明代中后期大规模的海寇集团。这一时期中国东南沿海先后形成的著名海寇集团中,谢老、严山、洪迪珍、张维、吴平、曾一本等海寇集团都主要由漳州人组成,许二、王直海寇集团中,也有不少漳州籍骨干。① 漳州地区的月港成为走私贸易的中心,有以"二十四将"闻名的海寇集团。至隆庆元年(1567),明朝部分开放海禁。开禁地点即在偏远的漳州月港,取其月港远离福建政治中心又是贸易繁盛之地。

明朝政府将出洋贸易海船集中于月港发舶,制定贸易、税收管理制度,以便有效地控制日益增长的海上私人贸易,每年从月港发舶出洋,"多则二百多艘,少则七八十艘"。至 17 世纪初,每年从月港扬帆的船舶多达 300 余艘。② 这些华人商舶遍历东西洋的 47 个国家,西班牙、葡萄牙、荷兰也各自通过其贸易转运港马尼拉、澳门和西爪哇的万丹与月港间接贸易。③ 多达 116 种外国商品及更大量的中国产品(多是手工业产品),通过闽南海商水手在月港进出口。④ 17 世纪初,以月港为中心的贸易网络北起日本,包括各主要的中国港口,南至印尼群岛。当西南季风将转向之时,华商水手稛载而归,回到月港,出售其携回的热带产品,交换有关海外的物产、市场信息,修补船舶,准备来年的航行。⑤

月港成为中国海商唯一放洋港口对闽南海商主导海外华商网络有重大意义。如果说明代中期以后以漳州人为中坚的闽南商人在中国东南沿海走私贸易中,是暂时拥有相对优势地位,月港开放则使闽南商人在合法贸易中独占先机。月港开港时,正值欧洲人东渐初期。欧洲人的远东贸易是用白银交换以

---

①　林仁川:《明末清初的私人海上贸易》,上海:华东师范大学出版社,1987 年,第 86～112 页。

②　1613 年,约有 200 艘船被允许出洋,非法出洋者可能为数不少。西班牙、葡萄牙商船也前来月港。谢方:《明代漳州月港的兴衰和西方殖民者的东来》,载《月港研究论文集》,漳州,1983 年,第 169 页。

③　关于明代后期月港与马尼拉、中国澳门的贸易,参见:Tien-Tse Chang, *Sino-Portuguese Trade*, Leiden, 1933; William Lytle Schurz, *The Malila Galleon*, New York 1939; C. R. Boxer, *The Great Ship from Amacon*, Lisbon, 1959.

④　关于商品的种类和税率,见《东西洋考》卷七《饷税考》。

⑤　《东西洋考》,周起元序,小引。

香料为中心的南洋热带产品和以丝绸为中心的中国商品,而明代中国正开始以白银为通货,从而急需大量白银。掌控中国出口商品的闽南海商到日本、马尼拉、中国澳门、巴达维亚和拥有大量白银的日本与欧洲商人交易,使闽南海商成为明代后期输入白银的最重要华商群体。而最为有利可图的对马尼拉贸易,几乎为闽南海商独擅,从马尼拉回国的中国帆船,除银元外几乎别无他物。因此,朝廷对前往吕宋贸易的商船返航时加征 150 两银子,称为“加增饷”。[1]月港海外贸易的繁荣不仅给当地人民,而且给地方官府带来巨大的利益。福建巡抚涂泽民奏请开放海禁以后,朝廷析龙溪和漳浦两县部分地区为海澄县,以月港为县治所在。并在月港设“督饷馆”,掌征贸易税和管理海上贸易事宜。月港税饷增幅惊人:1575 年,所征税饷仅 6000 两,到 1594 年已激增至 29000两,至 1613 年,更达 35000 两。[2] 聚集在月港的五方之贾,分市东西路,“其捆载珍奇,故异物不足述,而所贸金钱,岁无虑数十万”。因此,月港被誉为“天子之南库也”。[3]

月港贸易不但使漳州海商在明后期主导中国商品的输出和白银的输入,而且推动闽南的海外移民。早期海外移民多为商贩水手,主要服务于海外华商网络。明后期最重要的海外华人聚居地是长崎、马尼拉和巴达维亚。万历年间朱国祯的《涌幢小品》载:“有刘凤歧者言,自(万历)三十六年到长崎岛,明商不上二十人。今不及十年,且二三千人矣。合诸岛计之,约有二三万人。”[4]长崎等日本诸地的华商应主要是闽南人,泉州人李旦(Andrea Dittles)为华商首领之一,[5]另一闽南人颜思齐亦是华商巨擘,他们在长崎及周围都纠集了一批华商及华人居留者。1708 年,日本幕府管理唐人街的 167 名文译员中,有101 名专门译闽南语。[6] 17 世纪初,马尼拉华人近三万人,绝大多数是漳州人。闽人何乔远记载,马尼拉“其地迩闽,闽漳人多往焉,率居其地曰涧内者,其久贾以数万,间多削发长子孙”。[7] 巴达维亚的华人以闽南籍为主,至少在60%左右。[8]

从明中叶到明代后期,以漳州人为主的闽南海上商贩水手或为走私商,或

---

① 《东西洋考》卷七《饷税考》。

② 《东西洋考》卷七《饷税考》载,“万历四十一年(1613 年),诏减关税三分之一,漳税应减万一千七百”,则当年关税应是 11700 /3＝35100 两。

③ 《东西洋考》,周起元序。

④ 朱国祯:《涌幢小品》卷三〇,倭官倭岛,北京:中华书局,1959 年,第 716 页。

⑤ 岩生成一:《侨居平户的华人首领李旦》,《东洋学报》第 17 号,1958 年。

⑥ 王赓武:《中国与海外华人》,台北:商务印书馆,1994 年,第 112 页。

⑦ 何乔远:《名山藏》,“王亨记三”,吕宋条,明崇祯刊本。

⑧ 庄国土:《清初至鸦片战争前南洋华侨的人口结构》,《南洋问题研究》1992 年第 1 期。

为海盗，或为合法商人，或为海外移民，在中国海外华商网络中开始担任主角，广东海商集团则居次要地位。自此闽南海商主导海外海商网络直至19世纪中期。

以漳州海商为主导的闽南海商集团在17世纪初迅速衰落，泉州海商取而代之。漳州海商集团衰落原因有三：一是菲律宾西班牙殖民政府对马尼拉漳州海商的屠杀。1603年，西班牙人对马尼拉华人大开杀戒，华人殉难者2.5万，其中漳州海澄人十居其八。[①] 马尼拉华商被屠，漳州籍海商元气大伤，这是其以后的地位被泉籍商人所取代的主要原因之一。二是月港逐渐淤塞，作为明代后期中国私商贸易中心的地位被厦门、安海等港取而代之。三是泉州籍郑芝龙、郑成功父子以泉州安平为大本营组构海上帝国，郑氏主导的闽南海商集团以泉州籍人为主，漳州籍人退而为辅。

17世纪初，远东水域的中国海商集团虽经多次分化组合，仍是诸雄并立。明朝采取以盗制盗战略，以招抚实力较强的郑芝龙团伙来对付其他华人海商集团和西洋海盗。1628年夏，福建巡抚熊文灿封郑芝龙为海上游击，委其清剿海盗之任。从此郑芝龙拥有在大陆的牢固基地，无后顾之忧而从容经营海上事业。在迅速打垮和收容其他海盗集团后，郑芝龙确立其在华商网络中的领袖地位，福建省沿海地区成为其独立王国和牢固的后方。1633年，在明朝支持下，郑芝龙与荷兰舰队在金门料罗湾决战，击败了荷兰舰队。金门的胜利对中国海商集团具有重大意义。此役之后，"荷兰驻台湾总督蒲罗曼以武力打开通向大陆的努力宣告失败，荷兰人从此退出福建沿海"，[②]台湾海峡成为郑氏舰队的内湖。郑芝龙违禁开辟对日贸易，从此有了福建沿海地区这一稳定的货源地和转运中心，确立了与日本及与大陆沿海各地贸易中对荷兰人的优势。荷兰人千辛万苦殖民台湾，在台湾从事对日本和福建的贸易，从而将台湾作为东亚、东南亚贸易转运站，也因退出福建水域而使台湾从此失去中介作用。金门的胜利也使郑芝龙被明朝升为福建副总兵，成为合法的福建水师首领。从此以后，作为华商网络首领之一的郑芝龙同时也是福建水师首领，华商网络第一次拥有一支实力巨大的军事力量服务于商务开拓。到郑芝龙于1636年击败最后一个海商首领刘香而实现海上统一后，成功地控制了绝大部分华商的海上贸易活动。海商远洋贩运，通常需领郑氏牌照，无数华商在其号召下耕耘于远东水域。郑芝龙早在1625年就于台湾南部的诸罗建立基地，大规模组织闽南人移民台湾，这些移民成为其海上力量的取之不尽的人力"水库"。

---

① 乾隆《海澄县志》卷一八，中国方志丛书本，第13页。

② Leonard Blusse, *Tribuut aan China*, Amsterdam, 1989, p. 49.

郑氏集团组构严密的国内外贸易网络,即著名的以金、木、水、火、土命名的陆上五商和以仁、义、礼、智、信命名的海上五商。陆上五商分布于杭州及其附近地区,向公衙预支资本后负责采购贩运到海外的货物,交付海上五商,再与公衙结清账目。驻厦门及附近地区的海上五商接货后,运往海外销售,返航后再与公衙结账。郑氏集团覆灭后,其海陆商人想必定居当地,成为后来遍布东南沿海地区和东南亚的闽南人商贸网络的组成部分。

郑氏集团经济、军事实力的养成,意味着郑氏集团成为击败葡萄牙和西班牙人后企图建立远东贸易霸权的荷兰人的最主要的对手。尤其在郑成功时代,他们之间的经济斗争一再发生于从南洋群岛到日本之间的所有港口水域。郑成功进攻南京之役失败后,清朝严厉封锁郑氏的金厦基地,郑成功决定东征台湾,作为反清基地,同时也将荷人逐出南中国海以北。远东两大海上强权终于以军事力量决定最后的霸主地位。1661 年,郑成功挥师进攻台湾的荷兰基地。在被围困 7 个月后,荷人主要基地热兰遮城堡正式向郑军投降,荷兰人撤出台湾,也意味着退出南中国海以北的贸易。以郑氏集团为代表的华商网络的优势进一步加强,而荷人丢失台湾则成为其远东扩张的转折点,从此走上衰落的道路。

郑氏迁台后,台湾成为郑氏主导的海商网络的主要基地。当时设在台湾的英国商馆估计,台湾每年平均有 14～15 艘大船赴日贸易,有 5～6 艘大船到马尼拉贸易。[①] 以台湾为基地的闽南海商与移民互为依托,积极开拓远东海上贸易,成为闽南人主导的海外华商网络的重要组成部分。

---

① 戚嘉林:《台湾史》上册,台北:自立晚报社,1986 年,第 108～109 页。

第二章

17—19 世纪的中国移民下南洋

中国人移居海外的原因,或可因灾变,或可因战乱。但持续大规模移居海外之主因,则是对外经济交流的发展。人随货行,商贸与移民互动,在异域谋求生存与发展空间,定居后再牵引亲友同往。17 世纪以后,欧洲人相继在东亚扩大贸易网络和在南洋拓展殖民地,招徕华人,辟荒种植,发展工商。东亚区域贸易融入世界市场,中国海外移民亦得广袤谋生空间,中国人赴南洋的移民潮因此形成。

至 17 世纪中叶,华侨已达十数万人,多集中于各商港与周边地区。马尼拉聚华侨近 3 万人,长崎、北大年、巴达维亚、阿俞陀耶、缅甸江头城、爪哇新村等港口和商城,各聚数千上万不等。[①] 闽南人素谋海为生,多财尚贾,得出洋先机。因此,17 世纪中期的日本和南洋华侨多是闽南人,约在七成以上,其次为广东、江浙人。缅甸江头城华侨则以滇人、闽商为主。这一时期的华侨多为大小商贩,主营中国商品,其次为各类工匠。各欧属贸易港之建堡、开壕、建屋及加工制作之匠人,也多由华侨充当。

清初战乱频繁,社会凋敝,朝廷又在沿海实行海禁迁界,迁民流离失所者或远走他乡,或违禁出洋,大多前往南洋,少数避难日本。1684 年朝廷开放海禁后,以厦门为华船出洋之总口,海外贸易复兴,向海外移民络绎于途。

第二次鸦片战争之后,西方列强迫使清廷开放在华招工。此后出国移民以华工为主。咸丰、同治年间,厦门、汕头、广州、澳门和香港,次第为苦力贸易中心。早期华工多被贩往古巴、秘鲁、毛里求斯、留尼汪、澳洲、美国、英法西印度属地等。19 世纪 70 年代以后,南洋、南非、南太平洋群岛等地是华工主要去处,以南洋为最。新加坡和槟榔屿各有包揽专权之客头,多为秘密会社成员,与南洋各矿区和种植园雇主或秘密会社勾结,从中国沿海诱贩华工出洋。因此,在中国口岸招诱华工出洋转卖,大多为南洋华人客头。他们回乡募工,轻车熟路,非洋商所能比肩。到轮船业兴起后,南洋各殖民地和暹罗均开辟定期班轮,川行于南洋与闽粤各口岸间,华工输出数量亦急遽增加,是南洋华人数量迅速增长的主要动力。

---

① 庄国土:《华侨华人与中国的关系》,广州:广东高等教育出版社,2001 年,第 164~168 页。

下南洋的中国移民,多从厦门、汕头出洋,次为香港和广州。在 1876—1898 年间,从厦门出洋前往南洋各地者共约 137 万人。从厦门出洋的移民虽华工较多,但从事商贩者亦为数不少。因为南洋华商向来是闽籍者最多,从汕头出洋前往南洋各地者有 150 余万人,其华工比例较厦门出洋者高。运往苏门答腊种植园和邦加、勿里洞锡矿场的苦力华工,几乎全来自汕头。由于暹罗的潮州人商贸势力雄厚,从汕头前往暹罗的潮州人亦有不少是商贩。南洋拓荒采矿的中国移民,大多是从汕头出洋的粤东客家人。客家人更具吃苦耐劳和团队精神,能忍受矿区恶劣生存和劳作环境,在矿场组织与矿区争夺中更胜一筹。南洋各地的采矿业,如婆罗洲的金矿,越北的银矿铜矿,马来半岛、暹南、邦加的锡矿等,其矿主矿丁多是客家人。采矿风险大,致富也比其他行业更快。因此,虽然南洋客家人数量远少于闽南人和潮州人,但 20 世纪初的南洋华侨豪商中,客家人几乎可与经商数百年的闽南商人比肩。

20 世纪初期,华侨应有 400 多万之众。九成以上聚居南洋。北美、澳洲、非洲、拉丁美洲等各地华侨约有 30 万,绝大多数为华工,多来自广肇地区,少数来自粤东。日本则商贩佣工与留学生各约万人。暹罗华侨数量最多,土生者众,总数应达 150 万以上,多数来自潮州地区。虽暹侨佣工者最多,但商贸多为潮人、闽人所控。荷属印尼华侨应在百万以上,土生者约半,闽籍者最多,次为客家、广肇籍。荷印华侨多在矿场与种植园为佣,商贩亦多,富商迭出。新马华侨百余万,华侨多为矿工、种植园工,商贩亦众,多富商,闽籍最多,次为广肇、潮州,土生者约占二成。法属印度支那华侨 60 多万,广肇籍最多,次为潮州、客家、闽南籍,商贩居多。英属缅甸华侨十余万,下缅甸多闽籍和广肇籍者,内陆地区大多是云南籍,缅甸华侨以商贩居多。菲律宾华侨近 10 万,九成为闽南人,其中半数来自晋江,多数以商贩为业。

第一节　越南、缅甸与暹罗

越南、缅甸与暹罗位于中南半岛,相对于群岛地区的菲律宾、新马和印尼,通常认为是南洋的大陆地区。19 世纪中叶以前,虽然英国占领缅甸沿海的部分地区,但这三个国家的土著政权仍有效统治各自的国家,对中国移民基本上持欢迎态度。中暹关系一向友好,经贸往来密切,暹罗王室善待华侨。因此,中国移民视暹罗为下南洋的福地。越南和缅甸与中国接壤,商贸往来不断,陆路移民与海路移民并行。明末清初的鼎革时期,不愿接受清朝统治的明末遗民,不少遁入这两个地区。

一、越南

1. 移民广南

明季以来,安南东京、广南会安等港,一向是华商辐辏之地。清初战乱期间,虽然朝廷颁布海禁,福建、广东藩王仍暗通海外,闽粤商船仍可往广南贸易。1654年,平南王尚可喜派广州帆船持荷兰东印度公司通行证,往广南的西邻真腊(柬埔寨)贸易。① 海禁期间,广南与真腊仍为华商贸易重地,每年均有数艘中国船前往贸易。

越南与中国海路便捷,向来是中国遗民逋亡之地。南宋末年,一部分宋朝遗臣不甘臣服元朝,远遁海外,诸文武臣"或仕占城,或婿交趾"②。明末清初,有大批中国遗民逃往越南。北方安南接壤两广、云南,安南王恐清朝怪罪,不愿接纳明末遗民。因此,明季遗民多逋亡广南。福建长乐人郑会,不愿遵守清朝的变服剃发之令,留发南投广南,客寓边和。③ 承天明香社陈氏家族第一世陈养纯,避乱南来生理,衣服仍存明制。④ 安南黄氏家谱载:"祖广东处广州府顺德县东舍社,乃清氏莅位,诏传有头无发之旨,宗门不肯奉旨,三艚越海走于安南国"。⑤ 阮朝李文馥家族《李氏家谱》载,李氏原福建漳州龙溪县西乡社二十七都,义不仕清,遂相与航海而南。⑥ 余缙《属国效顺疏》谓,自明季以来,士民流寓广南国者以亿万计。⑦

1671年,雷州鄚玖南投真腊,得国王宠信,遣他开垦荒野地,开署立簰。鄚氏大规模招徕闽粤移民,在河仙垦殖谋生,河仙渐成华侨聚居之地。1679年,明广东省镇守龙门总兵官杨彦迪、副将黄进,镇守高、雷、廉等处地方总兵

---

① 王秀楚:《吴耿尚孔四王合传》,见《明季稗史初编》,上海:上海图书集成印书局,光绪二十二年线装本。

② 郑思肖:《心史》,"大义略叙",《四库禁毁书丛刊》(集部第30册),北京:北京出版社,1998年,第92页。

③ [越]郑怀德:《艮斋诗集》(东南亚研究专刊之一),自序,香港:香港中文大学新亚研究所,1962年,第126页。

④ 陈荆和:《承天明乡社陈氏正谱》(东南亚研究专刊之四),香港:香港中文大学新亚研究所,1964年,第41页。

⑤ 《黄家谱记》,越南汉喃远藏手抄本,编号Vhc297,第4~5页。

⑥ [越]李文馥:《李氏家谱》,越南汉喃院藏手抄本,编号A1057,第3页。

⑦ [英]霍尔著,中山大学东南亚历史研究所译:《东南亚史》上册,北京:商务印书馆,1982年,第498页。

官陈胜才(陈上川)、副将陈平安等,率领兵弁门眷三千余人、战船五十余艘,往广南京地思容(今顺化港)、沱灢(今岘港)二海港。求广南王收容,自称"大明国逋臣,为国矢忠,力尽势穷,明祚告终,不肯臣事大清,南来投诚,愿为臣仆"。① 广南王遣其往邻真腊的东浦(嘉定古名)地方辟地以居。② 杨彦迪、陈上川等率部艰苦创业,招徕中国移民,辟闲地,通沟渠,构铺舍,东浦逐渐成为清人、西洋、日本、阇婆诸国商船凑集、华风蔚然之繁盛商埠。③ 1698 年,阮氏又在南圻设立镇边、藩镇两营,吸引清人来商,形成以后的清河社。④

会安自明末以来,一直是华商贸易重地。据荷兰东印度公司档案,在 1642 年,会安的日商约为四五十人,而华人除了仕于官途者外,华商数约四五千名。这些华人均无须向官府纳税,故乐意长驻当地。⑤ 至 17 世纪末,会安聚集大量华商,其唐人街"长三四里"。⑥ 船主、商客几乎都是闽粤人,尤以闽商为主。即使是浙江宁波船,其船主亦多泉州人。⑦ 1695 年应广南王之请前往传道的广州长寿寺僧大汕,所搭乘的商舶的随船中国客商达四五百人。⑧ 据 1744—1746 年会安明香社注册簿显示,每年有 35～40 名华人从中国迁来并加入明香社,其中大部分都是来自福建的 20 岁左右的未婚男子。⑨ 这个时期,会安成为百粤千川舟楫往来之古驿,五湖八闽货商络绎之通衢。⑩ 1750 年后,每期多达 60 艘的中国商船从中国各个港口驶抵广南。曾为阮主侍医的德国人柯弗莱尔(Koffler)记载,每年约有 80 艘中国帆船由各地来商,尚有澳

---

① [越]郑怀德:《嘉定通志》卷三《疆域志》,收入戴可来,杨保筠校注《岭南摭怪等史料三种》,第 121 页。

② 《大南列传前编》卷六,第 16 页。

③ [越]郑怀德:《嘉定通志》卷三《疆域志》,《岭南摭怪等史料三种》,第 122 页。

④ 《大南实录前编》卷七,第 14 页。

⑤ Li Tana and Anthony Reid, comps. , *Southern Vietnam under the Nguyen: Documents on the Economic History of Cochinchina(Dang Trong)*, 1602—1777, Singapore: Institute of Southeast Asian Studies, 1993, p. 31.

⑥ 陈荆和:《清初华舶之长崎贸易及日南航运》,《南洋学报》第 13 卷第 1 辑,1957年。

⑦ 《福建巡抚毛文铨奏请严禁商船偷越禁洋折》,故宫博物院文献馆《文献丛编》(第 17 辑),和济印刷局 1930 年铅印本,第 3 页。

⑧ 大汕:《海外纪事》,北京:中华书局,1987 年,第 23 页。

⑨ [澳]李塔娜著,李亚舒等译:《越南阮氏王朝社会经济史》,北京:文津出版社,2000年,第 24 页。

⑩ 大汕:《海外纪事》卷四,第 80～81 页。

第二章 17—19 世纪的中国移民下南洋

门、巴达维亚和法国的货轮。① 到 1768 年,会安华商人数增至 6000 人。②

2. 赴北越采矿和商庸

18 世纪初,中国人大规模赴越南北部商庸采矿。中越山水相连,村寨相接,"烟火相望者甚多。沿边民人或赴彼佣工,或往彼贸易,自昔如斯,匪朝伊昔"。③ 安南北部铜、银矿场大部临中越边境地区,有宜兴、太谅、宣光、聚龙、兴化、呈烂、玉碗、太原、爽木、安欣、廉泉、送星、务农、金马、三弄金厂,昆铭牵肠,谅山、怀远等铜厂,南昌、隆生等银厂。④ 安南当局因"彼地人不习烹炼法,故听中国人往采,彼特设官收税而已"。⑤ 当地官员多招募清商前来采矿,矿商再招本籍乡亲入越为矿丁,因此,越境赴越采矿者络绎于途,多到"一厂佣夫至以万计"。⑥ 由于华商华工聚居矿区,商民也随之而往。广东钦州所属之东兴街、思勒峒二处,紧邻安南,民夷杂沓,私贩甚多,⑦出入安南江坪,往来贸易,错居杂处。⑧ 东兴街东西绵长三十余里,在在有路可通安南,内地商民"在彼开铺煎盐,每日行旅如织"。⑨ 云南之开化、广南二府,边界均与交趾毗连,千里之内,犬牙交错,在在可通。滇南各土司及徼外诸夷,"一切食用货物,或由内地贩往,或自外地贩来,彼此相需,出入贸易,由来已久"。⑩ 每到秋收后,

---

① 陈荆和:《十七、十八世纪之会安唐人街及其商业》,香港《新亚学报》第 3 卷第 1 期(1957 年),第 302 页。

② [英]布赛尔:《东南亚的中国人》,《南洋问题资料译丛》1958 年第 2—3 期,第 7 页。

③ 杨锡绂:《安南匪徒未靖请严边防疏》,《四知堂文集》卷五《四库未收书辑刊》(第 9 辑第 24 册),北京:北京出版社,2000 年,第 152 页。

④ [越]潘清简等纂:《越史通鉴纲目》,卷 35,第 21 页,台北:"国立中央图书馆"影印,1969 年。

⑤ 赵翼:《粤滇杂记》,收入《小方壶斋舆地丛钞、补编、再补编》(第七帙),杭州古籍书店 1985 年影印本,第 386 页。

⑥ 《越史通鉴纲目》卷四三,第 1 页。

⑦ 《清世宗实录》卷一五〇,雍正十二年十二月癸卯,北京:中华书局,1985 年,第 856 页。

⑧ 《两广总督杨应琚奏为钦州沿边请改设防汛事》(乾隆二十年八月初十日),国家清史编纂工作资源库,档号 03—0462—028。

⑨ 《署广东总督策楞等奏折》(乾隆八年十一月十一日),《军机处录副奏折》,中国社会科学院历史研究所《古代中越关系史资料选编》,北京:中国社会科学出版社,1982 年,第 648 页。

⑩ 《张允随奏稿》(乾隆十一年五月初九日),收入方国瑜主编,徐文德、木芹纂录校订《云南史料丛刊》第 8 卷,昆明:云南大学出版社,2001 年,第 683 页。

云南边民就相率出交贸易。①

　　由于赴越采矿利润甚丰,出国者不光是边民,内地省份的人也涌到安南。乾隆八年(1743),广西巡抚杨锡绂奏称:粤西南、太、镇三府沿边民人赴越商工,且不独粤西也,"即云南、广东、福建、江西、湖广等省民人往交贸易及开挖矿厂者,亦不可胜数"。② 1768年,安南太原送星银厂已聚五千余众。该厂由广东嘉应长乐人张德裕、李乔恩纳税承办,招募乡人,分磺开采。③ 至该厂生产高峰的1774年时,人数达两三万。此外,边外太原、牧马等处一带山场,亦五金并产,矿磺甚多,也多聚清人。④ 云南边外都竜、波象、波违等厂,内地民人聚集开采者,不下十余万人。⑤ 众多华人矿工和矿商,其食用几乎全依国内供应,因此,内地客商入越,为矿区华工提供各种商品。⑥ 1774年,粤商黄恒有领照承办开采安南兴化的蝎嗡银厂,再招粤商赵国顺等合伙。每年纳金十四两,矿工多时达三百多人。⑦ 邻两广的安南北部矿商及矿工大多是广东人,尤以来自潮州、嘉应州的客籍者居多。如1775年安南国王致广东地方官员关于清商矿厂滋事的咨文中称:册开在厂之人籍,求广西、江西、湖南、福建各省,而粤东嘉应、惠州及广肇南韶之人,十居其九。⑧ 近云南的越北厂矿则江西、湖广人居多,这是因为从明季以来,多由江西、湖广人携资入滇开矿。由滇及越,资本易筹,矿丁易聚。虽云南边外亦皆产有矿硐,但土著不谙架罩煎练,只懂得烧炭及种植菜蔬,豢养牲畜,也欢迎华商厂民前来采矿商贸。因此,凡边外有一旺盛之厂,华商矿丁立即闻风云集。1745年云南总督张允随的奏折中就叙及:"(滇南)地产五金,不但本省民人多赖开矿谋生,即江西、湖广、川、陕、贵州各省民人,亦俱来滇开采。在其地打磠开矿者,多系汉人。大抵滇、黔及各

　　① 《张允随奏稿》(乾隆十五年正月二十四日),《云南史料丛刊》(第8卷),第766页。
　　② 杨锡绂:《安南匪徒未靖请严边防疏》,《四知堂文集》卷五,第152页。
　　③ 《安南国王咨文》(乾隆四十年三月十七日),《军机处录副奏折》,《古代中越关系史资料选编》,第652页。
　　④ 《两广总督李侍尧、广西巡抚熊学鹏奏折》(乾隆四十年),《军机处录副奏折》,《古代中越关系史资料选编》,第653页。
　　⑤ 《张允随奏稿》(乾隆十一年五月初九日),《云南史料丛刊》第8卷,第684页。
　　⑥ 《安南国王咨覆》(乾隆四十年),《军机处录副奏折》,《古代中越关系史资料选编》,第654页。
　　⑦ 《两广总督李侍尧、广东巡抚李质颖奏折》,《军机处录副奏折》(乾隆四十一年),《古代中越关系史资料选编》,第657页。
　　⑧ 《安南国王咨文》(乾隆四十年三月十七日),《军机处录副奏折》,《古代中越关系史资料选编》,第651~652页。

省居其二三,湖广、江西居其七八。"①

客家人不独在越北采矿。在18—20世纪初南洋各地的采矿业中,无论矿主矿丁,大抵多是客家人当主力。南洋客家人来自闽粤山区,多聚族而居,与闽南人的特性大不一样。他们做生意或不如闽南人,但更勤俭,更有团队精神。所以很多客家人选择采矿作为谋生和发财的行业。采矿是一种投资风险高、对人身危险性大的行业,而且竞争、冲突剧烈。矿区争夺很大程度上要凭武力进行,矿和矿之间为矿脉走向也常互相争夺。能在暴晒的矿区、暗无天日的矿井长时期劳作,发生争夺时敢生命相搏,唯有客家人。他们比闽南人、广府人更能吃苦,更强悍而且更有团队精神。

1775年,安南黎郑政权以华侨矿场滋事为由,派军查封矿场,撤毁寨栅,驱散在厂矿工、商贩,将"滋事"的首从各犯悉数抓获,咨文解送中国两广地方官府。清朝下令关闭广西沿边的通商关隘,同时派军实力稽查,毋许一人出口,并饬永远遵行。② 北越华商华工大多星散,或潜行回国,或融入当地社会。1792年,桂越复开关通市,两广、两湖、江西等省远近商民,再次踊跃趋赴安南。③

1862年,法国迫越订立和约,越割让南圻三省,继续向北蚕食。太平天国失败后,溃部遁入越北,聚居成落。余党黑旗军刘永福、黄旗军黄崇英、白旗军阮三等部盘踞宣光、太原一带。④ 黑旗军最多时聚众达2万人。⑤

3. 法国殖民时期

1885年,中法签订《天津条约》,清政府承认越南为法国保护国。越殖民当局对华人分帮管理,设移民局严厉管制华侨出入境。法国殖民时期,其南圻统治中心西贡逐渐成为繁华商埠和华侨聚集地。1866年,清吏斌椿率同文馆学生访欧,搭乘法轮经过西贡时,闻闽广人居此贸易者有五六万人。土人用汉文,郡县名与中国相同。⑥ 据国际劳工局出版《印度支那的劳工情况》,在1879

---

① 《张允随奏稿》(乾隆十一年五月初九日),《云南史料丛刊》第8卷,第683页。

② 《两广总督李侍尧奏报审拟厂犯张德裕等缘由事》(乾隆四十年十月),国家清史编纂工作资源库,档号03-0549-008。

③ 《署两广总督郭世勋等奏折》(移会抄件),《明清史料》(庚编第三本),北京:中华书局,1987年,第204页。

④ 华侨志编纂委员会:《越南华侨志》,台北,1958年,第35页。

⑤ 李白茵:《越南华侨与华人》,桂林:广西师范大学出版社,1990年,第9页。

⑥ 斌椿:《乘槎笔记》,见《晚清海外笔记选》,北京:海洋出版社,1983年,第1页。

年时,印度支那华侨共 44000 人。至 1889 年,增长至 56000 人。① 但法属印度支那的统计仅及登记出入境的华侨,本地土生华人没有计入,所以越南华侨的实际数量应当数倍于此。1883 年,访欧美之沪上袁祖志,归来后叙及南圻六省的华侨,“数有四十余万,贸易二,雇工三,耕种五。各府立有会馆,亦与中土同,虽与土著相安,然不免有主弱客强之势。”②

二、缅甸

1. 陆路赴缅

早在 15 世纪末,缅北水陆汇通之地的八莫,已是吸引华商的重要商埠,“江西、云南大理逋逃之民多赴之”。③

17 世纪中叶以后,首批大规模入缅之移民,是随明永历帝逃往缅甸的部众。1659 年,南明永历帝抗清受挫,败入缅北。其从行者“千四百四十八人,自买舟者六百四十六人。故岷王世子及总兵潘世荣、内监江国泰等九百人,马九百四十匹,陆行纤道入缅,期会于永历缅都”。④ 永历之随行者一路溃散。在腾越时,从官以下及妇寺数尚四千。及至缅甸蛮漠,只 1450 余人。到缅都时,仅剩 646 人。⑤ 永历一行在缅都阿瓦城东马达耶驻下,被缅王软禁。另有溃兵 3000 多人沿江逃往下缅甸白古,或遁往暹罗。拥戴永历帝的南明李定国、白文选、祁三升等将领,为救出永历帝,也各率部入缅,与缅军鏖战,但终不能胜。屡败后,部分余众遁于缅北。1661 年,吴三桂率清军攻至阿瓦城,缅酋莽应时缚永历献给清军。此后,随吴三桂反清失败者,当有部分人亦逃往缅甸,如康熙二十一年(1682)云贵总督蔡毓荣之《筹滇十议疏》称:“奸宄无容身之地矣,特以无所容而遁归夷穴,势所必至;有或一经逃出,即使趋赴土司,既无保甲可以稽查,更无塘汛为之盘诘。”⑥

---

① 〔英〕布赛尔:《东南亚的中国人》,《南洋问题资料译丛》1958 年第 2—3 期,第 8~9 页。

② 袁祖志:《瀛海采问纪实》,见《晚清海外笔记选》,第 17 页。

③ 明弘治十二年巡按云南御使谢朝宣奏折,《云南史料丛刊》第 5 卷,昆明:云南大学出版社,1998 年。

④ 徐鼒:《小腆纪年》卷一九,台北:台湾大通书局,1987 年。

⑤ 《求野录》,明季稗史本,转引自余定邦、黄重言编《中国古籍中有关缅甸资料汇编》(上),北京:中华书局,2002 年,第 357 页。

⑥ 蔡毓荣:《筹滇十议疏·靖通逃》,《云南史料丛刊》第 8 卷,昆明:云南大学出版社,2001 年。

17世纪后期到18世纪前期,滇缅边境贸易仍通。清例只禁止内地民人潜越开矿,不禁商贩。各土司及"徼外诸夷,一切食用货物,或由内地贩往,或自外地贩来,彼此相需,是以向来商贾贸易,不在禁例。惟查无违禁之物,即便放行"。[①] 因此,中原各地商贩每年出关互市者岁不下千百人。有商贩"赍锣锅数百,或结十人为伙出关,远赴蒲甘,与缅人交易。以瓦砾无用之物,岁收铜斤数十万"。[②] 虽有禁令,但仍有在滇开矿的内地各省矿主,潜赴缅北采矿。[③]

18世纪中期,很多滇省边民前往缅甸木邦种植和贩运棉花。木邦地广人少,土性宜棉,内地人前往种植。到收成时,内地客商再贩回内地售卖,岁以为常。[④] 更多人则是潜往缅甸开采银矿。内地贫民在缅北大山的新厂、老厂开矿,以江西湖广人最多。[⑤] 1767年,中缅大规模开战。战争中的溃散官兵,也留居当地。1769年清缅战争结束,被缅军俘虏的中国战俘凡2500人,仍被羁缅京,或从事种植,或充当工匠,大多娶缅妇为妻,定居当地。[⑥] 1790年,中缅边境重新开关通市,商民重新大批涌出。

19世纪前期,滇缅边贸繁盛,大批滇人入缅,很多是来自腾越的回民。他们从云南携入丝、茶和各种手工艺品,由缅甸运出棉花。这一时期,曼德勒旧城已有近1万滇商寓居。每年年底抵曼的滇商马帮,每帮约50~100人。开春正月抵曼的滇商每帮少则200人,多的可至千人,每年滇商过缅者约达五六千人。[⑦] 据称八莫有房屋约2000座,最少有200座是中国人居住。常在该城居住的中国人有500人。根据英人资料,1836年来八莫矿场的中国人共480人。中国除了付船税的10%及他们所运走的矿物之议定价格的10%外,每人还须付款一铢半,以获允许进入矿场。[⑧] 1872年,云南回民杜文秀起事失败后的余部900余人,自腾冲逃到缅甸,驻于仰光附近鸡鸣墩。[⑨] 大理落阳村大屠杀中的幸存者马兴发哈只等9人亦逃缅,后自称"偷生异域四十余年",直到辛

---

① 《清高宗实录》卷二六九,第30~32页。

② 刘昆:《南中杂说》,《云南史料丛刊》第11卷,昆明:云南大学出版社,2001年,第360页。

③ 周化龙:《上总督永昌府事宜条议》,《永昌府文征·文录》卷十。

④ 张允随:《张允随奏稿》,《云南史料丛刊》第8卷。

⑤ 赵翼:《粤滇杂记》,《永昌府文征·纪载》卷一八。

⑥ 哈威著,姚楠译,陈炎校注:《缅甸史》,北京:商务印书馆,1973年,第453页。

⑦ 田汝康:《杜文秀使英问题辩误》,见《中国帆船贸易与对外关系史论集》,杭州:浙江人民出版社,1987年,第174~175页。

⑧ [英]布赛尔:《东南亚的中国人》,《南洋问题资料译丛》1958年第2—3期,第11页。

⑨ 云南省编辑组:《云南回族社会历史调查》(一),昆明:云南人民出版社,1985年。

亥年返乡。①

2. 海路赴缅

1786 年槟榔屿开埠后,逐渐成华商聚集的繁荣商港。此后已有华商前往下缅甸。1826 年首次英缅战争后,缅甸沿海地区纳入英人主导之世界贸易网络。如同新加坡开埠,缅英殖民政府也着力招徕华商华工,既繁荣商埠,亦为在缅进一步武力扩张的军需服务。早期来者多为英属槟榔屿及暹罗华侨,他们在丹那沙林、土瓦等地造船,在土瓦开采锡矿,在毛淡棉市镇种菜。② 英殖民当局还从英属槟城等地招来许多粤籍技工和闽籍商人,以兴建仰光的市政建设。1861 年,英属缅甸的丹那沙林、阿拉干和勃固三个地区,已经有华侨10254 人。③ 仰光也成为缅南华商贸易和中国帆船的主要停泊港,到仰光的闽粤绿头船和红头船也越来越多,每年数达七八十艘。常泊仰光的粤船多冠广字号,即有广和兴船、广悦和船、广衡昌船、广连昌船、广源船等。闽帮帆船则多冠有金字号,即有金和发、金棉瑞、金振成、金德顺、金源发、金协成、金荣顺及来自槟城和马六甲的闽籍船。④随中国帆船而至的华商工匠大批引入仰光。至 1871 年,仰光有广东、福建通商者数万人。⑤ 1890 年,薛福成使英途经仰光时,访知华商、华工在仰光者 3 万余人。缅华尚建合省公司,"举董收费,以备延请状师及保护同乡等事"。缅北的八募城中有新街,"均系滇商收买棉花、玉石、洋货、洋盐之地"。⑥

19 世纪末,缅甸海口华商似有减少而内陆沿江各埠滇商增加。其原因可能是英国完成上下缅甸的殖民化,上缅甸商贸因通海口而有飞速发展。据查探印缅商情及滇缅界务候补知府姚文栋禀称:"缅甸海口有三埠,曰暮尔缅(即马而达般)、曰德瓦(一名吐瓦),曰丹老(本暹罗滨海西境),以漾贡握其总。核计海口华商,约二万四五千人,臣商则闽多于粤。至沿江各埠,生涯全属滇人。计轮船停泊,装卸货客之大埠二十三,小埠二十九。而滇商之众,首数阿瓦,约万二千人;次则新街、猛共,不下五千;其余各数十百人。至行商货驼,年常二三万,秋出春归。"滇商"散布于沿江及山中各埠,几与缅商相埒,约在十万

---

① 云南省编辑组:《云南回族社会历史调查》(四),昆明:云南人民出版社 1985 年。

② [缅]周隼:《缅南要港毛淡棉》,《庆福宫百周年庆典特刊》(丙篇),第 42 页。

③ J. S. Furnivall, *Colonial policy and practice: A comparative study of Burma and Netherlands India*. New York: New York university Press, 1956, p. 53.

④ 陈孺性:《缅甸华侨史略》,(新加坡)《南洋文摘》第 5 卷第 2 期,第 30 页。

⑤ 王芝:《海客日谭》卷三,台北:文海出版社,1969 年,第 4 页。

⑥ 薛福成:《出使英法义比四国日记》卷三,长沙:岳麓书社,1985 年,第 176 页。

人"。① 阿瓦是滇人在缅甸内地经商的集散地,每年在此汇聚和分往各地的商贩不下十余万人,以腾越人居多。阿瓦的汉人街有二条,每长五六里,杂有土民也居住在内。此外,阿瓦其他各街的华侨商号亦多。云南商人在阿瓦城内建有迤西会馆,内奉祠孔子,规模宏大。② 滇商在新街经营土产已有百年,主要聚居在长达近十里的滨江街市中段,土著则居街之两头。③

三、暹罗

1. 18 世纪中期以前:闽南人为主

中暹政治和经贸关系密切,暹罗王室重用华商发展对外贸易,是中国移民受暹罗朝野欢迎的主要原因,导致 17—20 世纪初中国人持续不断移民暹罗。自明代后期以来,暹罗王室就赋予华商在暹罗各地自由贸易的权利。明末清初时,虽然中国东南沿海战乱不断,但中暹私人贸易仍通,中国商民赴暹仍然不绝于途,很多广东和闽南私商在阿瑜陀耶、曼谷、六坤、宋卡和尖竹汶等地贸易。④ 暹罗还是东南沿海军民的逋亡之地。⑤ 潮州人多逃往东南部的万佛岁(Bangpraasoi,即春武里),闽南人多往南部宋卡。⑥ 如福建《安海霞亭东房颜氏族谱》载,其族人徽全等,清初入暹,均于康熙年间卒葬暹罗。

据 17 世纪中叶荷兰东印度公司驻暹罗商务官范维里特(Van Vliet)所载:暹罗有许多华侨居留,为国王所敬重,被认为是最有能力之代理商、贸易商及船主,不少人拥有崇高社会地位或被任为官员。⑦ 1665 年,虽然清朝规定暹罗朝贡者限"正贡船二,员役二十人来京,补贡船一,六人来京",⑧但由于暹罗对华贸易的船主、贸易商、舵工水手等基本上是华侨,暹王尚准许朝贡船上每

---

① 薛福成:《出使日记续刻》卷三,长沙:岳麓书社 1985 年,第 512、678 页。
② 陶思曾:《藏輶纪行》记载卷二十一,清十。
③ 广东试用县丞陈沄:《缕陈缅甸近年情形》,姚文栋《集思广益编》卷一,第 1～15 页,转引自余定邦、黄重言《中国古籍中有关缅甸资料汇编》(下),第 1400～1408 页。
④ Sarasin Viraphol, *Tribute and Profit: Sino-Siamese Trade*, 1652—1853, Massachusetts: Harvard University Press, 1977, p. 42.
⑤ Pyau Ling, Causes of Chinese Emigration, *Annals of the American Academy of Political and Social Science*, Vol. 39, 1912, p. 79.
⑥ [美]斯金纳:《古代暹罗的华侨》,《南洋问题资料译丛》1962 年第 2 期,第 112 页。
⑦ L. F. van Ravensmaay, Translation of Jeremiasvan Vilet's Description of the Kingdom of Siam, In *Journal of the Siam Society*, Vo. 17, Bangkok: 1910, p. 51.
⑧ 《清会典事例》卷五一四《礼部·朝贡》,北京:中华书局,第 950 页。

位船员可携带货 100 担作为压舱物,他们就百计扩大对华贸易,获取朝贡贸易的超额利润。暹罗每逢入贡朝,先有探贡船,后有持有金叶表文之进贡船,尚有伴进贡船同行之护贡船,其后再来接贡船 1～3 艘。① 一次朝贡可能达 8～16船次,尚有以谢恩、请封和祝寿等名目派来贸易船只,年可达 10 或者 20 船次之多。② 王室与华侨皆大欢喜。暹罗王室重用华商于对华贸易,固有闽粤华侨善于经商,擅长航海及与暹人社会宗教习俗相似之因素,但最重要因素是华商熟悉中国商贸,中国帆船的华侨舵工水手在中国口岸仍享有种种特别便利,故王室贵族选择华商经营国家贸易。③ 由于东亚水域商圈很大程度上被华商网络覆盖,长崎、马尼拉、巴城、广南等各港的对外贸易,多由华商操办,暹罗王室派往日本和南洋港口的贸易船,其船主、副船主和搭载人员,也几乎全为华侨。

由于 17—20 世纪初的中暹关系良好,视海外移民为"弃民"、"奸民"的清朝政府,唯对从事中暹贸易和航运的暹罗华侨网开一面,不予按律羁留,在暹华侨能往来中国,不被清朝为难。1721 年,抵广东之暹罗贡使船内,有郭奕逵等 156 名久居暹罗的福建、广东籍商人水手,被恩准回暹。④ 此后,随贸易船来华的暹罗华商水手,都未被责罚。暹罗王室不但准许运载移民的华船抵暹,而且允许暹船运来中国移民,因此,移民暹罗者源源不断。

海禁开放后,中暹朝贡贸易与私商贸易繁盛,中国移民随商船前往暹罗。据马来半岛北大年的日本商船报告,1687 年,当地有住宅唐人 40 余名,但到1690 年,居住于大泥的住宅唐人已有数百名之多。⑤ 据日籍《华夷变态》统计,1689 年,有 14～15 艘来自广东、漳州及厦门的中国商船抵暹贸易;1695 年,抵暹华船有厦门船 5 艘、广东船 1 艘、宁波船 2 艘;1696 年,自福建、广东及浙江船共 13 艘抵暹;1697 年,有 10 多艘华船到大城、北大年、宋卡和洛坤等地贸易。⑥ 这些商船应附载很多中国商民。据 17 世纪后期居暹商务官葛卫斯(Nicolas Gervaise)所言,暹罗的中国人和暹罗的摩尔人一样多,大部分人从事贸易。每年都有 15～20 艘中国船,载各种各样的中国和日本的优质货来到

---

① 《广东巡抚李栖凤揭帖》,《明清史料》(丙编第 4 本),第 337 页。

② Sarasin Viraphol, *Tribute and Profit: Sino-Siamese Trade*, 1652—1853, p. 38.

③ 库什曼:《暹罗的国家贸易与华人掮客》,《中外关系史译丛》,第 3 辑,上海:上海译文出版社,1986 年,第 182 页。

④ 《清圣祖实录》卷二九五,康熙六十年十月,第 11 页。

⑤ 林春胜、林信笃编,浦廉一解说:《华夷变态》,东京:东洋文库,昭和三十四年(1959),第 798 页。

⑥ 陈荆和:《清初华舶之长崎贸易及日南航运》,《南洋学报》第 13 卷第 1 辑,1957年,第 15～51 页。

暹罗。① 华人住暹,"多娶其土女,弃汉俗,衣食一如暹罗。国王亦择其聪明者官之,使理征赋贸易之事"。②

18 世纪前期以后,中国东南沿海米荒,朝廷令商民从暹罗贩米接济内地。1722 年,康熙皇帝上谕:"暹罗国人言其地米甚饶裕,价值也贱,二三钱银即可买稻米一石。朕谕以尔等米即甚多,可将米三十万石分运福建、广东、宁波等处贩卖。彼若果能运至,与地方甚有裨益。此三十万石米系官运,不必收税。"③ 闽粤商民纷纷请照赴暹造船贩米,乘机携带大量移民,滞留暹罗不归。

1733 年,福建观风整俗使刘师恕上奏华侨偷渡出国及寓暹情事:经访问外洋暹罗、吕宋、噶喇巴等处,闽粤人民在暹居住者甚多,有于彼处婚娶成家者,有领彼资本为之贸易往来他国者,且有受彼地方官职者。闽粤人多偷渡出洋,仅石祥瑞一船已搜出偷渡者 100 余人,可见平时之偷越规模。又闻暹罗贡船到广,每借募补水手为名,多带闽广人民回国。④ 如潮州澄海,至 18 世纪后期,商民领照赴暹罗等国买米已有 40 余年,但此项米船有去有回者,不过 50%～60%⑤,其余的应当都是以贩米为名行移民之实的商船。

2. 18 世纪中期以后:潮州人为主

潮州裔华侨郑昭(暹名达信)成为暹罗国王,是对 18 世纪中国人移民暹罗影响最大的事件。1767 年,潮州籍土生华侨郑昭建立吞武里王朝,开始大量招徕华人,尤其是其潮州同乡。此后潮州人相继大批赴暹。⑥ 樟林港为潮州红头船发舶之地,大批潮州人从水路来到暹罗湾东岸的各埠,如桐艾(Thung-gyai)、尖竹汶、春武里、北柳府和曼谷。⑦ 19 世纪前期赴暹的英属东印度公司使臣约翰·克劳福德(John Crawfurd)记载:郑王的同乡是在他的大力鼓励下,才如此大批被吸引到暹罗来定居。华人人口的这一异常扩张,几乎可以说

---

① Nicolas Gervaise,The *Natural and Political History of the Kingdom of Siam*,Bangkok:White Lotus Press,1988,p.49.

② 魏源:《海国图志》卷七,引《外国史略》,长沙:岳麓书社,1998 年。

③ 《清圣祖实录》卷二九八,康熙六十一年六月(1722 年 8 月),第 3 页。

④ 《福建观风整俗使刘师恕奏酌议查验行使外洋船只并查获无照客民折》,《雍正朝汉文朱批奏折汇编》第 20 册,第 700 页。

⑤ 《嘉庆一统志》卷五五二,暹罗条,第 3 页。

⑥ [日]郡司喜一:《17 世纪的日暹关系》,日本外务省调查部,1934 年,第 239 页。

⑦ [泰]素攀·占塔匿:《泰国潮州人的故乡》,《泰国潮州人及其故乡潮汕研究计划第一辑,漳林港(1767—1850)》,曼谷:朱拉隆功大学亚洲研究所中国研究中心,1991 年,第 1 页。

是暹罗数百年中所发生的唯一的重大变化。① 郑昭之前,暹罗华商闽南人居多。此后,潮州人逐渐超过闽南人,"为人数最多和商贸实力最强之暹罗华侨,并取代闽南人在中暹贸易之间的霸业"。② 18 世纪后期,暹罗华人所纳的人头税每年 20 万。根据华侨所纳人头税额推断,20 岁以上华侨已达 10 万之多。③如加上其家眷及未纳税者,暹罗华侨数量应数倍于此。

1782 年,曼谷拉玛王朝建立。在拉玛一世至三世期间(1782—1851),暹罗政府力图通过发展商贸而裕国,善贾的中国侨民受到史无前例的鼓励。④19 世纪前期,从中国运移民抵暹船只,每艘可带 1200 人,一年抵达暹罗的中国人高达 7000 人。⑤ 这一期间,华人已充斥曼谷。除了极少数地区外,曼谷大部分地区的华人人数多于当地人。⑥ 这些华人仅少数来自江浙和其他江南地区,多半来自广东和福建两省,自海南来暹者也为数甚多。⑦ 在曼谷及其近郊,已缴纳人头税的 20 岁以上华人有 21000 人。⑧

3. 19 世纪以后:以华工为主

曼谷王朝(1782—1910)期间,历任国王仍依赖华侨从事航运和商贸,也欢迎中国移民。拉玛一世王和拉玛二世(1809—1824)都准许暹罗到中国的贡船和中国帆船可运载移民来暹。⑨ 1809 年,暹罗政府请求清廷允许雇用中国人,

---

① John Crawfurd,Report to George Swinton,Esq,in *The Crawfurd Paper*,Bang-kok:Vajiranana National Library,1915,p. 103.

② Sarasin Viraphol,*Tribute and Profit:Sino-Siamese Trade*,1652—1853,p. 163.

③ John Crawfurd,*Journal of An Embassy from the Govern-general of India to the Courts of Siam and Cochin China*,London,1828,p. 450.

④ George Finlayson,*the Mission to Siam and Hué*,*the Capital of Cochin China in the years* 1821—1822, London:John Murray,Albemarle Street,1826,p. 151.

⑤ John Crawfurd,*Journal of An Embassy from the Govern-general of India to the Courts of Siam and Cochin China*. London:Henry Colburn new Burlington Street,1828,p. 421.

⑥ George Finlayson,*the Mission to Siam and Hué*,*the Capital of Cochin China in the years* 1821—1822,p. 213.

⑦ 周伟民:《谱牒:研究海外移民不可替代的实证性文献》,纪宝坤、崔贵强、庄国土主编《族谱与海外华人移民研究》,新加坡华裔馆、厦门大学东南亚研究中心,2002 年,第 152、168 页。

⑧ John Crawfurd. *Journal of An Embassy from the Govern-general of India to the Courts of Siam and Cochin China*,p. 450.

⑨ D. E. Malloch,*Some General Remarks on its Porductions*,Calcutta:Baptist Mission Press,1852,p. 8.

获得许可。此后中国商民成批前往暹罗的规模更大,数量激增。① 《暹罗年鉴》记载:一艘自汕头往暹罗之船载 1000 多名中国乘客,整群移民都受着饥渴的煎熬。当上等舱茶房端着一盆洗脸水往上等舱去时,移民就冲向上等舱,抢着喝了。拖轮的船长把水供应这些几乎要渴死的可怜人,直至拖轮无水可给为止。② 当时的欧人传教士载:华人乐于居住在暹罗,每年有很多中国人来到暹罗看望他们的朋友和从事商业活动,只有极少数人返回中国。③ 19 世纪 20年代,每年有 6000～8000 名华人移民暹罗,最大的帆船可容纳 200 人。船中主要装着豆、茶、丝等商品,移民携带水罐、两套夏装、一顶草帽和一张草席。从汕头到曼谷的船行时间约一个月。④ 根据暹官方估计,到 19 世纪中期,在暹罗华人约 30 万人,⑤来自潮州地区的最多。而未入官方统计的华人,估计还有数以十万计。

自 18 世纪 60 年代以后,潮州及相邻的粤东地区,是往暹的中国移民最主要来源地。粤东潮州、嘉应人大批赴暹,虽有郑昭在暹为王和樟林港开通的因素,但最主要的原因是人口增长太快,久之人满为患,民生维艰,"以外国糊口较易,稍稍艰衣缩食,便能捆载而归;尚贾可携本往暹,博取大利,小民则赖此一途,柔弱者不至于饿莩,暴戾者不至为盗贼。故潮人谓:岂非天之留此尾闾以惠粤民哉?"⑥因此,潮州一带流行的"过蕃歌"如此传唱:"天顶飞雁鹅,阿弟有嬷(妻子)阿兄无。阿弟生仔叫大伯,大伯听着无奈何。打起包裹过暹罗,欲往暹罗牵猪哥,赚有银钱多少寄,寄回唐山娶老婆。"⑦

1882 年,曼谷客运轮船公司开通汕头直达曼谷的定期班轮,回程由曼谷经香港回汕头。客轮通航更导致前往曼谷移民规模的迅速扩大,每年约增加万人。⑧ 1886 年,苏格兰东方轮船公司开曼谷至海口定期客轮,⑨海南人移民

---

① [日]成田节男:《华侨史》(增补本),东京:萤雪院,1941 年,第 225～227 页。

② 史金纳:《泰国的华侨社会:史的分析》,《南洋问题资料译丛》1964 年第 1 期,第311 页。

③ D. E. Malloch, *Some General Remarks on its Productions*, Calcutta:Baptist Mission Press,1852. p. 8.

④ 陈达:《南洋华侨与闽粤社会》,长沙:商务印书馆,1938 年版,第 15 页。

⑤ G. W. Skinner, *Chinese Society in Thailand:An Analytical History*, Cornell University Press,Ithaca,New York,1957,p. 59.

⑥ 温廷敬辑:《茶阳三家文钞》卷三,第 941 页。

⑦ 马凤辑:《关于"过蕃歌"》,《汕头侨史》1985 年第 2 期,第 34 页。

⑧ Great Britain, Foreign Office, *Annual Diplomatic and Consular Reports on the Trade of Swatow*,1882—1883,London:Harrison and Sons,1863—1916.

⑨ Great Britain, Foreign Office, *Annual Diplomatic and Consular Reports on the Trade of Kiungchow*,1886,London:Harrison and Sons,1877—1916.

暹罗更为便捷。根据查岛委员王荣和等的报告，"曼谷合土客之民不过百万，华人居其大半，其入山种植之华人，亦三十余万"，[①]合计暹罗华侨近百万。潮州潮籍华侨最多，其次分别为闽籍、广肇、海南籍，再次为惠州、嘉应籍。[②] 根据暹方统计，1882—1892 年间，每年移入暹罗华人人数为 1.3 万～1.8 万人，年均为 1.61 万人；每年净移民为 0.5 万～0.8 万人，年均 0.71 万人。1893—1905 年，年均移入 3.5 万人，年均净移入 1.49 万人；1900 年，暹罗华人约 60.8 万人，占全国人口 732 万中的 8.3%。[③] 暹方统计以登记的华侨加上净入境华侨的数量，没有计入以暹人名义登记的华侨和部分融入当地的华侨，因此数量偏低。

第二节　西(美)属菲律宾、荷属印尼和英属新马

虽然葡萄牙最早在马六甲建立殖民地，但此后西班牙人、荷兰人和英国人接踵而来，相继在南洋建立殖民政权，不断扩张殖民地。到 19 世纪后期，除暹罗和法属印度支那外，南洋其他地区全部沦为这三个国家的殖民地。殖民地开发需要大量商贩和劳工，早期殖民政权都采取招徕华商和工匠以繁荣殖民地商贸和市政的政策。但西属菲律宾当局对华侨长期实施苛政，迅速没落的西班牙人国际商贸网络，也使菲律宾殖民经济长期停滞，对中国移民吸引力有限。17 世纪中叶到 18 世纪，荷属巴达维亚是南洋商贸中心，荷兰当局在长达百多年间，由沿海到内地，由爪哇到外省，不断扩张和开发殖民地，对中国移民有较大吸引力。因此，在 17 世纪初，菲律宾华侨已有 3 万余，到 20 世纪初，菲律宾华侨仍仅十几万，而同期荷属东印度的华侨则从万余人增至百多万。在 18 世纪后期到 19 世纪前期，英人先后开埠槟榔屿与新加坡，并逐渐将殖民经济扩展到马来半岛，且英殖民地法规相对完善，秩序稳定，因此，新加坡和马来半岛很快成为 19 世纪最吸引中国移民的地区。从 1786 年英人开埠槟榔屿到 20 世纪初，英属新马华侨增至百万。

---

① 《光绪十三年粤督张之洞奏访查南洋华民情形拟设小吕宋总领事以资保护折》，《清季外交史料》卷七四，第 22～26 页。

② 张荫恒：《三洲日记》卷四，光绪三十二年刊本。

③ G. W. Skinner, *Chinese Society in Thailand : An Analytical History*, pp. 60～61.

一、菲律宾

1. 17 世纪初至 19 世纪中叶

华侨寓居菲律宾可溯自宋代,但持续大规模移居菲律宾,则是在西班牙殖民菲律宾以后。1571 年,西班牙殖民者在马尼拉建立殖民据点,积极招徕华商到菲岛贸易。"东洋吕宋地无他产,夷人悉用银钱易货",[①]而菲岛"行银如中国行钱,西洋诸国,金银皆转载于此",[②]白银又是中国市场紧缺之物,因此,大批华商从月港前往马尼拉贸易。随着中菲贸易的发展,留在菲岛"压冬"的华商和随船到菲岛充当工匠的民人越来越多。根据西班牙殖民者记录,1571 年在马尼拉的华侨仅 150 人,1588 年已增至 10000 人,1596 年增至 24000 人,1603 年已达 30000 人。[③] 华侨激增引起殖民当局的忌讳,恐菲岛华侨勾结中国官府危害菲岛,于 1603 年对菲岛华侨首开杀戒,几乎尽屠马尼拉华侨,仅有数百人乘船逃逸。屠杀过后不久,中国移民复至。1606 年,西督规定菲律宾华侨最高人数不得超 6000 人,[④]以后多次重申此项限令,对不断移入的华侨实施定期的驱逐。

顺治、康熙年间,清朝与郑氏政权在闽南反复拉锯作战,居民不堪战乱和海禁迁界之苦,避乱海外,菲律宾为避难地之一。晋江县金井李氏族谱载:"清初,战争日烦之时,兄南弟北……奔走于吕宋外夷。"1683 年台湾郑氏政权覆灭后,吕宋是台湾郑氏余部的逋亡地之一,有三船载逋亡者开抵吕宋。[⑤] 海禁开放后,中国帆船蜂拥出洋。很多船借贸易为名,实际上大批偷载移民。闽南人借机大批潜入菲律宾。1685 年,官府查获船户刘仕明赶缯船一只,他领关票出口往吕宋经纪,"其船甚小,所载货无多,附搭人数竟达一百三十三名"。因此,靖海侯施琅认为:"一船如此,余概可知。此时内地人民,奸徒贫乏不少,弗为设立法规,节次搭载而往,恐内地渐见日稀。"[⑥]1681—1690 年间,已经有 89 艘华船抵达马尼拉。当时,马尼拉华侨复聚约 6000 人。此后,中国帆船抵

---

① 张燮:《东西洋考》卷七《饷税考》,第 132 页。

② 周亮工:《闽小纪》卷下《番薯》。

③ Eufronio M. Alip, *Political and Cultural history of the Philippines*, Manila: Alip & Brion Publications, 1954, p. 284.

④ Emma Helen Blair and James A. Robertson eds. , *The Philippine Islands*: 1493—1898, Cleveland: The Arthur H. Clark Company, 1903—1909, Vol. 22, p. 157.

⑤ 陈春生:《丁未黄冈起义记》,第 488~489 页。

⑥ 施琅:《靖海纪事》卷下,海疆底定疏,福州:福建人民出版社,1983 年,第 133 页。

菲数量略有增加。至 18 世纪初，每年抵马尼拉华船约在 12 艘以上。[1] 伴随商贸发展，搭载商船前往菲律宾谋生者日多。商贩外，亦有大批木工、泥工、铁工等工匠抵菲。

雍正年间，首见妇女被运往菲律宾。1731 年，广东布政使王士俊奏报，吕宋番商安多牛、方济各二人来广贸易，托省城同教之福建人林兴观以十五两荫价钱，私买幼女碧桃，年仅一十二岁，潜雇小船载至澳门，送入洋船，载去吕宋充当女婢。请责令澳门同知稽查夹带，以严中外。[2]

1732 年，据福建南澳镇报：有船户姚锦春一船前往吕宋贸易，配舵水 24 名，并查出配货客 20 名，另有无照偷渡客民 157 名，被云澳汛外委把总杨光标等盘获。经盘讯，此时吕宋华侨已达一二万人。在福建总督郝玉麟的《酌添出洋商船水手以杜偷渡弊端折》中，叙述这个时期内地人偷渡菲律宾的状况及朝廷应当采取的对策：

> 吕宋地方系西洋干练腊泊船之所。自厦门之彼，水程七十二更，漳泉二府人民向在该处贸易者甚多，现在居住的有一二万人。地极繁盛，人多殷富，内地载往货物俱系干丝□，番船运载番银至此，交易彼地，番人居住吕宋者不过二三千人，内地百姓人势众多，每欲侵夺其地，因番族踞城而居，且炮火最利，又因干丝□是其族家，虑恐不复得其银米，接济未敢轻举，番人亦有深虑。内地之人从不容到彼国，其港道险易及湾泊处所，至今内地之人不得悉知，若吕宋地方偷渡日多，聚集益广，将来难保不滋事端，又访得向日台湾匪类暨泉漳奸民，亦有觊觎其地之谋。臣是以鳃鳃顾虑，惟在严禁私渡为第一要，着查闽省一年出洋商船，约有三十只或二十八九只，每船货物价值或十余万六七万不等，每年闽省洋船的得番银二三百万载回内地，以利息之赢余佐耕耘之不足，于国计民生均有裨益，是洋商更宜疏通，未便令其畏阻矣。[3]

18 世纪中期是华民渡菲高潮，前往马尼拉的中国移民也散入邻近地区与

---

① Felix, Alfonso(ed.), *The Chinese in the Philippines*, 1570—1770, Manila: Solidaridad Publishing House, 1966, p. 172.

② 《广东布政使王士俊奏报访获奸徒林兴观等私卖幼女到吕宋并请于澳门添设海防同知折》(雍正九年四月十一日)，《雍正朝汉文朱批奏折汇编》第二十册，第 335 页。

③ 《福建总督郝玉麟奏陈酌添出洋商船水手以杜偷渡弊端折》(雍正十一年四月初五日)，《雍正朝汉文朱批奏折汇编》第二十四册，第 266 页。

中吕宋。1740年,马尼拉华侨已增至2万人,①到1749年,全菲有华侨4万。② 此后,菲督多次颁布排华令,中菲也贸易逐渐衰落,而此时南洋其他地方商贸更兴,华船和移民来菲迅速减少。1757年,入马尼拉港华舶仅7艘。到1764年,大陆赴吕宋的船舶只剩下5艘。1778年,菲督撤销全面逐华令。1785年,菲殖民政府在庞邦加建200人居留地,容许华人在此开发,但规定入境华人要宣誓只能务农。尽管允许少数中国移民入境,但居留者被课以各项重税,华人仍视菲律宾为畏途。到1828年,全菲登记的华人仅5708人,其他华侨或回乡,或融入当地社会。1850年,菲当局发布法令,允许华人移居外省。③ 此项法令有利于华人躲避马尼拉重税,因此,来菲华人有所增加。到1864年,全菲律宾华人增至18000人以上,④但仍大大低于1603年的3万华侨数量。相比同时期南洋其他殖民地华侨人数的较大增长,菲律宾成为对中国移民最无吸引力的地区。

2. 19 世纪中叶以后

菲律宾华侨的快速增长,是在中国华工大规模出国时期。1864年,西班牙政府为西属美洲招募华工,沿中英《北京条约》"利益同沾"之例,与清廷正式签订中西《天津条约》。条约第十款规定:"凡有华民情甘出口在西班牙所属各处承工,具准与西班牙民人立约为凭。无论单身或愿携带家属,一并由通商各口前往。"第四十七款规定:"中国商船不论多寡,均准许前往小吕宋地方贸易,必按最好之国一律相待。若西班牙此后有何优待别国商人之处,应照最优之国以待中国商人,用昭平允。"⑤根据条约,此后中国商船可自由驶入菲律宾港口,中国人能自由进入菲境。这一时期的中国内地水旱灾相继,生计艰难。因此,在菲的闽南华侨相继招引亲友来菲谋生,形成移民菲律宾的高潮。闽南至菲,一苇可航,往来便捷。自16世纪末以来,往菲的华商华工,或自台湾,或自厦门,几乎都是闽南人。闽南人往菲律宾谋生也蔚为风尚,世代相传。到菲律宾谋生的移民都是单身青壮年,在菲立足后返乡带来男性亲属,通常是兄弟子

① Purcell, *The Chinese in Southeast Asia* , London and New York:Oxford University Press,p. 494,p. 503.

② Gregorio F. Zaide, *Philippine Political and Cultural History* , Vol. Ⅰ, Manila: Philippine Education Company,1957,p. 284.

③ Elliott C. Arensmeyer, Foreign Accounts of the Chinese in Philippines:18 − 19 Centuries,*Philippine Studies* ,1970,Vol. 18:1,p. 86,p. 90.

④ Edgar. Wickberg,*The Chinese in Philippine Life* ,1850—1898,p. 61.

⑤ 黄月波等编:《中外条约汇编》,上海:商务印书馆,1935年,第404、406页。

侄或同宗亲友,称为新客。新客事业有成后,再返乡带人,如此往复。① 很多新客虽在家乡成家,但因为经商和生活方便,也与当地妇人通婚育子。因此,菲律宾华侨两头家的现象普遍存在,一直到 20 世纪中期。

1870 年以后,厦门、香港和马尼拉之间开辟了三角航线定期汽轮航线,每月开两班,用于菲外国商行的商务往来及运载苦力。由香港或厦门抵马尼拉,三天内到达,且船费低廉。移民所需的船费、食物和入境税仅五十比索。② 因此,中国移民入菲多搭洋轮,不再搭乘中国帆船。

1876 年,菲律宾当局登记的华人数量激增至 30797 人,③马尼拉华人比例仅占 50%,另外一半华人在菲外省谋生。④ 据菲华甲必丹衙门统计,1876—1886 年间,入境华人净增近 7 万。最高年份为 1883 年和 1884 年,分别有16809 人和 14881 人入境,5188 人和 4466 人出境,两年净增 22036 人。⑤ 绝大多数华人来自厦门。1875—1898 年,从厦门往马尼拉的入境者 204747 人次,从马尼拉返回厦门有 168166 人次。⑥ 据菲岛殖民当局人口资料,1886 年全菲登记的华人达 93567 人,七成多居住在马尼拉,⑦可见新来的移民多选择留居马尼拉。据当年王荣和等的查岛报告,小吕宋(马尼拉)华民 5 万余人,四成以上华人应在马尼拉之外。⑧ 1896 年,菲岛登记的华人数量 10 万人,⑨是西班牙统治菲律宾 300 多年来的高峰。

1896 年,菲律宾爆发独立战争。1898 年,美国与西班牙爆发争夺菲律宾的战争。战乱期间,华人为了避难,大量离菲,在菲华侨人数急遽减少。美治时期,美国殖民当局将美国本土的排华法施行于海外领地,不许中国人再进入菲律宾,仅有少数中国人以各种方式潜入菲律宾。在 20 世纪 20 年代之前,菲律宾华侨数量基本停止增长。美治当局在 1918 年所作的全岛人口普查中,共

---

① Jacques Amyot, *The Chinese of Manila*, pp. 56~57, p. 64.

② Edgar. Wickberg, *The Chinese in Philippine Life*, 1850—1898, 1965, p. 170.

③ United States Bureau of the Census under the direction of the Philippine commission, ed., *Census of the Philippine Islands*: 1903, Vol. I, p. 490.

④ Edgar. Wickberg, *The Chinese in Philippine Life*, 1850—1898, p. 61.

⑤ Khin Khin Myint Jensen, *The Chinese in the Philippines During the American Regime*: 1898—1946, Unpublished Ph. D. Thesis, University of Wisconsin, 1956.

⑥ Antonio S. Tan, *The Chinese in the Philippines*: 1898—1935: *a study of their national awakening*, *Quezon City*, R. P. Garcia Press, 1972, pp. 34~35.

⑦ Edgar. Wickberg, *The Chinese in Philippine Life*, 1850—1898, p. 61.

⑧ 《光绪十三年粤督张之洞奏访查南洋华民情形拟设小吕宋总领事以资保护折》,《清季外交史料》卷七四,第 22~26 页。

⑨ *Census of the Philippine Islands*: 1903, Vol. I, p. 490.

有华人 43802 人,男性 40704 人,女性 3098 人;另有华人血统的混血儿 21209 人,其中男性 11456 人,女性 9753 人。[1] 1920 年以后,进入菲律宾的华侨数量才开始急速上升。根据 1939 年的全菲人口普查,华人的人数为 117487 人。同年,中国驻菲总领事馆对全菲华侨进行登记,华侨人数约 13 万人。其中男女比例由 1918 年的 13∶1 上降为近 3∶1。[2]

二、荷属印尼

在 17—19 世纪,中国人往荷属东印度(印尼)的移民主要集中在爪哇、西婆罗洲和苏门答腊。巴城自开埠以后,一直是荷属东印度的商贸和航运中心,也是爪哇中国移民的主要集散地。在 19 世纪初以前,前往巴城的中国移民相当大的部分是偷渡入境。前往西婆罗洲的移民主要是 18 世纪中期至 19 世纪前期的采金矿工,而大规模的中国移民前往苏门答腊,则发生在 19 世纪 70 年代以后。

1619 年,荷兰殖民者开埠巴城。一心想打开对中国通商之途的巴城总督库恩(Jan Pieterszoon Coen)在金门败于郑芝龙水师后,无力在中国沿海立足,因此,只好全力发展巴城商贸,使其成为能吸引华商前来贸易的商埠,以获得渴望已久的中国商品。库恩一方面尽力招徕华侨,另一方面动员荷兰商民移居巴城。但尚未开发的巴城和酷热气候难以吸引荷兰商民。少数来巴城的荷兰人,按库恩的说法,只是那些"素质最恶劣的荷兰公民"。[3] 因此,他只能依靠华人繁荣巴城商贸和市政建设。库恩首先尽量诱使华商从爪哇最繁荣的商埠万丹前来巴城,许诺他们逃到巴城后可得到公司的贷款。巴城开埠初期的大华商杨昆(Jan Con)和继苏鸣岗成为甲必丹的林六哥(Lim Lacco),就都是从万丹逃来的。库恩又训令公司舰队和商馆,招诱南洋各地区商埠的华商华工。1619—1620 年,库恩四次致函北大年荷兰商馆,"要全力劝诱居住在那里的华人前来巴城,特别是木匠。如果他们不愿意来,可以公司名义雇用他们,发给高工资,并且欢迎他们携带妻儿一起来,他们的眷属一样可以得到工

---

① *Census of the Philippine Islands*, Vol. 2, Population and Mortality, Census office of the Philippine Islands, Manila, Bureau of Printing, 1921.

② 施雪琴:《菲律宾华人移民政策与人口的变化:从 17 世纪初至 20 世纪 90 年代》,《南洋问题研究》1996 年第 3 期。

③ H. T. Colenbrander & Jan Pieterszoon Coen, eds, *Bescheiden Omtrent Zijn Bedrijf in Indie*, Vol. 2, 1923, p. 559.

作维持生活"。① 各地华人应荷印当局的招徕络绎于途,前往巴城,使巴城的贸易初步繁荣,各项市政建设也不断完成。

荷印公司为了增加巴城郊区的种植业劳动力,则于 1648 年宣布降低华侨人头税,目的是"趁清兵入关、中国政局动荡之际,诱使华人到巴城种植大米和甘蔗"。② 时值闽南战乱频繁,同安人多离本地"往噶喇吧贸易耕种,岁输丁票银五六金"。③ 1652 年,10 艘从泉州驶往巴城的中国船,除运去各种粗细货品以外,尚有 480 名中国人入境。④ 广东藩王尚可喜亦暗中通航巴城,尚氏麾下商人多次表示,愿与荷兰海船结伴前往巴城。其时广州忙于建造更多帆船通洋,数船待发。荷兰商人亦望尚氏商船能给巴城的贸易带来生机。⑤ 1654 年,尚遣广州帆船往柬埔寨,持荷兰东印度公司通行证。是年冬,郑成功遣 8 艘帆船到了巴达维亚。据荷印巴城政府统计,1644—1661 年,每年平均到巴城华舶约 2 艘,每船平均载约 400 人,其中水手船工约 80 人,计有约 5400 人登记留居巴城。1675—1683 年间,往巴城华船有 38 艘。⑥ 如每船仍以载客 400 人计,扣除舵工水手,仍有万人以上留居巴城。这些移民大多来自闽南。南婆罗洲马辰、苏门答腊亚齐也是华船的重要去处。1671—1679 年间,每年夏天都有 10~12 艘中国商船,满载大米等中国商品以及木匠、油漆匠、装修匠等移民到亚齐。亚齐城尾海边有专门的华人聚集区。

1683 年,清军攻陷台湾时,或称部分郑氏余党分搭九船前赴南洋各地,其中三船开抵吕宋,一船到暹罗,三船到爪哇,另两船则到马六甲。⑦ 爪哇岛有明武德将军郑公明墓之发现,碑旁书永历年号,"死者殆位延平郑氏旧部"。⑧ 耶稣教会神父塔卡德(Cuy Tachard)曾于二十三年(1684)途经巴达维亚,他估计,巴城及近郊中国人数约在 4000~5000 之间,其中多数是鞑靼人统治中国

---

① Edgar Wickberg,*Chinese in Philippine Life* 1850—1898,p. 53,Yale University Press,1965.

② 《巴城布告集》卷 2,第 123 页。转引自黄文鹰等《荷属东印度公司时期巴城华侨人口分析》,第 73 页,南洋研究所,1980 年。

③ 王锡祺:《小方壶斋舆地丛钞》,第十帙"噶喇巴传",台北:学生书局 1975 年。

④ 费慕伦著,李平译:《红溪惨案本末》,雅加达:翡翠文化基金会,1961 年,第 21 页。

⑤ 程绍刚译注:《荷兰人在福尔摩莎(1624—1662)》,马特索尔科(Joan Maetsuyker)函,巴达维亚,1657 年 1 月 31 日,台北:联经出版事业公司,2000 年,第 474 页。

⑥ [荷]包乐史著,庄国土等译:《巴达维亚华人与中荷贸易》,第 114~117 页。

⑦ 陈春生:《丁未黄冈起义记》,第 488~489 页。

⑧ 温雄飞:《南洋华侨通史》,上海:东方印书馆,1929 年,第 91 页。

后不愿臣服者,南投巴达维亚定居。① 日人福田省三记载,在台湾归附清朝时,逃到南洋一带的人很多,据说仅爪哇一地,华侨人数就增加到 5 万人以上。②

　　海禁开放以后,中国商船通贸荷属巴达维亚,随船移民数量较大,多数是到巴城郊区的蔗蔀和甘蔗种植园。1686 年,来自厦门的 8 艘帆船和中国其他港口的 3 艘帆船载运了 800 多个苦力和大量中国商品,驶入巴达维亚。③ 1700—1717 年间,每年驶吧华船 12～16 艘,④随船前往的移民数量之多可知。由于往巴中国移民数量太多,引发荷印当局忧虑,遂限制抵巴的移民数量。早在 1690 年,荷印当局就有禁华人偷渡入境之令。1706 年,荷印当局规定:大帆船每艘只能载运搭客 100 名,小型的"艋舺"限定 80 名。⑤ 但荷印公司职员贪污腐败、营私舞弊蔚为成风。中国船主只要按规则行贿,仍能大批偷运华人入境。荷印禁令如一纸空文。虽然荷印当局挡不住中国移民,但海外移民的增长却引起康熙帝的忌讳。与海上汉族反清力量长期作战的康熙帝,每以汉人为难治,认为汉人与朝廷离心离德,不像满洲人和蒙古人,数十万人皆一心。因此,深忌汉人在海外聚集。尤其是聚集在吕宋和噶喇吧两处的大量华侨,更是康熙帝的心病。1717 年,清朝实施南洋禁航令,华船不得往吧,但澳门船仍往。故中国移民仅须转道澳门,仍可前往巴城。1723 年,抵吧华船已有 21 艘。⑥ 随着中国移民越来越多,荷印总督于 1727 年、1729 年、1736 年、1738 年等年份,多次宣布严惩无证入境的偷渡中国移民,并多次突检来吧华船,但收效甚微,偷渡入境依然。准证制度和检查,向来为公司职员敲诈勒索入境华人之工具,从未真正阻拦华人登岸、定居。1739 年,包括城郊的巴城登记华人有 14962 人,⑦未登记者数量更多。1736—1738 年间担任巴城港务官的 Geursen,以收受每艘华船 300 荷元(reals)为条件,允许华船旅客免检登岸,而这个时期每艘船载员在 500～700 人之间。

　　1740 年"红溪惨案"的消息传到唐山,次年,无一华船再至。惨案过后,荷

　　① [英]布赛尔:《东南亚的中国人》,《南洋问题资料译丛》1958 年第 2—3 期,第 116 页。
　　② [日]福田省三:《华侨经济论》,第 18 页。
　　③ 包乐史著,庄国土译:《巴达维亚华人与中荷贸易》,第 119～120 页。
　　④ Glamann,*Dutch and Asian Trade*,The Hague:Martinus Nijhoff,1981,pp. 217～219.
　　⑤ 《巴城布告集》卷三,第 566～567 页;包乐史著,庄国土译:《巴达维亚华人与中荷贸易》,第 127～128 页。
　　⑥ Glamann,*Dutch and Asian Trade*,p. 219.
　　⑦ [荷]费慕伦:《红溪惨案本末》,雅加达:翡翠文化基金会,1961 年,第 16 页。

印当局积极招徕华舶华民,图复兴巴城经济。1743年以后,华船复往巴城。在18时期中期,每年抵巴华船10余艘,各船仍均搭载大批拟偷渡入境的"新客"。1754年,厦门来的7艘帆船载了4608人,但是只有1928人登记在册,[①]船主将船客运到荷人无法有效巡视的巴城沿岸地区登岸。1769年,来自厦门的8艘入境华船中,其中一船申报载人220人,实载700人。尚有不少人在抵埠前已经在海外小岛登岸偷渡入境。[②]虽荷印政府多方限制华人入境,但随着荷印殖民开发由巴城周边向爪哇内地扩展,新客有谋生空间,华民仍源源不断前往巴城,再流向爪哇各地与外岛,尚有华人从爪哇流向非洲。1799年,番禺人陆才新到巴城,5年后,从巴城赴毛里求斯,后被该岛总督任命为华人"甲必丹"。1821年,陆才新还被授权负责引进华工来毛岛开发,于次年组织广肇籍华工3000余人,分批前往毛岛。[③]

19世纪初以后,中国商船运载移民数量更多,偷渡规模更大。1802年,巴城总督决定把小型厦门船入境限额增至400人,大船增至600人。1804年,与荷印官员长期交往的厦门洋行商人李昆和,将原三船乘客并作两船驶往巴城,以便多载船客。仅其中一艘"荣发"号,就载有998人入境,至少超载498人,[④]可见当时华民偷渡爪哇的规模。但在他致巴城总督的信函中,却是如此解释的:

> 所系者原拟发吧三船,岂料马六甲、槟榔屿、苏禄三船具遗失,而吕宋压冬,厦船短少,是以仅发二船来吧。所有数千里外搭客者,知有历年三船之发,不知只有二船业。而三船之人作二船之载,而人众繁多,不为不少,敝行知公班衙定人数。法律森严,理宜凛遵,但念远方搭客,微费跋涉,苟不姑泛,附载远者,费尽无归,进退两难,惨状百端。哀恳激切,殊有不忍之心,实有可悯之情,敝行无奈,附载是以有多百余人之数。[⑤]

在1811—1816年英人统治爪哇期间,每年有9~10艘大型华船从广州和厦门抵达巴城。1815年,巴城华侨上升至52394人,整个爪哇则有登记华侨

---

① 《巴城布告集》卷六,第666页;包乐史著,庄国土等译:《巴达维亚华人与中荷贸易》,第150页。

② 《巴城布告集》卷七,转引自黄文鹰等《荷属东印度公司统治时期巴城华侨人口分析》,第125页。

③ 《广州市志》卷十八《华侨志》,广州:广州出版社,1996年,第58页。

④ 《巴城布告集》卷十三,包乐史著,庄国土等译:《巴达维亚华人与中荷贸易》,第263~265页。

⑤ 荷兰国家档案馆存李昆和函,转引自包乐史著、庄国土等译《巴达维亚华人与中荷贸易》,第263页。

94441 人，①实际人数更多。据英驻爪哇总督莱佛士所载，"华船每年中国运到巴达维亚的人数约有 1000 人或更多。帆船每艘载运 300、400 或 500 人，他们孑然一身，但能很快勤劳致富。在自由贸易和自由种植制度下，其人数将会迅速增加十倍。华侨主要居住在巴达维亚、三宝垄和泗水这三个首府，但在所有的小城市都有他们的踪迹，几乎遍布这个国家的各地"。② 1853 年，闽南小刀会起事，呼应太平军。失败后，一批头领和成员逃亡南洋。首领黄位膝下六子，五人逃往南洋。第五子黄志信避居三宝垄，后创立建源公司，为"爪哇糖王"黄仲涵之父。另一首领安溪人陈圣则逃往新加坡。永春林骏余部亦多人入南洋。③

18 世纪中期，华人已在西婆罗洲开采金矿。④ 华人采金技术并吃苦耐劳，深受三发、孟吧哇、昆甸土邦王公赏识，各王公从槟榔屿、文莱等地招募华人采金，华工源源而至，但被严厉限制从事其他行业。1770 年，成年华人矿工可能已有万人，客家籍居多。⑤ 少数华商或有所积蓄的华工也向土邦承包土地，自立公司开矿，再从中国引入乡友。18 世纪中后期，西婆罗洲华侨的大小公司各聚数百乃至数万矿丁，著名者有大港、兰芳、和顺、三条沟等公司。1810 年，时任荷印临时总督的英国爵士莱佛士估计，西婆罗洲的华人矿工有 37000人。⑥ 在 1823 年荷人接管西婆罗洲之前，每年有 3000 名来自中国的移民，以客家人为多。到 1834 年，英人额尔估计，西婆罗洲的华人总数有 15 万，在华人区约 9 万，其余人在荷兰人控制区。⑦ 据荷印人口统计，至 1860 年，荷属印尼各地华侨共 22.1 万。但如果加上未登记的华侨，数量至少加倍。

1872 年以后，苏门答腊日里(Deli)开始兴起烟草种植业，各种植园招募大量华工。根据粤督张之洞派遣的考察南洋官员王荣和、余瓃的报告，在 1886年，日里华工有 6 万余众，主要来自汕头等处。大部分华工先被客头贩运到新

---

① Thomas Stamford Raffles, *The History of Java*, London: Black, Parbury, and Allen, 1817, p. 70.

② Thomas Stamford Raffles, *The History of Java*, London: Black, Parbury, and Allen, 1817, pp. 82~83.

③ 蔡力哲:《晋江地区华侨史料拾掇(二)》，载《华侨史》第 2 辑，晋江地区华侨历史学会筹备组，1983 年，第 88 页。

④ 参阅罗香林《西婆罗洲罗芳伯等所建共和国考》，香港:中国学社，1961 年。

⑤ [英]凯特著，王云翔、蔡寿康译:《荷属东印度华人的经济地位》，厦门:厦门大学出版社，1988 年，第 159~160、162 页。

⑥ [英]凯特著，王云翔、蔡寿康译:《荷属东印度华人的经济地位》，第 162 页。

⑦ G. N. Earl, *The Eastern Seas or Voyages and Discoveries in the Indian Archipelago in* 1832—1834, London, 1837.

加坡或槟榔屿,订立华文合同后,再送往日里为雇。很多华工被工头设赌骗去工银,被迫借贷,因此,契约期满后仍不能返乡。[1]

根据荷印当局 1880 年的人口资料,荷印各地华侨共 34.4 万。至 1905 年,荷属各地华侨共 56.3 万。[2] 据 1902 年巴城华商呈报清朝的禀文,华民寓居者不下 60 万人。[3] 但大部分土生华人未计入。至清末,荷印华侨应有近百万。

三、英属马来亚

英人殖民马来半岛后,建立相对有序和开明的殖民统治制度。在开埠槟榔屿和新加坡时,都大力招徕华商华工,不似西属菲律宾和荷属东印度殖民当局对华侨的横征暴敛和屠杀。因此,英属马来亚是中国人下南洋的较佳去处。

1. 马六甲与槟榔屿

自明中期,马来半岛的马六甲即为华商贸易重地。明末清初之际,马六甲亦为遗民避难之地。马六甲的闽粤会所青云亭,一度用于安置北来难民,后人谓之"华族避难朝堂"。[4] 荷人占领马六甲后,不再发展马六甲商务,唯恐影响爪哇巴城的商务中心地位。因此,直到 1678 年,马六甲华人数量还不足千人。到 1750 年,马六甲华人数仍仅 2000 余人。[5]

1757 年,福建永春丰山陈臣留往马六甲谋生。传说陈用中药治愈苏丹妻绝症,因此获得大片土地的开垦权。陈返乡召数百亲友往马六甲垦殖。[6] 英人接管马六甲后,社会安定,华侨前来日多。根据殖民当局统计,1834 年,马六甲华人总数 4143 人,到 1860 年,增至 10039 人,[7]闽南人居多。

1786 年,英属东印度公司莱特上校开埠槟榔屿,大力招徕华人。在槟榔

---

① 《光绪十三年粤督张之洞奏访查南洋华民情形拟设小吕宋总领事以资保护折》,《清季外交史料》卷七四,第 22~26 页。

② 〔英〕布赛尔:《东南亚的中国人》,《南洋问题资料译丛》1958 年第 2—3 期,第 117 页。

③ 《南洋华商呈商约大臣沥陈被虐情形请设领事禀》,《清季外交史料》卷一六六,第 1~9 页。

④ 林孝胜:《创建初期的青云亭》,(吉隆坡)《星洲日报》,1979 年 5 月 21 日。

⑤ 〔英〕布赛尔:《东南亚的中国人》,《南洋问题资料译丛》1958 年第 2—3 期,第 37~38 页。

⑥ 福建省华侨志编委会:《福建华侨志》(初稿),第 19 页,1989 年印行。

⑦ 方豪等撰:《华侨志总志》,台北:海外出版社,第 104 页。

屿开埠之前的 1745 年,已有广东大埔人张理、丘兆进,福建永定人马福春等 50 多人,在往巴城途中遇风漂入槟榔屿,留居当地垦荒渔农为生,繁衍子孙。① 1794 年,槟榔屿华人增至 3000 人,大多是种植胡椒、甘蔗的华工和商贩。19 世纪初,槟城成为早期南洋华工的集散地。贩运"新客"的苦力掮客,每年从槟城租船到澳门、厦门招募华工。1805—1815 年间,每年有 500～1000 名华工从澳门抵槟榔屿。② 19 世纪 30—40 年代,每年运至槟榔屿的华工达 2000～3000 人。买主到船上挑选,按级付价,一名熟练工匠——裁缝师、铁匠或木匠价 10～15 元,苦力售 6～10 元,虚弱有病者 3～4 元或者更少。其后这名劳工为买主工作 12 个月。其间,买主供食物、衣服与几元零用钱。③

槟榔屿作为南洋华工转运港之一,其华侨人口一直超过土著,且大多数是移民,少数为土生华侨。据光绪年间游历南洋各埠的福州人力钧的记载,1881 年,槟榔屿人口 100597 人,内有华人 67820 人。居住在槟榔屿本岛的华人有 45135 人,其中,福建人 13888 人,海南人 2129 人,客籍人 4591 人,广府人 9990 人,潮州人 5335 人,土生华人 9202 人。居住在威烈斯烈省的有 22219 人,其中,福建人 2680 人,海南人 382 人,客籍人 2312 人,广府人 2112 人,潮州人 13458 人,土生华人 1275 人。④ 到 1911 年清朝拟在槟榔屿设正领事官时,该埠人口 25 万,华侨达 16 万,几占全埠人口 60%。⑤

2. 作为南洋中国移民集散地的新加坡

1819 年以后,新加坡的兴起改变了南洋的商贸格局。虽然英人开埠槟榔屿已有 30 多年,但由于槟榔屿处于南洋商圈边缘地带,一直未能如愿取代巴达维亚,成为南洋商贸中心。英国殖民者挟其全球商贸霸主的地位,全力经营新加坡,数十年间,新加坡取代巴城,成为南洋的商贸中心,也成为南洋华侨资本、商贸、文教的中心和人口集散地。

如同巴达维亚的繁荣依赖于华人移民一样,1819 年英国驻荷印总督莱佛

---

① 邝国祥:《槟榔屿与海珠屿大伯公》,《南洋学报》第 13 卷第 1 辑(1957 年),第 53 页。

② 林远辉、张应龙:《新加坡、马来西亚华侨史》,广州:广东教育出版社 1991 年,第 103 页。

③ Victor Purcell,*The Chinese in Malaya*,Kuala Lumpur:Oxford University Press,1967,p. 60.

④ 力钧:《槟榔屿志略》卷四《流寓志》,户籍,第 8 页,南洋研究院藏《双镜庐集》本,1891 年。

⑤ 第一历史档案馆,外务部折,文件号:001365—001366(3 全宗 1164 目录 7790 卷 3 号)。

士开埠新加坡时,岛上居民仅约 120 个马来人和 30 个垦殖甘蜜的华人。为了迅速将新加坡建设成为南洋商贸的中心,莱佛士和当年巴城的荷印总督一样,以招徕各地华商为主要发展战略,新加坡地处贸易要道,英人政令明快,亦不似荷人之贪腐及对华工之苛刻,因此,很快吸引新加坡附近地区的大批华人涌入。次年三月,新加坡码头已泊有华船 20 艘,其中 3 艘来自中国本土,2 艘来自中南半岛,其余 15 艘来自暹罗,寓居在新加坡的华人也有 1159 人。[1] 为了加速新加坡的市政建设,莱佛士也招募各种市政工程所需的大批工匠,来自槟榔屿和其他华埠的广、客籍华人工匠不断涌入新加坡。[2] 开埠初期,马六甲的漳泉商人即开始移入新加坡,并很快成为新加坡华社的龙头。1824 年,居住在新加坡的华人已经有 3317 人。

1821 年,携来首批移民的中国帆船自厦门开抵新加坡。次年,莱佛士在新加坡市区发展规划中,在欧人区附近专辟华人区,供来自厦门的漳泉商人建屋住宿,让其聚居一处,自成村落。[3] 此后中国帆船接踵而来,携来大批中国移民。新加坡亦逐渐成为分送南洋各埠中国移民的汇聚地。大多中国移民均到新加坡,再分赴南洋各地。

19 世纪中期以前,前往新加坡的中国移民多由厦门发舶的中国帆船运载。1825 年,二艘华船运 1295 名中国移民抵新加坡。[4] 1830 年,来自上海、潮州及广州的五艘帆船,仅载移民 300 名,而来自厦门的四只帆船所载移民不下 1500 名。这些移民少数留在新加坡,多数人转往爪哇、槟榔屿、来阿、巴塘等地,为咖啡、甘蔗、槟榔垦殖园和锡矿、金矿佣工。[5] 仅厦门一地,每年输至新加坡的华工不下于 6000 或 8000 人。[6] 到 1836 年,新加坡的华侨人口增至13749 人。[7]

第一次鸦片战争后,在海峡殖民地注册的船舶,可抵中国通商口岸。因此,西洋船也加入从运送移民到南洋的行列。1844 年,一艘英国帆船运载 100

---

① [英]布赛尔:《东南亚的中国人》,《南洋问题资料译丛》1958 年第 2—3 期,第 42 页。

② 林孝胜:《开埠初期的新华社会》,见柯木林、林孝胜合著《新华历史与人物研究》,新加坡:南洋学会,1984 年,第 15～17、29 页。

③ 约翰·菲普斯:《关于中国和东方贸易的实习论文》,第 251～283 页,转见《中国近代对外贸易史资料》第 1 册,北京:中华书局,1962 年,第 66～69 页。

④ 傅衣凌:《厦门海沧石塘〈谢氏家乘〉有关史料》,《华侨问题资料》1981 年第 1 期。

⑤ 《新加坡报》,转引自《广州市志》卷十八《华侨志》,第 32 页。

⑥ *Chinese Repository*, Vol. 6, 1837, No. 10, pp. 299～300.

⑦ 宋旺相:《新加坡华人百年史》,新加坡:新加坡中华总商会,1993 年,第 18～19 页。

名中国乘客从厦门驶抵新加坡,开西洋横帆船运送中国移民到新加坡之先河。次年,西洋横帆船运抵新加坡的中国移民人数为 1168 人,约占当年度 10680 名在新加坡入境的中国移民人数的 11％。此后,搭乘西洋横帆船往新加坡的中国移民越来越多。1854 年,搭乘西洋横帆船抵新加坡的中国移民人数 3411 人,占当年入境中国移民人数 13096 人的 26％。尽管每年抵新加坡的中国移民逾万,但直至 1860 年,居住在新加坡的华人仅增至 50043 人。[①] 这是因为新加坡成为南洋分送中国移民的中心,虽然年年运入大批中国移民,但多数随之分赴南洋各埠。第二次鸦片战争以后,中国华工出口规模急遽扩大,但只有和清朝有通商条约的国家,才能到中国招工和贩运苦力。因此,新加坡华船参与贩运苦力的数量也随之增加。1869 年,在海峡殖民地国会法令(Act Parliament)下注册的轮船有 178 艘。其中,120 艘为华人经营,[②]常年川行于香港、厦门、汕头和南洋各埠间,大规模参与苦力贩运。到 19 世纪后期,新加坡不但是南洋最大的中国苦力贩运中心,海峡殖民地的华商也是南洋最大之中国苦力掮客和贩运者。

1863 年,已有秘密会党私下从中国贩运的妇女抵达新加坡。1872 年以后,入境海峡殖民地的中国妇女明显增多,多数是从香港运来,少数从厦门、汕头与上海等地启程。来自香港的妇女多是广府籍和客家籍的妇女。[③] 1904 年,第一位海南女性由香港转渡到新加坡。此后,大批的琼籍女性也纷纷南来。[④]

1866 年,由赫德提议,总理衙门遣前山西襄陵知县斌椿率同文馆学生赴欧游历,途经新加坡,已见"此地屋宇稠密,如西洋房之高敞壮丽,市肆百货皆集,居者多闽、广人"。[⑤] 同年,广东巡抚蒋益澧奏称:新加坡约有内地十余万人。[⑥] 这时的新加坡经近 50 年发展,已成南洋第一商埠。"华人绅商富户甚多,皆善贸易之闽广人。其中华街大小店铺、庙宇、会馆、戏园、酒楼、茶店咸备其间,闽人十之七,广人十之三。"[⑦]新加坡的繁荣还吸引国内富商携资前往发展。如同治年间的广东澄海人蔡子庸,原来在上海、天津、汉口、汕头之间经

---

① Wong, Lin Ken, The trade of Singapore, 1819—1869, *Journal of the Malayan Branch of the Royal Asiatic Society*, 30(4):1—315. 1960.

② 宋旺相:《新加坡华人百年史》,第 99 页。

③ 崔贵强:《新加坡华人——从开埠到建国》,新加坡:新加坡宗乡联合总会,1994 年,第 118 页。

④ 吴华:《星洲琼籍人士之今与昔》,见《新加坡琼州会馆庆祝成立一百三十五周年纪念刊》,新加坡:琼州会馆,1989 年,第 265～270 页。

⑤ 斌椿:《乘槎笔记》,《晚清海外笔记选》,第 2 页。

⑥ 《广东巡抚蒋益澧奏》,同治朝《筹办夷务始末》卷四三,第 17～18 页。

⑦ 阙名:(同治)《游历笔记》,《晚清海外笔记选》,第 72 页。

商,颇有获利。得悉新加坡日趋繁荣,有利可图,决意南来发展,遂携巨资至新加坡,创设成发绸庄,兼营红烟及陶瓷器。①

19世纪80年代初,中国移民多乘轮船往南洋。香港轮运发达,也成为中国移民前往新加坡的主要口岸。1880年,直接从厦门来新加坡之闽籍移民有17684人,②从香港抵达新加坡的移民更多达30116人。③ 1884年,来自华南各港抵达新加坡的中国移民人数共11万多人,分乘283艘轮船和56艘中国帆船。轮船大小不一,大船载客多达千人,中船载六七百人,小轮载客约三四百人。④ 1890年,从厦门到新加坡的福建籍移民增至43276人,到1900年,达77997人。⑤ 从香港来的中国移民数量增长更快。1885年有39852人,到1900年,更达71771人。⑥

到1911年,新加坡登记华人数达219577人。⑦ 据同年考察南洋商务大臣杨士琦奏折,新加坡华侨20余万人,⑧与新加坡殖民政府的统计相当。这是因为新加坡地域狭窄,政府管理有效,其人口统计比较接近真实数据。

3. 马来土邦

虽然明季以来,马来半岛的霹雳、柔佛、吉兰丹等土邦也是华商谋生之地,但大规模的华侨聚居区较少。17世纪后期,据说柔佛领地内定居的华商约千家。⑨ 1844年,新加坡陈开顺率华工到柔佛陈厝港垦荒,种植胡椒、甘蜜。1855年新山开埠后,柔佛天猛公(Temenggong)伊伯拉欣推行港主制度(Kangchu System),获得河畔土地承包权的华侨"港主",再招募大批华人前来拓荒,种植胡椒和甘蜜,每条港有华侨成百上千。19世纪50年代末,柔佛

① 潘醒农编著:《马来亚潮侨通鉴》,新加坡:南岛出版社,1950年,第195页。

② 庄钦永:《1879年的直落亚逸街》,《新加坡华人史论丛》,第12～15页。

③ Straits Settlements Legislative Council Proceedings(SSLCP),1881,p. 92;Straits Settlements Government Gazette(SSGG),Feb. 12,1886,p. 140;Straits Settlements Annual Departmental Reports(SSADR),1900,p. 121.

④ (新加坡)《南洋总汇报》1914年8月10日。

⑤ 庄钦永:《1879年的直落亚逸街》,《新加坡华人史论丛》,第12～15页。

⑥ Straits Settlements Legislative Council Proceedings(SSLCP),1881,p. 92;Straits Settlements Government Gazette(SSGG),Feb. 12,1886,p. 140;Straits Settlements Annual Departmental Reports(SSADR),1900,p. 121.

⑦ 宋旺相:《新加坡华人百年史》,第18～19页。

⑧ 《考察商务大臣杨士琦奏考察南洋华侨商业情形折》(光绪三十四年正月),《清季外交史料》卷二一〇,第12页。

⑨ Richard Winstedt, A history of Johore 1365—1895, *Journal of the Malayan Branch of the Royal Asiatic Society*,10(3),1932,p. 49.

的新山有种植园约 1200 个,雇佣华工 1.5 万名。[①] 港主雄杰者,如来自新加坡的潮安人陈旭年,先后开辟十个港区。他在 1870 年还被封为"玛腰"(Major China)。[②] 到 1917 年港主制度废除时,华人港主共管理 138 条港。[③] 港主行业以潮州人居多,如陈开顺的陈厝仔港,陈旭年的老砂陇港,林亚相的新和林港等,都是潮州人。其次是福建人,如刘三发的二条港、林忠亮的老巫许港等。种植园劳工 90% 以上是潮州人,其次为福建人、广府人和海南人。[④] 在港主制度下,大批华工涌入柔佛的种植业,因此,到 1894 年,在柔佛各族人数中,华人最多,[⑤]仅种植胡椒和甘蜜的华人就达九万。[⑥]

马来半岛的雪兰莪、霹雳、森美兰等地,则因为锡矿业吸引大批中国移民。1818 年,雪兰莪的芦骨(Lukut)已有华人矿工 200 名。[⑦] 1828 年,森美兰的双溪乌戎(Sungai Ujong)有华工 1000 人。[⑧] 19 世纪 30 年代以后,马来半岛锡矿业兴盛,各苏丹多招徕华商开采锡矿,华商则向苏丹承交各种矿税,招募华工前来采矿。大批华人因此涌入马来半岛西岸各矿区,如森美兰的双溪乌戎(Sungai Ujong),雪兰莪的芦骨、干津(Kanching),霹雳的拉律(Larut)、近打(Kinta)等地。不少华侨靠开采锡矿起家,其雄杰者如叶亚来(又称叶德来,Yap Tek Loy),原本是卢骨矿场的"猪仔"华工,以后成为当地甲必丹刘壬光助手和海山会领袖。到 19 世纪 70 年代初,吉隆坡的矿区和种植园,几乎都是叶亚来掌控,所雇的华工达 4000 人。[⑨] 1868 年,成为吉隆坡华人甲必丹。1862 年,拉律(Larut)矿区有华人 2 万～2.5 万名。至 1882 年,华人矿工增至

---

① James C. Jackson, *Planters and Speculators*:*Chinese and European Agricultural Enterprise in Malaya*, 1986—1921, Kuala Lumpur:University of Malaya Press, 1968, p. 128.

② Song Ong Siang, *One Hundred Years History of Chinese in Singapore*, Kuala Lumpur:University of Malaya Press,1967,p. 335.

③ J. V. Cowgill,Chinese Place Names in Johore,*Journal of the Malayan Branch of the Royal Asiatic Society*,2:3,1924,p. 221.

④ 彭家礼:《英属马来亚的开发》,北京:商务印书馆,1983 年,第 25 页。

⑤ 许云樵:《柔佛华人拓殖史》,《新山中华商会庆祝银禧纪念特刊》,马来西亚新山中华商会,1970 年,第 201 页。

⑥ James C. Jackson, *Planters and Speculators*:*Chinese and European Agricultural Enterprise in Malaya*,1986—1921, p. 129.

⑦ Wong Lin Ken, *The Malayan Tin Industry to* 1914, Tucson:University of Arizona Press,1965,p. 18.

⑧ *The Malayan Tin Industry*, p. 33.

⑨ 郭威白:《马来亚中国人在发展当地经济中的作用》,《中山大学学报》1959 年第 4 期。

5 万余名。据 1886 年的王荣和、余璃查岛报告,在吉隆坡、霹雳等地开采锡矿的华人已 10 余万众,"富至百万者数人,服饰礼仪一如故乡,无敢改换"。① 1889 年,近打的华工也达 4.5 万人。② 据考察南洋商务大臣杨士琦奏折,1911 年时,大小霹雳的华工有 20 万人。③

4. 北婆罗洲

16 世纪中期,北婆罗洲文莱已为中国海商胡椒贸易重地,中国帆船频繁前往。当地苏丹亦招徕华人种植胡椒,不少华侨寓居当地。④ 到 17 世纪初,胡椒贸易衰落,华船稀至,当地华人也多离开。1800 年,当地华人已不足 300 人。⑤

1841 年,英人詹姆士·布洛克(James Brooke)协助苏丹平乱,获得一块土地,即沙捞越。为开发沙捞越,布洛克招徕华人,允许华人开垦和种植土地,进行金矿勘探。1850 年,西婆罗洲三条沟公司的刘善邦带领约 3000 名华人,从三发与坤甸移居沙捞越。1854 年,西婆罗洲大港公司败于荷人,余部也逃往沙捞越。这些早期来自西南婆罗洲的华人移民,绝大多数是矿工和农民。1857 年,沙捞越华人增至 4000 人左右,⑥主要来自荷属婆罗洲。

太平天国失败后,不少余众逃往北婆罗洲。据说先后至沙捞越的太平天国余众竟达数千人之多。现在古达、山打根、亚庇等地的华人,多是这些人的后裔。⑦ 早期华工多来自香港。1865 年,有 62 名华人从香港前来沙捞越。次年,英船又从香港运来华工男 135 人,女 39 人,童男 18 人,童女 2 人到北婆罗洲。⑧ 到 1871 年,北婆罗洲华人已约 5000 人。⑨ 1875 年,三家新加坡公司在沙捞越投资胡椒、甘蜜种植园,大规模招募华工。此后,每月有 150～200 华工

---

① 《光绪十三年粤督张之洞奏访查南洋华民情形拟设小吕宋总领事以资保护折》,《清季外交史料》卷七四,第 22～26 页。

② *The Malayan Tin Industry to* 1914, p. 27;p. 35;pp. 38～40.

③ 《考察商务大臣杨士琦奏考察南洋华侨商业情形折》(光绪三十四年正月),《清季外交史料》卷二一〇,第 12 页。

④ 郁树昆:《南洋年鉴》(癸),新加坡:南洋报社,1951 年,第 107 页。

⑤ 黄尧:《星马华人志》,香港:明鉴出版社,1967 年,第 268 页。

⑥ 林水檺、骆静山:《马来西亚华人史》,吉隆坡:马来西亚留台校友会联合总会,1984 年,第 143 页。

⑦ 林水檺、骆静山:《马来西亚华人史》,第 26 页。

⑧ 粤海关档:香港理船厅《1861—1872 年香港载运华工出国船只及人数统计表》,见陈翰笙主编《华工出国史料汇编》(四),第 535～539 页。

⑨ [英]布赛尔:《东南亚的中国人》,《南洋问题资料译丛》1958 年第 2—3 期,第 100 页。

从新加坡转运而来,安排在古晋地区种植园。① 1877 年,文莱苏丹再割三个地区给英人邓特(Alfred Dent),合为沙巴。邓特亦招徕华人开发。此后,华人开始源源不断流入沙巴,甚至包括有连同其祖父母的整个家族迁来,多数是劳工、农人,少数为商人和店员。1882 年,在山打根的华人约 3000 人。② 在1887—1890 年间,由海峡殖民地前往沙巴烟草种植园的契约华工由 390 人增至 7223 人,三年间增长 17.5 倍。③

　　1900 年,福建闽清基督徒黄乃裳目睹"闽地苦瘠,丰年亦不足食,乡曲贫民,终岁啖红薯十室而九",因此,应沙捞越首领招徕,携数位亲友到沙捞越考察垦殖事宜。旋即回国,在闽清、古田、闽侯、屏南等地招集乡民,到拉让河(Rejang)下流诗巫一带开垦。1901—1902 年间,先后招三批共 1118 人至诗巫,④是开发诗巫之先驱。因此,诗巫又称"新福州"。1901 年,广东三水邓恭叔也到诗巫,投资 22 万元,创建广东农业公司,开垦拉让江沿岸闲置土地。邓在清远、三水、四会、广宁、番禺、东莞等地招募农工,前后 4 批共 360 余人。在当地称为"新广东垦场",或称"广东芭"。⑤ 1903 年,北婆罗洲当局取消大米进口税,招引华人种植稻米。当年 7 月,即有 2000 名以上华工进入沙巴。其中,客籍 881 人,广府籍 568 人。到 1907 年,在 30 个大种植园中,共有劳工 10467人,其中华人 5856 人。⑥ 20 世纪初,沙捞越华人移民相对分籍贯而聚居,主要分布在第一区和第三区:客家基督教团定居在古晋附近,福州循道公会团体在拉让河(Rejang)盆地,屯驻公司在福州团体上流沿岸,另一个在诗巫附近。⑦

　　①　林水檺、骆静山:《马来西亚华人史》,第 147～148 页。
　　②　[英]布赛尔:《东南亚的中国人》,《南洋问题资料译丛》1958 年第 2—3 期,第 102～103 页。
　　③　坎贝尔:《中国的苦力移民》,见陈翰笙主编《华工出国史料汇编》(4),第 266 页。
　　④　林水檺、骆静山:《马来西亚华人史》,第 147 页。
　　⑤　邹震岳:《北婆罗洲华侨史话》,台北:海外文库出版社 1956 年,第 22～23 页。
　　⑥　特里甘宁:《特许公司统治下的北婆罗洲劳工问题》,《南洋问题资料译丛》1963 年第 2 期,第 108～109 页。
　　⑦　John M. Chin, *The Sarawak Chinese*, Kuala Lumpur: Oxford University Press, 1981.

第三章

南洋华侨社会的形成与
发展(17—20世纪初)

　　17世纪初以后,海贸与移民的互动导致中国人开始大规模移民定居国外,遂成华侨。华侨牵引亲友,相伴而居,繁衍子孙,久之成村落,成为唐人街区(Chinatown)的雏形。唐人街既是中国海外贸易发展之结果,亦为当地统治者刻意划定华侨聚居区之安排,各国唐人街的形成模式如出一辙。先是中国海商水手或劳工暂时落脚之处,通常处于港口或商贸要道,久居成肆。小则食档商铺三两间,供各地前来谋生的华侨客寓其间。大则市肆成列,街区纵横,蔚为唐人街区,形成华侨社会。来者日众后,华侨就建造妈祖堂、土地宫、关帝庙等,供奉故乡引来之神衹,并为祭奉和聚会之所。由庙宇再发展出各类神缘、地缘、族缘等各类社团,以为在异域生存之守望相助组织。社团也因此成为华侨社会的核心。东南亚规模较大的华侨社会,大多数是在贸易航道上的重要城市,如新加坡、马六甲、槟城、雅加达、泗水、马尼拉等港口城市,而最早的唐人街则靠近这些港口城市的码头。唐人街的生命力如同中华民族的生命力一样,总是能劫后重生。无论是17世纪初菲律宾的西班牙统治者尽屠华人,还是18世纪中叶印尼的荷兰殖民者血洗唐人街,数十年以后,华人又在唐人街的废墟上重建家园,规模犹胜当年。

　　华侨多从事当地人不乐于或无力从事的工作,节俭勤勉,胼手胝足,披荆斩棘。在英属新马和荷属东印度,华侨多为商贩、工匠、矿场和种植园劳工;在暹罗、菲律宾、缅甸和越南,华侨多为商贾、工匠和果蔬种植者;在日本和朝鲜,华侨多为商人和佣工;在美洲、澳洲和非洲,早期华侨几全为华工,后期多转为商贩和城市佣工。无论在世界何地,均被视为最勤奋与平和的群体。

　　为方便统治和征税,当地统治者对聚居之华侨多施"以华治华"之间接统治方式,将华侨集中于区社,指定华侨头领,管理本族或本乡华侨。在荷属、英属南洋,称为甲必丹,在安南、暹罗,称为社长、县长,在矿区或种植园,则多为集秘密会社首领、甲必丹和矿主、园主于一身的富商。

　　大规模契约华工涌入南洋后,华侨聚居区不但规模急遽扩大,而且分布区域日益广泛,由沿海延伸至内陆,由都市扩展至乡村。私会党亦引入海外华侨聚居区。尤其在早期华工集中之地,秘密会社势力举足轻重。又由于华侨勤勉节俭之天性、经商之才干及华侨间密切联系之商贸网络,南洋华侨经济实力迅速扩张,在商贸零售业、采矿和商品种植业渐居举足轻重地位。随着华侨数量的增加和经济力量的成长,华侨私塾、学堂、华文报刊等也相继出现。较大的华侨聚居区已为社会功能完备、相对独立于侨居地的华侨社会。新至之移民,犹如生活在中国本土。

第一节　英属新马与荷属东印度

一、新加坡与马来半岛

明代以来,马来半岛是中国海商的重要贸易去处。英国殖民统治时期,招徕大批华商华工。无论是在海峡殖民地或马来各邦,在 19 世纪后期以前,各地华侨聚居区都形成规模不等的华侨社会,由殖民政府或马来土侯委任的华侨首领管理华社内部事务。在南洋各殖民地中,英属新马殖民政府政令相对开明,经济发展程度在南洋最高,海峡殖民地又是南洋华工的集散中心,因此,就土地面积而言,英属新马是华侨最密集的地区。19 世纪后期以降,新马华侨社会已然成为南洋华侨社会的中心。

1. 殖民政府的华侨政策

在马来半岛,华侨的最早聚居地是马六甲。1641 年荷人攻占马六甲时,当地人口锐减,华侨亦仅存三四百人。荷殖民政府为复兴马六甲垦殖业和城市商贸,即招徕华人,并取消人口税以抚慰留存华侨。但荷殖民政府苛待华商,强征高额进出口税,对锡、胡椒、布匹等华商青睐商品实行专卖或垄断,不许华商往亚齐、吉打等地贸易,尚须缴纳人口税、停泊税等。因此,虽然荷属马六甲总督称,这个国家必须有大量人口,尤其需要勤勉的中国人,以便继续垦殖业和其他交通贸易。但华商和移民仍畏往马六甲,多往柔佛和吉打等马来半岛其他商埠。直至 18 世纪后期,华侨人数仍仅千数人。[1] 1785 年,英船长赖特上校(Francis Light)利用吉打土王之间矛盾,向苏丹租借槟榔屿。赖特开埠槟榔屿后,即招徕华人开发。英殖民当局专辟华人区,引华商建屋定居。如同荷兰殖民政权,早期英殖民政府也以甲必丹制度间接统治华侨。英殖民

---

[1]　Victor Purcell, *The Chinese in Malay*, London: Oxford University Press, 1948, p. 36.

政府赋予甲必丹部分行政和司法权力,将华侨置于其直接管理下,让其大体按照本族本帮风俗惯例,处理其内部纷争。甲必丹则须承担所辖社区治安、人口登记和征收人头税或赌博税等职责。充任甲必丹者,皆非富即贵之侨领。槟榔屿开埠之初,英殖民政府就任命来自吉打的华侨辜礼欢为槟榔屿首任甲必丹,处理华侨社区之一般民事事务。每个华侨社区都有一个首领,审判轻微案件。1800 年,英国殖民者又诱迫苏丹,获得槟榔屿对岸的威斯利地方,并入槟榔屿。到 1807 年,槟榔屿获司法特许状,采用英国法律,建立地方法院,直接审理民事案件。[①]

　　1819 年,英人莱佛士开埠新加坡,亦大力招徕各国移民,尤其是华商华工。莱佛士的城市规划为各族移民分区居住,并认为移民中最重要的无疑是中国人,断言他们将永远是社会中的最重要部分。莱佛士亦关注华侨的籍贯和阶层差异,在规划华侨社区时按籍贯和阶层适当区分,司法制度由甲必丹执行。1826 年,英国合新加坡、槟榔屿和马六甲为海峡殖民地,新加坡亦获司法特许状,实施英国法律。但甲必丹仍被赋予管理华侨内部事务的较大权限,乃至发挥警察之职能。[②] 英殖民当局亦授华社名人或太平局绅,或陪审员,或非官守议员等,参与新加坡政务和协助殖民者管理侨社。

　　随着中国移民抵新日多,华社扩展,帮派林立,尤其是秘密会社势力急遽膨胀,多次酿发华社大规模冲突,已非间接统治的甲必丹制度所能管理和控制。1877 年,海峡殖民地政府设立华民护卫司署(Chinese Protectorate),为专门管理华侨机构,处理华侨移民、社会、政治、文化等事务。首任华民护卫司(Protector of Chinese)为毕麒麟(W. Pickering)。毕为资深殖民官员,长期在东亚和中国各地任职,精通中文,熟谙广东话、潮州话、闽南话和客家话。此后,英殖民政府在槟榔屿和英属马来各邦分设华民护卫司。在马来苏丹管辖的柔佛州,华商向土侯承包河畔垦区,时称"港脚",招徕华工垦荒种植,自为"港主"(Kangchu)。"港主"原意"河流之主",即河畔垦区主公。港主与马来天猛公或苏丹签订河畔开发和管理租约,获得河契,拥有该河畔垦区行政和执法权,亦承包当地各项商业专利权。港主携资招工,开发该区,负责给州政府缴纳各种租税。

---

　　① ［英］布赛尔:《东南亚的中国人》,《南洋问题资料译丛》1958 年第 2—3 期,第 53页。

　　② Victor Purcell, *The Chinese in Malay*, p. 73.

2. 华社的籍贯与职业构成

荷人统治时期,马六甲城华侨多为商人和工匠。① 早期华侨大多来自福建,风俗习惯,均与闽南同。全城房屋,悉仿中国式,俨然海外之中国城市。② 英人统治时期,除福建人外,客家人、广府人、潮州人和海南人相继涌入,统称五帮,仍以闽籍者最多,其次是客家人。两者约占移民总数60%。③ 槟榔屿华侨亦闽南人尤多,④ 主要来自马六甲和闽南。续至者仍以闽南人最多。1894—1904年间,从厦门抵槟城之移民达15万多人,在各属中占首位,略高于来自汕头港的潮州和客家移民。⑤ 新加坡华侨亦以福建人最多,其次为广东人。广东人中,潮州与客家人较多。据1881年英殖民政府调查,新加坡华侨约9万人,其中,闽南人24981人,潮州人22644人。⑥ 各帮华侨大体分区居住。闽南人以直落亚逸为中心,向西北地区延伸。潮州人多聚居勿基(驳船码头,Boat Quay)及沿河右岸至皇家山麓,广府人云集牛车水一带。福建人以来自漳泉州府的闽南方言群为主,潮州人主要来自潮州八邑(潮安、澄海、潮阳、揭阳、饶平、普宁、惠来与南澳)的潮州话方言群,广府人来自以广州为中心的六邑(广州、南海、顺德、东莞、番禺与中山)和潭江下游四邑(台山、新会、恩平与开平)的广东话方言群,客家人主要来自粤东和闽西讲客家话的方言群,海南(琼)人来自海南岛讲海南话的方言群。⑦ 闽南人、潮州人和海南人均属大闽南语系,闽南话和潮州话更接近。

17—19世纪间,绝大部分中国移民为单身年轻男性,部分人娶当地女子,其土生后代亦颇具规模,尤以马六甲、新加坡为最。土生华侨男称"峇峇"(Baba),女称"娘惹"(Nyonya),熟谙马来语,少数通中文。富裕峇峇家庭出身者多读英校。据1881年的海峡殖民地人口统计,新加坡、槟城和马六甲的土

---

① 克尼尔·辛格·桑杜:《华人移居马六甲》,见中外关系史学会编《中外关系史译丛》,1986年,第194页。
② 李锐华:《马来亚华侨》,自由中国社丛书三十四,1954年,第26页。
③ 克尼尔·辛格·桑杜:《华人移居马六甲》,见中外关系史学会编《中外关系史译丛》,1986年,第198页。
④ 力钧:《槟榔屿志略》卷四《流寓志》,第7页。
⑤ 槟城华民护卫司署、海峡殖民地华民护卫司署1894—1904年各年年度报告统计。
⑥ *Straits Settlements Legislative Council Proceeding* (SSLCP),1881,p. 308.
⑦ 崔贵强:《新加坡华人——从开埠到建国》,第36、57页。

生华侨共 25268 人,占华侨人口 14.5％。① 土生华侨熟谙当地语言和环境,富裕者多有父辈积累之产业,与殖民政府和洋行关系密切,能充任代理商、买办乃至公共事务管理者。因此,新马华社侨领多为土生华侨。其著名者如陈笃生和陈金钟父子、佘有进和佘连城父子、陈金声、邱菽园、章芳琳、林文庆、胡亚基、宋旺相、辜鸿铭等人,非富商即闻人。殖民政府也对其刻意笼络,以达以华治华目的。

在 19 世纪中期,来自中国和马六甲的新加坡福建人有很多从事商贸,约40％是经纪人、商人和店主,20％为种植园主,其余的则为苦力,船工、渔民和搬运工人。潮州人多数是甘蜜(gambier)和胡椒种植园主、劳工和经营商。广府(澳门)人七成五以上为木匠、裁缝、制鞋匠、理发师、伐木工及泥瓦匠等工匠和苦力劳工。客家人职业与广府人相似,多数为工匠和劳工,如铁匠、制鞋匠、金饰匠、理发师、建筑工和伐木工。海南方言群最少,不足千人,多为店员或伙计。② 槟榔屿华侨方言群的职业结构大体如新加坡。闽商执新加坡商业之牛耳的原因,首先是莱佛士开埠新加坡后,即着力招徕马六甲华商。不少马六甲漳泉籍华商借机挟资往新加坡,成为早期新加坡商业各行的主导者。③ 早期新加坡与中国的帆船贸易,漳泉商人亦居主导地位。往新加坡的闽南移民,与主导商贸行业之闽商多有乡土或宗亲之缘,语言人脉相通,较其他方言群移民更有机遇从事商贸。

整体而言,华侨是殖民时期新马商品经济发展的主力。如 19 世纪后期担任英属海峡殖民地总督的瑞天咸爵士(Sir Frank Swettenham)在其著作《英属马来亚》中所言:华侨于白人来此之前,即从事矿业、种植业及渔业。开发初年,辟道路及公共事业之基金,及其他一切费用之供给,亦莫不基于此辈华人之努力和勤勉。彼越丛莽拓林地,为垦荒采矿先锋。允其兼营冶金业时,自采矿至烧炭,均有华人参与。彼为从事各样贸易之商人,开辟马来诸邦间定期航线。在此热带丛林中的神秘国度,为欲开发其隐藏之财富,必需巨大的劳动力,舍华人别无他途。马来亚政府全部税收中 9/10,悉取自彼消费的商品以及各种娱乐的捐税。④

华侨执马来半岛商贸零售业之龙头。18 世纪初,柔佛约千家华侨,绝大

① *Straits Settlements Blue Book for the Year* 1881,Singapore:Government Printing Office,1882.

② 佘有进:《新加坡华人人数、帮派职业概览》,载 J. I. A.,第 2 卷,1848 年,第 290页;颜清湟:《新马华人社会史》,北京:华侨出版公司,1991 年,第 109 页。

③ 林孝胜:《十九世纪新华社会的分合问题》,载柯木林、林孝胜《新华历史与人物研究》,第 65 页。

④ Frank Swettenham,*British Malaya*,London,1948,pp. 232~233.

多数经营对外贸易。① 英人开埠槟城后,商贸多由华商经营。新加坡成为自由港后,英人大商行控制进出口贸易,华侨多为二盘商和零售商。华商收购和销售网络,遍布于马来半岛各埠和乡村小镇。华侨中介商通常以赊账方式从英人大商行获得各类进口商品,如英国之纺织品和金属制品,印度之鸦片、麻织品和谷物,转售华侨零售商,推销至马来半岛各处,乃至穷乡僻壤之地。华侨零售商再从各地收购各种土产,如锡米、甘蜜、胡椒和橡胶等,交付中介商,后者转售外国商行,运往欧美。② 19 世纪 80 年代,新加坡勿基(Boat Quay)一带,沿岸商号 80 余家,六成为华商拥有。③ 有拥资称千万者,有数百万者,若十万八万之户,但云小康,不足称之富人。④ 从事贸易业、采矿业、种植业及航运业的华侨大企业不断出现,但融资多仰赖欧资银行或印度钱商。欧洲银行仍以传统实物借贷方式,通常尚须担保,不能满足华商企业长期信贷需求,且不愿接受小额贷款,仅少数华商被允开户。⑤ 1903 年,新加坡大建筑商和种植园主、台山籍华侨黄亚福创办广益积聚银号有限公司,实收资本 85 万元,是南洋乃至世界第一家华侨银行。广益银行主营存贷款,无论贫富,5 元即可开户,银行职员讲中文,顾客可用中文填写支票,故发展迅速,几年后年营业额达上千万元。⑥ 1906 年,新加坡潮侨廖正兴开办四海通银行,主营汇兑,服务潮侨通汇。⑦ 闽侨第一间银行华商银行,则迟至民国元年(1912)开办。首任总经理林秉祥为新加坡最大航运商和贸易商之一。⑧ 闽商开办银行在潮商粤商之后,是因为闽商多海峡土生,长期执海峡殖民地华侨商务牛耳,与欧人银行关系密切,担任买办者亦多,自己开设银行的打算尚非迫在眉睫。

19 世纪中期以后,半岛内地采矿业和种植业迅速发展,大批华工涌入,矿区和种植园区华侨商店纷纷出现,并渗入马来人乡村。华侨批发商、零售店、行走摊贩组成遍布英属马来半岛各地之华侨商业零售网络。马来半岛内地商

① Victor Purcell, *The Chinese in Malaya*, 1967, p. 98.
② Wong Lin Ken, Singapore: Its Growth as an Entrepot Port, 1819—1942, *Journal of Southeast Asian Studies*, V. 9, No. 1, 1978, p. 59.
③ 庄钦永:《1880 年代的勿基》,《新加坡华人史论丛》,第 3~10 页。
④ 李钟钰:《新嘉坡风土记》,新加坡:南洋书局,1947 年,第 9 页。
⑤ [英]W. G. 赫夫著,牛磊、李洁译:《新加坡的经济增长——20 世纪里的贸易与发展》,北京:中国经济出版社 2001 年,第 175 页。
⑥ P. Lim, Pui Hunen, *Wong Ah Fook: Immigrant, Builder and Entrepreneur*, Singapore: Time Media Private Limited, 2002, pp. 111~114.
⑦ 傅无闷编:《南洋年鉴》(辰编),新加坡:南洋商报出版社,1939 年,第 136 页。
⑧ 陈维龙:《在新加坡注册的商业银行》,《南洋文摘》第 12 卷第 11 期(总第 143 期),第 749 页。

品经济之发展,实缘于华商之推动。马来半岛的商品作物种植业也多是华侨经营。从事甘蜜和胡椒种植者多潮籍华侨。马来半岛内地的华侨种植园规模极大。1876 年,华侨屠恩秀(译名)向雪兰莪双溪拉惹租借 2 万英亩土地种植胡椒和甘蜜,20 年内免纳租税。1884 年,屠又在雪兰莪租得 1 万英亩土地。1890 年,屠氏种植园为雪兰莪甘蜜和胡椒种植中心,年生产甘蜜 1.2 万担,其在雪兰莪的输出总值中仅次于锡。① 此外,在木薯、甘蔗和树胶种植业,华侨也都是主力。1871 年,双溪乌戎华侨木薯种植园达 2 万英亩。到 1883 年,更达 9.3 万英亩。1889 年,双溪乌戎木薯园华工达 4000 人。侨领陈笃生之孙陈齐贤则是马来半岛最早种植树胶者。1897 年,他经林文庆医生介绍,接受新加坡植物园长特礼里(H. N. Ridley)建议,向马六甲政府租得 5000 余英亩土地,一半种木薯,一半种橡胶。②

华侨在英属马来亚半岛开采锡矿可溯自明代中期。19 世纪中期以后,马来半岛西海岸各邦陆续发现丰富锡矿,当地苏丹、土侯相继招徕华商开矿。华侨矿场的采掘和洗选锡矿方式与熔锡工艺也较先进。雪兰莪的叶亚来是第一个采用蒸汽泵机排水采锡者。③ 霹雳的拿律、近打(Kinta),雪兰莪的卢骨、干津(Kanching)、吉隆坡、武吉阿旺(Bukit Arang)、双溪乌绒和马六甲的吉生等地区,均为华侨锡矿中心。1878 年,仅拿律有华侨矿场 80 处,雇用华工 6843 人,年产锡 2748 吨。1898—1900 年间,马来亚产锡年约 4 万吨,3.8 万吨为华侨矿主所产。④ 据 1901 年的马来联邦统计,30 万华侨中,16.3 万人以开矿为业,余者多在矿区经营杂货店和茶室等生意。⑤ 19 世纪后期,马来亚锡产品畅销世界。采锡风险大,但致富也快。雪兰莪叶亚来和叶观胜,霹雳胡子春和姚德胜、彭亨陆佑,均发达于矿业,成一代巨富。

3. 私会党与社团及文教组织

早期新马华侨社会为以天地会为名的秘密会社所掌控,或称私会党,以海峡殖民地最盛。新马华侨秘密会社沿用中国天地会的组织形式和入会仪式,誓词亦大体与天地会同。⑥ 有严厉的帮规和严密的组织结构,组合则多依方

① 彭家礼:《英属马来亚的开发》,北京:商务印书馆 1983 年,第 43~44 页。

② 林水檺、骆静山:《马来西亚华人史》,第 249 页。

③ Wong Lin Ken, *The Malayan Tin Industry to* 1914, Tucson, 1965, pp. 43~49.

④ 宋哲美:《马来西亚华人史》,香港:中华文化事业公司,1964 年,第 86 页。

⑤ 林水檺、骆静山:《马来西亚华人史》,第 243 页。

⑥ Leon Comber, Chinese Secret Societies in Malaya: A Survey of the Triad Society from 1800—1900, published for the Association of Asian Studies, New York: J. J. Augustin, Locust Valley, 1959, p. 118.

言群而凝聚。

早期私会党成员多来自中国天地会。1786 年,台湾林爽文率天地会众起义,被镇压后,余部多遁往南洋,蔓延于安南、暹罗、缅甸、婆罗洲、苏门答腊和爪哇。1799 年,已经有槟榔屿华侨私会党公开反抗殖民政府被镇压,头目遭审判。[①] 1841 年,据说新加坡天地会员已有万人,到 1851 年,更达 2 万名。而当时新加坡华侨人口仅 27988 人,会党成员占 70% 以上。[②] 1853 年,天地会分支闽南小刀会举事,失败后大规模逃亡南洋,或谓达 2 万多人。大部分加入海峡殖民地之义福会。[③] 由于来自中国的天地会成员剧增,据新加坡警察局的估计,到 1860 年,新加坡私会党人数约 4 万。[④] 太平天国失败后,其南方余部亦不少人遁亡南洋。沙捞越石隆门矿山华工几乎尽为天地会会员。[⑤]

到 1889 年海峡殖民政府取缔秘密会社前夕,英属新马的华侨私会党林林总总,不下数十个。最大者为义兴会和海山会。其他各会,大体或依附或分离或居间连横于两大会间。19 世纪中期,新加坡义兴会即衍生出广府帮的义兴会、福建帮的义兴会、潮州帮的义兴会、客家帮的义兴会和海南帮的义兴会等五个分支。[⑥] 1867 年,仅槟城义兴会员约 25000～26000 人,占槟城总人口 20%,海山会员约 5000～6000 人。尚有各自依附于华侨会党的土著会党红旗党和白旗党 4000 人。[⑦] 随着华侨涌入各马来土邦,华侨会党势力随之扩张至半岛内地。尤其在华侨集中的锡矿区,几乎无人不是会党成员,尤以义兴会和海山会势力最盛。矿主多为会党头领,矿丁亦为同会帮众。1876 年,仅在新加坡和槟榔屿两地登记之秘密会党有 72 个。[⑧] 海峡殖民地和各马来土邦的

---

① Leon Comber, Chinese Secret Societies in Malaya: A Survey of the Triad Society from 1800—1900, p. 37.

② Victor Purcell, *The Chinese in Malaya*, p. 157.

③ Wilfred Blayhe, *The Impact of Chinese Secret Societies in Malay: A History Study*, London: Oxford University Press, p. 209.

④ Wilfred Blayhe, *The Impact of Chinese Secret Societies in Malay: A History Study*, Appendix 3, p. 538.

⑤ 林水檺、骆静山:《马来西亚华人史》,第 26 页。

⑥ T. P. Wang, Chinese Towkay and Worker Strikes in the Straits Settlements (1857—1900), With Special Reference to Singapore, *Nanyang Quarterly*, Vol. 11, 1981, p. 9.

⑦ Leon Comber, Chinese Secret Societies in Malaya: A Survey of the Triad Society from 1800—1900, p. 118.

⑧ 可儿弘明:《从新人陆转向东南亚的"猪花"》,《南洋资料译丛》1984 年第 3 期,第 95 页。

华侨,60%以上是秘密会党的成员,余 40%也都处在秘密会党的影响之下。[1] 会党大头领则大多为华社闻人,或富商大贾,或大矿主,或专营饷码承包者,或为甲必丹,或身兼数种闻人身份。霹雳海山会首领郑景贵,槟榔屿义兴会的首领陈亚炎等,既是大锡矿主,又拥有许多产业,富甲一方。[2] 柔佛的港主,几乎都是义兴会头领。雪兰莪海山会首领叶亚来,身兼矿主、商人、包税人和甲必丹为一身,甚至行使英人赋予之地方司法权。[3]

早期华侨会党为守望相助之秘密会社,虽有畛域、方言之别,但大体仍可合作共处,共度维艰。至 19 世纪中期以后,移民日多,利缘有限,谋生不易,新客与老侨时起龃龉,不同地域与方言群亦纠纷不断。早期殖民当局或马来苏丹土侯无力控制越来越多的华侨,均采取以华治华政策,放任华社冲突,唯求榨取税饷,节省华社行政维安开支。秘密会社遂成以华治华的工具。统治者将秘密会社首领作为其笼络对象,或让他们承包饷码,或作为矿区和港主承租者,甚至委其为甲必丹或议员。新老移民,则各依不同会党,或为抢占谋生地盘和行业,或为获取鸦片、赌业、妓院等专营饷码,或为争夺矿利而相互械斗。

会党间的冲突以矿区矿脉争夺最为剧烈。采矿是当时南洋华商致富的最佳捷径之一,盘踞富矿可迅速暴富。马来半岛土邦之苏丹、土侯多只管征税,矿区治安与民生则任由华侨维持。会党争夺矿区之长期和剧烈,当以"拿律战争"为最。霹雳州拿律的华侨几乎全为私会党成员,主要分属义兴会和海山会。义兴会首领苏亚昌及其会众主要为惠州客家人,海山会首领郑景贵及其会众主要为增城客家人。双方为垄断锡矿开采和鸦片、赌博、烧酒等专营饷码,多有摩擦积怨,终酿成 1862 年开始的武装冲突,并蔓及槟城。双方冲突长达 17 年,均死伤惨重,财产损失无数,时称"拿律战争"。1870 年爆发的"雪兰莪战争",以惠州客属为主的海山会和以嘉应州客属为主的义兴会为争夺吉隆坡锡矿大打出手,持续 3 年,4000 多华工殉难,交战地区的矿区和城镇几成废墟。海山会魁叶亚来为此耗资 100 万马元。[4]

随着移民数量急遽增长,英属新马的私会党势力日益扩张,呈挑战殖民秩序之势。1876 年,义兴会联合其他会党,发动新加坡华侨大罢工,抗议政府设专营邮政局垄断邮政汇兑。演成民众和警察暴力冲突。1888 年,各会党再次

① Lee Poh Ping, *Chinese Society in Nineteenth Century Singapore*, Kuala Lumpur: Oxford University Press, 1978, p. 48.

② 崔贵强:《新加坡华人——从开埠到建国》,第 113 页。

③ Wilfred Blayhe, *The Impact of Chinese Secret Societies in Malay: A History Study*, p. 193.

④ Leon Comber, Chinese Secret Societies in Malaya: A Survey of the Triad Society from 1800—1900, p. 21.

联手发动反政府的抵制家庭仆役运动。会党活动已威胁殖民政府的统治,因此,时任海峡殖民地总督的金文泰和毕麒麟均主张坚决取缔秘密会社。1889年,海峡殖民政府拟订《危险社团镇压法令》,取缔所有秘密会社,销毁其文件、会旗、名册和神主牌。若成立社团,须合法注册。同时,殖民政府成立华民参议局(The Chinese Advisory Board),将大多会党首领罗致入局,由华民护卫司任主席。该法令于1890年生效,[①]海峡殖民地的主要会党均被宣布为非法。[②] 秘密会社就此衰落,合法社团取而代之。

　　社团亦为移民守望相助之组织,或谓有华侨聚居处即有社团。英属马来亚华侨社团的历史,甚至早于秘密会社,多发源于各类方言群所建的宫庙。1673年,马六甲闽籍华侨甲必丹郑芳扬与华商李为经筹建青云亭,供奉观音,陪祀妈祖和关帝,亦是甲必丹署衙,是马六甲华侨的主要祭祀与联谊之处。以后兼办义学、丧葬事务,是新马最早的华侨社团。1799年,槟城惠州、嘉应、大埔、永定和增城客属共建海珠屿大伯公庙,祭奉南来槟城之客属先贤张、丘、马三公。[③] 该庙是槟城秘密会党大伯公会之发源地。1826年,新加坡潮侨在披立街建粤海清庙,奉妈祖为主神,配祀玄天上帝。后为广、客、潮、琼四帮议事之所和义兴公司发源地。1828年,由马六甲移居新加坡的漳浦籍华侨薛佛记,率众在石力路(Selat Road)建恒山亭,处理乡侨丧葬祭奠事宜,为闽侨集会议事处与理事的总机关。各类宫庙多为方言群所建,代表帮权势力,其主持人亦为帮首,为后来之社团的雏形和前身。早期会馆亦多首设于宫庙。迄会馆成为帮派主要组织后,宫庙仍为各帮派凝聚本籍会众之宗教和习俗活动之中心。尤其是华侨所重之丧葬,仍为宫庙的重要职责。各帮均有宫庙理义冢事宜,如新加坡福建帮之恒山亭,广府帮之碧山亭,[④]客家帮之绿野亭,[⑤]潮州帮之泰山亭。自青云亭始建至20世纪初,英属马来亚之宫庙如雨后春笋,林林总总不下数百种。

---

　　① Leon Comber,Chinese Secret Societies in Malaya:A Survey of the Triad Society from 1800—1900,p. 265.

　　② Wilfred Blayhe, *The Impact of Chinese Secret Societies in Malay:A History Study*, p. 266.

　　③ 《海珠屿大伯公庙重修碑记》,见陈铁凡、傅吾康合编《马来西亚华文铭刻萃编》,香港:香港中文大学,1971年,第524页。

　　④ 张夏帏:《开埠初期扮演重要角色的恒山亭》,见林孝胜等著《石叻古迹》,新加坡南洋学会,1975年,第41~44页;《1890年碧山亭碑文》,见陈荆和、陈育崧合编《新加坡华文碑铭集录》,香港:香港中文大学出版社,1970年,第221~261页。

　　⑤ 《福德祠绿野亭沿革史》,见《福德祠绿野亭沿革史特刊》,新加坡,1963年,第1页。

18世纪末,客属槟城嘉应会馆和广东暨汀州会馆成立,为马来亚最早的地域性社团。1805年,槟城中山会馆、马六甲惠州会馆、马六甲茶阳会馆等相继成立。此后数十年,海峡殖民地和马来土邦辖地的广肇籍和客家籍会馆纷纷成立,不下数十家。马六甲潮州会馆之前身"潮州公司"出现于1822年,新加坡福建会馆的前身天福宫成立于1839年,是福建帮的议事主场所。马六甲闽侨的天福宫成立则迟至1843年。① 海峡殖民地早期华侨社团,以人数较少的广肇籍成立最早最多,次为客属社团,人数最多的闽南籍华侨社团数量较少,成立亦迟。仍是因为闽籍华侨经济势力雄厚,甲必丹多由其担任,与殖民政府关系较密切,在各秘密会社中实力较强。因此,成立社团的愿望不似广肇、客家籍华侨那样迫切。到秘密会社被取缔,华社各种地缘、宗亲、业缘社团纷纷成立,以闽籍社团最多。1903年清政府在海外推动建立超帮派的中华总商会时,槟榔屿中华总商会率先成立响应。此后,新加坡、吉隆坡、霹雳、彭亨等地中华总商会相继成立。各类社团首领几乎均在商会董事会占一席之地,会长、副会长通常由实力最强的地域社团首领充任。因此,商会主导华社事务,其影响力不下于以前的秘密会社。

创办学塾和报刊是华侨社会发展到一定阶段的产物,通常由社团或富商倡建。或谓早在1815年,马六甲即有三间华文学堂,为传教士和闽商所设。② 1829年,新加坡已有三间华文私塾,分别以粤、闽方言教学,学生数十人。③ 1849年,闽侨陈金声倡建崇文阁于天福宫西侧,为师生讲授孔孟之书、究闽侨文化渊源之所在。④ 陈金声是马六甲侨生,祖籍永春,时为新加坡商业巨子和闽帮领袖。1854年,陈金声首倡开办萃英书院,十二闽商同仁共襄,筹得买地、建校、开办和维持经费共万余元。书院奉文昌君和紫阳神位,以闽南方言教学,学童免费入学,以期达侨社"斯文蔚起,人人知周孔之道,使荒陬遐域化为礼义之邦"。⑤ 此后,各方言帮派和富商均相继创办华文学堂,大多以方言

---

① 石沧金:《马来西亚华人社团研究》,北京:中国华侨出版社,2005年,第323~355页。

② William Milne, *A Retrospect of the First Ten Years of the Protestant to China*, (Malacca 1820),p.151,转引自颜清湟《战前新马闽人教育》,颜清湟:《海外华人史研究》,新加坡:亚洲研究学会,1992。

③ Song Wong Siang, *One Hundred Years of History of the Chinese in Singapore*, p.26.

④ 陈荆和、陈育崧编:《新加坡华文碑铭集录》,第283页。

⑤ 《翠英书院碑文》,见陈荆和、陈育崧编《新加坡华文碑铭集录》,第291~292页,第294页。

教学。① 据殖民政府统计,至 1884 年,槟城有华文学堂 52 所,新加坡 51 所,马六甲 12 所,均为私塾型。② 同年,叶亚来在吉隆坡创办私塾学堂,以粤语教学。③ 左秉隆、黄遵宪任总领事期间,着力兴儒学之风,倡立文社,兼课策论,劝导华商设立义塾。一时华文学塾并立,弦颂之声,相闻于道。④ 到 19 世纪末,虽然华文学塾广布于各埠,但多经费匮乏,课程陈旧,所读无非《千字文》、《三字经》和尺牍、珠算之类,对学生在当地谋生几无助益,因此,生源反而萎缩,华侨所办英文学塾则生源日多。1902 年,清廷颁学部章程,敕各省及海外使领馆督建新式学堂。英属马来亚的第一所新式学堂,为槟城侨领张振勋和胡国廉、谢荣光等倡办的槟榔屿中华学校,开办于 1904 年。张振勋首倡捐五万元作为开办经费,各华商慷慨解囊,共筹集十数万元开办费,⑤槟城富商兼清朝驻槟副领事梁廷芳任学校总理,初期开设 4 班,招收学生 160 人。⑥ 此后,各帮随之相继创办新式学堂。1905 年,嘉应客侨汤湘霖、黄云辉等筹办应新学堂。⑦ 1906 年,中华学校为培养师资,附办师范班两期,为南洋华侨师范教育之嚆矢。⑧ 同年,潮侨成立端蒙学堂,粤侨创设养正学堂。1907 年,新加坡闽帮吴寿珍、张善庆、李清渊等倡办道南学校,为英属南洋规模最大华文学堂,有学生数百人。1910 年,琼侨王绍络、黄可辉等发起创办育英学校。⑨

与华文学堂相继出现的是华文报刊。虽然早在 1815 年,马六甲就有英国传教士办传播福音的华文报纸,此后也先后有数份传教士所办华文报纸出现,但都旋办旋停,对华社无甚影响力。1881 年,闽籍海峡侨生薛有礼创办《叻报》,是英属新马第一份华侨创办的较有影响力的日报,以弘扬传统中华文化和报道中国与各地华埠消息为主,有社论、时评、新闻、快讯等栏目,尤重刊登清廷各种旨意与中国官府消息,每期发行数百份,⑩为新马华社各界重视,维

---

① 《观直落亚逸中西义塾喜而有说》,《叻报》1893 年 4 月 15 日。

② Srait Setttlement Annual Education Report,pp. C176～178,转引自郑良树《马来西亚华文教育史》(第一分册),吉隆坡:马来西亚华校教师总会,1998 年,第 30 页。

③ 《南洋年鉴》癸篇,第 96 页。

④ 《叻报》1890 年 3 月 13 日。

⑤ 《中华学校改良简章》,《学部官报》第 9 期,光绪三十二年十一月初一日。

⑥ 林远辉、张应龙:《新加坡、马来西亚华侨史》,广州:广东教育出版社,1991 年,第 494 页。

⑦ 谢品峰:《应新学校史略》,《星洲应和会馆一百四十一周年纪念特刊》,新加坡,1965 年,第 15 页。

⑧ 郑良树:《马来西亚华文教育史》(第一分册),第 112 页。

⑨ 唐青:《新加坡华文教育》,台北:华侨出版社,1964 年,第 47 页。

⑩ Chen Mong Hock,*The Early Chinese Newspapers of Singapore*,1881—1912,Singapore:University of Malaya Press,1967,p. 40.

持时间长达 51 年。1890 年,新加坡印刷商林衡南创办《星报》,日销 300 余份,最高销量几近千份,1898 年停刊。次年,由林文庆、黄乃棠接办,改名《日新报》,倾向维新党人。此后保皇党人与维新党人相继办报,立场针锋相对,论战不休,但都维持不久。

二、荷属东印度(印尼)

与英属新马一样,荷属东印度是 17—19 世纪中国移民的主要去处。与新马华侨相对集中不同,荷属东印度为万岛之地,各岛华侨分布呈大集中小分散,各岛各地华侨社会自成一系。华侨数量以爪哇最多,次为苏门答腊和加里曼丹。爪哇华侨高度集中于巴达维亚、三宝垄与泗水,尤以巴城为最。少数华侨散居各地,遍布各岛的城镇与乡村。①

1. 荷印政府的华侨政策

西爪哇巴城作为荷属东印度的统治中心长达 400 多年,荷印所有对华侨的政策,均首先在巴城施行。荷人辟专门居留区以实来巴华人,设华人甲必丹(Kapitein)管理华人事务。荷印总督库恩(Jan Pieterszoon Coen)之密友、同安人苏鸣岗为首任华人甲必丹。甲必丹就职,须宣誓效忠荷印政府,职责为代管华侨民政事务与诉讼,可禁锢违令华侨,代征人头税与其他各项费捐,承包工程与供应政府相关物资。② 甲必丹下设数名雷珍兰(Luitenant),协助甲必丹处理华侨事务。雷珍兰下又设华侨街长(Wijkmeester),又称甲首。尚有武直迷(Boedelmeesters),专理去世华侨遗产以资助华侨医院、老弱病残者与孤儿院(Weeshuis,时称"美色甘厝")。1645 年,潘明岩继林六哥为巴城甲必丹。任内率巴城华侨凿渠排淤,倡设华侨医院,③是历任甲必丹中较有建树者。1690 年,巴城"美色甘厝"内设义学,请唐人先生施教于孤儿与贫主之子。④1729 年,巴城当局拨屋一所,供开办华校之用,有学生三四十名。三宝垄的华

---

① Thomas Stamford Raffles, *The History of Java*, Vol. 1, London: Black, Parbury and Allen, 1817, p. 82.

② 甫榕·沙勒:《荷兰东印度公司成立后在印度尼西亚的中国人》,《南洋问题资料译丛》1957 年第 3 期,第 9 页。

③ [印尼]许天堂著,周南京译:《政治旋涡中的华人》,第 97 页。

④ 许云樵校注:《开吧历代史记》,(新加坡)《南洋学报》第 9 卷第 1 期,1953 年,第 34 页。

侨社会形成迟于巴城。到 1672 年,荷印当局始任命三宝垄第一位华侨甲必丹。①

17 世纪中期,巴城城区华侨激增至 5000 余人,巴城商贸、税收等,均为华商所办理。华侨承建了几乎所有的城堡、城墙、运河、房屋,连主要建筑原料,如木料、石灰、石材也由华商供应,蔗糖生产、零售业也几乎由华侨承担。甲必丹苏鸣岗、林六哥都是有名的承包商。大华商杨昆更承包了几乎全部城墙建筑及数条运河的挖掘,他还伙同苏鸣岗承包赌税、人头税等税收。1685 年访吧之耶稣会神父达查德(Guy Tachard,C.)记载,“中国人勤劳聪明,他们对巴达维亚有莫大价值,没有他们的帮助,人们很难舒服生活。他们耕种土地。除中国人外,几乎就无工匠。总而言之,他们无所不能。他们中有许多人发了财。据说有一个中国人不久前死去,竟留下数达一百万银币。”②

巴城华侨的数量与商贸实力引起荷商忌讳,荷印政府遂于 1858 年重新向华人开征人头税,引发巴城华侨大规模离巴他迁。1670 年,荷印为推动巴城糖业发展,豁免居住在巴城乡区的华侨人头税,以吸引华侨往巴种蔗制糖。③巴城乡区华侨随之大增至 5000 余人,连同城区华侨,数量超过万人,是当时南洋规模最大的华侨社会。

18 世纪 30 年代,荷印公司内因贪腐而经营不善,外不敌英法竞争,商品滞销,财政赤字剧增,巴城经济困窘。与华侨谋生关系密切的商品丝、茶、糖等国际价格暴降,大多华商船货滞卸,濒于破产,④一般为佣的华侨更是谋生无门。荷印官员愈发横征暴敛,华侨民不聊生,贫困者则流离失所。1740 年,巴城政府下令,无论有无居留准证,将所有流落街头之失业华侨一律逮捕。搜捕旋即演为对华侨社区之烧杀抢劫,尚有被捕者被乘夜载海中沉之。巴城乡区华侨率先反抗,向城区进攻。荷当局恐城内华侨里应外合,下令荷军队于城内挨户搜捕华侨,不论男女老幼,擒出便杀。华侨尸横遍地,血涨河流。华侨居处亦被付之一炬。⑤荷人还邀同爪哇土著军队,合攻乡区华侨,华侨起义军遂归失败。次年,三宝垄和东爪哇等地华侨起义,联合部分土著军队共同抗荷。

① Donald Earl Willmott:*The Chinese of Semarang:A Changing Minority Community in Indonesia*,published by Cornell University Press,Ithaca,New York,1960,p. 4.

② [英]布赛尔:《东南亚的中国人》,《南洋问题资料译丛》1958 年第 2—3 期,第 116 页。

③ 黄文鹰等:《荷属东印度公司统治时期巴城华侨人口分析》,厦门大学南洋研究所,1981 年,第 86 页。

④ 荷印政府评议院报告,转引自黄文鹰等《荷属东印度公司统治时期巴城华侨人口分析》,第 121 页。

⑤ 许云樵校注:《开吧历代史记》,(新加坡)《南洋学校》第 9 卷第 1 期,1953 年,第 43～44 页。

反抗活动此起彼伏,持续三年方告失败。

红溪惨案后,大批华侨皈依伊斯兰教,娶当地妇女,荷印当局另设穆斯林华人甲必丹管辖。① 至 18 世纪后期,华侨有数世不回中华者,"遂隔绝声教,语番语,衣番衣,读番书,不屑为爪哇,而自号息览(Orang Selam),奉回教,不食猪犬,其制度与爪哇无异。日久类繁,而和兰授与甲必丹,使其分管其属焉"。②

对华侨的旅行和居留的限制也是荷印当局控制华侨社会的重要措施之一。19 世纪初,荷印当局强化以前实施的通行证条例(Pasenstelsel),规定华侨前往其他区域或城外市场,须持有甲必丹代为签发之通行证,违者拘禁处罚。③ 1835 年,荷印实施外侨居住区条例,不准华侨与爪哇人混居。华侨必须居住在指定区域,居住在非指定区域内华侨必须搬离。1854 年,荷印政府颁布居民区分法条例,将分为欧洲人、准欧洲人、原住民和准原住民四等。华侨和印度人、马来人、阿拉伯人等被归入准原住民之列。通行证和居留制度实施之初,尚为严格,对华侨商贸、居住和旅行影响甚大。但此后逐渐松弛,并非严厉推行。且华侨多与土著通婚,可以爪哇人名字混居。至 19 世纪末,华侨已杂居于爪哇 3 万个乡村。④

包税制为荷印当局经济上"间接统治"华侨的主要制度,与政治上的"甲必丹"制度相辅相成。荷印最早在巴城实施包税制度。举凡人头登记、市政工程、物质供应、烟酒销售、赌博、食盐、鸦片,乃至渔市、屠宰、市场管理等,大多承包给华商。⑤ 1660 年,巴城荷印总督将人头税、赌场税、市场营业税、猪羊屠宰税、捕鱼税、米票、酒票共七件税拍卖给华商。⑥ 中标者均为大华商,尤以甲必丹为最。这是因为担任甲必丹的都是那些长期与荷兰当局合作并已承包某些税种的华侨富商,⑦其职责之一,即履行作为殖民当局财政基础的包税制职责。⑧

① 周南京等编:《印度尼西亚华人同化问题资料汇编》,北京:北京大学亚太研究中心,1996 年,第 26~27 页。

② 王大海著,姚楠、吴琅璇校注:《海岛逸志》,香港:学津书店,1992 年,第 61 页。

③ [印尼]林天佑著,李学民等译:《三宝垄历史——自三保时代至华人公馆的撤销》,第 118 页。

④ [英]凯特著,王云翔等译:《荷属东印度公司华人的经济地位》,厦门:厦门大学出版社,1988 年,第 37~38 页。

⑤ [荷]包乐史著,庄国土等译:《巴达维亚华人与中荷贸易》,第 71 页。

⑥ 《公案簿》第 4 辑,厦门:厦门大学出版社,2005 年,第 395~396 页。

⑦ James R. Rush, Social Control and Influence in Nineteenth Century Indonesia: Opium Farms and the Chinese of Java, *Indonesia*, 1983, No. 35(April), Cornell, p. 55.

⑧ Mona Lohanda, *The Kaptian Cina of Batavia* 1837—1942, Indonesia: Djambatan, 2001, p. 67.

甲必丹等华官不支薪水,[1]以提成承包税作为职责收入。除人头税由甲必丹承包外,殖民当局还将部分税种指定由甲必丹承包。华侨承包的税收,不但是殖民当局财政主要来源之一,也是荷印官员赖以分肥的来源之一。承包人通常需通过"捐赠"、贷款、赊账等形式返还部分利润给荷人驻扎官及相关职员。[2] 19世纪20年代以后,随着荷印殖民地域的扩展,包税制度亦随之逐渐施行于整个爪哇和外岛。荷印政府实行包税制,固然是因缺乏能延伸到乡镇的行政组织体系,也无足够负责征税及保障征税之行政司法人员,但公司职员及后来殖民政府官员的长期营私舞弊,更是税收宁可让非欧人承包的重要因素。而非欧洲人中,只有华商有网络组织、技能和资本去运作大税种项目。[3]因此,荷印当局的主要税种,多由华商承包,其他人多无力竞争。[4] 包税制以区域和税项为单位。1850年,据说仅爪哇内地,即约有14000多华侨充当各地税收承包商。[5] 因爪哇本地土著广泛消费鸦片,在数十种税项中,鸦片税成为税额最大与赢利最丰的税种,[6]1832年,鸦片承包税制已经覆盖整个爪哇。[7] 鸦片承包费额之大令人瞠目。1881年,三宝垄的鸦片承包费达600万荷盾。中标者不但控制这一数额最大税种,而且本身社会地位随之显赫,尚可谋求与此项税种密切相关的屠宰税等,因为两者都需深入爪哇乡村地区征收。因此,爪哇最富有华商都为承包权竞争,时称鸦片包税权拍卖为"王者之战"。承包人均是华侨富商,他们的影响力所及,能从乡村土著、爪哇贵族、荷兰地方

---

① John Butcher and Howard Dick, *The rise and fall of Revenue Farming : Business Elites and the Emergence of the Modern State in Southeast Asia*, New York: ST. Martin's Press, 1993, p. 201.

② James R. Rush, Social Control and Influence in Nineteenth Century Indonesia: Opium Farms and the Chinese of Java, pp. 130~133.

③ Anthony Reid, The Origins of Revenue Farming in Southeast Asia, in John Butcher and Howard Dick eds. , *The rise and fall of Revenue Farming : Business Elites and the Emergence of the Modern State in Southeast Asia*, 1993, pp. 72~73.

④ M. R. Fernando and David Bulbeck, eds, *Chinese Economic Activity in Netherlands India : selected Translations from the Dutch*, Singapore: Institute of Southeast Asian Studies, 1992, p. 59.

⑤ Heiko Schrader, *Changing financial Landscapes in India and Indonesia : Sociological Aspects of Monetization and Market Integration*, New York: St. Martin's Press, 1997, p. 202.

⑥ Carl. A. Trocki, *Opium and Empire : Chinese society in colonial Singapore*, 1800—1910, Ithaca and London: Cornell University Press, 1990, p. 149.

⑦ James R. Rush, *Opium To Java : Revenue Farming and Chinese Enterprise in Colonial Indonesia*, New York: Cornell University Press, 1990, p. 25.

驻扎官直至巴城荷印当局。① 19世纪后期，爪哇和苏门答腊的华侨富商，大多与鸦片承包相关。鸦片还是华侨矿主和种植园主控制其华工苦力的工具。承包鸦片税的华侨矿主园主，诱使矿工或种植业苦力吸食鸦片，使其契约期满后无积蓄还乡或转营他途，继续充当被压榨的苦力。② 但鸦片等税种承包费高昂，稍有不慎，承包者有亏空乃至倾家荡产之虞，破产者比比皆是。1872年，三宝垄甲必丹陈宗淮第二次承包鸦片税，因爪哇经济萧条而巨额亏空，以拍卖地产清偿，连甲必丹职位也让出。③ 1894年，荷印政府开始废除爪哇与马都拉包税制度。至1905年，荷属东印度全境包税制度全部废除。④ 但华商因包税而深入内地、乡村的行销联系网络，则仍是商贸活动的基础。

荷印当局尚对华侨各业苛以各种税费，"征之柴山，征之蔗蓇，征之酒库，征之亚廊，征之戏台。人身所需，有照身票，有新客票，有裔票，火票，山票，海票，路票之费，甚至婚票、死票，亦籍以为利"。⑤

2. 巴城华侨的经济活动

华侨为巴城开埠之主力。甲必丹和雷珍兰等承包市建工程，再招华工完成。巴城运河之挖掘、房屋街区建造，大部分由华侨工匠承担。建筑巴城围墙之费用，则摊派给华人居民。华侨被荷人称为"勤勉的渔夫、园丁、木匠、建筑师和酿酒师"。⑥ 巴城所需之各项建设材料及日用消费商品，均由华商提供。华商通常与荷印公司职员共同牟利。有资本的公司职员或直接投资中国帆船，华商以船舶和货物抵押，或放高利贷给华商。华商承担公司货物的收购与销售。华侨批发商、零售商、行街小贩组成的商贸网络遍布巴城及其周边地区，数千华侨小贩深入土著乡间，销售荷印公司和中国帆船的各类商品和收购国内外市场所需之当地土产。

巴城近郊种植业和加工业的繁荣几乎完全依赖华侨。1710年，巴城129

① James R. Rush, *Opium To Java : Revenue Farming and Chinese Enterprise in Colonial Indonesia*, pp. 43~45, p. 108.

② ［印尼］许天堂著，周南京译：《政治旋涡中的华人》，香港：社会科学出版社，2004年，第248页。

③ ［印尼］林天佑著，李学民等译：《三宝垄历史——自三保时代至华人公馆的撤销》，第172页。

④ John Butcher and Howard Dick, *The rise and fall of Revenue Farming : Business Elites and the Emergence of the Modern State in Southeast Asia*, p. 35.

⑤ 程日炌撰述，许云樵校注：《噶喇吧纪略》，《南洋学报》第9卷第1期，1953年，第9页。

⑥ Leonard Blusse, *Tribuut aan China*, p. 121.

家蔗蔀(甘蔗园和制糖坊)分属84家业主,4家蔗蔀业主为荷兰人,1家属爪哇土王,其余124家业主均是华商。巴城12家甘蔗酿酒厂,均为华侨经营。[1]种植甘蔗者多为当地土著,华工则为制糖者。直至18世纪中期蔗糖业大衰退时,仍有一半巴城市民间接依靠蔗糖业为生。到18世纪后期,巴城华侨增至近3万人。1775年,巴城华侨在城内外分设"南江书院"与"明诚书院",各延儒师住内,教授贫穷华侨子弟,岁设二次祭祀,畅饮以文会友。1780年,英荷战争爆发,巴城被英人封锁,荷印百业萧条,生理大败,糖酒不销,华侨诸蔗蔀大困。[2] 巴城当局尚强迫华侨入伍服役,或受雇于公司船运。巴城华侨生理窘迫,尚须输财卖命,故纷纷逃往万丹、井里汶及中爪哇、东爪哇各地。至1800年荷兰东印度公司解体时,巴城华侨不足15000人,较之全盛时期减少一半。而爪哇其他地方和外岛,由于采矿业和种植业方兴未艾,华侨人口急遽增长。

3. 婆罗洲的华侨公司

相比处于荷印间接统治下的巴城华侨社会,西婆罗洲金矿区的华侨社会则如华侨自治领。

尚在荷兰人扩张到西婆罗洲之前,客家人就前来开矿。18世纪前期,当地苏丹即已招募华侨开采南八哇、三发、坤甸地区金矿,由华商以高额地租与税金承租。为应对苏丹各种无理敲诈、同业竞争和当地土著的侵扰,华侨采矿者通常以同乡、方言、宗亲为基础纠合为公司(gongsi),组织生产,并以武力应对各项争端。18世纪中期以后,每年移入西加里曼丹的华工常在3000人以上,客家人最多。西婆罗洲有公司数十家。1776年,三发土邦境内大港、坑尾、三条沟等14家公司,合组为"和顺十四公司"。次年,坤甸土邦内的客家人罗芳伯联合4个公司,成立"兰芳公司"。

罗芳伯是嘉应州石扇堡人。1777年,罗在东万律成立以嘉应州人为主、包括大埔县客家人的兰芳公司,辖2万多客家人,多为采金矿工,兼有耕种、业艺等项行业。罗率众东征西讨,所向披靡,苏丹知势力不敌,不得不容许他分土而治。兰芳公司纵横数百里,盛时治下华侨及当地土著逾十万众。罗芳伯治兰芳公司如治国,奠都东万律,国号兰芳大总制,统领推举产生,对国人自署大唐总长,对土著则称王。[3] 建元兰芳,时为兰芳元年。定官制,修军备,开商场,兴矿冶,抚民庶。罗香林称其为"盖为一有土地、人民与组织,及完整主权

---

① [英]凯特著,王云翔等译:《荷属东印度公司华人的经济地位》,第14页。
② 许云樵校注:《开吧历代史记》,第55、57页。
③ 梅州石堡梅北中学罗芳伯纪念堂碑记,1987年立。

之共和国焉"。① 1795 年,罗芳伯辞世,遗训兰芳公司总厅大哥须由嘉应州本州人氏担任,总厅副头人由大埔县人担任,公司管属范围内,各地头人可从嘉应州各县人氏中择贤而任。

19 世纪前期,西婆罗洲华侨采矿业兴旺,形成曼多的兰芳公司、西美尼斯(Seminis,华侨称西宜宜)的三条沟公司和蒙脱拉度的和顺总厅三大华侨矿业公司。三发地区由中国人开采的金矿 30 多个,每个矿约有苦力 300 人。每矿须年纳黄金 50 两及每名苦力人头税 3 元。沙拉哥(Salako)聚逾 2 万华工从事矿业。在蒙脱拉度约有马来人、达雅克人及中国人 5 万。整个西婆罗洲华侨人口约 15 万人,9 万人在华工聚居区,其他在荷人统治区。② 华侨公司为自立自足,在西婆罗洲披荆斩棘,修桥铺路,垦荒种地,乃至畜牧渔猎。西婆罗洲各项开发,几乎仰赖华侨,是"他们把一个荒芜的、几乎无人烟的地方变成一个具有农业资源和交通系统的工商业中心"。③ 19 世纪前期,荷印逐渐征服爪哇全境后,加紧向外岛扩张。西婆罗洲盛产金沙,华商矿利甚厚,久为荷人垂涎。1823 年,荷人迫苏丹出让三发开矿权,并逐步分化瓦解华侨矿业公司。次年,收买兰芳公司首领,部分控制当地矿业。④ 此后,数次武力进犯各华侨矿业公司,双方各有胜负。1850 年,荷人进攻大港公司,迫其退至沙捞越。战乱期间,西婆罗洲华侨人口迅速下降。到 1856 年,仅存 23778 人。⑤ 兰芳公司则存活至 1888 年。

4. 19 世纪的苏门答腊矿区和种植园华工

随着荷印殖民开放由爪哇扩张至外岛,烟草、锡矿等主要外岛资源开发顿缺劳力。1812 年,巨港苏丹割让邦加采锡权给英人。1816 年,邦加采锡权归荷印政府。荷印政府扩大从中国拐贩华工的规模,以饷矿工需求。至 1840 年左右,邦加岛土著 24000 人,华侨约万人,其中,矿工 6000 人。⑥ 1851 年,荷印在勿里洞全面勘探锡矿。此后,不断有华工前来,每年平均达千人以上。因采锡华工死亡率奇高,为保持华工供应,公司多遣契约期满之老客往家乡招募新

① 罗香林:《西婆罗洲罗芳伯等所建共和国考》,第 41 页。

② [英]布赛尔:《东南亚的中国人》,《南洋问题资料译丛》1958 年第 2—3 期,第 127～128 页。

③ [英]凯特著,王云翔等译:《荷属东印度公司华人的经济地位》,第 166 页。

④ 叶湘云:《兰芳公司历代年册》,见罗香林《罗芳伯所建婆罗洲坤甸兰芳大总制考》,第 143 页。

⑤ [荷]G. Schlegel:《婆罗洲的中国公司》,《南洋问题资料译丛》1958 年第 1 期,第 73 页。

⑥ [英]凯特著,王云翔等译:《荷属东印度公司华人的经济地位》,第 219～220 页。

华工。1900年,邦加和勿里洞产锡20万担,[1]采掘矿工几全为华工。[2]

苏门答腊东岸的华侨主要由种植园华工为主,集中在日里。1869年,荷商雅各布·尼恩胡斯(Jacob Nienhuys)在日里成立烟草公司,从新加坡转贩华工开辟烟草种植园。其他英、德、奥、法、瑞士商人亦随之于日里兴办多家烟草种植公司,均以雇佣华工为主。1875年,苏门答腊种植园仅20个,共雇用华工4476名。此后,华工每年到日里数以千计。至1887年,增至6万人。日里种植园华工多为潮州人,少数是福建人和客家人。种植园主雇佣华人工头,或称万律,直接管理苦力工作。每名大工头通常辖十数个华侨小工头,每个小工头管理20~40名苦力。工头多与秘密会社瓜葛。因工头不授薪,其报酬从苦力工薪中抽成,故监督华工劳作较欧洲人更凶狠,但也须为苦力排难解纷。大小工头尚有开办各种赌馆、烟馆、酒楼、妓院及放高利贷等收入,并以此诱使华工耗尽微薄积蓄乃至负债,迫使契约已满者与种植园续约,成为长期苦力。[3]

5. 豪商

19世纪末20世纪初,南洋华侨社会的豪商,当以荷属东印度最大。

1870年,荷印政府停止强迫种植制度,颁布《土地法》、《糖业法》,准许外国人向政府租借土地75年或向土著租借土地25年,私人资本可经营种植、采矿和工商业,华商遂大规模进入生产行业。荷属东印度采矿业、种植业的繁荣及随之而来的市政建设发展创造了大量商机,而契约华工的大规模涌入则使华商得以驱使源源不绝的劳力,榨取超额利润。同时,由于荷印地域广大,相比各殖民地的饷码承包,荷属东印度华商承包的各项饷码税额更大,风险和利润更多。此外,华商还因与荷印官员关系密切,或担任甲必丹、雷珍兰等官职,从而得到诸多行业、地域的特许经营权,获得垄断利润。因此,到20世纪初,华侨商贩大体掌控荷属东印度的商贸零售网络和部分供出口的农矿产品,也催生一批富极一方之豪商,如黄仲涵父子、张弼士、张煜南和张鸿南兄弟等,其商贸网络均跨荷英南洋属地。

黄仲涵的父亲黄志信是闽南小刀会头目,1858年南逃三宝垄,先为商贩,致富后创建源公司,经营土特产及进出口贸易。1866年,黄仲涵生于三宝垄,成年后接手建源公司经营,并自己经营蔗糖业,获得厚利。1886年,黄因与荷

---

① [印尼]中华商报社编《印尼商业年鉴》,雅加达:中华商报社,1955年,第228页。

② [日]福田省三:《荷属东印度的华侨》(二),《南洋问题资料译丛》1962年第2期,第11页。

③ [荷]扬·布雷曼著,李明欢译:《契约华工与种植园制》,第24、90~92页。

印官员关系密切而出任三宝垄雷珍兰。此后,黄仲涵遂以巨大财力承包三宝垄、日惹、梭罗和泗水鸦片税饷10多年,或谓从中获纯利1800万荷盾。[①]1896年,黄升任三宝垄甲必丹,拥有5家糖厂,控制7000多公顷甘蔗种植园,号爪哇"糖王"。而当甲必丹所可能获得的饷码收入,更不可计数。建源公司尚投资进出口行、保险、海运等业,在伦敦、阿姆斯特丹、新加坡、加尔各答、上海等地设建源分公司。新加坡为其商业帝国之主要分部,主理贸易与船运。1906年,黄创立黄仲涵联合银行有限公司,资本400万荷盾。是年,被授"玛腰"职衔。至20世纪初,黄仲涵资产数千万荷盾。1924年去世时,据说财富达2亿盾,[②]应当是南洋华商首富。

广东大埔县人张弼士,1858年往巴城,时年17岁。19岁自办商行,为荷兰陆海军供应食品,深得荷印官员信任,获承包西爪哇的部分酒税、烟草税与鸦片烟税而致巨富。1866年,张弼士在爪哇创办其第一个公司裕和垦殖公司(Sjarikat Yu Huo Tidak Terhad),由荷兰供应大部分资本、工具和市场,张则负责提供苦力并经营管理椰子和稻米种植园。张由此涉入种植业。随着苏门答腊殖民经济开发的进展,种植业方兴未艾。荷印当局让欧洲种植园主垄断东岸垦殖,与华商签订租约,引其往土著苏丹势力强大的西北部垦荒拓殖。1875年,张创办亚齐垦殖公司。两年内,张以苏岛北部商业城市棉兰(德里,Deli)为中心,其商业触角遍及苏岛北部,几垄断各椰子、橡胶和茶叶种植园。张同时充当特许供应商,为镇压亚齐苏丹反抗的荷兰军队提供军需,趁机发展轮船业。其船队几至垄断苏岛北部海岸运输,穿行于马六甲海峡两岸之英荷各港,将商贸网络扩展到英属马来半岛西岸。1886年,他在苏岛对岸之英属槟榔屿设立万裕兴公司,主理船务。此后,在彭亨、雪兰莪设公司开采和贩运锡矿,进而承包霹雳沿海饷码,[③]又在新加坡设立贸易基地,形成跨马六甲两岸和英荷殖民地的商贸帝国,并在国内大规模投资。张在积极向英属星马扩张时,仍经营和控制巴达维亚附近六个地区。"这些地区长60英里,宽30英里,有10万多男女居住。"[④]

在苏门答腊崛起的豪商尚有张煜南、张鸿南兄弟。张煜南(张榕轩,Teo

① 吉野久仁夫著,周南京译:《黄仲涵财团:东南亚第一个企业帝国》,北京:中国华侨出版社,1993年,第6页。

② [印尼]许天堂著,周南京译:《政治旋涡中的华人》,第232、237页。

③ Wu Xiao An,*Chinese Business in the making of Malay state*,1882—1941:*Kedah and Penang*,London & New York:Routledge Curzon,2003,p.108.

④ *Straits Times*,Feb.16,1895. 关于张弼士商贸帝国的形成,参见 Michael R. Godley,*The Mandarin-Capitalists from Nanyang:Overseas Chinese Enterprise in the Modernization of China* 1893—1911,pp.10~20.

Eok Lum)早年自梅县赴巴,投张弼士公司,为张弼士得力助手,后到棉兰发展,与张弼士合办笠旺公司(Sjarikat Li Wang),主营咖啡、椰子、茶叶等农产品贸易,再合资创办日里银行,从事实业融资和与中国的通汇。张煜南尚承包酒、典当、鸦片税,并得到苦力供应和种植园的部分特许经营权,遂成当地首富。时值华工大量涌入苏岛,至光绪后期,华侨社区已达 25 万人,①华工安定为苏岛开发和荷印财源稳定之关键。1884 年,富商兼苦力掮客的张煜南任雷珍兰,再任甲必丹,各项财源更源源不绝。至 1911 年去世时,已获封玛腰。日里银行合伙者谢荣光为张煜南之儿女姻亲。谢亦客家人,生于坤甸,成年后到苏门答腊亚齐发展,以特许供应荷印军队军需致富,继而承建铁路,承包鸦片饷码,遂成巨富,②为亚齐华人甲必丹。1896 年,转往槟榔屿,与张弼士共营鸦片承包和采矿业。③

张鸿南于 1878 年投奔已在棉兰致富的兄长张煜南,先在笠旺公司襄助管理,并逐步进入种植园业。张鸿南善于调解种植园华工纠纷,获荷印官员信任,在 1885 年任华人街长(Wijkmeester),1893 年任棉兰雷珍兰,1905 年升任甲必丹。在任华侨官员期间,张承包日里地区的鸦片税饷,投资茶树、棕榈、烟草种植园和采矿业。与日里苏丹的密友关系使张鸿南获得烟草种植业所需之便利。烟草业方兴未艾时,张已率先购置西布兰橡胶园,为华商进入橡胶业第一人。在 20 世纪初橡胶价格飞涨时获巨利。张尚雇佣荷兰人作为其全部种植园之主管。④ 1911 年,张鸿南继其兄为玛腰,其子张步青亦出任苏门答腊中国领事,张氏蔚为"棉兰国王"。张弼士和张氏兄弟致富后乐施好善,在棉兰造桥修路,兴办学校,捐建庙宇、公冢,慈善事业广及爪哇和星马,甚至为马来亚和爪哇的穆斯林建清真寺。⑤

6. 文教社团

早期巴城华侨教育多为义学或私塾,由华侨官员或侨领举办。至 1900

① Michael R. Godley, *The Mandarin-Capitalists from Nanyang:Overseas Chinese Enterprise in the Modernization of China* 1893—1911,p. 20.

② *Arnold Wright and H A Cartwright*,eds., *Twentieth Century Impressions of British Malaya:its history*,*people*,*commerce*,*industries and resources*,London:Lloyd's Greater Britain Pub.,1908,p. 770.

③ Michael R. Godley, *The Mandarin-Capitalists from Nanyang:Overseas Chinese Enterprise in the Modernization of China* 1893—1911,p. 23.

④ [印尼]许天堂著,周南京译:《政治旋涡中的华人》,第 247～248 页。

⑤ Michael R. Godley, *The Mandarin-Capitalists from Nanyang:Overseas Chinese Enterprise in the Modernization of China* 1893—1911,pp. 21～22.

年,巴城有私塾义学 28 所,爪哇有 257 所,荷属东印度全境共 439 所。① 是年,巴城侨领潘景赫等为南洋中华民族主义热潮影响,痛感华侨社团因地域、宗亲之别而互为沟渠之现状,倡建超帮派社团组织中华会馆(Tiong Hwee Koan),以兴办华侨教育、复兴儒学以固华侨之根为主要宗旨。② 虽然 19 世纪前期,已经有少数同乡会馆存在,如创办于 1820 年的泗水惠潮嘉会馆。但荷印当局向来严防非当局监督下的华侨组织存在,除少数会党隐蔽活动外,公开组织甚少建立。1901 年,中华会馆倡建中华学堂,是为荷印第一所新式华文学堂。巴城中华学堂一时声名鹊起,开爪哇各地华埠创办新式学堂之风。此后,各埠先后效仿巴城,开办新式学堂。到 1908 年,爪哇新式华文学校增至50 所,多用中华学堂名称,学生 5500 余人,教师 140 人。③ 苏门答腊、廖内、邦加、勿里洞、苏拉威西等外岛,亦有华校 40 余所,多为华商慨捐创办,泰半用中华学堂名称。④ 各华埠亦纷纷成立中华会馆之分部。至 1907 年,爪哇、苏门答腊、加里曼丹之中华会馆分会已 15 个。⑤

第二节　越南与暹罗(泰国)

　　暹罗与越南的华侨社会均先后形成于土著政权治下。在 17 世纪中期,两国统治者均招徕华侨繁荣商贸,都设华侨"社长"或"县长"管理华侨社会,都出现雄踞一方的华侨自治区域,早期华侨社会也都迅速融入当地社会。但暹罗王室一向对华侨优待有加,对中国移民不加限制,因此,华侨社会得以平稳发展。越南南方的广南政权也堪称善待华侨,但北方安南政权因紧邻中国,对华侨甚为防范。又因经西山之乱,广南华侨社会元气大伤。到法国殖民越南期间,虽对中国移民和华侨社会实施严厉管制,但工商的繁荣也给华侨社会的发展带来新的机遇。

---

　　① Lea E. Williams, *Overseas Chinese Nationalism : the Genesis of the Pan-Chinese Movement in Indonesia* ,1900—1906,Glence Illinois:The Free Press,1960,p. 48.

　　② [印尼]Nio Joe Lan, *Riwajat 40 Taon Dari Tiong Hoa Hwe Hoan Batavia* , *Tiong Hoa Hwe Hoan Batavia* ,1940,p. 202,转引自李学民、黄昆章《印尼华侨史》,广州:广东高等教育出版社,2005 年,第 305～306 页。

　　③ 荷属华侨学务总会编:《荷印华侨教育年鉴》,巴城,1928 年,第 376 页。

　　④ 司徒赞:《荷兰统治时期的印度尼西亚华侨教育史》,《东南亚华侨研究资料》1963年第 1 期,第 52 页。

　　⑤ 郁树锟主编:《南洋年鉴》戊篇,新加坡:南洋报社,1951 年,第 107 页。

一、暹罗

1. 优待华侨

暹罗堪称中国人下南洋的福地。暹罗政府始终善待华侨。宋元以来,中国为东亚经济贸易中心,周边国家对华贸易多经华商之手,暹罗尤甚。暹罗实施国家垄断贸易制度,历代国王视贸易为国家和王室财富积累主要途径。王室和贵族专权对外贸易,平民难以染指。王室为最大商家,拥有船队和各类商店,独享对外贸易,亦从事国内商业。[①] 王室成员和贵族较少直接从事贸易事务,其生意通常由多财尚贾的华商代理。尤其是利润巨大的对华贸易,几为华商专擅。

17—18 世纪中叶,虽然在暹华侨日多,暹罗政府仍以"首领制度"管理华侨社区。[②] 暹都大城外侨均分区寓居,各有经暹王认可的本族首领,按照本国习俗管理所属侨民。[③] 有威望、有势力者方可任华侨首领。管辖全国的华侨称"銮初吕拉差色提"(Luang Rachasetti),即华民政务司司长,是政府行政官员,隶属财务部。华民政务司司长尚与同隶属于财务部的皇室货库司(Royal Warehouses Department,Phrakhlang)共同管理帆船贸易事务。华民政务司管辖设于各府的华侨县长。[④] 皇室货库司下设三厅,左港厅负责对华、对日和越南贸易,地位最为重要。厅内官员几乎全是华侨,通用中文。[⑤] 华侨充任王室贸易的各级职位,而王室海外船队各船主,几乎都是华商,尤其是闽南籍暹侨。因此,陈伦炯称,暹罗"尊敬中国,用汉人为官,理国政,掌财赋"。[⑥] 阿瑜陀耶王朝禁西方人和印度人与暹妇结婚,华侨则不受限制,且可在暹境自由旅

① François Caron & Joost Schouten, Translated by Sir Roger Manley, *A True Description of the Mighty Kingdoms of Japan and Siam*, London, 1671, p. 124.

② Akin Rabibhadana, *The Organization of Thai Society in the Early Bangkok Period*. 1782—1873, Ithaca: Cornell University Southeast Asia Program, Data Paper No. 74. 1969, p. 161.

③ Nicolas Gervaise, *the Natural and Political History of the Kingdom of Siam*, translated and edited with an introduction and notes by John Villiers, Bangkok: White Lotus Press, 1988. p. 46.

④ [泰]素帕拉·乐帕尼察军:《曼谷王朝时代政体改革前对华人的管理(1782—1892)》,《漳林港(1767—1850)》,泰国潮州人及其故乡潮汕研究计划,第 1 辑,曼谷:朱拉隆功大学亚洲研究所中国研究中心,1991 年,第 98 页。

⑤ 张仲木:《中古泰中经贸中华侨华人的角色》,张仲木等编《泰中研究》第 1 辑,曼谷:华侨崇圣大学泰中研究中心,2003 年。

⑥ 陈伦炯:《海国闻见录》,郑州:中州古籍出版社,1985 年,第 18 页。

行和活动。

郑昭(达信)王朝时期(1767—1782年)为华侨居暹最佳时期。这不但是因为郑昭是华暹混血儿,更因为华侨在郑昭时期抵御外侮和繁荣经济的巨大作用。郑昭父郑镛,广东澄海人,雍正年间抵暹都大城,擅赌业致富,出入宫廷。娶暹女罗央(Nang nokiang),1734年生郑昭。郑昭七岁时,入暹罗名寺葛沙瓦寺(Wat Kosawat)学院,师从住持通理大师,兼习泰文与巴利文。父去世后,郑昭被财政大臣披耶却克里收养,取名信(Sin),即暹语财富之意。郑昭13岁时,养父送其入内廷,充当国王波隆摩葛(Boromokot,1733—1758)的侍卫。乌通奔王(Utumpon)登位后,郑昭任达府(Tak)太守,受赐爵位 Phyraya Wachin Prakan,故称披耶达信(Phraya Taksin),意达府府尹,名信。1767年,缅军攻陷暹都大城,达信率众复国,华侨效力尤甚。次年,达信被拥为暹罗国王,随达信抗缅的华裔将领和富商亦出任要职。其后,郑昭大量招徕华侨,潮州人移民暹罗络绎于途,流寓安南与柬埔寨的潮州人也纷纷赴暹。郑昭时期,潮州人被誉为"王室华人"(Jin Luang,Royal Chinese)①。因此,英人约翰·克劳福德(John Crawfurd)感叹道:潮人在其同乡达信之大力招徕下,方大批前往暹罗定居。华侨人口的异常扩张,几乎可谓暹罗社会数百年来所发生之唯一重大变化。②

达信亦善待闽南籍华侨。暹南吴氏家族统治宋卡百年,即受惠于达信的宠信。暹南吴氏先驱吴让(Wu Yan,或称吴阳),是福建漳州府海澄县山塘乡西兴村人,③18世纪中叶往宋卡谋生,从事种植、渔捕和商贸等业,颇积资产。1769年,郑昭率军驻宋卡近郊时,吴让列其家产并红烟50箱呈达信,请求四岛、五岛(Ko Si Ko Ha)的燕窝专采权,愿年纳税银50斤。达信仅收所献50箱红烟,准其所请,并赐爵号。④吴让承包税收后,按年纳税不误。1775年,吴让进京献税金及贡品,郑王视他为忠诚旧臣,堪负守土之责,封其为宋卡城主。拉玛一世即位后,吴让仍受信任,地位依旧。吴让去世后,其子吴文辉(1745—1811)续治宋卡,直接隶属曼谷,节制北大年、陶公、也拉、吉兰丹、丁加奴(Trengganu)、吉打和玻璃市(Perlis)诸地。吴氏治宋卡,多招徕本籍乡亲开荒拓土,繁荣商贸。因此,其他各籍的华侨投奔吴氏,"每自认福建籍"。⑤吴

① Bangkok Calendar,1871,p.86.

② John Crawfurd,Report to George Swinton, in John Crawfurd, *The Crawfurd Paper*, Bangkok:Vajiranana National Library,1915,p.103.

③ 吴翊麟:《暹南别录》,台北:商务印书馆,1985年,第34页。

④ 吴翊麟:《宋卡志》,台北:商务印书馆,1968年,第34页。

⑤ 吴翊麟:《暹南别录》,第187页。

氏在宋卡封爵传世共八代,长达百数年。

19 世纪前期,在暹华侨数量激增,且分布愈广。因此,暹罗政府增设管理华侨的官员,并以火漆小牌"缚腕"方式,管理华侨人口的登记和征税。暹罗政府在暹各处华侨集中地区,根据华侨籍贯之分野,分别任命其本籍侨领为华侨县长及府尹之华侨常务次官。华侨县长和常务次官负责处理辖区华侨事务,须将辖区华侨之人口、居住地及职业登记造册,调解和裁决华侨间之法律纠纷,带领华侨缚腕纳税。① 完税后以火漆小牌缚腕,以为凭据。19 世纪中期,部分暹罗华侨在法、英等西方列强领事馆登记为西方国家侨民,图托庇列强,不受暹政府司法管辖。因此,华民政务司在 1868 年在各地增设华侨领事,由当地侨领充任,审理华侨案件,② 有效遏制了暹罗华侨改籍风气的蔓延。

2. 分布与籍贯、职业结构

由于暹罗政府善待华侨,暹罗华侨社会分布甚广。大凡商贸繁盛之地,都有华侨社区。

17 世纪中期,暹华广泛分布于暹罗湾沿岸的阿瑜陀耶、北榄波、万佛岁、北柳、柴真、万岑、那坤是贪玛叻(六坤)、北大年、普吉岛、尖竹汶、曼吉、佛丕、猜耶、廊营、董里等地,尤其集中于暹都阿瑜陀耶。③ 中国海禁开放以后,华侨入暹川流不息,大部分是来自闽南的海商水手。④ 因此,17 世纪后期寓暹的华侨,多从事贸易和航运业,⑤其他为各类工匠,⑥数量当在万人以上。⑦ 暹都阿瑜陀耶的华侨大部分聚于唐人街(China Row)和北大街这两条全市最好的街

① [泰]素帕拉·乐帕尼察军:《曼谷王朝时代政体改革前对华人的管理(1782—1892)》,第 98~99 页。

② 《暹罗政府公报》第 1 册第 248 号,1874 年 1 月 12 日,转引自[泰]素帕拉·乐帕尼察军《曼谷王朝时代政体改革前对华人的管理(1782—1892)》,第 114 页,附录乙。

③ [美]施坚雅:《古代的暹罗华侨》,《南洋问题资料译丛》1962 年第 2 期。

④ Sarasin Viraphol, *Tribute and Profit*, 1652—1853, p. 50.

⑤ Nicolas Gervaise, translated and edited with an introduction and notes by John Villiers, *The Natural and Political History of the Kingdom of Siam*, Bangkok: White Lotus Press, 1988. p. 49.

⑥ L. F. Van Ravenswaay, *Translation of Jeremias van Vilet's Description of the Kingdom of Siam*. in *Journal of the Siam Society*, Vol VII, Bangkok: 1910. p. 103.

⑦ G. W. Skinner, *Chinese Society in Thailand: An Analytical History*, p. 13.

道,①数量可能有 4000 余人。②

　　18 世纪中期以前,寓暹华侨以闽南籍为主,其次是广东、江西等省商人。③
自 1767 年郑昭任暹王以后,潮州人大批往暹,暹罗华侨数量也因此激增,其居
住区域也从各贩洋港口周边区域扩大到各河道下流城镇。达信在昭披耶河岸
另建新都吞武里,华侨复向新都聚集。除华侨较为集中的都城和暹南宋卡一
带外,中部桐艾(Thungyai)、尖竹汶、春武里、北柳和曼谷等地,华侨也日益增
多。潮州人多居于都城及周边区域,宋卡等地仍为闽南人聚居地。

　　19 世纪前期以降,入暹中国移民规模更大。因此,华侨聚居地由南向北、
由港口向内地、由城镇向农村扩展。随着海南人大规模加入移民暹罗行列,北
榄坡及以北区域、东北暹之柯叻和中暹北暹的难河、容河、汪河一带城镇,均有
海南人定居。④ 1836 年,潮州人已聚居于尖竹汶以北农村,有些村落几乎全是
潮人,主要种植甘蔗、胡椒与烟草。⑤ 19 世纪中期以后,很多华工涌入暹罗,华
侨分布范围更广。潮州人和客家人涌入暹罗北部的素可泰、程逸、彭世洛、披
集、帕府、难府及暹罗东北部的阿叻等,带动这些地区经济的繁荣。暹罗中部
南部一带,华侨定居地也不断扩大,自东南端达叻(Trat)至南端柿武里
(Saiburi)沿暹罗湾一带各个城市,都有华侨定居地。⑥ 总体而言,华侨高度集
中于都会曼谷,约占曼谷总人口的一半以上。⑦

　　1882 年,汕头往曼谷客轮开通,由汕头出洋者越来越多涌入暹罗。曼谷
仍为潮属新客首选之地。自拉玛一世时期在曼谷三聘开建华侨商业市街后,
拉玛四世王下谕修筑的石龙军路(Charoenkrung)与拉玛五世王下谕修建的
耀华力路(Yaowarat Road)也成为华侨商贾聚居之地。⑧ 至此,这"一街三路"

---

　　① Abbe de Choisy, translated and introduced by Michael Smiths, *Journal of a Voyage to Siam* 1685—1686. Lumpeur: Oxford University Press, 1993. p217; Kaempfer, Engelbert, *The history of Japan: together with a description of the Kingdom of Siam*, 1690—1692, Glasgow: James MacLehose and Sons, 3 Vols. 1906. p. 42.

　　② 西川如见:《华夷通商考》卷三,暹罗条,转引自黄昆章《十六、十七世纪暹罗的华人街》,《中国东南亚研究会通讯》1992 年第 4 期。

　　③ Sarasin Viraphol, *Tribute and Profit*, p. 50.

　　④ G. W. Skinner, *Chinese Society in Thailand: An Analytical History*, p. 84.

　　⑤ George B. Bacon, *Siam, Land of the White Elephant*, New York: Charles Scribner's Sons, 1892, p. 162~166.

　　⑥ G. W. Skinner, *Chinese Society in Thailand: An Analytical History*, p. 88, p. 81.

　　⑦ [美]史金纳:《门户开放和地域开放:1917 年以前暹罗的中国移民及其人口增长》,《南洋问题资料译丛》1964 年第 1 期。

　　⑧ 黄病佛:《锦绣泰国》,《京都——吞武里曼谷三大街道》,泰华文化事业出版社,1974 年,第 2 页。

成为曼谷的主要唐人街区,延续至今。

　　1855 年,暹英签订《鲍林条约》,暹罗门户洞开,对外施行自由贸易,王室和达官贵人独占贸易境况不再,华侨在暹罗对外贸易中的地位也因此有所削弱。由于中国移民络绎不绝,华侨遂向其他经济领域发展,不再主要集中于商贩业。随着蒸汽机传入暹罗并大量用于碾米业,大批华侨亦转入蒸汽碾米业,先为佣者,后为业主。1858 年,美国在暹罗首建碾米厂时,即雇佣 200 名华侨。① 到 1879 年,华商经营的蒸汽机碾米厂已和西人经营的碾米厂数量相当。1889 年,华商在曼谷及其周边地区开办碾米厂已达到 17 家,到 1901 年,已增至 50 家以上。② 华侨碾米业多雇佣中国移民。1898 年,曼谷 37 家米厂总共雇佣了 7400 名华侨。1901 年,曼谷 50 家碾米厂共雇佣华侨 11800 人。③种植业、制糖业和采矿业亦为华侨重要谋生行业。华侨经营的种植园和制糖厂多集中在交通便利、对外贸易繁盛的暹东南及中部的佛统(Nakhon Path-om)、尖竹汶、曼谷和北柳(Chachoengsao)。19 世纪中期,潮州人的甘蔗种植园和糖厂遍布尖竹汶。④ 仅佛统一地就有 30 家制糖厂,每一家雇佣 100～300 名华工。⑤

　　零售业和手工业亦是暹华主要职业之一,主要集中于曼谷及其他城镇。潮州人虽然在商贸领域优势明显,但在 20 世纪初,各地潮州人几乎从事各类职业。大体而言,潮籍商人在税收承包业、进出口业、碾米业和当铺业占优势,大部分海口和运河的码头工、铁道建筑工和在城镇周边从事种植业者也多潮州人;广府人擅长工艺机械,多居城镇,充当技师和工程师,经营铜铁店、机器店,少数人经营碾米厂和锯木厂,在丝绸业、建筑业、旅店和餐饮业占优势;客家人多为经营干果店小商、小贩、银匠、皮革工人、裁缝工、理发匠等;海南人多为木匠、种菜者、渔民、佣人、服务员、茶馆老板、苦力、矿工和小贩。客家人和海南人多聚于暹南、内陆和曼谷,是各方言群体经济和社会地位较弱者。⑥ 只

---

① Sompop Manarungsan, *Economic Development of Thailand* 1850—1950, p. 169.

② Charles Stuart Leckie, The Commerce of Siam in Relation to the Trade of the British Empire, *The Royal Society of Arts* (RSA). 42. 1894. pp. 651～652.

③ Sompop Manarungsan, *Economic Development of Thailand* 1850—1950, p. 169.

④ George B. Bacon, *Siam, the Land of the White Elephant*, New York: Scribner, 1889. reprinted in Bangkok: Orchid Press, 2000. p. 170, p. 166.

⑤ [泰]旺威帕・武律叻达纳攀与素攀・占塔瓦匿:《吞武里王朝和曼谷王朝初期泰国社会中的潮州人》,第 85 页。

⑥ [美]史金纳:《泰国华侨社会.史的分析》,《南洋问题资料译丛》1964 年第 3 期,第 60～70 页。

有闽南人，数百年间几乎都是商贾和航运业者，定居于各主要商埠。^①

暹南采锡业为华侨首倡。1821 年，福建人吴福星、吴万利父子到北大年开采锡矿，福建乡亲纷纷来投。^② 暹南华侨矿主雄杰者首推福建龙溪人许泗漳。许泗漳因参与闽南小刀会起义，在 1822 年与其兄许泗福南潜槟城，初为苦力，稍有积蓄后往暹罗攀牙(Phangnga)经商，往来槟城与暹南。1844 年，许获的暹南拉廊(Ranong)采矿特许权，开办矿场。^③ 1854 年，暹王委其为拉廊府尹，承包拉廊之锡砂税、土产出口税、红烟和鸦片烟税、酿酒税、赌税及各项入口商品税等所有地方税种，集税吏与疆吏于一身。许氏从槟城和本籍招徕乡亲，提供资金，鼓励新移民采矿。^④ 1877 年，许泗漳的长子许心广继承拉廊府尹一职，次子许心钦任甲布里副长官一职，三子许心德出任郎萱(Langsuan)的长官。此后许氏家族深得暹王室信任，管辖从拉廊到董里各府，^⑤一门显赫，后代长期活跃于暹政坛。

3. 融合

逐渐融合于暹人社会，是 17—20 世纪初暹罗华侨社会的显著特征。暹罗王室和各级政府善待华侨，如拉玛五世所言，视华侨为王国组成部分，^⑥因此，虽然国人赴暹络绎不绝，定居者续传数代乃至数十代，但历代华侨均与暹女通婚。暹罗与闽粤移民宗教相通，饮食无异。华侨娶暹妇后，生活习惯大多从暹人方式，^⑦用暹语、衣暹服、剪发辫，子孙如暹人一样，入庙修行小乘佛教。^⑧ 因

---

① [美]史金纳：《门户开放和地域开放：1917 年以前暹罗的中国移民及其人口增长》，《南洋问题资料译丛》1964 年第 1 期，第 35 页。

② H. W. Smyth, *Five Years in Siam*. 1986. London, Vol. 1, pp. 316～320.

③ 吴翊麟：《暹南别录》，第 219 页。

④ H. Warington Smyth. *Five Years in Siam, From 1891—1896*. Vol. 1, New York, 1898, pp. 317～319.

⑤ J. W. Cushman. *Family and State : the Formation of a Sino-Thai Tin-mining Dynasty*. 1797—1932. Singapore : Oxford University Press. 1991, p. 42.

⑥ 暹罗历史学家丹隆亲王语。杨建成主编：《泰国的华侨》，台北：中华学术院南洋研究所，1984 年，第 302 页。

⑦ John Crawfurd, *Journal of An Embassy from the Govern-general of India to the Courts of Siam and Cochin China*, London : Colburn, 1828.

⑧ Charles Gutzlaff, *Journal of Three Voyages along the Coast of China in 1831, 1832, and 1833, with Notices of Siam, Corea and the Loo-Choo Islands. to which is prefixed an Introductory Essay on the Policy, Religion. etc. of China*, Rev. W. Ellis, London, 1840, pp. 34～35.

此,第一代富侨所生男孩尚能从中国习俗和得到中文教育,[①]贫侨的子女则基本暹化。第二、三代后,无论贫富,大多与暹人无异。如暹南吴让家族,数代显赫,第一世的吴让和第二世的吴文辉保持中国习俗,讲华语通暹语,第三代则仅粗通中文,仍用吴姓,取暹名,去世后以暹俗归葬。第六代则全用暹名,以封地宋卡为姓。到20世纪初,吴氏已传至十代,子孙数千,但十之九已暹化,从暹俗,营暹坟。[②] 因此,虽然每年入暹的中国移民成千上万,但二三代后,大部分融入暹人社会。

据暹罗政府的出入境统计,1900年的暹罗华侨约60.8万人,占全国人口732万中的8.3%。[③] 但农工商部侍郎杨士琦在1908年奉旨考察旅暹民情形,他称"暹罗全国户口不满千万,而华侨有三百万人,人数之众过于爪哇"。[④] 两者数据相差如此悬殊,可能是杨士琦将暹化或半暹化的华人全部计入,而暹罗政府统计的是出入境中国移民的存量。

4. 社会组织

与其他南洋地区的华侨社会相比,暹罗华侨的社团组织发展较为完整。先是庙宇组织,此后为与之相关的秘密会社与区域性社团成立,再创设各籍华侨的全国性社团,在此基础上成立全国性超帮派的中华总商会。

据现存猜也博物馆的铜钟铭文,早在1695年,暹华即建有闽南人祭奉之清水祖师庙宇。[⑤] 18—19世纪中期,潮州、客家、海南、福建等各籍华侨都建造本属庙宇。1807年,云南穆斯林亦在清迈建清真寺。仅在曼谷,华侨知名庙宇即有十几座。如潮属之仙公宫、新本头公庙和大本头公庙;闽属之顺兴宫、观音圣庙(又称阿娘庙)、观音古庙及由永春人管理的福莲宫;由海南籍之水尾圣娘庙、泰华圣娘庙和昭应庙;福建永定客家人之汉王庙和客家人、广府人共管的协天宫及粤属共管之龙莲寺。倡建者多为本籍华侨商号或商人。至20世纪初,华侨庙宇不下50余座,潮人所建最多,其次为闽属,再次为海南。大

---

① John. Bowring, *The Kingdom and People of Siam*: *with a Narrative of the Mission to That Country in* 1855, Vol. I, London: J. W. Parker and son, West Strand, 1857, p. 86.

② 吴翊麟:《暹南别录》,第55页。

③ G. W. Skinner, *Chinese Society in Thailand*: *An Analytical History*, pp. 60~61.

④ 《侍郎杨士琦奏酌核暹罗订约通使事宜》,《军机处录副奏折·外交类》,文件号:001006-001008。

⑤ 傅吾康主编:《泰国华文碑铭汇编》,第605~607页。

多集中于曼谷,其次为暹南地区。①

　　据说早在 1809 年,普吉岛已有华侨洪门会党,与槟城洪门过往密切。②
到 19 世纪后期,暹南洪门势力已相当强大。仅攀牙府德古巴城,义兴会有会
员 3200 多名,公恩会有会员 800 多名,较晚建立的和生会势力较小,也拥有会
员 300 多名。③ 或称到 20 世纪初,暹罗华侨几乎均分别属于各个秘密会社成
员。④ 潮州人、闽南人、海南人之会党称"义兴",广府人之会党称"粤东"、"八
角",客家人的组织称"明顺"、"群英"。⑤ 其下因姓氏、宗族、村乡之别,再分为
小会社。在 1892—1901 年间,暹罗铁路之华工多为会党成员。会党虽为互助
组织,不同会党间亦或为招工,或为工价,或为商贸地盘而火拼。1889 年,曼
谷义兴会与寿礼居为争夺向曼谷 3 家最大米厂提供苦力之垄断权开战,乃至
使用枪械。暹罗政府动用军队和警察镇压,约 900 名会党成员被审判。⑥

　　早期暹罗华侨的地缘性社团多与秘密会社相关。19 世纪中期,客属华侨
已在曼谷创建集贤馆,首领李家仁和伍福,均梅县人,是暹罗客属总会前身。
19 世纪后期,分裂为"明顺"与"群英"两帮,互相攻伐。⑦ 1863 年,海南籍华侨
在素叻他尼(Suratthani)之苏梅岛(Ko Samui)成立了海南公所,供奉本头公
和关帝。⑧ 1872 年,闽籍华侨在曼谷本籍庙宇顺兴宫内设福建公所。⑨ 1877
年,广肇籍华侨王晋卿等发起创立广肇别墅,购地建筑会址,为曼谷广肇华侨
社团之始。⑩ 1900 年,董里府四邑籍华侨成立四邑会馆。这些会馆都是区域
性华侨社团组织。各属华侨的全国性组织,多是 20 世纪初以后成立的。1900
年,暹罗海南会馆成立。1910 年和 1911 年,暹罗客属会所和福建会馆先后成
立。1903 年,各籍华侨社团共同支持曼谷天华医院的建立,是暹侨首次不分

　　① ［泰］刘丽芳、麦留芳:《曼谷与新加坡华人庙宇及宗教习俗的调查》,(台)《民族学
研究所资料汇编》第 9 期,1994 年;段立生:《泰国的中式寺庙》,曼谷:泰国大同社出版有限
公司,1996 年;［美］何翠媚:《曼谷的华人庙宇:19 世纪中泰社会资料来源》,《海交史研究》
1996 年第 2 期。
　　② 张映秋:《泰国华人社团模式的演变》,《东南亚研究学刊》1994 年第 11 期。
　　③ ［泰］素帕拉·乐帕尼差拉功著,杜建军译:《1824—1910 年泰国洪字秘密会社》,
《南亚与东南亚资料》1984 年第 6 期,第 148~149 页。
　　④ James McCarthy, *Surveying and Exploring in Siam*, London: John Murray,
1902,p. 3.
　　⑤ Sarasin Viraphol. *Tribute and Profit*, p. 221.
　　⑥ G. William Skinner, *Chinese Society in Thailand : An Analytical History*, p. 144.
　　⑦ 《泰国客属总会六十周年纪念特刊》,曼谷:泰国客属总会,1988 年,第 12 页。
　　⑧ 傅吾康、刘丽芳:《泰国华文铭刻汇编》,第 593~599 页。
　　⑨ 《泰国福建会馆七十周年纪念刊》,曼谷:福建会馆,1962 年。
　　⑩ 《泰京广肇会馆一百周年纪念刊》,1977 年,第 14 页。

畛域、派别、贫富,联合捐助、共同创建的慈善性组织。① 1910 年,暹华应清朝的号召,成立中华总商会。闽粤各帮首先入会者达七八百商号,②是泰华工商界最高的商会组织,以集思广益,公断商事纠纷为务,旨在谋全体华侨的共同利益及负起全国性领导作用。③

因此,虽然 17—20 世纪初移民暹罗的华侨大多数已逐渐融入的当地社会,但暹罗政府善待华侨,大规模新移民入暹持续不断。因此,到 20 世纪初,以商人、社团、华侨官员为核心的暹罗华侨社会,仍是南洋最大的华侨社会。

二、越南

19 世纪初以前,越南分属不同政权统治。19 世纪后期,又受法国殖民统治。因此,华侨社会的规模和职业结构南北各异,彼此独立发展。

1. 广南华侨社会

广南各地华侨社会由明末中国遗民及其后南来的中国移民所组成。明清鼎革之际不愿仕清之明季遗民纷纷南渡越南。或投靠北圻的黎郑,或投靠广南的阮主。永历政权败亡后,黎郑与清朝合作,不愿保护南逃遗民,转助清朝剿抚反清势力。因此,南逃越南者多奔广南。1666 年,南逃的杨彦迪(即杨二)、陈上川集团在北方被拒后,转投广南。④ 广南阮氏远离中国,也非清朝敕封之藩屏,且欲依靠中国遗民开发南方,因此,广纳南来遗民,并择其贤良者委以官衔。杨彦迪、陈上川部至广南,阮氏恐其不易被驱使,不敢收留在广南本土,命他们往里路与真腊交界处的真腊东浦,辟地而居,⑤拓土效力。东浦沃野千里,阮氏垂涎已久,未暇经理,因此,借南明遗众之力,一举而三得。⑥ 东

---

① 《光绪甲辰年捐题倡建本院芳名录》,泰国天华医院编《天华医院成立八十周年纪念特刊》,1984 年。

② 中国第一历史档案馆:《外务部档·侨务招工类》卷 3096,宣统三年元月十七日农工商部咨文。

③ 《泰国中华总商会成立八十五周年暨新大厦落成揭幕纪念特刊》,曼谷,1995 年,第 106 页。

④ 陈荆和:《清初郑成功残部之移殖南圻》(上),香港:《新亚学报》第 5 卷第 1 期,第446~454 页。

⑤ 郑怀德:《嘉定通志》卷三《疆域志》,见戴可来,杨保筠校注《岭南摭怪等史料三种》,第 122 页。

⑥ 《大南列传前编》卷六,日本庆应义塾大学语言研究所影印本,东京:有邻堂,1961年,第 15~16 页。

浦地虽广,人烟稀少,多薮泽林莽。杨彦迪部披荆斩棘,兴修水利,辟荒原为鱼米之乡。① 闽粤人得知华侨开辟东浦,也纷至沓来投奔。经杨部十数年屯垦,东浦已为中国及日本、荷印、西洋诸国商船凑集之地。阮主在东浦建镇边营(今边和),在柴棍建藩镇营(今嘉定),设立社村坊邑,定租庸税例,攒修丁田簿籍,得户逾 4 万。在华侨商居集中地的镇边和藩镇地,专设清河社和明香社(今明乡),将华侨列为编户。② 社设该社、乡老、乡长三职,下辖正长、副长、通事和甲首等职。该社是行政首长,乡老为社内德高望重之耆老,通常由社内富者担任。社分数邻,正长为一邻之长,副长辅佐正长,甲首负责上传下达。所有职位全由华侨担任。陈上川被阮主任命为藩镇都督,承封疆重任,统当地华侨社会,俨然如自治领。1715 年,陈上川病逝,其子陈大定领其将兵,与河仙郑氏联姻,仍称雄南圻。直到 1732 年,陈大定去世后,南圻陈氏势力才逐渐消亡。

与杨、陈部开发东浦同期的是郑玖部开发河仙。1671 年,雷州海康县黎郭社人郑玖越海南投真腊,据说是以财贿真腊国王及其宠妾,受封署河仙屋牙,治理河仙。③ 郑玖娶越妇为妻,在当地包税开赌抽分,又发掘银矿,骤以致富。郑玖又在富国、陇棋、芹渤、奉贪、沥架、哥毛等处,立七个社村,用以安置闽粤各地前来投奔的流民。④ 河仙原本是林莽蛮荒之地,郑玖率移民伐林垦荒辟田,修引河渠灌溉农田。此外,还筑堡掘壕,装备炮队,以军备保境安民,⑤成拥有武力的自治华侨社会。郑玖后弃真腊国主,转投阮主政权。阮主封其为总兵,镇守河仙,地位如广南属国。⑥ 1735 年,郑玖病逝,其子郑天赐承袭父位,被封为河仙总兵大都督,受命替广南王开铸钱局,以通贸易。郑天赐治下,河仙成诸国商旅凑集之地,华侨社会更为繁荣。郑氏又开招英阁,招来四方中华文学之士,日与讲论唱和。郑天赐本人自撰河仙十咏,才韵为一方称重。⑦ 郑氏经营河仙百余年,华社稳定,商贾云集,中华衣冠文物具盛,号南天乐土。直到 18 世纪后期因受西山起义军影响,河仙才衰败。

17 世纪中期至 18 世纪,一个以商民为主的华侨社会形成与发展于广南

---

① 郑怀德:《嘉定通志》卷二《山川志》,《岭南摭怪等史料三种》,第 92 页。

② 《大南实录前编》卷七,第 14 页。

③ 陈荆和:《〈河仙镇叶镇莫氏家谱〉注释》,(台北)《文史哲学报》第 7 期,第 78~139 页。

④ 郑怀德:《嘉定通志》卷三《疆域志》,《岭南摭怪等史料三种》,第 151 页。

⑤ Voyaged, *urn philosoph*, par Pierre Poivre, Yerdon, 1763, pp. 67~73, 转引自陈荆和《〈河仙镇叶镇莫氏家谱〉注释》,(台北)《文史哲学报》第 7 期,第 85 页。

⑥ 武世营:《河仙镇叶镇莫氏家谱》,《岭南摭怪等史料三种》,第 231~232 页。

⑦ 《大南列传前编》卷六,第 3 页。

会安港。会安是广南对外贸易的门户,明后期即是华商、日商聚集的繁华商埠。因日本锁国,到17世纪中期,会安日商已所剩无几,华商因不需向官府纳税,且少了日商竞争,所以愈聚愈多,增至四五千名。① 此后,南明遗民也大批涌入。华商善贾,熟悉航运贸易事务。广南国王利用华商经营对外贸易,因此,广南的通商、航运管理等多种职务,阮氏多委明香社、清河庸的华商充任,协同当地衙署和艚务司管理外国商船、货价及通译等。专管华舶的税关长也是华商。② 会安港各国客货码头密布,人烟稠集,华商是会安的主体。"长三四里,名大唐街。夹道行肆,比栉而居,悉闽人,仍先朝服饰。妇人贸易,凡客此者必娶一妇,以便交易。街之尽为日本桥,为锦庸。对河为茶饶,洋艚所泊处也。人民稠集,鱼虾蔬果早晚赶趁络绎焉。"③会安华商还成立洋商会馆,是华商公会组织。

与暹罗相似,广南政权善待华商华民,华侨都是单身来越,娶越妇安家乐业。④ 数代之后,华侨家庭与当地人逐渐趋同。⑤ 明香人亦不复为"明朝香火延续者"。只是广南华社不断有新客加入,因此,华社仍能续存。

北方庸宪华商社会则逐渐消亡。17世纪以后,庸宪是北越门户,去国都仅百十里。凡四方洋船贩其国,悉泊庸宪。到17世纪后期,庸宪有街市数十,时称"天朝街",多为华商所居。庸宪的商工贸易,多为华商主持。1711年,庸宪已有华商行业协会20余个,分染坊业、肉食品业、渔业、木材业、陶器业、藤席业、皮革制品业、大米业以及中草药等各业。⑥ 当时的庸宪已是东亚重要国

---

① Declaration of the Situation of Quinam Kingdom by Fransisco, 1642, From W. J. M. Buch, De Oost-Indische Compagnie en Quinam. De betrekkingen der Nederlanders met Annam in de ⅩⅦ e eeuw, Amsterdam, 1929, pp. 120~123. Translated by Ruurdje Laarhoven, in Li Tana, Anthony Reid(ed.), Southern Vietnam under the Nguyen: documents on the economic history of Cochinchina(Dang Trung), 1602—1777, Singapore: Institute of Southeast Asian Studies, 1993, p. 31.

② 陈荆和:《承天明乡社与清河庸——顺化华侨史之一页》,(香港)《新亚学报》第4卷第1期(1959),第313~314页。

③ 大汕:《海外纪事》卷四,第80页。

④ Chen Ching-Ho(陈荆和), On the Rules and Regulations of the 'Duong-thuong Hoi-quan' of Faifo(Hoi-an), Central Vietnam, Paper presented to the International Conference on Asian History, 5—10 August 1968 at University of Malaya, Kuala Lumpur, Southeast Asian Archives, Vol. 2(Kuala Lumpur, 1969), p. 156.

⑤ Nola Cooke, Book Review: Law and Society in Seventeenth and Eighteenth Century Vietnam, Journal of Southeast Asian Studies, Vol. 29, No. 1, (1998), p. 224.

⑥ Chua Hai, the Chinese in Pho Hien and Their Relations with Other Chinese in Other Urban Areas of Vietnam, in Pho Hien, pp. 210~216.

际商埠,与首都并列为北圻两大都会。① 华商增多后,引起黎郑统治者的忌讳。先是在 1650 年,就禁止以华商为主的外国人在京城居住、开店,并禁止华商与越人混居,仅允东南部的清池(Thanh Tri)和劝良社(Khuyen Luong Xa)为交易居留之地。② 原居京城华商只好陆续移居庸宪。1696 年,更不许华商随意出入都城。1666 年,黎郑则迫长住华商归化入籍,从当地习俗。③ 1717年,限北来华商只准居住在庸宪的来朝(Lai Trieu)村。④ 同时,规定入籍华商还需服役,言语衣饰,都必须与越人同,否则遣返。⑤ 黎郑统治者对定居华商的强迫同化政策和对短期寓居华商的隔离政策,终使华侨社会难以为继,定居华商或离去,或很快同化于当地越人社会。

　　1771 年,广南西山阮文岳三兄弟起兵反抗阮朝,时称新阮,新旧阮就此争战不断。1775 年,安南黎郑军队南下,攻击新旧阮,南海中国海寇也加入争战。此后,清朝出兵支持黎郑。直到 1802 年,旧阮宗亲阮福映在法国人支持下统一越南,争战方停。在前后战乱 30 余年间,广南华侨多卷入新旧阮之争。支持新阮的华侨先有归仁华商李集亭组织的忠义军和广南华商李才组织的和义军,其主力都是华侨,后李才部转而支持旧阮。⑥ 嘉定华侨和河仙郑氏均全力支持旧阮,南海海寇何喜文部也加入旧阮阵营。战火绵延,使广南各地华侨社会几陷灭顶之灾。1782 年,新阮西山军攻占嘉定,"凡唐人,不问新旧兵商,剩万余人,皆尽杀之。自牛新至柴棍,横尸枕籍,抛弃江河,水为之不流。经二三月,江之鱼虾,人不敢食。其货北纱、彩、茶、药、香、纸,一切唐物者,人家所有,亦尽投于路而不敢取。次年粗茶一斤至钱八贯,针一个钱一百,他物类是,人皆苦之"。⑦

　　西山起义期间,在越老侨新客,财产生命损失惨重,尤其是广南各地华社,

　　① 转引自 Fujiwara Riichiro, Vietnamese Dynasties' Policies Toward Chinese Immigrants, *Acta Asiatica*, Vol. 18(1970), pp. 43～69.

　　② Fujiwara Riichiro, The Regulation of the Chinses under the Trinh Regime and Pho Hien, *in Pho Hien: The Centre of International Commerce in the 17th—18th Centuries*, comp. Association of Vietnamese Historians, Hanoi: The Gioi Publishers, 1994, pp. 95～98.

　　③ 《越史通鉴纲目》卷三四,第 35～36 页。

　　④ Chua Hai, The Chinese in Pho Hien and Their Relations with Other Chinese in Other Urban Areas of Vietnam, in *Pho Hien*, pp. 210～216.

　　⑤ [越]吴士连:《大越史记全书续编》卷二,东京:东京大学东洋文化研究所,1984年,第 1043 页。

　　⑥ 郑瑞明:《试论越南华人在新旧阮之争中所扮演的角色》,许文堂主编《越南、中国与台湾关系的转变》,第 5 页。

　　⑦ 《大南实录正编》卷一,第 17 页。

均元气大伤。嘉定沦为战场后,原本繁荣的唐人街区几至荒废,华舶贸易随之衰微。边和镇三江西岸的码头原本是中国商船辐聚、华民常寓之地,"自西山之乱,人地流移,今成灌莽"。①

1802 年,旧阮阮福映在法国人的帮助下统一全国。次年,清朝封其为越南国王。南圻社会经济逐渐恢复,华商复聚。阮福映感华侨支持,特准在越南北、中、南圻建立明乡社,凡明人 5 人以上可自立乡社,但须登记造册,并禁剃发结辫,不得杂于华民户籍。明乡社自行管理身份登记和征税等,税负高于越人而低于华侨,免兵役徭役,可入试考举,任官为宦。1814 年,越南国王允华侨新客可以籍贯、方言分野设帮自行管理。② 各帮自推帮长,行使人口登记、征税和其他行政权。此后,越南各地华侨社会以帮组构,明乡人则自成一系,与越南人逐渐融合。

2. 北部的华侨矿区

18 世纪中后期,越北的厂矿几乎尽为华侨经营,以太原送星银厂、兴化蝎嗡银厂、聚龙铜厂、云南边外都竜银厂最大。1761 年,广东人张德裕前往安南送星厂佣工,以后继充客长,承办送星厂,其矿工人数多达数千上万。③ 都竜厂位云南边外。18 世纪中期,湘籍华商彭五中投资开采都竜银矿矿,获利达数十万两。④ 聚龙铜厂亦属雍正初年中越边界争端后清政府"赐"越之地。聚龙产磁石及赤铜,又杂银沙,雍正六年(1728)割予安南。⑤ 1757 年,安南允华商黄文期在聚龙设厂,招集雇工开采铜矿,限二年完成,免税三年,所采得赤铜,准予在安南国内出售。⑥ 1774 年,华商黄恒有领照开办兴化蝎嗡银厂,矿工 300 多人。⑦ 广西边外的矿商矿丁和商贩,"不特来自粤西,即云南、广东、福建、江西、湖广等省民人往交贸易及开挖矿厂者,亦不可胜数",⑧以粤籍者最多。在规模最大的送星厂,其厂民籍贯,有广西、江西、湖南、福建各省,"而

---

① 郑怀德:《嘉定通志》卷六《城池志》,《岭南摭怪等史料三种》,第 220 页。

② 华侨志编纂委员会编:《越南华侨志》,台北,1958 年,第 35 页。

③ 《广西巡抚熊学鹏奏折》(乾隆四十年五月二十八日),《古代中越关系史资料选编》,第 652 页。

④ 同治《(湖南)桂阳直隶州志》卷二〇,"货殖",第 22 页。

⑤ [日]岩村成允著,许云樵译:《安南通史》,新加坡:星洲世界书局,1957 年,第 146 页。

⑥ 《越史通鉴纲目》卷四四,第 11 页。

⑦ 《两广总督李侍尧、广东巡抚李质颖奏折》(乾隆四十一年),《古代中越关系史资料选编》,第 657 页。

⑧ 杨锡绂:《安南匪徒未靖请严边防疏》,《四知堂文集》卷五,第 152 页。

粤东嘉应,惠州及广肇南韶之人,十居其九"。① 也如南洋其他华侨矿场一样,这些在越北采矿的粤籍人,大多是嘉应州、惠州、韶州等地的客家人。② 送星厂张德裕原籍广东嘉应州长乐县(今广东五华县),张南特籍隶韶州翁源,兴化蝎嗡银厂客长黄恒有籍隶兴宁,属广东嘉应州。③ 云南边外华侨厂矿,则以原本已在云南开矿的江西、湖广人居多。投资开办矿厂所费甚巨,又需大量后续资金不断投入,因此,多数矿场为多人共同投资,参股合伙经营。合伙人在矿厂中的分工和地位通常依出资多寡而各异。如在兴化蝎嗡银厂,黄恒有出资最多,充当客长,负总责,后来的合伙人赵国顺、黄永简、邱日松等各充分设炉房房长。④ 矿厂周边,也聚集很多华侨商贩,供应各种日用品。商贩或遇资本耗折,无钱返乡,也到矿厂谋生。⑤ 而出境采矿的边民通常也带有货物,"一肩挑针线鞋布诸物往",⑥兼营小商贩行当。⑦ 因此,越北华侨矿主即是矿区的客长,大矿区聚万人,小矿场也有数百人,各有首领统率,彼此声气相通,有各项生活设施和共同的谋生行业,俨然小型华侨社会。

　　1775 年,安南黎郑政权以华侨矿场滋事为由,派军查封矿场,撤毁寨栅,驱散在厂矿工、商贩,将"滋事"的首从各犯悉数抓获,咨文解送中国两广地方官府。清朝下令关闭广西沿边的通商关隘,同时派军实力稽查,"毋许一人出口,饬永远遵行"。⑧ 北越华侨矿场一蹶不振,不少矿区华商华工星散,或潜行回国,或融入当地社会。1788 年,清廷应旧阮之请,出兵安南,与新阮西山军交战。⑨ 部分越北厂民协助清军作战。清军撤回后,很多厂民回国。越北华侨矿区自此迅速消亡。

　　① 《安南国王咨文》(乾隆四十年三月十七日),《古代中越关系史资料选编》,第 651
～652 页。
　　② 《越史通鉴纲目》卷四三,第 1 页。
　　③ 《两广总督李侍尧、广东巡抚钟音奏报因采挖矿砂殴毙二命之张任富等分别定罪
事》(乾隆三十二年十二月二十二日),国家清史编纂工作资源库,档号 03－1098－001;《奏
呈审讯私越安南送星厂开矿张任富抢劫杀人案供词单》(乾隆三十一年),国家清史编纂工
作资源库,档号 03－1222－037。
　　④ 王崧:《矿厂采炼篇》,见吴其浚《滇南矿厂图略》卷一,第 150～151 页。
　　⑤ 《张允随奏稿》(乾隆十一年五月九日),《云南史料丛刊》第 8 卷,第 684 页。
　　⑥ 赵翼:《簷曝杂记》卷四,"缅甸安南出银",北京:中华书局,1982 年,第 73 页。
　　⑦ 《张允随奏稿》(乾隆十一年五月九日),《云南史料丛刊》第 8 卷,第 684 页。
　　⑧ 《两广总督李侍尧奏报审拟厂犯张德裕等缘由事》(乾隆四十年十月),国家清史编
纂工作资源库,档号 03－0549－008。
　　⑨ 《孙士毅又奏》(乾隆五十三年十月二十八日),吴丰培整理《安南纪略》卷六,北京:
书目文献出版社,1986 年,第 16～18 页。

3. 法国殖民时期的华侨社会

法国殖民者统治中、南圻后,将明乡人视为越人,一体对待。明乡乡社相继瓦解。法殖民政府对华侨统治仍沿用"分帮自治"制度,但加以严密控制。分华侨为广府、福建、潮州、客家、海南五帮,虽帮长仍由本帮推选,但须副总督任命,职责为承领和传达一切殖民政府法令并与警官工头处理帮内违法事务;登记帮内成员之纳税、迁徙等移民行政事务,无帮担保和课税,移民不得上岸;每三个月须接受移民官和行政厅审查。同时,法殖民政府在西贡设移民局,严厉控制中国人入境,除契约华工外,入境者均须登记并购买证件。对本地华侨则迫其付重金每年购买身份证。[①]

1885 年,中法《天津条约》十款中,中国承认法国为越南保护国。该约第一款规定:凡中国侨居人民及散勇等在云南安分守业者,无论农夫、工匠、商贾,若无可责备之处,其身家产业,俱得安稳,与法国所保护之人无异。[②] 但法殖民政府签约伊始,即对全越华侨苛征重税。华侨被分为四类,分别每年须纳税 10～300 法郎不等。海防和东京地区部分华商为避重税,纷纷离去。内地贫困之民,多因重税而畏往安南。因此,到 20 世纪初,越南华侨仅十数万人。在越华侨多营商业,西贡堤岸的商铺,多为华侨店主。烟、酒、鸦片、赌博等饷码承包,大体也由华侨经营。华侨人数以粤籍最多,但商贸则闽侨最盛。1904年,南圻华侨商务总会成立,闽商郑昭明为首任会长。1910 年春,商务总会重订章程,董事会由 20 名组成,广肇、福建、潮州帮各占 5 席,客家、海南帮合占5 席。会长由广肇、福建、潮州三帮轮流出任。[③]

第三节　菲律宾与缅甸

菲律宾与缅甸处于南洋的东西两端,都在 17 世纪初形成规模较大的华侨社会,华侨都以商贩为主。但在 18—20 世纪初,其华侨社会的发展相对迟缓。在荷属东印度、英属马来亚和暹罗都各已发展成为人口数以百万计的华侨社会时,菲律宾和缅甸的华侨社会各仅十数万人。虽然两国的华侨社会发展迟缓各有其内在因素,但均处于南洋国际商圈的边缘,经济发展迟缓,与中国的

---

① ［英］布赛尔:《东南亚的中国人》,《南洋问题资料译丛》1958 年第 2－3 期,第 9页。

② 黄月波等:《中外条约汇编》,第 89 页。

③ 华侨志编纂委员会编:《越南华侨志》,第 139 页。

经贸互动有限而对中国移民缺乏足够的吸引力,却是其共同的原因。

一、菲律宾

1. 殖民政策与华侨社会的盛衰

在 20 世纪之前的南洋华侨史上,菲律宾华侨所受的限制与迫害最甚。在西班牙殖民菲律宾 300 多年期间,5 次对华侨大开杀戒,对华侨的宗教信仰、职业的限制也最严苛,华侨的经济能力也大受限制。因此,虽然菲律宾与中国一衣带水,交通和经贸往来最为方便,但由于西班牙殖民统治者对华侨的苛政,相对南洋其他殖民地,西属菲律宾华侨社会的规模和经济实力最小。直到美治时期,菲律宾华侨的经济活力才重新焕发。

菲律宾华侨社会形成于 16 世纪末期,是当时规模最大的华侨社会。西人占领菲岛初年,为繁荣菲岛贸易而招徕华商,华侨往来和居留不受限制。1581 年,殖民当局为便于控制华侨,辟马尼拉王城对面巴瑟河南岸处为马尼拉华侨居留区,时称"八联"(Parian),为西人对华侨的隔离政策之始。非天主教徒的华侨被集中居住于八联,不得前往马尼拉以外地方定居。四周建有高墙,设哨监视。若无当局书面批准,华侨不得前往离马尼拉 6 里以外地区。入城华侨在每晚城门关闭之前,都必须回到八联居留区,违者将处死刑。[①] 八联华侨聚居区域先后变动 7 次,但都在王城炮台的炮火射程范围之内。因此,殖民当局对马尼拉华侨多次大开杀戒时,华侨几乎逃无可逃。在 16 世纪末,八联内的华侨通常在 2000～4000 之间。此外,每年尚有 2000 多从事中菲贸易的华商在此暂居,华侨店铺约有 200 间,是当时海外最大的唐人街区。[②] 八联设华侨首领或甲必丹,协助殖民政府管理华侨。外地华侨或组"华人公会",亦集中管理。到 17 世纪初,菲律宾华侨已达 3 万人,是当时海外最大规模的华侨社会。

1603 年,殖民当局首次尽屠马尼拉华侨,是役华侨殉难者 2 万多人。其中,漳州海澄人十居其八,存者仅三百口。[③] 此役不仅使马尼拉华侨社会覆灭,对东亚水域的中国海商元气大伤。西人尽屠华侨后,复又招徕华商,多为泉人,久之成聚。在 1639 年、1662 年和 1686 年,西班牙殖民当局又 3 次大规模屠杀华侨。由于西班牙殖民政府的残暴,闽粤出国者多往南洋他埠。直到

---

① ［英］布赛尔:《东南亚的中国人》,《南洋问题资料译丛》1958 年第 2－3 期,第 177 页。

② 黄滋生、何思兵:《菲律宾华侨史》,第 69 页。

③ 乾隆《海澄县志》卷一八,第 13 页;张燮:《东西洋考》,第 92 页。

18 世纪中期,菲华社会才恢复到 150 年前的规模。

18 世纪初以后,中菲贸易有所复兴,闽人赴菲者络绎于途。到 1740 年,马尼拉复聚华侨 2 万人。[1] 1749 年,全菲华侨达 4 万人。[2] 1755 年,菲总督阿兰地再次颁令,除了接受洗礼的 515 名和 1108 名已经接受了基督教信仰的华侨外,驱逐所有其他华侨出境,且驱逐令对新来的华船同样有效。[3] 1761 年,西班牙卷入英法战争。在印度的英国远征军攻占马尼拉时,华侨参与当地土著的反西起义,被西班牙殖民当局镇压,数以千计华侨殉难。殖民当局下令绞死全菲华人。大批华侨在圣诞节期间被追杀,或谓死难者逾 6000 华侨,时称 "1762 年的红色圣诞节"。1766 年,根据菲殖民当局的要求,西班牙国王发布全面驱华令,规定将非基督教的华侨及英军占领马尼拉期间犯过暴行的华侨教徒一律驱逐出菲律宾,只准真正的基督教徒留下。被允许留菲的华侨基督徒应分别居住于指定地域,仅能从事农业和手工业。违者将被永远逐出菲律宾。驱逐令实施期间,华侨多被迫回国,少数逃亡山区,菲华社会再遭重创。

1778 年,菲督推行经济发展总计划,认识到华侨协作的重要性,遂撤销驱华令,不少华侨又回到马尼拉,菲律宾华侨社会再获生机。1785 年,西班牙总督准许华侨移居若干岛屿。但随着华侨的商贸能力再度施展,菲西当局在 1804 年再颁令,仅容许从事农作和工匠行业的华侨留居群岛。很多华商只好以务农名义向外岛移殖。[4] 1828 年,菲殖民当局为了限制华侨所控制的零售业,下令禁止外国人从事零售商业以及到外省从事商业活动。[5] 1834 年,又规定华侨商人只能住在马尼拉的八联内,得到政府允许以后可以从事各种行业,但在外省居住的华侨必须从事农业。[6] 华侨则转以土著名义经营,以规避禁令。

1850 年,西班牙殖民政府发布特别法令,准许各庄园主和种植园主招募华工,以飨菲岛农工之需。同时,允许中国移民移居外省。[7] 但规定来菲华工

---

[1] *Filpino Heritage*, Vol. 4, p. 1012; Purcell, *The Chinese in Southeast Asia*, p. 503.

[2] Gregorio F. Zaide, *Philippine Political and Cultural History*, Vol. I, Manila: Philippine Education Company, 1957, p. 284.

[3] Tan, Antonio S., *The Chinese in the Philippines*, 1898—1935, Garcia Publishing Co., Q. C., 1972, p. 26.

[4] [英]布赛尔:《东南亚的中国人》,《南洋问题资料译丛》1958 年第 2—3 期,第 185 页。

[5] 陈荆和:《华侨历史上的人口及居留地》,张其昀《中菲文化论集》(2),台北:中华文化出版事业社,1960 年,第 313 页。

[6] 吴景宏:《西班牙时代之菲律宾华侨史料》,南洋大学南洋研究室,1959 年,第 25 页。

[7] Elliott C. Arensmeyer, Foreign Accounts of the Chinese in the Philippines:18th~19th Centuries, *Philippine Studies*, Vol. 18(1970), p. 90.

不得从事商业贸易、手工业和工业,只能从事农业或麻和蓝靛加工业。① 此项法令实施后,中国移民开始以务工名义大批涌入菲律宾。1864 年,西班牙沿英法与清朝签订《北京条约》之例,与清朝正式签订通商条约。此后,西班牙殖民政府对入境及居留限制越发宽松,寓菲华侨数量迅速增长。到 1870 年,华侨人数激增至 4 万。1886 年,更达 9 万人,②是 20 世纪之前的高峰人数。

菲律宾革命和美西战争期间,很多华侨返回中国,以避战乱。美国殖民菲律宾初期,在菲实行美国的排华法案。1902 年,该法案经总统签署后实行。其第四章特对菲岛华侨作出以下规定:"自该法令颁布日起一年内,在美国任何岛屿内(夏威夷除外)居留的中国劳工,而非当地合法公民,必须依法办理该岛屿居住证明以获得该岛屿合法居留权,未能及时办理居住证明者届时将被依法驱逐出该岛屿;菲律宾岛屿内由菲律宾委员会保障该法令的实施,由该委员会负责制定必要规章制度,包括办理居住证明的程序以及相关内容等,详尽解释居住证明的获取条例,从而使菲律宾岛屿的中国劳工获得与其他美国岛屿相同的居住证明以及避免相互条文中的不符之处,然而自法令颁布日起 1 年内,若菲律宾委员会认定无法及时完成登记注册工作,准许该委员会酌情顺延并于最多 1 年的时间内完成登记注册工作。"③由于美属菲政府严厉限制中国人入境,美治初期的菲华人口不升反降,华侨社会有所萎缩。

西属菲律宾当局除了严厉限制移民入境外,对华侨课以重税则始终如一,并不时通过法令限制华侨在商贸业的活动。殖民当局对华侨主要征收人头税和行业税。殖民统治前期,菲律宾土著以 4 人为 1 纳贡单位,华侨则以 1 人为 1 纳贡单位。④ 除贡税外,华侨还需纳数量不等的居留税、房屋税、附加许可税、人头税等名目繁多税种。1828 年,殖民政府分华侨为三个等级,定额征收"产业税":一级大商人 120 比索,二级商人和店主 48 比索,三级小商人 24 比索。1830 年,增划帮工和店员为第四等级,人征 12 比索。⑤ 根据次年(1831)的税收登记,马尼拉的 5708 名华侨,7 人属于第一类,166 人属第二类,4509 人属第三类,830 人属第四类,另有 196 名年龄超过 60 岁的华侨免纳行业税。重税使华侨不堪重负,有 800 人拒绝纳税回国,1083 人逃到山区,453 人无力

① 杨建成主编:《菲律宾的华侨》,台北:中华学术院南洋研究所,1986 年,第 36~37 页。

② *Census of the Philippine Islands*:1903,Vol. I,Washington D. C. ,p. 490.

③ *The Statutes at large of the United States*,Vol. 32,pp. 176~177.

④ 金应熙:《菲律宾史》,开封:河南大学出版社,1990 年,第 117 页。

⑤ Edgar. Wickberg,*The Chinese in Philippine Life*,1850—1898,p. 158.

纳税或回国,被强制服劳役。① 1852年,由于华侨日多,商业复盛,殖民政府实施新税法,改以人头征行业税为按店征收。将华侨的商店划分为四类:第一类年税额为100比索,第二类60比索,第三类30比索,第四类12比索。此外,尚有其他的商品经营特别税。

人头税仍是华侨不堪重负的主要税种之一。1888年,华侨所纳人口税增至236250比索,占该年殖民政府年税收总额的1/20。② 多项重税仅征及华侨。根据华商向清廷的禀报:自同治六年(1867)与西班牙换约至光绪十年(1884)18年间,西班牙殖民官员所收身税、路税等,共征华人银7078161.24元。专征华人岁纳9.6元,医费4.5元,而西人仅征0.5元。路照一项,西人每征0.45元,华人每征则1.25元,又须预纳一年身路税。③ 1889年,殖民当局利用发放身份证,大幅提高华侨人头税。规定每个华侨不论性别和年龄,都必须领取人头身份证(Cedula de Capitacion Personal),领取时课税。将华侨分为七等征收。一到六等为年满14岁男性,根据不同的收入,需纳税48.90~9.78比索。④ 西班牙殖民政权的最后25年,人头税竟成为殖民当局的主要财政收入来源。

对菲华不断的迫害与各项苛捐杂税,是20世纪以前菲律宾华侨社会一直未能产生大商家的主要原因之一。

2. 经济与职业

菲华多商贩,少数从事工匠行业,与缅甸华侨同为南洋华侨社会商人比重最高者。

西人殖民菲岛初期,为发展中菲贸易,即招徕华商。华商之克勤克俭与吃苦耐劳非西人能比,能深入穷乡僻壤销售和收购货物,构建商贸网络,故在商业和零售业长期居优势地位。1789年以后,殖民当局将马尼拉向所有亚洲商船和西方商船开放。⑤ 欧美商人虽纷沓而来,但不谙当地语言,仍倚仗华侨销售商品和收购出口土产。西方各国商人在马尼拉设立商行,经营进出口贸易。

① Antonio S. Tan, *The Chinese Mestizos and the Formation of the Filipino Nationality*, p. 45.

② Edgar. Wickberg, *The Chinese in Philippine Life*, 1850—1898, p. 9, pp. 158~160; Tan, *The Chinese in the Philippines*, 1898—1935, pp. 42~44; *Census of the Philippine Islands*, 1903, Vol. I, p. 360.

③ 赵尔巽等:《清史稿》卷一五九《邦交志(七)》,第4659页。

④ Carl C. Plehn, Taxation in the Philippines, *Political Science Quarterly*, 16(1906), cite from: Edgar. Wickberg, *The Chinese in Philippine Life*, 1850—1898, p. 162.

⑤ 金应熙:《菲律宾史》,第306页。

其货源组织和商品销售,仍多通过各岛华商零售网络。1855 年后,菲殖民政府续开怡朗、苏阿尔、三宝颜(1855)、宿务(1860)、黎加实比和塔克洛斯(1873)等各岛港口。① 西方商人多在马尼拉市设立总商行,在外省设分行,华侨仍为中介商。华侨在菲内陆地区建大量菜仔店(Sari-sari Store),经营食品杂货和日用品,尚以易物方式收购当地土特产。菜仔店或雇工一二,或夫妻自理,终日营业,为华侨遍布菲岛之收购和销售网络终端。当时,马尼拉一位欧商进口商行主管叹道:

> 马尼拉商行几无例外,都得将商品售与华商,由他们再销往外省。欧商自己无法开展这种进出口业务。事实上,这个群岛的贸易完全依靠华侨进行,只有他们才能向外省的华商销售进口产品。他们还经营自己的运输业务。到处可以听到华侨小贩叫卖声,能到最偏僻的角落出售他的货品。欧洲人甚至不能片刻离开马尼拉,到外地去开展业务。②

到 20 世纪初,由华侨菜仔店、叫卖商贩、摊档商贩、商店和批发商行组成的网络,几至掌控菲律宾零售业,且在批发和进出口业有重要地位。据 1912 年菲律宾税务局统计,华侨有零售商店 8455 家,批发商店 3335 家。以一家商店通常需 4 人经营计,华侨商店从业者约达 45000 人。此外,尚有许多以菲人名字注册的华侨商店。③ 因此,可以说绝大多数菲华以商业谋生。

除商贩以外,殖民初期的各类工匠亦主要由华侨充任,主要集中于马尼拉、宿务和怡朗等三个港口城市。其职业有烘面包、裁缝、鞋匠、木匠、成衣匠、金属工匠、银匠、雕刻匠、锁匠、画家、泥水匠、织工及这个国家所需的其他各种工作。华侨工匠建造的许多教堂、修道院和堡垒,迄今尚矗立岛上。④ 19 世纪60 年代以后,菲殖民当局进口华工,充当种植园或出口加工厂劳力。烟叶和苎麻包装商和小型矿业公司,均部分雇用华侨劳工。马尼拉、宿务和怡朗的外国商行,也招募能吃苦耐劳的华工为装卸和仓储工人。殖民政府亦雇用华工从事公共工程建设。⑤ 大多数华侨劳工集中于都市区。据 1903 年的人口普查,菲华人口之 11.6% 是劳工,主要集中于马尼拉、宿务和怡朗三地。

---

① 陈碧笙主编:《南洋华侨史》,南昌:江西人民出版社,1989 年,第 138 页。

② Testimony of A. Kuensel, *Report of the Philippine Commission*, Vol. 2, pp. 227~229,转引自 Edgar Wickberg, *The Chinese in Philippine Life*, 1850—1898, p. 68.

③ 吴凤斌主编:《东南亚华侨通史》,福州:福建人民出版社,1994 年,第 278~288 页。

④ [英]布赛尔:《东南亚的中国人》,《南洋问题资料译丛》1958 年第 2—3 期,第 173 ~184 页。

⑤ 黄世爝:《九十年来的华侨工商业》,《菲律宾华侨善举公所九十周年纪念刊》(己部),第 154 页。

税收承包可能是华商积累财富的捷径。1850 年前,华商仅能承包向华侨征收的部分税种及马尼拉的肉类供应。此后,殖民当局首开斗鸡场承包,通常只有富有华商才能承包。侨领陈谦善每年承包马尼拉大斗鸡场和其他斗鸡场的执照税额,高达 68000 比索。① 鸦片承包利润更高。鸦片吸食者和承包商几乎都是华侨。鸦片承包也需投标,承包商且需支付鸦片进口费用,故只有最富有的华商方能获得承包权。华商抑或与西班牙人联手,共同投标。1890年,礼智、三描和甲美地等省的鸦片承包即由杨尊亲、华谨·陈洪戈和西班牙人尤洛西奥·岷洛沙联手,合力投标获得。② 但菲律宾吸食鸦片的主要是华侨,而菲华人口数量有限,因此,菲华商人的鸦片承包金额较之南洋荷属、英属殖民地的鸦片承包商,则相去甚远。

3. 独树一帜的中菲混血儿

西班牙殖民开拓之特色是商务扩张与传播天主教并举。菲律宾殖民当局在强制菲土著改宗天主教同时,在税收、迁移、婚姻、居留等方面优待华侨基督徒,劝诱或胁迫华侨皈依天主教。殖民初期,西班牙王室即准许皈依天主教的华侨可免税 10 年,此后按菲土著数额缴纳税收;华侨教徒可与土著菲妇教徒结婚,并可以获得马尼拉近郊的耕地。③ 不少华侨仅为了方便在菲律宾居留、经商和生活而受洗礼。一旦返回中国,则仍归原信仰。英军攻占马尼拉期间,很多华侨天主教徒投向新教的英军,参与攻击西班牙殖民军。

皈依天主教的华侨易与菲土著通婚,从而催生了第一代的华菲混血儿,时称美丝提索(Mestizo)。马尼拉为全菲政治、经济和宗教中心,集中大部分华侨。1656 年,在马尼拉圣克鲁治教区至少已经有 500 名华侨天主教徒。④ 1738 年,岷伦洛的美丝提索大约增至 5000 人。据当年胡安·弗朗西斯·圣安东尼奥神父所载:整个群岛充斥被称为华人混血儿(Sangley Mestizo)的另一个混血种族,人数数不胜数,特别是泰加洛人的岛屿。⑤ 全菲 90% 的美丝提索人口集中在马尼拉及其周边的敦洛(Tondo)、布拉干(Bulacan)、庞邦加

---

① Harry Norman, *The peoples and politics of the Far East*, London, 1900, p. 178.

② Edgar. Wickberg, *The Chinese in Philippine Life*, 1850—1898, pp. 111~118.

③ [英]布赛尔:《东南亚的中国人》,《南洋问题资料译丛》1958 年第 2—3 期,第 183页。

④ 吴景宏:《西班牙时代之菲律宾华侨史料》,第 29 页。

⑤ *The Philippine Chronicles of Fray San Antonio*, Manila: Casalinda and Historical Conservation Society, 1977, p. 130.

（Pampanga）等地区。[①] 宿务和怡朗则是外省美丝提索人口占多数的社区。[②]

1741年，殖民当局在法律上将美丝提索专列为一个社会阶层，其地位次于西班牙人（含西菲混血儿）和土著居民，高于华侨，为菲社会四个等级之一。除第一等级的西班牙人免税外，其他三个等级分别按不同标准纳税。土著纳人头税1.5比索，中菲混血儿3比索，华侨6比索。[③] 美丝提索被准许组成25～30人的村社（barangay），不足此数者则就近归属土著村社。[④] 美丝提索有华商尚贾传统和网络，且兼具语言和信仰优势，是一个与华侨社会有密切关系的独立阶层。18世纪中期以后，由于华侨大批被驱离马尼拉，部分取代华侨的商贸角色，其经济实力逐渐提升。在19世纪中期，美丝提索在菲进出口业和零售业领域均处优势地位。美丝提索尚拥有教会以外全菲最多土地，控制菲律宾岛际贸易。很多美丝提索成为医生、律师等专业人士和世俗教士。或谓他们是这个国家的中产阶级，将拥有群岛大部分的财富。[⑤] 19世纪60年代以后，中国移民大批涌入菲岛，华侨迅速重新取得商业和零售业优势地位。一些美丝提索离开商业领域，利用其拥有的土地转向农业经营，[⑥]尤其是发展诸如烟草、甘蔗等出口农产品的种植业。资金雄厚者尚从事土地投资买卖。[⑦]更多的美丝提索则转而从事医生、律师、作家、记者等自由职业，甚至工场的技工。[⑧]

1810年，以美丝提索身份登记的人口有121621人，超过全菲人口的5%。1850年，美丝提索人口增至24万人左右，而土著人口则超过400万人。1863年，西殖民当局颁布新教育法令，准许土著和美丝提索接受高等教育，许多富裕的美丝提索子弟进入菲岛累特朗学院、圣何塞学院和托马斯学院深造，乃至

---

① Edgar Wickberg, The Chinese Mestizo in Philippine History, Manila, Kaisa Para Sa Kaunlaran, Inc. , 2001, p. 14.

② Antonio S. Tan, *The Chinese Mestizos and the Formation of the Filipino Nationality*, p. 4.

③ ［英］布赛尔：《东南亚的中国人》，《南洋问题资料译丛》1958年第2—3期，第186页。

④ BR, *The Philippine Islands*, 1493—1898, Cleveland: Arthur Clark Co. , 1903, Vol. 12, p. 22, p. 324; Vol. 52, p. 58.

⑤ Edgar Wickberg, *The Chinese Mestizo in Philippine History*, p. 20, pp. 24～25.

⑥ See note 18, Chap. 5, for references. Del Pan, editor of the collection *Los chinos en Filipinas*, said that the decline of mestizo gremios in parts of Central Luzon was due to Chinese commercial competition. *Los chinos en Filipinas*, p. 18.

⑦ 吴文焕译：《宿务华人的经济—社会史》，马尼拉：菲律宾华裔青年联合会，2004年，第28～29页。

⑧ Edgar Wickberg, *The Chinese in Philippine Life*, 1850—1898, p. 149.

往西班牙、法国、英国、奥地利和德国留学。19 世纪后期，一批受高等教育的美丝提索，成为菲岛知识阶层的中坚。一些接受欧洲自由民主思想的美丝提索知识分子，在菲岛社会鼓吹改良运动，[①]其先驱者为在西班牙获得博士的格雷格里奥·桑西亚诺（Gregorio Sanciagono）和后来被誉为菲律宾国父的何塞·黎刹（Jose Rizal）。他们尚与佩德罗·帕特尔诺（Pedro Paterno）和米略·阿吉纳尔多（Emilio Aguinaldo）将军等美丝提索，参与领导菲律宾独立革命。米略·阿吉纳尔多成为菲律宾共和国的第一任总统。美丝提索阶层亦在财政上大力支持独立革命和革命政府。Mariano Limja 兄弟被捕前夕，为马尼拉志愿军捐献 100 万比索。[②] 晋江籍的罗曼·王彬（Ramon Ongpin）的商店，向来是革命知识分子聚会场所。[③] 在革命期间及其后的美菲战争期间，不遗余力捐款捐物。民国四年（1915），马尼拉市议会决议，改马尼拉唐人街中心之沙克里斯蒂亚街（St. Sacristia）为王彬街。

二、缅甸

17 世纪时，缅甸华侨社会似只存在于缅北。缅北华侨社会因战乱、经济等原因而时断时续，并非一脉相承。到 19 世纪中期以后，以仰光为中心的缅南海口地区才出现规模较大的华侨社会。南北华侨社会各自一体，其籍贯构成、定居状况和谋生行当均呈现较大差异。

1. 缅北华侨社会

明末缅北华侨多数似乎并非云南人。缅甸北部盛产玉石。早在明代后期，就有很多中国商人在此从事商贩和采矿（玉石）活动。据万历年间朱孟震的《西南夷风土记》记载："江头城外有大明街，闽、广、江、蜀居货游艺者数万，而三宣六慰被携者也有数万。"[④]同时期的其他文献并无同类记载，因此，称大明街有数万内地人可能有所夸大，但相当数量内地商贩聚居缅北，则应是事实。

17 世纪中叶，追随永历帝入缅之宫人多为兵卒所掠，朝臣不能归者或有

---

① Antonio S. Tan, *The Chinese Mestizos and the Formation of the Filipino Nationality*, p. 5, p. 3.

② 洪玉华、吴文焕：《华人与菲律宾革命》，《华侨华人历史研究》1996 年第 4 期，第 3 页。

③ 郑金树：《中菲人民的友好使者——罗曼·王彬》，《晋江文史资料》第 10 辑，1988 年，第 78 页。

④ 《云南史料丛刊》第 5 卷。

赘缅,余众散于附近各村。① 白文选、李定国等率部四次入缅"迎驾"不得,其部众多流寓缅甸。② 南明余部与当地人通婚,经百余年生聚,其后裔数量应相当可观。乾隆后期任云南巡抚的孙士毅称,这些南明余部后裔自成一支,即是后来的桂(贵)家。③ 无论乾隆时期的桂家是否是南明余部之一脉相承,④桂家已与当地土著无甚区别,并非华侨社会。

清廷平定南明后,边境贸易如常。中国商民往返缅境,不受限制,被视为上国之人,极受当地土著尊重。⑤ 八莫、新街一带,一向是上缅甸主要商埠。云南商贩过境后,沿江而下,深入缅甸内陆,缅酋则于商埠和江边设税口征榷。⑥ 商民赴缅,或采矿或经商,或娶当地妇女定居,久之成聚。缅甸统治者多让华民自治。掸北牛平子、汉寨、白沙水、麻篙坝、小新寨、羊角山、猛果和、独家村一带,多汉寨或汉夷杂居之寨,街长多汉官。⑦ 乾隆年间,都城阿瓦有汉人街,择汉人为街长。⑧ 1773 年,阿摩罗补罗华侨已在汉人街旁建观音寺,花费达 150000 铢,由当地华商从输入货物税款中抽成捐建,⑨是当地滇商的共聚议事之所。但上缅甸并非富庶之地,商贸不发达,且缅北华商流动性大,因此,各地汉人街规模应当有限。

相比商埠的汉人街,18 世纪中期缅北矿区的华侨社区规模要大得多。缅北富银矿,但土著不习烹炼,"听中国人往采,土酋设官榷税而已"。矿主称为客长,由他自行招募矿丁。因此,内地人大批潜往缅甸开采银矿。缅北大山的新厂、老厂,"各长数里,采银者,岁常有四万人,多江西、湖广人"。⑩ 大矿聚众多者可至数万,小矿也由数百人。矿区商贾云集,比屋列肆,俨一大镇。⑪ 在华侨矿区,华侨享有司法特权,"汉人与夷人讼,必与客长共听。若汉人直,则

---

① 王思训:《咒水歌》,李根源:《永昌府文征》卷一二,昆明:云南美术出版社,2002年,第 508 页。

② 徐鼒:《小腆纪年》卷二〇,台北:台湾大通书局 1987 年。

③ 王昶:《征缅纪闻》,李根源:《永昌府文征》卷一七。

④ 杨煜达在《清代前期在缅甸的华人(1662—1795)》(《华侨华人历史研究》2003 年第 4 期),认为"桂家"不源于南明余部,也非源于汉族。

⑤ 《缅甸华侨志》,台北:华侨志编纂委员会,1967 年。

⑥ 李根源:《永昌府文征》卷一四。

⑦ 张德馨:《侦探记》,《云南史料丛刊》第 9 卷,第 734 页。

⑧ 王崧:《缅甸载记》,《云南史料丛刊》第 11 卷。

⑨ Henry Yule, *A narrative of the mission sent by the governor-general of India to the court of Ava in* 1855, pp. 143~144.

⑩ 赵翼:《粤滇杂记》,《永昌府文征》卷一八。

⑪ 周裕:《从征缅甸日记》,《云南史料丛刊》第 8 卷。

治夷人以罪,夷人直则罚汉人以银。罚有不从,则解送内地治罪,无敢擅刑"。① 华侨矿区势力之大,乃至各华酋厂矿曾联络云南总督,商议共御缅酋,谓"只须遣官兵三千助声势,则厂丁四万自能御敌"。② 矿主之雄杰者如吴尚贤,据地一方,自行其政。茂隆厂主吴尚贤系云南石屏州民,"家贫走厂,抵徼外之葫芦国。其酋长大山王蜂筑信任之,与开茂隆厂,厂大赢。厂例无尊卑,皆以兄弟称。大爷主厂,二爷统众,三爷出兵。时尚贤为厂主,三爷则黄耀祖也。厂既旺,聚众至数十万。一有警,则兄弟全出。……厂徒多才力,数百斤炮可手挽而发之。凡在夷方开厂者,互相联络"。因此,当地土著也畏惧吴尚贤。③ 茂隆厂的强盛激起清朝的猜忌,云南边臣设计囚杀吴尚贤,厂矿工丁渐散。④ 1767 年,中缅大规模开战。兵火所至,华侨矿厂倾覆,矿丁四散。八莫、新街一带商埠亦几成废墟。

18 世纪末,很多云南商人到缅甸贩运棉花及其他货物。阿瓦周边的实阶,是缅甸棉花的集散地。缅甸各地的棉花先运到实阶,集中后由中国商船载运八莫,再转运至云南(昆明)。⑤ 缅北滇商以八莫、阿瓦、阿摩罗补罗、实阶、景栋等地为主要贸易商埠,也形成大小不等的汉人街区。19 世纪中期以后,以丝棉为大宗之滇缅贸易不断增长,八莫、阿摩罗补罗、实皆、阿瓦(曼德勒)等沿江商埠华商日多,多做丝棉、玉石贸易及担任"中间商"。很多华侨亦在这些商埠周边种植菜蔬,供应城镇。华侨聚居区且呈不断向南增长之势。富裕和较有身份华商通常不定居缅甸,但几乎所有的华侨都娶缅妇或本地华女。生子以中国的方式养育,留长发穿唐装。生女则衣饰、宗教都随缅母。⑥ 富商通常送其儿子回国就读,女儿则留本地。咸丰年间,阿瓦(曼德勒)及附近村庄华侨近 2000 户,唐人街占据郊区主要街道。华商从输入货值抽份,捐建庙宇,作祭奉和聚会之所。⑦ 1806 年,八莫华侨已经在唐人街建宏大壮观的关帝庙,可见其华民社区的规模应当不小。

19 世纪中期,缅北曼德勒等地还先后形成云南籍回民聚居区。1856 年,

---

① 彭崧毓:《缅述》,《永昌府文征》卷二〇。

② 赵翼:《簷曝杂记》卷四,缅甸安南出银,北京:中华书局,1982 年,第 73 页。

③ 师范《缅考》,转引自余定邦、黄重言编《中国古籍中有关缅甸资料汇编》(下),第 1048～1049 页。

④ 《清高宗实录》卷三九三,第 7 页。

⑤ D. G. E. Hall,*Europe and Burma*,Oxford:Oxford University Press,1945,p. 8.

⑥ Hart,Alice Marion Rowlands *Picturesque Burma*,*Past and Present* 1897,pp. 253～254.

⑦ Henry Yule,*A Narrative of The Mission Sent by The Governor-general of India to the Court of Ava in 1855*,*With Notices of The Country*,*Government and People*. London Smith Elder and co,1858,p. 150,pp. 143～144.

云南回族起义,大理政权鼓励滇缅贸易,腾越、缅宁、云州一带回军将领在曼德勒有各式代理商。[①] 早在嘉道年间,很多腾越回民已到缅甸贸易,缅人称之为潘泰人(Panthays)。[②] 云南在缅甸的玉石、宝石、棉花商人,泰半就是这些回商。阿摩罗补罗北郊是主要滇缅贸易场所。据说在 19 世纪中叶,在阿摩罗补罗,潘泰人可能多达 8000~9000 人。[③] 缅甸曼同王还特许潘泰人在曼德勒城内建有专门的聚居区。1866 年,曼同王赐地潘泰人建清真寺,两年始成。[④] 曼德勒清真寺的阿訇赛义德·阿卜杜拉亦为大理政权在缅商业代表与政治代表。[⑤] 大理政权覆灭后,很多云南回民随回商大批入缅逃难,多往掸邦地区八莫、班弄(Panglong 潘龙)及其他村庄,[⑥]形成回民聚落。佤部的"班弄"是缅北主要中国回民区寨。班弄不服汉缅所管,所有内地逃避兵难的回人多归于此,[⑦]居民多为马帮商贾。[⑧]

19 世纪 80 年代,滇缅贸易复兴。八莫仍为华商出滇后之第一商埠。八莫新街亦称汉人街,临近江岸,袤延八九里,滇商数百家居中区,大部分是腾越人。[⑨] 阿摩罗补罗有滇人 4000 余家,闽、广人 100 余家,川人 5 家。华侨居于城南和郊外,掌控大部分商业。[⑩]

英人占领上缅甸后,上下缅甸铁路、航道畅通,海道便捷,滇缅贸易有所衰

----

①　田汝康:《杜文秀使英问题辨误》,《中国帆船贸易与对外贸易史论集》,杭州:浙江人民出版社,1987 年,第 176~177 页。

②　缅人对穆斯林的一般称呼。Henry Croley, *Geography of the Eastern Peninsula: comprising a descriptive outline of the whole territory, and a geographical, commercial, social and political account of each of its divisions, with a full and connective history of Burmah, Siam, Anam, Cambodia, French Cochin-China, Yunan, and Malaya*, India: Nilgiri Hills, 1878, p. 216.

③　Yule, *A Narrative of The Mission Sent by The Governor-general of India to The court of Ava in* 1855, p. 150.

④　[缅]貌貌李:《缅甸华人穆斯林研究》,《南洋问题研究》2007 年第 1 期,第 53 页。

⑤　马维良:《云南回族历史与文化研究》,昆明:云南大学出版社,2000 年,第 236 页。

⑥　John Anderson, *A report on the expedition to western Yunan via Bhamo*, pp. 334~335.

⑦　张德馨:《侦探记》(下),《云南史料丛刊》第 9 卷,第 733 页。

⑧　安德鲁·D. W. 福布斯著,姚继德摘译:《缅甸的滇籍穆斯林——潘泰人》,《回族研究》1992 年第 3 期。

⑨　王芝:《海客日谭》。

⑩　Vincent, Frank, *The land of the white elephant: sights and scenes in south-eastern Asia.: A personal narrative of travel and adventure in farther India, embracing the countries of Burma, Siam, Cambodia, and Cochin-China*, 1871—1872, S. Low, Marston, Low and Searle, London, 1873, p. 41.

落,上下缅甸间的沿江贸易则快速增长。缅甸内陆各江埠商贸,几乎全属云南商人,闽粤商人仅阿瓦各十数家而已。"滇商之众,首数阿瓦,约万二千人。次则新街、猛珙,不下五千。其余各埠,多则三四百,少亦五六十。山村水驿,几于无处无之。然皆坐贾,久居兼有房屋。行商货驼,也年常二三万。"①

2. 缅南的华侨社会

英国殖民缅甸以前,下缅甸华商甚少。1826 年首次英缅战争后,缅甸沿海地区纳入英人主导之世界贸易网络。如同新加坡开埠,缅英殖民政府也着力招徕华商华工,既繁荣商埠,亦为在缅进一步武力扩张的军需服务。早期来者多为英属槟榔屿及暹罗华侨,他们在丹那沙林、土瓦等地造船,在土瓦开采锡矿,在毛淡棉市镇种菜。② 1856 年,丹那沙林地区的毛淡棉、土瓦、墨吉三地,已有华侨 2000 多人,在外国人中,数量仅次于马来人。③ 英人规划重建仰光时,已安排欧洲人和中国人的专门社区,让华侨建屋居住。④ 有很多华侨在仰光从事各种工匠行业,尚有华侨开办的洗衣业。⑤ 仰光成为英属印度缅甸省首府后,为英属缅甸政治、经济和通商中心。毛淡棉、土瓦、巴城、三宝垄、旧港、马六甲、槟榔屿、新加坡、厦门等地华舶辐辏仰光,闽粤移民接踵而来,遂成下缅甸华侨聚居中心。据 1863 年仰光庆福宫修建时的捐缘名录,当时捐款的闽侨商号达 35 家。⑥ 1868 年广东观音庙修建时,捐款的粤侨商号有 24 家。⑦ 第二次英缅战争爆发后,英军招募大批木工到仰光,以飨军营、城建之需,以广府四邑人最多。⑧

在 19 世纪 70 年代,仰光已有规模较大唐人街(Chinese Street),其屋宇

---

① 广东试用县丞陈还:《缕陈缅甸近年情形》,《中国古籍中有关缅甸资料汇编》(下),第 1401 页。

② [缅]周隼:《缅南要港毛淡棉》,《庆福宫百周年庆典特刊》(丙篇),第 42 页。

③ Winter Christopher Tatchell, *Six months in British Burmah or India beyond the Ganges in* 1857, R. Bentley London, 1858, p. 37.

④ Mike Charney, Esculent Bird's Nest, Tin, and Fish: The Overseas Chinese and Their Trade in the Eastern Bay of Bengal(Coastal Burma)during the First Half of Nineteenth Century, in Gungwu, Wang and Chin-Keong, Ng, eds. ,*Maritime China in Transition* 1750—1850, Wiesbaden: Harrossowitz Verlag, p. 257.

⑤ 《缅甸华侨志》,第 46 页。

⑥ [缅]陈启漳:《国福宫百年沿革简史》,《庆福宫百周年庆典特刊》(甲篇),第 29~30 页。

⑦ 林锡星:《中缅友好关系研究》,广州:暨南大学出版社,2000 年,第 21 页。

⑧ 《缅甸华侨志》,第 104 页。

按统一规划而建,高度相同,前店后居,设有神龛,做生意多为男性。① 闽、粤两省商于此者不下万人,滇人仅有十余家,皆纳缅妇为室。② 仰光有烟廊、酒廊,英人总榷鸦片烟与酒税利,广东人承领。③ 毛淡棉和仰光及其附近菜蔬也都产自华侨菜农之手。④ 在殖民政府的仰光议会中,华侨有四席。19 世纪末,仰光华侨 3 万余,华商生意仅次于英、德两商。闽商居 1/3,生意较大。粤人虽多,而生意次之。闽商在仰光占优势,是因为早期赴缅的闽商多来自英属槟榔屿,已熟悉英属政令多年,他们比后来的粤侨更易把握仰光商机。同时期,毛淡棉、丹荖、土瓦等海口三埠华商约二万四五千人,这些地方的大生意仍是闽商经营,粤人商号较少,大半为手艺工匠,滇商仅数家。到 1902 年重修仰光庆福宫时,捐款的缅甸闽侨各类商号达 487 个,⑤可见仰光的闽商实力之大。据时人 1907 年的调查,仰光华侨计有木厂、柴厂各 10 多间,炸油厂 1 间;槟城郊 20 余间,星洲郊 10 余间,内地郊 60 余间,纱布铺 4 号,槟榔铺 30 余号,杂货店 50 余号、铁店 20 余号,索料铺 6 号,糕点铺、酒楼、茶居各 10 余号。⑥

据英国殖民政府统计,到 1911 年,缅甸华侨有 12.2 万,其中,1200 人为滇籍回民。华侨以仰光为中心,分散在铁路及轮船通航沿线地区,近半数住在首都周围 100 里地区。⑦ 由于很多华侨混如缅人,其实际数量远过之。多数华侨从事商贸。经营土产与洋杂货者以漳、泉人最多,茶店则大部分是福州人经营,永定华侨多经营中药店及打铁业。粤侨商号多经营当铺、酒廊等饷码生意和酒楼、面店等,客家人主营各地缝衣店,⑧少数华侨是营造工匠,大多是广肇籍人。华侨工匠多穿短袖衫与短裤,商贾则穿长衫,缅人以"短袖"与"长衫"区别。

① Charles Alexander Gordon, *Our trip to Burmah : with notes on that country Bailliere*, London: Tindall and Cox, 1877, p. 25.

② 黄懋材:《西輶日记》,《小方壶斋舆地丛钞》第十帙,第 246~429 页。

③ 王芝:《海客日谭》,光绪十一年(1885)刻本。

④ Archibald R. Colquhoun, *Across Chryse : being the narrative of a journey of exploration through the south China border lands from Canton to Mandalay*, Vol. 2, London: S. Low, Marston, 1883, p. 217.

⑤ 《重修仰光庆福宫碑记》,《庆福宫百周年庆典特刊》(甲篇),第 30~38 页。

⑥ 《云南杂志选辑》,第 806 页,转引自余定邦《中缅关系史》,北京:光明日报出版社,2000 年,第 272 页。

⑦ [英]布赛尔:《东南亚的中国人》,《南洋问题资料译丛》1958 年第 2—3 期,第 3 页。

⑧ 陈孺性:《缅甸华侨史略》,第 32~33 页。

第三章 南洋华侨社会的形成与发展(17—20 世纪初)

125

第四章

台湾汉民社会及日本、朝鲜
华侨社会的形成

　　台湾汉民社会和日本华侨社会的形成,均是17世纪以后中国华商网络扩张和中国大陆海外移民的结果。朝鲜华侨社会则是1882年以后中韩通商的产物。三地均属汉文化圈,彼此商贸关系密切。在20世纪80年代以后,三地和中国大陆间的经济相互依存度不断加深,包括移民在内的人员往来规模越来越大。因此,在思考21世纪东亚华人经济一体化发展时,回溯台湾汉民社会和日本、韩国华侨社会的形成,抑或可给我们特别的启示。

第一节　台湾汉民社会的形成

　　17世纪初以前,台湾的主要居民可能是属于南岛种族(Austronesian)的一支。明代典籍概称其为"番人"或"东番"。17世纪初以后,来自福建的汉人多次大规模移民台湾,遂成为台湾主体居民。据日据时期的1926年调查,全台湾375万人中,有311.5万人祖籍福建,约占83%。福建人中,漳泉府籍者共约300万人,占闽省籍人的90%。[①] 闽南人中,泉州府籍者又多于漳州府籍者。[②]

一、人口压力——闽南人向海外移民的客观原因

　　明中叶到清代中期,福建人口迅速增长,与此同步发生的是土地兼并日趋激烈,兼以沿海地区战祸不绝,土地荒芜,造成大量破产农民,形成移民主体。
　　明洪武二十六年(1393),福建人口为391万。到明后期,福建人口已在

---

　　① 台湾总官房调查课:《台湾在籍汉民乡别调查》,转引自林再复《闽南人》,台北,1993年,第80页。
　　② 闽人中泉籍者为45%,漳籍者为35%,见林再复《闽南人》,第61~62页。本文的闽南人指使用闽南方言者,他们绝大多数是漳泉籍者,但永春州籍者也讲闽南话,部分漳籍者则讲客家话。

500 万以上,而朝廷统计的耕地面积却有所减少。洪武二十六年(1393),福建耕地面积为 146259 顷,到万历六年(1578)则为 134226 顷。① 耕地的减少,部分是因为沿海倭乱,海冠肆虐造成耕地荒废,但更重要的是大量农田被权贵、豪强以"僧田"、"官田"等名目兼并,不入朝廷的官田之列。清代闽人蔡清说:"福建属郡人民,自永乐、宣德以后,多有田已尽、丁已绝而粮犹在者……天下僧田之多,福建为最,举福建又以泉州为最者,最多者数千亩,少者不下数百。"②福建山多地少,土地的平均人口负载量远低于北方和江南省份。尤其是沿海地区,到明中期时就已是人烟稠密,土地不敷使用了。明中叶的福建巡抚徐学聚说"漳、泉滨海居民,鲜有可耕之地,航海、商、渔,乃其生业"③。在农业经济为主的社会里,人口增加超过土地负载力,通常都会造成移民现象,漳泉人迫于人口压力,已陆续向内地移民。但福建内地多崇山峻岭,移民的余地不大。明中叶福建参将梨国耀说:"闽中有可耕之人,无可耕之地。……尝观漳郡,力农者散处七闽,深山穷谷,无处无之。"④闽南人向内地难以发展,唯有出洋寻求谋生之路。因此,明中叶的福建巡抚许孚远深知福建沿海人民出洋的原因:"闽之福、兴、泉、漳,襟山带海,田不足耕,非市舶无以助衣食,其民恬波涛而轻生死,亦其习使然,而漳尤甚。"⑤可见到了明中叶,"田不足耕"已是闽东南地区的普遍现象了。

进入清代后,福建人口继续增长。到 18 世纪后期,福建人口约 1300 万,比 17 世纪初增加一倍半。在农业社会,人口急剧增长需要耕地相应增长,土地人口负载量是与一定生产力发展水平相联系的。按照明清时代农村生产力发展水平,人均应有 3～4 亩耕地才能维持生计。近人罗尔纲认为:"每人要有三亩地才可维持生活。"研究中国经济史的美国人贝克(De Baker)的估计与罗尔纲相当。⑥ 17 世纪 50 年代末,福建耕地面积为 103458 顷,在 1840 年,约 140000 顷,仅增加 35%,而人口在同时期增长 2.5 倍。明后期福建人均耕地约 2.2 亩,沿海地区则不足此数,尽管商、渔业能一定程度上缓和闽南人民生计窘迫的状况,但远不足维持温饱,这是明后期闽南人移民海外的重要动力。经过战乱以后,清初福建人均耕地可能略高于明末。但由于人口繁衍太快,到

---

① 吴凤斌主编:《东南亚华侨通史》,第 229 页。

② 蔡清:《虚斋集》卷四,第 755 页。

③ 徐学聚:《报取回吕宋囚商疏》,《明经世文编》卷四三三,第 4727 页。

④ 谢杰:《虔台倭纂》卷下,玄览堂丛书续集,1947 年中央图书馆影印本,第 760～761 页。

⑤ 许孚远:《疏通海禁疏》,《明经世文编》卷四〇〇,第 4333 页。

⑥ 罗尔纲:《太平天国革命前的人口压迫》,《中国社会经济史集刊》第 8 卷第 1 期 (1949 年),第 38 页。

18 世纪后期,人均耕地剧减为 1.05 亩,到 1840 年,仅剩 0.8 亩,这是全省平均数,闽南地区则远不如平均数。[①]

闽南地区的人均耕地远低于维持生计的 3～4 亩标准,其结果是粮食匮缺,流民剧增。漳州地区历来是福建粮仓,至清代中叶以前就都需仰赖进口大米。雍正初年,闽浙总督高其倬报告朝廷:"闽省福、兴、漳、泉、汀五府,地狭民稠,自平定台湾以来,生齿日增,本地所产,不敷食用。"[②]从暹罗贩米到闽粤的商人几乎全是华侨。人口剧增导致粮食短缺,民人铤而走险,酿成社会动乱,社会动乱又加剧民生之不安定,移民已是势在必行。

清代中国的人口压力造成的移民现象并不限于闽粤两省,只不过闽粤主要向海外移民而其他人口稠密的省份向人口稀少的省份移民罢了。在人口激增最快的乾隆时期(1736—1795 年),山东、河北人民违禁闯入东北,"偷垦岫岩牧场地亩"等原属满洲人的禁区。湖南、湖北人相率入川,山东、山西、河南人移居甘肃、陕西、新疆。闽南地区三面环山一面濒海,又有悠久的贸易传统,长期与南洋和台湾地区密切交往,前往海外谋生成为闽南沿海人民的最佳选择。由于移民和贩洋之利,在 1717 年南洋禁航令以前,"闽广家给人足,游手无赖,亦为欲富所驱,尽入荒岛,鲜有在家饥寒窃劫为非之患"[③]。

即使在清初海禁迁界时期,东南沿海仍有人冒禁出洋。1683 年海禁开放以后,海上贸易盛况空前,深受海禁迁界之苦的沿海人民纷纷相率出洋,或商贸,或移民。由于地域相近,台湾成为闽南过剩人口的最佳去处之一。

二、东亚海域贸易网络的形成和开发:闽南人向台湾移民的外在原因

明中叶以后,欧人相继侵入远东水域。1511 年,葡萄牙人占领马六甲,1570 年,西班牙人征服马尼拉,又于 1626 年占领台湾北部鸡笼港,1628 年又占领淡水。1619 年,荷兰人开埠巴达维亚,又于 1621 年占领澎湖,1624 年被明朝军队逐出后,转往台湾,在大员筑堡立足。英人后来居上,在槟城、新加坡、仰光等地建立商馆或殖民地。西方殖民者以其所建立的殖民基地组构各自贸易圈,与欧洲和美洲直接贸易,形成了世界性的贸易网络。东西方直接贸易网络的形成激发了对远东商品的大量需求,也带动了远东贸易网络地区的经济开发,由此创造了前所未有的谋生机会,成为中国东南沿海海外移民的推力。

---

① 庄国土:《清初至鸦片战争前南洋华侨的人口结构》,《南洋问题研究》1992 年第 1 期。

② 《清世宗实录》卷五四,1985 年,第 822 页。

③ 蓝鼎元:《南洋事宜论》,《鹿洲初集》卷三,第 502～503 页。

欧洲人主导的世界贸易网络的形成也使东亚华商网络得到前所未有的发展机会,17世纪以来,华商网络已成为欧洲人主导的东西方贸易网络的组成部分,两者虽时有冲突,但更多时候是呈共生互动之势。海外华商网络由沿海向内陆扩展,由从事商品贩运到组织商品生产,对华人劳力的需求大增,华人移民数量的增加又支持了海外华商网络的扩大和产业经营的多元化,这种互动状况也反映在明中叶以后台湾的海贸与移民上。

欧洲人进入东亚水域也进一步刺激了福建沿海居民向海外发展。海澄县月港是明中叶至明末闽人的主要出洋口岸。嘉靖末年以后,月港已成为远东著名海贸中心。"每岁孟夏以后,大舶数百艘,乘风挂帆,蔽大洋而下,而台、温、汀、漳诸处海贾往往相追逐,出入蛟门中","闽广之地,富商远贾,帆樯如栉,物货繁浩,应无虚日"。① 特别是隆庆元年(1567)海禁开放以后,每年从月港进出的远洋大船多达200余艘,漳州人由月港出洋谋生者数以万计。海澄人"视波涛为阡陌,倚帆樯为末耜,盖富家以财,贫人以躯,输中华之产,驰异域之邦。易其方物,利可十倍。故民乐轻生"。② 云霄人"望海为田,民富则船多,民贫则船少,船多则富者日益以富,富者愈多而造船亦多,凡能入海而为盗者皆化为舵工水手矣"。③ 明中叶以后,泉州地区人民则从安平港出洋谋生。郡人何乔远记载"安平一镇尽海头,经商行贾力于徽歙,入海而贸夷,差强资用。而其地俭于田畴"。④ 在17世纪前期,漳泉地区出洋谋生的主要去处就是台湾和菲律宾。

台湾处于东南亚与东北亚贸易航路中间,西向可与大陆直接贸易,扼东南亚、东北亚与大陆贸易的咽喉地带。明中叶以来,台湾已是中国大陆海商海盗出入之处。嘉万年间活跃于中国沿海和东南亚的著名海商集团头领林道乾在官军追剿下,于嘉靖末年"遁入北港,遂恣杀土番,取膏血造船,从安平镇二鲲身遁往占城"。⑤ 拥众达万人的林凤海商集团也常以台、澎作为躲避官军攻击的巢穴。⑥ 万历中期,福建林锦吾海商集团经营福建和澎湖、东番(台湾)的贸易,林锦吾据台湾"北港之互市,引倭人入近地,奸民日往如鹜"。⑦ 17世纪初以后,中国大陆、日本的走私商贩和海盗将其作为走私贸易的巢穴,荷兰人竭

① 张邦奇:《张文定甬川集》,《明经世文编》卷一四七,第1465页。
② 乾隆《海澄县志》卷一五,第11页。
③ 嘉庆《云霄厅志》卷五,第4页。
④ 何乔远:《闽书》卷三八,第942页。
⑤ 道光《福建通志》卷二七六,第51页,同治十年重刊本。
⑥ "福建海贼林凤自澎湖逃往东番魍港,总兵胡守仁、参将呼衣朋追击之。"见《明神宗实录》卷三一,第6页。
⑦ 沈演:《答海澄》,《止止斋集》卷五六,第32页。

力想取代 16 世纪中叶以来扼东北亚、东南亚与大陆区间贸易（inter Asian trade）的葡萄牙人以代之，积极组织武力，在攻打澳门未果后，侵入台湾，开始在台湾的殖民开发。

一些与欧洲人有密切往来的海商集团也将台湾视为东亚、东南亚贸易的重要一环。泉州海商李旦曾是西属菲律宾马尼拉的华商首领，转到日本后成为长崎的华人首领，英人、荷兰人称之为 Capital China，他与荷兰人及英国东印度公司驻平户商馆均有密切联系。他到日本数年内，已建立一个往来日本、台澎、福建的海上贸易网络。① 根据英国平户商馆的 1618 年报告，"最近两三年，中国人（李旦集团）开始与一个叫福尔摩萨的中国近海岛屿贸易，当地只由小船从澎湖进入，而且只与中国人进行贸易。……Andrea Ditts（即李旦）与他弟弟甲必丹华无疑是在当地进行私自贸易中最大的冒险投机者"。② 1622年，闽海盗林辛老"啸聚万计，屯聚东番之地"③。17 世纪前期（1621 年左右），以日本为基地的闽南海商集团首领颜思齐、郑芝龙就率部到台湾建立贸易和海盗据点。荷属东印度首任巴城华人甲必丹苏鸣岗（Bencon）曾于 1636 年返厦，途经台湾时停留近三年。④ 他在台目的可能是为了做生意，成否不得而知，但他曾致力于台湾稻米、甘蔗栽培和农业改良，与荷兰殖民当局有密切联系。⑤ 中国海商，尤其是与欧人、日本有较多贸易关系的海商的对台贸易和在台活动，直接推动台湾经济开发与贸易的发展，后者的发展将为移民进入提供更大的生存与发展的空间，而且海商海盗集团的乡土、血缘联系也是早期闽南人向外移民的重要因素。

如同西方殖民者在东南亚采取的招徕和限制华人一样，荷兰人在台湾对待汉人的方式也大同小异。荷人在台湾南部沿海立足后，不仅将其作为贸易转运站，经营对东北亚与大陆的贸易，而且积极向内陆发展，开发台湾的丰富资源。荷人在台湾经营甘蔗、稻米等种植，到处寻找金矿，培植糖、粮食、鹿皮、

---

① Leonard Blusse, *Minnan-jen or Cosmopolitan? The Rise of Cheng Chih-lung Alias Nicolas Iquan*, in E. B. Vermeer, ed., *Development and Decline of Fuchien Province in the 17th—19th Centuries*, Leiden, 1990, pp. 254~255.

② 岩生成一:《明末日本侨寓支那人甲必丹李旦考》,《东洋学报》第 23 卷第 3 期,1936 年。

③ 《明熹宗实录》卷二〇,第 7 页。

④ 关于印尼巴城首位华人甲必丹苏鸣岗的生平,参见: B. Hoetink, *So Bing Kong: Het eerst Hoofd der Chinezen te Batavia, een nalezing, in Bijdragen tot de Taal-Land-en Volkenkunde van het Koninklijk Instituut voor Taal-Land-en Volkenkunde*, No. 79 (1923), pp. 1~44.

⑤ C. R. Boxer, *Chinese Abroad in Late Ming and Early Manchu Period, in T'ien Hsia Monthly*, Vol, 9, No. 5, pp. 463~467.

染料等产业。然而,这些产业的发展不仅需要大量的劳力,而且需要掌握一定生产技能的人力。生产力水平低下的土著民尚无力从事这些行业,汉人就成为荷人招徕的目标。荷人在台湾经营殖民地,其重点发展的种植业是甘蔗与稻米,主要是靠高价收购的政策奖励汉人种植。[①] 汉人劳力不够,荷人还派专船赴大陆招运移民。1631 年,"荷印公司以船舶载中国人 170 人来台,尚有千余人寻求搭船,因为没有余地,不能输送,长官觉得如果中国人有用,还可以考虑再派一二条船舶"。[②] 然而,中国移民规模扩大后,就引起殖民者的忌讳。如同西班牙人在马尼拉多次屠杀华民和巴城荷兰殖民者于 1740 年屠杀上万巴城华人一样,台湾荷兰殖民者也于 1652 年对汉人大开杀戒,是役殉难者上万,多为汉人,即"郭怀一事件"。

郑氏集团据台时期,台湾汉族移民大增。郑成功以海上贸易立国,据通洋之利,"所获之财,养兵十余万甲胄戈矢,罔不坚利,战舰以数千计"[③]。郑经也遣部下洪旭分派商船,"上通日本……下贩暹罗、交趾、东京(今河内)各处以富国"[④]。台湾移民虽以农垦为主,但经商贸易及舵工水手者亦不在少数。在郑氏集团时代,台湾有了进一步开发,土地垦殖与水利兴修大规模进行,农业有所发展,手工业如制糖、制盐、烧瓦、造船、冶铁等都有不同程度的发展,尤其是当时国际市场上热销的食糖,每年产量都在 7 万担以上,与印尼巴城同为远东两大产糖中心。

1683 年清廷平定台湾后,台湾已是"野沃土膏,物产利溥,耕桑并耦,渔盐滋生……舟帆四达、丝缕踵至"的人居稠密、户口繁息之区。[⑤] 郑氏集团以商贸立国,台湾的开发是在西方殖民者东来带动的远东商贸大发展的背景下进行的。清廷治理台湾期间,以鹿耳门为"正口",与厦门对渡,在近 100 年时间内,是台湾与大陆唯一正式口岸,直到 1784 年和 1797 年,清朝才又允许鹿仔港和北部淡水厅的八里岔与晋江蚶江港、福州五虎门对渡。台湾的大宗出口商品有糖、米、姜黄、樟脑、硫黄等土产,从福建输入丝绸、瓷器、棉花、茶、酒及各种日用品。台米运销福建,不仅有助于解决闽南粤东的粮荒,也促进台湾稻作经济的发展和米价的稳定,而台湾垦殖事业的发展也进一步扩大容纳闽南移民的空间。

---

① 村上直次郎著,郭辉译:《巴达维亚城日记》第 1 册,台北:台湾省文献委员会,1970 年,第 179～180 页。

② 郭水潭:《荷人据台时期的中国移民》,《台湾文献》第 10 卷第 4 期(1959 年),第 17 页。

③ 郁永河:《伪郑遗事》,《屑玉丛谭》(15),1878 年申报丛书本,第 2 页。

④ 江日升:《台湾外纪》卷一三,吴德桥校注本,上海:上海古籍出版社,1986 年。

⑤ 施琅:《陈台湾弃留厉害疏》,《重修台湾府志》卷二〇,第 21 页。

18 世纪是闽南海商的大发展时期。康熙二十三年(1684)海禁开放以后，中国商船往日本和东南亚贸易多以厦门出口，前往"噶喇吧、三宝垄、实力、马辰、赤仔、暹罗、柔佛、六坤、宋居唠、丁家庐、宿雾、苏禄、柬埔寨、安南、吕宋诸国"。① 厦门作为 17 世纪末以后近百年内唯一和台湾对渡的港口和远东水域重要的贸易港之一，是台湾货物国际流通的转运港。国际市场热销的台糖运到厦门，对厦门的国际贸易有很大的价值。18 世纪初，白糖在广州每担仅值1.6 两白银，运到长崎则值 4.5 两。② 厦门商船长期经营大陆、台湾、日本与东南亚之间的转口贸易。朱德兰教授曾据《华夷变态》记载统计，1684—1721 年间有赴日华船 178 艘，其中，曾直接前往台湾贩运砂糖、鹿皮等货物的船舶有33 艘，以厦门船只为多。③

1684 年以后，台湾主要通过与厦门的对渡进行国际和国内贸易，台湾经济主要支柱米和糖成为当时远东贸易的最重要商品之一，通过与厦门的贸易，推动台湾农业经济一定程度的商品化，也对经营台湾产品的闽南商人扩展海外贸易起了重要作用。在 17—18 世纪，闽南籍海商一直主导华商贸易网络，随船的移民者也以闽南籍者为多。闽南海外贸易的发展既推动海外移民的进程，也带动台湾经济的发展，从而为闽南人移民台湾扩大生存和发展空间。向台湾移民，是闽南海贸发展带动的移民潮的组成部分。对闽南移民而言，移居台湾与移居东南亚并无本质的不同。直到 19 世纪中叶，海外移民一直是在清廷禁令之列，移民只能以偷渡方式进行。清廷平定台湾后，陆续颁布渡台禁令：凡欲渡台者需给地方取保、海防同知审批；渡台者一律不许带家眷；粤地为海盗渊薮，粤人不许渡台(此条后来取消)。尽管渡台限令时松时紧，但直到1789 年设官渡以前，偷渡一直是闽南人向外移民(包括台湾)的主要方式之一。

三、闽南人移民台湾和台湾汉民社会的形成

基于闽南地区的人口压力和闽南人冒险、重商的人文传统，又由于欧人东来以后带动的东亚、东南亚沿海区域的经济开发需要大量人力，17 世纪以后，闽南人大规模向海外移民，台湾也成为 17—18 世纪闽南人渡海移民的主要区

---

① 道光《厦门志》卷五《船政略》，第 138 页。

② Sarasin Viraphol, *Tribute and profit*：*Sino-Siamese trade* 1652—1853, Cambridge, Mass. 1977, p. 68.

③ 朱德兰：《清开海令后中国长崎贸易商与国内沿岸贸易(1684—1722)》，张炎宪主编《中国海洋发展史论文集》(3)，第 390～403 页。

域之一。

　　17—18 世纪,闽南移民台湾可分为前后两时期,第一个时期为郑氏集团时代,始于 17 世纪 30 年代至 17 世纪后期。正式记载闽南人移居台湾的历史可溯自宋代。何乔远《闽书》引《宋志》载:"澎湖屿在巨浸中,环岛三十六,人多侨寓其上……有争讼者,取决于晋江县。府外贸易多数十艘,为泉外府。"[①]德化县浔中乡宝美村的《德化星坊南市族谱》记载:"苏氏一族于南宋绍兴年间分支仙游南门、兴化、涵江、泉州晋江……台湾,散居各处。"[②]明中叶闽南海盗肆虐,台澎为海商海盗出没之地。海商集团首领林道乾以台湾为据点,从者数百人。另一海商集团林凤团伙也以台湾魍港为窟宅。

　　闽南人较大规模移台似在颜思齐、郑芝龙集团由日本转往台湾发展的时候。颜思齐以船 13 艘赴台,在笨港(今北港)登陆。颜思齐据台后,将部下分为十寨,郑芝龙亦为寨主之一。颜、郑声势渐大,闽南亲属故旧来投,凡 3000 余人。颜去世后,郑芝龙为首领,先后以台湾、厦门和安海为基地,聚众造船,开拓海外贸易,与官军对抗。郑芝龙 1628 年被明朝招安后,被授予海上游击,福建沿海"几乎成为郑芝龙的独立王国,他对福建(沿海)的控制之严密有如对台湾中国人居住区的控制,台湾海峡几乎成为郑芝龙舰队的内湖",[③]荷兰人只有通过郑氏集团才能与大陆做生意。1627—1629 年任荷兰驻台湾总督的彼得·纳茨(Peter Nuits)于 1628 年 6 月 16 日在热兰遮城写给驻巴城的荷印总督的信中提到,"我们没有船舶能出现于中国大陆沿海地区,一官(郑芝龙)完全控制了这些地区,我们只有区区 350 人在此无助地等候"。[④] 1630 年,郑芝龙利用闽南饥荒时机组织移民迁往台湾。"崇祯间,熊文灿抚闽,值大旱,民饥,上下无策,文灿向芝龙谋之,芝龙曰,'公第听某所为',文灿曰'诺'。乃招饥民数万人,人给银三两,三人给牛一头,用海舶载至台湾……其人以食之余,纳租郑氏。"[⑤]郑芝龙或许有解乡饥民之困念头,但组织移民也是郑芝龙的一种人力投资,移民以其劳力作为回报,增强了郑氏集团在台湾的人力物力,更重要的是汉人的增加有助于平衡荷兰人在台湾的扩张。这些移民"如同耗之不尽的人力水库",可随时支持和补充其控制下的武装海商集团人员的更新和扩张。林再复先生认为,此次移民有两大意义,一是这是中国政府第一次有

---

　　① 何乔远:《闽书》卷七,第 179 页。
　　② 《德化使星坊南市族谱》,序言,《泉州文史》第 1 期。
　　③ [意]白蒂著,庄国土等译:《远东国际舞台上的郑成功》,第 27~28 页。
　　④ W. Campbell, *Formosa under the Dutch*, p.39, reprinted in Taipei, 1951.
　　⑤ 黄宗羲:《赐姓始末》,第 3 页,《梨周遗著丛刊》,上海扫叶山房铅印本,1919 年。

计划的大规模向台湾移民,二是中国政府认定台湾是中国领土,权力亦已达台湾。① 其实林先生的看法是对明朝政府的过誉。郑芝龙所作所为,均是为扩张其武装海商集团的利益,其与明朝的关系,是亦战亦和,就如他同荷兰人的关系一样。而此时的荷兰人也经营向台湾内地扩张事宜,允许汉人迁居淡水与鸡笼从事农业和贸易,也鼓励福建移民的到来。

郑成功攻下台湾后,立即下令官兵眷属一起迁移台湾。根据施琅《陈海上情形疏》记载,郑成功带去水陆官兵并眷口三万有奇。郑经时期,继续施行搬迁家眷入台的措施,"国轩得泉诸邑,分其众镇守,势稍弱。遂启经调乡勇充任,并移乡勇之眷口过台安插,庶无脱逃之流弊,缓急可用,亦存富兵于农之意,经允其请"②。清廷实行海禁和迁界政策,使沿海人民流离失所,很多人投奔台湾。郑氏集团也借机收拢沿海之残民移台,开辟草莱,以相助耕种,养精蓄锐。郑氏集团据台时期,东渡台湾者可能有十数万之众。③

在郑成功时代,汉民在台湾确立治权,是经济和文教活动的主体。因此,至迟在郑成功时代,台湾的汉民社会已居主导地位。

清廷平定台湾以后是闽南人向台湾移民的主要时期。尽管清廷立各种法令限制大陆人前往台湾,但闽南人稠地窄,台地肥饶待垦,内地"无田可耕,无工可佣,无食求觅,一到台地上之可以致富,下之可以温饱,一切农工商贾以及百艺之末,计工授值,比内地率皆倍",而且"沿海内地,在在可以登舟,台地沙澳,处处可以登岸",又岂是一纸限令所能禁止。因此,闽南人偷渡赴台,有如"水之趋下,群流奔注"。④

开海初期,闽南人迁台以单身移民偷渡或领照渡台为主,借开海千帆竞发之机搭商船出洋,到清雍正十年(1732),单身赴台者已有数十万之众。当时的大学士鄂尔泰认为既然偷渡不能禁绝,前来台地的移民又因无家室而不安定,可能聚众而铤而走险,遂上奏朝廷,"台地开垦承佃、雇工贸易系闽粤民人,不啻数十万之众,其中淳顽不等,若终岁群居,皆无家室,则其心不靖,难以久安",建议"查明有田产生业,平时守分循良之人,情愿携眷来台入籍者,地方官申详该管道府查实给照,令其渡海回籍……准其搬携眷入台"。⑤ 朝廷允许搬眷渡台以后,移民台湾者骤增,从1732—1739年7年间,渡台大小男妇不下2

---

① 林再复:《闽南人》,第107页。

② 江日升:《台湾外纪》卷二二,第228页。

③ 连横:《台湾通史》卷七,北京:商务印书馆,1983年,第114页。

④ 沈起元:《条陈台湾事宜状》,《台湾理蕃古文书》,台北:成文出版社,1983年,第75页。

⑤ 余文仪:《续修台湾府志》卷二〇《艺文》,《台湾文献丛刊》第121册,1970年。

万余人。渡台人数剧增引起朝廷不安,担心大陆人口借携眷之机涌出,又于1739 年禁止搬眷入台。此后搬眷入台之令时严时宽,但严时偷渡之风大盛,宽时领照出洋与无照偷渡者并举,闽南移民入台络绎于途。

由于禁渡之令如同虚设,反给沿海守口官弁勒索之机,闽浙总督福康安于1789 年奏请更易禁渡之令,设私渡为官渡。官渡设立后,偷渡之风有所缓和,但由于尚不能自由出入台湾,偷渡之风仍在继续,到 19 世纪初,台湾人口已达200 万。① 直到 1875 年福建巡抚沈葆桢担任钦差大臣办理台湾等处海防事务兼理各国事务时,大陆人渡台才完全开禁。

四、漳泉移民的差异

漳泉籍贯者占绝大多数,又以泉州府籍者多,这与闽南人在国外的移民群体籍贯结构大体相当。早期漳泉籍在台湾并非混居,而是大体呈地域有别、各自聚居状况。"泉州人多分布在西部沿海平原和台北附近,漳州人多分布在西部平原内缘、北部丘陵地带、宜兰平原以及东台纵谷的南北两端。广东人则主要分布在西北部丘陵、屏东平原的北部与东部以及东台纵谷的中部。"对于为何是如此分布,陈正祥先生的解释是移台时间的先后问题,即泉州最接近台澎,移民来台早,故先占平原,后来者只好占更远的平原边缘、丘陵和山地。② 施添福教授根据迁台漳、泉、粤在原籍地与现居地环境、谋生手段甚为相似而提出,"决定清代在台汉人祖籍分布的基本因素是:移民原乡的生活方式"。③ 与籍贯分布状况相关的是谋生方式。大体而言,商贸方面泉籍者占优势,漳籍者则从事商品农业者居多。

在此仍就 17—18 世纪闽南人移民海外大背景下来探讨漳泉在移民海外方面的几种差异,以求能对漳泉在台移民的差异乃至国外闽南人群体的籍贯结构差异作些许解释。

1. 移民推力方面的差异

活跃于嘉万年间的海寇海商,漳籍者不少于泉籍者。16 世纪中后期葡萄牙人和西班牙人东来以后,与福建的贸易首先是在九龙江口的漳州月港沿海

---

① 连横:《台湾通史》卷七,第 118 页。

② 陈正祥:《台湾地志》(上),第 227 页。转引自余光弘《清代班兵与移民:澎湖个案研究》,台北:稻香出版社,1997 年,第 140 页。

③ 施添福:《清代在台汉人祖籍分布和原乡生活方式》,台北:台湾师大地理系,1987 年,第 180 页。

进行。① 16 世纪末由漳州海商主导福建和西属马尼拉的贸易,所带动的海外移民,似也以漳籍者为主。但在整个 17—18 世纪,漳州的海外移民远少于泉州的海外移民。除华商海贸主导权的易位(泉籍者取代漳籍者)外,移民的推力似乎也是对泉州籍者更强。

如上所述,明中叶以后,福建已是人多地少,沿海人口压力尤甚。但就漳泉二郡相比,泉州人口压力更大。就地理环境而言,九龙江冲积的漳州平原是福建最大的平原和粮仓,较泉州的晋江平原大 3 倍。566.7 平方公里的漳州平原土地肥沃,灌溉便利,盛产大米、甘蔗、水果、花卉。泉州山多平地少,山地面积占 70%,沿海平地除晋江平原外,也是赤土黄沙(惠安、晋江南部、南安部分沿海地区均是如此),土地贫瘠。泉州可耕地一直少于漳州,即使是泉州人近 300 年来大量移民海外,本地人口仍一直多于漳州。

表 4-1 漳泉人口土地与海外移民数据比较(1997 年)

	人口	土地(方公里)	可耕地	粮食产量	海外移民及后裔
漳州	439 万人	1.26 万	246.5 万亩	154 万吨	70 万人
泉州	650 万人	1.1 万	213.5 万亩	117 万吨	464 万人

资料来源:第二届区域统计信息交流联席会议,《闽西南、粤东、赣东南十三市统计资料汇编》,厦门,1998 年。表中的海外移民及后裔数据取自 1988 年侨情普查各市所报数字,不包括移居台湾者,与国内已无联系或国内未知者也不在数据之内。福建省地方志编纂委员会:《福建省华侨志》,1992 年,第 184~185 页。

由表 4-1 可见,仅就人口压力与原籍地生态环境而言,对泉籍者的移民推力应远甚于漳籍者。17 世纪以来,泉州的海外移民远比漳州要多,而至今人均可耕地仍比漳州少,表现在粮食产量的可耕地质量就更差了。

2. 泉州籍人主导海外贸易网络

在研究 17—19 世纪中国海洋拓殖史方面,我们向来强调海外贸易与移民的互动关系,即海外贸易向移民原籍地提供各种海外信息,提供生存空间及发展机会,海商的帆船也是运输移民的主要交通工具。泉籍海外移民数量最多,与泉籍海商 17 世纪以后一直主导海外华商贸易网络息息相关。

宋元时期,泉州是远东最重要的港口之一,泉州港千舟竞发万商云集,比漳州更早培养起浮海谋生的风气。隆庆元年(1567 年)海禁开放以后,漳州月港成为中国海商的主要发舶地和私商贸易的中心,葡萄牙人、西班牙人多到九

---

① 翁佳音:《17 世纪的福佬海商》,汤熙勇主编《中国海洋史论文集》第 7 辑,第 63~65 页。

龙江口贸易。月港兴起和漳州海商首先与西、葡、荷兰人经商,是漳州海商崛起并主导 16 世纪后期到 17 世纪初华商海外贸易的主要原因。① 贸易与移民互动,此时中国的海外移民主要是前往西属马尼拉和荷属巴城。17 世纪初的巴城华人以闽南人为主应无疑义,但漳籍者多或泉籍者多难以查证,而马尼拉的华人以漳籍者占绝大多数却是毫无疑义。闽人何乔远记载,马尼拉"其地迩闽,闽漳人多往焉,率居其地曰涧内者,其久贾以数万,间多削发长子孙"②。

影响 17 世纪漳州人海外贸易与移民事业发展的可能有三个因素,第一是西班牙人尽屠以漳籍者为主的马尼拉华商与移民。1603 年,西班牙人对马尼拉华人大开杀戒,华人殉难者 2.5 万,其中澄人十居其八。③ 17 世纪初海外华商主要活动区域是日本、马尼拉及马来半岛诸港,尤以马尼拉华商与移民最多。马尼拉华商被屠,漳州籍海商元气大伤,其以后的地位也被泉籍商人所取代。第二是月港淤塞,作为明代后期中国私商贸易中心的地位被厦门、安海等港取而代之,可能也是漳籍商人衰落的原因。④ 第三个原因,也是最重要的原因,是郑芝龙海商集团的崛起和 17 世纪 20—70 年代郑氏海上帝国的确立。郑芝龙为泉州南安人,长期以晋江安海和厦门为基地拓展海外贸易与移民。17 世纪前期远东水域的中国海商集团具有强烈的地域情结,浙、闽、粤海商海盗集团多以地域、宗亲为纽带组构,活动范围与抢掠对象也因此而不同。郑芝龙部属多为泉郡人,被明朝招安以前,数度在闽南沿海劫掠,"侵漳而不侵泉,故漳人议剿而泉人议抚,两郡异议纷然"⑤。1620 年前后,郑芝龙就已在台、澎活动。明中叶时,漳泉人至台湾已有数千人,到明后期,聚在颜思齐、郑芝龙旗下的漳泉无业之民凡 3000 人。⑥ 海澄人颜思齐死后,郑芝龙为魁,多引泉府人来台当在意料之中。1630 年郑芝龙招募闽南数万饥民赴台,主要也是泉州、安海一带居民。郑芝龙受招安以后,免后顾之忧,先败同属泉籍的惠安人李魁奇集团,1635 年再击败势力强大的海澄人刘香集团,从此最后确立对漳州籍海商集团的优势,成为远东水域华商的首领。郑成功继承父业,并击败荷兰人,建立起日本以南、马六甲以北东亚水域的海上帝国。其征台带去的部

---

① 关于最早与荷兰人往来的漳州海澄人李锦、华商潘秀、郭震等情况,参见张燮《东西洋考》卷六,第 127~128 页;关于西班牙人到海澄的贸易,参见菲律乔治:《西班牙与漳州之初期通商》,《南洋研究资料译丛》1957 年第 4 期。

② 何乔远:《名山藏》,"王享记三",吕宋条,明崇祯刊本。

③ "万历三十一年,吕宋杀华人在其国者二万五千,澄人十之八。"见乾隆《海澄县志》卷一八,第 13 页。

④ 曾少聪:《东洋航路的移民》,南昌:江西高校出版社,1998 年,第 66~71 页。

⑤ 川口长孺:《台湾郑氏纪事》,《台湾文献丛刊》第 5 种,第 5 页。

⑥ 连横:《台湾通史》,第 114、508~509 页。

属,相信也是泉州人多于漳州人。由郑氏海商集团主导的海上贸易活动刺激下的闽南海外移民,泉籍人也会更多。虽然郑氏政权1683年瓦解,但以闽南人,尤其是泉籍人主导的海外华商网络已基业稳固,在欧人对东南亚的贸易和开发热潮中与闽南海外移民互动,其经贸和移民范围从东南亚沿海扩展到内陆,也带动了其他籍群(如客家、广府)的海外移民。

3. 与台湾对渡港口主要设在泉州府境内

清廷平定台湾后,以台湾鹿耳门为正口与厦门对渡,厦门作为大陆唯一港口渡台的局面持续近100年。厦门历来作为漳泉两府的门户,但地在泉州府同安县一隅,行政管辖权在泉州,"武则命水师提督帅五营弁兵守之,文则移泉永道、泉防同知驻焉"。① 管辖厦门口岸的兴泉永道、海防同知、石浔司巡检等,原都驻泉州,以后才迁厦门。兴泉永道设于康熙九年(1670),雍正五年(1727)移驻厦门。海防同知驻泉州府城,康熙二十五年(1686)移驻厦门,(晋江)石浔巡检司在康熙十九年(1680)移驻厦门,但仍名石浔。

如上所述,泉州人较漳州人更有海外移民意识,在海贸、商业方面占优势,加上渡台口岸又在泉州府属的同安和晋江境内,也使泉府人出洋较为便利,台湾与泉府的商贸更为密切,迁台者泉府人更多就不足为奇了。即使是渡台正口在泉府境内,由于限制盘查较严,仍不能满足移民,于是偷渡者日多。虽然偷渡者泉漳皆有,偷渡地点也以在泉府者为多,如南安石井,同安刘五店,晋江石浔、围头等地,都是偷渡口岸。② 由于一口对渡不能满足渡台需要,1784年和1797年,清廷又在晋江蚶江和福州五虎门开放两个与台对渡口岸。晋江蚶江港开放,说明泉郡与台湾的关系更为密切,也可推知泉郡人移民台湾也会更多更便利。

以上关于台湾漳泉移民的差异或许可用于说明漳泉移民在台湾分布的不同,而且可能也说明漳泉籍人职业的差异,解释为什么泉人居多且多从事商贸。

17—18世纪是闽南人大规模向海外移民的时期,也是台湾汉民社会形成和发展时期。台湾移民以闽南人为主,可说是闽南社会在海峡对岸的延伸,是17—18世纪闽南海外移民的组成部分。闽南人向台湾的大规模移民始于闽南海商海盗和荷兰殖民者在台湾的经营和开发,尤其是郑氏海商集团在台湾的经营开发和以台湾为中心组构远东贸易网络,开创了闽南人大规模移居台

---

① 周凯序,道光《厦门志》卷首,厦门:鹭江出版社,1996年,第1页。
② 林仁川、黄福才:《闽台文化交流史》,福州:福建教育出版社,1997年,第40~43页。

湾的空间,奠定了郑氏集团在台湾的进一步开发和向台移民的基础。1895 年日本占据台湾后,台湾与闽南的全方位联系基本中断,但汉人主导的台湾社会的本质仍在。台湾社会与闽南社会发展各异,程度有别,但迄今两地的语言、风俗、习惯和价值观仍有高度的一致性,这种发源于长达 300 年的贸易和移民关系的一致性,将为闽南与台湾关系的重构发挥重要作用。

第二节　日本华侨社会的形成

日本华侨社会形成于 17 世纪前期,但由于中日贸易的不继和日本严厉防范赴日中国人,17 世纪后期以降,日本华侨社会逐渐趋于消亡,在日华侨也逐渐融入日本社会。明治维新以后,中日通商逐渐发展,商民赴日络绎不绝,日本华侨社会重新恢复。19 世纪末 20 世纪初,大批中国留学生和遭逃反清志士前往日本,进一步强化日本华侨社会的中国意识。

一、明治前的日本华侨

1567 年,明朝开放海禁。虽然对日本的贸易仍然禁止,但 16 世纪后期的日本盛产白银,其产量可能占世界的 25％。[1] 而以丝绸为主的中国商品在日本极为畅销,如徐光启所言,"彼中百货取资于我,最多者无若丝,次则瓷。最急者无如药,通国所用,辗转灌输,即南北并通,不厌多也"。[2] 据 1616 年初荷兰住日本平户商馆馆长干布斯(L. Camps)的调查,日本每年从中国进口生丝约合 180 吨。[3] 以丝绸换白银利润丰厚。利之所驱,东南沿海商人不断潜通日本,寓居日本者越来越多。到 17 世纪 20 年代,"长崎明商已二三千人。合日本诸岛计之,约有二三万人"。[4] 1625 年,闽抚南居益谓:中国私商往日本众,"闻闽越三吴之人,住于倭岛者,不知几千百家,与倭婚媾,长子孙,名曰唐市。此数千百家之宗族姻识,潜与之通者,踪踪姓名,实繁有徒,不可按核。其往来之船,名曰唐船,大都载汉物以市于倭,而结连崔苻,出没泽中,一官兵不

---

① Leonard Blusse & Jaap de Moor, *Nederlanders Overzee: de eerste vijftig jaar*, 1600—1650, Franeker: T. Wever, 1983, p. 186.

② 徐光启:《海防迂说》,《徐光启集》卷一,上海:上海古籍出版社,1984 年。

③ Leonard Blusse, *Tribute aan China*, Amsterdam: Otto Cramwinkel Uitgever, p. 41.

④ 朱国祯:《涌幢小品》卷三〇,倭官倭岛,第 716 页。

得过而问焉"。①

明季日本幕府颁布锁国令后,仅荷兰和中国商船仍允许在幕府的严密监督下进行有限贸易。中国商船仅限泊于长崎,北九州额唐人也限寓住于此。1635年,住宅唐人禁娶日妇为妻,不得与日人混居。明季到日本的华商,大抵可获幕府特准,被允许在长崎购地置屋,有永住权,时称"住宅唐人"。明末清初,遗民或不甘事清,或逼于战乱困厄,多携仆从数人,前来长崎。幕府只给他们颁发临时居住证,以防中国逃难者涌入。② 医师、儒士、画师及应邀主持寺院之高僧,可获永居,但只能寄寓租屋,不得购屋置产。③

明末清初之际,很多中国高僧赴日弘扬佛法,大部分来自福建。仅顺治、康熙年间,抵长崎中国僧人就有50多人。④ 他们或开山立宗,或住持寺院。1650年,福建兴化府道者东渡长崎,住崇福寺为第三代住持。1654年,福建福清高僧隐元,遣弟子福建温陵大眉,先期赴长崎察看。次年,隐元将黄檗山万福寺法席之位让于弟子慧门,自己以63岁高龄,率弟子大眉、独湛、南源、独吼、雪机、古石,及随行僧人慧林等30余人抵长崎,先到长崎兴福寺,次年转至崇福寺。1656年,泉州府晋江僧人木庵亦应隐元召至长崎,住福济寺。1657年,福清僧即非率徒千呆东渡投奔在长崎的隐元,也入崇福寺。千呆以后成为黄檗山第六代住持。是年,泉州晋江僧悦山东渡到长崎师事木庵。以后成为黄檗山第七代住持。1660年,福州三山僧化林和道友鹤博东渡,入住长崎崇福寺,随侍本师即非。后继千呆法席,为崇福寺第五代住持。1661年,慧林开山大阪佛日寺。1663年,即非随隐元至黄檗山万福寺,对日本黄檗山佛事兴隆辅助最力。翌年,应丰前小仓的城主小笠原忠真所邀,住持广寿山福聚寺。1664年,独湛创远州初山宝林寺,奉隐元为开山,住山凡18年。⑤

海禁迁界时期,中日贸易依然繁盛。1647—1662年间,每年数十艘唐船抵达长崎,大多数为郑氏集团旗下商船。⑥ 华船抵日,华商水手可访友投宿,杂居于长崎城区,时称"差宿"。由于语言的便利和习俗相同,多数人选择投宿于"住宅唐人"家。1666年,幕府为了便于管理在长崎的中国人,在各街道设专门的馆舍,供中国海商水手投宿,收取租金,时称"宿町"。屋主常为华商的贸易伙伴。即便如此,赴日华人仍是杂居于长崎街町,贸易、生活和交流还是

---

① 沈德符、张燮:《明季荷兰人侵据彭湖残档》,《台湾文献丛刊》第154种,第20页。

② *Shin Nagasaki nenpyō* 1974, p. 232.

③ 陈昌福:《日本华侨研究》,上海:上海社会科学出版社,1989年,第25页。

④ 李则芬:《中日关系史》,台北:中华书局,1982年,第225页。

⑤ 罗晃潮:《日本华侨史》,广州:广东高等教育出版社,1994年,第126~135页。

⑥ 岩生成一:《关于近世日支贸易数量的考察》,《史学杂志》第62卷第11号。

很便利。幕府又设"唐通事会馆",通事多选自熟谙日文又恪守华俗的住宅唐人,由他们担任通译兼管理华侨事务,参与对华贸易。通事多为世袭。首任通事南京人冯刘,是明末长崎奉行委任的三江帮帮首。① 福州人林应家(道号道荣)自 1662 年出任唐小通事,后来升至风说定役,其后裔至五代孙林百十郎,都曾出任唐通事之职。②

　　海禁开放后,幕府拒绝与清朝进行官方贸易,中日贸易由私商进行,贸易盛况空前。到 18 世纪前期,每年赴日商船不下 150 艘。内地的丝绸等一切货物,载至日本等处,多者获利三四倍,少者亦有一二倍。③ 赴日华舶,"每船中,为商人、为头舵、为水手者,几及百人"。④ 前往日本贸易的商船以闽船最多,次为江南、南洋。浙船与南洋船的船主商人,不少亦是闽南人。1688 年,幕府担心日本金银铜外流,又恐寓日华商增多,颁令每年入港的唐船数以 70 艘为限,⑤又在长崎的十善寺村御药园处,建造唐馆,时称"唐人屋敷",对中国货物实行幕府垄断贸易,获取高额利润,并将前来长崎的华商水手限住于屋敷,实施如同囚禁般的严厉管制:"华人至者,麇聚一地,名唐馆,不得出入与外人接,惟倭官及通事得与谈。凡华货至,悉入将军库,由将军售之。民间计一文之货,可以加至三十文。统官民两局旺盛时,去船一二十只,载货三四十万,则将军所得已千万矣。是皆以唐人之货,藉敛本国之用。故礼唐人甚恭,防唐人至严,有犯私禁,偷漏贸易,虽丝毫之微,必诛无赦。是以历久无敢犯者,其行法之严,擅利之巨,从可知矣。"⑥幕府对外国人的防范,由此可见一斑。不少华舶转而进行走私贸易,徘徊在长崎一带。华商前往日本贸易仍然有增无减,但长期寓居于日本的数量大大少于明季。1689 年,杂居于长崎的华侨约万人,约占当时长崎市民 51395 人的 20%。⑦ 由于在日华商闽南人最多,在 1708 年日本幕府管理唐人街的 167 名文译员中,有 101 名专门翻译闽南语。⑧

　　明代后期,泉州、漳州二帮已在长崎建福济寺,三江帮建兴福寺,福州帮建崇福寺。1678 年,广州帮也建圣福寺。四福寺中都设妈祖堂、关帝殿,奉祀华

① 陈昌福:《日本华侨研究》,第 25~26 页。
② 汪向荣、汪皓:《中世纪的中日关系》,北京:中国青年出版社,2001 年,第 352 页。
③ 靳辅:《靳文襄公奏疏》卷七,生财裕饷第二疏,第 58~59 页。
④ 《李清芳奏折》(乾隆六年八月二十七日),《军机处录副奏折·外交类》。
⑤ 木宫泰彦:《日中文化交流史》,第 650 页。
⑥ 《雍正六年八月初八日浙江总督管巡抚事李卫奏》,《朱批谕旨》第 41 册,第 59 页;金安清:《东倭考》,中国历史研究社编《倭变事略》,上海:神州国光社,1951 年,第 208 页。
⑦ 山本纪纲:《长崎唐人屋敷》,谦光社,1983,转引自[日]过放:《初期日本华侨社会》,《南洋问题资料译丛》2004 年第 4 期。
⑧ 王赓武:《中国与海外华人》,台北:商务印书馆,1994 年,第 112 页。

141

侨传统神祇。各帮分聚四福寺,行守望相助之责。

1715 年,幕府颁布新令,每年抵日中国商船限 30 艘,发给信牌,有信牌者方准互市。时称"正德新令"。① 更由于此时日本的银矿已趋枯竭,支付中国货物的能力大降,此后赴日商船逐年减少,长崎华人区亦日渐萧条。寓居华商渐次回国,住宅唐人逐渐融入日本社会。至 1784 年,长崎唐人屋敷华侨只存892 人。②

二、明治后的日本华侨

1854 年,美海军准将佩里率舰队驶入神奈川海面,以武力逼日本缔结《日美亲善条约》,强迫日本开放长崎、函馆两港,允许美国派驻日本领事。日本持续 200 多年锁国体制瓦解。在欧美公司相继进入日本时,一些华商借机随驻中国的欧美商社前往长崎。1867 年,日本实行明治维新,开放神户、长崎、下田、新潟、横滨等港口,广东、宁波及泉漳籍华商即前往神户,人数约为十一二名。③ 据明治初期神户华侨户籍登记的资料,当时神户有 46 名华人,多为广府出身。④ 但这个时候清廷和日本尚未签订通商条约,中国人因无条约国民身份,只能作为外国商社的通译、帮办、雇员赴日,不被获准入住日本政府规定的外国人居留地。因此,这些人多选择在外国人居留地的附近修建住居。他们的居住区成为以后日本各地中华街的前身。他们也不能直接从事各项中日贸易,必须先经欧美各国商社承办,再由他们实际经营。⑤ 1870 年,日本外务省颁布《支那人取缔法》,对在日清国人实施籍牌、门牌的户籍登记制度,⑥登记项目包括华侨姓名、居住地、地号(住所)、年龄、出身地、职业、来日(到港)时间、籍牌颁发日与号码;分登记者为上、中、下三等,各交纳数额不等的登记手续费。⑦ 因此,在日华侨被置于日本地方官吏的严厉控制下,许多身份不明确的华侨只能回国。有些华商则在英领事处挂名,以避昂贵的籍牌登记费。⑧

1871 年,中日签订《中日修好条规》,其第 7 条规定,日清双方各确定通商港口,准许国民相互间的贸易活动,华商可前往日本其他开港城市合法贸易和

① 山胁悌二郎:《长崎的唐人贸易》,《日本历史丛书六》,吉川弘文馆,第 86 页。
② 陈昌福:《日本华侨研究》,第 31~32 页。
③ 宋越伦:《留日华侨小史》,第 19 页。
④ 横滨市史编辑室:《横滨市史》第 3 卷下,1963 年,第 860 页。
⑤ 宋越伦:《留日华侨小史》,第 15 页。
⑥ 斯波义信:《关于明治期侨居日本的华侨》,1981 年。
⑦ [日]过放:《初期日本华人社会》,《南洋问题资料译丛》2004 年第 4 期,第 75~76 页。
⑧ 李鸿章:《谕遣官驻日本》,《李文忠公全集·译署函稿》卷四,第 24~25 页。

居住。清廷的领事馆设立之前,华侨仍归日本地方官管辖。神户、横滨是当时日本的新兴对外贸易城市,因此,华商多往这些城市,不再主要聚集在长崎。1874 年,日本横滨、长崎、神户、箱馆各处,中国商民已近万人。[①] 其人数约相当于当时在日外国人的一半。1876 年,在长崎从事工商的华侨仅 800 余人。其中,广府籍约 300 人,八闽约 400 人,江浙 100 余人。有广肇会馆一,八闽会所一,江浙人则附在八闽会所。横滨华侨增长最快。1877 年,横滨华侨增至近 3000 人,是日本华侨最多的城市。直至清末,横滨华侨约占在日华侨60%。[②] 长崎次之,神户、大阪又次之。箱馆、筑地只数十人。[③] 横滨是东京的门户,日本最大开放港口,市易繁盛,外国商社群集。日本三菱商社又于 1875年开辟上海与横滨航线,川行轮船,[④]因此,华侨多聚于横滨。上海与横滨航线开辟后,三江人赴日有所增加,但横滨华侨仍以广东人最多,三江和福建籍次之。各属华侨的谋生行业各有所擅,三江人多放贷者,闽广人则从事米糖杂货业。1878 年,清廷驻横滨、筑地、神户和大阪四口理事馆正式设立,候选同知范锡朋出任横滨和筑地两口的正理事官,内阁中书廖锡恩派充神户和大阪两口的正理事官。[⑤] 如以省籍计,在日华侨籍贯以福建人最多,次为广东省、江苏省、浙江省、安徽省人。职业则多为店员、商人、手艺人及杂工。1891 年,华侨中的商人数量跃居第一。

1894 年,中日战争爆发。日本政府颁布针对交战国国民的取缔法令,清廷驻日本领事的裁判权随之丧失。华侨相继回国,在日登记之华侨从 5343 人骤减到 1576 人,中华街空屋随处可见。战争结束后,国人又陆续赴日。入境者以劳工最多,华商已不占多数。大部分赴日华商选择在神户经商。[⑥] 到1897 年,有登记的华侨又超过 5000 人。

1899 年,日本废除了欧美各国在日本的治外法权,收回外国租界,并开放全国,允许外国人在日本杂居。同时,日本政府颁第 352 号敕令,即《关于根据条约或惯例不具有居住自由的外国人的居住及营业等的事项》及配套的《实行规则》。日本内务省也颁布《关于住宿申请及其他的事项》的第 32 号令,旨在管理和限制在日外国人的职业和居留。其 352 号敕令规定,外国人可在以前

① 同治朝《筹办夷务始末》卷九九,李鸿章奏折,第 34 页。

② 《横滨市史》第 3 卷下,第 860 页。

③ 何如璋:《使东述略》,见《晚清海外笔记选》,第 87 页。

④ 《横滨每日新闻》,明治八年(1875)二月二十七日,转引自陈昌福《日本华侨研究》,第 41 页。

⑤ 故宫博物院明清档案部、福师大历史系编:《清季中外使领年表》,北京:中华书局,1985 年,第 76～77 页。

⑥ 〔日〕过放:《初期日本华人社会》,《南洋问题资料译丛》2004 年第 4 期,第 79 页。

的居留地及杂居地以外居住、迁移、营业及进行其他活动,但未经厅府县长官特别许可,不许从事农业、渔业、矿业、土木、建筑、制造、运输、灵车、搬运工及其他杂役劳工活动。家佣与厨工则不在限制之列。对劳工职业的限制,主要针对战后大批赴日的中国劳工。此后,日本华侨被允许从事的职业就是商贸活动与诸如西服裁缝、烹调、理发(俗称"三把刀")、家佣等杂业。第 32 号令规定:在同一市镇村居住 90 天以上的外国人的居住申请,或经营旅馆者的外国人住宿申请,须在 10 天内向所辖警察官署申报该外国人的姓名、国籍、职业、年龄、住所、居住日期、原住所、本国的住所及与随同家属的关系。

会馆是华侨社会的核心。早在明治初年,在日华侨人数虽寥寥无几,但为守望相助,也设立会所。1868 年,长崎三江籍华侨在兴富寺中创建"三江祠堂",安置去世同乡神位或寄管灵柩遗骨,每年举行春秋祭祀,告慰亡灵。1876年,函馆华人各商号等,向北海道开拓使租借函馆土地,作为中华义冢。次年,成立同德堂。① 1871 年,长崎广东籍侨胞建"荣远堂岭南会所",为广东帮众商聚会宴集之所。因三江人赴日益众,贸易渐广,同乡同业交谊日多,仅春秋两次祭祀仪式,已不足联谊聚会所需。因此,1878 年,三江人在兴富寺设立"和衷堂三江会所"(俗称三江公所)。1887 年,三江帮在横滨亦设"三江公所"。1889 年,横滨广东帮组织"亲仁会",会员为广籍的贸易商、职员,料理业主,杂货店东、汇兑商人等。1897 年,长崎泉漳帮集资改建原"八闽会馆",使之成为规模宏大的"星聚堂福建会馆"。1899 年,长崎福州籍华侨另设"三山公所",作为吴服绸缎业同仁的聚会之地,仍支持闽帮崇福寺的运营。此后,会所亦逐渐演为同业公会,各地三江公所多为贸易和洋服两业,各地广帮会所为贸易、料理、藤细、印刷诸业,福建帮会所为贸易、吴服行业。会所进行同业之间的扶植互济,仲裁及利益保障,也为同仁社交娱乐场所,同时兼办福利和慈善事项,日益成为华侨社会联系的核心。

至 1903 年盛宣怀赴日考察时,神户华商已有 3000 余人,分三江、广东、福建、北帮(由天津、营口等籍组成)等四帮。② 1910 年,在日登记的华侨有 8420人。③ 连同当时的留日学生和流亡者,清末在日华侨约有 2 万之众。华侨学校重要者则有 1897 年孙中山与陈少白倡建日本横滨大同学校,1899 年神户侨领、广东麦少彭与浙江吴锦堂在神户倡建的华侨同文学校和康有为倡建东京高等大同学校。

日本是清末国人留学的主要国家,亦是反清志士和保皇人士的主要流亡

---

① 陈昌福:《日本华侨研究》,第 45 页。

② 盛宣怀:《东游日记》,《愚斋存稿》。

③ 内田直作:《日本华侨社会研究》,转引自罗晃潮《日本华侨史》,第 194 页。

地。1896 年,唐宝锷等首批 13 名官费留学生赴日留学。随后,中央各部,地方省、府、县乃至各地工商矿局、商会等亦派遣公费留日生。民间自费留学日本更蔚成风尚。1901 年,在日登记的留学生仅 274 名,到 1906 年,在日留学生激增至 12000 名。[①]

　　19 世纪末,革命党人和保皇党人都把日本视为其主要海外基地与相互论战和争夺的主要场所,他们在日本的活动对国内政局有较大的影响。1895年,孙中山抵日本横滨,联络广东籍华侨,在横滨成立第一个兴中会分会,会员17 人,皆为广东人。此后 9 年间,孙中山先后赴日 8 次。1905 年,孙中山与光复会首领黄兴等会晤,分邀留日生与反清志士陈天华、张继、宋教仁等 70 余名,成立中国同盟会。戊戌变法后,康梁流亡日本,在横滨办《清议报》,鼓吹改良变法,颇受横滨、大阪、神户华侨欢迎。孙中山则组织兴中会党人创《开智录》,以革命学说灌输保皇会员。[②] 1907 年,梁启超等保皇党人在东京组织政闻社,创办《政论》。[③] 又于次年将政闻社本部由东京迁到上海,试图组织国内立宪运动。从 1898 年到 1911 年,日本华文报刊多达 62 种。传统华社、留学生、革命党和保皇党无不各有报刊,种类多且发行量大,各种新旧思潮在此激荡,又极大影响其他海外华埠和国内。[④] 留日学生是革命党人与维新党人争夺的主要对象,但很多留学生本身就是反清流亡志士,因此,多选择支持孙中山。1901 年,东京粤籍留学生与华侨愤法国借割两广之要求,成立广东独立协会,多次召开侨界大会,反对清廷割让国土。[⑤] 次年,章太炎在横滨发起支那亡国 242 周年纪念会,孙中山亦率众参加。1903 年,孙中山从越南抵横滨,广泛交往各省留学与流亡的反清志士。是年,孙中山在东京青山练兵场开办青山军事学校,收广东籍生 14 名入学,为日后反清起义培养军事人才。1911年,留日学生总会在东京召开 1200 余人大会,决议组织中国国民会,在中国各省建立国民军。同盟会东京本部执行部书记李肇甫出任国民会理事长。

　　相比南洋与美洲等地的华侨社会,20 世纪初的日本华侨社会规模最小,但由于保皇党人、革命党人和留学生骨干齐聚日本,奔走于国内,对清末中国政局的影响堪称最大。

---

　　① 小岛淑男:《留日学生和辛亥革命》,东京:青木书店,1989 年,第 13 页。
　　② 冯自由:《革命逸史》初集,第 83 页。
　　③ 《政闻社宣言书》,《辛亥革命》第 4 册,第 105~115 页。
　　④ 实繁惠秀:《中国人留学日本史》,香港:香港中文大学出版社,1982 年,第 249~251 页。
　　⑤ 冯自由:《华侨开国革命史》,第 36 页。

第三节　朝鲜华侨社会的形成

一、同治之前的朝鲜华侨

朝鲜是中国邻邦，长期为中国藩属，人民贸迁往来，自古不绝于途。历代国人均有迁居朝鲜。他们或融合于当地，或世代相续，子孙繁衍，绵延华风。元代孔子后裔孔绍入高丽，居水原中逵面九井村，后裔人丁旺盛，冠冕迭出。乾隆中期，孔瑞麟在英宗朝官至大司宪。至 1792 年，朝鲜孔氏有聚居地三处，仅水原就有 30 余家，龙仁和岭南的孔姓者也甚多。① 朝鲜的朱子后裔也恪守儒风，弘扬朱学。李朝太王时，朱子后代朱锡冕官至协办，在朝鲜撰《朱氏系谱》。日本丰臣秀吉侵略朝鲜时，明朝派军支援，很多人留住朝鲜。这些援朝御倭的明将后裔，朝鲜朝廷视之为"皇朝人子孙"，长期多方关照。明末战乱时，很多明朝将领战败后遁入朝鲜，这些人大多受庇护或任用，其后裔亦被李朝优待，一如援朝明将的后裔。1773 年，李朝英宗令："皇明人子孙或赐第，或加资，或赐马，赐弓矢。其余儿弱赐米。未婚者令该厅助给婚需。"②李朝正宗和纯宗多次召见侨居之明将后裔，或任为文官武将，或赠各种物品。

第二次鸦片战争之前，清朝不许民人出国定居。与朝鲜虽有朝贡贸易和边境定期互市，但严禁商民定居朝鲜。朝鲜奉中国为宗主甚慎，不愿违命容留华民。即使有赴日清商遭风漂至朝鲜，亦按清朝之命遣回。但在乾隆中叶，边境地带的金、复、海、盖及凤城一带，长期居住从事边贸之山东人。③

二、同治之后的朝鲜华侨

同治十三年(1874)，广东高要籍商人谭杰生往朝鲜经商，在汉城开设同顺泰贸易商行，或称近代朝鲜华侨之第一人。④ 1876 年，日本逼迫朝鲜签订《江华条约》，对日开放通商，日本商民活跃于朝鲜各口岸，日侨在朝鲜势力日增。

---

① 《李朝正宗实录》十六年条，吴晗辑《朝鲜李朝实录中的中国史料》，北京：中华书局，1980 年，第 4853 页。

② 《李朝英宗实录》三十六年条，吴晗辑《朝鲜李朝实录中的中国史料》，第 4625 页。

③ 张存武：《清韩宗藩贸易》，台北：中研院近代史研究所，1985 年，第 104 页。

④ 杨昭全、孙玉梅：《朝鲜华侨史》，北京：中国华侨出版公司，1991 年，第 106 页。

清廷为了牵制日本,敦促朝鲜与泰西诸国通商立约。1882 年,清廷与朝鲜签订《商民水陆贸易章程》,规定中国商民准居于朝鲜通商口岸仁川、釜山、元山和京都汉城四地;北洋大臣派商务专员驻朝鲜已开口岸,专责保护本国商民;中国人民如涉犯案,由中国商务专员审断。① 签约当年,香港和上海华商 10 余人乘太古公司轮船"南升轮"抵达朝鲜仁川经商。② 1883 年,赴朝鲜的华商共 162 人,半数来自山东,其次为江浙和广东。③ 当年,清廷总办朝鲜商务委员陈树棠在汉城设商务公署,在仁川、釜山、元山设立分署,负责保护华商及推进中韩贸易。因此,在韩华侨享有治外法权。朝鲜又相继开放木浦、镇南浦、群山、清津、大丘、新义州等为通商口岸。此后,中国商民到朝鲜络绎于途,在各通商口岸寓居商贩。1884 年,中朝修改《水陆贸易章程》,准许双方商民进入对方国内地售卖货物。④ 因此,中国商民不但可到通商口岸,也能深入朝鲜内地。到朝鲜的商民主要来自山东和广东,多居于汉城和华商的入境口岸仁川。1885 年,陈树棠与朝鲜签订《仁川口华商地界章程》,辟仁川为中国租借地。其后,清廷又相继在釜山、元山辟租借地。⑤ 自此,中国在朝鲜商民不但享有治外法权,还有专门的租借地,受中国法律保护。朝鲜华侨是华侨历史上唯一在侨居地享有特权的华侨群体。

1887 年,汉城华侨商行已有 30 多家,以广籍同顺泰号最具实力。山东商人多在朝鲜内地从事商业,开办商铺和杂货店。规模较大者还经营山东与仁川间的商贸。广东商行资本雄厚,与香港、上海乃至欧美、日本均有生意往来,多从事进出口贸易。⑥ 19 世纪 90 年代初,谭杰生的同顺泰商行主营丝绸、中药、红参并其他杂货的进出口贸易,在仁川、釜山、元山、镇南浦、群山等朝鲜商埠和上海、广州、香港、长崎都设有分号,⑦是当时朝鲜最大的国际贸易商行。1892 年,朝鲜政府向德商息借洋债到期未能清偿,欠至十万之数。朝鲜外署督办闵种默向华商告贷。但在韩华商资本无多,难集巨款。李鸿章遂奏请朝廷,在出使经费项下拨借银 10 万两,由派驻朝鲜税务司与华商同顺泰号谭杰

① 《北洋大臣李鸿章奏设妥议朝鲜通商章程折》,《清季外交史料》卷二九,第 18~22 页。

② 申永澈:《商魂》,韩国能效协会,1972 年,第 13 页。转引自崔承现《韩国华侨史研究》,香港:社会科学出版社,2003 年,第 30 页。

③ 杨昭全、孙玉梅:《朝鲜华侨史》,第 132~134 页。

④ 《直督李鸿章奏改订朝鲜贸易章程折》,《清季外交史料》卷三九,第 13~14 页。

⑤ 崔承现:《韩国华侨史研究》,第 39~40 页。

⑥ 卢冠群:《韩国华侨经济》,台北:海外出版社,1956 年,第 15 页。

⑦ 杨昭全、孙玉梅:《朝鲜华侨史》,第 142 页。

生和朝鲜政府签订朝鲜向华商同顺泰的借款合同,以仁川海关收入担保。①
同年,应朝鲜请求,清政府又以同顺泰的名义和朝鲜政府签订《朝鲜转运衙门
与华商同顺泰号续定贷款合同》,借予朝鲜政府 10 万两白银,以山海关收入作
担保。在韩华商则获汉城与仁川间内地航运权和漕米运送权,朝鲜须每年拨
交漕米 10 万石,交华商分期承运。② 为此,朝鲜华商即在第二年募股创立惠
通公司,经营内地航运和漕米运送,由华商同顺泰出资 8000 元,怡生号出资
3000 元,北洋通商大臣、袁世凯和龙山领事唐绍仪亦为出资方。③ 汉江的航运
原来一直由日商独擅。但惠通公司有漕米运输业务,能够与日商抗衡。在韩
华侨主要居住在汉城和各通商口岸。仁川和元山为朝鲜北部和中部沿海华侨
的主要居住地。第一大港釜山为朝鲜南部华侨主要聚居地之一。华商挟本国
政府保护之优势,迅速在朝鲜商贸领域崛起。原由日商掌握的西洋进口商品
逐渐转由清商经营,仁川、元山等地已成华商货物之销售市场,④华侨基本上
掌控了仁川的进口贸易,⑤取代日商,成为朝鲜人日常最重要生活用品的供
应者。⑥更多的华商则在各商埠开设各类杂货店。1894 年,汉城华商组织中华
会馆。

清朝败于甲午战争后,原驻朝商务机构撤销。1894 年底,朝鲜亲日内阁
制定《保护清商规则》,废除清政府驻朝商务委员会管辖华民的权力,在朝鲜境
内的华侨全归朝鲜政府统辖;所有华侨犯罪,应听朝鲜政府截断处分;清国人
民划限汉城城内,泊仁川、釜山、元山三港,不准进入内地。⑦ 此后,华侨的治
外法权和一应优待不复存在。1897 年,朝鲜王朝改名大韩帝国。

朝鲜华侨社会的核心是商会和会所。1901 年,汉城南、北、广三帮共组超
帮派的组织中华商会,22 名理事由各帮依势力大小分配名额,北帮 12 名,广帮
8 名,南帮 2 名。此后,仁川、元山、釜山、新义州等华商也组成商会。当年,华
商在汉城成立管理各地商会事务的中华商务总会,设理事 4 人,北帮获 2 席,

---

① 《直督李鸿章奏借给朝鲜银十万两由华商出名订立合同期限》,《清季外交史料》卷
八六,第 10~11 页。

② 《直督李鸿章奏朝鲜续借银十万两仍由华商出名订立合同按期由朝鲜海关拨还
摺》,《清季外交史料》卷八六,第 15 页。

③ 杨昭全、孙玉梅:《朝鲜华侨史》,第 161 页。

④ 盐川一太郎:《朝鲜通商事情》,1939 年,转引自朴红心《试论明治时期的日朝贸
易》,北京大学韩国研究中心《韩国学论文集》第 3 辑,北京:东方出版社,1994 年,第 95 页。

⑤ 王治民等:《韩国华侨志》,第 66 页,转引自杨昭全、孙玉梅《朝鲜华侨史》,第 148 页。

⑥ 山中峰雄编:《朝鲜汇报》,转引自崔承现《韩国华侨史研究》,第 37 页。

⑦ 《李朝高宗实录》三十一年条,吴晗辑《朝鲜李朝实录中的中国史料》,第 5312~
5314 页。

广帮、南帮各 1 人。总会会长为广帮谭杰生,副会长为北帮王竹亭。此后,中华商务总会成为代表朝鲜华侨社会的组织。1902 年,仁川华侨金庆章等人集资创办仁川华侨学堂,招收学生 30 名。1906 年,日本在朝鲜设统监府,代表日本政府管理朝鲜外交与条约之全责。中国在汉城设总领事馆。当年,朝鲜华侨人口 3661 人,近半数经商,从事农工者不足千人,苦力和杂业者千余人。[1] 至 1910 年,朝鲜华侨 2790 户,11818 人。其职业结构大体上是经商者仍近五成;从事农工者约 2000 余人,他们或开办油坊、酿酒厂、碾米厂、铸锅厂等手工厂,或为城市周边菜农;其他各业者 4000 多人,多为建筑工匠和各类杂工。[2] 华侨的分布也从通商口岸扩张至平壤、新义州、马山、群山、木浦、镇南浦、城津、大丘等地。当年,汉城侨领张时英等人集资在中国街创办华侨学堂。

---

[1] 统监府官房文书课:《第一次统监府统计年报》,见杨昭全、孙玉梅《朝鲜华侨史》,第 135 页。

[2] 《总督府统计年报》,见杨昭全、孙玉梅《朝鲜华侨史》,第 136 页。

第二篇

侨政和东亚华人社会的转型

第五章

清代和民国侨政与东南亚
华侨认同的变化

东亚各地的华侨社会在17—19世纪相继形成和发展。在19世纪后期以前,各地华商虽有一些商贸间的联系,但整体而言,各地华侨社会自成一体,彼此无甚联系。即使与中国,各地华侨也仅或通过移民网络和汇款,或通过贸易和投资与家庭和故乡保持一定程度的联系。19世纪后期,清廷改变敌视华侨的政策,采取各种措施保护和利用华侨,保皇党人和革命党人也在华侨社会传播和灌输中华民族主义。因此,19世纪末,各地华侨社会掀起中华民族主义和认同中国的热潮,东亚各地华侨社会基于中华民族主义的基础,第一次在认同和参与国内政治、经济事务上呈现一致性。这种一致性也极大增强了各地华侨社会之间的政治、经济和文化联系。到民国时期,这种民族主义更升华为爱国主义。作为中国侨民的海外华侨,不仅政治上与中国高度一致,而且在经贸和文化、教育上与中国保持密切联系。各地华侨社会之间的联系也空前密切。

第一节　清廷和民国政府的华侨政策

清代前期和中期,朝廷一直严防民人出入国,敌视海外华侨。第二次鸦片战争后,清政府始慑于列强之压力而允许民人出国,继而认识到海外华侨对朝廷的价值,改变敌视华侨的态度。同治以降,清政府逐渐推行保护和利用华侨的政策。

一、清代前期和中期的华侨政策

防止民人出国,是清廷限制人民迁移总政策的组成部分。《大清律例》继承明律,其《私越冒渡关津条》规定,凡无文引私渡关津者,若关不由门,津不由渡(别从间道)而越渡者或越渡缘边关塞者,均处杖刑,潜出(交通)外境或将人口军器出境及下海者绞(监候)。对山东民人私赴奉天,边省民人越境,商人私入生番地,违禁下海,私渡台湾,迁移海岛居住等经常发生的移民现象,则颁布专门禁令。① 从清初到嘉庆年间,限制民人出入国条例日趋严苛缜密,对偷渡出洋、私越边境、逾限回国及守口官弁失查渎职等,均予以严惩。②

清代前期,中国海外移民多因海外贸易而成行。海外贸易政策直接影响海外移民的进行。顺治初年,对海外贸易曾采取宽松政策。但奉南明正朔的郑成功政权,控制东亚海上贸易,以巨额贸易利润支撑庞大军费,从东南沿海地区和南洋获得源源不断的物资和人力补充,并与遁走南洋的前明官兵声气相通,与朝廷对抗。为了切断海上抗清力量与东南沿海地区的联系,清朝于1656年颁布全面禁海令。顺治帝敕谕浙江、福建、广东、江南、山东、天津各督抚镇:各该督抚镇申饬沿海一带文武各官,嗣后严禁商民船只私自出海。违者或地方官察出,或被人告发,即将贸易之人,不论官民,俱行奏闻正法,货物入官。本犯家产,尽给告发之人。其该管地方文武各官,不行盘诘擒缉,皆革职从重治罪。如地方保甲通同容隐,不行举首,皆论死。朝廷在全面禁海之后,又采用郑成功的叛将黄梧的献策,于1661年推行更残酷的迁界令,将沿海居民内徙,以垣为界,30里之内,夷沿海村镇为废墟。实施迁界令初期,范围尚小,以后又两次扩大,三迁而界始定。③ 同时严令所禁沿海境界,凡有官员、兵民违禁出界贸易、盖房居住或耕种田地者,不论官民,俱以通贼论处斩,货物、家产俱给讦告之人。④ 海禁迁界期间,海外贸易萎缩,商民出洋难以为继。1683年清军攻下台湾后,才于次年开禁。

海外贸易虽开,但朝廷对海船和出洋之人严加限制,其律令逐年严密。朝廷严格管制海船规模和结构,不许民间建造双桅以上海船。官府对出洋之人严密控制,以防民偷渡。商船出洋时,要将柁工水手一一查验,让澳甲长与邻佑船户当堂画押、保结,并将船身印烙字号姓名,方能发照。商船出洋地点和入口地点必须一致,逾违者治罪。又通过厉行保甲连坐制度,防范偷渡出国,"凡有商船之地,皆为保甲必严之所"。海禁初开时,深受海禁之害的沿海人民纷纷出国谋生。到康熙后期,朝廷对大规模远离朝廷控制的海外移民甚为警觉。与海上汉族反清力量长期作战的康熙帝,每以汉人为难治,认为汉人与朝廷离心离德,不像满洲人和蒙古人,数十万人皆一心,故深忌汉人在海外聚集。尤其是聚集在吕宋和噶喇吧两处的大量华侨,更是康熙帝的心病。因此,朝廷在1717年实行南洋禁航令,规定内地商船不准到南洋的吕宋和噶喇吧等处贸易,南洋华侨必须限期回国,澳门夷船不得载华人出洋。

---

① 《大清律例增修统纂集成》卷二〇,兵律关津,光绪二十六年铅印本。
② 《钦定大清会典事例》卷七七五,《刑部·兵律关津》,第1~4页。
③ 王沄:《漫游纪略》卷三《粤游》,光绪中申报馆铅印本。
④ 《钦定大清会典事例》卷七七六《刑部·兵律关津》。

南洋禁航令实行以后,东南沿海"百货不通,民生日蹙。居者苦艺能之罔用,行者叹致远之无方,故有以四五千金所造之洋艘,系维朽蠹于断港荒岸之间……沿海居民富者贫,穷者困"。① 因此,康熙帝去世后,地方官员士绅纷纷请求朝廷解除南洋禁航令。1727 年,浙闽总督高其倬上奏,陈述开放福建禁贩南洋理由:"闽省福、兴、漳、泉、汀五府,地狭人稠,自平定台湾以来,生齿日增,本地所产,不敷食用,惟开洋一途,藉贸易之赢余,佐耕耘之不足。"朝廷准闽督高其倬所奏,开南洋之禁。②

清代中期,朝廷对华侨出入国的限令逐渐严密。除出国之禁外,尚有归国之限。1727 年,清廷规定商船出洋期限为 2 年,1742 年改为 3 年,则华商在海外逗留时间也是 3 年为限。直到 1754 年,才允许嗣后出洋贸易者无论年份久近,概准回籍,若本身已故,遗留妻妾子女亦准回籍。③ 但可自由归国者,只限于领照出洋贸易之人,出洋若非贸易,或是在海外与土著成婚定居产子,或是非从海道而是从陆路出国,都在禁令之例:"至无赖之徒,原系偷渡番国,潜住多年,充当甲必丹,供番人役使,及本无资本流落番地,哄诱外洋妇女,娶妻生子,迨至无以为生,复图就食内地以肆招摇诱骗之计者,仍照例严行稽查。"④ 因此,移居海外的绝大部分华侨仍是不准归国。

乾隆帝不仅在海路方面继续厉行康雍时期的各项禁令,在陆路方面也严密防范云南、广西边民越境。乾隆初年,随着内地人越境前往安南的人数迅速增长,引发朝廷对边防靖安的担忧。尤其是有些华侨或出任安南政权官员,或拥有私家武装,参与安南政争,引起安南国王多次行文清朝抱怨。1744 年,为边境靖安和抚绥安南国王,清朝与安南政权携手,立法对边贸严加管理,重点打击私越边境出国谋生的华侨。⑤ 朝廷对违禁出国者严加惩罚。尤其对被安南统治者遣回的华侨,常处以极刑。1780 年,两广总督李侍尧为防堵民人到安南滋生事端为由,奏准朝廷封闭由村隘口,并禁止小贩挑夫出境。⑥ 中缅边境原往来自由,在 1767 年中缅战争开始后,因朝廷视华侨为边蠹,遂严禁沿边隘口,官兵严加防范,不许商民夷民出入。⑦ 直至战争结束后的 1790 年,才开

---

① 蓝鼎元:《鹿洲初集》卷三,"论南洋事宜书"。

② 《清世宗实录》卷五四;庆复折乾隆朝外洋通商案,《史料旬刊》第 22 期,北京:故宫博物院,1931 年,第 803 页。

③ 《福建巡抚陈宏谋晓谕出洋贸易各民携眷回籍檄》,转引自陈育崧:《陈怡老案与清代迁民政策之改变》,《南洋学报》第 12 卷第 1 期。

④ 道光《福建通志》卷二七〇,国洋互市,第 14~15 页。

⑤ 《广州将军策楞奏折》,《明清史料》庚编第一本,第 54~55 页。

⑥ 《清高宗实录》卷九八二,第 23~25 页。

⑦ 《清高宗实录》卷八〇八,第 19 页。

放边境,供商民出入,但严饬各守土员弁,凡有只身偷越出境及商人携带违禁货物者,立时拿究。①

尽管清朝严刑峻法阻止华侨出国,但收效甚微。而归国禁令则对华侨有较大威胁。

清朝中期以后,吏治日趋腐败。守口官弁弊政百出,或稽核马虎,或受贿私纵,乃至藉公行私,敲诈勒索,使各项限令难以如实执行。

出国者如无印照又欲从正口出关,或伪造印照,或冒名出洋商船水手,行贿守口官弁,可蒙混出境。回国查验时,仍可通过贿赂而放行。守口官弁私纵偷渡者成风,厦门"进出口各船不拘内外洋,每船勒索番银陋规多寡不等,文武衙门朋分收受"。乃至福建水师提督,一等海澄公黄仕简于乾隆二十九年(1764)奏请朝廷,建议简派大员赴闽清查私纵商船民人出洋弊政。② 沿海守口官弁如此,陆上口岸亦然。边界被肆意潜越和关口有名无实之状,连乾隆帝也为之震惊,认为"各边口大略相同"。③ 吏治败坏,弊政百出,使对华侨出国和海外贸易的各种限制未能收效。

此外,东南各省海岸袤长,西南边境小路处处可通,光凭扼守几处汛口和关隘制止华侨出国,无非隔靴搔痒。清朝规定出洋之口,福建总在厦门,广东总在虎门。但如雍正五年(1727)台湾知府沈起元所言:沿海内地,在在可以登舟,台地沙澳,处处可以登岸。汛口官之所不能查缉,虽日日处分数官,也无补于事。④ 广东情况也是如此,全省十府三州之内,八郡皆系滨海,自惠潮以迄雷、琼、袤延2000余里,处处毗接外洋,⑤当比闽省更加难防。华侨出入国就可用小船、渔船出海,绕过汛口,上漂洋大船。回国时,下大船、上小船,避开汛口登陆。海上情况瞬息千变,使审核商船出洋的各项规定不易落实。船主常用货客临时搭载、水手患病需要临时招募等理由,解释商船所需人数与照文所列不符的情况,以此为借口偷载人口出入汛口。单凭印照,不易发现冒名的出洋商船主。康熙末年的大海商张云隆广置洋船,诡捏船主水手姓名,冒领照票往来东、西二洋及关东等处。⑥ 江苏巡抚张伯行在处理张元隆私造海船出洋一案时,无可奈何地承认,人人可以冒名造船出海,处处皆能领照。⑦ 至于商船领照放洋后,去处更难监督。商船一出外洋,茫茫大海渺无涯际,东西南北任

---

① 《明清史料》庚编第 7 本,第 698~699 页。

② 《清高宗实录》卷七〇六,第 5 页。

③ 《清高宗实录》卷九〇五,第 21~22 页。

④ 沈起元:《条陈台湾事宜状》,《清经世文编》卷八四,第 51 页。

⑤ 《清仁宗实录》卷一一,第 17 页。

⑥ 张伯行:《驳勘张元隆船只有无在外逗留檄》,《正谊堂续集》卷二。

⑦ 张伯行:《明日回奏疏》,《正谊堂续集》卷一。

其所之,无法跟随其踪迹,保证其不驶往别洋;至商船回棹收口之处,仅能根据印照,查其坐回原船人数是否符合及有无夹带连禁军火炮械等,而其船之实往何处买卖,并无凭据可查。① 通往外国的陆路更让清朝官弁防不胜防。从陆路潜出的华侨主要是避开关隘,另寻小路越界,比偷渡出海更为方便。

康雍乾年间,中国人口激增,出国谋生者众。尽管朝廷立严刑峻法,力图制止民人出国,但吏治腐败,使清朝的严刑峻法大打折扣,而海岸、边境,袤长数千里,处处皆可偷渡越境。至于运载人口的商船在茫茫海面,更非官军所能监视。偷渡出国者一般是孑然一身,别无长物,目标既小,且易于闪避躲挪。因此,东南沿海与西南边境地区民人相率出国,蔚为风尚。但归国禁令则对华侨威胁甚大。归国者多携有财产家眷,目标较大,行动不便,比偷渡出国者容易被清廷守口官弁发现,成为敲诈对象。因此,出国者多定居海外,华侨数量与日俱增。

二、晚清时期的华侨政策与侨务

两次鸦片战争的失败彻底震撼了中国社会,天朝"尽善尽美"的自我陶醉和颂扬,被西方船坚炮利彻底粉碎。1860 年,清廷不得不与英法签订《北京条约》。中英《北京条约》第五款规定:"凡有华民情甘出口,或在英国所属各处,或在外洋别地承工,俱将与英民立约为凭,无论单身或愿携带家属,一并赴通商各口,下英船只,毫无禁阻。"中法《北京条约》第九款中,也有同样条款。② 《北京条约》虽然允许华民出洋,但行之 200 多年的海禁条例并未随之废除或修改。从 1860 年至 1893 年废除海禁时,清廷同时存在允许出洋和海禁条例,民人出国仍在海禁阴影下。鸦片战争使中国面临"三千年来之变局",清朝社会的政治格局、经济形态和传统观念发生深刻的变化。一部分朝野有识之士开始呼吁新政,求富国而强兵,由此而开始以"自强为中心"的洋务运动,而发展商务是自强运动的基础。一些对海外世界有所了解的有识之士,如李鸿章、张之洞、蒋益澧、丁日昌、薛福成、郑观应等,开始认识到海外华侨的经济力量是清朝振兴商务活动可资利用的力量。这批人或是手握重权的洋务要员,或是闽粤封疆大吏,或是出使大臣。他们对海外华侨的新认识和列强压迫下清廷被迫开国,导致清政府改变了华侨政策。

晚清政府的主要侨务活动有如下五个方面:

---

① 《浙江巡抚李卫奏陈贸易商船出洋安南情弊折》,《雍正朝汉文朱批奏折汇编》第 9 册,第 119 页。

② 咸丰朝《筹办夷务始末》卷六七,第 15、20~21 页。

第一,设置领事馆保护管理侨民。同治、光绪年间(1862—1908年),朝野对华侨态度的转变主要在于对华侨经济力量的认识,希望能在富国强兵的自强运动中利用海外华侨所显示出来的力量,而利用华侨必须先派设领事,设官维系商情,保护商民。这是清政府最初设置领事的经济动机。设置领事馆尚有其政治动机,即控制华侨社会,维持华侨对清廷的效忠。到19世纪末20世纪初,领事馆则成为流亡海外的维新派、保皇党康梁信徒和孙中山革命党人的指挥所。领事是清政府推行华侨政策的主要执行者,在经济上与政治上负有拉拢华侨的责任。政府洋务派特别对其寄予厚望,努力推进领事馆的建立。各国对清政府的设领,基于各自对华利益及所管辖下的华侨问题各有不同,有的鼓励清政府设领,有的持消极态度,有的则断然拒绝。清政府建立的第一个领事馆是新加坡领事馆。由使英大臣郭嵩焘1877年在伦敦与英国外交部谈判成功,当年开馆,由新加坡侨领胡璇泽出任首任领事。在19世纪80年代后至辛亥革命前夕,晚清政府在海外设领46处。

第二,保护华工的外交努力。华工是19世纪后期华侨出国的主体,清政府改变对华侨的态度后,也不得不正视华工问题。清政府向来在法令上禁止诱拐、掳掠民人出洋。本来是为了维护地方安定,同治以后,则与海外华工的保护结合起来,成为保护华工政策的一个重要组成部分。

华工出国合法化后,各地督抚常因诱拐、掳掠华工出洋等事与西方领事发生冲突,海外华工受眼下虐之事也时有传来,清政府不得不考虑如何妥善处理招工问题。1865年,恭亲王奕訢与英、法驻京使臣议定《招工章程二十二款》,主要内容有:严禁拐贩人口,违者处死。招工的商人需由中国地方官核查,发给印牒才可以招工。出洋时需由地方官员会同领事按契约核对人数,查问情况。承工年限不超过五年,每天工作不超过九时半。《招工章程二十二款》条文相当严密,除具体规定招工条件、华工需要的各项待遇及年限外,尚强调招工过程和海外华工须置于清廷的监督之下。总理衙门将《招工章程二十二款》行文南北通商大臣暨沿海各省督抚,并让其转饬各该管官,照办。同时,也转谕英法各商遵办,并照会或抄送该章程给非通商口岸或未立约之国,招工也须遵照该章程。① 但该章程不获英法政府批准。1868年,清政府单方面宣布这项招工章程。以后几年内,清廷数次在国内颁令严禁诱拐华工出洋,力图使华工出国置于官府的监督之下并认真从事对古巴、秘鲁华工的外交保护。经过艰苦的交涉,清政府与秘鲁政府签订《中秘会议专条》、《中秘通商条约》,与西班牙政府签订了《中西古巴华工条款》,在这些条约中,都有专门保护华工的条款,此后古巴、秘鲁的华侨状况有所改善。晚清政府运用外交手段保护国外华

① 《总署清档》,陈翰笙主编《华工出国史料汇编》第1辑,第161～163页。

工的利益,其交涉最多、历时最长的应数美国华工问题。从 1865 年《蒲安臣条约》算起,一直到 1905 年中美华工条约引起的富有戏剧性的全球华人对美货的大抵制,前后交涉达 40 年之久。但"弱国无外交",终未能阻止美国排华律的实施。

第三,动员、劝诱华侨对国内捐赠和投资。19 世纪 70 年代以后,清政府以南洋地区侨埠为主要目标,不断派遣各种专使向华侨社会劝捐、招诱。清政府北洋舰队先后 5 次巡访南洋华埠,激励华侨的内向之心。举凡国内发生自然灾害,清政府总是发动海外华侨募捐赈灾。募捐的组织方式通常如此:由各省督抚出传文到海外领事馆,再由领事馆张贴出告示,并刊载于海外华人的报纸上。有时督抚等官员直接派专使到海外发动劝捐。专使通常驻扎在领事馆,与领事共同出面组织。中法战争、甲午战争期间,清政府派人到海外华埠发动募捐,海外华埠也热烈响应。1889 年,南洋地区为苏皖被灾募捐款数达 10 万余元。1884 年,吡叻侨领郑景景捐资 10 万元,为清政府购买船械。此外,清政府还大规模在华埠卖官鬻爵。辛亥革命之前,仅新加坡就有 900 多人买得官衔。有的华商有多种爵衔,如新加坡富商吴寿珍,就拥有知府、道台两个衔头。[①]

第四,发展海外华文教育。晚清侨务以商为主,但在自强运动后期,清政府逐步认识到教育在启迪民智、增强国力的重要性。反映在华侨政策上,即不光在经济、政治上而且在教育上也对华侨进行拉拢使其效忠清廷。清政府敕谕在各省建立新式学堂的同时,采取各种办法扶植海外华文教育,海外各埠侨校蓬勃发展。其措施有:(1)各类前赴华埠的使臣都负有劝学使命,即使张振勋、杨士琦等衔命招诱华商回国的高层官吏,也到处鼓吹华埠倡办华文学校。(2)派遣视学专使。1906 年以后,闽、粤等省总督都派员到华埠敦促华人教育的进展,协助解决困难,以后视学使常驻扎华埠,成为清政府的海外学官。中央学部也委派专员专司海外教育。(3)对海外办学得力人员予以奖励,捐资办学华侨照例授以官职、爵衔,而且标准放很低,较捐款赈灾者更为优惠。(4)建立暨南学堂。通过在海外劝学后,一时华埠侨校林立。为了满足深化华文教育的需要,清政府于 1906 年在南京创办暨南学堂,接受海外侨生,加强与海外华侨社会的教育联系。华侨教育成绩斐然,奠定了侨居地现代华文教育的基础。

第五,筹建海外中华总商会和国内护侨机构。海外华侨社会自古沟壑极深,门户林立,各种社团五花八门,影响了华侨社会的统一。1904 年以后,清

---

① Yen Ching Hwang, Ching's Sale of Honours and the Chinese Leadership in Singapore and Malaya 1877—1912, in *Journal of Southeast Asian Studies*, Vol. 1, No. 2, p. 21.

158

政府陆续派遣使节巡访华埠,劝建商会,以促进华侨社会的团结和加强与国内商务的联系。清政府驻外使领人员也频繁与华人领袖协商,组织中华商会。到辛亥革命前夕,主要华埠的商会组织大致建立。商会的建立标志着华侨社会第一次有了超帮派的统一的社团组织,对协调华侨社会的内部矛盾起了重大作用,在代表整个华侨社会与当地政府交涉时也较为有力,对维护华侨社会的整体利益作出了重大贡献。

晚清侨务活动频繁,但缺乏统一组织,中央各衙门和地方自行其是,回国华侨被欺凌侵扰事仍经常发生。1899年,闽浙总督许应骙奏准于厦门设立保商局,以专责机构保护回国华商。① 凡有出洋回籍之人,均令赴该局报名,如仍有各项扰累情事,受害人禀报保商局,立予查办,以资保护。同年,御使潘庆澜奏请朝廷,应在海疆各省推广福建之例,设置保商局。朝廷降谕南、北洋大臣及沿海各督抚,令其体察情况,按福建保商局章程,择选公正绅士办理。② 1900年,广州设保商总局。按照闽例,由本地绅董主持局务。③ 由于保商局不支官薪,类似民间组织,弊窦丛生,海外华侨怨声载道。1903年,清政府设商部,侨务事项由商部总责。

晚清时期,中国政府从敌视华侨转变为保护华侨,有利于华侨在海外的生存、发展及其与中国关系的密切,意义重大。但晚清时期吏治腐败,驻外使领馆人员及涉侨官员也未能免。徒领薪俸者有之,尸位素餐者有之,使护侨政策大打折扣。

第二节 在南洋设立领事馆的检讨

英法联军在第二次鸦片战争中,迫使中国承认列强的平等地位,也使清政府不得不作为国际社会的一员,在对外关系中遵循和效仿国际关系准则。1860年,清政府设立总理各国事务衙门,专司外交事务。1875年以后,清政府开始派遣驻外使节。设立专司外交的部门和派遣驻外使节,标志中国接受以西方外交观念和惯例为基础的国际关系制度。

设立使领馆,是近代国家外交护侨的主要措施。随着晚清朝野对华侨认识的逐渐转变,保护和利用华侨,成为清政府华侨政策的主要内容。南洋为中国周边地区,具重要战略地位,且是华侨聚居之地,应当是清政府设领的重点

① 《光绪朝实录》卷四四二,第15页。
② 光绪朝《东华续录》卷一五三,第15页。
③ 《清朝续文献通考》卷三九一《实业十四》,第11398页。

地区。本节专论清政府在南洋设立领事馆的动机和过程,并检讨影响清政府在南洋设领进展缓慢的因素。

一、在南洋设立领事馆的动机

领事制度(Consular Institutions)是近代西方外交关系的重要内容。领事指一国政府在接受国准许下委派于该国某个地区的官员,照管派遣国的商业利益和国民利益。晚清政府在海外所设的领事分为三种:总领事、领事和副领事。南洋地区为清政府设领交涉的重点,是第一个领事馆所在地,且三种领事均设。

清政府在海外设领,既是"师夷之长"的结果,也是保商护侨的利益需要。同治年间,朝野逐渐认识海外华侨的经济实力和华埠的战略地位,保护华工的对外交涉增多,效仿西方在海外设领保商的呼声辄起。地方督抚率先提议,朝廷逐渐接受。李鸿章、张之洞和在华侨较多国家的出使大臣,是设领护侨的主要推动者。

同治五年(1866)七月,广东巡抚蒋益澧率先呈报朝廷:内地闽粤等省,赴外洋经商者数以十万计,在新加坡约有内地 10 余万人,在新老金山约有内地 20 余万人,在槟榔屿、加拉巴约有内地数万人,建议朝廷效仿西洋以商护国、以官护商的强国方略,根据现有中外和约所规定的彼此遣使条款,遣使联络各埠华侨。① 次年十二月,李鸿章在湖广总督任内,在其奏折中代呈江苏布政使丁日昌的在海外华埠设领事的建议。丁日昌的呈文是晚清地方大宪第一份全面论述设领必要性的奏文。他明确建议朝廷,效仿西洋设领措施,"设立市舶司,赴各国有华人所处,管理华人。夫泰西之于商人,皆官为之调剂,翼叻国家,攻战之事,商亦时辅其不及,是以上下之情通,而内外之气聚。查闽粤之人,其赴外洋经商佣工者,于暹罗约有三万余人,吕宋约有二三万人,加拉巴约有二万余人,新加坡约有十数万人,槟榔屿约有八九万人,新老金山约有二三十万人。若中国精选忠勇才干官员,如彼国之领事,至该处妥为经理,凡海外贸易皆官为之扶持维系。商之害官为厘剔,商之利官不与闻,则中国出洋之人,必系恋故乡,不忍为外国之用,而中国之气日振。仍令该官于该处华人,访其有奇技异能,能制造船械及驾驶轮船,并精习洋枪兵法之人,给资送回中国,以收指臂之用"。他还以番禺籍新加坡富商胡璇泽出任俄国驻新加坡领事为例,建议朝廷应当派遣中国使节与这位十数万华人悉听其号令的侨领联络,认为胡本系中国之民,定可欣然效命,中国也会因此多得一助而外国多树一敌。

---

① 同治朝《筹办夷务始末》卷四三,第 14 页。

同治八年(1869)九月,出任直隶总督的李鸿章第一次正式建议总理衙门在日本设立领事馆:闽、浙、苏沿海商民往日本长崎岛贸迁寄居者络绎不绝,中国应或派大员长驻该国京师,或委员分驻长崎兼充各港领事,既可护侨,也能知悉日本情事。同治十三年(1874)十月,福建巡抚王凯泰也奏请朝廷,于遣使之外,更选才干官员,分往各华侨聚居处,为彼国之领事,使其为中国所用。[①] 尽管同治年间,地方督抚多次敦促,但朝廷既吝支经费,更视外交为畏途,设领之议,仍纸上谈兵。

光绪元年(1875)七月,李鸿章在处理秘鲁换约案后,再次上奏,陈述遣使设领对保护华工的紧迫性。他强调,华民在东、西、南洋各岛人数不下百万,如朝廷遣使设官于秘鲁、古巴,从此海外华民皆知朝廷于绝岛穷荒尚不忍一夫失所,他们以后才能响应朝廷的召唤。总理衙门在交涉古巴、秘鲁华工案期间,逐渐知悉遣使设领的重要性,只有照约于各国就地设领事官员,方能保护华工。[②] 于是,总理衙门奏请朝廷,饬各省督抚保荐熟悉洋务的人才充任出使人员。当年,候补侍郎郭嵩焘任出使英国大臣,陈兰彬为出使美国、日斯巴尼亚(西班牙)和秘鲁三国大使。次年,派何如璋为出使日本大臣。

二、南洋各领事馆的设立过程

郭赴英途中,于光绪二年(1876)十月二十八日道出新加坡,停留两日,深悉新加坡华商的经济力量和华人盼望设领的"延首跂望"状况。并了解到,已捐道员的广东人胡璇泽为其地华民所推服,英国官商也皆倚信之,因此认为领事人选非胡璇泽莫属。他抵达伦敦呈递国书后,即开始与英国外交部谈判在新加坡的设领问题。

英国外交部与驻新加坡的英属海峡殖民地政府会商中国设领事宜。英属海峡殖民地政府已在 1877 年设立华民护卫司署(Chinese Protectorate)专司华人事务,故不愿中国领事分享其权力。[③] 署海峡殖民地总督安生上校(Col. Anson)复函伦敦,只能接受新加坡华人出任中国领事。英政府根据其意见,力图限制中国领事馆的职能,提出允许中国设立领事馆的条件:第一,必须是只能作为商业代办,照顾华人的商业利益,不能过问当地的华人政治事务。第

---

① 同治朝《筹办夷务始末》卷九九,第 48 页。

② 《李文忠公全集·奏稿》卷二五,第 35 页;《清季外交史料》卷四,第 17～19 页。

③ Annual Report of the Straits Settlements for 1877, p. 335, cite from Yen Ching Hwang, *A Social History of the Chinese In Singapore and Malaya* 1800—1911, Singapore, Oxford University Press 1986, p. 149.

二,领事设置只能是一种临时性安排而不是永久机构。第三,第一任领事必须是当地有高尚地位和品德的新加坡华人,而非由中国派来的官员。

为达到设置领事馆这一首要目的,经长达五个月的谈判,郭嵩焘答应英外交部提出的条件,谈判成功。郭嵩焘奏请总理衙门,推荐当地侨领、富商胡璇泽出任第一任领事,并说明设领之目的有二:一是保护商民,"远如秘鲁古巴之招工,近为南洋日国所辖之吕宋,荷兰所辖之婆罗洲、噶喇吧、苏门答腊,本无定立章程,其政又近于苛虐商民,间有屈抑常苦无所控诉,是以各处民商闻有遣派公使之信,延首跂望,深盼得一领事为维持,揆之民情,实所心愿";二是弹压,"如日本之横滨、大阪各口中国流寓民商本出有户口年貌等费,改归中国派员办理,事理更顺;美国之金山,英国之南洋各埠头接待中国人民视同一例,美国则盼中国自行管辖,英国则务使中国人民归其管辖,用心稍异而相待一皆从优,领事照约稍联中国之谊,稽查弹压,别无繁难准之事,亦所易为"。① 光绪三年(1877年),胡璇泽正式出任驻新加坡领事,也是中国第一任驻外领事。但朝廷只给领事馆开办经费,其他费用由领事馆自筹。

胡璇泽于光绪六年(1880)二月十七日病故,驻英大臣曾纪泽令领事馆随员苏湘清暂为代理领事,再函请总理衙门择员充补。② 驻新加坡海峡殖民地总督史密斯(Cecil C. Smith)拒绝承认苏湘清,强调海峡殖民地政府并未同意中国在新加坡设立永久性领事馆,要坚持其领事选择权。经清政府驻英使臣曾纪泽在伦敦交涉3个多月,英国政府方允许清政府在新加坡设立永久领事馆。但海峡殖民地政府仍坚持苏湘清的代理领事为临时性任命。经曾纪泽与总理衙门函商,原驻英使馆三等翻译官左秉隆于光绪七年(1881)八月出任新加坡领事,并得到英方承认。左秉隆是同文馆通英文生之佼佼者,熟悉英国情形,通晓西洋律例,任新加坡领事,不但人地相宜,而且是中国收得自派领事权的标志。

随着中国朝野对南洋华侨认识和关注的增长,清政府力图在南洋扩大设领,以便利用其经济力量和战略地位。光绪十六年(1890),新加坡领事馆升格为总领事馆,统辖新加坡、马六甲、槟榔屿及附近各处。

新加坡领事馆升格始于张之洞的推动。光绪十年(1884)张之洞出任两广总督以后,拟建可与李鸿章的北洋水师一争短长的粤洋水师。为筹经费,他主张劝令外洋各埠华商捐资购造快船,也能巡弋护侨。张荫桓使美前夕,主持总理衙门的醇亲王特命他赴任经粤时,与张之洞会商海外护侨事宜。两人会商后同奏朝廷,派遣王荣和、余瓗往南洋巡历,考察外洋各埠捐船、护商、设领的

---

① 《清季外交史料》卷一一,第13~15页。
② 曾纪泽:《曾惠敏公奏疏》卷三,第4页。

可能性。王、余于光绪十二年(1886)七月底启程,从广州先到吕宋,再到新加坡和马六甲等英属各埠,然后到荷属印尼各埠,最后到澳大利亚,考察南洋地区20余华埠。归来后,把各埠华人规模、经济能力和处境写成详细的报告呈张之洞。张之洞根据王、余的南洋调查报告,向朝廷提出雄心勃勃的南洋设领计划,即在西属菲律宾、荷属东印度和英属澳洲各设总领事及正副领事各数处。①

　　光绪十六年(1890),出使英法意比四国大臣薛福成上奏朝廷,全面阐述对扩大设领的意见:第一,效仿外洋各国,以商务为富强之本,凡在他国通商之口,必设领事,挽回固有之利源。第二,在南洋各岛须设领事十数员。领事经费综计岁费当不过十数万金,可从各关洋税下每年提拨的出使经费赢余中支付。反对自筹经费,就地集款。第三,在南洋添设领事则商政日兴,民财日阜,比多遣出使大臣更重要。第四,继续交涉小吕宋设领;先在英属地的香港、仰光、新金山等处酌设一二员,槟榔屿等六处也从长筹划。② 次年正月,薛福成再上《为濒海要区请添领事折》,建议在香港设领,新加坡领事改为总领事,其他地方择要兴办,或就近选派殷商充副领事,以资联络,由总领事察度禀出使大臣核办。并推荐驻英二等参赞官、二品衔选用道黄遵宪调充新加坡总领事,原新加坡领事左秉隆调任香港领事。经总理衙门议复,清政府同意在香港设领、新加坡领事改为总领事及薛福成推荐的人选。③

　　薛福成援引国际公法原则,要求英外部同意增设领事。英方则强调中英条约无规定中国设领权利,只能照约而行,不能援引公法,百计推托。经薛福成费尽周折后,英方才同意照各友邦之例一律办理,中国获准将新加坡领事馆升格为总领事馆,在槟榔屿、仰光增设领事馆,香港领事馆试办一年。槟城副领事人选于光绪十九年(1893)选定,而仰光领事馆则由于英属缅甸殖民政府借故推托,迟至光绪三十四年(1908)十二月才开办。宣统三年(1911)二月,因槟榔屿华侨日众,护侨事宜繁重,改原副领事为正领事官,仍由殷实侨商兼任,以原副领事戴春荣升补。④

　　清政府中央和封疆大吏最关注的西属吕宋设领交涉,则屡经挫折。光绪六年(1880),吕宋华人首次具禀总理衙门,历数华人在菲承受的苛刻,要求清朝设领保护。经使美、日、秘大臣陈兰彬及其后任郑藻如与西班牙外务部协

---

① 张之洞:《张文襄公全集》卷四,第16页;《清季外交史料》卷七四,第22~26页。

② 《清季外交史料》卷八四,第33~37页。

③ 《军机处录副奏折》,《清代中国与东南亚各国关系档案史料汇编》,第67~69页。

④ 《英属槟榔屿改设正领事馆由奏》,中国第一档案馆藏《外务部档案》,文件号:001365－001366。

商,均被拒绝。① 西班牙殖民部和菲律宾殖民政府拒绝中国设领的态度坚决,理由是 1864 年的中西条约并没有载明中国有权在菲律宾设立领事,如要设领,需重订条约。而要重订条约,还要征求菲律宾殖民政府的意见。② 光绪十二年(1886),小吕宋华商又因饱受欺凌,两次向两广总督张之洞呈公禀,恳请设领派员保护,并愿出委员所乘官轮兵舰船费。张之洞转咨总理衙门,请总理衙门商请派官轮载王荣和、余璀赴小吕宋交涉。总理衙门拒绝,仅咨甫出任美、日、秘大臣的张荫桓,与西班牙政府交涉设领事宜。③ 张荫桓上任前就与总理衙门及北洋大臣李鸿章相商小吕宋设领事宜,并多次与西班牙驻京公使商谈,该使推脱,要张到任后与西班牙外务部直接商谈。张就任后,与西班牙政府重开菲岛设领谈判。西班牙外务部倾向按国际通行公法和西属古巴之例,同意中国在菲设领,但菲律宾殖民政府认为,中国领事馆职能与现有华人甲必丹制度冲突,并影响对华民的征税和导致华人增加汇出款项,中国领事还可能招徕中国正在崛起的舰队,影响华人的效忠。因此,菲殖民政府允诺改善华人处境,但不能允许中国设领。④ 西班牙殖民部支持菲律宾殖民政府,设领问题遂提交西班牙内阁会议(Spanish Council of Ministers)裁决。1889 年 4 月,西班牙内阁会议原则上同意接受中国的设领要求,但认为短期内尚无法实行,实际上等于拒绝在当前让清朝设置领事。张荫桓再次与外交部交涉,最后由西班牙女王裁定,授权殖民部而非外交部全权处理西班牙属地设领事务。张荫桓劳而无功,再返美国。此后两任使美、日、秘大臣崔国因和杨儒,在菲岛设领的谈判中仍无进展。直到 1898 年美西战争爆发后,在马尼拉即将被美国舰队攻克时,西班牙政府才同意中国暂时在菲设立领事馆。几天以后,美国人占领菲岛,根据中美成约,美国政府认可清朝设立小吕宋总领事馆,同时废除甲必丹制度,菲岛华人由清朝领事管辖。刑部郎中陈纲出任总领事。美国国

---

① 《李文忠公全集·朋僚函稿》卷一九,第 21 页;《清季外交史料》卷八四,第 1～7 页。

② 以上有关西班牙政府的反应载于 AMAE. Filipinas, Sobre Creacion Consulados Chinos, Opinions of Philippine treasury, Civil administration, Cabinet 1881,1884,1885; Ultramar to Estado, Sept. 15, 1885, Cite from Edgar Wickberg, *The Chinese in Philippine Life*, 1850—1898, New Haven: Yale University Press, 1965, p. 215.

③ 《清季外交史料》卷六八,第 6 页。

④ AMAE, 1897, Insurreccion en Filipinas, Ynci-dente Proteccion, Estado to Ultramar, Oct. 17, 1887, Estado nota, 1890; FiliPinas, 1890. Supuestos atropellos a subditos Chinos en Mindanao, Estado to Ultramar Jan, 2, 1896. cite from, Edgar Wickberg, *The Chinese in Philippine Life*, 1850—1898, New Haven: Yale University Press, 1965, p. 211.

务院曾质疑陈纲人品,商请总理衙门换人,遭总理衙门拒绝。① 次年,陈纲到任。

早在光绪八年(1882),驻德荷意奥大臣李凤苞就与荷外部大臣论及在荷属东印度设领事宜,所获答复是如欲设领,须立专门条约。李凤苞将此咨报总理衙门,②但总理衙门未作答复,此事被搁置。迟至光绪二十三年(1897)吕海寰出任驻德、荷、意、奥大臣后,才开始与荷兰政府正式谈判设领。荷外部与殖民部商议后答复,荷属南洋47万余华人,已半数加入荷籍,无须中国设领保护,婉拒中方的设领要求。吕继续反复交涉,自觉略有端绪,即在光绪二十七年(1901)十二月奏报朝廷,建议在噶喇吧设总领事,在三宝垄、泗里歪、望加锡、勿里洞、日里、文岛等地分设领事。并请朝廷饬下外务部,趁与荷兰协订条约时,增入中国可在噶喇吧等荷属各华埠设领条款。③ 次年二月,外务部遵旨议复,同意吕海寰所奏,饬商约大臣会商外务部,设法在中荷订约时,增入设领条款,并责成接任出使德荷大臣廕昌与荷外部切实磋商,内外合力坚持。但中荷订约谈判时,中国为战败国,无力讨价还价。荷属南洋设领护侨仍无结果。

此后数年,荷印华侨控诉被拐、受虐并请求设领的公禀,通过新加坡领事馆、闽粤督抚和外部、商部,纷至沓来。尤其是荷印各华埠商会成立后,要求办理保护华工和代请设领的咨文奏折,不断通过农工商部、学部、南北洋大臣、闽、粤封疆大吏和其他中央各部转送外务部,对外务部形成巨大压力。光绪三十三年(1907),荷兰商人商请在福建招工,清外务部未允。使和参赞钱恂借机向荷政府提出设领要求。次年四月,钱恂向外务部建议,招工须订专约,中方应乘订约之便,加入设领条款。领不允设,即工不允招。荷兰驻北京公使也希望招工事务得到中国的合作。④ 因此,驻荷兰公使陆徵祥与荷外部重开谈判。迨宣统元年(1909)夏,荷兰始允许订约。但荷方坚持要等荷兰新国籍法通过后,才谈判设领事宜。⑤ 此后的谈判一波三折,在土生华人国籍归宿问题上各持所见。至宣统三年(1911)四月,双方妥协,在北京签署《和[荷]兰领地殖民地领事条约》,以互换照会作为条约附件方式解决国籍归宿问题。双方同意,关于条约中的荷兰臣民、中国臣民字样,在荷兰属地,按该地法律认定;原系华

---

① 《总理衙门及外务部档案》,《清代中国与东南亚各国关系档案汇编》第2册(菲律宾卷),北京:国际文化出版公司,2004年,第251～252页。

② 刘锡鸿等编:《驻德使馆档案钞》卷一,台北:学生书局,1966年,第285～287页。

③ 《外务部档》,陈翰笙主编《华工出国史料汇编》第1辑,第279～284页。

④ 《清季外交史料》卷二〇四,第19～24页。

⑤ 《和属领事约已定请简派大臣画押由奏》,中国第一档案馆藏《外务部折》,文件号:002362－002366。

族而入荷籍人,到中国后允许归中国籍,如前往别国,听其存、出荷兰国籍。①自光绪八年(1882)以来,迭经历任使臣向荷兰政府提出的设领要求,至此才以中国领事放弃对荷印土生华人的管辖权而得解决。

宣统三年(1911)六月,外务部奏准朝廷,在巴达维亚设总领事,管辖爪哇本岛三宝垄以东地方及婆罗洲荷属全境,勿里洞全岛并其附属各小岛;于泗水设立正领事一员,管本岛三宝垄以西地方及西里伯荷属全境、马渡拉、峇厘、龙目并附近各小岛;于苏门答腊之把东设立正领事一员,管辖苏岛全境及邦加并附近各小岛。以上各地均系华侨荟萃商务丛集区。首任总领事苏锐钊,则直到七月才上任。

三、南洋设领过程检讨

设领第一目的是保护海外商民。南洋是绝大部分海外华侨尤其是侨商巨贾的聚居之地,又是西洋列强向中国扩张的桥头堡。无论从设领护商、利用华侨经济力量或国防上经略南洋而言,在南洋各华埠设领都是当务之急。但从光绪三年(1877)年在新加坡设立第一个领事馆始,在南洋扩大设领的进程蹉跎不前。西属菲岛设领谈判断断续续,垂十八年而未成;在荷属南洋设领的交涉更历30年之久,直到宣统三年(1911)中方在国籍问题上作出重大让步始成;法属印度支那则始终未能设领。终清之世,在海外设立的领事馆共45个,有数百万华侨和数十个繁盛华埠的南洋,仅设7处领事馆。其中,宣统三年才于荷属印尼设立的3个领事馆尚未运作,清朝已被推翻。而在日本及其属地朝鲜,清朝先后设立10处领事馆。因此,检讨南洋设领,实有助于认识早期中国外交的教训,以为后来之鉴。

(1)对设领意义认识不足。同治初年,各南洋属地的宗主国驻华使臣和总理衙门最倚重的赫德,均建议清廷,应根据双边条约派遣驻外使臣。总理衙门则应之以"本衙门以各国至中华通商传教,有事可办,故当遣使,我中国并无赴外国应办之事,无须遣使"。在地方督抚和赫德的一再催促下,总理衙门虽认为有遣使必要性,但仍提出缺乏外交人才、人都畏惧远涉重洋和出使经费浩大等困难。② 此后虽然派遣驻外使臣,但对设领护侨必要性醒悟太迟,其原因是长期以来视华侨为弃民的帝国偏见。同治四年(1865)总理衙门与英法公使在讨论招工章程时,英国公使威妥玛和法国署使伯洛内特照会总理衙门,无论华

① 黄月波编:《中外条约汇编》,第319~320页。
② 同治朝《筹办夷务始末》卷五〇,第32页。

166

民承工出洋或自行出洋,都是到外洋谋生,对本国有利,中国均应保护。① 但总理衙门在致英国公使威妥玛对招工章程的说明中,将没有经过官方招工渠道的自行出国者,列入不能得到朝廷保护之列,"任听前往何处,如何做活,居住往来,均由自便,其事本无庸中国格外管理"。威妥玛再以英国的例子说明海外移民对本国毫无损失,反有大益,婉言批评中国不经管海外移民的做法"似非治政之美",应当鼓励各口华民多往外洋谋生。② 总理衙门置之不理,可见朝廷对出洋者的漠视仍根深蒂固。因此,在同治年间和光绪初年与外国签订的条约中,均没有按国际惯例和对等原则,列入中国可设领保护商民的条款,导致光绪初年以后清朝与英国、荷兰、西班牙等国谈判在南洋设领时,对方均以条约未规定为理由,拖延或拒绝中国在南洋华埠设领。

(2)对设领推动不力,错失设领机会。郭嵩焘出使英国之前,已考虑在英国殖民地华人较多的地方,如新加坡、孟加拉、槟榔屿等地设立领事馆的必要性和可能性。郭嵩焘呈报总理衙门的南洋设领计划,是在英属南洋等处、西属吕宋和荷属东印度各华埠设立领事,在新加坡设立总领事馆统率南洋各领事馆。总理衙门则认为,"中国领事官经创设南洋,各埠头相隔甚遥,胡璇泽甫令任事,才具堪胜任,耳目亦艰遍周,出使各国大臣及南北洋大臣两广总督势亦不能节制,应请从缓妥筹"。③ 光绪初年在南洋广设领事的设想就此搁置。光绪十三年(1887),张之洞根据王、余的南洋调查报告,再次向朝廷提出在南洋扩大设领的计划,即在西属菲律宾、荷属印尼和英属澳洲各设总领事及正副领事各数处:在西属菲律宾小吕宋设总领事,其他华埠分设正副领事,由总领事因地制宜择员充任;在英属槟榔屿添设副领事一员,与驻新加坡领事相助;在英属缅甸仰光设领事,联络商情,于边事有益;在荷属爪哇加拉巴设总领事,兼办三宝垄等处,分设副领事,一切与小吕宋同;在荷属苏门答腊日里设副领事;在英属澳洲雪梨大埠设总领事,总理雪梨及各埠兼纽诗兰岛华人商务。设领紧迫性以小吕宋为先,因为该处华民5万余人,贸易最盛,受害亦最深。其次为加拉巴,可收荷属各埠数十万华人内附之效。设领经费第一年由出使经费项下先行核给,此后商筹及岁收册照各费报明抵逐,不费公帑,各岛国华商愿自筹领事等薪俸经费,余者尚能作为造船公款禀俟拨用。张之洞强调在南洋扩大设领护侨的迫切性,否则南洋百万华民一旦不堪苛虐而被驱迫回国,内地沿海无处容纳如此游民。他还认为设领势亦可行,可饬总理衙门和出使大臣

① 《总署清档》,陈翰笙主编《华工出国史料汇编》第1辑,第145～149页。
② 同治朝《筹办夷务始末》卷三九,第6页。
③ 《清季外交史料》卷一一,第31页。

援国际公法通例交涉,先从小吕宋开办,再行推广。[1] 张之洞建议的设领计划虽在筹费方面过分乐观,但总体上是一个颇具战略远见并值得推动的可行建议。然而,总理衙门以"四难"为由不认可张之洞的建议:一为发端之难,西班牙和荷兰不易同意设领;二为筹费之难,商筹难为继,始而踊跃输纳,继而群情涣懈,岁收日绌,遂至不敷支用,古巴和新加坡领事馆费用筹划可为前鉴;三是管辖稽查之难,小吕宋远隔重溟,新金山雪梨等埠往返需三四月,该领事远不能呼吁驻欧美的出使大臣,近亦难以咨禀粤中大吏;四是恤商除弊之难,倘有不肖领事人员事事苛派无度,使华民重受其困,反为国家敛怨。因此,总理衙门认为,以目前事势,不宜发之太急,何况缅、暹、南掌、西贡等处腹内之地,已虞他人鼾睡,而我转图羁縻此腹外零星之小岛,窃恐未获实济,先启嫌疑。[2] 总理衙门除仍请旨饬下出使大臣张荫桓再与西班牙外部谈判开设小吕宋领事馆的前议外,将在南洋扩大设领事宜暂时搁置。总理衙门所列"四难"虽为事实,但非不可图。交涉之难,本是外交常态,不能因难而不为。经费之难,则是短视,诚如薛福成所言:在南洋各岛须设领事十数员,领事经费综计岁费当不过十数万金。新加坡设立领事十三年,支销经费未满十万金,然各省在新加坡所获赈捐海防捐之款,实已倍之。而商佣十四五万人,其前后携寄回华者,当亦不下一二千万。[3] 管辖之难,是因为清朝授驻外使领人员管辖权限僵化,若赋予张之洞建议的南洋各总领事以公使权限,就近直接与总理衙门沟通,不必再经驻欧美各出使大臣,此"管辖之难"能获解决。至于除弊之难,纯属吏治问题,非使领人员所独有。

(3)驻外使节布局失误和外交事权分散。光绪初年派遣驻外使节,为了节省出使经费,大多2~4国共一出使大臣。尤其是在美国、西班牙、秘鲁三国,共设一个大使,相距遥远,处理各地事务顾此失彼。郑藻如任内,美国排华事件层出不穷,主要时间和精力用于对美交涉,大部分时间驻美,西属菲律宾设领护侨事务则由马德里代办操办。张荫桓出使时期,也是忙于美国华工事务,疏于与西班牙谈判在菲律宾设领事务。荷属东印度设领事务,则由长驻德国的使德、荷、法大使负责。清朝的新加坡总领事馆及闽粤督抚关于南洋华侨的信息及设领建议,甚至要经北京的总理衙门送达远在欧美的清朝使馆。一使兼领数国,导致联络迟缓,公文往返经年累月。此外,设领事务多方参与,无人专注其责。总理衙门虽为专司外交机构,但仍无权就外交事务命令沿海地方督抚和出使大臣。大小外交事务的决策方式,是以总理衙门议复为主、地方督

---

① 《清季外交史料》卷七四,第21~26页。

② 《清季外交史料》卷七五,第18~21页。

③ 《清季外交史料》卷八四,第33~37页。

抚和驻外使臣共同参与,由上谕裁定的方式。主持总理衙门者也非专任,由其他担任要职的大臣轮番主持。主事者因此缺乏专业经验积累,也无意愿专注其职。热衷于参与在南洋设领华侨的督抚大员,也因多从自家利益考虑而意见相左。两广总督张之洞积极推动在南洋扩大设领,目的之一是动员南洋华侨捐资筹建粤洋海军,因此力主北洋海军舰只访问菲律宾,对当时国势已衰的西班牙施加压力,以利设领谈判。主持北洋海军的李鸿章尽管也是推动南洋设领的要角,但拒绝派舰,不让张之洞插手海军事务。

遣使设领,是中国在晚清时期被迫进入由西洋列强主导的国际体系的主要标志之一。随着晚清朝野对华侨认识的逐渐转变,保护和利用华侨,成为清政府华侨政策的主要内容。南洋为中国周边地区,具重要战略地位,也是华侨聚居之地,应当是中国设领的重点地区。虽然在地方督抚的推动下,朝廷在新加坡设立第一个海外领事馆,但对设领的重要性仍认识不足,推动不力,导致在南洋设领进展缓慢。此外,外交人才的缺乏、驻外使节布局失误和外交事权分散,也屡误设领时机。因此,晚清时期中国在海外设领事馆凡 45 个,而在集中 80% 华侨所在地的南洋地区,仅设立 7 个领事馆。

第三节　晚清华侨民族主义的形成

南洋华侨对中国的民族国家认同,始于 19 世纪末海外中华民族主义的兴起和发展。民族主义指由民族意识唤起的对本民族的感情、态度等,表现为对民族(nation)的全面忠诚与奉献。民族主义的最终诉求是(基于同文、同种或共同宗教、地域等)建立民族国家(state)。因此,民族主义的产生,势必经历了由少数民族主义启蒙者对具有相似语言、血缘、宗教、文化心态等群体成员的发动过程。就东亚华侨社会而言,在民国建立之前,华侨民族主义的发展有两个层次。第一个层次是反抗列强压迫,期望中国国家强盛,保护海外国民,这是华侨参与中国社会各项变革与建设的思想基础。第二个层次是以反抗满族压迫、推翻清朝统治、建设民主国家为目的的汉族民族主义。[①] 在第一个层次上,清政府的拉拢和保皇党人的鼓吹起主要引导作用。在第二层次上,则主要来自孙中山革命派的灌输。海外中华民族主义的形成和发展,推动华侨从认同家乡到认同作为民族国家的中国,开启了华侨与中国的政治蜜月时期。

---

① 参见庄国土:《清末华侨民族主义的形成与孙中山的辛亥革命》,张希哲、陈三井编《华侨与孙中山领导的国民革命研讨会论文集》,台北:国史馆,1996 年,第 285~300 页。

一、只知有家不知有国

早期华侨只知有家(和家乡),不知有政府与国家。这种意识与中国境内的国民意识也是基本一致的。晚清以前,千百年来中国国民意识中没有"国际"观念,因而也缺少"民族"和"国家"意识,处于支配地位的是以中国为中心的"天下一统"的思想。"普天之下,莫非王土,率土之滨,莫非王臣",以及"天朝地大物博,无所不有",即是这种思想的典型表达。即使是常被北方蛮族侵扰,但侵入中原的蛮族也终被汉化。因此,国人的认同本质上是一种文化认同,认为中华文化的融合力无所不能,即使是异族也会最终认同于中华文化。反之,入主中原的异族只要皈依中华文化,也会在很大程度上得到汉族士大夫阶层的容忍,血统、种族分野的重要性则在其次。因为民族冲突从未彻底威胁中华道统的支配地位,中国皇帝"奉天承道",是天下君主而非某一民族的首领。正如费正清所说的,"自古以来中国与周边蛮夷交往中,中国已确认这种事实:中国优势地位并非仅是因为物力超群,更在于其文化的先进性。中国在道德、文学、艺术、生活方式方面所达到的成就使所有的蛮夷无法长久抵御其诱惑力。在与中国交往中,蛮夷逐渐倾慕和认可中国的优越而成为中国人。中国作为东亚的中心长达几个世纪,因此中国人发展了一种类似民族主义的文化主义精神"。[①] 19 世纪末以前,民族主义精神仍未因民族危机的迫近而被朝野普遍接受。三元里抗英当时并没有为全国瞩目,与其说是民族反抗,毋宁说是保护家乡。中法海战与中日甲午海战,南北方官僚士绅各顾一方。八国联军入侵中国时,南方官僚士绅策划的"东南互保"活动,更说明国人乡土意识高于民族意识的状况。民族主义在海外传播以前,华侨的宗族、乡土意识高于民族意识,正是国内这种状况在海外的反映。到 19 世纪末,东南亚华侨已有数百万,海外华侨至少在 400 万人以上,且高度集中在东南亚。但此时各地的华侨社会仍多为自然形成的各种方言、宗族集团所组成。这些华侨群体及其社团在维护共同利益、守望相助、保持家乡联系方面虽发挥很大作用,但其狭隘的乡土观念与宗族、方言、行业的排他性又常成为不同华侨群体之间冲突的根源。由于华侨社会认同于家乡甚于国家,华侨在侨居地认同于某一帮派、社团,对祖国则认同于家乡、亲族。在侨居地华侨帮派林立,互相内耗不已。南洋地区华人私会党多达数十种,内部再分为上百派,[②]长期互相争斗。南洋地

---

① John K. Fairbank, Tributary trade and China's Relations with the West, in *Far Eastern Quarterly*, Vol. 1(1942), p. 130.

② 欧阳荣华:《新加坡的私会党组织》,《星洲日报》1966 年 1 月 9 日。

区的各种合法社团、公司、庙堂等,大多有私会党背景。帮派林立,互相争斗的结果不仅极大削弱华侨社会在当地的政治、经济基础,也被当地政府用于限制、迫害华侨的借口。

二、被唤醒的民族主义

第二次鸦片战争导致的民族危机强烈震撼了朝野。天朝"尽善尽美"的自我陶醉和颂扬被西方的"船坚炮利"彻底粉碎。在民族危机意识下寻求救亡图强之路的中国朝野政治势力,都先后把目光投向海外华侨,寻求华侨支持他们主张的中国社会的自强变革之路,也因此激发了海外华侨社会中华民族主义的兴起和华侨对祖国的政治认同。

第一股政治势力是清政府实权派中的有识之士,以地方督抚或出使大臣如李鸿章、张之洞、蒋益澧、丁日昌、薛福成为代表。他们对国外事务较了解,对民族危机的认识也比较清廷中的顽固保守派深刻。他们主张先富国再强兵的道路,而 19 世纪后期,海外华侨的经济实力及所处地理环境所具有的战略地位,成为他们重视的对象。正是在他们的推动下,清政府改变了以往敌视华侨的态度,推行保护、利用华侨的政策。清政府的侨务活动主要有五个方面:一是设置领事馆保护与管理侨民;二是采取以外交手段为主的各种措施保护华工;三是动员、劝诱华侨对国内捐赠和投资;四是发展海外华文教育;五是筹建海外总商会,促进华侨社会的统一。

应当说,清政府的侨务活动的目的首先是利用和控制华侨,但其客观效果有二,第一是唤起华侨的内向之心,加强华侨与中国的联系;第二是促进华侨社会的相互联系与统一。19 世纪 70 年代以后,清政府以南洋地区华埠为主要目标,不断派遣专使向华侨社会劝诱捐赠,投资国内。最先负专门使命到南洋考察者为郑观应。1883 年中法战争期间,郑观应受粤督岑毓英所托前往南洋,刺探法国军情,同时策动华人配合中法战事。[①] 1884 年,两广总督张之洞亦派遣属官往南洋巡历,考察外洋各华埠捐船、护商、设领的可能性。[②] 光绪初年以后,举凡国内发生自然灾害,清朝总是敦促华侨募捐赈灾,南洋当地华文报纸亦予以配合、鼓吹。1888 年广东惠州水灾,1889 年江、皖水灾等,地方政府均派员到南洋劝捐,新加坡最早的华文报纸《叻报》发表动员赈灾的社论,刊登捐助者芳名录等,清政府对捐款者封官衔名号予以褒奖,华侨捐赠踊

---

① 郑观应:《盛世危言后编》卷五,军务。

② 《张文襄公奏稿》卷一六。

跃。① 1876 年以后,北洋舰队先后 5 次访问南洋华埠,祖国军舰所到之处引起华侨社会的轰动,"海隅百姓,得瞻宗国旌旗,无不欣欣然,额首欢呼,欢声雷动。"②清政府还大规模地在华埠卖官鬻爵。③ 在清政府看来,华侨远居海外,买官封爵,无非虚衔浮名,清政府可得捐纳实利,又可笼络远人之心。海外致富华侨大多出身卑下,虽久居国外,传统价值观念仍根深蒂固,光宗耀祖莫过于功名爵号。清末大规模投资国内的华侨,如张振勋、胡国廉(子春)、张煜南兄弟等,其投资的动力之一是追逐衔号官职。为了保护华侨回国及在国内投资,清政府在 1893 年正式豁除海禁,以后又在闽粤沿海地区设立保商局,在一定程度上方便华侨出入国及维护华侨在国内投资的利益。所有这些措施极大地促进华侨与祖国的关系。海外华侨以往多只注意其家乡宗族利益,但清政府的劝捐、鬻爵、派专使、舰队访问华埠,诱导华侨到国内投资、设领护侨等措施客观上引导华侨关注和参与其家乡、亲族之外的中国国内事务,进而重视国家及民族的命运与前景。到 19 世纪末 20 世纪初,海外华侨热衷的国内事务已远超过其家乡的范围,这种对中国的认同是华侨民族主义产生的重要前提之一。

清政府的侨务活动的重要内容还包括推动海外的华侨教育与中华总商会的成立。20 世纪初以前的华侨教育以旧学为主,基本上是国内私塾的翻版。教学内容不外是《四书》《五经》,目的在于熟悉传统文化,教学语言也大多是闽粤地方方言,而且侨校数量少,规模小。1902 年,清政府颁布《钦定学堂章程》以后,在谕令各省建立新式学堂的同时,还采用各种办法推动海外华侨新式教育。华校在 20 世纪头十年遍及各华埠。华侨教育的发展,对启发民智、保持中华文化传统起了决定性的影响。新式学校的国语教学克服了华侨内部、华侨社会与中国之间的语言障碍,有利于在海外保持和发扬中华文化,有利于从文化上认同于整体中国,从而促进民族主义情绪的产生和发展。清政府还致力于在各地华侨社会中推动超地域、帮派、血缘的社团组织——中华总商会的成立。基于地缘、血缘、语缘、族缘建立的华人社团至少可追溯至明末清初的天地会。各种华侨社团组织一方面起了保护、组织华侨的作用,另一方面亦由于门户之见,壁垒森严,彼此内斗不已。在清政府专使和使、领馆官员的劝导

---

① 见《叻报》1888 年 5 月 23 日;1891 年 7 月 28 日;1892 年 10 月 4 日等。

② 《叻报》1887 年 11 月 14 日。

③ 有关清政府在南洋卖官鬻爵的研究,参见 Yen Ching Hwang,Ching's Sale of Honours and the Chinese Leadership in Singapore and Malaya 1877—1912,in *Journal of Southeast Asian Studies*,Vol. 1,No. 2,1970;黄建淳:《晚清新马华侨对国家认同之研究——以赈捐投资、封爵为例》第三章,台北,1993 年。

与组织下,到20世纪头十年,世界各主要华埠均先后成立了中华总商会。中华总商会成立后在协调帮派矛盾方面作出了一定的贡献。作为个人,华侨不但属于某一帮派,还基于共同的种族文化认同于整个华侨社会,从而较容易就发展到对中国社会的认同。

第二股将目光投向华侨社会的政治势力是康有为、梁启超领导的保皇派势力。应当说,康、梁是近代中国民族主义思潮的唤起者和推动者之一,并以此影响和推动了海外华侨民族主义的觉醒。梁启超在1901年写的《国家思想变迁异国论》一文中说,欧洲"十八、十九世纪之交,民族主义飞跃之时代也"。而今已处于"民族主义与民族帝国主义相嬗之时代也"。"民族主义发达之既极,其所以求增进本族之幸福者,无有厌足,内力既充,而不得不思伸于外。"而我国"所谓民族主义者,犹未胚胎焉",每个中国人都应奋起,"知他人以帝国主义来侵之可畏,而速养成我固有之民族主义以抵制之"。① 他强调中国救亡图存的当务之急,是建立一民族主义国家。同时,他第一次对民族主义作出概念诠释:民族主义是"各地同种族、同言语、同宗教、同习俗之人,相视如同胞,务独立自治,组织完备之政府,以谋公益而御他族也"。② 戊戌变法以后,康梁通逃海外,继续鼓吹维新变法主张,并在海外提出与发展其"民族主义"观。为了建立民族国家,梁启超特别强调要养成国家思想,树立爱国心。他还把民权思想与民族主义思想联系起来,主张"民权兴,则国权兴,民权灭,则国权亡,故言爱国必自兴民权始"。③ 他融民权于民族主义之中,反对专制,主张建立君主立宪国家,这种主张初期在当时海外中上层华侨中颇有吸引力。在敦促华侨关心国内事务、主张建立资本主义民族国家方面,他们与孙中山革命派的主张并无本质的不同。其分歧主要是保皇党人主张中国应采取君主立宪的改良道路。认为"保国保种非变法不可,变法非仁君如皇上不可"。又认为满汉同种,满人统治中国,只有主权之更迭,无国家之灭亡。孙中山则坚持武力排满的激进方式。

第三股政治势力即孙中山的革命派。孙中山一生中,有一半时间是在华侨社会中生活和活动,这使他与华侨的关系有如鱼水关系。孙中山本身是华侨,对侨情的认识也比较深刻。他认为:大部分华侨出国前在国内受欺压,到国外受排挤与歧视,这使华侨具有较强的反抗精神,也较容易接受民族主义意识。孙中山曾说,"凡我侨胞直接间接所受政治上之痛苦,罔不洞知。每思专

---

① 梁启超:《饮冰室合集》文集(6),第19～22页。
② 梁启超:《饮冰室合集》文集(26),第20页。
③ 梁启超:《饮冰室合集》文集(3),第73页。

制推翻、民治发达之后,稍尽保护之责,藉纾痛苦之情,耿耿此心,无时或息"。① 此外,华侨少保守,易接受新思想。"华侨的思想开通较早,明白我党主义在先,所以他们的革命也是在先。"②孙中山一直以动员和组织华侨参加国内民主革命来影响华侨对祖国的认同。

无论是清政府、保皇党还是革命党人,在其争取华侨支持时,都首先引导华侨对祖国的关注,都重视华文报刊和华侨教育。在各方的发动下,清末,华侨社会的政务论题主要是中国政局,文化主题主要是中国文化。以中国事务为主要内容的华文报刊和以国语为主的华侨教育在华埠的普及对华侨起了决定性的文化乃至政治导向作用。到20世纪初,对中华文化的认同已在华埠起主导作用。特有的文化与心理状态是不同民族的根本区别,是民族存在的基础。由华侨教育和华文报刊鼓动起来的华侨文化认同,成为20世纪初华侨认同祖国与中华民族的心理基础。同时,各派在华侨社会中的政治诉求也以国内政治体制为焦点,从而基本上左右了华侨社会的政治认同,从而酝酿和产生了华侨民族主义。20世纪初华侨民族主义的本质是对祖国的政治认同,其标志之一,就是遍布各华埠的以"中华"为名称的各种社团组织,如"中华读书社"、"中华会馆"、"中华学校"、"中华总商会"等。

三、华侨社会各阶层对民族主义的认知和特点

如上所述,辛亥革命前,国内的主要政治势力都倾力推动华侨对中国的政治认同。清政府主要通过其使领馆、专使等,在华侨社会中卖官鬻爵,推动与协助建立与国内新学校体制一致的侨校,提倡传统儒学,组建由清政府控制或影响的中华总商会等。在推动海外华侨对中国文化认同并发展到政治认同的同时,敦促华侨忠诚于朝廷,目的在于将华侨对中国的政治认同导入对朝廷的政治认同。这种清政府鼓励的华侨政治认同,其民族主义色彩较淡,强调的是对中国的支持和对朝廷的传统忠诚。康、梁保皇党是中国近代民族主义的首倡者之一,遁逃海外后经常发表救国救民、保皇保种言论,③其民族忧患与革命党人没有两样,在华社内激起强烈的国家民族意识。保皇党人所热衷推动的在华埠设立孔教会,是其通过复兴传统文化而激发民族意识活动的重要内容。因此,其推动华侨认同于中国的主张始终贯穿着民族主义的诉求,也得到

① 《孙中山全集》第5卷,北京:中华书局,1981年,第543页。
② 《国父全集》第3册,第787页。
③ 汤志钧:《论康有为和保皇会》,《纪念辛亥革命70周年学术讨论会论文集》中册,第1113~1127页。

海外华侨中上层包括某些政治上亲满的社会名流和有西式教育背景的侨界精英所响应。① 诚如颜清湟所说的,"在新马孔教复兴分子的眼里,恢复了生气的孔教是中华民族强大的源泉,是中国民族主义的实质,是一种生机勃勃的现代化力量。它使中国振兴和富强"。② 康、梁的民族主义以复兴传统文化为基础,其忠君爱国思想是以民权主义为前提的,这与清政府在侨界提倡的传统忠君爱国思想有本质的不同,也是保皇党人能影响华侨知识分子的重要原因。

孙中山的民族主义思想分为两个层次,第一个层次是组成民族政府,实行民权,振兴国家,反抗列强。在这一层面上,其主张虽较保皇党人彻底,但无本质不同。在第二个层面上,则是武力推翻满族统治、建立民主国家的汉族民族主义。在第二个层面上,与保皇党的满汉一家,同文同种的观点有根本区别。

民族主义指由民族意识唤起的对本民族的感情、态度等,表现为对民族的全面忠诚与奉献。民族主义的最终诉求是(基于同文、同种或共同宗教、地域等)建立民族国家。在民族独立和政治现代化运动中,民族主义一直扮演整合国家或区域各种政治力量的角色,将民族和国家联结成一个政治性的实体,经民族主义领导人有意识的努力,使个人与民族国家建立起密切的联系。③ 因此,民族主义的产生,势必经历了由少数民族主义启蒙者对具有相似语言、血缘、宗教、文化心态等群体成员的发动过程。海外华侨社会民族主义产生和发展也经历这样的过程。

众所周知,海外华侨社会的民族主义是由中国本土输入的。无论是中国的保皇党人还是革命党人,都在海外热心传播民族主义。19世纪后期华侨社会的特点也使华侨易于接受这种民族主义。尤其是中下层华侨,经过革命派的动员之后,更倾向于孙中山的革命主张。

20世纪初的华侨人口有两个特点:一是大部分是新移民,离开中国时间不长,二是他们在中国、在国外大都处于社会底层。因此,这些下层华侨在出国前饱受官吏、士绅压迫之苦,对清政府的腐败记忆犹新。他们在海外的侨居地多是列强殖民地或白人统治的国度,深受当地政府和民间的歧视、虐待,对民族压迫较其他社会阶层更有切肤之痛。当他们接受民族主义的宣传,理解民族主义的要义以后,其民族主义情绪比其他社会阶层更为强烈。他们离开祖国、离开家乡的时间较短,对故乡、宗亲的亲和力也比久居异国的上层华商更深。而这种亲和力升华为民族主义情怀时,这种情怀就化为对祖国、民族的

---

① 如林文庆与陆佑等,都曾是保皇党的信徒或支持者。

② 颜清湟:《海外华人史研究》,新加坡:亚洲学会,1992年,第267页。

③ Rupert Emerson, Paradoxes of Asian Nationalism, in R. Tilman, ed. , *Man, State and Society in Contemporary Southeast Asia*, New York, Praeger, 1969, p. 256.

献身精神。又由于承受苦难更深,对中国社会不公平的现状和清政府的腐败统治更不满,对革命的反应也较中上阶层更热烈。他们贫困潦倒,身无长物,有的只是一腔热血,参与革命活动较其他社会阶层人士更显得义无反顾。①

综上所述,晚清华侨社会民族主义产生和发展的前提是华侨对祖国的全面关注与认同,这种认同以民族文化为基础,发展为对国家的政治认同,这种政治认同即是华侨社会民族主义的核心。清政府、保皇党人、革命党人的活动都为华侨认同祖国作出贡献,尤以清政府的措施最为有力。华侨社会各阶层依其经济利益、政治诉求分别认可清政府、保皇党人和革命党人的主张。在接受民族主义的过程中,华侨中上层倾向于保皇党人,而中下层华侨则支持孙中山革命派的主张。当清政府的腐败无能彻底为华侨社会所认识后,大多数华侨转到革命党的民族主义革命纲领旗下。诚然,无论是上层华侨还是中下层华侨,20世纪初关注中国的华侨数量并不多,但其在华社活跃程度远在其人数之上,俨然主导华社思潮。

第四节　民国政府的侨政

一、北洋政府时期的侨务

1912年中华民国建立后,孙中山出任南京临时政府大总统。3月,即发布《大总统令外交部妥筹禁绝贩卖猪仔及保护华侨办法》、《大总统令广东都督严行禁止贩卖猪仔文》、《令内务部编定禁卖人口暂行条例》,训令外交部、内政部和广东政府制定保护海外侨民、杜绝贩卖猪仔华工的相关政策。其对外交部等的训令代表民国政府保护华侨的决心和态度:"查海疆各省,奸人拐贩'猪仔'陷入涂炭。曩在清朝,熟视无睹,致使被难同胞,穷而无告。今民国既成,亟应拯救,以尊重人权,保全国体。又侨居散居各岛,工商自给者,亦繁有徒,屡被外人凌虐,然含辛茹苦,挚爱宗邦。今民国人民,同享自由幸福,何忍侨民向隅,不为援乎?除令广东都督严行禁止'猪仔'出口外,合亟令行该部,妥筹

---

① 颜清湟列举了新马地区十大维新派或拥满保守派富商经历,他们或有清政府颁给的职衔,或在中国有各项投资。颜又列举十大支持革命党人的富商。这些人与清政府均无经济或政治利益关系,而且他们绝大部分人支持革命派的活动均在1905年以后。见颜清湟著,李恩涵译:《星马华人与辛亥革命》,台北:联经出版公司,1982年,第297~305页。

杜绝贩卖及保护侨民办法,务使博爱平等之义,实力推行。"①虽然孙中山在 4 月即卸任临时大总统职务,但其保护和重视华侨的理念对其后北洋政府和南京国民政府的侨务政策有较大的影响。

袁世凯窃取总统职位后,临时议会随之迁往北京,组织北京政府,亦称北洋政府。北洋政府虽在北方,并未忽视华侨参政权利。1912 年 12 月,袁世凯发布《布告闽粤等省保护华侨文》,责成闽粤地方政府认真保护归侨:"闽、粤各省人民,懋迁为业,转徙海外者,所在多有。以彼久居殊域,犹复眷怀祖国,先后来归,乃地方有司,往往抚缉无力,致情意每多隔阂。前清末造,亦有保护侨民之议,而奉行不善,实效未彰。方今民国肇兴,凡属中华国民,咸得享同等之权利。所有闽、粤等省回国侨民,应责成各该省都督、民政长,通饬所属,认真保护。其有藉端需索,意存侵害者,务当随时查察,按法严惩,俾遂侨民内向之诚,益彰民国大同之治。特此布告。"②

在 1912 年 8 月公布的中华民国宪法之国会组织法中,规定参议院议员共 274 名,由各省省议会,蒙古、西藏、青海选举会,中央学会及华侨选举会选出,并规定参议院 6 席由华侨选出。③ 这是中国历史上第一次由国家宪法规定的华侨参政权,代表国家对华侨参与国政权利的认可,被以后历届国民政府所沿袭。11 月,北洋政府颁布《国籍法》,以血统主义为主、兼顾属地主义的原则作为认定和获得中华民国国籍的准则,基本上成为以后南京国民政府的国籍法之蓝本。④ 随之,北洋政府应华侨请求及护侨和发展外交需要,增设驻外使领,向华侨颁发国籍证书及通过对外交涉维护华侨权益。北洋政府先后在丹麦、瑞典、瑞士、挪威、巴拿马、智利、芬兰等国设立公使馆,在北婆罗洲、南非、法国巴黎、德国汉堡、墨西哥顺拿腊、列宁格勒、伯利、伊尔库茨克、黑河、叙米等埠增设了总领事,美国纽约、日本神户、苏联赤塔等三埠升格为总领事馆。在意大利脱利斯脱,比利时昂维斯,墨西哥覃必古、米市加利,双城子,庙街等 13 埠增设了领事或副领事。1918 年 12 月,经旅俄华侨联合会请愿,北洋政府设立莫斯科总领事馆,以方便中国侨民保护。此后,北洋政府内务部拟订《颁发旅外华侨国籍证书暂行规则》,由内务部向国外侨民发放国籍证书,使侨民随身携带,作为法令保护依据。驻外使领馆的增设和国籍证书的普遍发放,使中国政府的侨民保护有法可依,程序上易于操作。但北洋政府时期,国势屡弱,护侨的对外交涉屡为挫折。1923 年,日本东京大地震后,日本借机排华,

---

① 台湾"侨委会"编:《侨务五十年》,台北,1982 年,第 529 页。

② 李宗一、章伯锋主编:《北洋军阀》第 2 卷,武汉:武汉出版社,1990 年,第 1365 页。

③ 杨建成:《华侨参政权之研究》,台北:文史哲出版社,1992 年,第 9 页。

④ 北京政府编:《政府公报》第 4 册,台北:文海出版社,1971 年,第 61 页。

残害华工和中国留学生数百人,并驱逐华工回国。北洋政府派员赴日调查和交涉,外交部向日方提出惩凶、抚恤、发表调查结果等三项要求,均被拒绝。日本外务省仅在 1924 年 4 月向中国政府道歉,不予抚恤。

第一次世界大战期间,协约国的法国、英国、俄国因国内多被征壮丁参战,劳工缺乏,先后到中国招募劳工。法国首开招工先河,英、俄接踵而至,中国华工大批赴欧,数量约在 17.5 万~20 万间。其中,在英军麾下服务者约 10 万人。① 招工之初,北洋政府外交部即照会法国驻华公使,要求保护华工不受虐待,得到法国公使承诺。1917 年 9 月,北洋政府为加强管理和保护,颁布《侨工事务局暂行条例》,设立"国务院侨工事务局",是为民国时期中央政府侨务机构之滥觞。1918 年 4 月,北洋政府公布《华工出国条例》和《募工承揽人取缔规则》,规范招工程序和华工在外利益保护各项细则,强调侨工事务局在招工过程中的职责和审批及核准的地位。② 侨工事务局曾应荷属东印度华侨呼吁,派员调查邦加和勿里洞两岛锡矿华工受虐情况,撰写《南洋和(荷)属勿里洞华工情形调查书》。报告指出:政府对华工"概多漠不关心,和兰人民遂亦肆行无忌,积重难返,每况愈下。慨念侨艰,良深测悯"。因此,政府应"修改中和商约,严定保护之条和严饬沿海各省实行禁止私招"等措施。③ 然而,此时的段祺瑞政府忙于直皖战争,勿里洞华工受虐之事遂无下文。1918—1919 年,北洋政府教育部两次派员分别到荷属东部群岛、西部群岛视学,此后教育部也多次派员赴海外各地劝学,推动华侨教育。辛亥革命以后 10 余年间,是侨教大发展时期,如陈嘉庚所言,"各属华侨热诚内向,有送子弟回国求学者,然为数无多。唯在洋则积极创设学校,十余年如雨后春笋,到处都有,及至近年则更形林立"。④ 与北洋政府的推动不无关系。北洋政府亦拟利用华侨经济力量。1919 年 2 月,徐世昌以大总统名义下令内务、农商两部晓谕海外各埠中华商会,劝导侨商回国兴办实业。此后,派员赴南洋宣示政府优待华商回国投资、举办实业之意。侨务事项繁多而侨工事务局人手有限,处理华工各项商务尚应接不暇,对其他华侨事务更是顾此失彼。经多方呼吁,北洋政府于 1921 年颁布《侨务局组织条例》,撤销侨工事务局,于次年 1 月正式设立国务院侨务局,其职责为"掌管本国在外侨民移殖保育一切事务"。⑤ 除赴欧华工外,绝大

① 陈三井:《华工与欧战》,台北:中研院近代史研究所,1986 年,第 34~35 页。

② 福建省档案馆编:《福建华侨档案史料》(上),档案出版社,1990 年,第 123~131页。

③ 陈翰笙主编:《华工出国史料汇编》第 1 辑,第 391~459 页。

④ 陈嘉庚:《南侨回忆录》,香港:草原出版社,1979 年,第 204 页。

⑤ 李盈慧:《华侨政策与海外民族主义(1912—1949)》,第 47 页。

部分华侨都来自广东、福建,对北洋政府向来不满,而北洋政府施政无力和中国各地军阀自行施政,使北洋政府虽有保侨机构,难以施保侨之实。

北洋政府时期,闽粤地方当局基于本地利益,也设立侨务机构,利用海外侨务资源。民国时期最早成立的侨务机构是福建暨南局。1912 年 1 月,福建都督府参议厅议决设置暨南局,10 月 4 日批准立案。该局掌回籍华侨保护及受理华侨申诉、华侨殖民一切规划、侨教和招商、旅行券及证明文件等事务。总局设于厦门,分局设于福州。① 该局开办一年,办结华侨命盗案数百件,组织大资本公司十余起。1913 年 10 月,财政部以减政主义为名,删除该局预算,裁撤机构。暨南局被裁引起群侨惶骇,函电质询北洋政府络绎不绝。北洋政府据最近调查,知悉海外华侨“人数不下 700 万,每岁由洋输资回国者各银行合计约在 3000 万以上”,而闽省向来贫瘠,尤赖侨力。经闽籍华侨代表黄恩培等具呈,11 月底,北洋政府重新恢复暨南局预算和机构。② 这是北洋政府基于对华侨重要性的认识而遵照华侨意愿采取的侨务施政措施。

1923 年 2 月,孙中山从上海回广州,重建陆海军大本营,组织南方政府,以大元帅名义统率各军,综理政务,与北洋政府分庭抗礼。孙中山在南方政府内政部下设侨务局,1924 年 1 月,南方政府内政部颁布《侨务局章程》、《侨务局经理华侨注册简章》等法规,明确侨务局之执掌保侨、劝募、招商等职能,以及在侨务局注册的侨胞在国内可享受的生命、财产及其他权益保护。但南方政府内困于应付叛乱,外则忙于准备北伐和联络各地军阀,除筹款外,无暇推动各项侨务工作。

相比侨务局,孙中山对侨务工作的重视更体现于在国民党内设立海外部。1924 年 1 月,孙中山召开中国国民党第一次代表大会,决议重新建立侨务行政机构,处理及拓展侨务。2 月,国民党中央执委会通过《海外党务方案》,决定设立中央海外部,在海外各侨居地设 18 个总支部,由林森任海外部部长。根据 1926 年 1 月国民党二大通过的《海外各地党务报告决议案》,要求海外党务工作的职责,除努力唤醒侨众,使其觉悟,加入本党外,尤须注意于该地之革命运动。至 1926 年 10 月,经过整顿和改组的以及新成立的国民党海外组织总支部有 14 个,所辖支部 88 个,党员总数达 97455 人。其数量仅次于广东、

① 福建省档案馆编:《福建华侨档案史料》(上),第 1~2 页。

② 《内政部函》(1913 年 11 月 27 日),福建省档案馆编《福建华侨档案史料》(上),第 4 页。

广西,占全国各省市党员总数的第三位。^① 同时,广州国民政府设立侨务委员会,作为政府侨务职能部门,为以后的南京国民政府所沿袭。海外党部的设立,使以后的国民党政府的侨务工作获得坚实的海外组织基础,其影响力一直持续到 20 世纪后期。

无论是北洋政府还是南方政府,均内挫于军阀混战或南北对峙,外则饱受列强欺凌和摆布。内外交困之中,首脑变换如走马灯,基层人事变动频繁。北洋政府为国际社会所承认,但不被多数华侨拥护。南方政府甚得侨心,却不被列强视为代表中国的政权,无法实施护侨。因此,南北政府虽然均重视华侨的力量和作用,但却无甚余力开展侨务工作,在保侨和吸引侨资等方面的建树均极其有限。

二、南京国民政府的侨务

1926 年,广州国民政府发布《北伐宣言》,在广州组建国民革命军总司令部,正式发动北伐战争。不到半年,就从珠江流域打到长江流域,直驱中原。1927 年 4 月,蒋介石在南京组建国民政府,发布《国民政府宣言》,定都南京,并逐次推进侨务工作。次年 1 月,南京国民政府在行政院外交部下设立侨务局,掌侨务施政。此外,在大学院内设华侨教育委员会,主催华侨教育,在国民党内建立"国民党海外工作委员会",其主要工作范围是涉侨事务,直属国民党中常委。侨务职能分割于不同部门与政府侨务局级别低引发华侨的强烈异议,"海内外华侨团体,均以侨务局隶属于外交部范围过小,不能因应而言。上海华侨联合会又迭电呈中央请恢复侨务委员会"。^② 1928 年 9 月,南京国民政府正式恢复广州国民政府时期的侨务委员会建制,隶属于行政院。侨务会设常务委员 5 人,委员 7 人。次年 2 月,国民党召开二届四中全会,改组国民党中央机构和国民政府机构,侨务委员会改隶国民党中央执行委员会,称中央侨务委员会,加强国民党对侨胞的控制。南京国民政府的党化侨务工作和侨务部门成为一党统治的工具,遭到海内外侨胞的强烈批判。1931 年,侨务委员会又改隶行政院,由陈树人担任委员长。在侨务会的数十名委员中,吸纳很多知名海外侨领。陈树人在侨政方面建树颇多,任委员长达 15 年之久,直到抗战胜利后政府改组才卸任。

1933 年 9 月,经行政院批准,侨务委员会为了"处理侨民之移殖、保育及

---

① 任贵祥:《孙中山、袁世凯及其代表的南北政府侨务政策比较研究》,《江汉论坛》2005 年第 7 期。

② 彭胜天:《三十年来之侨务》,《南洋研究》第 6 卷第 2 期,1936 年。

便利指导、监督侨民出入口",发布《驻各口岸侨务局章程》,在汕头、厦门、海口、上海、广州、福州、江门、梧州、天津、青岛、北海等华侨进出和集散口岸分设侨务局,行指导、保护、受理投诉、检验统计等职责。[1] 1934—1937年间,各地侨务局次第成立。抗战期间,侨务委员会随政府初迁汉口,再迁重庆,于1941年在福建国统区永安和云南设立侨务处,指导各相关口岸侨务局工作。[2] 抗战胜利后,侨务委员会随政府还都南京。1948年11月,在台北设台湾侨务局。国民党政府迁台后,台湾侨务局并入侨委会。

抗战之前,南京国民政府的侨务工作卓有成效。1929年,国民党中执委接掌侨务会后,发布《华侨登记规则》,送外交部分发各地使领馆执行登记事务。1937年,侨务会又公布《调查海外华侨专门技术人才条例》、《侨民出入国登记》、《华侨团体调查及立案》、《华侨学校调查及立案》等条例。[3] 虽然南京国民政府的各项华侨登记事务也为其控制侨社的目的服务,但对政府把握海外侨情意义重大,使侨务工作能有的放矢。

南京国民政府重视华侨文教,此项传统一直为台湾国民党政府所继承。1927年4月南京国民政府甫成立,6月,国民政府教育行政委员会即派郑洪年接收国立暨南学校,9月,在暨南学校基础上成立国立暨南大学,在校长郑洪年编订的《国立暨南大学计划大纲》中,其办学目标为"从质量上完成华侨之最高学府。使华侨子弟得享受世界高深的知识与祖国优美的文化,以为他日参加祖国一切运动,及提高华侨地位之准备"。南京国民政府力图将侨教纳入国民教育系统,颁布多种规范和扶持海外侨教的条例,规定驻外领事负有发展侨民教育职能,采取各种较有力的扶持海外华侨文教事业的措施。1932年以后,南京国民政府先后发布《指导侨生回国升学规程》、《辅助侨民学校办法》、《侨民学校立案章程》、《侨民中小学规程》、《领事经理侨民教育行政规程》等条例,这些条例的实行对提升侨教水准、促进侨教与国内教育的对接、政府对侨教的义务等,均有重要的指导作用。1934年,侨务会在南京设立"侨民教育师资培训班",一直到政府搬迁重庆,该项海外侨校师资培训工作仍然继续,直到太平洋战争爆发才停办。1932年以后,侨务会先后创办和扶植《华侨周刊》、《侨务委员会公报》、《侨务月报》、《侨民教育季刊》等数十种面向华侨的刊物。中央广播电台则每周有半小时的对华侨广播节目,国民党海外党部在海外还创办多种党报。这些刊物和广播虽杂有国民党的党务宣传,但主要还是中华

---

① 福建省档案馆编:《福建华侨档案史料》(上),第19~20页。
② 福建省档案馆编:《福建华侨档案史料》(上),第29~30页。
③ 吴凤斌主编:《东南亚华侨通史》,第679页。

文化、侨务知识和促进华侨与中国关系的内容。①

吸引华侨回国投资，发展民族工商业，是抗战前南京国民政府侨务工作的重心之一。1928年10月，南京国民政府农矿部率先公布华侨投资国内矿冶业的奖励条例，规定对投资矿冶业的侨资给予特许权和优先权及各种便利和保护。1929年2月，南京国民政府公布《华侨回国兴办实业奖励办法》条例，规定华侨投资国内建筑、交通、制造、农矿和其他事业实行的保护和奖励办法。此后，各部和地方相关省市政府也相继颁布各行业保护和优待华侨回国投资的各种条例，编印各类优待投资指南，供华侨参考。20世纪30年代中期南洋经济复苏后，侨务会还组织南洋华商和中华总商会回国考察投资环境和商务，举办国货展销会等。抗战爆发后，南京国民政府为继续吸引侨资及引导侨资投向与国防有关之经济事业，又于1938年10月公布《非常时期华侨投资国内经济事业奖助办法》，对华侨资金占60％以上的经济事业，给予税收减免、运费减少、资本保息、安全保障和申请救济等优惠。②

南京国民政府的侨务工作尚包括在国内救济和安置归侨、难侨。尤其是在行政院层面制定救济华侨方案，殊为难得，一改以往中国政府重富商闻人而忽视贫侨的侨务工作。1933年，侨务会会同内政、财政、实业、交通、铁道等各部，成立救济失业华侨委员会，接济因南洋经济危机和当地排华而回国的难侨。1935年，侨务会制定《侨乐村安置失业归侨垦殖纲要》，在一些地方辟地建房，设立侨乐村，安置难侨。抗战期间，行政院先后制定《紧急时期护侨指导纲要》、《国外战区侨胞紧急救济方案》等措施，成立回国侨民事业辅助委员会，并分别在一些国统区南方省份组织紧急救侨委员会和在相关口岸建立侨民回国临时招待所，收容和接待回国难侨。据1943年的不完全统计，在两广和云桂登记要求救济的华侨达135万余人，但得到救济者仅占10％。③如考虑到战时重庆政府已自顾不暇，财政极度困窘，能如此关照难侨已殊为不易。

1931年"九·一八"事件以后，日本占领东北，沟通和动员华侨资源参与抗日，已然成为南京国民政府侨务工作重点。世界各地华侨风起云涌的抗日浪潮，大多有国民党海外支部和驻外使领人员的或明或暗的鼓动和支持。但此时南京国民政府对日态度仍以隐忍为主，以便积蓄抗日国力，因此，侨务工作以扶持侨力、增强华侨与中国的经济、文化关系为主。因此，较少公开发动华侨反日。1937年卢沟桥事变后，蒋介石宣布对日作战，中日战争全面爆发。

---

① 吴凤斌主编：《东南亚华侨通史》，第680～681页。
② 福建省档案馆编：《福建华侨档案史料》（上），第446～451页。
③ 吴凤斌主编：《东南亚华侨通史》，第682～683页。

是年 8 月 31 日,侨务会发出《为全国抗战告侨胞书》的函电,通告各地华埠,阐明祖国面临之生死存亡危局,动员侨胞"输财出力,贡献政府,因为长期抗战之准备。"国民党海外部也指令海外支部,呼吁华侨为祖国捐输和抵制日货。[①]此后南京国民政府的侨务工作进入战时状况,全部工作的目标为"谋保障侨胞之安全及发挥侨胞之物力人力,以用于抗战之事业。"[②]南京国民政府各党政部门,或通过开往党部和驻外使领馆,在海外华社促进抗日救国团体的建立与发展,或派员前往海外,直接宣传和组织抗日活动。1937 年,侨务会委员长陈树人赴南洋各地宣传和募捐,指导侨务工作。1938 年,国民党海外部部长刘维炽赴美洲,处长李朴生、黄天爵赴港澳和南洋。是年 10 月,蒋介石在日军进攻广东时,第一次直接电告全球华侨求援,称许华侨抗战以来输财输力的特殊贡献,呼吁华侨"务望辗转告语,互相激励,扩大征募,救济物质"。[③] 1940 年,海外部部长吴铁城赴南洋,遍历大小华埠 100 多个,或组织集会,发表演讲和筹捐,或促进抗日组织的建立。欧洲华侨早在 1936 年就成立全欧华侨抗日救国总会,[④]美国华侨 1937 年组织旅美华侨统一义捐救国总会。1938 年 10 月成立的南洋华侨筹赈祖国难民总会(简称"南侨总会"),在南洋各埠拥有 80 多个分会,不少与会代表即是在各南洋使领馆动员下赴会的。[⑤] 据说在海外 800 万华侨中,参加捐款者有 400 万人。[⑥] 国民党海外部和行政院侨务会还先后制定《海外各地救国团体工作纲要》和《海外各地救国团体占领办法》等海外工作方针,广泛发动侨众,组织听命于国民党的组织。太平洋战争爆发后,蒋介石即发布告海外同胞书,号召华侨一致奋起自卫,协助友邦抗日。1941 年 12 月,国民党五届九中全会通过决议,批示海外各地党部应策励侨胞,参加当地抗日工作。随后,海外部与侨务会、外交部、军令部、三青团等共同制定《战时海外工作纲要》,最大限度动员侨胞参加战时工作。据南京国民政府财政部统计,华侨在八年抗战中,直接捐献国币 13.226 亿元。[⑦] 仅南侨总会在1938—1941 年间,筹交给国民政府捐款就达 4 亿国币。美国华侨在八年期

① 侨务委员会编:《十年侨务特刊》,重庆:侨务会,1942 年,第 27 页。

② 华侨革命史编纂委员会编:《华侨革命史》(上),台北:正中书局,1981 年,第 121 页。

③ 华侨革命史编纂委员会编:《华侨革命史》(上),第 121 页。

④ 蔡仁龙、郭梁主编:《华侨抗日救国史料》,福州:中共福建党史委员会、中国侨史学会,1987 年,第 643 页。

⑤ 陈嘉庚:《南侨回忆录》,第 48 页。

⑥ [日]井村薫雄:《华侨寄款与祖国经济关系》,《南洋研究》第 10 卷第 1 期,1941年。

⑦ 华侨革命史编纂委员会编:《华侨革命史》(下),第 659~660 页。

间,捐款数达 3.5 亿国币,人均 4200 元。此外,南京国民政府在抗战期间,先后发行救国公债 30 亿,至 1942 年,华侨认购总额达 11 亿。[①] 此款在抗战中仍以各种方式无偿捐出。[②] 华侨的抗战捐款大部分为南京国民政府所接收,少部分则直接捐给共产党政府。华侨尚大批归国参加抗战。或参加各类战时救护队和服务团,或直接参军上前线。南侨总会组织的南洋回国机工服务团,半年间招募 3200 余人,[③]前后分 15 批回国,奋战在滇缅公路上,为这条抗战交通大动脉的畅通作出决定性贡献。

抗战胜利后,南京国民政府推动侨务复员工作。其主要内容有派员宣慰侨胞、救济各地难侨、举办侨民出国登记、褒奖忠贞侨民等。并拟订华侨经济复兴和侨校恢复与辅导等计划。1946 年 11 月,南京国民政府召开国民大会,与会侨民代表 41 人。大会制定《中华民国宪法》,规定侨居国外之国民得选出国民大会代表、立法委员、监察委员,分别参加国民大会、立法院、监察院,行使政权、立法权与监察权。[④] 随着国共战争的爆发和激化,华侨在政治上也分为敌对的两大阵营,南京国民政府的侨务工作多用于反共目的,各项侨务方略也被束之高阁。

第五节　民国时期的华侨爱国主义

在民族独立和政治现代化运动中,民族主义一直扮演整合国家或区域各种政治力量的角色,将民族和国家联结成一个政治性的实体,经民族主义领导人有意识的努力,使个人与民族国家建立起密切的联系。[⑤] 当民族国家面临外敌威胁或侵入时,民族主义常升华为爱国主义。抗日战争的爆发即唤起了世界华侨社会的爱国主义热潮,尤以南洋华侨为最。

---

① 黄小坚、赵红英、丛月芬:《海外侨胞与抗日战争》,北京:北京出版社,1995 年,第 221～222 页,第 226～227 页。

② 华侨志编纂委员会编纂:《华侨志·总志》,第 584 页。

③ 陈嘉庚:《南侨回忆录》,第 120 页。

④ 杨建成:《华侨参政权之研究》,第 10～11 页。

⑤ Rupert Emerson, Paradoxes of Asian Nationalism, in R. Tilman, ed. , *Man, State and Society in Contemporary Southeast Asia* , New York, Praeger, 1969 , p. 256.

一、从民族国家到政府领袖:南洋华侨对中国认同的发展

民族主义一直扮演着整合国家或区域各种政治力量的角色。① 当民族与国家联结成为一个政治性实体,也即民族国家(Nation state)建立以后,经民族国家领导的有意识的努力,使国民与国家建立起密切联系,这种联系表现为个人对国家(政权或政府)的全面忠诚和奉献时,尤其是在外敌威胁的状况下,我们称之为爱国主义。爱国主义需要民族情感的长期培养,正如列宁所说的:"爱国主义是千百年来巩固起来的对自己的祖国一种最深厚感情。"② 根据对上面"民族主义"和"爱国主义"概念的厘定,后者实际上是前者的延续和升华,萌芽于晚清时期的华侨民族主义,在民国后不断发展,到抗战时期升华为爱国主义热潮,其内容都是指华侨对中国本土的认同和效忠程度的加深。

华侨社会的民族主义肇基于清朝末年,其主要内容是对中国社会、文化、政治的全面认同与忠诚,对民族国家的政治认同是其核心。民族主义被普遍接受是华侨积极投入辛亥革命的思想基础。

辛亥革命时期的华侨民族主义,是中国本土民族主义发展和宣传影响下的结果,其民族主义的诉求,几乎全指向中国本土,主要并非针对居住地的统治者。尽管辛亥革命的胜利极大地推动南洋华侨对中国的向心力,中国民族主义也逐渐被华侨社会各阶层所接受,但在南京国民政府建立以前,这种向心力和民族主义情感更多表现在"对自己作为中华民族成员的信心,而不是对中国政府具有信心"。③ 华侨积极投身辛亥革命,是指望一个取代腐败的清王朝统治的民国政府能引导中国走向民主富强之路,使海外人民有祖国的强大保护。然而,先是袁世凯排挤深受华侨拥护的孙中山出任民国总统,随后孙中山发动的"二次革命"又很快失败,这多少使向来支持孙中山的海外华侨感到失望。北洋政府建立以后,国内军阀混战,南洋华侨的主要家乡闽粤两省兵祸不断,使他们对中国政治的现状深感失望,其民族主义热情受到很大挫伤。尽管在涉及反对帝国主义尤其是反对日本帝国主义的运动中,南洋华侨仍能保持

---

① Rupert Emerson, Paradoxes of Asian Nationalism, in R. Tilman, ed. , *Man, State and Society in Contemporary Southeast Asia*, New York, Praeger, 1969, p. 256.

② 《列宁全集》,第168~169页。

③ Wang Gungwu, *Community and Nation: China, Southeast Asia and Australia*, Singapore 1992, p. 50.

一定热情。① 在声援中国五四运动中,为反对日本企图控制山东,南洋华侨举行群众示威,抵制日货乃至袭击日本侨民,②但其规模有限,时间也较短。1915 年,新马华人抗议日本向袁世凯提出的廿一条而发起的反日运动,主要是中华总商会发起、少数商业团体参加的行动。而 1919 年星马声援五四运动而发动的反日活动,主要波及星、槟二地,参与运动的人士只是少数中下阶级,③并不是大规模的群众运动,而新马地区的反日运动也并没有得到印尼、菲律宾等地华侨的广泛响应。

1928 年,新马华侨为声援国内反对日本帝国主义制造的"济南惨案"而发动的反日运动,是南洋华侨民族主义运动发展的分水岭,或许能看做是南洋华侨从民族主义升华为爱国主义的标志。尽管此次运动与历次反日活动在方式上并没有很大差别,主要是抵制日货、筹款赈济、游行示威等,但此次运动对南洋华侨民族主义的发展具有重要意义:(一)这是一次广泛而深入的运动,尤其是捐款献金活动深入到普通的中下层华侨群体,热爱中国而不是仅仅热爱家乡的情感由此深入以闽粤籍为主的广大华侨民众中。(二)此次运动经过较周密的组织部署,建立了一个能充分动员华侨社会各阶层的集体领导机构——山东惨祸筹赈会,这个机构以各社团为基础选举理事组成,确定了一种可以为所有方言集团所接受的理事选举比例,④有如抗战爆发后成立的南侨总会的雏形。(三)山东惨祸筹赈会由陈嘉庚先生发起并担任主席,在陈嘉庚先生的领导下,该会筹款成绩显著,不到一年时间,已筹到新加坡币 130 万元,抵制日货运动也从华商扩大到社会各个阶层。尽管由于殖民统治者的干涉及其他原因,抵制日货未能长期坚持,⑤但反日意识和民族主义却由此深植人心。此次运动奠定了此后陈嘉庚作为南洋华侨无可替代的领袖地位,从此,南洋华侨在

① 如 1925 年发生的声援五卅运动的省港大罢工,华侨捐款达 113 万元。省港大罢工委员会对华侨的支持由衷钦佩:"本会自去年成立以来,与帝国主义相持至今,将及一载,所有经济,多赖各国华侨捐助,先后汇交省港罢工委员会,可见华侨对此次反对帝国主义罢工,极尽热烈援助,忠心爱国,甚可钦佩。"(《罢工委员会优待华侨之通告》,《海外周刊》第 13 期,第 10 页)。

② 崔贵强:《海峡殖民地的华人对五四运动的反响》,《南洋学报》第 20 卷第 1—2 期,1965—1966 年,第 14~17 页。

③ 崔贵强:《星马华族社会运动的主流问题》,柯木林、吴振强编《新加坡华族史论集》,新加坡:南洋大学毕业生学会,1972 年,第 126 页。

④ 颜清湟:《新马华人对 1928 年济南惨案的反响》,吴伦霓霞、郑赤琰编《两次大战期间之海外华人》,香港:香港中文大学,1989 年,第 265 页。

⑤ 颜清湟认为,抵制日货未能长期坚持的原因是:(1)英人干涉;(2)缺乏团结和长期目标;(3)华侨注意力被筹款吸引;(4)找不到取代日货的适用品。吴伦霓霞等前揭书,第 270~271 页。

陈嘉庚的号召和领导下,高举爱国主义旗帜,为中国抗战作出卓越的贡献。

为赈济"济南惨案"而发动的筹赈山东运动,反映了各阶层华侨民族主义的表现已不再局限于主要关注家乡局势,而是以民族兴亡尤其是以反抗当时对中国最危险的日本帝国主义这一目标为己任。陈嘉庚本人也走出主要关心福建事务的局限,而以国家命运和民族振兴为其奋斗目标,[①]尽管终其一生,他从未忽视过对其家乡的关怀。

"九·一八"事变以后,日本侵占东三省,中国民族矛盾成为中国社会的主要矛盾。尽管南京国民政府实行不抵抗政策,但不少民族志士仍奋起抵抗,马占山、吉鸿昌、蔡廷锴等率部进行义勇军抗日、长城抗战和沪淞抗战,这些抗日活动都得到南洋华侨的有力支持。除了继续采用抵制日货形式和游行宣传等活动外,南洋华侨对这些抗日活动最主要支持仍是捐款捐物,尤其是十九路军的沪淞抗战,华侨的捐款约 750 万元,主要来自南洋华侨。[②]

1937 年,日本发动卢沟桥事变,抗日战争全面爆发。南洋华侨在陈嘉庚的号召下,高举爱国主义旗帜,组成抗日统一战线。1938 年,国民政府行政院长孔祥熙电告陈嘉庚,"已委外交部电知南洋各领馆,通知各属侨领派代表到新加坡开会,希筹备一切。"[③]在中国政府和南洋各埠侨领共同推动下,以陈嘉庚为主席的南洋华侨筹赈祖国难民总会(简称"南侨总会")于 1938 年 10 月正式在新加坡成立。南洋各埠筹赈会加入南侨总会的有 80 多个,下辖各地分会1000 多个,基本遍及南洋各个华侨聚居区。南侨总会的成立意味着南洋华侨在统一机构的领导下,不分帮派、阶层、地域,万众一心地投入抗日救国洪流中。与以前反日运动不同的是,南洋华侨的抗日救亡活动远超过筹款功能,他们或是回国直接参战,或以机工身份回国参加后方支前活动,或深入敌占区刺探情报乃至从事暗杀、绑架等活动,为中国抗日持久战立下了不朽功勋。有关南洋华侨参加抗战及他们的贡献的论著汗牛充栋,此不赘述。我要强调的是,"七·七"事变以后的南洋华侨,其参与祖国抗日的热情与献身精神及被动员的程度,完全不亚于国内人民,其对中国的认同已与国民认同无二,不但认同于民族,还认同于国家和国民政府,乃至领袖,这是南洋华侨空前绝后的爱国(中国)精神的顶峰。即使是常对国民政府的腐败持批评态度的陈嘉庚先生,

---

① 陈嘉庚在 20 世纪 20 年代初,念念不忘的是福建之落后。他曾感慨地说,"吾闽之落后,惨不胜言。民国初年在未有闽人治闽之前,则希望闽人治闽之得享大福。追闽人治闽而后,希望尽违,痛苦尤甚,更思反求外省优秀者。"杨进发:《战前的陈嘉庚言论史料分析》,新加坡:南洋学会,1980 年,第 41 页。

② 《华侨抗战,功昭日月》,《华声报》1985 年 8 月 13 日。

③ 陈嘉庚:《南侨回忆录》,第 48 页。

也力表对国民政府的拥护,主要反映陈嘉庚态度的《南洋商报》,其立场也是抗战高于一切,"一向拥护政府与蒋委员长的领导,认为团结才能抗战,分裂就不能抗战"。①

　　1928年南京国民政府成立时,国内尚未统一,各地军阀和政治势力仍割据一方,陈嘉庚虽与蒋介石尚未相识,但已决定服从中央政府。② 在陈嘉庚看来,当年发生的"济南惨案"是因为蒋介石率兵北伐,日本恐其成功,派兵入山东阻挠北伐军所致。③ 如果说在"七·七"事变以前,陈嘉庚先生还只强调要有统一的中央政府,那么在中日全面开战后,他认为服从统一的领袖已是局势使然。他在"南侨总会"成立大会宣言中指出:"中国国民政府乃中国国内四万万七千万同胞共同依赖之唯一政府,中国最高领袖,蒋委员长乃中国国内外四万万七千万同胞共同拥戴之唯一领袖,国民政府之主张,即中国全国人民之主张,蒋委员长之意志,即全国国民之意志,大会同人,集议伊始,用首次决议通电拥护国民政府及蒋委员长抗战到底。"④尽管陈嘉庚对国民政府在海内外的一些官员(如驻新加坡总领事高凌百、闽省主席陈仪等)的抨击毫不留情,但并非表明他不认同国民政府,而是期望国民政府是一廉洁、高效的抗日政府,而以后国民政府的腐败蔓延如荼,就非陈嘉庚先生所能回天了。

二、南洋华侨爱国主义热潮形成的原因

　　辛亥革命以后,南洋华侨对中国的认同随着祖国的民族危机而愈发强烈,晚清末期萌发的民族主义情感,到20世纪30年代末发展成为强烈的爱国主义热潮,他们前仆后继地参与祖国抗战,作为移民及其后裔的群体,其爱国热情与全民参与程度甚至不亚于祖国人民。作为20世纪庞大的移民群体,华侨并非独特现象,欧洲人、印度人、阿拉伯人都有庞大移民群体,但他们与祖国的关系似乎都不像30年代的华侨那样,狂热认同于祖国,这实在是移民史上的奇迹。南洋华侨民族主义以全面认同祖国为主要内容,其产生和发展的基础是什么呢?王赓武教授认为,"南洋华人之所以越来越具有民族主义意识,完全是由于那些事实上生活在他们社会外的人所进行的活动,主要是从中国邀请出来或派遣出来的人所作的宣教工作。"⑤换言之,他认为,南洋华侨民族主

---

① 《南洋商报》1941年6月27日。
② 陈嘉庚:《南侨回忆录》,第38页。
③ 陈嘉庚:《南侨回忆录》,第32页。
④ 陈嘉庚:《南侨回忆录》,第73页。
⑤ Wang Gungwu, *ibid*, p. 47.

义是从中国来的人对南洋华侨宣传教化的结果。巴素则强调华校教育对华侨的中国意识形成的决定性作用。① 然而，为什么南洋华侨会接受认同中国的民族主义理念？或正如古鸿廷教授指出的，这类观点并没有回答，为什么会有华校产生，以及为什么华族学生那么容易因教育而自认为是"中国人"。②

我们认为，20世纪20—30年代的南洋华侨，本身就具有接受民族主义的主观意愿和现实利益。

1. 中华文化中的强烈的宗亲意识。关于中华文化特质的讨论众说纷纭，本文不拟也无法全面讨论这个问题，要说明的只是中华文化中强烈的宗亲意识如何成为民族情感的基础。这种宗亲意识包括崇拜祖先、重视家庭和宗族，是中华伦理观念的基础。梁漱溟谓之中国人社会组织是在家庭基础上的以伦理组构的社会，"是一个大家庭而套着多层的无数小家庭，可以说是一个家庭的层系（A Hierarchical System of Families）"。伦理关系表示一种义务关系，"一个人似不为其自己而存在，仿佛互为他人而存在"。③ 中华文化中的家族意识已有不少深入的研究，我这里要强调的是，华侨的宗亲意识由重视家庭、家族而家乡，甚至个人价值的体现很大程度上需要得到家族、家乡的认可，所谓"富贵不返乡如锦衣夜行"的观念，迄今仍为很多华人尤其是第一代华人所奉行。华侨社会依血缘、地缘、语缘而分帮结派，基本上就是其宗亲观念的放大。辛亥革命前，维新党人和革命党人在南洋的宣传活动，其成功之处也在于将华侨这种对家庭、宗族、家乡的认同引导到对中国的认同上。积极投身于祖国抗日运动的南洋侨领陈嘉庚、李清泉、邱元荣、蚁光炎等，无一不是造福桑梓的热心人，他们在民族存亡之际奋起为国家民族命运而抗争，从而成为爱国主义的模范。至于中下层华侨，尤其是处于社会底层的华侨，大多不熟悉也无力从事当地的社会、政治事务，在当地无恒产无地位，其移民的目的，主要是为了有朝一日衣锦还乡，在家国存亡之际，其对宗亲、家乡的关注，就更容易升华为对中国国家的认同。

2. 20世纪20—30年代的移民潮导致新移民增多。一战以后，南洋的经济开发出现热潮，与其相应的是中国东南沿海地区向南洋的移民潮。在1922—1939年间，从厦门、汕头、香港出洋的移民就约550万，④主要是前往南

① V. Purcell, *The Chinese in Malaya*, Oxford University Press 1967, pp.158~159.

② 古鸿廷：《东南亚华侨的认同问题（马来亚篇）》，台北：联经出版公司，1994年，第160页。

③ 梁漱溟：《中国文化要义》，上海：学林出版社，1987年，第88~90页。

④ 游仲勋著，郭梁、刘晓民译：《东南亚华侨经济简论》，厦门：厦门大学出版社，1987年，第10~11页。

洋。这些中国移民主要集中在 20 年代移出,在 1918—1931 年间,仅从汕头、香港两地出境的移民,就达 380 万人。① 据统计,1931 年时,新马华侨中第一代者占 68.8%,②1932 年,泰国第一代华侨占 45.73%。③ 1930 年以后,受世界经济危机的影响,南洋经济萧条,华侨谋生不易,甚至归国者多于出国者。据厦门、汕头、海口三口岸的华侨出入境显示,1931—1934 年华侨归国者多于出国者 35.4 万。④ 这些出国者多是穷困农民,在南洋也绝大部分属劳动阶层。⑤ 这些新移民在国外时间不长,家乡、故国情怀仍然强烈,他们受教育者较少,通晓当地语言或殖民者语言的人就更少了,客观上无力参与当地事务和社会活动,再加上当地政府对华侨法律身份、政治权力的限制和经济上的排华活动,华侨难以认同当地政权而主观上希望有一个强大祖国政府来保护他们,也就在情理之中。⑥

3. 南洋华侨与日商的经济利益冲突。一战以后,日本迅速向东南亚进行经济扩张。与欧美资本在东南亚经济扩张一定程度上通过与华商网络的合作来进行不同,日本在东南亚的经济扩张是一种由政府推动、试图全面控制从资本投入、原料开发、产品生产、批发零售的所有环节的经济扩张,作为实行这种控制的重要手段,日本政府还设立南洋株式会社,鼓励和协助大批日本人向南洋移民。日本的这种扩张方式尤其是以日本移民组构东南亚商贸网络的方式,直接威胁和削弱了南洋华侨的经济基础,尤其是损害作为原料组织、产品销售中介人的华商的利益。"在马来半岛,日本为了推销日货,日商入乡与土人结拜,领导土人组织合作社等等,全部销售日货、日方给予种种利便。"⑦在印尼,"日本商界的野心不止于输入日货,从日本生产者到印尼消费者,每个环节都应由日本人构成",日本人的商业深入到印尼的内地。1924 年仅在爪哇,日本开设的商店就达 424 家。⑧ 日商还刻意培养印度人成为日本公司的零售

---

① 福田省三:《华侨经济论》,东京:严松堂书店,1937 年,第 70～74 页。

② 傅无闷编:《南洋年鉴》丙,南洋商报社,1939 年,第 29～30 页。

③ G. W. Skinner,*Chinese Society in Thailand:An Analytical History*,p. 182,Cornell University Press,New York 1957.

④ 福田省三:《华侨经济论》,第 75～76 页。

⑤ 关于 20 世纪 20—30 年代南洋华侨的职业构成,参见庄国土:《鸦片战争以后东南亚的华侨人口结构》,《南洋问题研究》1994 年第 1 期。

⑥ 关于当地政府对华侨的限制和排挤,参见古鸿廷前揭书,第 138～139 页;朱浤源《清末以来海外华人的民族主义》,《思与言》第 31 卷第 3 期,第 22～25 页。

⑦ 季啸风、沈友益编:《中华民国史料外编》,桂林:广西师范大学出版社,1998 年,第 135 页。

⑧ 温广益等:《印度尼西亚华侨史》,第 396、341 页。

商,以减少对华商销售网络的依赖。20世纪20年代以后,日本在南洋的经济扩张成效显著。1931年,日本对东南亚的输出达10900万日元,其对东南亚的贸易总额已占其国际贸易总额的9.5%。[①] 到1937年,日本对荷印、菲、马来亚、越、泰五地的输出更高达38674万日元,进口达37361万日元。[②] 日商的经济扩张是在侵蚀、损害华商传统经济领域下进行的,即使日商在南洋发展伊始与华商合作期间,其适机取代华商的目的也就早已确定。当时的一些日商认为,华侨是"我国(日本)对南洋贸易的一个大癌,而且(日本在南洋之贸易)不能振作的根源,也就是对华侨的错觉所产生,至于如何来切除这个大癌,为当前最主要问题","我们必须去除以前迎合他们以及依赖他们的态度,独立自主往南洋发展,开拓自己的机运,让他们依赖我们而决不去依赖他们。我们亲善的主要目标是土著"。[③] 陈嘉庚当时亦痛切地感到日商的压力,他说,"以前(华商经售)的各项日用品多自日本运来,其后日本训练组织知识分子散布各处,自行销与华侨竞争,(华商)受其打击甚形惨重"。[④] 日本对南洋的经济扩张使南洋华侨尤其是华商感到切肤之痛,而抵制日货成为反日运动最为频繁使用的武器,就不仅只是配合祖国的抗日大业,更重要的是维护自身的经济利益。因此,与维护自身利益密切相关的以反日为中心的爱国主义,成为更易被南洋华侨接受的理念。诚如陈嘉庚所言,"知吾侨在南洋之身家可危,产业难恃,则知南洋非保卫不可,然欲保卫南洋,必先保卫祖国,祖国情势好转,则南洋情势随之好转,祖国抗战胜利,则南洋不保卫而自保卫"。[⑤]

4. 民族主义的教育与宣传。正是由于上述南洋华侨接受民族主义的主观意愿和反日的现实利益关系,民族主义的教化才能结出硕果。研究南洋华侨民族主义产生原因的论述,无不强调侨教、侨刊对民族主义情感催生和煽情的作用,尤其是强调中国国民政府刻意培养华侨的民族主义情绪,这些方面的

---

① 松村金助著,刘士木译:《日本之南生命线》,上海:中南文化协会,1935年,第4、7页。关于日商对新马华侨商贸的侵蚀和华商的对抗,参见许秀聪:《星马华族对日本的经济制裁(1937—1942)》,柯木林、吴振强编《新加坡华族史论集》,第133~158页;张坚:《两次世界大战间东南亚经济交往体系中的华商与日商》,未刊硕士论文,1999年。

② 黄警顽:《华侨对祖国的贡献》,上海:崇棣出版社,1940年,第305页。

③ 转引自张坚:《两次世界大战间东南亚经济交往体系中的华商与日商》,未刊硕士论文,1999年。

④ 陈嘉庚:《我国行的问题》,新加坡:南侨总会,1946年,第2~3页,转引自张坚前揭文。

⑤ 陈嘉庚:《南侨回忆录》,第388页。

研究已非常深入,不再详述。① 这里主要探讨民族主义的教化如何引导南洋华侨向中国的全面认同。

应当说,南京国民政府在对南洋华侨的民族主义教化中起着关键性作用。国民政府先后颁布约 50 项侨民教育的政策和法规,规范海外侨教,其关键是将国内教育宗旨作为海外华侨教育的宗旨,要求海外侨校的管理、备案等方式与国内学校基本相同,也就很大程度上使南洋华侨教育成为中国的国民教育。据 1940 年 6 月的统计,南洋侨校共 2605 所,国民政府立案者 351 所,仅占 13.4%。② 虽然立案学校在数量上占少数,但这些立案的学校多属于师资、设备、经费较好的学校(这也是能立案的条件之一),在南洋侨校中影响较大。这些向国民政府立案的学校着重培养华侨的中国国民意识。和国内学校倡导三民主义教育一样,"华侨教育目标也是以三民主义为依归"。③ 深受侨教熏陶的华侨学生,其认同倾向,自然不但指向中国,而且指向以三民主义为建国理念的国民政府。

反日意识也不断地渗入民族主义教化中。自 20 年代以来,随着日本对中国的步步进逼,华社报刊舆论充斥反日宣传自不待言,侨教中也灌输强烈的反日民族主义情绪。如槟城协和女子学校,创于 1928 年,其校史曰:"1928 年 5 月 3 日,日本无理出兵我国山东,发生济南惨案,消息传来,全马侨胞无不义愤填胸,爱国情绪达最高潮,槟城侨胞亦风起云涌……以为教育为国家根本大计,创办学校培育后代侨胞,实具爱国最高意义,于是本校……创立焉。"④ 1931 年 9 月,国民党中执委常务会议通过的《三民主义教育实施原则》中,关于华侨学校课程内容方面,强调要注意"国民移殖和民族主义之关系……日本南侵和华侨生存的关系",日本方面的反应是认为国民党以抗日教育深植于华侨儿童心中。⑤

因此,很多侨校和报刊在民族主义教化中,强调对中国的认同,尤其是将这种认同引导到对政府的认同上。在振兴民族的教育和宣传中,逐步将民族的敌人定位于日本。在这种教化下,对中国和中国政府的认同与反日情绪的培养相结合,极大鼓动了南洋华侨参与中国抗战的热情。

综上所述,20 世纪 20—30 年代南洋华侨民族主义的发展和强烈的爱国

---

① 李盈慧博士著《华侨政策与海外民族主义(1912—1949)》(台北:国史馆,1997 年)是全面研究这一主题的集大成,洋洋近 700 页,资料翔实,论证深入。

② 《侨民教育》创刊号,1940 年 6 月。

③ 李盈慧:《华侨政策与海外民族主义(1912—1949)》,第 501 页。

④ 转引自:郑良树《马来西亚华文教育发展史》,吉隆坡:马来西亚教总,1998 年,第 182 页。

⑤ 李盈慧:《华侨政策与海外民族主义(1912—1949)》,第 505 页。

主义情感的产生,表现为对本土民族、国家和政权的全面认同,这并不仅是外来教化宣传的结果。深植于南洋华侨内心的宗族、家乡本位观念,是其爱国主义激发的基础,尤其是主导南洋华侨社会的第一代移民,他们与家乡、祖国有血肉相连的关系。日本对南洋的经济扩张,不断侵蚀南洋华商经济网络,也极大损害了南洋华侨的整体利益,因此,南洋华侨对中国的全面认同和积极参与祖国抗战,实有其深厚的思想基础与利益关系。正是在这种基础上,民族主义、爱国主义(国家主义)的教化与宣传才能被南洋华侨所广泛接受。

三、20 世纪 20—30 年代华侨爱国主义的评价

20 世纪 20—30 年代华侨爱国主义的表现已成为中国宣扬爱国主义传统的典范,构成中华民族精神的重要内容,不断激励后人弘扬中华民族民族主义和爱国主义。但南洋华侨民族主义是以对中国全面认同为主要内容的,由于南洋华侨社会各阶层价值取向不一,其对中国认同和参与祖国事务的热情程度也相异。同时,这种以对中国认同为其全部内容的爱国主义,是否是已定居南洋数百年的华侨的最佳选择?

1. 第一代移民与中下层华侨的爱国热情更强烈。上文已论述第一代移民和中下层华侨对家乡、祖国认同的深厚思想基础,而且由于他们在侨居地是弱势群体,对社会不平等和压迫体会更深,更容易被中华民族主义理念所动员,其爱国热情甚至高于富裕阶层。直接回国参战、组织机工回国服务、在南洋抵制日货和组织"锄奸团"等活动的骨干和基本群众,基本属于这个阶层。即以捐款这一理应由富人作更多贡献的领域,华侨劳苦大众作出的努力也不居富商之后。1928 年以后一直领导南洋筹赈工作的陈嘉庚先生对社会各阶层捐款态度的评价应比较中肯,他说:"至富侨捐出十万八万元,或数万元数千元者,只有初时认捐一次而已,再后常月认捐多已袖手,虽有情面难却而续捐者,则极微末……至于侨生虽富,然未受我国文化,视国难为无关痛痒。总而言之,南洋华侨,自抗战以来月月义捐不断,有增无减,非完全倚靠资本家,实际上如上所言,系由各处募捐会,日日动员数千百人,努力劝募而得。"他还指出侨生华商缺乏爱国热情的原因:"华侨在南洋殷富者,侨生最多,盖受先代遗业及久积而来,然多不受祖国文化,视祖国为无何关系,此次抗战募捐义款,彼等鲜能解囊者,致义捐逐月成绩有限,汇寄家费更不足言,因彼等忘祖已久也。"[①]虽然我们也有很多土生华人热情参与祖国抗战的事例,但总体而言,第一代华侨对中国的认同和参与祖国抗战的热情,远过于第二代侨生。

---

① 陈嘉庚:《南侨回忆录》,第 145～146 页。

2. 以中国认同为核心的南洋华侨民族主义的发展,促成南洋华侨某种程度的统一。这种统一可在两个层面上理解。第一是这种中国认同的一致性,不但是对民族国家的认同,而且是对中国政府的认同。辛亥革命时期的南洋华侨民族主义所追求的中国认同内涵各异,维新党人、革命党人和清政府在南洋各有一帮支持者。民国建立以后,北洋政府和华侨的主要故乡闽粤二省冲突不断,其投射在华侨社会的影响,是认同何种中国政治势力的分歧。尽管大部分华侨仍钟情于其南方家乡,但以北洋政府为代表的民国政府仍对华侨社会保持相当影响力。南京国民政府成立后,尤其是"九·一八"事变以后,中国建立了抗日民族统一战线,国内政权统一,一致对外,解决了华侨社会对政权认同的困惑。既然华侨民族主义的实质是对中国的认同,对认同对象的一致性也就大大减少南洋社会各种派别之间的争斗,也就可以在如何发展这种认同的基础上一致行动。第二是南洋华侨社会在处理与中国的关系上,尤其是与抗战相关的事务方面有一个共同的代言人,在这个意义上,可以说由于南洋华侨对中国认同的一致性,第一次使华侨社会产生了各派可接受的领袖人物陈嘉庚先生。南洋华侨社会历来帮派林立,各政治、经济势力与方言集团之间沟壑甚深。陈嘉庚能成为领袖人物,与其个人人格力量(如倾资办学、热心公共事务等)及政治手腕甚有关系。如陈嘉庚在筹赈山东运动中,利用富商俱乐部怡和轩而非其政治基地福建会馆来发起这次活动,发起赈济山东惨案会议的 101 个社团中,也不包括福建会馆,新加坡山东惨祸筹赈会理事会选举中的代表比例,确定为一种可以为所有方言集团所接受的集团分配方案。[①] 这就避免其他方言集团(如潮州、广东、客家)对陈嘉庚领导的强有力的福建方言集团的畏惧,从而利用为祖国筹赈机会在不同方言集团间创造和谐的关系,也营造了自己为其他帮派所接受的氛围。然而,陈嘉庚被接受的更深层原因,是当南洋华侨社会的中国认同发展到必须以一致的行动才能有效地效忠于中国时,接受一个统一的协调人也就呼之欲出了。但陈嘉庚作为领袖,很大程度上只是在协调与中国相关的事务上,尤其在筹赈和反日活动事务上,而南洋华侨社会本身的组织程度仍很低。在抗战爆发前到南洋调查华侨情况的国民政府外交部高级官员王正廷要求南洋华侨组织起来、加强团结时,陈嘉庚仍沮丧回答:"兹就团结二字言,华侨所有组织大都形式上而已,若言内容实际乏价值可称……空言团结,仍属散沙,此则可痛耳。"[②]然而,无论如何,陈嘉庚领导下的援助中国抗战运动,暂时缓和了当时南洋华侨社会内部长期存在的各种政治和社会矛盾,如人民与私会党的矛盾、国共两党的组织和意识形态冲突、国民

---

① 颜清湟:《新马华人对 1928 年济南惨案的反响》,第 265 页。

② 《陈嘉庚》第 1 卷,第 33～34 页。

党左右两派斗争、华社帮派争斗等。①

3. 20 世纪 20—30 年代南洋华侨民族主义对华侨社会生存和发展的影响。如上所述,南洋华侨民族主义的发展使千百万南洋华侨在爱国主义旗帜下全面认同中国,进而为祖国的抗战前仆后继,也在一定程度上促成华侨社会的团结。但南洋华侨"前辈先往者已在百余年之上,有传至数世而未曾回国者"②,到 30 年代末,南洋华侨土生者数量已大大超过第一代华侨,对这样一个已落地生根数百年的华人群体,其民族主义诉求与资源几乎仅用来表达对中国的认同,但却缺乏以民族主义意识整合各自为政的帮派,为华侨在南洋的政治、法律、经济、教育等权益而团结奋斗。也就是说,固然南洋华侨的爱国热情令人感动,但这种以对中国本土全面认同的民族主义,对于一个最终要长期扎根于当地的群体而言是不全面的,其民族主义诉求,也应当主要用来创造和维护在当地生存、发展的条件。晚清以来华侨民族主义的发展,其目标似乎主要用来加强华侨对中国的政治、经济、文化认同,但却加深华侨与土著群体的隔阂,也更激起当地殖民政权的忌讳。诚然,在中日战争全面爆发时,南洋华侨高举爱国(中国)主义旗帜也与维护本身的利益密切相关,但从晚清以来南洋华侨的民族主义的主要内容一直是中国认同,这势必削弱本身与当地社会整合的意念与努力,从华侨群体必须定居于当地的客观实际来看,南洋华侨这种以中国认同为主要内容的民族主义有其局限性,二战后南洋民族国家建立时,华侨与土著的成见较深,原因之一正是这种局限性使然。很多华侨融入当地社会的困难,除了当地政权设置的障碍外,部分原因也是受这种民族主义情绪的影响。

南洋华侨民族主义升华为爱国主义,对中国的认同不但是对民族、国家的认同,而且具体表现为对中国政府的认同。以山东筹赈大会为契机,广大南洋华侨终于聚集在爱国主义旗帜下,在其领袖陈嘉庚的率领下积极投身于祖国的抗日活动中。然而,这种以中国认同为核心的民族主义忽视了华侨在南洋社会的政治目标,也错过为此目标而进行华侨社会自身的整合活动及与其他族群关系的调整,这是 20 世纪 20—30 年代以中国认同为全部内容的华侨民族主义的局限性。

---

① 陈松沾:《日治时期新马华人的处境》,《南洋学报》第 52 卷,1998 年,第 164 页。

② 陈嘉庚:《南侨回忆录》,第 146 页。

第六章
华侨参与中国经济建设与革命

第一节　清代华侨投资与汇款

一、投资

晚清时期,列强蚕食中国资源,瓜分中国利权和市场。中国商力不振,国计民生罗掘俱穷。有识之士以为全球强弱兴废皆以商务为转移,欲以振兴商政,挽回利权。振兴商政首为兴办实业。但创办实业皆须巨款,经营实业尤须得人。但朝廷帑藏日空,官无款可筹,民无力可顾,更乏实业人才。而此时华侨"拥巨资善经纪者,不可胜表,而归故土者为无一二"。① 朝野遂关注海外华商雄厚财富与经营现代企业能力,刻意多方招徕。

1903 年,清政府设商部,总全国招商保侨事宜,首定商规。先后奏定农会农林章程、矿务正附章程、划一度量衡章程、京师劝工陈列所章程、工业实验所章程、工艺章程、划分矿质局章程,并奏定公司律、公司注册章程、商会章程、实业爵赏章程、商勋章程、奖励华商公司章程、保险、运送章程等,使国内农工商活动逐步有章可循,海外华商投资内地,有法可依。次重招徕保护,奏明给予华侨投资以侨商商标、专利权保障以及减税免税、奖叙等优惠,禁地方胥吏借故苛待侨商。1906 年,工部并入商部,改称农工商部,招徕和保护海外华商,仍是部务要政。

商部海外招商最大的成就,以招徕张振勋、胡国廉为最。

1903 年,南洋豪商张振勋慨捐 20 万元创办路矿学校,授候补三品京堂。慈禧太后亲自召见,垂询招商发展国内商务事宜,张振勋呈上《条陈商务事宜折》12 条款,全面论述中国商务不兴之根源与如何发展中国商务战略。张认为,中国的农、工、路、矿诸业当并重发展,纳经济于民商经营,与官办脱钩,通

---

① （新加坡）《叻报》1906 年 2 月 14 日。

过招商集股全面发展经济。①张的建议甚为朝廷赏识,受封加侍郎衔。此后再度受太后、皇帝召见垂询,位列堂官,封衔头品顶戴,恩宠有加,为华侨获朝廷重用第一人。张振勋,号弼士,广东大埔人。少年贫困,14岁往巴城,先为杂工、账房,后经商致富,事业蒸蒸日上,企业遍及农、矿、商、运输各业,分支机构密布南洋各地。为人急公好义,举凡国内官员到南洋赈捐,多热心维持,慨捐巨资,被授予三品衔候选知府。1893年,新加坡总领事黄遵宪荐张为槟城首任副领事。翌年,接任新加坡总领事。1896年,张又捐巨款,授候补道尽先补用。此后多有投资国内和报效桑梓之举。由于张振勋的巨大财富与超强的商务能力,朝廷和封疆大吏争相延揽,先后任中国通商银行总办、粤汉铁路帮办和总办、佛山铁路总办、商部考察外埠商务大臣,又督办闽广农工路矿事宜。此后至清末,张在国内创办实业14家,仅"酿酒厂、玻璃厂、织布厂、砖厂及开垦荒地,所费总共数百万,诚有功于国。"②与晚清实业家张謇并称"南北二张"。张振勋又延揽其好友、生意伙伴张煜南到中国投资,筹建潮汕铁路。铁路修成后,张煜南获奖擢三品京堂候补。

张振勋在国内投资企业数十家,较著名者堪称张裕酿酒公司。1892年,张振勋已斥资300万银两,经盛宣怀呈报商部立案,在烟台设张裕公司,生产葡萄酒。200万为筹建葡萄酒厂的固定资金,100万两为流动资金。张先后购买了烟台东部和西南部两座荒山1000亩,雇用2000劳工,开辟1000多亩葡萄园。1905年,该厂2666平方米的地下酒窖竣工,当时是远东最大酒窖。1909年,张裕公司附建玻璃料器厂,耗资白银50万两,制作酒瓶以及各种玻璃器皿。1910年,张裕酒获南京首次南洋劝业会超等文凭奖,③在国内销路甚盛,也大量输新加坡等地。④ 1915年,张裕白兰地获巴拿马万国博览会金质奖章和最优质奖状,是为中国产品在国际上第一次获得金牌,此后命酒名"金奖白兰地"。

晚清时期在国内投资最多的华侨则是胡国廉。1907年,农工商部右侍郎杨士琦奉懿旨下南洋,往各埠考察,宣布德意,招徕商贾。此行成功招徕南洋巨商胡国廉。胡国廉,又名子春,字能忠,福建汀州永定县忠坑村人。胡的父亲是槟城侨生,成人后回唐山成婚生下胡国廉。胡十三岁(1872)往槟榔屿,先入学读书,旋入太平其族叔矿场工作,数年后自创锡矿公司于吉打(Kinta)拿乞(Lahat),其后又在端洛(Tronoh)办矿,采用先进开矿技术,获利甚丰。在

① 《光绪朝军机处录副奏折》,562卷宗3123号。
② 郑观应:《答广州总商会总理张弼士侍郎书》,《郑观应集》卷八《商务》,第639页。
③ 张裕酿酒公司所藏档案资料,《国览大纲》。
④ 《清朝续文献通考》卷三八五《实业八》。

雪兰莪双溪美西、怡保、玻璃、暹罗通扣（今普吉）等地，都拥有矿场，雇矿工万余人，尚置有胶园数处。当地人称"锡矿大王"，是吉打锡矿及种植人公会（Perak Minig & Planting Association, Kinta）主席，西人称他"东方的卡耐基"。① 胡国廉致富后乐施好善，是怡保华人孤寡福利会（Chinese Widow & Orphans' Institution, Ipoh）、华人妇产院（Chinese Maternity Hospital）、霹雳与本屿戒烟会（振武善社）等公益机构的赞助人，同时是育才中学、坝罗（怡保）女校、中华学校等校倡办人。他也为殖民当局所推崇，担任霹雳议政局（State Council of Perak）议员、霹雳华人参事局（Chinese Advisory Board of Perak）参事、海峡殖民地与四州府华文教育局（Straits Settlements & Federated Malay States of the Chinese Board）主席等职。举凡中国赈灾劝捐，兴办学校，他均乐施善款，捐有同知衔、花翎盐运使衔等。1905年，张振勋至槟宣教劝学，胡国廉出资5000元以为首倡，任槟城中华学校正监督。② 历任闽粤督臣都对其极力罗致，凡遇筹办商政，争相延访。1906年，应福建铁路总理陈宝琛募股之请，为福建铁路最大股东。③ 同年，胡回乡探祖母时，粤督岑春煊邀晤，胡为粤汉铁路慨捐1万元，并商谈粤汉铁路计划。④ 在粤督延揽下，年底，胡取得广州近郊番禺采矿权并对海南岛进行勘探。⑤ 次年，胡回南洋，邀曾往中国投资的霹雳州矿主，拜访新加坡中华总商会，意在激发侨商对投资国内矿产的兴趣。胡向新加坡商人宣讲北京如何招商护侨，告知在海南数月勘探状况及岑督邀其创办华侨公司开发海南，呼吁当前是众爱国华侨回国开矿时机。1907年，胡被公举为闽路协理，尚集股200万元，筹办福建安溪县矿务。1908年，考察南洋商务大臣杨士琦上《保荐南洋华侨人才折》，称胡"热诚毅力，足以担任艰巨，效力朝廷。环顾商才，罕有其匹"，请朝廷破格录用。当时胡在国内已多有投资，故朝廷封胡国廉三品卿衔。⑥ 当年，胡国廉呈农工商部《集资创兴琼崖地利办法》，提出全面开发海南岛计划。朝廷授胡国廉总理琼崖垦矿事宜

---

① SCM, Vol. 8(June 1904), p. 142, 转引自 Michael R. Godley, *The Mandarin-Capitalists from Nanyang*: *Overseas Chinese Enterprise in the Modernization of China* 1893—1911, Cambridge: Cambridge University Press, 1981.

② 《商务官报》第10册，光绪三十四年十一月初一日。

③ 《农工商部侍郎杨士琦奏保荐南洋华侨人才折》（光绪三十四年三月初十日），《政治官报》第6册，第154~155页。

④ 《海峡时报》（Strait Times）1906年4月6日；《叻报》1906年4月9日及《槟城新报》1906年4月16日，转引自 Godley, *The Mandarin-Capitalists from Nanyang*.

⑤ 《槟城新报》1906年12月18日；《叻报》1906年12月4日。

⑥ 《光绪朝实录》卷五九八，第9页。

职位,让其会同地方官妥商办理。① 当年,又因胡"在外洋办矿多年,家道殷实,以之总理闽矿,驾轻就熟,成效可期",②任命胡国廉为福建全省矿务总理。胡在海南成立侨兴有限总公司,承办广东琼崖全属垦矿、农牧,兼汇兑、积聚业务。总号设于广州南关,香港、海口、澹州郡大墟等设分号,其余各小分厂按需随地设立。公司集股100万元,每股银5元,共20万股。在1907—1908年间,胡与其同伴共投资943万元于闽粤的各处铁路、矿业和农场,为晚清时期投资国内最多之华侨企业家。③

第一个华侨投资企业是南海继昌隆缫丝厂。1873年,南洋华侨陈启沅在广东南海创设继昌隆缫丝厂,为华侨投资国内及民营新式工业之滥觞。陈启沅(1834—1903),字芷馨,广东南海县西樵简村乡人氏。幼时穷困,1854年赴安南,与其兄合力,先设有怡昌荫号,经营杂货纱绸,再设堤岸怡丰典当行。约十余年间,兄弟均为当地股商。陈虽有积蓄,未尝忘世代以农桑为业,久蓄回乡经营蚕桑之念。常往安南、暹罗各埠,悉心考究植桑养蚕和机器缫丝业。陈启沅通晓现代科技,尤重汽机原理,颇具心得,著《陈启沅算学》十三卷,涉及蒸汽锅炉,蒸汽力度等。与其兄陈启枢在本乡共办继昌隆缫丝厂,合股银7000多两,用于收茧、工资、杂支等流动开支约3000两,建厂设备等约四千多两。使用新式汽机缫丝,自行设计与安装机器,建成蒸汽炉。④ 翌年完工生产。雇用工人达六七百人。出丝精美,行销欧美,价值之高,倍于以前,因此,三年内就获得厚利。临近数县纷纷仿效,创办机器缫丝厂。但机器缫丝厂需资本较多,效仿者创业不易。因此,陈启沅创简单缫丝小机,成本低廉,以便小资本者经营,功用则与大机无异。随后设厂风气日开,南海、顺德各地群相仿效,妇女受雇于缫丝业者达十数万之众,广州出口丝货激增。本邑人称陈启沅"立志高远,魄力雄毅","挽回利权,培植国脉,实启沅提倡之力"。⑤

晚清华侨投资遍及农牧业、矿业、铁路与航运、工业、市政工程、商业与金融等行业。其投资额大且对中国近代产业较具引领作用的项目,当属广东与福建的三条铁路。晚清利权外溢,以路矿二项尤甚。铁路为兴商利运基址,国家应办要工。路权丧失,引发保路风潮此起彼伏。内有朝官,外有华侨,并各

① 《筹议华商创兴琼崖地利折》,《矿务档》,第3090、1808页。

② 《农工商部奏闽绅请派福建商办矿务总理折》(光绪三十四年八月十三日),《政治官报》第11册,第245页。

③ 孙毓棠主编:《中国近代工业史资料》第2册,第986页。

④ 陈天杰:《广东第一间蒸汽缫丝厂继昌隆及其创办人陈启沅》,《广州文史资料》1963年第2辑,第61页。

⑤ 宣统《南海县志》卷二一《列传》,第4~6页。

省商界、学界、劳动界诸人,都强烈反对借外款筑路。① 清廷也因此鼓励华商兴办铁路,独立资本 50 万两以上的,由商部专折请旨,给予优奖。②

潮汕铁路为中国第一条商办铁路,由华侨投资修建。1903 年,南洋豪商张煜南呈请商部,请办潮汕铁路。张煜南,号榕轩,籍广东梅县松口。少时家贫,中途辍学经商,因经营亏损,出洋至巴达维亚,投靠张振勋谋职。后自立门户,在棉兰经营矿、植诸业成功,为当地一流富豪,任棉兰华侨甲必丹。1894年,张振勋荐其继任槟榔屿副领事。1902 年,张煜南报效广东武备学堂 8 万两银,以捐助学道经费获赏四品京堂候补,③应张振勋之邀,成立潮汕铁路公司,筹建潮汕铁路。原计划集股银 100 万两,但当时工价物料各皆腾贵,复又核定资本 200 万元,1904 年夏开工。1906 年夏,潮汕铁路竣工,标准轨距全长90 余里。农工商部派广州路务议员邝孙谋前往勘查验收。路轨起自潮州城南门,终点为汕头下林,共 6 个车站,每天往返三班。十月初一日试车,初十日营业。官绅云集通车典礼,颇极一时之盛,社会为之轰动。商部亲与其盛,深为嘉许,④并请旨奖励,授张煜南以三品京堂候补。⑤

新宁铁路是完全由华侨投资、设计、建造的铁路。如创办人陈宜禧所言:"不招洋股,不借洋债,不雇洋人,自筹自建新宁铁路。"⑥其建成速度之快,用费之省,国内一时无二。1904 年,美国华商陈宜禧在本邑倡建铁路,邀集邑绅,共同核议,拟定估工清单和招股章程。陈宜禧富公义心,在美国金山等埠办理铁路四十余年,筑路经验丰富,领有建筑铁路执照,也累积相当资本,是美国华埠闻人。美国的新宁华侨众多,故新宁侨乡素称"富甲吾粤"。⑦ 但新宁山海阻隔,交通不便,陈宜禧久存在家乡修路之念,才提议建筑新宁铁路。⑧陈先在美国成立新宁铁路公司筹备处,自任总办,与旧金山宁阳总会馆积极协助集股。前后一年有余,募得美洲侨资 150 余万元,加香港、新加坡以及本地

---

① 《光绪朝军机处录副奏折》,533 卷,2681 号。

② 《商部奏重商订铁路简明章程二十四条》(光绪二十九年十月十四日),《清朝续文献通考》卷三六四《邮传五》。

③ 《光绪朝实录》卷五〇〇,第 10 页。

④ 邮传部第一次路政统计表,潮汕铁路沿革概略,第一历史档案馆:邮传部档案·路政·案卷 40。

⑤ 《光绪朝录副奏折》卷 533,2439 号,张煜南著以三品京堂候补。

⑥ 《光绪朝东华录》,光绪三十二年正月,第 12 页,总第 5478 页。

⑦ 《清经世文新编》第十册(下),《商政》,徐勤《拟粤东商务公司所宜行各事》。

⑧ 陈宜禧:《敬告新宁铁路股东暨各界书》,转引自林金枝:《近代华侨投资国内企业史资料选辑》(广东卷),第 435 页。

绅商入股,共计 200 余万元。[①] 1906 年春,商部奏准新宁铁路工程先行立案,又奏准核定《新宁铁路章程》(二十一条)。陈宜禧招集在美国从事路工职业及曾入工程学堂的新宁人回乡帮同筑路。工程师全为华侨,由陈宜禧督理。公司尚选报合格子弟出洋学习路工,禀请商部咨送。[②] 年底,新宁铁路开工。原拟由新昌埠筑至县城三夹海止,计 90 华里。[③] 1909 年,公益埠至斗山通车,首期工程全线完工。沿途设车站十九处,计共长 36 英里,耗资 3591369 元。筑路之速、造价之低为国内各路罕见。公司股款共收 260 余万元,尚余 30 万元存贮香港汇丰、渣打两银行,[④]1911 年夏,二期工程公益埠至新会段完工通车。年底,江门至白石段动工,至 1913 年夏才告竣。[⑤] 以后继修三期工程的台山至白沙墟支线,该线长 28 公里。抗战期间,新宁铁路主线支线全部毁于战火。陈宜禧等艰苦备尝,独力维持,总协理、工程师、翻译、财政各职,均一身任之。实现了"以中国人之资本,筑中国人之铁路,以中国人之学力,建中国人之工程;以中国人之力量,创中国史之奇观"的目的。[⑥] 与潮汕铁路一样,新宁铁路并未连接其他中国铁路干线,因此营运路程短,导致人流货物均不足而亏损,为陈宜禧所抱憾。

鉴于广东已建两条铁路,福建是东南门户,法国、日本对福建路权虎视眈眈,闽籍官绅纷求自办铁路,不让利源落入外人手中。[⑦] 1905 年,闽籍京官张亨嘉等人公举前内阁学士陈宝琛为总理,筹建福建铁路。商部奏准:将降五级调用内阁学士兼礼部侍郎衔派令总理该省铁路事宜,所有专集华款,及勘路、购地、兴工各要端,均责成该绅等妥速筹办。[⑧] 陈宝琛亲赴南洋各岛募股,各埠中华商会全力相助,共募集华侨股本 170 余万元,以胡国廉出资最多。[⑨] 同时,筹办粮盐两捐,即于各县粮税,每银一两,每米一石,加收路捐 260 文,年约

① 《光绪朝军机处录副奏折》533 卷 2172 号:商部折《绅商筹办新宁铁路略先行立案由》;《光绪朝东华录》,光绪三十二年正月,第 12 页,总 5478 页;《陈宜禧等禀商部文》,光绪三十一年十二月,宓汝成:《中国近代铁路史资料(1863—1911)》,第 946~947 页。

② 《光绪朝军机处录副奏折》,533 卷,2251 号,商部折:核定新宁铁路章程由。

③ 《清德宗实录》卷三六五,第 3 页。

④ 己酉宣统元年二月二十五日新宁铁路总理陈宜禧禀本部文:为禀报路工情形并请展筑新会江门路线事,《商务官报》第 4 期,第 5 页。

⑤ 宓汝成:《中国近代铁路史资料(1863—1911)》,第 955 页。

⑥ 《陈宜禧敬告新宁铁路股东暨各界书》,(广东台山县侨联会处所存的档案),转引自林金枝:《近代华侨投资国内企业史资料选辑》(广东卷),第 435 页。

⑦ 《助报》1905 年 5 月 15 日;宓汝成《中国近代铁路史资料(1863—1911)》,第 982~986 页。

⑧ 《光绪朝东华录》,光绪三十一年八月,第 116 页,总第 5400 页。

⑨ 农工商部侍郎杨士琦奏,《政治官报》第 6 册,第 154~155 页。

20万串。又盐一斤加收路捐1文,年约5万串,充当补助公司保息之用。① 还与赣浙皖四省在上海议立铁路学堂,储备管路人才。在省城设福建全省铁路公司办事处,厦门分设铁路办事处。1907年,公举胡国廉与泉州士绅叶崇禄为闽路协理,向商部呈报购地测量。是年7月,福建铁路漳厦段正式开工。次年,陈宝琛奉召赴京总理礼学馆事宜,匆促北上,无力兼顾筑路。② 1910年,江东到嵩屿段完工,全长不过28公里。江东距漳州尚有水程2.2公里,嵩屿距厦门水程3.5公里,两端不接都市,客货运均不便。且工程进展缓慢,成本高昂。

二、侨汇

华侨将其海外收入寄回国内,是为"侨汇"。有华侨始,就有侨汇寄送国内。清代华侨对中国经济的贡献以侨汇为最,其数额逾华侨国内投资额近30倍。在清代后期,侨汇为平衡外贸逆差的主要外汇来源,是侨乡经济的主要支柱。

清代华侨多为单身出国,赡家为其主要出国目的。即使在侨居地成家的华侨,大多仍承担接济亲友责任。总体而言,单身华侨多者,侨汇数量多。南洋新旧华埠兼杂,新华埠单身华侨多。19世纪70年代后期,西婆罗洲华侨的男女性别比例为10∶5.83。到20世纪初,华侨的男女性别比例略有提升,为10∶6.38。③

侨汇用途有投资、赡家及慈善公益事业之分,投资仅占5%以下。④ 主要作为赡养家庭和接济亲友。据晋江大仑《蔡氏族谱》载,侨居菲律宾蔡姓族人,自明代嘉靖以来,携款回乡赡养家眷不断,或"买地盖屋",或帮助兄弟"择姻娶妇",或"分惠银两"接济亲友及借贷资本经商。⑤ 南洋华侨的侨汇最多。19世纪后期以降,侨汇数量每年在千万元以上,主要为赡家和接济亲友。如驻德大使杨晟于光绪三十二年(1906)所言,南洋万岛留驻者有400余万人,"怀归故国,系念宗亲,寄俯仰之资,以赡家族者,一岁中统计之,且溢千万以外。"⑥

---

① 林金枝:《近代华侨投资国内企业史资料选辑》(福建卷),第234页。

② 邮传部奏福建铁路公司应另举总理折,《愚斋存稿》卷二〇《奏疏》,第17~19页。

③ 荷印政府中央统计局:《1930年人口调查》第7卷,巴城,1935年,第43页。转引自[英]凯特著,王云翔、蔡寿康等译:《荷属东印度华人的经济地位》,第175页。

④ 林金枝统计1862—1949年汇款和投资之比,投资仅占侨汇3.5%。

⑤ 晋江大仑《蔡氏族谱》,1565年修,1731年重修。

⑥ 杨晟:《使德杨晟为南洋华人受虐请闽粤两督酌议办法呈外务部文》,光绪三十二年九月初一日,外务部档,见陈翰笙主编《华工出国史料汇编》第1辑,第460页。

清初华侨数量少,侨汇寄送主要由本人返乡自带,或委托返乡亲友代为转送。清中期以后,华侨出国人数大增。尤其是大规模华工出国,海外华侨数量激增,海外批信和侨汇随之增长。由是,专营侨批、侨汇和侨物的转送行业随之出现,始称为"水客",为侨批业滥觞。水客或称"客头",缘水客返回海外,通常兼领引初次出国乡亲。水客又分为国内水客和国外水客。国外水客集收侨批侨汇,转交国内水客,送抵收汇者。光绪后期以降,福建、广东各有水客数以千计。仅闽南即达千余人,①川行南洋与侨乡间。② 水客集收汇、承转、解付为一身,费用高,年往返次数仅在3~4次间,迟则一次经年,且可靠性全依个人信用。随着海外华埠与侨乡间洋行客邮相继设立,水客的侨汇业务逐渐为主营侨批侨汇之民信局取代。民信局原为邮政建立前,专以寄递银钱信件的民营企业,极盛于道咸同间。主营侨汇之民信局名称,因时因地而异。在汕头或称批局,在广府地区或称汇兑局,大抵为"华侨民信局"、"信局"、"银信局"、"批信局"、"侨批局"、"汇兑信局"、"批馆"、"侨批馆"、"汇兑庄"、"侨汇庄"等名目。潮人闽人善贾,且早期出国人数最多,因此,早期南洋各埠民信局多由潮州人和闽南人开设。1887年,新加坡已有民信局达49家。其中,潮州人开设34家,福建人开设12家,客家人2家,广府人1家。③ 1900—1910年,暹罗有11家民信局陆续设立,均为潮人开设。④

南洋民信局初为商行兼营,其国内侨批侨汇业务则委托民信局、钱庄、侨栈、汇庄、商号。因此,其信用与效率通常优于个体水客,也催生国内主营侨汇之民信局。⑤ 1871年,福建晋江安海即出现郑顺荣批馆。⑥ 至1882年,汕头已有主营侨汇之民信局12家,海口1家。⑦ 1911年,泉州地区民信局已有10多家。1882—1911年,厦门民信局在23~30家不等。⑧

---

① 中国银行泉州分行行史编委会:《闽南侨批史纪述》,厦门:厦门大学出版社,1996年,第52页。

② 姚曾荫:《广东省的华侨汇款》,上海:商务印书馆,1943年,第29、39页。

③ 寒谭:《华侨民信局小史》,《南洋中华汇业总会年刊》,新加坡:南洋中华汇业总会,1947年,第60页。

④ 邹金盛:《泰国潮帮批信局史探索》,澄海文史研究会《澄海文史资料》,澄海:1990年,第31页。

⑤ 杨群熙:《潮汕地区侨批业资料》,潮汕历史文化研究中心、汕头市文化局、汕头市图书馆,2004年,第80~82页。

⑥ 《闽南侨批史纪述》,第49页。

⑦ 姚曾荫:《广东省的华侨汇款》,第17页。

⑧ 据厦门海关的《十年报告》(Decennial Report),转引自郑仁宽:《福建华侨于闽侨汇款》,永安:福建省政府秘书处统计室,1940年,第70页。

　　1860 年华工大规模出国以前，侨汇主要来自南洋。大规模华工出国后，美国、澳洲和南非也逐渐成为侨汇主要源地之一。侨汇数量依华侨数量、经济能力、与故乡关系而定。大抵而言，华商多且第一代移民多的地区，如菲律宾、新加坡等等，侨汇较多。土生华人和在当地成家比例高的地区，如爪哇、槟榔屿、泰国，则需汇款赡家的华侨数量少。美国华工薪资远高于南洋华工，其侨汇数量也远多于后者。

　　清代侨汇几乎集中于闽粤两省。19 世纪 60 年代以前，闽侨数量约占四成，粤侨约占五成多。19 世纪 90 年代以后，闽侨仅占三成多，粤侨占六成多。闽侨商贾者多，虽汇款能力强，但不少闽侨世居异域，与土生通婚者众。粤侨多单身出洋之佣工，需汇款回乡赡家者众。如出使英、法、意、比四国大臣薛福成所言："中国出洋之民数百万，粤人以佣工为较多，其俗虽贱视之，尚能听其自便，衣食之外，颇积余财。至今滨海郡县稍称殷阜，亦未始不藉乎此。闽人多富商巨贾，其俗则待之甚苛，拒之过峻，往往拥资百万，羁栖海外，十无一还。"[1]而且美国、加拿大、澳洲劳工价格较高，其地华工几乎全部来自广东。因此，19 世纪 80 年代以后，粤省侨汇约占中国侨汇八成，闽省仅占二成弱。

　　17 世纪中期，南洋华侨 10 万余人，以商贩为主。海外所得，多自携回乡或托人带回。18 世纪 50 年代末，南洋华侨数量超过百万，但耕佣及在当地通婚成家者多，汇款者当是商贩为主。道光中期，海峡殖民地华侨每年汇回中国的钱款在三四万至七万海峡元间。[2]

　　华工大规模出国后，南洋侨汇大增。南洋华工虽收入较低，但都单身而来，其积蓄悉数寄回。据英人凯特计算，19 世纪末，日里华工每人通过移民局寄回积蓄约年 10～20 银元。[3] 新加坡华侨商贩多，但土生华侨亦多，华侨每人年均汇款约 6～10 两。薛福成估计，在新加坡设立领事 13 年间，其商佣十四五万人，前后携寄回华的侨汇当不下一二千万两。[4] 光绪中期，南洋华侨可能近 300 万，若以每人年均 10～12 元计，每年汇回侨汇当在 3000

　　① 《薛福成奏请豁除海禁以护商民折》(光绪十九年正月十一日)，见中国第一历史档案馆编《清代中国与东南亚各国关系档案史料汇编》第 1 册，第 93 页；薛福成：《请豁除旧禁招徕华民疏》，《庸盦海外文编》卷一。

　　② Sia U Chin, Annual Remittances by Chinese Immigrants to Their Families in China, in *Journal of Indian Archipelago and Eastern Asia*, Vol. 1(1847) pp. 35～37. Cited from Yen Ching-hwang, *Coolies and Mandarins*, Singapore University Press, Singapore, 1985, p. 249.

　　③ [英]凯特著，王云翔、蔡寿康等译：《荷属东印度华人的经济地位》，第 244 页。

　　④ 《薛福成奏为拟在英国属岛添设领事并通筹南洋各岛派员次第折》，中国第一历史档案馆编：《清代中国与东南亚各国关系档案史料汇编》第 1 册，第 62～65 页。

万元以上。

20 世纪初期,南洋华侨数量增加,兼华侨民族主义兴起,汇款回国数量激增。1902 年,荷属巴城华商呈清朝廷禀文称,南洋华侨约计 400 余万,所有经商及佣工之人寄资回籍养家立业者,约有洋 6000 万元之谱。① 以此推算,南洋华侨每人约年汇 15 元。台湾银行总务部调查课估计,清朝末年,南洋华侨寄中国侨汇额每年约 5700 万美元,②约合 11600 万银元。即以清末南洋华侨 500 万计,台银估计似仍偏高。

美国华侨人数不多,商人少华工多,但美国劳工收入远高过东南亚的华工,且美国华侨绝大多数为单身华工,汇款数远超过其人口比例。黄遵宪于 1882—1885 年任旧金山领事时,曾查美国华侨汇银至广东,年多则一千五六百万元,少则 1000 余万元,4 年扯算,每年洋银入中国者可 1200 万元。③ 据此可大致估计,19 世纪 80 年代,美国华侨人均年汇款数约百元。1910 年,美国华侨减至 94414 人。④ 如以 1880—1911 年美国华侨 10 万～12 万、人均汇款百元为常数,美国华侨汇款约 32000 万～38000 万。加上 1860—1879 年共约 19000 万,清代美国华侨历年汇款总额约 54000 万元。

19 世纪 80—90 年代,中国侨汇约年 2500 万元。1886 年,两广总督张之洞的奏折曾提及,"综计诸洋出洋华民数逾百万,除世居海外及孤身出洋约十之八,有家属通音问者约十之二,尚有二十万人,每年寄家少者数十,多者千百,酌中牵算,人以百元为率,亦有二千万元,为银一千数百万两"。⑤ 张之洞所估 200 万华侨数量偏小,有家属通音讯者比率也不止十之一二。除美国华侨外,其余地区华侨人均汇款则远不到 100 元。黄遵宪在旧金山总领事任内,曾遍阅当时海关出入口货值情况,估计 19 世纪 80 年代中国年均侨汇约 2000

① 《葛罗巴华商禀政府荷兰南洋各属土苛待华侨各款》,郑观应《致香港〈实报〉总编辑潘兰史征君书》附录,夏东元编《郑观应集》(下册),上海:上海人民出版社,1982 年,第 591 页。

② 台湾银行总务部调查课:《关于南洋的华侨,附汇兑关系》,转引自[日]滨下武志著,高淑娟、孙彬译:《中国近代经济史研究》,南京:凤凰出版传媒集团、江苏人民出版社,2006 年,第 152 页。

③ 薛福成著,蔡少卿整理:《薛福成日记》,长春:吉林文史出版社,2004 年,第 525 页。

④ 《美国人口统计资料,1970—2000》,转引自 Eric Lai & Dennis Arguelles, eds., *The New Face of Asian Pacific America : Number, Diversity & Change in the 21st Century*, California : Berkeley, 2003, p. 38.

⑤ 张之洞:《会筹保护侨商事宜折》(光绪十二年三月二十五日),《清代中国与东南亚各国关系档案史料汇编》第 1 册,第 25 页。

万两白银,其规模与中国每年流出白银总数相当。① 20 世纪初,日本东亚同文会估计,华侨约 500 万人,每年侨汇在 2400 万到 2500 万两间。②

随着华侨人数的增加和华侨与中国关系的增强,清末全国侨汇数量激增。马士(Morse)根据 1903 年数家银行的侨汇数字,并参照华侨所在地的经济情况和华侨人均年汇寄款数推算,檀香山华侨每人每年汇寄 100 元,菲律宾华侨每人汇寄 50 元,印支地区华侨每人汇寄 100 元计。③ 当年中国的侨汇总额为 5300 万至 1.25 亿海关两间,取中数为 7300 万两。④ 同时期郑观应根据海关报告,估计华侨每年寄回的侨汇约有华银 7000 万元。⑤ 虽然郑观应未将携入侨汇估入,但其估计侨汇数额仍低于马士。雷麦考察厦门、香港、汕头以及美国等地侨汇经营,估算 1902—1913 年华侨的每年平均汇款总数(包含了华侨商业往来汇款和华侨在中国企业投资的汇款),约为 1.5 亿元法币,⑥合 9630 万海关两。雷麦将商业汇款往来计入侨汇,显然不妥,故其数太高。郑林宽估算可能较合理,1905—1911 年,全国的华侨汇款数为每年 7353 万~9726 万两间,中数为 7708.8 万两。⑦

第二节　民国时期的华侨投资与侨汇

一、侨汇数量与侨资行业

辛亥革命后,资本主义经济体制在中国得到迅速发展。鉴于华侨对创建民国的巨大贡献,为政者政治上对华侨甚为推崇,更激发华侨投资国内的热

---

① 《黄遵宪全集》,北京:中华书局,2005 年,第 487~488 页。

② [日]东亚同文会:《支那经济全书》,第 1 卷,东京,1907—1908 年,第 218~219 页。转引自张仲礼著,费成康、王寅通译:《中国绅士的收入》,上海:上海社会科学院出版社,2002 年,第 335 页。

③ 杨建成主编:《三十年代南洋华侨侨汇投资调查报告数》,台北:中华学术院南洋研究所,1983 年,第 45~46 页。

④ Morse, *An Inquiry into the Commercial Liabilities and Assets of China in International Trade*, China, Imperial Maritime Customs, II, Special Series, No. 27, p. 11.

⑤ 郑观应:《盛世危言后编》,夏东元编《郑观应集》(下册),第 583 页。

⑥ 雷麦著,蒋学楷、赵康节译:《外人在华投资》,北京:商务印书馆,1959 年,第 140 页。

⑦ 郑林宽:《福建华侨汇款》,永安:福建省政府秘书处统计室,1940 年,第 41 页。

情。第一次世界大战期间，欧美各国忙于厮杀，其产业和资本被高度动员，投入战争及战后初期的经济恢复，无暇扩大对中国的资本输出和市场扩张，国内民族资本和产业获得一定发展空间，也使华侨在国内的投资有较多的机会。

从 1912 年民国建立到第一次世界大战结束后的 1919 年，华侨投资国内的工业、商业、交通运输业及房地产投资大 1042 家，投资金额 7100 万元，超过晚清时期华侨在中国投资的 5400 万元。[①]

如同晚清时期，绝大部分华侨投资集中在广东、福建和上海。虽然福建和广东并非中国经济最发达和资本增值最佳的地方，但福建是南洋华侨尤其是印尼、新马、菲律宾、缅甸等国多数华侨的家乡，广东是泰国、印度支那、美洲、南非、澳大利亚等地多数华侨的故乡。晚清以来华侨投资国内之厂矿、铁路、市政建设等，多在广东和福建。华侨投资广东和福建，不仅是资本的牟利本质和利用家乡之人脉关系，更有海外游子造福桑梓的情感动机。上海则是工商和对外经贸重地，其产业和市场在全国的地位与日俱增。抢滩上海，有利于华侨金融和产业资本的发展向内地扩张。因此，上海成为这一时期华侨在国内工业投资的重点。因此，1919 年以前华侨在国内投资中，投入福建约 2100 余万元，多投入交通业、农矿业和商业；投入广东 6600 余万元，多投入交通业、商业和工业；投入上海近 4000 万元，71％投入工业。

1919—1927 年是华侨投资国内的黄金时期。此间，华侨投资国内投资金额为 167769 万元，每年平均为 20942596 元。这一时期的投资重点有较大变化，房地产成为华侨投资增长最快的领域。其原因首先是闽粤交通和工商业的发展，势必带来市镇建设的快速成长，其次是华侨在国内的投资和与中国联系的成长，也推动华侨乐于在家乡营造现代化的居留和生活环境。这一时期，华侨在广东的投资，有 53％投入房地产业；福建更高，房地产业占华侨投资的60％。闽粤侨乡的县城和重要集镇，多有马路、电灯、自来水、百货店、洋楼等。广州、厦门、汕头等主要华侨出入口岸城市，其现代化市政建设多完成于这一时期。华侨在上海的投资则投入工业的比重有所下降，但仍近 45％，商业和金融业占 55％。其投资符合上海作为工商业和金融业中心的城市职能。虽然上海并非侨乡，但华侨在上海的投资项目最大。1921 年，印尼闽侨华侨黄奕住在上海创办中南银行，有资本 750 万银元，黄占 75％股份；同年，澳洲粤侨郭乐创办永安纺织公司，总资本额 600 万银元；1926 年，澳洲粤侨刘锡基等合资 352 万银元，创办新新百货公司。仅这三家公司的投资就占全上海这一

---

① 林金枝：《近代华侨投资国内企业概论》，厦门：厦门大学出版社，1988 年，第 12页。货币单位"元"为 1955 年人民币值，约为 0.4 银元。

时期华侨投资总额的 90％以上。①

表 6-1　1919—1927 年华侨投资行业结构情况统计表

项别 业别	投资企业数	投资金额 （单位：折人民币元）	占投资总数％
工业	93	30261251	18.06
商业	259	18731324	11.18
农矿业	13	3314198	1.99
服务业	55	4903108	2.81
交通业	43	11434500	6.82
金融业	207	31838910	18.81
房地产业	5234	67057514	40.33
合计	5904	167540805	100.00

资料来源：林金枝：《近代华侨投资国内企业概论》，第 16 页。

　　1927—1937 年为华侨投资国内从高潮而转入萎缩时期。在此期间，华侨投资国内企业数达 12253 家，投资总额为 250655092 元。② 1927—1931 年为高潮期。1929 年，美国经济危机波及欧洲，并有向亚洲蔓延之势。东南亚各地华侨亦意识到世界经济危机即将来临，回国投资可躲避风险，尚能为本身的资本寻找出路。在福建，1927—1937 年华侨投资总额 6940 万元，其 80％的投资集中在 1931 年之前。广东和上海的华侨投资也多集中在这个时间。此后，世界经济危机席卷南洋，华侨企业也多未能幸免，因此，不少南洋华侨企业或亏损或破产，回国投资的财力骤降。著名爱国华侨陈嘉庚的企业遭遇连年亏损后，于 1934 年破产。

　　如同 1919—1927 年，这一时期的华侨投资仍集中在房地产业，占全部投资额的 59.98％。华侨在广东的房地产投资总额达 105754669 元，占该省各行业投资总额的 66.27％。华侨在福建的房地产投资比例更高，占 67％，总额达 44380000 元。③ 福建广东的华侨投资青睐于房地产的原因，除华侨历来的建大厦光宗耀祖的传统观念外，主要是侨乡城镇当局刻意引进侨资进行城镇改建，市政建设在这一时期得到大发展。此外，这一时期闽粤侨乡匪患兵患严重，乡村不靖，华侨多在市镇建楼房，供亲属或本人返乡时居住。

---

①　林金枝：《近代华侨投资国内企业概论》，第 13～14、16～17 页。

②　林金枝：《近代华侨投资国内企业概论》，第 22～23 页。

③　林金枝：《近代华侨投资国内企业概论》，第 23 页。

表 6-2　1927—1937 年华侨投资企业结构情况统计表

数别 项别 业别	投资企业数	投资金额（单位:折人民币元）	占投资总数%
工业	148	19784194	7.89
商业	446	30648455	12.22
农矿业	53	2024344	0.80
服务业	123	11915682	4.75
交通业	75	19124234	7.63
金融业	327	16892761	6.73
房地产业	11081	150265422	59.98
合计	12253	250655092	100.00

资料来源:林金枝:《近代华侨投资国内企业概论》,第 24 页。

　　中国八年抗战期间,社会政治经济动荡,华侨投资额为 89261794 元,年平均 11157724 元,仅为高潮时期年平均数额一半弱。[1] 投资地区有所变化,在抗战前,侨办企业投资的 90% 以上集中在沿海城市,如上海、广州、汕头、海口、江门、厦门等地。抗战开始后,开始转向国民党统治的后方,从东南沿海转向西南地区。

　　1945 年抗战胜利以后,虽然侨汇一时畅通,华侨回国投资有所增加,但东南亚华侨企业在战时深受打击。又由于国共战争很快爆发,华侨回国投资很快转入低潮。1945—1949 年,华侨回国投资总额为 60117089 元。[2] 据林金枝教授统计,从 1862 年到 1949 年新中国成立以前,华侨投资国内企业的资金总额约为 7 亿人民币。其中投资广东的侨资企业 21000 多家,总额为 38600 多万元;福建侨资企业 4000 多家,总额 14000 多万元;上海侨资企业 187 家,投资总额则达 10700 多万元;抗战时期投资西南地区约 6000 万～7000 万元。[3]

二、侨汇来源地与作用

　　在 1862—1949 年期间华侨投资中国的约 7 亿元中,来自南洋华侨约占

---

[1]　林金枝:《近代华侨投资国内企业概论》,第 25 页。
[2]　林金枝:《近代华侨投资国内企业概论》,第 28 页。
[3]　林金枝:《近代华侨投资国内企业概论》,第 37 页。

投资总额 43％,来自美洲(主要是美国)华侨约占 13.55％,澳洲华侨占5.09％。

虽然在这一期间,南洋华侨数量占华侨总数的 90％以上,其财力也相当雄厚,但投资国内的金额仅占全球华侨在国内投资的四成三。而美洲、澳洲、日本的华侨不足 10％,在华侨投资国内的总额中却占二成。其原因概略如下:首先,南洋商机较多,华商资本主要投资当地,用扩大自身企业。美、澳为白人世界,种族主义肆行,多次推行排华政策,华侨商机不大,略有积蓄,或汇款回乡赡养家庭,或投资国内谋发展。其次,南洋土生华侨比例甚高。尤其是很多大豪商,多为第二代或数代定居南洋,对家乡之桑梓之情及人脉联系不如第一代华侨。如 1930 年印尼华侨约 120 万,豪商也最多,但土生华侨占 63％,[①]虽豪商多但大部分是土生。因此,印尼华侨在国内的投资仅约 6700 万元。而同期菲律宾华侨约 20 来万,在国内投资亦有约 4000 万元。而美、澳华侨几乎全为第一代,对家乡和国内事务的关注远高于土生华侨。

华侨投资促进了中国民族资本的发展。华侨投资企业从一开始就作为与外国资本侵入中国的对立物而存在,具有民族性,不同于买办资产阶级,所以华侨投资企业的发展,与当时中国人民要求经济独立和政治民主的愿望一致,是中国半殖民地半封建社会中的一个进步因素。就资本额而言,根据研究华侨投资的专家林金枝教授估计,约占全国民族资本的 5％,在上海则占 10％,在侨乡广东和福建则占 40％和 50％。[②] 相比其投资额,华侨投资企业在促进所在地产业更新方面的作用更大。1872 年陈启沅创办的继昌隆缫丝厂,不但是华侨在国内投资的先声,也是我国第一家民族资本的近代工业。华侨投资经营的工厂企业,引进了外国机器设备和生产技术,用先进的机器生产方式代替了旧的落后的手工业生产方式,大大加速中国工业现代化进程,促进生产力的发展。华侨投资也加速沿海城市的兴起,闽粤沿海社会经济发展和现代化城镇的兴起,实源于华侨投资,广州、厦门、汕头、江门、海口等地的市政建设几乎均由华侨资本推动。华侨投资也加速城乡交通运输现代化,闽粤各地交通运输业较内陆省份发达,华侨投资功不可没。华侨投资还促进农业的发展,侨资农业企业购买机器、引进新品种、采用新栽培方法,是中国现代农场的先声。华侨投资国内对中国现代产业的产生和发展具有先导作用,而对闽粤侨乡而言,华侨投资成为侨乡社会经济发展的主要动力之一。

---

① 庄国土:《华侨华人与中国的关系》,广州:广东高等教育出版社,2001 年,第 183页。

② 林金枝:《华侨与中国革命和建设》,福州:福建人民出版社,1993 年,第 366 页。

表 6-3　近代华侨投资国内企业资金来源地统计表

单位:折人民币

侨居地别＼投资地别	上海	广东	福建	合计
南　洋	33239000	7775866	46678462	87693328
印　尼	22843500	16268510	27982739	67094749
新　马	5149300	20376744	14887680	40423724
泰　国	686500	15581051	1139886	17407437
菲律宾	4496600	605270	35473588	40575458
越　南		6141612	3588463	9735075
缅　甸		1647500	8891414	10538934
沙捞越		108000		108000
柬埔寨		24000		24000
日　本	3100000	3510500	547575	7158075
印　度	—	379400	—	379400
亚洲小计	**69514900**	**72418453**	**139189807**	**281138180**
美　洲	3667400	56626661	—	60293061
美　国	—	25427858		25427858
美洲小计	**3667400**	**82054519**	**—**	**85720919**
澳　洲	32255200	—	—	32255200
国籍不明	1899500	231706583	—	233606083
总　计	**107337000**	**386179555**	**139189807**	**632720382**

资料来源:林金枝:《近代华侨投资国内企业概论》,第52～53页。

说明:1. 本表系根据原始调查统计资料整理。2. 资金来自东南亚各国,而未确知是
　　　哪一国华侨投资的归南洋栏计算。3. 资金来自美洲,而不明美洲某一个国家,
　　　归美洲栏计算。

　　相比华侨在国内的约 7 亿元、约合美元 1.28 亿的总投资数,自 1864 年到
1949 年 85 年间,海关统计的侨汇数额高达 35.13 亿美元,是投资的 27 倍
多。[①] 如果将走私套汇、旅客随身携回而没有报关的外币计入,侨汇数量远大

---

① 林金枝:《近代华侨投资国内企业概论》,第 56 页。

于 35.13 亿美元。1919—1937 年的侨汇数量为 15.86 亿美元,为高峰,主要用于赡养侨眷。1940 年是侨汇的最高年份,为 9000 万美元。[①] 20 世纪 30 年代是侨汇大幅度增长的时期,侨汇甚至超过外贸入超数额。1937 年抗日战争爆发后,大批华侨捐款汇回国内,是侨汇大幅度上升的原因之一。到 1941 年,侨汇达到高峰,该年侨汇 18 亿元。太平洋战争爆发后,香港和南洋各地相继被日本占领,侨汇基本中断。

表 6-4 1931—1940 年侨汇和贸易入超比较表

单位:国币千元

年度	侨汇数	外贸入超数	侨汇占入超之百分比(%)
1931	434680000	816413000	53.24
1932	334628000	861191000	38.86
1933	314226000	733739000	42.83
1934	338313000	494451000	68.42
1935	332489000	343402000	96.82
1936	344386000	235803000	146.05
1937	473502000	115130000	411.28
1938	644074000	123559000	521.27
1939	1270170000	306407000	414.54
1940	1328610000	570322000	232.96

资料来源:林金枝:《华侨与中国革命和建设》,第 260~264 页。

大部分侨汇用于生活消费,这就在一定程度上刺激侨乡农村商品经济的发展和乡镇的形成,更重要的是弥补国家对外贸易入超。据 1868—1936 年海关关册统计,中国对外贸易入超总额累计白银 74 亿海关两,折算美元 50 亿。而同一时期,侨汇总数为 24.4 亿美元,相当于外贸入超数的 50%。

第三节 华侨与保皇会

19 世纪末以降,随着中国民族主义的萌生和发展,海外华埠对中国的国

---

① 林金枝:《华侨与中国革命和建设》,第 229 页。

家和民族认同不断加深,华侨民族主义与爱国主义思潮高涨。海外保皇会与革命党人虽然政见不同,组织各异乃至水火不相容,但在推动华侨社会关注和参与中国国内政治、经济事务方面却是异曲同工。华侨对近代中国政治的积极参与,很大程度可归功于海外保皇党和革命党的推动。

华侨参与中国国内革命运动的嚆矢可溯自华侨发动的闽南小刀会起义。1850 年,新加坡土生华侨、三合会员陈庆真在同安组织小刀会,从外洋购小刀数百柄,遍赠同类。① 凡入会者需交入会费 693 文,名曰"根基钱"。不久以后,入会者上至省城,下至广东,发展到数万之众。② 次年 1 月,陈庆真被捕处死,多名骨干也相继落网。1853 年 3 月太平军攻占南京,小刀会首领黄德美、黄位等在 5 月发动起义。黄德美父黄宝斋是印尼三宝垄华侨,回乡购置大量田产,黄家多遭清吏勒索,因此,德美素有反抗之心。小刀会起义很快席卷闽南十一县,历时半年,后被清军镇压。据驻厦英国领事和厦门海关英国雇员记载,占领厦门的小刀会首领 6 人中,有 3 人是在新加坡出生的中国人,许多头目也是新加坡籍华侨。③

一、海外保皇组织的发展

保皇会是 19 世纪末 20 世纪初华侨社会影响力最大的政治组织。1895年以后,维新派在日本和新加坡已有一定影响力。部分新派华侨富商倾向维新思潮,已在华埠传播民族主义思想,鼓吹变法图存。1898 年戊戌变法失败后,康有为、梁启超逃亡日本,与康有为门徒、时任横滨大同学校校长徐勤会合。康有为称有光绪帝衣带诏,又为皇帝所眷顾之一代名士,在日本侨界广受拥戴。年底,梁启超向日本华侨募资创办《清议报》旬刊,大倡勤王之说。其保皇维新论道风行一时,保皇势力席卷侨社,连横滨的兴中会成员多转向保皇会。1901 年冬,《清议报》馆失火停刊。次年,梁启超再办《新民丛报》,继续宣传保皇维新主张。

1899 年,康有为为日本政府所逼,流亡至广府籍华侨集中的加拿大,创设第一个保皇会。当时西方各国普遍同情维新派,因此,加拿大总督和众议院议长均接见这位来自中国的名士,引起华埠轰动。是年春,康有为在温哥华发表演说,各地侨胞前来聆听者达 1300 多人。康慷慨陈词维新变法及慈禧太后发

---

① 《小刀会匪纪略》,光绪《马巷厅志》,附录下,第 91 页。

② 陈庆镛:《请办闽省会匪疏》,《籀经堂类稿》卷二,第 78 页。

③ [英]施丹顿:《三合会史》,转引自罗尔纲:《福建小刀会领袖是谁?》,《历史教学》1981 年第 4 期。

动政变经过,强调国势危急,国家积弱,同胞涂炭,皆由西后一人不愿变法之故。号召华侨要联络并起,以自救其国而自救其家,否则将来无国可归。闻者多感叹哀泣,群情激愤。① 康有为认为侨心可用,遂联合台山籍华商李福基、叶恩等,以保皇才可保国为名,筹组保皇会。是年夏,海外第一个保皇会在加拿大维多利亚歌夫缅街成立,全称"保救大清光绪皇帝会"(Empire Reform Association),也称中国维新会,由李福基任总理。康有为起草的《保皇会草略章程》称:本会专以保全中国为主。盖中国危弱,欲保身家非保国不可,欲保中国非保皇上复位不可,故本会名保皇。② 同年秋,温哥华、纽威敏斯特等地相继成立保皇会。此后,康有为遣门人徐勤、梁启田、欧榘甲等分赴南北美洲和澳洲等地,发展保皇组织。美国华社亦几全为广府华侨,易于发动,渴望维新者对保皇会趋之若鹜。北美华社几乎为致公堂所控制。徐勤等人知洪门缺乏文士,大可利用。因此,或公开招揽会员方式,或数人先投身致公堂籍,再伺机夺其事权,③成功地策动很多美国致公堂成员成为保皇会会员。④ 各埠洪门重要职员,也多受康梁影响。⑤

同年,康有为离加到香港。年底,得素有维新思想的新加坡富商邱菽园汇赠千金,前往新加坡。当时,邱菽园、林文庆等已在新加坡组织星洲支那好学会,定期举办演说会,吸引众多华侨加入,维新思潮蔚为风尚。是年秋,邱从西报闻清廷将废光绪帝,即联合华侨 500 余人签名公呈,电传总理衙门,恳请归政。南洋各埠纷纷效仿。暹罗有 3 万多华侨签名公呈,法属印度支那亦有 780 多华侨签名。⑥ 邱等新加坡维新人士尚在《天南新报》大量转载《清议报》文章,抨击清廷朝政,宣传维新保皇,言论趋于激烈。邱菽园生于福建海澄,父为新加坡富商。两岁随母到澳门,七岁抵新加坡,父亲为邱设立家塾,教授四书五经等应试科目。1894 年,邱菽园回乡参加福建乡试中举,时年 21 岁。但邱目睹官场腐败,对国内仕途甚感失望,次年返回新加坡,着力弘扬中国文化。邱继承父亲巨额产业,却无意商贸,仗义疏财,积极参与领导新加坡维新活动,为新加坡华埠名流。1898 年,邱与林文庆等创办《天南新报》,自任主笔,宣扬变法维新,与梁启超在上海主办的《时务报》互相呼应。当年,入京参加会试落

---

① 汤志钧编:《康有为论集》上册,北京:中华书局,1981 年,第 398、407 页。

② 上海文物保管委员会编:《康有为与保皇会》,上海:上海人民出版社,1982 年,第 264 页。

③ 冯自由:《美洲致公堂与大同报》,《革命逸史》初集,第 138 页。

④ 冯自由:《华侨革命开国史》,上海:商务印书馆,1947 年,第 55 页。

⑤ 冯自由:《华侨革命组织史话》,台北:正中书局,1954 年,第 24 页。

⑥ 颜清湟著,李恩涵译:《星马华人与辛亥革命》,台北:联经出版事业公司,1982 年,第 181 页。

第,参与康有为组织的公车上书。1899 年,捐资 3000 元,支持创办新式华侨女校,积极引入西方先进的教育方法。唐才常在上海成立正气会时,邱赠其 3 万元。[①] 林文庆也是新加坡土生,从小受英校教育,为海峡殖民地第一个获英国女王奖学金(Queen's Scholarship)者,获爱丁堡大学医学院医学内科学士和外科硕士学位,是新加坡华人立法局(Legislative Council)局绅。林热心华社公众服务和现代知识普及,关注中国政局,与邱菽园共为新马维新思潮之主要鼓动者。[②]

康有为一行抵新加坡后,下榻邱宅,受到当地华商、名士的殷勤款待。[③] 1900 年春,康有为暗中组织新加坡保皇分会,自任会长。邱菽园也往槟榔屿、马六甲活动,扩张保皇势力。康有为此行另一目的,是为保皇会的勤王计划筹款。因保皇会在美洲、澳洲各地筹款计划进展不顺,因此,康有为等倾力动员邱捐款,以供自立军举事之需。[④] 邱前后共捐 20 万元,为保皇会全部得款六成多。[⑤] 因此,维新派以新加坡为国内勤王计划联络和指挥中心,但主事者康、梁及其党徒均为书生,不擅组织联络。邱氏及各地已捐款者则三天两头催问康有为关于勤王举事的进展,康只能屡电催国内,导致唐才常自立军在汉口仓促起义。起义失败后,邱菽园资助自立军事亦被供出,遭清廷通缉查拿,其海澄家乡族人被株连。此后,邱菽园与康梁逐渐反目,责备康有为等结党营私,是一伙文笔之徒,成事不足,遂与康梁绝交。[⑥] 而邱菽园则捐赠国内赈银万两,并在《天南新报》公开痛斥康梁,以避免国内亲属被株连。经张之洞奏准,遂结此案。朝廷还加赏邱四品衔主事职,以勉励康梁追随者归顺朝廷。[⑦]

1900 年,梁启超赴檀香山发展保皇会。檀香山兴中会原本势力甚大,但梁启超对外称与孙中山合作,保皇与革命实际上是殊途同归,他的主张名为保皇实则革命。[⑧] 因此,梁启超及其政治主张得到檀香山华侨广泛支持。年底,

① 桑兵:《新加坡华侨与康梁的保皇运动及孙中山的革命运动》,张希哲、陈三井编《华侨与孙中山领导的国民革命学术研讨会论文集》,台北:国史馆,1997 年,第 37 页。

② 颜清湟著,李恩涵译:《星马华人与辛亥革命》,第 61~62、84~85 页。

③ 康文佩编:《康南海先生年谱续编》,第 3 页。

④ 丁文江、赵丰田编:《梁启超年谱长编》,上海:上海人民出版社,1983 年,第 202、206 页。

⑤ 冯自由:《中华民国开国前革命史》上编,第 80 页;颜清湟引邱菽园《五百石洞天挥尘》,邱捐款为 25 万元。见颜清湟著,李恩涵译:《星马华人与辛亥革命》,第 85 页。

⑥ 田野桔次:《最近支那革命运动》第 7 章,转引自《华侨与孙中山领导的国民革命学术研讨会论文集》,第 39 页。

⑦ 《清光绪朝实录》卷四八六,第 6~7 页。

⑧ 冯自由:《兴中会组织史》,《革命逸史》第四集,第 20 页。

梁启超筹组"美属檀香山保救大清光绪皇帝会"（檀香山保皇会）。檀香山兴中会会员成为保皇会重要骨干者颇不乏人，连孙中山之兄孙眉亦加入保皇会，并与李昌等人斥巨资资助保皇会。保皇会成立对檀香山的兴中会打击甚大，此后十余年，兴中会之名默默无闻。① 保皇会还在美国洛杉矶开设干城学堂，作为保皇会军校，或称"中华帝国军"，实施练兵计划，培训维新军的骨干，以备将来武力复辟。干城学堂聘请美国军事专家荷马·李为将军，设分学堂于三藩市、斐士那、北架斐、沙加缅度、波特仑、西雅图、他科马、贞林罕、华李华拉、斯波堪、芝加哥、圣路易、纽约、费城、檀香山乃至加拿大的域多利。康有为亲自谱写《干城学堂校歌》。入校华侨青年每月须向保皇会缴纳 0.5 元经费，白天各自工作，晚上入校上课与操练，各有制服和枪械，受训者近 2000 人。②

1911 年，澳洲新南威尔士保皇会在悉尼建立，是澳洲华侨第一个保皇会，入会华侨 249 人。同年秋，应悉尼保皇会邀请，康有为遣梁启超和徐勤等人赴澳。梁启超遍访西澳、南澳、维多利亚和新南威尔士四州，受各州政府接待和华侨的欢迎。梁到处出席公众集会，发表演讲，宣传君主立宪思想。改良思想因此深入侨社。西澳洲的珀思、弗里曼特尔、杰拉尔顿，南澳洲的阿德莱德，维多利亚的墨尔本、巴勒拉特，新南威尔士州的塔姆沃思，昆士兰州的布里斯班、罗克汉普顿、凯恩斯等 10 余处相继建立保皇会组织。《东华报》为澳洲保皇会喉舌，主持该报笔政者为梁所荐的湖南籍留日学生唐才质。③

1903 年，梁启超应美洲保皇会的邀请，游历美洲，创办美洲各地保皇分会，再次掀起北美华埠保皇热潮。尤其在美国，各埠保皇会相互联络呼应，保皇势力之踊跃，以此次为最。④ 北美华侨多五邑人，且梁启超学识口才俱佳，不辞辛劳赴各埠演讲，受到各地保皇会们和华侨热烈欢迎，保皇会在美国获大发展。旧金山华侨两万七八千人，注籍会员约万人；纽约华侨万余人，入会者达 8000 人；波士顿华侨 4000 人，费城华侨 3000 人，入会者均过半。俄勒冈州 25 市镇、蒙大拿州 12 市，皆有保皇会组织。对保皇势力之盛，梁颇为自得，称"所到各埠皆见保会林立，四方电请者，应酬不暇"。⑤ 当年，梁启超由美赴加拿大，在各地奔波演说，阐述君主立宪之主张，会见当地各政要，推动华校建立，受广泛拥戴。多伦多、渥太华和蒙特利尔亦成立保皇会，与维多利亚、温哥

---

① 据《美属檀香山保救大清光绪皇帝会值事芳名录》，檀香山保皇会重要干部中，有 8 个人是兴中会的成员。转引自汤熙勇：《夏威夷华侨对孙中山先生革命的反应（1894—1911）》，《华侨与孙中山先生领导的国民革命学术研讨论文集》，第 534 页。

② 刘伯骥：《美国华侨逸史》，台北：黎明文化事业公司，1984 年，第 527 页。

③ 中国史学会编：《辛亥革命》第 1 册，上海：上海人民出版社，1981 年，第 174 页。

④ 丁文江、赵丰田编：《梁启超年谱长编》，第 310 页。

⑤ 上海文物保管委员会编：《康有为与保皇会》，第 209 页。

华和新威斯敏斯特的分会联合,共组加拿大保皇总会。以温哥华为总会,下属12个分会。美国西北部以波特兰为总会,下属26个支会;西部以旧金山为总会,下属6个支会;东部以纽约为总会,下属6个支会;中部以芝加哥为总会,下属13个支会;南部以新奥尔良为总会,下属4个支会;北部以气连拿(Helena)为总会,下属12个支会。墨西哥以莱苑(Torreon)为总会,下属9个支会。中美洲以巴拿马为总会,下属4个支会。南美洲以秘鲁为总会,下属3个支会。檀香山以火奴鲁鲁为总会,下属8个支会。美洲各地成立的保皇会组织共11个总会、103个支会。① 南洋各埠保皇势力亦蒸蒸日上。

1903年,康有为亲赴印尼巴城、泗水、三宝垄各埠,宣传保皇主张,推动保皇会建立。巴城建立保皇会后,不少华侨富商相继入会,华侨会馆或有新派思想之富商,或明或暗均与保皇党有所联系。保皇会在荷印华社一时势炎煊赫。②

1904年春,康有为由印度转抵缅甸,宣传保皇变政和君主立宪,华侨受惑者众。在康敦促下,仰光侨商组织缅甸保皇分会,闽商庄银安为会长,并创办机关报《仰光新报》。③

大体而言,保皇会在广府人集中的北美、澳洲最早发动,也最为兴盛。康梁及其党徒多广府人,同时,广府毗邻香港,民智先开,西风较盛。因此,康梁的维新主张较容易得到海外广府人的认同。在南洋,保皇会受当地广府人拥戴自在情理之中。而且对那些炫目于康有为帝师身份的非广府籍富商和受西风影响之华社名流,如邱菽园、林文庆、胡子春等,康梁及其保皇主张亦有较大吸引力。因此,康有为虽逋亡海外,但对他在各地华埠受拥戴的状况颇为自得,称:"数年间百埠闻风,扶义而起,忧国沦亡,爱君忠义,不数年间,凡百七十余埠,遍于五洲,会众以数十万计,岂吾所及料哉!"④更踌躇满志认为,相比慈禧等顽固派,"尔得其地,我得其民"⑤。

二、保皇派对华社的贡献及其没落

保皇派以立宪维新为号召,加上康梁等保皇派要角多为清流博学之士,因

① 梁启超:《新大陆游记》,长沙:岳麓书社,1985年,第553~554页。
② 李笃彬:《荷属巴城华侨书报社略史》,《南洋研究》第3卷第3期,1930年,第122页。
③ 冯自由:《南洋各地革命党报述略》,《革命逸史》第四集,第141页。
④ 汤志钧编:《康有为论集》上册,第598页。
⑤ 刘伯骥:《美国华侨史(1848—1911)》,台北:黎明文化事业公司,1982年,第449页。

此,在华社风靡一时,甚得华侨富商、闻人拥戴,对中下层华侨亦有一定吸引力。但清末立宪骗局破产后,保皇会的立宪主张顿失吸引力,光绪帝的去世更使保皇派倡导的"保皇才能维新"的最后梦想破灭,海外保皇势力因此一落千丈。

1906 年,清廷预备立宪,海外保皇派欣喜振奋,以为长期宣扬之君主立宪终有结果。康有为上书清廷,请设国会,并于纽约保皇会之《中国维新报》发布公启,指示各分会改名国民宪政会。康提出"上崇皇室、下扩民权"政纲,订立简要章程 24 条,拟在上海设立保皇会本部,设支会于内地各省、府、县,并向清政府请求立案。其政治立场逐渐与清廷合流,与主张推翻清朝统治的革命党水火不相容。次年,梁启超等日本华社保皇党人在东京组织政闻社,创办《政论》,发布施行国会制度、建立责任政府等四大纲领,强调对皇室绝无干犯尊严之心。[①] 1908 年春,政闻社本部由东京迁到上海,联络各地立宪人士,以请愿向清廷施加压力。徐勤等保皇要角南下吉隆坡,发动华侨支持其请愿运动,请各侨领签名呈请清廷设立国会,遭革命党人扰会未果。[②] 徐勤等又往新加坡集会演讲,推动设立政闻社新加坡分会,又遭革命党人搅局。[③] 是年夏,政闻社以全体社员名义致电宪政编查馆,请定三年内召开国会,各地纷起仿效。清廷将政闻社员、法部主事陈景仁革职,并以政闻社阴谋煽乱为由,下令予以查禁。政闻社被查禁,昭示清廷假立宪面目,也使海外保皇派的影响难以为继。是年冬,光绪帝去世,保皇号召沦为空谈,组织日渐式微。华社遂多倾向革命党人。

保皇会在海外华埠启迪民智之贡献,莫过于创办报刊和建立新式学校。康梁虽以报刊为宣扬保皇、扩充组织之利器,但其报刊以西方宪政理念为基础,鼓吹民族意识和国家认同,号召华侨救国图存,进而影响国内思潮,对华侨民族主义形成和引领国内宪政活动,贡献莫大。保皇人士先后创办或控制之海外报刊,有檀香山的《新中国报》,加拿大的《日新报》和《世界日报》,美国的《文兴日报》、《世界日报》、《大同日报》,菲律宾的《益世新报》,澳门的《知新报》、《濠镜报》,香港的《华字日报》、《实报》,新加坡的《天南新报》、《南洋总汇报》、槟榔屿的《槟榔新报》,澳洲之《东华报》,暹罗之《湄南日报》等数十种,向华侨灌输中国所处之亡国亡族之危局意识,鼓吹唯有保皇才能图存,救圣主才能救中国。尤其在保皇党人早期的刊物中,不乏对中国时局之真知灼见之论,对国内民智开启贡献甚大。康梁足迹所及,莫不推动华埠新式学堂设立,固有

① 《政闻社宣言书》,《辛亥革命》第 4 册,第 105~115 页。

② 《中兴日报》1908 年 6 月 9 日。

③ Song Ong Siang, *One Hundred Years' History of the Chinese in Singapore*, Singapore:University of Malay Press,1967,Reprinted,p. 434.

灌输保皇主张之目的，①但授以现代知识和中华文化理念，却收启迪华侨民智、振奋侨心之效，与革命党之创办报刊和推动学堂建立效果异曲同工。

第四节　华侨与革命党

晚清时期，革命主张和革命组织的发起始于海外华埠。执著反清者，以华侨革命党人为最。孙中山创建之革命组织兴中会和同盟会，其主要骨干几全为华侨、留学生和逋亡海外之反清志士。革命党发动国内起义，慷慨助饷多为华侨，②披坚执锐者亦多有华侨热血青年。因此，孙中山才有"华侨是革命之母"的名言。③

一、兴中会组织

1894 年 11 月，孙中山先生在檀香山创建中国第一个革命团体——兴中会。孙中山是檀香山华侨，1879 年由澳门乘英船赴檀香山，投其在檀开农场之胞兄孙眉，入当地英人开办之意奥兰尼学校（Iolani College）。毕业后再入美人所设之檀岛最高书院阿华胡书院（Oahu College），中途辍学，1883 年回国。次年入广州博济医校，再转香港西医书院。期间，目睹官吏之腐败与中国之积弱，逐渐确立革命之志。至中日战争时期，孙中山认为是发动革命的时机，但恐内地百姓对革命排满主张尚难接受，因此，"欲藉华侨之力行革命之途"。1994 年，孙中山前往其熟悉又亲友故旧较多的檀香山，筹组革命组织。是年 11 月，在檀香山成立兴中会，自任主席，参加者仅当地华侨何宽、李昌、邓荫南等 20 余人。④ 岁末离檀返香港，约集旧友陈少白、陆皓东、郑士良、尤列等会商，拟在港、穗筹建兴中会组织。次年初，孙中山等在香港成立兴中会总会，推杨衢云为会长。入会誓言为："驱逐鞑虏，恢复中华，创立合众政府。倘有贰心，神明监察。"设总会机关于香港中环士丹顿街乾亨行。在广州建立兴中会广州分会，对外称农学会，建立秘密据点数十处，准备发动广州起义。在

---

①　迦陵生：《康有为在槟城》，《南洋文摘》第 1 卷第 12 期，新加坡：南洋文摘出版社，1960 年，第 38 页。

②　孙中山：《中国革命史》，甘乃光编《中山全集》，上海：良友图书公司，1931 年，第 4 页。

③　张永福：《南洋与创立民国》，上海：中华书局，1933 年，第 1 页。

④　蒋永敬编：《华侨开国革命史料》，台北：正中书局，1977 年，第 60～67 页。

拟发动起义的重阳节(10 月 26 日)前夕,清两广总督谭钟麟得英人情报,又有知情者告密,遂出动军队、差弁搜查起义据点,四处缉拿,被捕者 70 余人。陆皓东和会党首领朱贵全、丘四等殉难。① 孙中山逃离广州,偕陈少白、郑士良亡命日本横滨。孙中山等与横滨华商冯镜如等建立兴中会横滨分会。此后,孙中山离开日本往美国,在 1896 年建立旧金山兴中会,但誓言入会者仅寥寥数人。当年,逋亡南非的杨衢云也在约翰内斯堡和彼得马尼士堡分别设兴中会分会。② 1897 年,孙中山遣陈少白离日赴台湾,投原广州起义失败后逃台谋生的杨心如,联络在台广籍商人,在台北创建兴中会台湾分会,发展会员数名。③ 1899 年底,杨衢云以长江沿岸及闽粤各省会党愿拥戴孙中山为首领为由,推孙中山为兴中会总会长。④ 1901 年,革命党人尤列由日本至新加坡发展革命组织。尤列以行医掩护,川行于新加坡、吉隆坡、槟榔屿、霹雳、柔佛等埠,鼓吹革命排满,纠合同志。当时南洋各埠保皇势力鼎盛,华侨几乎视兴中会名称为乱党,因此,尤列在吉隆坡首组革命组织,取名中和堂。但该堂悬挂惠州革命军所用的青天白日旗,以作兴中会一脉相传的标志。此后英属各埠,陆续成立中和堂。其成员多为华社下层农工人士,尤列亦结交素有民族主义意识之闽商陈楚楠、潮商张永福。中和堂成立后,革命思想,遂逐渐在南洋传播。⑤ 迄同盟会成立,中和堂会员多成为同盟会员。1902 年,孙中山赴越南河内,在新宁籍华商黄隆生支持下,创建越南兴中会分会,对外则用致公堂名义,但仅发展会员数人,均为台山、南海籍华侨。⑥

从 1904 年第一个兴中会组织建立到 1905 年同盟会成立前夕,海外成立兴中会分会仅 6 处,而且大部分旋起旋蹶,会务不彰。尤其在兴中会组织惠州起义失败后,骨干折损,元气大伤。各地兴中会员有名籍可稽者,不足 300 人,大部分是华侨,四成在檀岛。就其籍贯而言,除台湾、香港、横滨之中国留学生中有数位其他籍贯的人外,几乎全为广肇籍华侨,尤其是香山、南海人等孙中山的小老乡。⑦ 这一时期的海外华埠,保皇救亡思潮风靡一时,孙中山的革命排满主张,尚不能被东亚华社所广泛接受。因此,孙中山在海外所能联络者,几仅限广府小同乡。

---

① 蒋永敬编:《华侨开国革命史料》,第 218~219 页。
② 冯自由:《兴中会组织史》,《革命逸史》第四集,第 14~17、21 页。
③ 华侨革命史编纂委员会:《华侨革命史》(下),第 13~14 页。
④ 冯自由:《兴中会首任会长杨衢云补述》,《革命逸史》第五集,第 12 页。
⑤ 蒋永敬编:《华侨开国革命史料》,第 309 页。
⑥ 陈锡祺主编:《孙中山年谱长编》,北京:中华书局,1991 年,第 283 页。
⑦ 冯自由:《兴中会会员人名事迹考》,《革命逸史》第四集,第 23~64 页。

二、同盟会组织

1905 年春,孙中山在比利时布鲁塞尔聚集英、法、德、比中国留学生,商讨革命救国问题,提议建立革命团体,获得响应。孙亲拟誓词:"驱除鞑虏,恢复中华,创立民国,平均地权。"旋即,在布鲁塞尔召开第一次会议,加入者 30 多人。但此时尚未确定组织名称,概称革命党。① 是年夏,孙中山由欧往日本横滨,数日后往东京。当时的东京聚集很多中国留学生,亦是国内各类反清志士主要逋亡去处,是海外中国革命志士最集中之地。当年 7 月,孙与黄兴邀约各省有志于革命事业之留学生和华侨共 70 余人,达成成立中国同盟会共识。8 月,孙中山等兴中会成员与光复会及华兴会等革命团体代表,共同在东京举行中国革命同盟会成立大会,与会者有 300 多人,多数为留日生。大会通过同盟会总章,孙中山受推为总理,黄兴为庶务,总部设于东京,分派同志筹组各地分会。是年冬,孙中山由港往西贡,主持成立中国同盟会西贡、堤岸分会,举刘易初为会长,李卓峰副之。1907 年春,孙中山为策动粤、桂、滇三省反清起义,经海防驻节河内,改河内兴中会为同盟会河内分会,先后加盟者数百人。并在海防创建同盟会海防分会,作为经营钦、廉各地军事之基地,以刘岐山为会长。② 随后,越南南圻、永隆、槟榔的同盟会组织也相继成立。③ 南洋各埠之同盟会分部,以海防、河内最近中国内地,因此,这两地成为孙中山革命党人重点经营之处。

1906 年春,孙中山由欧往日,途经新加坡驻留。孙中山邀集新加坡倾向革命党的主要人士,在潮籍富商张永福的晚晴园寓所成立同盟会新加坡分会,作为英荷两属地之同盟会总机关部,闽籍富商陈楚楠为会长,张永福副之。创始会员十四人,有十人为商人。④ 陈楚楠原籍同安,在新加坡出生,父陈泰是新加坡大木材商。陈楚楠幼年勤思好学,精通英、华、巫文。早年支持康梁保皇立宪活动,后结识尤列,倾向革命。1904 年,他与张永福各出资本,合办《图南日报》,鼓吹反清革命,是南洋第一份革命派报纸。陈楚楠尚积极筹款支持国内反清活动,冯自由称他"以一人关系南洋党务之兴衰,为南洋革命党第一

① 冯自由:《留欧学界与同盟会》,《革命逸史》第二集,第 122 页;蒋永敬编:《华侨开国革命史料》,第 319 页。

② 冯自由:《华侨革命开国史》,第 50~51 页。

③ 周兴樑:《孙中山的革命活动与越南华侨》,中山大学孙中山研究所编《孙中山与华侨学术研讨会论文集》,1996 年,第 226、228 页。

④ 颜清湟著,李恩涵译:《星马华人与辛亥革命》,第 110~111 页。

人"。① 新加坡同盟分会成立后,随即向英属和荷属各埠发展。孙中山随即前往吉隆坡,拟争取巨商陆佑支持革命党,但陆佑避之唯恐不及。② 是年夏,同盟会吉隆坡分会成立,孙中山亲自主持誓词仪式。随后,孙中山往华侨聚居的锡矿中心怡保,拟建立组织,遭维新派及胡子春等抵制,未能如愿。③ 孙回新加坡后,另遣陈楚楠、林义顺往槟城筹建组织。得闽籍海峡土生富商吴世荣支持,成立同盟会槟城分会。④ 1907 年,孙中山三度访新,创办《中兴日报》,胡汉民撰发刊词,作为同盟会机关报,与保皇党的《南洋总汇报》激烈论战。⑤ 至1908 年,英属马来亚之芙蓉、怡保、瓜老庇拉(Kuala Pilah)、蔴坡(Muar)、关丹(Kuantan)等地均设分会。⑥ 此后,马来亚各地大抵有华侨车辙马迹之地,几乎都有同盟会员。⑦ 新马同盟会员尚创办《星洲晨报》、《南侨日报》等,在舆论上完全压倒保皇派。至辛亥年,新马积极响应辛亥革命运动的人数约有 3万至 4.1 万人,约占当地 15 岁以上华侨总数的 4.4%~5.9%,远超正式加入同盟会员者。⑧

　　1906 年和 1907 年,新加坡同盟分会数次遣谢良牧、李柱中、李天麟、陈方度等六七人赴荷印各埠,筹组同盟会分会。巴达维亚革命党人为避殖民当局干涉,所建立的革命组织名为寄南社,与新加坡同盟分会声气相通。泗水、八打威甲太、文槟港、双溪烈、勿里洞、三宝垄、棉兰等各分会,也多以书报社为外围组织。1907 年冬,陶成章自东京往新加坡,拟向孙中山请领 3000 元,以救日本《民报》经费之急,并请孙修函介绍其往南洋各埠筹款,作为发动浙江起义之用,被孙拒绝。陶成章遂在南洋各埠散布反孙言论,⑨得到潮籍新加坡同盟会创始会员许雪湫、陈芸生等人支持,⑩但新加坡同盟会大多数会员缄默以待,不欲见革命党分裂。1908 年春,陶成章遍游荷属各华埠,大倡光复会,以江浙皖赣闽五省革命军名义募款,不受同盟会本部节制。陶还在新加坡、泗水、邦加尚组织光复会分会,遥戴章炳麟为会长。一时各埠失意的同盟会员,

---

① 冯自由:《南洋革命党第一人陈楚楠》,《革命逸史》第三集,第 184、179 页。

② 颜清湟著,李恩涵译:《星马华人与辛亥革命》,第 122 页。

③ 张永福:《南洋与创立民国》,《华侨与辛亥革命》,北京:中国社会科学出版社,1981年,第 101 页。

④ 冯自由:《华侨革命开国史》,第 87 页。

⑤ 冯自由:《南洋各地革命党报述略》,《革命逸史》第四集,第 142 页。

⑥ 冯自由:《中国革命运动廿六年组织史》,第 153~154 页。

⑦ 陈春生:《南洋华侨与革命》,蒋永敬《华侨开国革命史料》,第 353 页。

⑧ 颜清湟著,李恩涵译:《星马华人与辛亥革命》,第 289~290 页。

⑨ 张篁溪:《光复会领袖陶成章革命史》,中国史学会主编《辛亥革命》(一),第 525 页。

⑩ 冯自由:《光复军司令李燮和》,《革命逸史》第四集,第 217 页。

尤其是在惠州起义与孙中山嫡系结下心结的潮嘉籍华侨,转拥光复会。1910年,孙中山委胡汉民往棉兰,创建日里同盟会支部。至辛亥革命前夕,荷属各埠同盟会分会已有 12 个。[1]

1908 年,孙中山遣王群,由东京总会带来本部委任证书抵仰光,宣传和发展同盟会组织。缅侨徐赞周、陈仲赫、陈钟灵率先入盟,陈守礼等十余人继之。当年冬,孙中山偕胡汉民、胡毅生往暹罗,密组同盟会暹罗分会。[2] 入会者有萧佛成、沈芬思、陈景华等 20 多人,萧佛成任会长,萧所办的《华暹新报》亦成为同盟会在暹罗的唯一机关报。[3] 到 1911 年,缅甸华侨加入同盟会者 2343人,在木各具、卑谬等 25 个地区建立同盟会分会。[4] 1911 年春,同盟会会员李其奉派自香港往马尼拉,访侨商郑汉琪等人,组建同盟会小吕宋分会。首批入会者除郑汉琪为闽籍外,其余都为广府籍。[5] 至辛亥年,凡南洋华侨所到之处,几莫不有同盟会员之足迹。

三、资助革命

清季同盟会的经费,多来自华侨资助。革命党向华侨筹款方式,主要为零星募捐,集腋成裘,是革命经费最可靠的来源。捐献者不分阶层,仅少数是富商大贾,大部分捐献者是一般侨众。富裕的革命党倾其身家支持革命,是前期革命起义的主要资助者。孙中山本人将行医及事业投资得利,全数投入革命活动。其兄孙眉也倾资捐助革命,直至破产。[6] 新加坡会员萧竹漪"尽货其田产,得资数千金,借供运动经费"。[7] 安南堤岸会员黄景南以卖豆芽为业,倾其一生之蓄积数千元,"尽献军用"。[8] 孙中山称他是"出资勇而挚者"。[9] 同盟会

① 中国国民党中央委员会第三组编:《中国革命党在海外》,蒋永敬编《华侨开国革命史料》,第 254~256 页。

② 冯自由:《南洋华侨与革命运动》,《革命逸史》第六集,第 183 页。

③ 冯自由:《南洋各地革命党报述略》,《革命逸史》第四集,第 142 页。

④ 冯自由:《缅甸华侨与中国革命》,《革命逸史》第二集,第 232~236 页。

⑤ 欧阳鸿钧:《小吕宋同盟会会员姓名领事事实备考》,蒋永敬编《华侨开国革命史料》,第 429 页。

⑥ 孙中山:《将到伦敦前致吴敬恒函》,《中华民国开国五十年文献》第一编第 11 册,第 420 页。

⑦ 冯自由:《潮州黄冈革命军将领列传》,《革命逸史》第三集,第 266 页。

⑧ 孙中山:《建国方略·孙文学说》,《孙中山选集》,北京:人民出版社,1981 年,第205 页。

⑨ 甘乃光编:《中山全集》,第 138 页。

西贡一堤岸分会副会长李卓峰于防城、河口、镇南关诸次起义,捐款数万元。失败后,同志数百人退走海防,饷食无着,李虽已财竭,仍设法向银行借款 2 万,接济这些流亡志士。孙中山因此给李卓峰国债票数十万,作为革命胜利后补偿凭据,但李卓峰将其尽付一炬,[①]毁家资助革命之意决绝。张静江倾其巴黎之店所得六七万元,全数用来助饷,孙中山称他为"出资最勇而多者"。[②] 余育之、郑荫南、李海云、陈楚楠、张永福等,或尽其所有,或变卖家产,以充军需。但革命党人向富商大贾募捐,多难如愿。只是在革命已望成功时,不少华商巨富才慷慨解囊。一般革命党人,则以缴纳革命团体之会员费以充公用。檀香山兴中会成立时,会员须缴会底银 5 元。东京同盟会成立时,规定会元入会费日币 3 元,后改 1 元,年费 1 元。新加坡同盟会员须缴会底捐 6 元,年费 6 元。缅甸同盟会入会费 2.5 盾,年费 3 盾。旧金山同盟会会员缴入会费 2 元,年军务费 2 元。革命组织的入会费与年费,通常仅够维持各会日常开销。因此,发动起义,则须得到巨额资助。同盟会成立后,孙中山尚先后以"广东募债总局"、"中华革命政府"等名义发行军需债券筹款,[③]许诺革命成功后加倍偿还。[④] 此项筹款方式较早用于在越南、新马等华埠的筹款活动,后主要用于美洲筹款。辛亥年,由美洲洪门筹饷局总责发行的"中华民国金币券"筹得巨资。[⑤] 孙中山尚多次尝试获取外国借贷,以资军需,但终未如愿。

孙中山等发动、领导两广和云南河口的 10 次武装起义,所耗约 60 万元经费,90% 为华侨所捐。在武昌起义后约三月内,华侨为各地光复运动捐款达 238 万港元。[⑥] 此后,为维持各地革命政权和南京临时政府,海外捐款更不断涌入。

四、披坚执锐

回国组织和亲身参与革命起义的华侨甚多,尤其以留日学人为最。据日人实繁惠秀估计,1902 年,东渡日本的留学生约 400～500 人。到 1906 年,全

---

① 邹鲁:《中国国民党史稿》(4),上海:民智书局,1947 年,第 1599～1600 页。

② 冯自由:《新世纪主人张静江》,《革命逸史》第二集,第 210～211 页;华侨革命史编纂委员会编《华侨革命史》(下),第 177 页。

③ 《中华民利兴务公司债券》、《中华革命政府债券》,《孙中山全集》第 1 卷,第 291～292 页。

④ 孙中山:《复陈楚楠函》,《孙中山全集》第 1 卷,第 287 页。

⑤ 华侨革命史编纂委员会编:《华侨革命史》(下),第 167、173 页。

⑥ 颜清湟著,李恩涵译:《星马华人与辛亥革命》,第 354 页。时港币、银元、新加坡币币值相当。

日本的中国留学生约 8000 人。① 无论保皇党人还是革命党人,在国内举事失败后,大多逃往日本。逃亡者周围都聚集一批留日学生,与其共同策划在国内的活动,而逃亡者本身也成为留学生。孙中山在辛亥革命前视日本为第二故乡,先后 12 次访日,在日本累积时间 6 年之多,除因日本友人多方支持外,主要原因就是日本多聚以留日生为主的反清志士。留日生的民族主义情绪,对中国命运的关切,对信仰的虔诚与为革命的献身精神及其见识和组织能力,是任何其他地方的华侨所难以比拟的。因此,日本成为辛亥革命前华侨发动革命的政治策划中心。南洋地区的革命派骨干,有些也是来自日本。如中和堂的组织者尤列,多次深入内地组织和指挥起义的黄兴,就是留日学生。黄花岗七十二烈士中,有 8 人有留日经历。② 蔡锷起义的 40 名高级干部中,留日学生达 31 名。③

孙中山在中法战争后,已蓄武力倾覆清廷、创建民国之志。④ 他在檀香山成立兴中会时,即在檀香山设军事训练场,聘丹麦军官充教练,会员 20 余人参与训练。⑤ 1900 年,孙中山、杨衢云等兴中会员与日本志士等,在香港湾船上议定发动惠州起义,由郑士良率婆罗洲归侨黄福等入惠州准备发动,史坚如、邓荫南率苏焯南等同志赴广州运动军队和会党,以为响应。邓荫南是檀香山华侨,能制炸弹,枪法精准。⑥ 当时,台湾殖民总督儿玉源太郎曾遣人与孙接洽,许诺如孙中山起事后,台湾日方会设法帮助。因此,孙中山令郑士良改变计划,起事后不直逼广州,先占沿海一带,以获外援。孙中山则坐镇台湾,筹组饷械。是年 9 月,邓士良等发动起义,婆罗洲华侨黄福归国参加起义,率敢死队 80 人夜袭沙湾,杀敌 40 余人,得洋枪数十杆。此后连战连胜。在台湾的孙中山向儿玉接洽,求供武器,为日本新内阁拒绝。起义军枪械不继,遂解散。⑦

1902 年,香港富商、兴中会员李纪堂和澳洲归侨谢缵泰,联合广州洪门会党筹备第二次广州起义。李纪堂独立肩负军饷全额。⑧ 在广州密设起义据点20 多处,谢缵泰之弟谢缵业亦回广州参加,檀香山华侨宋居仁等回粤联络会党响应。后因内奸告密,原定武器未能交货等因,起义流产。

① 实繁惠秀著,谭汝谦、林启彦译:《中国人留学日本史》,香港:香港中文大学出版社,1982 年,第 1 页。
② 曹亚伯:《武昌革命真史》前编,上海:中华书局,1929 年,第 359~360 页。
③ 《辛亥革命》第 4 册,第 247~251 页。
④ 孙中山:《建国方略·孙文学说》,《孙中山选集》,第 192 页。
⑤ 冯自由:《中国革命运动二十六年组织史》,上海:商务印书馆,1948 年,第 17 页。
⑥ 冯自由:《邓荫南事略》,《革命逸史》初集,第 44 页。
⑦ 冯自由:《庚子惠州三洲田革命军实录》,《革命逸史》第五集,第 17~20 页。
⑧ 冯自由:《李纪堂事略》,《革命逸史》初集,第 91~92 页。

黄冈起义和惠州七女湖起义,其负责、联络、发动、财力与一切供应,均为华侨同盟会员主导。[1] 1907 年,孙中山派新加坡同盟会员、潮籍华商许雪秋回乡,筹组起义事宜。并派留日学生晋人乔义生等数人并日人萱野长知等以及廖仲恺(美国华侨)、方次石(新加坡华侨)、谢良牧(马来亚华侨)等多人,回粤参与策划举事。孙中山委许雪秋入潮汕活动后,又派新加坡华商、同盟会员邓子瑜回家乡惠州组织起义,邓负总责,派当地会党首领陈纯等准备起事。当年5 月,许发动广东饶平黄冈镇起义,全粤震动。陈纯等旋即率领回国参加举事的新加坡华侨和部分会党武装,在惠阳七女湖起义响应,[2]一举夺得清军防营枪械,击毙清军多人,连战皆捷,各乡会党闻风来归。清廷急调大军驰援,义军与清军激战 10 多天后不支。又闻黄冈起义已败,邓恐势难持久,遂遣散义军。[3] 黄冈起义因军械不继和清朝重兵镇压而失败,许回新加坡,策划再举,未获孙中山支持。许失望之余,转投光复会,谋别树一帜。[4]

革命党在华南发动多次起义均遭失败,遂转向西南边境,以便能就近取得华侨助力。孙中山在河内设指挥国内起义的筹划机关,在此后发动的防城、镇南关、钦廉、河口诸次起义中,策动、指挥者及枪械、粮秣等供应,也多为华侨所为。尤其是安南华侨,多披坚执锐者。

1907 年 9 月,孙中山坐镇河内,发动防城起义。孙中山事先派遣黄兴进入钦州、胡毅生进入廉州,联络新军革命党人。然后命原为刘永福部哨官的西贡同盟会员王和顺入钦州内地,联络民团,并委王和顺为"中华国民军南军都督",专任钦廉军务。王和顺运动联络民团甚有成效,率众 200 多人起义,袭取防城得手。原计划要和黄兴里应外合攻占钦州,但黄兴从香港率部前来时,未能入境,王和顺转攻灵山,因军械不继,不能得手。王只好解散义军,其部分精锐退入十万大山,王则返回安南。[5]

防城之役败后,孙中山委任原桂边游勇首领、河内同盟会员黄明堂负责镇南关举事之责,相机发动起义,又使王和顺募集同志,谋夺水口关,以为声援。当年冬,黄明堂率乡勇 80 余人起义,越南华侨多人参加,连克镇南关之镇北、镇中和镇南三座炮台,缴获清军 14 门大炮及数百支步枪。孙中山率黄兴、胡汉民等亲往镇南关视察、指挥。[6] 后因孤军无援,粮弹尽绝,撤入越南燕子山

---

① 黄珍吾:《华侨与中国革命》,台北:"国防研究院"、"中国文化研究所",1963 年,第103 页。

② 黄福銮:《华侨与中国革命》,香港:亚洲出版社,1954 年,第 142 页。

③ 华侨革命史编纂委员会编:《华侨革命史》(下),第 210~211 页。

④ 冯自由:《东军都督许雪秋》,《革命逸史》第二集,第 184~189 页。

⑤ 冯自由:《丁未钦州防城革命军实录》,《革命逸史》第五集,第 105~109 页。

⑥ 胡汉民:《胡汉民自传》,台北:传记文学出版社,1969 年,第 25 页。

一带休整。1908年春,黄兴以"中华国民军南军"总司令名义,率黎仲实等及越南华侨200余人进攻钦州。黄兴身先士卒,连战皆捷,得枪数百。革命军奋战40余日,至弹尽援绝,黄兴方解散所部。余部多遁逃十万大山,黄兴等仍赴越南。① 黄兴威名,因此役大振。如孙中山所言:"克强乃以二百余人出安南,横行于钦、廉、上思一带,转战数月,所向无前,敌人闻而生畏。克强之威名因此大著。"②同年,黄明堂在云南河口起义,黄兴则率所部百余人从越南边界渡河,与清军防营内反正之一部会合,数约500人,向城内进攻,当晚占领河口城。数日内,起义军增至千人,攻克南溪、新街数地,声势之浩大,西南数省为之震动。孙中山命黄兴为云南国民军总司令,拟率军进攻昆明,但各军已疲,难以号令。黄明堂也率军退入越南,被羁留缴械者600余人,遣送至新加坡,由革命党人安置。③

　　1911年4月27日的黄花岗起义,以日本、香港、南洋和内地革命党人为主力。东京同志归国援助者极多,④南洋参战同志也陆续往港,潜入广州候战。在各部因故未能按计划聚集时,黄兴自任指挥,仓促举义,聚参战华侨与内地同志170人,分两队进攻。⑤ 黄兴持双枪,率部下数十人攻入督署。清水师提督李准率大队亲兵前来镇压。起义军浴血奋战,终因兵力不足溃败。黄兴等部分义士遁入香港。是役殉难者查得实名者85人,华侨烈士31位,林觉民等有留日经历者8名。⑥ 华侨烈士年长者52岁,年幼者18岁,广府籍24名,来自安南的华侨15人。⑦ 闽籍留日学人方声洞在起义前,留绝命书于父母,"夫男儿在世,当建功立业以强祖国,使同胞享幸福,虽奋斗而死,亦大乐也";留给妻子绝命书言:为四万万同胞求幸福,以尽国民之责任,刻吾为大义而死,死得其所,亦可以无憾矣。⑧ 新加坡华侨李文楷为报社职员,临赴广州时与朋友饯行,慷慨激昂道:"现今祖国局势,一天危急一天,我辈均为汉族男儿,必须为祖国作一番惊天动地事业,以救国家危亡。此次回国,乃报此一愿望,与诸君为最后一次聚首。"起义中,李文楷与清军巷战,毙敌数十人,至身中数弹,犹奋力直前,血流如注,遍体赤红,卒以伤重仆地而死。⑨ 河内华侨店员

① 冯自由:《戊申钦州上思革命军实录》,《革命逸史》第五集,第128~130页。
② 孙中山:《建国方略·孙文学说》,《孙中山选集》,第204页。
③ 冯自由:《戊申云南河口革命军实录》,《革命逸史》第五集,第141~147页。
④ 黄兴:《在民元南京黄花岗先烈追悼会演说辞》,《革命逸史》初集,第219页。
⑤ 华侨革命史编纂委员会编:《华侨革命史》(下),第326页。
⑥ 李喜所:《近代中国的留学生》,北京:人民出版社,1987年,第194页。
⑦ 华侨革命史编纂委员会编:《华侨革命史》(下),第239~246页。
⑧ 邹鲁:《中国国民党史稿》(4),第1344页。
⑨ 黄季陆:《革命人物志》(1),台北:中央文物供应社,1969年,第457页。

罗联时已52岁,起义时任先锋,被捕后对探狱族弟言:"吾必舍生取义,望诸弟能继吾志。"临刑时高呼:"中国非革命无以救亡,望后起者努力前进。"①缅甸商人李雁南攻督署时中弹被捕。受审讯时陈词,"恨吾身被二创,不能复战"。即求速死。枪杀时,要警兵用枪从口击下,遂大张口饮弹而死,警兵骇然。②

华侨多慷慨悲歌之士。在汪精卫行刺摄政王的感召下,革命党人群情激奋,在清季最后两年参与暗杀清廷大员蔚为成风。1911年春,马来亚锡矿华工、同盟会员温生财自行赴广州暗杀清广州将军孚琦,震动朝廷。温临行时留南洋同志绝笔书,谓:"自从徐(锡麟)、汪(兆铭)二君事失败后,继起无人,弟思欲步二君后尘。因手无寸铁,亦无鬼炮,莫奈何,暂忍。能得手有鬼炮时,一定有好戏看。弟心已决,死之日即生之年,从此永别矣。望君等尽力而行,达目的而后止。"温被俘后受尽酷刑,行刑时大声告观者:许多事归我一身担当,快死快生,再来击贼。从容就义。③ 马来亚华侨、同盟会员陈敬岳和林冠慈合作暗杀李准,炸死炸伤卫士20多人,李准腰部受伤,林冠慈当场就义,陈敬岳被俘遇害。④

武昌起义后,在日党人纷纷内渡,⑤尤其是留日士官生,大半潜行归国。南洋华侨自备川资回国从戎者,前后相望于道。⑥ 武昌起义后一个月内,或谓仅马来亚霹雳州的华侨矿工就有2000多名华侨启程返国,直接参加革命。⑦加拿大、日本、檀香山、荷属东印度、暹罗等地华侨同盟会员亦多人回国,或组织、参与义勇军、敢死队,或加入各地革命军,为南方各地光复事业作出巨大贡献。

五、二次革命和抗日战争

武昌起义胜利后,民国政府建立,但袁世凯窃取中央政权,清算革命党人。孙中山发动"二次革命",失败后逃亡日本。1914年7月,孙中山在东京成立

① 邹鲁:《中国国民党史稿》(4),第1377页。
② 华侨革命史编纂委员会编:《华侨革命史》(下),第236页。
③ 冯自由:《温生财事略》,《革命逸史》第二集,第272页。
④ 华侨革命史编纂委员会编:《华侨革命史》(下),第247~251页。
⑤ 冯自由:《中国同盟会史略》,《革命逸史》第四集,第174页。
⑥ 黄庆云:《华侨与广东地区辛亥革命运动》,暨南大学华侨研究所编《华侨史论文集》第2辑,1981年,第131页。
⑦ (新)《南侨报》1911年11月14日,转引自颜清湟著,李恩涵译:《新马华侨与辛亥革命》,第222页。

中华革命党,作为讨袁主力组织,取代涣散无力的国民党,华侨纷纷响应,从亚洲到欧洲,从澳洲到非洲、北美到南美、陆地到海洋的海外华埠均建立分支组织,即使航行在太平洋的轮船上亦建立了分部,华侨纷纷参加反袁武装斗争。南洋回国参加讨袁的华侨主要在广东参战,日本、美洲回国的华侨主要在山东参战。1916年国民党驻美洲总支部在雷德伍德城建立航空学校,加拿大华侨创办了"强华飞行学校",知名毕业生有杨仙逸、陈庆云等数十人。

杨仙逸奉孙中山之命组织的飞行队,在粤军援闽、讨伐军阀莫新荣、陈炯明等战役中立下赫赫战功。蔡锷领导的护国军在讨袁运动初期,华侨的捐助是主要饷源。1914年9月,革命党人朱执信往香港和南洋各埠筹款,共筹得54800余元。[1] 1915年末到1916年,南洋爱国华侨汇至东京总部及支持云南护国军起义的经费达200余万元,美洲方面汇到东京总部120万元,另外,还由林森亲自带回18万元。[2]

五四运动爆发后,海外华侨群起响应。南洋各地华侨以抵制日货为主要斗争形式,吉隆坡华侨商界和学界在当年5月首先掀起抵制日货的运动,随后新加坡、槟榔屿、曼谷、马尼拉华侨也群起效仿。美洲、婆罗洲及印度孟买等地华侨,也以各种方式抵制日货。旅法华工和留法的中国学生则在巴黎直接进行宣传拒签和约的斗争。在国内群众和海外华侨的爱国运动的巨大压力下,出席巴黎和会的中国代表终于拒绝签字,五四运动取得初步胜利。

在1924—1927年的大革命运动中,无论是五卅运动、省港大罢工还是北伐战争,广大华侨都给予人力、物力和道义的支援,成为大革命运动的坚强后盾。据统计,华侨捐款占省港罢工总费用1/4以上。[3]

华侨的海外文宣工作、捐款乃至直接参战对北伐战争的胜利起了极大作用。早在北伐开始之前,海外各地爱国华侨就不断致电国内革命派,要求组织革命军"出师北伐"。1926年春,美洲、东南亚和欧洲的侨报上纷纷开辟专栏,宣传北伐。1926年7月2日,也即在国民革命军誓师北伐的第二天,由16个海外华侨团体组成的华侨协会召集驻粤各华侨团体,在广州成立"华侨北伐后援会",其宗旨是为北伐筹饷、文宣和慰劳前线将士,到1926年9月,各侨居地建立的北伐后援会组织已有524个,会员约100万人。从北伐开始到1926年

---

① 邓泽如:《中国革命党二十年史述》,上海:正中书局,1948年,第142页。

② 郭景荣:《爱国华侨反袁斗争》,《华侨论文集》第3辑,广州:广东华侨历史学会,1986年,第201页。

③ 周孝中:《华侨与省港罢工》,暨南大学华侨研究所《华侨史论文集》第1辑,第199页。

底,海外华侨为北伐捐输的军饷达 100 万元。① 不少华侨回国直接参战,仅暹罗华侨回国参军者就达 300 余人。1926 年 3 月,有 19 名华侨从新加坡回国从军,到 11 月攻克南昌城时,仅有 1 人生存,其余 18 人都在历次战斗中牺牲。② 华侨尚组织专门团队参战,如华侨炸弹敢死队、北伐军海外工作团、华侨特别宣传队等。

华侨参与祖国抗日战争是华侨爱国主义最充分的表现,华侨支持祖国抗战的情绪在卢沟桥事变之前就已形成。早在 1915 年反对袁世凯卖国"二十一条"的斗争中,华侨就明确其抗争包括日本帝国主义在内的列强对中国主权的蚕食。1928 年日本人制造的济南惨案发生后,世界各地华侨掀起以抵制日货为主的抗日活动,这是华侨第一次以针对日本帝国主义的普遍抗争活动。"九·一八"事变后,广大华侨群情激昂,立即开展支持国内抗日运动和为东北义勇军募捐的声势浩大的群众运动,南洋和美洲华侨为义勇军捐献巨款,南洋华侨断绝与日商关系,抵制日货的运动持续半年之久。1932 年初,十九路军在上海奋起抗战,新马华侨几个月内为十九路军筹款国币 100 万元。在十九路军收到的国内外总捐款 1068 万元中,华侨捐款占 3/4,而美国华侨的捐款更达 50 万美元。③ 华侨青年组织 150 人的"华侨抗日救国义勇军",活跃于淞沪前线。卢沟桥事变后,中日战争全面爆发。中国人民奋起抵抗,全球华侨也掀起如火如荼的援华救亡运动。华侨组织各种抗日团体,发动华侨群众参与抗日活动。华侨提供的物力、人力是中国对日战争胜利的重要因素。据日本学者井村薫雄的统计,在当时全世界 800 万华侨中,有 400 多万人参加捐款,④ 另据国民政府财政部统计,8 年抗战,海外侨胞捐款达国币 13 亿多元。⑤ 华侨抗日团体设计多种捐款方式,有集团捐款、个人捐款、婚丧献金、节日筹赈、救国公债、特别捐、月捐、义卖、伤兵之友捐、航空救国捐等,还有出售抗战建国纪念章、筑路献金、买门票救儿童捐款等等。华侨捐款范围遍布各阶层,从富商巨贾到升斗小民,从文人墨客到乞丐舞女,从耄耋老者到启蒙学童,都踊捐乐输。据陈嘉庚估计,1939—1941 年间,南洋华侨每月捐款在 700 万元以上。⑥ 华侨还将输送侨汇视为爱国盛举。"七·七"事变后,侨汇数额反而大增。从 1937 年到 1943 年,仅从银行汇到中国的侨汇总额就达国币 557070.2 万元。⑦

---

① 陈万安、许肖生:《北伐战争与华侨》,《学术研究》1982 年第 5 期。

② 林金枝主编:《华侨华人与祖国革命和建设》,第 160 页。

③ 司徒美堂:《祖国与华侨》(上册),香港:文汇出版社,1956 年,第 89 页。

④ 井村薫雄:《华侨寄款与祖国经济关系》,《南洋研究》第 10 卷第 1 号。

⑤ 任贵祥:《华侨对祖国抗战经济的贡献》,《近代史研究》1987 年第 5 期,第 142 页。

⑥ 陈嘉庚:《南侨回忆录》,第 344 页。

⑦ 林金枝主编:《华侨华人与祖国革命和建设》,第 184 页。

大批华侨青年回国参战。据不完全统计,仅广东籍华侨回国参战者就达4万多人,其中有不少人参加八路军和新四军。华侨参战对中国空军的战力形成有决定性意义,中国空军的驱逐机驾驶员有 3/4 是华侨子弟。华侨技术人员,如司机、技工、医护人员等回国服务,对中国形成持久战的能力也有莫大贡献。尤其是在滇缅公路服务的 3000 多名华侨司机和技工,是中国后方运输线上的劲旅。

抗战胜利后,国共冲突却使中国再次陷入战争中,反内战成了华侨爱国运动的主要内容。陈嘉庚领导的南侨总会发出通告,号召南洋华侨发扬抗战时期的爱国精神,为反内战和建设祖国贡献更大的力量。荷属东印度、古巴、马来亚各界侨团和华侨学校致电蒋介石、毛泽东二人,呼吁"立即停止内战"。1946 年 6 月,内战爆发,华侨对祖国前途命运倍感忧虑,强烈呼吁重开政协,以和平方式解决国内一切政治问题。司徒美堂发表谈话,希望各党派协力合作,从事建设,"甚望国共两党首先应无条件停战,再进行谈判"。[①] 第三次国内革命战争爆发后,新加坡华侨召开反内战反独裁群众大会十余次,参加人数几十万。广大华侨不满发动内战的国民党政府,不少人加入中国共产党领导的解放战争。不少华侨在人民军队中成为高级将领。如十兵团司令员叶飞是菲律宾华侨,解放军炮兵司令部副参谋长、炮兵副司令的黄登保将军是 1938年回国奔赴延安的菲律宾华侨,第 29 军参谋长梁灵光是马来亚归侨。

华侨对近现代中国历次革命与政治运动贡献良多,尤其以对辛亥革命和抗日战争的贡献尤甚。为此,孙中山曾坦言:"华侨为革命之母。"

---

① 曾瑞炎:《解放战争时期华侨爱国民主运动初探》,《史学月刊》1985 年第 2 期,第73 页。

第七章

东南亚华人社会的转型与中国侨务政策的变化

第一节　东南亚华人社会的转型

二战以后,作为中华民族组成部分的东南亚华侨社会,20世纪50年代以后,逐渐归化于当地社会,构成东南亚当地族群(Ethnic Group)之一。东南亚华族从华侨社会到作为当地国家民族组成部分的当地族群,经历了从侨民社会到落地生根族群的蜕变过程,其根本标志是从全面认同中国到全面认同于当地社会的转变,华人意识是东南亚华人族群认同的核心。

一、20世纪50年代以来东南亚华族的形成

二战以后,东南亚各国相继独立。各民族国家建立后,在20世纪50年代都不同程度上实行排华和强迫华侨同化政策。[①] 中国政府也正式放弃"双重国籍"政策,鼓励华侨归化于当地,东南亚华侨认同发生根本变化,全面认同于当地社会已是大势所趋,华侨社会开始向华人社会转化。从20世纪50年代到80年代,东南亚各地华侨大部分相继加入当地国籍,完成政治认同的转向。但在主要体现在文化方面的族群意识认同上,则难以认同主导当地政权的土著族群,而是认同华人社群本身,华人在族群意识方面认同于华人社群自身,就是本节认为的"华族"或华人族群形成的标志。

选择"华人族群"而非"华人民族"这一概念,主要是因为"民族"(Nation)这一概念在汉语中使用的混淆(如中华民族与汉族、回族、畲族等,都被称为"民族")。汉语"民族"的概念是舶来品,是近两个世纪流行于西方的与国家和地域有密切关系的概念"Nation"的汉译。关于"民族"(Nation)的定义有多种解释,我倾向于接受美国学者卡尔·多伊奇的概念:"民族就是拥有国家的人

---

① 关于战后东南亚各国的排华政策,参见暨南大学东南亚研究所编:《战后东南亚国家的华侨华人政策》,广州:暨南大学出版社,1989年。

民。"(A nation is a People in Possession of a State.)①联合国的英文名称 U-nited Nations 更明确显示 Nation 作为政治实体的明确性。因此,我倾向于将民族定位于国家民族(State-nation),如中华民族,而将次级民族(Sub-national Group)定位为"族群"(Ethnic Group),如汉、蒙、藏各族,由此可解决"民族"这一概念引起的困惑,使用"族群"概念也才能比较明了地认识东南亚的民族关系。东南亚各国是先有国家,再根据国家疆域建立新民族。就此而言,东南亚的(国家)民族都尚是"形成中的民族"。② 东南亚国家都是以一个原住民族群为主的多种族国家,傣族、达加罗族(Tagalog-speakers)、马来族、爪哇/苏门答腊人、缅族、京族、佬族、高棉族等,分别是泰、菲、马来西亚、印尼、缅、越、老、柬等国的主体族群,是其国族的多数。

东南亚华族形成的时间大体上在 20 世纪 50 年代至 20 世纪 80 年代,其标志是华人群体认同的全面当地化。总体而言,东南亚华人认同呈多元认同(Plural Identities)状况,即对当地国家(民族)的政治认同(Political Identity)、对华人文化的文化认同(Chinese Cultural Identity)和对华人族群的族类认同(Ethnic Chinese Identity)。

即使是东南亚华人认同呈多元化状况,但其认同指向都是当地社会。因此,东南亚华族形成的前提即是:华人在政治上认同于当地国家、文化上认同于华人文化、族类认同于华人族群。东南亚中国移民及其后裔的社区存在于东南亚已数百年,但成为当地族群之一,则是 20 世纪 50 年代以来东南亚华人认同逐渐转向于当地之后,抑或可以说,当东南亚华人基本完成认同转向后,即是东南亚华族形成之时。

东南亚华人认同的基本转变始于 20 世纪 50 年代中期,首先是政治认同的转向。影响东南亚华人政治认同转向主要有两个方面:一是东南亚当地民族政府成立后,由于对华侨优势经济地位的不满和对华侨全面认同中国状况的疑惑,普遍对华侨持排斥和歧视的态度,都程度不同地推行同化华侨的政策,相继以"国民"资格为由采取强硬政策促使华侨效忠于当地国家;二是中国政府鉴于与东南亚国家建立友好外交关系的需要和关注华侨在侨居国生存发展,从建国初期推行培养华侨国民意识的政策转为鼓励华侨入籍、效忠于当地政府的政策。由于侨居国的政治压力和中国政府侨务政策的转变,华侨政治认同迅速转向,即从政治上效忠于中国(部分土生华人效忠殖民政府)转为效忠于所居住的民族国家,其根本的标识是绝大部分华

---

① Peter Aler, *Nationalism*, Edward Amold, London, 1994, p. 179.

② Leo Suryadinata, *Chinese and Nation-building in Southeast Asia*, Singapore, 1997, pp. 1~2.

侨加入当地国籍,成为当地国国民。东南亚各国华人加入当地国籍而完成政治认同转向的进程不一。大体而言,新马华人政治的认同转向进程较快,约在20世纪50年代末期基本解决入籍问题,但是以承认马来人的政治特权地位为代价的。在印尼,1954年间,约有30%的华侨加入印尼籍,其他华侨则迟至20世纪80年代初才解决入籍问题。菲律宾华侨到70年代中期才大部分入籍,在此之前,多持台湾护照。越南华侨主要聚居于南越,大多数于60年代入籍,北越华侨则保持华侨身份。南北越统一以后,大量华人被驱出境。缅甸华侨在1962—1988年间大部分加入缅甸籍。泰国华人华裔长期以来就落地生根,融入泰国社会,入籍问题向来不是泰国华人的主要问题。1937—1980年间,泰国华侨华人估计从约300万增长到500多万,但泰国政府认为是华侨身份者1937年仅52.4万,1960年为40.9万,1980年为29.4万,1992年为22万。①

大体而言,马来西亚华族文化与当地马来人文化的混杂程度较低,华族文化色彩明显;新加坡华族受西方文化影响较大,但近年来也提倡儒家传统文化。泰国华族(泰国华人是否作为统一的族群而存在尚有争议)文化已很大程度上同化于泰族文化,大部分华人只是在风俗习惯上(如祖先崇拜、华人传统节日)保持华人的传统从而区别于泰族人;菲律宾华人同化于当地的程度较高,但部分华人仍坚持华人文化认同;印尼经近50年对华文的限制,华族文化色彩已淡然,尤其是占华族多数的"土生华人",其语言风俗与当地主体族群没有太大差别;越南华人经历1975年的排华浩劫后,华人文化几乎荡然无存。在东南亚各国,只有新加坡、马来西亚的华族族群意识有较深厚的华人文化基础,印尼、菲律宾、泰国的华族族群意识主要靠主观上的"华人认同"支撑。也正是这种顽强的"华人意识",使华人未被同化而构成华族,也使当地其他族群认为华人为另外的族群。正如美国政治学家笛尔曼认为:"华人可能深深融入菲律宾生活中,但没有被菲(族)人同化,他们可能和菲律宾人有共同价值观和理念,但他们不是菲人而是华人。他们自己如此认为,而菲律宾人也如是看。"②

二、东南亚华族的族群认同和发展趋势

二战以后,华侨华人作为移民或移民后裔的群体,也在近50年里经历了

① 陈怀东主编:《华侨经济年鉴》,台北:"侨委会",1994年,第54页;江白潮:《泰国华侨华人现状的探讨》,(曼谷)《中华日报》1988年12月9日。

② R. O. Tilman, Philippine Chinese Youth: Today and Tomorrow, in C. J. McCaarthy, ed., *Philippine Chinese Profile*, Manila, 1974, p. 48.

巨大的变化,不但传统的华侨社会由落叶归根转型为落地生根,归化为当地多元社会的组成部分,而且华人新移民也正在经历这一过程。在东南亚,除了新加坡以外,华人都属于少数族群,因此,在这一归化过程中,不可避免地或多或少呈现趋同于当地主体族群的趋势。体现华人归化于当地的趋势,首先是华人认同的转变。战后东南亚民族国家纷纷独立以后,以当地主体族群主导的东南亚各国政府先后程度不同地推行同化华人的政策,新中国政府也从建国初期推行培养华侨国民意识的政策转为鼓励华侨入籍、效忠于当地国政府的政策,东南亚华侨的认同随之发生根本变化,从战前全面认同于中国到逐渐认同于当地社会。①

（一）东南亚华人族群认同的形成和发展

认同(identity)是20世纪50年代以来社会学家常用的术语,也越来越多地为其他人文社会学科的学者所应用,用来表示个人或群体的"归属感"。也即个人或群体(行为主体)与其他对象(客体,包括个人、团体、观念、理想和事物)产生心理上和情感上的结合关系,在潜意识中将自己视为对象(客体)的一部分而行动。② 著名东南亚华人学者王赓武教授将东南亚华人认同归于两类共七种认同:政治类认同包括中国民族国家认同(Chinese nationalist identity)、当地民族国家认同(local national identity)、华人社区认同(Chinese Communal Identity)和强调法律政治权力的种族认同(ethnic & racial identity with legal and political right);文化类认同包括中华历史认同(Chinese historical identity)、中华文化认同(Chinese cultural identity)和文化族群认同(ethnic cultural identity)。③ 王教授将族群(ethnic Chinese)依种族(race)和文化(culture)分归于政治类和文化类,反而模糊了东南亚华人的认同分类。我们倾向将东南亚华人的认同分为政治(国家)认同和族群认同两类,其他各种认同,包括文化、历史、阶级、法律、社区、种族等认同,其实都可以归于这两类认同。如文化、种族、历史、社区认同可归于族群认同类,法律身份、阶级、国家认同可归于政治类。

---

① 关于战前东南亚华侨对中国的全面认同,参见庄国土:《从民族主义到爱国主义:1920—30年代东南亚华侨对中国的认同》,《新华文摘》2000年第11期。但即使在这种中华民族主义在东南亚华人社会占主导地位的20世纪30—40年代,仍有些华人试图认同土著的民族主义运动,主要在缅甸、越南和菲律宾。Wang Gungwu, *China and the Chinese overseas*, Singapore: Time Academic Press, 1991, p. 201.

② 崔贵强:《新马华人国家认同的转向(1945—1959)》,第1页。

③ J. Cushman and Wang Gungwu, eds, *Changing Identities of the Southeast Asian Chinese since World War Ⅱ*, Hong Kong University Press, 1988, p. 7.

在政治认同层面,以绝大部分华人加入当地国国籍为标志,到 20 世纪 70 年代末,东南亚华人已基本上完成国家认同的转向,仍持中国护照的华侨数量极少,且在华人社会中影响甚微。

在族群认同层面,二战以后的东南亚华人也发生很大变化。族群认同通常由两方面因素所决定,一是种族特点,二是族群文化。种族特性指种族遗传带来的体形、肤色和某些心理素质,也即王赓武教授提出的体质规范(Physical Norms)。① 早在二战以前,东南亚土生华人的数量就已超过来自中国的移民数量。相当大部分的土生华人与当地土著通婚,形成庞大的混血华人群体,如印尼的"伯拉那罕"(Peranakan)、新马地区的"峇峇"(Baba)、菲律宾的"密斯提佐"(Chinese Mestizo)和泰国的洛真(Luck Chin)。这类混血华人不但在血缘上已非纯华人,而且其生活习俗也和土著相去不远。20 世纪 50—80 年代,东南亚来自中国的移民基本断绝。就整体而言,东南亚华人的血缘已经相当大程度混有当地土著的血统。因此,种族特性在东南亚华人族群认同方面的影响力随着异族通婚的日增而日趋减弱。

对东南亚华人族群认同起主导作用的是族群文化意识,这种文化意识是族群的群体行为特性的概括,高度表现为自我的"华人意识"(Chineseness)。又由于作为华人文化主要基础之一的华语在战后东南亚日益式微,东南亚华人文化的核心已非华语,而是"由一系列重要的价值观与习俗所组成,常在不知不觉中由个人或群体表现出来,构成华人的日常生活,这也是中国移民带来的文化包袱"。② 华人意识的保持不但是华人族群认同的基础,而且是对他人和他族群的有意识的文化界定。因此,东南亚的华人族群很大程度是一种主观归属感,按照所认同的族群的典型来定义和评价自己,一个人也会根据他认为是该族群的行为规范所要求的去做。③

然而,由于各种外部环境的变化和个体自我认同的调适,华人意识的强弱和变化在东南亚各地呈现出很大差异。大体而言,新加坡和马来西亚的华人族群认同感较强,不但表现为个人作为华人的意识更明确,而且表现为华人社会内部的组织机构较为健全,华人个人和团体活跃地参与各种社会事务,尤其是政治事务。印尼华人历经层出不穷的政府和民间推动的排华事件,华人意识大为削弱,从 1965 年到 1998 年,有组织的华人团体和华语

---

① Wang Gungwu, *China and the Chinese overseas*, p. 210.

② Edgar Wickberg, Ethnicity, in Lynn Pan ed., *Chinese Encyclopedia*, Singapore: Archipelago Press, 1998, p. 114.

③ 居维宁(Ann Wee):《海外华人的种族认同》,程希译,陈文寿主编《华侨华人新论》,北京:中国华侨出版社,1997 年,第 83 页。

使用一直处于被禁止和限制的状态,华人意识的表现和维护一直处于低潮状态。1998年以后,印尼政府解除各种限制华人的法规,印尼华人族群认同意识有所加强。尤其是印尼总统在2002年初宣布春节为印尼的国家节日之一,表示了尊重和鼓励华人文化和习俗选择的善意。如果印尼政府的这种态度持续下去,相信印尼华人族群的凝聚力将与日俱增。泰国和菲律宾华人同化于当地的程度较深,虽然这两个国家的华人以个人和社团名义积极参与社会慈善事务,但尚少有吸引整体华人族群参与的社会组织联系及其活动。越南华人经20世纪70年代的扫荡,至今或作越南公民或作为侨民在当地谋生,华人族群成员之间的联系尚只是在小范围内(如小规模的同乡和行业范围)进行。

在二战前,主导东南亚华人的民族认同是对中华民族的认同,多数人的个体意识是中国侨民意识。二战后,东南亚各国华人族群认同,是在政治认同于各当地国家的前提下保持的一种华人意识,这类保持华人意识的个人或群体分散于东南亚各地,其华人意识的内容和强弱程度也彼此相去甚远。因此,东南亚华人族群并非一个彼此有密切联系的统一的群体,而是对分散于各国的华人群体的统称。

(二)影响华人族群认同的主要因素

作为移民及其后裔,华人族群认同通常受到居住国、所在社区、本身的凝聚力和移出地的影响。以下探讨影响东南亚华人族群认同的几个主要因素。

1. 国家认同的影响

华人族群认同的基础是华人族群的文化意识,尤其是华人意识。在我们看来,在族群的多元认同中,政治认同是诸认同中对其他认同起支配作用者。在东南亚族群混血日益普遍的情况下,族类认同很大程度上取决于文化认同,抑或可以说,华人文化认同是东南亚华人族类认同的核心。虽然文化是族群或国家民族的主要标识或主标识之一,但文化认同无法不受政治认同的强大影响。东南亚华人文化在其承继(中华文化)和变异的发展过程中,也明显受到政治认同转向的强大影响。甚至可以说,政治认同的变化是华人文化发展过程中最重要的变化,同时还是推动非政治认同变化的动力之一,正如罗马帝国强化了罗马文明、阿拉伯帝国塑造了阿拉伯文化一样。因为作为文化的载体——族群成员本身,无法回避其政治认同,这种政治认同也必在文化倾向上表现出来。就东南亚华人而言,其文化本源是中华文化,其前身是华侨文化,即中国侨民文化。与侨民政治认同倾向相适应,侨民文化的价值取向是认同中华文化与"落叶归根"。当作为移民及其后裔的群体的政治认同转向以后,侨民文化的落叶归根取向也转为"落地生根"取向,其文化成长的营养更多取自当地而非故土。文化诸因素中,最重要的是语言。在东南亚国家对华语使用的强力限制下,除了马来西亚华族仍将华语作为一种文化载体外,其他东南亚国家的华族成员主要将华语作为一种语言工具而非文化载体来学习,使用华语的能力和机会日益减少。无论在印尼、菲律宾还是泰国,华人方言中掺杂大量当地外族词汇,而学习规范华语主要是为了商业目的,如同学习外语。因此,扎根于东南亚的华人文化,在东南亚民族国家形成的过程中,不可避免地越来越多地与其他当地族群文化混合,这是因为共同地域、共同经济和社会生活、共同的政治认同都将潜移默化或强制地改变文化属性,东南亚华人文化与中国文化也逐渐从主干与分支的关系转为源于同根又各自独立发展的关系。实际上,东南亚各地的华族文化虽都源于中华文化,但彼此发展程度和方向已相去甚远,尤其是"土生华人"社群,"他们都学会非华人的文化和语言,其文化融合了华人与本地人的文化。对比'纯中国人'(指从中国来的移民),土生混血华人不像是实足中国人,他们甚至完全不是中国人"。[1]

相对其他认同,国家认同具有强制性。这种强制性不但表现在作为个体的公民政治上必须认同于国家,而且表现在国家能通过各种法规与强制力规范公民的政治、社区、经济和文化活动,贯彻主导政府的社会阶层或族群的意旨。除了新加坡,东南亚各国政府都由当地土著族群主导政府,都试图减少它们国内华人的华人意识,提升其"当地的民族认同",[2]也因此强制或和缓地推行不同程度的强迫同化华人的政策,限制乃至禁止华文教育与传媒、参政权利、民间结社、外国华人移民及华人从事的传统商贸行业。这种政策给华人造成很大伤害,也在很大程度上迫使华人改变其作为华人的生活习性、语言使用乃至经济活动。排华的社会氛围长期不同程度地存在于东南亚各地,迫使很多华人放弃华语的学习和使用,放弃对华人传统习俗的遵循,减少与中国的联系并在很大程度上改变日常的交往对象和生活方式。因此,战后东南亚华人意识总体上逐渐淡化,华人族群认同的基础也日渐削弱。更有甚者,越南政府在 20 世纪 70 年代对华人实施的驱逐数十万华人出境的极端暴力同化政策,存在数百年的越南华埠荡然无存,在这种形势下,更谈不上华人整体族群意识的建构。近年来,由于东南亚金融危机对各国经济伤害甚大,东南亚各国政府

---

① E. Wickberg, Relations with Non-Chinese, in Lynn Pan ed. , *Chinese Encyclopedia* , Singapore:Archipelago Press,1998,p. 114.

② Leo Suryadinata, Ethnic Chinese in Southeast Asia: Overseas Chinese, Chinese Overseas or Southeast Asians? In Leo Suryadinata ed. , *Ethnic Chinese as Southeast Asians* , Singapore:Institute of Southeast Asian Studies,1997,p. 15.

为了利用华人的经济实力,都许下善待华人的诺言,也采取一些政策改善华人的处境,这也对华人的族群认同起了推动作用。

2. 华语的使用

构成族群文化诸因素中最重要的是语言。体现民族心理状态的民族文化具有非常的稳定性,而语言是文化的重要基础。随着经济生活的日益超民族和超国界,现代化的交通方式使地域界限淡化,语言成为保持族群文化特征的重要标志。尤其在东南亚,华人与当地人同属黄种人,如果丧失本族群的语言,则同化的进程将越来越快。20世纪50年代以来,由于东南亚各国不同程度上限制乃至禁止华语使用,随着第一代华人的去世和在20世纪50年代以前在东南亚受华文教育者的老去,能讲华语者锐减。即使是在新加坡,由于其建国以来推行英语优先政策,华语对大多数人而言,也不再是文化的载体而是一种商业或生活的交流工具。总体而言,在新加坡和马来西亚,由于华语教育和使用仍然相当普遍,尤其在马来西亚,其华语水平高,某种程度上仍是华族文化的载体。但在东南亚其他国家的华人社区,华语作为一种文化载体已逐渐式微。尽管部分华人仍在学习华语,但主要作为商业语言来学习。

3. 华人的经济地位

华人在东南亚经济领域的强势地位举世皆知。华人的经济地位对华人族群认同的影响有以下几个方面:首先,华人之间保持密切的商贸网络,这个网络表现出一定的排他性。虽然东南亚各国的华商不乏与当地政要合作经商者,但华人企业的商务合作大多仍是在华商之间进行。同时,华人企业雇佣的骨干也多选择华人,从而使华人族群认同有相应的行业和经济基础。其次,华人商贸网络促使华人之间的行业和商贸联系较与其他族群的联系更为密切,也带动华人之间在经济领域之外的联系和交往,形成华人在经济和非经济领域交往而结合的各种华人群体;复次,华人在东南亚普遍的强势经济地位使作为华人产生某种自豪感,这种自豪感对华人意识的维护有一定的推动作用。如非排华氛围浓郁,即使是土生或混血华人,也并不掩饰其华人血统和认同。① 大体而言,当华人之间经济联系更为密切时,华人族群认同感就加深,华人意识也较强。不同国家的华人处于不同的社会经济地位,其华人族群认同感也大不相同。即使在同一个国家,不同地区华人的华人意识强弱也相去

---

① 笔者1995年在中南半岛做华人认同田野调查时,对东南亚土生和混血华人对其华人身份的认同和某种自豪感有深刻印象。参见庄国土:《中南半岛四国华人同化浅议》,《东南亚研究》1996年第1期。

甚远。如在泰国,曼谷华人的华人意识要强于其他府的华人,很大程度是由于曼谷华人处于强势的社会经济地位。[①]

4. 中国的影响力

中国的影响力包括两方面。首先是经济层面的关系。改革开放以来,中国经济飞速发展,与东南亚的经贸往来日益增长。随着双方经贸往来的增长,充足的中国商品供应,尤其是食品和杂货的供应,是东南亚华人维持传统生活方式的需要。此外,经营中国商品者多是华人,也因此增加与中国的往来。由于中国市场的开放,东南亚华商成为最早进入中国市场的外资。近10年来,直接和间接(主要经香港)进入中国市场的东南亚华资当在数百亿美元。[②] 东南亚华商基于与大陆同文同种,且拥有更多的人脉关系,因此在大陆投资比一般外资具有比较优势。与大陆的经济合作反过来也加强投资者和参与者的华人意识。其次是人员交往关系。由于中国的国际地位日益提升和中国与东南亚华商经济关系日趋密切,随之而来的是人员往来的激增。近年来东南亚华人因商贸、求学、探亲等原因前来中国的数量飞速增长。廖建裕(Leo Surya-dinata)教授认为,中国的复兴使一些东南亚华人为中国语言文化所吸引,从而推动他们"再中国化"(Resinification)。我不认为东南亚华人对中国经济和文化兴趣的增长是他们"再中国化"的表现,但这种兴趣无疑在现实功利和心理上对东南亚华人的族群认同和华人意识的保持会起较大的推动作用。此外,大规模的中国大陆新移民进入华埠,给东南亚华社重新注入中华文化活力,至少也在某种程度上减缓华人族群文化的式微速度。复次是台湾和香港的影响。台湾和香港在东南亚均有大量投资,而且这些投资大多以某种形式与当地华人进行合作,从而强化当地的华人经济网络。到1997年,台湾在东南亚有将近400亿美元的投资,[③]台商移民东南亚者达10万以上。随着台商大规模投资东南亚,台商学校也在东南亚各国成立,以招收台商子弟为主。但有的台商学校则成为国际华文学校。如台商在曼谷设立的中华国际学校,连

---

① Walwipha Burusratannaphand, Chinese Identity in Thailand, in Tong Chee Kiong & Chan Kwak Bun eds, *Alternate Identity: The Chinese of Contemporary Thailand*, Singapore: Times Academic Press, 2001, p. 70.

② Constance L. Tracy, *The Chinese Diaspora and Mainland China*, London: Macmilan Press, 1996, pp. 80~81.

③ 朱正中:《东南亚台商与台湾之贸易关系》,"迈向新世纪:台湾与东南亚华人经济发展与互动国际研讨会"论文,台北,1998年,第12~13页。

当地泰国人也将子女送来就读。① 港台及 20 世纪 90 年代以来大陆人在东南亚的经济活动也刺激了对华文的需求,有利于当地华人意识的增强。

(三)东南亚各国华人的族群认同

以上四个方面是影响华人族群认同走向的主要因素。具体到东南亚的某个华人族群而言,这些因素会次第或同时起作用,有时也会相互抵消。东南亚华人族群认同虽源于中华民族,但作为移民及其后裔的群体的政治认同转向以后,其族群认同也转为指向自身社群。东南亚各地华人族群的规模、实力、凝聚力及当地政府的华人政策等各不相同,其外部联系也大相径庭,华人文化的成长、变异程度也不一致,因此,各地华族认同的发展趋势也将各不相同。

马来西亚华族 600 多万,占全国人口的 25%,且大多集中居住于城镇,在私营经济上有优势地位。马来西亚华人向来族群认同意识强烈,战后以来,一直为维护华人文化和华文教育权利不懈奋斗。虽然马来人主导的政府长期实行马来人优先的政策,占尽政治上的优势地位,但尚未实行暴力排华政策,华人族群的经济实力仍在成长,并在政府中有一些职位。近年来,马来西亚华人由于与中国大陆及港澳的经济互动密切,其经济地位进一步得到提升,其华人意识也得到加强。马来西亚华人长期热衷于华文教育和华语的使用,成效斐然,其华文水平在东南亚首屈一指,迄今仍保存较完整的华人传统习俗。如无特别变故,马来西亚华人的族群意识将长期稳固,并可能因国际华人互动关系的发展而增强。新加坡一直是华人主导政局,对新加坡华人而言,其目标是在保持华人族群认同的同时,锻造新加坡的国家民族意识,无须再追求华人族群认同的强化。

印尼华人约 1000 万,菲律宾华人约 150 万,虽分别只占该国人口的近 4% 和 1.6%,但在经济上具有重要地位。这两个国家的华人都以混血华人为主,但第一代华人则在经济上取得较大的成功。在政治上,有华人血统的人均是以当地土著的族群身份参与政治,如前印尼总统瓦西德(Abudurahman Wahid)和前菲律宾总统科拉松(Coraxon C. Aquino)。战后的印尼政府长期强力压制华文和华人意识,使印尼华人多年来不敢表白其华人认同。即使是第一代华人并与印尼当局关系甚笃的著名华商林绍良,在公开场合也表白自己是“属于印尼人的多于属于华人的”。② 印尼华人历尽排华劫难,近两年迎

---

① 顾长永:《台商在东南亚》,台北:丽文文化公司,2001 年,第 159 页、第 112～113 页。

② (Singapore) *The Straits Times*, May 16, 1997, cited from Lynn Pan ed., *Chinese Encyclopedia*, p. 123.

来 50 年来最宽松的发展前景,一年间新成立的华人社团组织多达 200 多个,表现出强烈的华人族群认同意识。菲律宾华人长期埋头商务,少以华人身份参与政治事务。① 但菲华的族群认同意识在最近 30 年则有较大的发展,其华人宗亲同乡社团组织在近 30 年飞速增加,可能与菲华的经济实力增长和华人之间联系增强的需要相关。仅就菲华晋江籍同乡组织而言,成立于 1910 年至 1985 年间的晋江同乡会有 130 个,其中有 60 个成立于 20 世纪 60 年以后。在 20 世纪 80 年代的 42 个菲华文化社团中,有 26 个是 1970 年以后成立的。② 由于东南亚金融风暴后华人地位的凸现和政府对华人经济实力的重视,也由于中国和国际华人资本对印尼和菲律宾的重要性,这两国的华人的族群意识有望进一步增强,对华人文化(或中华文化)的兴趣也在增长中。但这两国的华人是否作为族群参与当地国政治则尚有待未来政府对华人政策的变化。

泰国华人数量近 700 万人,仅次于印尼,是世界第二庞大的华人群体。相对于东南亚其他国家,无论在血统上还是文化上,泰国华人融入泰人社会的程度向来较高,以至于研究泰国华人的著名学者史金纳(Skinnar)根据泰国华人的同化状况提出华人的同化模式,认为华人同化于当地社会和民族,不仅是历史上普遍存在的现象,也是历史发展的必然趋势。他甚至预言,第三、四代华人将不复存在,会被同化于泰国的社会文化中。③ 然而,即使是在泰国,华人同化的现象也远比史金纳断言的要慢得多。这是因为 20 世纪 70 年代以来泰国经济飞速发展,华人经济实力急遽膨胀,他们不再有急于通过联姻等融入泰人社会的方式谋生,华人之间互相通婚和进行经济合作,结果出现一个保留相当多中华文化成分的群体。④ 尽管中国移民从 20 世纪 50 年代以后不再进入泰国,但泰国华人社团反而大增,从 1960 年的 151 个增加到 1992 年的 889 个。⑤ 华人社团数量增加反映华人之间联系的增强,有助于华人意识的保持。泰国华人社团也活跃于泰国的慈善领域,其背景是泰华经济实力的成长。大多数华人认同泰族的价值观,讲泰语,接受和参与泰族人的各种社会习俗,但很多华人仍保持通过祖先崇拜、庆祝华人独有节日、讲方言、参与华人社团活

① 尽管近年来有些主张政治上效忠菲律宾政府、文化上保持华人认同的菲律宾华人社团热衷于试图以菲华代言人名义参与公众政治事务,如菲华青年联合会,但似乎甚少得到华人社会主流的认可。

② 晋江县侨务办公室编:《晋江县旅外社团组织》,内部资料,1987 年。

③ Walwipha Burusratannaphand, pp. 69~70.

④ 丘立本:《从世界看华人》,香港:南岛出版社,第 164 页。

⑤ 李道缉:《泰国华社的变迁与发展》,陈鸿瑜主编《迈向 21 世纪海外华人市民社会之变迁与发展》,台北:海外华人研究会,1999 年,第 242 页。

动的方式,表现出作为华人的次族群认同(Second Ethnic Identity)。[1] 这种华人意识有助于华人之间的交往、援助和凝聚力,因此,华人认为维护这种族群认同是必要的。[2]

缅甸华人约 250 万,越南华人约 150 万。在 20 世纪 70 年代以前,两国的华人的经济实力都相当雄厚。缅甸政府推行企业国有化,华人企业遭灭顶之灾,大批华人离开缅甸。越南政府则在 70 年代将大部分华人驱赶出国,全部没收华人企业。这两国的华人经济基础被连根拔起,与维持华人族群意识相关的活动更无从谈起。20 世纪 80 年代以后,两国政府先后调整对华人的政策,鼓励和招徕华人参与该国经济的发展。此外,两国与中国的边境贸易逐渐活跃,很多大陆人也因此进入这两个国家,与当地华人合作从事商贸活动。然而,这两个国家的华人流动性大,还未建立稳定的经济基础,除了创办几所华文补习学校外,尚无力进行推动华人族群意识建构的大举措,如组织有较大影响力的华人社团、创办华文媒体和举行华社大型活动等。

(四)老挝和文莱华人:埋头经商不问政治,通过社团和华校保持华人意识

老挝有华人 28 万,文莱华人约 5.6 万人。这两个国家的华人由于各自的历史背景,多数还未入籍,都埋头经商,不表达族群政治诉求。老挝华人社会经历 20 世纪 70 年代的重创后,尚处于恢复华人间社会联系和积蓄经济实力阶段,华人族群意识的建构尚有待于华人社会的重新凝聚。文莱华人的华人认同从未中断,族群意识也有相当基础。由于政府推行马来化和伊斯兰化国策,大部分文莱华人尚未入籍,其族群意识尚未发展为政治意识。但这两个国家的华人社团和华校相当活跃,作为个体,他们的华人意识强烈。随着当地社会环境的改善和经济地位进一步加强,其族群意识也将有所发展。

三、东南亚华族特点和发展趋势

由于东南亚各国华人的认同转向进程不一,各国政府对华人的政策也相去甚远,华族的凝聚力、形成的时间和发展趋势也有较大差异。大体而言,东

---

[1] Chan Kwok Bun and Tong Chee Kiong, Rethinking Assimilation and Ethnicity: The Chinese in Thailand, in Wang Ling-chi & Wang Gungwu eds. , *The Chinese Diaspora*, Singapore:Time Academic Press,1998,pp. 22~23.

[2] Walwipha Burusratannaphand, p. 73.

南亚华族有以下特点：

第一，东南亚华族并非统一的族群，而是对分散于东南亚各国的华族统称。

东南亚各国华人生存和发展的环境各不相同，其主观发展愿望也大相径庭，因此，华族形成的方式与时间也相差甚远。早在 1966 年，英国著名民族学家菲德曼就认为，统一的海外华人群体已不复存在，东南亚华人即使尚未融化于当地社会，也早已非中国化了，中华文化正在东南亚逐渐消亡。① 大体而言，新马华人的认同转向较早，其华族形成于 20 世纪 50 年代中期，且内部凝聚力较强，并作为华人族群参与当地政治事务。印尼华人在 20 世纪 50 年代以来，饱受政府的排华之苦，华文学校和报刊被禁，华族凝聚力主要靠华人意识支撑。虽然近几年印尼华族意识有所发展，但整体的凝聚力尚弱。泰国华人早在二战以前已基本融入泰族社会，华人文化色彩薄弱，华人基本上不以华族成员而以泰国人身份参与当地政治文化事务。因此，在参与泰国公共事务方面，泰国华族的族群色彩并不明显。菲律宾华族大体上形成于 20 世纪 70 年代。菲华多为中菲混血儿，这些人基本菲化了，而坚持中国认同者则基本不参与当地政治、文化事务。但近 10 多年来，部分菲华努力倡导华人文化，强调华人在文化上仍可认同中华文化，政治上应认同于当地政府，并作为族群参与当地政治。② 越南、缅甸华人社会基础较薄弱，尚未作为族群参与当地事务。此外，东南亚各国华族之间也基本不存在族群之间的联系，除新马以外，甚至各国内不同地区的华族之间联系也很松散甚至无有机联系。因此东南亚华族仅是对分散于各国的华族的统称。甚至可以说，有些东南亚国家的华族尚在形成中。

第二，东南亚各国华族的内部以宗亲、乡土、语言社团为主要联系纽带。

东南亚各国华族的内部联系主要依靠宗亲、乡土和方言组织。抑或可以说，凡是凝聚力强的华族，其内部各种以血缘、地缘组合的社团也多。新加坡华族约 200 万，"纯粹的华人社团或在华人中有重大影响的社团"约有 500 个；马来西亚华人约 500 万，社团总数约 4000 个；菲律宾华人约 110 万，华人社团

---

① Maurice Freedman, *The Studies of Chinese Society*, Stanford University Press, 1979, pp. 19~21.

② 菲律宾华裔青年联合会董事长、世界海外华人研究会副会长洪玉华教授长期倡导这种观点。参见洪玉华(Teresita Ang-see)，Political Participation and Political Integration of the Chinese in the Philippines, paper presented in the International Conference *Changing Identities and Relations: the Case of Chinese Minorities*, Manila, 1991.

总数达 2000 多个;泰国华人人数较多,约 500 万,有华人社团 2000 个以上。[①]
这些社团绝大多数为宗亲和同乡社团。正是这种对宗亲、故土的认同,构成了
共同族群意识的基础。也因为数量庞大的基层社团又归属于各种全国性大社
团或与之保持密切联系,华族成员可透过社团网络彼此保持联系。东南亚各
国华族的社团网络或疏或密,大体而言,新、马、菲、泰等国的华人社团较活跃,
而印尼、柬埔寨、越南的华人社团经当地国政府多次扫荡,本已近荡然无存,近
年来因当地国政府对华人政策的调整又重获生机。然而,就整体而言,东南亚
各地的宗亲、同乡等以中国故乡为纽带的社团对第二、三代华人的吸引力越来
越小,其他以当地事务为联系纽带的社团则正在兴起。[②]

第三,东南亚各国华族发展程度不一,华族意识强弱也各异。

大体而言,新加坡和马来西亚华人的华人族群认同意识较强,以族群参与
各种社会事务的活动较多,尤其是存在强大的华族政党。这不但因为这两个
国家的华人数量较大(华人在新加坡占 70%,在马来西亚占 26%),而且因为
这两个国家的华文教育和华族文化水平较高。印尼、缅甸和越南的华人数量
在当地国的比重仅为 1.3%～3%,当地国政府长期实行排华政策,华人社团
活动长期沉寂,且华文教育经当地国政府多年严禁而沉寂,其华人意识的保持
更多是由于其个人的认同,更遑论以族群方式参与当地社会政治活动。[③] 因
此,在印尼、越南和缅甸,这些分散的华人社群要建构有一定凝聚力的华人族
群,尚任重而道远。泰国和菲律宾华人在各自的国家有强大的政治和经济影
响力,但这些有影响力的华人绝大多数是作为当地国民(华裔菲人和华裔泰
人)而非作为华族成员获得社会声望的。绝大多数泰国华人认同泰族价值观,
讲泰语,参与庆祝泰族的节日。他们作为华人的次族群认同只是通过祖先崇
拜仪式、庆祝华人独有的传统节日、有时在家讲方言而偶尔表现出来。[④]

① 新、菲、泰华人社团数引自方雄普:《海外侨团寻踪》,北京:中国华侨出版社,1995
年,第 369、392～393、462、444 页。另据马来西亚华人学者林水檺等著《马来西亚华人史新
编》(马来西亚中华大会堂,1998 年出版)载,根据 1993 年马内政部发表的数字,华人乡团
数量为 880 个。

② 如在菲律宾,菲律宾华裔青年联合会、菲华防火福利总会、菲华志愿消防总会等
成立则仅以华裔纽带为凝聚剂,其社团宗旨更是完全面向当地社会,服务当地全体人民。
庄国土:《菲华晋江社团变化及与祖籍地联系》,《南洋问题研究》2001 年第 1 期。

③ 近两年,印尼华人也组织华人政党,但这些华人政党尚未得到多数华人的拥戴,
对华社影响力很小。

④ Chan Kwok Bun and Tong Chee Kiong, Rethinking Assimilation and Ethnicity:
The Chinese in Thailand, in Wang Ling-chi & Wang Gungwu eds., *The Chinese Diaspora*,
Time Academic Press, Singapore, 1998, pp. 22～23.

就菲律宾和泰国华人而言,其发展趋势更多的是融入当地主体族群(如菲律宾华人融入菲人社会,泰国华人融入泰族),是否能长期保持为华人族群而成为当地国家民族组成部分之一尚是疑问。诚如王赓武教授所言,"对于东南亚华人少数民族所必须承认的最重要事实是他们的多样性,他们的缺乏一致性,以及他们由于环境和时机不同而作为完全各行其是的群体而行动的倾向"。① 因此,东南亚华族并不像著名的澳大利亚汉学家菲茨杰尔德认为的那样:总是"极其一致、凝聚力极强的民族"。②

第四,东南亚华族并非中华民族的组成部分。

无论是华族意识强烈的新马华人或华族意识较弱的其他东南亚国家华人,其客观的文化和族群识别与中华民族抑或汉族已相去甚远,且差异日趋扩大。经过长期与当地其他族群或华族内部的通婚,又因为作为中华文化传承工具的华文教育的式微,其文化生存与发展的营养更多吸取于当地社会而非来自中国本土的中华文化。因此,独特的源于中华文化的华族文化已和中国本土的文化大相径庭。就其主观认同而言,他们的民族认同是当地的国家民族而非中华民族。因此,东南亚华族已非中华民族的组成部分,而是作为当地族群之一而成为东南亚国家当地民族的组成部分。然而在东南亚,当地国政府和民间社会是否认可华人作为一个族群抑或少数民族,则不同国家呈现很大的差异。

从东南亚各地华人族群认同的变化和发展趋势可见,华人作为移民或移民的后裔,只要是落地生根,融合于当地是不可避免的,他们与中华民族和中华文化也渐行渐远。各国华人族群规模、经济实力、凝聚力以及当地国政府的华人政策不同,其华人族群认同的发展过程和走势也各不相同,其融合于当地的方式也大相径庭。或是作为族群之一构成当地国家民族的组成部分,或是同化于当地主体族群,或是与某个或某几个族群融合后形成新民族。我要强调的一点,是不要保持盲目的"大中华文化"、"大中华民族"优越感,东南亚各民族的文化亦都有其过人之处。无论是同化、融合、一体化等,只要其进程是平和进行,都无须遗憾。因此,东南亚华族并不像著名的澳大利亚汉学家菲茨杰尔德认为的那样会在东南亚形成一个保持中华文化传统但在政治上有别于大陆和台湾的"第三中国"。同时也不会像史金纳提出的同化理论认为的,第三、四代华人将同化于当地社会而不再成其为华人。他们作为东南亚人,在今后很长时间中仍将保持强弱不等的华人族群认同的意识。作为组成当地国家民族的族群之一,将是东南亚华族的基本发展趋势。

① 王赓武著,姚楠译:《东南亚与华人》,北京:友谊出版公司,1987年,第198页。

② C. P. Figz Gerald, *The Third China: the Chinese Communities in Southeast Asia*, Melbourne,1965,p. 82.

第二节　改革开放以来中国侨务政策的变化

"文化大革命"时期,极左路线主导了中国政治,"海外关系"成为"污名",侨务工作部门解散,侨务工作基本停顿。1978 年 12 月中国共产党十一届三中全会以后,遵循实事求是的思想路线,以改革开放作为国策,全党工作重心向经济领域转移,中国的侨务政策也发生根本变化。其最重要的精神是在侨务工作中贯彻邓小平同志一贯提倡的"实事求是"的方针,根据国内外侨情变化的特点,制定出有利于华侨华人在当地生存、发展,又能促进华侨华人对中国经济、文化建设作出贡献的务实侨务政策。

一、中国政府对华侨华人看法的改变

1949—1977 年,中国大陆一直以阶级斗争为纲,经济发展为政治斗争所牺牲。当 20 世纪 60—70 年代东亚经济飞速发展时,中国大陆正进行"四清"和"文化大革命"。华侨华人绝大多数生活在资本主义国家里,按照阶级斗争的观点,他们中很多人也不属于劳动阶级,因此,华侨华人向来被视为是典型的"资产阶级"或准"资产阶级"群体,他们在国内的眷属自然是应被进行社会主义改造的对象。在"文化大革命"期间,有"海外关系"者意味着可能与境外敌对势力发生联系的复杂可疑的人,"海外关系"成为人们避之唯恐不及的"污名"(Stigma)。[1] 华侨华人及其眷属自然更被视为有"海外关系"者的代表,所受的打击和排斥自在预料之中。

1978 年以后,经济发展第一次成为中国共产党和中国政府的中心工作。然而,如何发展经济,尤其是如何为启动经济发展的火车头筹集资金,不仅对中央政府,对地方政府也一样是一个巨大的难题。中央政府和地方政府开始关注几乎被忽视近 30 年的海外华侨华人群体,注意到海外华人华侨的变化和经济实力的增长,意识到他们在中国社会经济发展中可能扮演的重要角色。

中国地方政府,特别是福建和广东两省,比中央政府更熟悉海外侨胞。地方政府早在 20 世纪 70 年代初就开始动员这些海外侨胞为故乡作贡献,甚至在"文化大革命"时期也没有完全停止。福建、广东两省的侨胞从 70 年代初就恢复对家乡教育事业、公共福利事业和慈善基金的捐赠。中央领导层大约在

---

①　范可:《"海外关系"和闽南侨乡的民间传统复兴》,杨学嶙、庄国土编《改革开放和福建华侨华人》,厦门:厦门大学出版社,1999 年,第 156~157 页。

改革开放初期以后,才逐步认识到海外华人华侨的经济实力及其对中国经济建设的巨大作用。这种认识本身需要有对认识对象的熟悉过程,认识对象本身也有一个发展过程。在中央决策层中,邓小平是较早认识到华侨华人对中国改革开放和实现四个现代化目标可能起重大作用的人。虽然早在 1978 年中国实行对外开放的国策后,中国政府也鼓励华侨华人作为外资前来中国投资,如邓小平在 1979 年初就说过,"我们现在搞建设,门路要多一点,可以利用外国的资金和技术,华侨、华裔也可以回来办工厂",①但中央领导层似乎对华侨华人的经济实力还没有足够的认识。从 1981 年 5 月 31 日国家领导人胡耀邦、李先念、乌兰夫、薄一波、廖承志等在国内侨务工作座谈会上的讲话看来,他们似乎对海外华侨华人的经济实力和在引进外资中的地位和作用还未予足够重视。② 因此,80 年代初以前的侨务工作仍以国内侨务为主。然而,经济特区的建立显示国家可能在引进外资工作中开始重视华侨华人的作用。邓小平在 1992 年视察上海时说明,当时设立四个经济特区,主要原因之一是为了吸引海外华侨华人和港澳同胞前来投资:"那一年确定四个经济特区,主要是从地理条件考虑,深圳毗邻香港,珠海靠近澳门,汕头是因为东南亚国家潮州人多,厦门是因为闽南人在外国经商的很多。"③

中央政府对华侨华人在中国经济建设中重要作用的重视态度体现在党和国家领导人在 1984 年的全国省级侨办主任会议上的讲话。胡耀邦总书记在 1984 年 4 月 20 日的会议上说:"三千万华侨华人是了不起的力量,搞得好,可以变成促进四化建设、实现统一祖国、扩大海外影响和争取国际友人的重要力量。侨务工作是长期的工作,是很重要的工作。……全党都要重视这项工作。"④习仲勋代表中央书记处在全国省级侨办主任会议上的讲话基本上代表了中国政府对华侨华人的具体认识。他指出,"中央书记处认为:现在居住在世界各地的三千多万的华侨和外籍华人是一支很重要的力量。认真作[做]好他们的工作,对我国加快四化建设、完成祖国统一大业、扩大海外影响和争取国际友人,都有非常重要的意义和作用。这几千万华侨和外籍华人拥有大量的资金,他们中又有许多专门人才,懂科学技术,擅长经营管理,只要我们政策正确,方法对头,审时度势,因势利导,就有可能把他们的积极性调动起来,在

---

① 邓小平:《搞建设要利用外资和发挥原工商业者的作用》,国务院侨务办公室编《邓小平论侨务工作》,1998 年,第 21 页。

② 中办发(1981)29 号文件《中共中央办公厅转发"中央领导同志在国内侨务工作座谈会上的讲话"要点》,《侨务法规文件汇编(1955—1999)》,第 13～16 页。

③ 《邓小平文选》,北京:人民出版社,1993 年,第 366 页。

④ 《胡耀邦同志在省、自治区、直辖市侨办主任会议上的讲话》,国务院侨务办公室编《侨务法规文件汇编(1955—1999)》,第 17 页。

我国四化建设中发挥重要作用。据说华侨和外籍华人在海外大约有两千亿美元资金。可以设想,如果能在八十乃至九十年代吸收他们拥有资金的百分之十,即大约二百亿美元,这对我国的四化建设将是一个很大的支援和帮助。为此,中央已决定通过立法对华侨和港澳同胞、台湾同胞等在祖国大陆的投资给以优惠待遇。同时,华侨和外籍华人也是我们引进人才的重点。外籍华人和我们有共同的民族感情,大多数和我们语言、文字相通,他们来华工作有很多便利条件。……从全国来说,在世界各地的华侨和外籍华人,以广东、福建两省的人最多,其他地方人的数量虽然少一些,但他们也都有爱国、爱乡之情,都愿意为祖国、故土的繁荣、富裕和文明作出贡献。所以各地都要作好侨务工作。"①将侨务工作与促进四化建设、实现统一祖国、扩大海外影响的目标联系起来,这是 1984 年以后中国政府的一贯立场。

由于原来的华侨已大部分入籍,3000 万海外同胞主要是外籍华人,侨务工作的主要对象实际上是海外华人,1989 年的全国侨务工作会议强调:"今后,侨务部门与外籍华人往来与合作交流面会越来越广。华侨与外籍华人既有区别又有关联,在继续做好华侨工作的同时,也要注意做好外籍华人的工作。"②在吸引华侨华人投资大陆的实践中,华人实际上享受与华侨同等的待遇,立法时只讲优待华侨,施行时也适用于港澳台同胞与海外华人。

随着海外华资与中国经济合作的扩大,华侨华人越来越被视为中国大陆大发展的独特机遇。邓小平同志在 1993 年与上海各界人士迎新春佳节时的讲话也强调,华侨华人是现今中国发展经济的独特机遇,他说:"希望你们不要丧失机遇,对中国来说,大发展的机遇并不多。中国与世界各国不同,有着自己的独特机遇。比如,我们有几千万爱国同胞在海外,他们对祖国作出了很多贡献。"③

邓小平的海外同胞"机遇论"的理念也为江泽民和胡锦涛所继承。在江泽民担任总书记时期,一方面延续大力引进海外华资的政策,一方面重视海外华人智力资源。1993 年,江泽民总书记提出:"就华侨华人的数量来讲,恐怕当今世界上还没有别的国家的侨民可以和我们相比。分布在世界各国的华侨华人,约有几千万。在国内的归侨、侨眷也有 3000 多万。这是我国特有的国情。

---

① 《习仲勋同志在省、自治区、直辖市侨办主任会议上的讲话》,《侨务法规文件汇编(1955—1999)》,第 23~24 页。

② 1989 年 5 月 9 日《国务院侨务工作会议纪要》,《侨务法规文件汇编(1955—1999)》,第 28 页。

③ 《1993 年 1 月 23 日邓小平同上海各界人士共迎新春佳节讲话》,《邓小平论侨务工作》,第 47 页。

几千万华侨华人拥有雄厚的资金,大批高科技人才,遍布世界的商业网络,已经成为当今国际经济社会中具有一定实力的比较活跃的力量。在邓小平同志去年(1992年)视察南方重要谈话发表和我国进一步扩大对外开放的新形势下,华侨华人和港澳台同胞,是我国对外开放、发展对外经贸合作和科技交流活动中,最积极热情的一部分,而且对于促进和影响外国投资者到我国投资、进行经贸合作和科技交流,发挥了带头的作用和桥梁的作用。"他要求侨务部门,"要发挥与华侨华人尤其是其中的重点人物有广泛联系的优势,积极发挥桥梁作用,促进华侨华人与国内在平等互利的基础上进行合作交流"。① 到1999年,江泽民总书记明确提出引进华侨华人智力发展中国科技的设想:"分布于世界各地的广大华侨华人,是中华民族一个重要的人才资源宝库,其中科技人才就有几十万,既有享誉世界的科学家,也有成绩显著的中青年科技人才,他们在当今一些重要的高科技领域取得了卓越的成就,我们一定要十分珍惜。"②

胡锦涛担任总书记后,除继承引进华侨华人资金和人才的政策以外,更提出华侨华人是反独促统、复兴中华民族的重要力量。2004年,胡锦涛总书记提出:"分布在世界各地的几千万海外侨胞和国内3000多万归侨、侨眷,是推进我国现代化建设、实现祖国完全统一和中华民族伟大复兴的重要力量。我们党历来高度重视侨务工作,关心和牵挂广大海外侨胞,重视发挥广大归侨、侨眷和海外侨胞的重要作用。"③2006年,胡锦涛强调党中央对侨务工作寄予厚望:"在凝聚侨心、发挥侨力、为实现全面建设小康社会的宏大目标作贡献方面,侨务工作大有作为;在反对和遏制'台独'分裂势力,推动祖国和平统一进程方面,侨务工作大有作为;在开展民间外交,传播中华优秀文化,扩大中国人民与世界各国人民友好交往方面,侨务工作大有作为。"④

二、1978年以来的侨务政策

随着中国政府对华侨华人地位重视程度的不断提高和1978年以后党和国家的工作重点转移到发展经济,中国侨务政策的目标是配合党和政府的中心任务,其总方针是保护华侨的正当权益,发扬爱国爱乡的传统;鼓励华侨自

---

① 江泽民:《与国务院侨务工作会议部分代表座谈时的讲话》,1993年2月26日。

② 《江泽民在1999年全国侨务工作会议上的讲话》,《江泽民论侨务》,北京:国务院侨务干部学校,2002年,第24~25页。

③ 《胡锦涛在全国政协会议对致公党、中国侨联组政协委员联组会上讲话》,2004年3月7日。

④ 《胡锦涛在全国侨务工作会议上讲话》,2006年2月27—28日。

愿加入当地国籍,为促进所在国经济繁荣以及祖国和所在国的合作与交流发挥作用;保护归侨、侨眷的合法权益,适当照顾其特点,发挥其海外联系的优势,为祖国建设作贡献。

　　1978年初,中国政府重新成立主管侨务的机构国务院华侨事务办公室,其功能与"文革"前的华侨事务委员会基本一致,其不同点是这个新成立的主管华侨事务的机构的职能之一是协助外交部处理华侨(指那些保留中国国籍者)和华人(指拥有外国国籍的华人)事务,后者并不属于前华侨事务委员会的工作对象。在国务院侨办的工作职责中,有关华人的事务是重点,这反映了华侨社会正转变为华人社会,或者说海外华侨正从旅居者转变为定居者。自1978年起,各个省(除了西藏之外)、自治区和直辖市几乎都成立了侨务办公室。近15年来,中央和省级的人民代表大会和人民政治协商会议也都设立处理海外华侨华人事务的专门委员会(人大设立华侨事务委员会,政协设立港澳台侨联络委员会),这些机构或多或少与海外华侨华人保持了一定的联系。官方涉侨机构的增加意味着从中央到地方的各级政府都对华侨华人事务高度重视,这是中国历史上前所未有的现象,尤其是中国南方沿海地区(华侨华人多数来自这些地方)的地方政府,更是尽力在各个层面上加强与海外华侨华人的联系。

　　1978年以后,中国侨务工作重心在不同时期有所侧重,大体上以1984年全国省、自治区、直辖市侨办主任会议为界,分为前后阶段。1978年国务院侨办成立后到1984年,是侨务政策和侨务工作的调整时期,又是初步奠定新时期侨务工作基本组织、方针和工作重点的时期。中共十一届三中全会以后,落实侨务政策,纠正"文革"期间的冤、假、错案,解决历史遗留问题是这一时期侨务工作的重点。党和政府制定一系列政策、原则、法规,以"通知"、"意见"、"规定"等文件予以颁布,涉及华侨住房,复查冤、假、错案,知识分子政策,侨汇,企业等方面。由于工作难度大,其主要目标直到20世纪80年代末才基本完成。1983年,全国人民代表大会成立专门的华侨委员会,其职能是研究、审议和拟订有关侨务的议案,并实施对各项侨务法规、行政机构的监督职能。这是中国侨务史上的大事,体现党和政府对侨务工作的高度重视,也标志着侨务工作法制化的起步。考虑到海外侨情的变化,党中央在1983年就"关于加强华侨、外籍华人工作问题"进一步作出规定,其内容为避免侨务工作的两种偏向:一是防止将华人作为华侨对待,注意华侨与华人的国籍界限;二是将华人仅作为外国人,注意不把华人和一般外国人等同看待,照顾华人与华侨的共同民族感情和利益以及他们与我国的密切联系。

　　如果说1984年以前的侨务工作以落实侨务政策为主是对历史的纠偏,1984年以后,配合国家以经济建设为中心进行的工作则是新时期侨务工作的基本方针。为了保护华侨华人权益,促进他们对中国的了解,中国政府首先是在华侨华人较多的地区派遣侨务领事,指导华侨遵守当地法律,促进华侨华人团结,介绍我国经贸发展情况。我国政府在双边、多边条约中,多对公民的经商、侨居等权益作出规定,这是保护侨民的法律依据。同时也可根据国际法或国际惯例来保护华侨在国外的正当利益。中国政府关心与支持外籍华人在当地长期生存和发展,推动华侨华人组织职业、语言、技能培训,发展文化事业;在海外建立中资机构,为华侨、华裔提供特别服务。政府各部门也为华侨华人同我国的经贸、科技、文化等领域的合作提供方便,给予必要的支持。华侨华人在与中国的经贸联系中也能赚到可观的利润,有助于改善其在当地国中的地位。

由于华侨问题一直是中国国际关系尤其是和东南亚各国关系中的一个敏感问题,中国政府从一开始就非常小心地处理这个问题。早在 1984 年,党与政府就制定了对华人要同华侨适当区别的工作原则。"要防止两种倾向:一是把外籍华人同华侨完全等同看待,不注意国籍界限,使外籍华人感到为难,以致引起他们住在国的疑虑和不安,给他们在当地长期生存造成困难。二是把外籍华人同一般外国人完全等同看待,因而不重视、不进行能够进行的工作,以致伤害外籍华人的民族感情和支援我国建设的积极性。我们对这两方面的问题要十分重视,在宣传工作上更要严格按照有关的方针政策办事,一定要做到内外有别。有些事情是只做不说。一定不能发生错误,授人以柄,被人利用。"[1]事实上,在国内,华人与华侨一样,享有在投资、税收的减少与豁免、旅游等方面的各种优惠待遇。基于获得外国国籍的海外华人越来越多,华侨的数量越来越少,中国若想加强与海外华人的关系,就必须更多地注意华人而不是华侨。

吸引华侨华人参与中国经济建设,是各级侨务部门的工作重心之一,也是从中央到地方的共识。在引进华侨华人资金与人才中,法律配套工作也相应建立。1986 年全国人大颁布《中华人民共和国外资企业法》,同年,全国人大颁布对 1979 年《中华人民共和国中外合资经营企业法》的修改版。在照顾地方特点,更具可操作性等方面补充了原有的法规。全国各地方政府尤其是侨乡政府根据本地特点,也颁布相应的吸引海外华资的地方优待法规。例如,福建省人民政府于 1986 年颁布"福建省贯彻《国务院关于鼓励外商投资的规定》的补充规定",又于 1989—1994 年颁布一系列有关侨、外、台、港、澳资本开发经营成片土地,外商企业投诉,有形资产鉴定,鼓励投资于农业、港口、电力、高

---

① 《习仲勋同志在省、自治区、直辖市侨办主任会议上的讲话》,《侨务法规文件汇编(1955—1999)》,第 26 页。

速公路等 10 多项专门规定。在此基础上,1998 年 8 月,福建省人大颁布《福建省保护华侨投资权益若干规定》,以立法形式明确规定各项对华侨投资的优待政策,并在《规定》的第 20 条中说明,"各级人民政府的侨务行政主管部门对贯彻执行本规定负有组织实施和行政监督的职责"。福建省侨务办公室随即以闽侨(1998)内 65 号文件形式颁布《福建省侨办关于组织实施"福建省保护华侨投资权益若干规定"有关问题的说明》,认定该《规定》也适用于海外华人和港澳同胞。① 法制配套工程使吸引海外华资的措施有了法律依据,极大地鼓舞了华侨华人参与中国经济建设的热情。地方政府根据各地区的特点也出台一系列配套的地方法规。

与引进侨外资本、开拓对外经济联系密切相关的是对国内归侨、侨眷的工作。党和政府在有关涉侨部门的推动下,对归侨、侨眷的利益予以前所未有的重视,其标志就是《中华人民共和国归侨、侨眷权益保护法》,这部法令于 1990 年 9 月 7 日在第七届全国人民代表大会常务委员会第 15 次会议上通过,是我国以人大立法形式通过的第一部侨务法律,标志了我国侨务工作从依靠政策、行政法规开展工作向立法性侨务工作过渡,使国内侨务工作逐步走上法律轨道。各级侨务部门运用法律武器,有力推动保护归侨与侨眷的工作。各省省委、省政府、人大对此项法律与相关工作十分重视,纷纷以省、自治区、直辖市人大立法的方式制定实施《中华人民共和国归侨、侨眷权益保护法》办法。② 省人大侨委会、侨办、侨联与有关方面配合,首先是加大该项法律的宣传力度,在重点侨乡作为普法的主要内容之一,并制定实施办法,在侨房、华侨农场、企业权益、华侨子女升学就业等方面制定实施细则。其次是认真抓好检查监督工作,对涉侨权益热点进行专题调研,追踪执法结果,提出热点问题新对策等。调动归侨与侨眷参与祖国建设的积极性直接影响了海外华侨华人对中国政府的信任程度与向心力,使他们更愿意为祖国和家乡的建设贡献力量。

通过官方渠道,政府机构还经常直接组织各种针对海外华人的招商活动,并派大量代表团到海外去吸引侨资。1993—1996 年间,中国侨务机构接待了大约 150 万海外华侨华人,他们来中国大都出于商业目的。在 1993—1995 年间,这类活动尤其是派官方代表团出国招商变得泛滥成灾,以致中央政府不得不几次发令禁止这种活动。不管怎样,这类活动还是有一定效果的。1994

---

① 福建省人大《福建省保护华侨投资权益若干规定》;福建省侨务办公室闽侨(1998)内 65 号文件《福建省侨办关于组织实施"福建省保护华侨投资权益若干规定"有关问题的说明》,《侨务法规文件汇编(1955—1999)》,第 675~677 页。

② 参见各省、自治区、直辖市实施《中华人民共和国归侨、侨眷权益保护法》办法,《侨务法规文件汇编(1955—1999)》,第 517~603 页。

年,国务院侨办举行了关于长江三峡经济发展的招商活动,在被邀请的 48 位海外华人富商中,有 3 位名列《福布斯》海外华人富豪榜。

联络海外华人一个重要的非官方渠道是社团组织。华侨华人社团以宗乡社团为多数,历来在华侨华人与家乡关系方面扮演重要角色。① 尤其在侨乡,地方政府经常通过华侨华人社团组织华侨华人到大陆访问和投资,这些组织的成员,尤其是其领导层,常被官方邀请访华,作为回报,更多的中国官员和商人被邀请出国。为推动海外华侨华人的全球性联系和扩展海外华人社团网络,在中国官方的协助下,一种以"同乡"和"同宗"为基础的全球性华侨华人社团组织纷纷成立,其重要成员通常包括世界上最有名的华裔富翁和一些大陆当地的重要人物。这种新型的全球性华人社团有别于传统华人社团。首先,这类社团成立的主要目的是为了形成全球性商贸联系网络,以获得经济利益为主要的目标。传统社团的宗旨则主要是守望相助。其次,这类社团强调与家乡的联系,甚至有的社团将加强与家乡的联系作为主要职能,其组织的成立或多或少得到中国地方政府的推动,而传统社团根植于当地社会,主要职能是协调社团群体在当地的活动。再次,这类社团组织的领导层通常包括在家乡的本邑头面人物,这种组合既保证社团及其海外重要成员能充分利用家乡的"人脉"资源,也使中国侨乡地方官员对社团组织有较大的直接影响。最后,这类社团的组织形式更松散,一般只起商贸信息交流和组织聚会的功能,而传统社团一般具有相对紧凑的内部组织机构和多种社会活动和动员功能。

这类新型的通过"同乡"和"同宗"强调与家乡联系的全球性社团组织似乎首先在福建侨乡成立,1990 年,世界福州十邑同乡总会在福州地方政府的支持下于 1990 年成立,其成员包括著名的海外华人富商林绍良(Liem Sioe Liong 或 Seodono)和郭鹤年(Robert Kuok)。② 此后,某种程度是由于福建地方政府的推动,此类福建籍全球性社团先后成立。在 1991—1995 年间,世界晋江宗亲总会、世界安溪宗亲总会、世界同安人宗乡总会纷纷成立。广东方面,世界潮州人大会、世界客家人大会也在近年相继召开。虽然这类组织的成立多部分源于大陆地方政府的推动,但都首先在海外成立并召开首次大会,然后在大陆的家乡举行第二次和第三次大会。在大陆举办的会议通常由当地政府组织或发起,规模很大,参加者动辄以千人计算,至少有一名以上的国家领导

---

① 根据我们对晋江侨乡的调查,海外晋江籍社团就达 524 个,其中宗乡社团(344 个)占绝大多数。邱鹏飞:《海外晋江籍社团之研究》,未刊硕士论文,庄国土教授指导,厦门大学,1999 年,第 5～6 页。

② East Analytical Unit,*Overseas Chinese Business Networks in Asia*,Australia:Department of Foreign Affairs and Trade Press,1995,p. 31.

人（通常是全国人大副委员长或政协副主席，甚至政治局委员）参加了这样的会议。同时，大量的商务投资合同签订和海外捐赠仪式也在这类大会上进行。① 如果我们将这类新型全球性社团活动和近年来中国政府积极参与世界华商大会的活动结合起来考虑，②我们可以看到海外华人正加强延伸至中国大陆的全球经贸网络。通过这样的网络，华人寻求更好的商机并在共同的种族、语言、文化基础上进行国际合作。而中国各级政府也力图参与世界华人经济网络。虽然我们无法认定中国政府在多大程度上推动了世界华商经贸网络的发展，但中国政府的积极参与态度和中国大陆丰富的经济潜能已使中国大陆成为这个全球华人经贸网络的重要部分。

20 世纪 90 年代以后，如何对待华人新移民开始成为中国侨务政策的一个焦点。对新移民在中国的现代化进程中的作用一直存在争议。在 80 年代，大量中国大陆优秀人才出国留学并留居国外常被批评为"智力流失"（Brain Drain）。由于包括部分大陆学人在内的北美华人科技人才在北美科技界的地位日益提高和他们与中国的交流日益频繁，更由于没有适当途径将大陆高素质人才留在国内，从 90 年代开始，出国留学政策更为开放，政府把对他们的工作重点放在如何完善出国留学程序和如何加强与他们的交流及吸引他们回国服务上。此外，台湾利用留学生的经验也值得重视。在 20 世纪 60—80 年代，台湾有数以十万计的留学生赴美，绝大部分留居美国并取得举世瞩目的科技成就，他们与台湾之间有密切的交流，在 20 世纪 70—90 年代台湾的高科技产业发展中起了关键性的作用。从 90 年代初开始，一些中国政府领导人不断强调，应该以前瞻性眼光来看待那些选择定居于国外的留学生及中国大陆移民，要相信他们即使在国外，仍然会为中国作贡献，他们回中国的时候，应当热情礼待。对他们的工作不再像 80 年代那样主要是动员他们回国，而是鼓励他们通过学术访问、作学术讲座、与国内合作研究等方式为祖国服务。近年来，各留学生较多的地区，如上海、广东、福建等地，还专辟留学生高科技园区，提供优厚投资条件吸引海外高科技人才。

海外华人世界在近 20 年来经历了巨大变化，这些变化的最重要的特点就

---

① 如 1997 年 5 月 3—5 日在晋江举办的世界晋江宗乡大会，来自 40 多个国家的晋江人出席，一位全国政协副主席莅会，达成投资项目金额超过一亿美元。

② 世界华商大会通常由世界各地的中华总商会举办，两年一次。首届世界华商大会于 1991 年在新加坡内阁资政、前总理李光耀的推动下，由新加坡中华总商会主办。以后分别在香港、曼谷、温哥华、墨尔本举办，2001 年在中国大陆举办。世界华商大会一直被视为世界华商相互联络、交流信息、寻求商务伙伴的最重要场合之一，也被举办地的当地国政府视为发展本地经济的重要商机。

是他们经济力量的迅速增长和受到良好教育的华人新移民数量的增加。自从中国改革开放以来,中国政府一直集中力量调动一切可能的潜力发展经济。海外华人的经济、技术力量被中国政府认为是可以利用的重要的外部资源。为此,中国政府制定一系列积极的政策为海外华人在华投资创造良好的环境。海外华人,尤其不时受反华浪潮影响的东南亚华人和正在寻求较好海外投资机会的港台华资,不断被吸引到有共同种族、语言、文化基础并具有世界上最大自然和劳动力资源的中国大陆。海外华侨华人与中国大陆的大规模合作始于改革开放以后,中国政府实施了有效的华侨华人政策,成功地吸引大量的海外华资并与他们在各个领域里密切交流。

第八章

东亚各国对华人的政策与态度

二战以前,除了日本和泰国外,东亚各国都是西方殖民地或半殖民地。战后东南亚国家的边界也基本上按西方各国殖民地的范围确定,每个国家都包括不同的族群。因此,基本上东南亚各国都是先有国家(State),再根据国界建立国家民族(State-nation)。在 20 世纪 50—70 年代,虽然华侨入籍成为当地国民,但除新加坡外,各国政府仍视华人为不同于主流族群的异质群体,都不同程度推行同化华人的政策。大体而言,在穆斯林为主的印尼和马来西亚,都发生过较激烈的排华事件,迄今仍不同程度存在歧视华人的经济、政治和文化政策。在 70 年代的印度支那三国,华侨华人均有过被迫害、驱逐的经历,其华人社会都经历过 80 年代以后重建的过程。在菲律宾、缅甸和泰国,华人融化于当地的程度较高。在 50—80 年代,日本和韩国对出入境和外国人入籍严加管制,华侨华人社会发展基本停滞。但在 20 世纪 80 年代后期,日本和韩国逐渐放宽出入境和外国人入籍的限制,引进外国劳工、人才和留学生,大批中国人涌入,是中国移民增长最快的地区,两国华侨华人社会迅速扩大。由于 80 年代以后中国经济的崛起及其与东亚各国政治、经济关系的改善,尤其是双边经贸往来的增强,东亚各国对华人和中国移民的态度均有不同程度的改善。

第一节　东南亚穆斯林国家对华侨华人的政策

一、印尼

1945—1954 年,印尼政府采取出生地主义和被动制原则,基本上欢迎华侨归化。根据 1946 年颁布的《印度尼西亚共和国公民与居民法令》、1947 年颁布的《印尼政府 1947 年第 6 号法令》以及《宪法》,在印尼出生或非印尼出生的并连续在印尼居住五年,已满 21 岁或已婚的非原住民后裔,如在 1946 年 4 月 10 日至 1951 年 12 月 27 日之间不表示拒绝加入印尼国籍,就被认为选择了印尼国籍。[①] 这种被动制办法手续简便,有利于华侨入籍。据估计,1954 年印尼约有 300 万华侨,其中被动入籍的约有 90 万人,保留中国国籍的有 210 万人,占当时华侨华人总数的 70%。[②]

从 1954 年开始至 1979 年,印尼国内狭隘的民族主义情绪高涨,排华氛围浓厚。印尼政府出于对印尼籍华人对国家忠诚的忧虑,于 1958 年 7 月 29 日颁布了《1958 年第 62 号法令:关于印度尼西亚共和国国籍》(简称 1958 年国籍法),[③]该国籍法采取主动制原则,规定申请入籍的种种繁琐手续,申请者应准备如下证件:"(1)申请人的出生字纸、居留字纸或副王字纸等其中之一种证件的副本;(2)国家安全局发给的良民证;(3)政府医生发给的健康证明书;(4)固定职业的证明书;(5)申请人放弃原来国籍的声明书;(6)税务局关于申请人每月实际收入数额的证明书。"而且规定"申请归化者必须在印度尼西亚共和国领土内出生,或者当提出申请时至少已经在印度尼西亚共和国领土内连续居住十年;向国库缴纳五百至一万盾之间的款额,数目多少由居住地税务局根据其每月实际入息加以规定;已婚妇女不准申请归化"等。这些入籍条件和手续显然严厉限制了华侨入籍的可能性。1967 年 10 月中印(尼)两国中断外交关系后,印尼政府对华侨采取严格限制的入籍政策,并于 1969 年单方面废除《关于双重国籍的条约》。此后,申请加入印尼国籍的华侨,必须取得雅加达最高检察官的批准,并具备十几种证件,且费用十分高昂,须缴纳 3 万~10 万盾,甚至高达 100 万盾,[④]非一般华侨所能承受,严重阻碍了华侨入籍的进程。1979 年印度尼西亚中央统计局公布的资料显示,当时印尼的中华人民共和国侨民仍有 914112 人,"无国籍者"有 129013 人。与 1965 年的资料相比较,在过去的 14 年中,加入印尼国籍的华侨仅有 9 万多人。此后绝对禁止华人移民入境。

此外,独立后的印尼政府以发展民族经济、建设独立的经济和政治体系为名,采取了一系列排斥华人的经济政策。苏加诺政府时期,政府的经济政策是在保护民族经济的幌子下,把印尼公民分为原住民与非原住民,排斥、限制、打击华人资本,想通过限制华侨华人的经济活动来达到促进印尼原住民经济发展的目的。文教方面,独立后的印尼政府强调民族国家认同,不断加强对华文

---

① 暨南大学东南亚研究所、广州华侨研究会:《战后东南亚国家的华侨华人政策》,广州:暨南大学出版社,1989 年,第 6~7 页。

② (雅加达)《生活报》,1954 年 3 月 18 日。

③ 该国籍法刊载于 1958 年宪报第 113 号,转引自廖建裕:《现阶段的印尼华族研究》,新加坡:教育出版社,1978 年,第 162 页。

④ (印尼)*Tempo*,1974 年 8 月 1 日。

教育事业的管制,从允许华校存在、限制华校发展到彻底取缔。在限制和禁止华文教育的同时,印尼政府鼓励印尼社会伊斯兰化。虽然在印尼建国的五项基本原则中,①印尼公民有选择宗教信仰的自由。但在苏加诺政权时期,政府加强宗教信仰的同化,鼓励华人加入伊斯兰教,把华人皈依伊斯兰教视为全面同化的最佳途径。

(一)苏哈托统治前期的华人政策

苏哈托执政以后,基于华人资本在促进印尼经济建设中所起的不可忽视的作用,苏哈托政府在经济上对华人采取了既利用又限制的方针,以便达到将华人经济力量纳入印尼化轨道的最终目的。而将华人经济力量纳入印尼化轨道的重要举措之一,是调整印尼华人的入籍政策。

20 世纪 70 年代中期以后,苏哈托总统对印尼华人的入籍态度有所松动。1980 年以后,苏哈托政府放宽华侨入籍的条件,简化手续,加速外籍华人的归化。1980 年 1 月 31 日,政府颁布第 2 号法令,提出“对那些根据过去有关国籍问题的条约或法令已成为印度尼西亚籍民但还没有取得合法证明文件者,给予法律上的肯定,发给正式印度尼西亚籍民证件”。② 同年 2 月 11 日,印尼公布第 13 号总统令,规定“凡居住在印度尼西亚的外侨,如符合 1958 年国籍法第 5 条规定者,即年满 18 岁,在印度尼西亚出生或已在印尼居住五年以上,会讲印度尼西亚语原先是中国国籍的申请人,只要附上由本人签名的放弃原来的国籍的声明”,均可申请改籍或入籍,并降低申请费用。③ 大多数华侨为求生存和发展,主动地适应转变中的生存环境,纷纷申请归化,成为印尼籍华人。到 1981 年 7 月,有 80 多万华侨加入印尼国籍。截至 1991 年 1 月,印尼外侨人数估计约只有 20 万～30 万人。④

在印尼发展经济的大前提下,苏哈托政府的经济政策使华人在经济领域如金融业、商业尤其是工业有了较大的发展。此外,华人企业家发展与印尼政客、高级军官之间的私人关系,这种华人富商与印尼权贵之间的私人政商合作被称为“主公制度”,⑤是政治上弱势的华人为保护自身经济利益而采取的发

---

① 印尼建国的五项基本原则(Pancasila)即信仰神道、人道主义、民族主义、民主和社会公正。

② (印尼)《罗盘报》1980 年 2 月 28 日。

③ 谢清雨:《当前印尼的华人经济》,(香港)《华人月刊》1984 年第 7 期。

④ *Indonesia observer*, Aug 11th, 1990.

⑤ 在 20 世纪 70 年代称为“主公制度”,即军人官僚与以华人为主的财团之间存在的后者在政治上依附前者,并向前者提供经济实惠的关系。参见:Leo Suryadinata, *China and The ASEAN States : The Ethnic Chinese Dimension*, Singapore University Press, 1985, p. 117.

展策略。这种政商合作的现象在殖民时代就出现,普遍存在于东南亚各国。

与经济发展相比,整个苏哈托时代,印尼华人基本上可谓无政治权利可言。1965 年军事政变后苏哈托上台执政,由于担心华人参政议政会侵犯原住民的既得政治权益,全面禁止华人政党的存在,也不允许任何性质的华人社团存在。印尼国籍协商会以及新客华人组织如侨总和华校教师联合会都被解散,不允许他们卷入当地的政治活动。几百万选择加入印尼国籍的华人,被强制改换姓名,但却没享受到印尼民族平等的权利,甚至加入印尼籍的华人的身份证上还被标上一个特别的代号"0",以示区别。许多华人开始质疑参与政治活动是否明智,尤其是不少上层华人企业家都不愿意参加由原住民控制的任何政治组织,他们主要关心的仍是经济利益,因此华人参政意识日趋淡薄。一小部分华裔知识分子以个人身份参政,但完全不代表华人利益。

苏哈托政府虽然调整华侨的入籍政策,并给予华人一定的经济发展空间,但其强迫同化华人的基本政策,比苏加诺时代实施得更坚决。1978 年、1983年及 1988 年,印尼国会先后颁布决议,反复强调民族同化应加速进行,包括在经济、社会及文化等各方面采取相应的措施,以便巩固民族的团结和统一。[①]内政部属下的民族统一联络机构于 1977 年 10 月成立后,不断制造舆论,敦促华人全面同化于印尼社会。印尼内阁主席团 1966/12/Kep/U/127 号决议文规定,对使用"支那"姓名的印度尼西亚公民进行改名换姓。1969 年印尼政府颁布了《内政部长关于改名换姓的 1969 年第 6 号指示》,要求加入印尼国籍但还保留支那姓名的公民选择确切的印度尼西亚姓名。对居民进行两种登记,即一种是对印度尼西亚公民,另一种是对外国公民。[②]

华文教育更是同化政策的主要目标。1966 年 4 月,印尼政府关闭并接管了所有 629 所华校,[③]规定印尼一概不准有外国学校的存在。1967 年,印尼政府在全国范围内全面禁止华校、华文报纸、华文招牌和华人社团。宗教方面,1967 年 12 月 6 日,印尼政府颁布了《关于华人宗教信仰和风俗习惯的第 14号总统决定书》,禁止华人在公共场所举行中国传统的宗教仪式、宴会和庆祝活动。20 世纪 70—80 年代,印尼当局下令全面铲除支撑华人民族特性的"三大支柱"——华文学校、华文报刊和华人社团。禁止在日常生活、学校以及公

---

① 尤努斯·雅雅:《原住民眼中的非原住民》(Junus Jahja, Nonpri dimatd Pribumi),雅加达,1991 年,第 40~41 页,转引自黄昆章:《走世界华人发展的历史必由之路》,《华侨华人历史研究》1993 年第 4 期。

② 《内政部和司法部关于改名换姓的联合通知》,1967 年 1 月 28 日,见周南京等编《印度尼西亚华人同化问题资料汇编》,北京:北京大学亚太研究中心,1996 年,第 690 页。

③ Charles A. Coppel, *Indonesian Chinese in Crisis*, Oxford University Press, Kuala Lumpur, 1983, p. 66.

众场所讲华语、用华文;禁止使用华文招牌和广告;禁止进口华文印刷品、影音带等;封闭所有华文报馆;禁止在公共场合举行华族的宗教仪式和民族庆典;提倡华侨华人改信伊斯兰教等。自 20 世纪 70 年代以来,有不少印尼华人皈依伊斯兰教。新皈依伊斯兰教的华人多来自中产阶级的商人、专业人士、学生与知识分子。根据 1981 年 5 月 30 日由印度尼西亚土生华人主办的《自由周刊》报道,仅 1981 年 1 月这一个月的时间里,首都雅加达一个地区就有 250 名华人改信伊斯兰教,全年约 1500～2000 名华人后裔改信伊斯兰教,此外还有一些秘密传教者没有计算在内。

(二)苏哈托统治后期华人社会地位的变化

20 世纪 80 年代以后,印尼政府适当修订了对华侨华人的政策,使华侨华人获得了比较平稳的生存环境,经济文化的发展也较以前顺利。

20 世纪 80 年代到 90 年代中期,印尼经济飞速发展,印尼华人经济实力也迅速增强。印尼华人建立了数百个资本雄厚、经营面广的多元化企业集团,成为印尼举足轻重的经济力量。根据 1984 年的统计,华人商家数达 216375 家,比 1959 年最高峰时期增加了一倍,占 1984 年全印尼总商家数 838664 的 25.6%。① 印尼于 1988 年宣布放宽银行管制措施,准许所有银行经营外汇业务及开辟储蓄存款,不限制银行设置分行的数目,放宽银行向国外借款的限制,对新设银行的资本额仅要求印尼币 1000 亿盾。这些措施使印尼银行得到迅速发展,华人的金融事业也出现了良好的发展势头,华人银行从前期的 5 家发展到 80 年代的 80 多家。在印尼十大私人银行中,华人银行占有 7 家。至 1992 年底,印尼私营银行共约有 200 家,占印尼银行存款总数的百分比由 1988 年的 35% 到 1992 年的 50%。

1984 年 3 月,印尼总统苏哈托签署《总统决定书》,宣布废除"原住民"与"非原住民"的提法,这个法令为华人取得同印尼其他民族的平等权利创造了有利条件。1991 年 8 月,雅加达市人口局局长索纳朱达季向新闻局证实,雅加达市政府从 8 月 1 日起,取消 60 万印尼籍华人身份证上的特别代号"0",以保证这些市民在政治上享有与本土居民同等的权利。同时,军方也撤销了华裔晋升上校以上军阶的限制规定。②

中国人和印尼境外的华侨获得重新进入印尼的机会,也因此出现了大量旅居香港的印尼华侨回归并非法滞留。为解决这一问题,1988 年,印尼政府颁布了有关中国移民的新规定,允许印尼出生的留港印尼华侨(约十多万)回

---

① 《印度尼西亚日报》1986 年 3 月 17 日。
② 《印度尼西亚日报》1991 年 8 月 24 日。

印尼定居,具体做法是先花 6 万港币买一张限期一年的外侨证,一年到期后付
1000 元港币可延长一年,延长数次、住满七年后,便可申请加入印尼籍,成为
印尼公民。①

随着中印两国经贸关系的发展和海外华资大规模进入印尼,华文价值得
到提升,印尼不少政党要员呼吁撤销使用华文华语的禁令。1993 年,印尼经
济文化社会联络机构主席苏甘丹尼向人民协商大会(国会)提议,撤销在印尼
使用华文华语的禁令。为鼓励台商投资印尼,解决台商子女的教育问题,1991
年,印尼政府准许台湾投资者为其子女在雅加达设立台北学校,由华人任教,
采用台湾教材并用华语教学,但是学生必须加学印尼文史地理,而且不准印尼
华侨华人子女就读,但可以接受一小部分当地学生。② 这是在印尼国土上重
新开办的正规华文学校。对限制中文学校设立的印尼而言,不啻是一股冲击
力,也鼓舞印尼华人争取华文教育权利的热情和勇气。③

(三)后苏哈托时期印尼华族政治地位的提升

1998 年苏哈托下台后,印尼新政府逐步地撤销了针对华人的一些歧视性
政策。当时任总统的哈比比重新解释了"原住民"的定义,纠正了过去把印尼
华人划分为"非原住民"的做法。他强调:"所谓原住民,就是那些关心并愿意
为印尼民族效忠的人们。"④

1999 年 10 月 21 日,瓦希德当选为印度尼西亚第四任也是第一位民选总
统,他在总统就职典礼上郑重宣布:"所有印尼公民,不分种族、宗教和文化都
是平等的"。⑤ 他上台后,开始民主改革进程,逐步废除旧政权歧视华人的政
策和条例,提出了自己新的民族政策,旨在使全印尼不同族裔和平共处,平等
对待所有公民。2000 年,瓦希德在《给华人以出路》一文中,严厉抨击了对华
人不公的政策。他指出:假如我们能够接受佛罗列斯、马古鲁和伊里安民族为
印尼民族,那么,我们也应该公正地对待华人和阿拉伯人,他们同样是印尼民
族的成员。⑥

华人被承认为印尼多元族群之一,华人文化习俗也得政府的认可。1999

① 林宏才:《移民印尼港币六万》,《华人月刊》1988 年 11 月。
② 黄昆章:《中印(尼)复交后印尼华人政策走势初探》,《华人月刊》1991 年 10 月。
③ 庄国土:《台湾对东南亚的投资和东南亚华文教育的振兴》,《台湾历史文化研讨会论文集》,台湾东海大学,2002 年。
④ 《罗盘报》1998 年 6 月 23 日。
⑤ *Indonesia Media*,Oct 21,1999.
⑥ 转引自黄昆章:《论瓦希德与印尼华人》,《华侨华人研究》第 5 辑,香港:荣誉出版有限公司,2001 年,第 49 页。

年 12 月,瓦希德总统在接受《亚洲周刊》专访时就指出:"全球华人必须效忠他们所出生或成为公民的国家,但绝不能放弃中华文化。"[①]由此反映出政府对华人族群认同与文化认同的新立场。瓦希德总统于 2000 年 8 月 26 日颁发国家英雄勋章给两名印尼华裔——世界羽坛名将梁海量及印尼华人社会研究专家陈玉兰。与此同时,瓦希德政府进一步清除各种历史上遗留下来的限制华人的政策。瓦希德总统发出了第 6 号政令,"撤销行之 30 多年限制华人文化与宗教生活的第 14 号政令,华人自此可以公开过春节"。[②] 政府还恢复了孔教的合法地位,解除禁止使用华文的禁令。据印尼 2001 年 2 月 22 日《千岛日报》的报道,"政府贸工部已同有关机构和印尼印刷业联合会协商,同意接受华人社会的意愿,决定取消 1978 年贸易合作社部长决定书,即关于禁止进口、发行和买卖中文印刷品";"中文印刷品,不管是报刊、书本、影像或艺术文化作品,今后都可自由进入印尼,不再有任何禁止"。

由于新政府实行言论自由和结社自由,华人社会组织如雨后春笋般纷纷涌现。各地华裔纷纷以"为华族争取民族平等的权利"为共同目标组成了各种华人社团,如印尼华裔总会(汪友山为主席)、印尼百家姓协会(熊德怡为主席)、印尼客属联谊会(张庆寿)、国民福利基金会、印尼祖国文化艺术协会、印尼雅加达校友统筹机构等。[③] 1999 年 9 月,印尼华裔百家姓协会举办"雅加达99 华人社会研讨会",这次研讨会提交给人民协商会议的文件中,要求恢复使用 Tionghoa(即闽南语"中华")一词,废止 Cina(支那)的称呼;反对强迫同化,取消不准华人就读国立高等院校的限制;要求将华语列入从小学到大学的选修课程等等。新政府实行新闻言论自由,为华人争取公民权和恢复经济大造舆论的各种华文报纸纷纷出版。目前已出版的华文报纸有《印度尼西亚日报》(Harian Indonesia)、《和平日报》、《千岛日报》等;已出版的华文刊物有《印尼与东协》(双周刊)、《新声》月刊、《印华之声》等。

二、马来西亚

从 1957 年 8 月 31 日获得独立到1969 年"5·13"事件可视为马来西亚华人政策的第一阶段。当权的拉赫曼政府推行自由放任的经济政策,有效地推动国家的经济建设。在华人政策上,他遵循独立前在英国人主持下达成的协议:马华公会承认马来人在政治上和文化上的特殊地位,作为交换条件,马来

---

① 《联合早报》1999 年 12 月 18 日。

② 温北炎:《印尼问题国内外近期研究述评》,《东南亚研究》2002 年第 1 期。

③ 《联合早报》2001 年 1 月 26 日。

民族统一机构则对华人经济优势给予承认和保护。① 推行一条温和的限制华人政策：在政治和文化上削弱华人的地位和影响，而经济上则听任华人发展经济。

独立后不久，掌握政权的马来人开始温和地强化自己的政治地位。1959年，巫统在联盟党内部的席位分配斗争中，取得 2/3 的席位，此后便以此为原则进行席位分配。按规定，议会修改宪法的决定多数也是议员的 2/3，这就意味着可以撇开华人议员而自行修改议会宪法，从而确立了巫统在国家政治中的绝对优势。1962 年，巫统又通过选举法修正案，选区划分的标准从人口数量转向地域大小，农村主要是马来人，因此马来人选区增加，占了总数的大半。从此，马来人的选票，无论是指定或是随意，都可以保证马来人政党在国会席位中占多数，从而确立了马来人在政治上的优势。

对华文教育，政府同样采取了温和的限制措施。1957 年 3 月 7 日，联盟政府通过了《1957 年教育法令》（即《拉扎克报告书》）。政府全面接管全国教育，提高马来文在教育中的地位，要求培养学生忠诚于马来西亚的国家意识，并提出"依照政府教育政策"推行的学校，才可以申请政府补贴。自 1962 年 1 月 1 日起，停止对所有不合格（不接受改制）的局部资助学校的津贴，独立中学可以继续存在，但须受政府教育条例之限制。这种规定沉重地打击了华文教育。华文中学面临着接受政府改制，变为国民型的华文中学状况。1961 年下半年，当时 72 所华文中学中有 56 所接受改制，16 所坚持独立，华文教育的阵地和影响都在缩小。

1969 年的"5·13"事件后，马政府开始实施按照种族比例重组社会经济的"新经济政策"。规定改变既有的按种族形成的劳动分工状态，扭转各种种族之间的经济不平衡，使马来人在马来西亚股份公司中拥有的股权比例从1970 年的 1.9％提高至 1990 年的 30％；要求改变不合理的就业结构，所有行业部门的就业与所有各种职业技能的就业，均必须反映马来西亚各种族人口结构比率及各种族就业结构比率。② 同时，采取各种强有力的措施扶持马来人经济发展，华人固有经济利益受到诸多侵蚀。教育上，政府加快了对华文教育的同化和限制，在华小推行以马来语进行大部分教学的三 M 制，已接受政府津贴的华文中学必须改用马来文授课。为了培养马来族人才，当局除赋予最高元首权力，喻令各大专院校为土著保留一定比例的学额外，还在大专院校推行新生入学种族限额制，大批优秀华裔子弟被拒之门外，失学和留学海外者

---

① James V. Jesudason, *Ethnicity and the Economy*, Oxford University Press, 1989, p. 55.

② 韩方明：《华人与马来西亚的现代化进程》，北京：商务印书馆，2002 年，第 259 页。

日益增多。

(一)马哈蒂尔时期

20 世纪 80 年代,马来西亚的政治、经济、文教和外交各个方面都发生了很大变化,特别是马哈蒂尔上台后,马来西亚政治稳定,经济高速起飞。因此对华人政策上产生一定影响。

马哈蒂尔时期对华人影响最大的是"新经济政策"。整个 20 世纪 80 年代是马来西亚施行"新经济政策"的后十年。1976 年实行的《工业协调法》,限制华人的企业均得申请准字,并且雇员在 25 人以上、资本 25 万以上的制造业企业须让与土著 30％的股权,雇佣 50％的土著人为工人,该法令对华人中小企业的阻碍极大。同时政府在大办国营企业、扶持马来资本的同时,把大量的华人银行置于政府的管制之下,极大地削弱了华人的活力,阻碍其发展。但从 80 年代中叶开始,马来西亚政府对华人政策进行了重大调整。首先是《工业协调法》几经修改,一再扩大规定的资本额和员工人数,对大部分华人中小企业来说,已基本不受其限制。1986 年 10 月再一次修改后,规定资本少于 250 万马元,雇员少于 75 人的工厂不必遵守《工业协调法》的有关规定。这样,占华资企业 95％的中小企业已经不受该法的约束。这些中小企业还可以和其他民族一样,享有一些优惠政策。

20 世纪 90 年代,马来西亚华人政策转向强调发挥华人在国家发展中的作用,肯定和落实华人作为马来西亚人的政治权利,带有歧视倾向的政策逐渐退出,华人整体被看做是马来西亚共荣社会的组成部分。1991 年,随着《2020年宏愿(1991—2020)》、《第二个远景计划纲要(1991—2000)》和《第六个大马计划(1991—1995)》的相继通过,马来西亚政府对华人经济政策又进一步进行调整。不再规定土著占有西马有限公司 30％股权目标的实现日期。政府还颁布一些优惠措施,鼓励土著与华人合作联营,利用多种场合倡导华巫统经济合作,土著经济大会也破例邀请华人企业家参加,以商合作大计。1993 年,政府还重新界定土著企业的定义,即土著占有 35％股权的企业便属土著企业,可享受土著企业的种种优惠,包括优先贷款和特殊的经营范围等等。在鼓励马华两族的经济合作上,政府不但鼓励马华两族联营的企业参与政府的私营化计划,鼓励马华两族进行中小企业的合作,同时也积极鼓励两族合作向海外进军,尤其向中国和东南亚国家发展。

对以往较为敏感的华人投资中国问题,大马政府一改过去阻止和限制的态度,积极鼓励华族向中国市场投资。内政部认为到中国投资的华商并没有引起任何问题,政府鼓励商家到国外,包括中国开拓市场,进军国际。① 马哈蒂尔总理鼓励商家利用特有优势到中国做生意,他说:"我们应当利用和发挥我们的社会优势去中国做生意,如我们掌握多种语文,像华语和华文及华人方言,就是我们的有利条件。"②1993 年 6 月马来西亚首相马哈蒂尔二度访华,其目的之一就是为马来西亚商家投资中国搭桥铺路。除政府官员外,随团访华的企业家达 158 名,分别隶属 143 家公司,这在马来西亚经济发展上是史无前例的。据当时媒体报道,随马哈蒂尔首相访华的企业家与中方签署了 37 项联营协定或意向书,其中马方企业大部分是华资企业,投资额从数百万到上亿元人民币不等,包括成功集团与中国南京市政府联营建造拥有 6 条跑道的第二座南京大桥、合顺集团与北京公司联营制造重型配备器材及公路扫除机,其他还有在北京的多项城建计划和在湖北省的产铜计划等等。③

对中马民间关系而言,这一时期影响最大的是出入境政策。由于中马贸易关系的发展,20 世纪 80 年代以来,马来西亚政府逐步放宽中马两国出入马来西亚的政策。起初马来西亚政府对马来西亚境内的华人到中国的限制非常严格,开始仅仅允许到广州地区投资,访友的华人也需到 65 岁以上才能成行。直到 1990 年这些限制才终于全部取消。1993 年马来西亚内阁决议废除来往中国的旅行社的特别注册条件。从此任何在旅游部注册的旅行社都可办理中马观光团。④ 同时,马来西亚政府对中国人境马来西亚的条件也逐步放宽,并在广州增设领事馆。1993 年马哈蒂尔特别训令移民厅要以更加开放的态度处理中国入境签证。1996 年马来西亚政府再次决定,允许中国公民入境 72 小时内,不用申请签证。根据马来西亚的法律规定,移民者入境 5 年后,可成为永久居民,成为永久居民 12 年后可考虑批准加入马来西亚国籍。⑤ 另外马来西亚还对前来投资的一些中国人在入境居留问题上进行个案处理。总之,在出入境问题上马来西亚政府对华人华侨的政策相对还是较宽松的。

在社会文化政策方面,马哈蒂尔政府对华人文教的限制有所放宽。华语教育一直被认为是华人维持其民族特性和感情纽带的支柱。自 20 世纪 70 年代开始,政府对华文教育的同化和限制政策,使得马来西亚华文教育不断萎

---

① (新)《联合早报》1993 年 5 月 5 日。华商是中马经贸合作的主要参加者,20 世纪 90 年代前不少华人到中国,都必须先经内政部问话批准。

② 颜清文:《中国今后必定强大,吁中国政府制止货币投机》,(马)《工商世界》月刊,1993 年 8 月,第 16 页。

③ 廖小健:《近十年来马来西亚华人政策的变化发展》,《八桂侨史》1993 年第 3 期,第 10 页。

④ 廖小健:《战后各国华侨华人政策》,广州:暨南大学出版社,1995 年,第 61 页。

⑤ 《南洋商报》1994 年 5 月 3 日。

缩。华社为了挽救民族母语教育,纷纷做出努力。进入 20 世纪 80 年代,经过华人的力争及马华公会在政治上的影响,政府终于明确规定马来人和非马来人进入国立大专院校的比例为 55∶45,接近种族人口比例。1993 年 12 月政府又允许专科院校用英语教学。为配合培养人才的需要,政府对华人社会办的学校政策也相对较为宽松。如政府批准华人院校拉曼学院另建两所分校,并且出一半的经费。另一所以华语为主教学媒介的院校——南方学院,也于 1990 年获准注册成立。南方学院的诞生,标志着大马华族之教育事业已开始迈进了新的纪元,是华文教育的转折点。

由于华文经济价值的提高,以及中马经贸关系的发展,政府对华文教育显然越来越重视。1994 年 1 月副首相安华在一次讲话中指出:今天当我们在提高马来文水准时,我们也同时提高华文和淡米尔文及英文的水准,因为语文的竞争在这个越来越讲究资讯的时代是非常重要的,政府鼓励华校生应更加提高本身语文的掌握能力,以应付时代和环境的要求。① 政府较大的举措,是于当年在各个中小学推广中国的算术教学。1995 年 10 月教育部部长强调,教育部将逐步改善现有的教育政策,再一次肯定华文的地位,为实现 2020 年宏愿奠定基础。② 同年,政府又把华文纳入国民小学的正课。此后政府开始在财政上资助华文的独立中学。1997 年实施的综合学校计划,以建立综合学校,国小、华小的小学生在这些学校中享有同等的待遇。这些措施对华文的发展起到了积极的作用。1997 年 3 月 17 日,马来西亚教育部批准南方学院开办中文系,为独中的学生升学深造创设了良好的条件。同年 5 月,马来西亚教育部批准马西亚董教总新世纪学院的申办。1998 年 3 月 1 日,开始招生,设华文等四科,教学媒介语为华语和马来语、英语。1999 年 3 月 1 日,韩江学院成立(由原韩江中学扩建而成),设有华文等四科,有学生百余名。1998 年,马来西亚华人社会能够拥有 1200 多所华文小学,60 所华文独立中学及 3 所由社会长期资助的华文高等学府,这是世界上绝无仅有的。③

（二）阿都拉·巴达维政府时期

2003 年 10 月马哈蒂尔时代结束,由于国内外形势的变化以及领袖风格和领导策略的差异,马来西亚的政治、经济和外交关系都出现了不少变化。与

---

① 廖小健:《近十年来马来西亚华人政策的变化发展》,《八桂侨史》1993 年第 3 期,第 8 页。

② 廖小健:《战后各国华侨华人政策》,第 64～65 页。

③ 林去病:《马来西亚华文教育三个突破的意义及其发展的前景》,《华侨华人历史研究》1998 年第 2 期。

前首相马哈蒂尔的强硬作风不同,阿都拉首相上任后不久,就明确宣称他是一个全民的首相,而不是单一种族的首相①。

自 2003 年 10 月正式执政以来,阿都拉政府对华人的诸多政策进行了调整,主要表现在经济和文教领域。在经济政策方面,阿都拉政府基本上继承马哈蒂尔的政策。最大的变化是各州政府将修改马来保留地法令,把马来保留地抵押给非马来人发展。保留地制度始于英国殖民统治时期,马来西亚独立后继续保留这一制度,即各州划分一部分土地为马来人保留地,禁止非马来人使用或开发该类土地。这项法律虽然限制了华人在农业领域的发展,但也是国土资源的极大浪费,长期引起华人的诟病。2004 年 8 月,马来西亚国家土地理事会第 60 次会议通过决议,允许把马来保留地租借给非马来人发展,时间可长达 60 年,目的是使马来保留地发展为商业用途和让土地增值,但同时也确保有关土地仍然由马来人所拥有。法令的修订为华人参与土地开发提供了较大的空间,这是第一个对华人经济影响较大的政策。

第二个对华人经济影响比较大的是新村发展问题。2005 年 2 月,政府宣布接纳由首相署经济策划组委任咨询公司,费时两年在全国各新村展开全面调查后完成的《全国新村发展大蓝图》报告书。该报告书提出了 31 项发展新村的策略与建议,其中包括新村的地契年限延长至 60 年或 99 年;政府为新村居民提供更多的服务、训练和援助;规划新村发展和加大投入兴建各种基础设施等。20 世纪 50 年代紧急状态时期建立起来的 452 个新村,目前还有 450 个,有人口 125.16 万多人,其中华人占 83%,即有 104.12 万人,②约占目前全马 600 多万华人的 1/6。政府推行的新村发展大蓝图,无疑将有助于众多华人新村居民今后的发展。

第三是华人义山税收政策的确定。2004 年 12 月财政部公布的《马来西亚非营利公众义山税务政策》,宣布从 2004 财政年开始实行,国内所有非营利的公众义山管理组织,凡用作义山发展的收入,将一律免缴所得税。华人义山历来是华人和马来人纷争的焦点,过去不断出现侵吞义山土地的纠纷。2004 年 8 月,因政府税收局开始采取法律行动追讨部分义山所欠的所得税,华社义山组织无不忧心忡忡。通过这一法令,困扰华社几十年的义山所得税问题基本尘埃落定。

阿都拉政府对华人文教不算严苛。首先是有关微型华小的问题。根据马来西亚教育部的规定,学生人数少于 150 人的学校称"微型学校"。截至 2002 年 1 月的统计,全马来西亚共有 500 多所微型华小,占华小总数的近 40%。

---

① 罗汉洲:《不要矮化他人》,(马)《南洋商报》2004 年 8 月 30 日。

② 《年轻人迁移城市发展新村人口下降》,(马)《南洋商报》2005 年 2 月 24 日。

在这些微型华小中,有些华小学生不足10人。马哈蒂尔时代的教育部官员曾多次表示要关闭这类特小型的华小,华人为之深感忧虑,因为政府历来反对增建华小,关一家就少一家。但在马华公会的力争下,阿都拉首相上任后不久,已明确表示不会关闭学生人数少于10人的15家微型华小①。其次是国民学校华文教育政策的变化。2005年4月,阿都拉首相巡视教育部时,提出在国民学校教授华文及淡米尔文,以使国民学校成为全民首选的建议,随后教育部开始着手准备,计划2006年在国民小学逐渐推行教导华文及淡米尔文的计划。当局决定先在各族混合比例较高的国民学校中推行这项政策,并由教育部副部长韩春锦全权负责国小中文师资的招聘事宜。

上述的政策调整,无不显示了阿都拉政府的开明和宽松,并有助于营造种族和谐的融洽氛围,对当地华人的生存和发展无疑将产生比较正面的影响。

三、文莱

(一)入籍政策

文莱自治以前是英国属地,没有自己的移民法和公民法。文莱少数华人入籍,拿的也是英国护照,成为英籍民。1948年,文莱当局正式实施英国国籍法,作出了文莱的国籍和公民权的规定。该法规以出生地主义为主、血统主义为辅为原则,规定要取得文莱公民权必须具备三项资格:第一,英国的属民;第二,1949年1月28日以后生于文莱者;第三,1949年1月28日以后生于国外但出生时其父亲是英国属民。符合以上条件者只要履行登记手续,就可以成为文莱公民。1949年以后严厉限制中国人入境,规定只有几种中国人可以移民入境:(1)生于文莱的中国籍民;(2)有文莱永久居民身份者;(3)生于文莱的英国属民;(4)文莱政府的工作人员。实际上等于完全禁止中国人入境。②

文莱获得自治权以后,于1962年1月1日实施第一部国籍法,该国籍法对外国人加入文莱国籍的归化作出明确规定:(1)必须在文莱连续居住20年以上;(2)无须本国救济;(3)通过马来语和一般知识考试。由于文莱的非马来人和土著民的移民基本上就是华人,抑或可以说,这部国籍法目的主要就是为了限制华人入籍。移居文莱的华人多是成年人,熟谙马来语的人极少。而马来语考试内容包括用马来语说出一些不常见野生植物的名字,这些植物只有

① 《黄家定:首相接受马华建议不关微型华小》,(马)《南洋商报》2004年1月9日。

② 暨南大学东南亚研究所、广州华侨研究会:《战后东南亚国家的华侨华人政策》,第302~303页。

少数土著才知道。① 与马来亚相比,文莱对华人入籍的条件要严格得多。因此,符合归化条件的文莱华人数量并不多,当时只有约占华人总数 10％的人入籍。②

1984 年文莱独立后,新政府对国籍法和公民权进行修改,实施了更加严厉的归化条件。1984 年 9 月,苏丹通知当地的中华商会,获得公民身份的条件由原来规定的在 25 年内连续在文莱居住 20 年,改为在 30 年内在文莱连续居住 25 年以上。一直到 1986 年,数十年来获得文莱国籍的华人总共才 8400 人,占文莱华侨华人总数的 20％。③ 到 1991 年,这一比例略有上升。根据当年文莱人口普查资料,华人总数为 40621 人,有公民权的有 9393 人,占 23％,另有 11893 人为永久居民,19355 人为临时居民。④

由于文莱当局对华人实行严厉的入籍限制,一些当地出生的华人往往需较长的居留期限,方可申请到公民权。在未能申请成为公民以前,身份证及旅游证件的国籍一栏被列注为无国籍者。独立以前,这些原住华人还能有英国属地护照,独立以后,英国属地护照被取消,成为无国籍者。他们要出国,则须申办"国际身份证"才能出行,对华人的商务活动和旅行非常不利。华社因此和文莱政府有关当局进行多次协商。在内政部长丕显依沙领导下,成立修改法令小组。法令修改后,华人永久居民身份证的国籍一栏中,改为填写"文莱永久居民"。同时,申请公民权的条件也得到一定的放宽。以文莱当地出生的华人而论,凡年满 18 岁,居住在文莱满 12 年者即可申请公民权;若其母亲为文莱人,父亲为外国籍,也可申请永久居留身份证。⑤

居住在文莱的华人,按其居留性质可分为三部分人:一是已入籍拿到黄卡身份证的,只占总人数的 23％,这部分人享有文莱国民待遇;二是永久性居民,只取得红卡的,占 29％,他们实际上是无国籍者,其下一代虽然在文莱出生,但要取得黄卡,仍然必须经过特别申请和严格的马来文考试及马来风俗习惯的知识考试;三是临时性居民,占华侨华人总数的 48％,文莱政府只发给工作准证,或称为绿卡,只允许有一年或三年的居留。第一、二类的华人实际上多为本地出生的华人。第三类通常是外来华人,如从马来西亚、新加坡及台湾等地来文莱谋生者。⑥

---

① 俞亚克、黄敏:《当代文莱》,成都:四川人民出版社,1994 年,第 66 页。
② 廖小健:《战后各国华侨华人政策》,第 181 页。
③ 温广益主编:《二战后东南亚华侨华人史》,广州:中山大学出版社,第 69 页。
④ 转引自吴崇伯:《文莱的华侨华人经济》,《华侨华人历史研究》1994 年第 3 期。
⑤ 林长南:《东南亚华人系列报导》,《星洲日报》2001 年 4 月 15 日。
⑥ www.xttzw.com/dm/brunei/br6.htm.

（二）君主制度、穆斯林化和马来人至上的国策对华族社会地位的影响

一个族群的社会地位实际上由这个国家的政体、国体及民族和宗教等相关政策所决定的,尤其在民主制度下或是专制国家中,公民的政治权利与义务有天壤之别。文莱华人的社会地位,特别是政治权利,实际上受到文莱政治体制的制约。

1888年和1905年英国与文莱苏丹签订了保护协定和驻扎官协定,保证文莱王朝世袭和苏丹制度的延续。因此,在殖民时代,作为文莱的统治者的苏丹,至少在名义上一直被英国所认可。1959年9月,获得自治权的文莱颁布第一部宪法,规定苏丹拥有国内行政权力,立法议会由33人组成,其中16人由民选产生。1962年人民党反苏丹的大规模起义后,宪法于1971年和1984年进行过重大修改,规定文莱实行君主制,苏丹拥有立法、行政和司法的全部权力,在枢密院、内阁部长委员会、立法委员会、继承委员会和宗教委员会协助和咨询下行使职权。为了严密防范政治反对派别通过政党政治崛起,苏丹不惜于1986年颁布"紧急状态的延续与确立法令",1988年又取缔现有政党。所有议员都由苏丹指派,担任咨询角色。在这种绝对君主制度下,连非苏丹家族的马来人的政治势力,也被排除在国家权力之外,华人则更不作参政议政之念。即使在开放政党期间,文莱政党成员也主要是马来族商人和知识分子,没有也不接受华人参加。

虽然文莱苏丹限制和禁止政党政治存在,却允许与政治无关的民间结社活动,这使得华人社团组织有了发展的空间。文莱华人目前大约有40多个社团,依地缘、业缘、学缘、宗教、福利、娱乐、体育等宗旨组成。① 在马来奕县就有14个华人社团。② 每个社团多则三四百人,少则几十人。斯里巴加湾市中华商会成立于1957年5月,前身是"中华公会",是文莱最大的华人商会,与马来商会和国际商会并列为文莱三大商界组织,有400多家(个)商号会员、特别会员和个人会员。该会以维护会员利益、发展工商业、推进社会经济繁荣、资助社会福利和教育事业,并与政府合作推行国家政策为宗旨。③ 马来奕华人机器公会成立于20世纪30年代,是文莱最早的业缘社团。文莱还有多个同乡社团,如成立于1968年的文莱海南会馆,其前身为马来奕琼侨公会,成立于1939年;文莱福建会馆1998年成立,是文莱华人社团中成立最晚的社团。同

---

① www. gxi. gov. cn/economy/zgydny/dnyhqhr. htm.

② www. fjxy. com/hrst/hrst203. htm.

③ www. gdoverseaschn. com. cn/2001/hrst20010409f. htm.

乡会馆较大的如马来奕福州公会,有壮观的会所,会员 300 余人。① 这些社团均以联络乡亲和同业、互助和与政府协作为宗旨,起了维系和增强华人意识、传承华人文化习俗、沟通政府和华社的重要作用。

文莱历史上就是东南亚重要的伊斯兰教传播中心之一。独立以来,文莱政府一直不遗余力地维护和提高伊斯兰教地位,将伊斯兰教义作为政府制定政策的原则和规范社会行为的准绳。1959 年文莱宪法规定,文莱是一个以伊斯兰教为国教、以马来语为国语的国家。1984 年宪法规定,文莱国教为逊尼派伊斯兰教。文莱苏丹将国家伊斯兰化视为维护君主政体的主要理论基础,大力宣传"伊斯兰君主政治思想",把忠君思想和伊斯兰精神结合起来,达到维护和神化苏丹统治权的目的。统治者所追求的国家伊斯兰化也对华人的社会地位产生重大影响。

文莱政府在推行国家伊斯兰化方面可谓不遗余力。政府不仅设立宗教委员会,专司伊斯兰教事务,且设立"伊斯兰信托基金会"和"文莱伊斯兰银行",让穆斯林以伊斯兰教方式投资,或为朝圣存钱。官方还在中学以上学校开设"伊斯兰君主政治思想"课程,要求所有学生必须修读。2002 年 1 月,文莱政府将宗教委员会的伊斯兰教育署划归教育部,该部要求所有学生,包括非穆斯林都学习伊斯兰教课程,只有国际学校没有这些限制。

在全面伊斯兰化同时,政府对于其他族群的传统信仰持容忍态度。宪法也规定其他宗教的信徒得以在文莱各地以和平、和谐的方式,信奉自己的宗教信仰。占文莱人口 15% 的华人,有一半信佛教,有一半信基督教或妈祖。② 目前文莱有 7 所基督教堂及几所中式寺院和两所印度教庙宇。虽然其他宗教仍被允许存在,但全面伊斯兰化的国策仍对其他族群的信仰构成同化压力,其他族群如果不服从这种全面伊斯兰化的趋势,就难以进入主流社会。文莱的伊斯兰化对其他土著民也有一定影响,如达雅克族人,除非他们改信伊斯兰教并与马来人通婚,否则也难以进入文莱的主流社会。

(三)马来人特权下的华人社会

对华人谋生和发展影响最大的可能是文莱政府的民族政策。文莱政府民族政策的宗旨是保护和促进文莱马来人的地位和权益。

如上所述,马来人的特权首先体现在公民权上。宪法规定,出生在文莱的原住马来人和其他少数土著族群自动取得公民权,而对不同时期占人口 15%~25% 的华人,则施以严厉的入籍限制。高福利国家的文莱给予公民种种优

---

① www.fjxy.com/hrst/hrst203.htm.
② http://atheism.about.com/library/irf/irf02/blirf_brunei.htm.

待,都是非公民的华人所无法享受的。此外,在公民权利方面,政府还给予马来人公民诸多特权,以便扶植马来人的经济地位,削弱入籍的非土著公民的经济实力。其政策的内容类似马来西亚的"马来人优先"政策。但在实施层面上则比较缓和,没有激起华人的激烈反弹。

文莱当局在让马来人基本上垄断政治和行政权力的同时,推行所谓"经济文莱化"政策,其主要目的是削弱华人的经济地位。由于文莱马来人多热衷于行政和公共部门职位,而华人在制造业、电子业、建筑业、进出口业等重要产业表现出色。他们是这些行业的重要投资者,也是包括石油业的多种重要行业的高层管理人员,还是除行政部门以外的本地主要劳动力来源。为了提升马来人的经济地位,政府首先保障马来人在攸关文莱国家经济命脉的石油业的垄断地位,规定石油开采、加工、加油站等产业,只能由原住民经营。其次,政府鼓励马来人成为工商企业的主导力量,动员他们广泛参与各个产业的管理和技术工作。政府规定外商投资项目必须有本地资本参与投资和管理,必须优先雇佣和提拔文莱马来人。政府尤其对石油业和建筑业施加压力,要求这两个行业更多雇佣马来人充实管理和劳动人员,冻结对华人雇员的提拔和聘用。[①] 1985 年,政府明确规定,由政府控股 50% 以上的文莱最大企业文莱蚬壳石油公司,其高级职务要优先由马来人公民担任。[②] 与马来西亚的"新经济政策"包括强制性的族群经济比例目标和具体实行的措施相比,文莱的政策更多体现在号召上,除了对在石油行业和涉及土地所有权领域的投资外,对华人在其他经济领域的发展造成的冲击不大。

近几年来,文莱政府为了改变过分依赖石油和天然气的单一生产方式,开始在工业、农业、渔业以及金融、银行、保险业等领域推行经济多元化政策,鼓励外资投入,这又为华人的发展提供了机会。据文莱中华商会介绍,目前文莱各主要市镇的百货、商场、进出口贸易、批发零售等,不少是由华人经营。随着都市人口的不断增加,各种服务行业如餐馆、旅业、建筑业、航运、运输业等也大部分由华商投资经营。华侨华人在商业活动中既得到了利益,也为文莱的经济贸易发展作出了贡献。[③]

文莱政府对华校的采取宽容政策。近年来,文莱华校有很大发展,有华文中学(从幼儿园到高中)3 所,分别在斯里巴加湾、马拉奕和诗里亚市,还有华文小学 13 所。[④] 依照政府规定,华校小学可用母语教学,但华文中学大部分

---

①　俞亚克、黄敏:《当代文莱》,第 66 页。

② 　廖小健:《战后各国华侨华人政策》,第 183~184 页。

③ 　www. xttzw. com/dm/brunei/br6. htm.

④ 　www. gxi. gov. cn/economy/zgydny/dnyhqhr. htm.

课程是英文教学,马来语是必修课。华校高中学生毕业,要参加全国高中统一的马来文毕业考试。文莱华校中以文莱中华中学规模最大,这所 1922 年建校时只有 22 名学生的华校,到 2001 年,有学生 3500 名,包括马来族和其他族群的学生。随着华文国际地位的提高,文莱当局对华校的发展也相当宽容。在文莱中华中学 2001 年毕业典礼上,文莱教育部学校局局长拿汀哈嘉玛丽安表示,文中创校近八十年培育了无数精英以及人才,冀望该校能够为文莱培育出更优秀的人才以及国家未来主人翁。[1]

在社会生活中,华文的使用相当广泛。首都斯里巴加湾市的街头,到处都可以见到中文招牌。文莱本地没有出版华文报刊,但马来西亚的华文报刊如《诗华日报》、《美里日报》及《星洲日报》等都在文莱设立办事处,每天都出文莱专版。文莱政府批准设立中文广播电台,每天播放 5 个小时的综合节目。文莱电视台也有固定的中文节目。

第二节　泰、缅、菲对华侨华人的政策

一、泰　国

受到 20 世纪 50 年代末泰国国家内部政治经济发展政策及与中华人民共和国外交关系的影响,泰国政府的华人政策呈现出反复多变的态势。虽然自 1956 年后,泰国政府对华人的政策大体上往宽容限制的趋势发展,泰国华人的社会地位也有了一定的改善,但这些政策并不稳定,经常有矛盾之处。

1956 年颁布的《公民权法令》规定,所有泰国公民(包括泰籍华人和华裔),都享有政治、经济与社会的基本权利,可以不受《保留职业条例》的限制,可以获得《扶助泰人职业条例》的扶助,外侨归化成泰公民后,则要取得泰名。1962 年,泰国政府颁布《佛历 2505 年公民证条例》,规定在泰国出生的华侨子女,依法应于年满 17 岁之日起 60 天内申领公民证。然而 1969 年则立法明确禁止泰籍华裔在 1969 年的选举中参与竞选及投票。1973 年 12 月,泰国制宪委员会通过一项决议,让在泰国出生、父母均为外侨的华裔,享受与泰人完全相同的政治权利,可以参加竞选议员,可以参加投票选举民代,而不必像以前

---

① 　(马)《国际时报》2001 年 11 月 29 日。

那样,须受到泰文教育程度或曾服兵役等限制。① 但是,在1974年底公布的《新宪法》中,依然把第一代华裔和第二代华裔区别开来,第一代华裔享有泰国公民的选举权,却不能享有被选举权,只有第二代的华裔,才能和真正的泰人一样,享有选举权和被选举权。②

另外,在泰国,除纯泰族人外,只有第二代、第三代的华裔能够进军校和警官学校。而第一代华裔只有服兵役的义务,而不能享有相应的权利。泰国政府还规定:某些培养高级军官的第一流军事学院,只接受属于"泰族"的泰国人就读,若是异族通婚的后裔,必须是第三代和第二代以后出生泰国的泰籍人,才能注册入学;如第一代华裔公民的父亲仍保留中国国籍,即使该华裔公民是政府和国家机关、公立医院的工作人员,也不能按其资历和能力授以官阶和军衔,除非其父母申请归化泰籍,才可以考虑授予与其资历、能力相应的官阶或军衔;第一代华裔如果没有服兵役的证明书,是没有选举权和被选举权的。③

1975年中泰建立外交关系,双方以联合公报的形式正式宣布不承认双重国籍,从政治层面上解决了泰国长期以来担心无法控制华人效忠的问题,明确了华人与泰国、华侨与中国之间的政治隶属关系。中泰关系的改善对华人逐步获得平等公民权利产生一定影响。泰国国务院在当年9月16日开会决定不仅放宽华侨入籍的条件,并宣布华人入籍后,可以享受公民权,包括选举权和被选举权。1983年泰国议会通过了修改选举法,规定只要是合法的泰籍公民,包括转入泰籍的华侨,均获得选举权和被选举权,享有同当地泰族公民一样的政治权利。④ 1980年代末泰国政府还解决一部分在被迫中国居住的泰籍华人问题。1989年6月,泰国政府宣布,同意1959年以前因向往共产主义而回中国大陆的旅泰华人、泰籍华人,通过审核、证明、作保等规定手续,可返泰探亲和旅游;同年9月,泰国内阁会议正式通过由外交部提出的提案,同意原在泰国出生,现居留在中国的华裔泰人准予暂时返泰居留和经营。⑤

泰国华人在1975年以后逐渐获得平等的公民权利显然得益于泰国政治的民主化。从1973年学生运动以来,泰国政治开始向议会民主制转变,尽管过程非常缓慢。政府有意恢复一部分民主政治的措施,议会、宪法、选举一直获得有效运行,经受过 1991 年军事政变、1992 年军人干政的考验后,民主政治在泰国获得了进一步的发展。泰国政治民主化过程无疑有利于华人逐渐获得平等的公民权利。在民主竞选中,公民的投票是政党能否获选的关键,大小政党不得不重视在经济领域有杰出贡献的华人,可以说政治民主化要求给予所有公民平等的公民权利,包括华人。

就华人本身而言,战后华人经济力量的发展无疑增强了其政治上的自主性。到 1970 年代中期,年青一代的华人大都是出生泰国,接受泰国教育,政治上认同于泰国,即使在文化上也很大程度上认同泰国文化,给予他们平等的公民权利实际上更有利于泰国国家的发展。

如上所述,泰国政府对华人公民权利的规定经历了从限制、逐步放宽到最后给予同等权利的演变过程,在这个过程中华人的社会地位因政策的转变而获得提升。

二、缅甸

1962 年 3 月 2 日,以奈温为首的缅甸军人集团发动军事政变,推翻吴努政府,建立了社会主义纲领党一党专政的军人政权。奈温上台后,试图把缅甸建立成"缅甸式社会主义"国家,他所推行的一系列激进的民族主义政策对华人的社会地位影响很大。

(一)入籍归化政策

奈温上台初期,继续自由同盟执政时期的较为宽松的外侨入籍政策、法规。1962 年 4 月 6 日,缅甸政府宣布战前在缅甸居留的外侨以及具有充分入籍条件的人,凡已经申请者均可入籍。那些不愿入籍的外侨仍可继续以外侨身份在缅甸居留,但必须受现行移民和外侨登记条例的约束。同年 6 月,缅甸内政部简化入籍手续,取消申请者登报声明的做法,证人由 4 人减少到 2 人。[①] 但是,奈温政府对外侨和已入籍的非原住民族产生不信任感,将他们视为建设缅甸式社会主义障碍的一个征兆。同时对外侨入籍后和原住民拥有同样权利不满。因此入籍政策没有实行多久就出现了较大的转变。1963 年,仰光市对已获准入缅籍或正在申请入缅籍的外侨证件进行重新检查,并要求入籍外侨填写包括 36 个询问事项的繁琐表格。同年,政府有关部门不再进行外侨转为国民的审查工作和发给国民登记证件的工作。

---

① 《叫梭上校与仰光有关法官商谈简化入籍手续》,《新仰光报》1962 年 6 月 5 日。

20 世纪 70 年代末,外侨入籍政策又有所放宽。缅甸移民与户口局向外侨发出是否愿意转为公民的通知书。凡年满 18 岁,在缅甸居住满 5 年,没有欠外侨税,遵守外侨条例,持有合法外侨证的人,都收到了通知书。通知书规定,收到通知书的外侨要在规定时间内亲自到所属的镇区人民委员会,表示自己有无转为缅甸公民的意愿,并在规定的表格上签字。对那些愿意转为公民者,当局遵照 1948 年《缅甸联邦入籍条例》予以考虑和决定。对那些仍坚持保留外侨身份的人,则按 1940 年《外侨登记条例》准许其依法以外侨身份在缅居留。

自 1962 年以来,奈温政府的这种矛盾态度,最后通过 1982 年颁布的《缅甸公民法》得到了法律上的阐发。

(二)华人的政治权利

1974 年缅甸制定了新的宪法《缅甸联邦社会主义共和国宪法》。新宪法第 145 条规定:"凡出生于父母双方俱为缅甸联邦社会主义共和国国民的人,都是联邦国民;凡在本宪法生效之日已依法取得公民资格的人,也是公民。"按照这一规定此前入籍的华人都适用于该宪法。如果按照宪法第 22 条规定:"一切公民应不分种族、宗教、身份或性别,在法律上平等;享有平等机会",华人在法理上与缅甸原住民地位应该是平等的。实际上该宪法对华人等外裔公民还是存在政治歧视,因为宪法第 177 条规定"出生于父母双方也是公民的公民"才有作为人民代表被选为人民议会和各级人民委员会的被选举权。[1] 这样缅籍华人只要父母有一人没有入籍,他就不能进入立法机构和各级行政机关。

1982 年公布的缅甸公民法对华人参政权利作了进一步的限制。1982 年的《缅甸公民法》将原住民和非原住民作了严格的区别,把缅甸公民分为三类。公民法第二章第三款规定:"凡在缅历 1185 年(即公元 1824 年)以前在国内某一地区定居的克钦、克耶、克伦、钦、缅、孟、若开、掸等族及其支族人民都是缅甸公民。"根据 1948 年缅甸联邦公民法提出申请入籍者为侨裔公民。1948 年 1 月 4 日前到达缅甸居住者及其子女,尚未根据 1948 年缅甸联邦公民法提出申请入籍者,入籍后是公民身份获得者。[2] 这三种公民也就是奈温所说的真正的缅甸公民、客籍公民和归化公民。

华人在公民法中被归为客籍公民和归化公民,他们没有被选举权,不能竞选公职和担任政府机构和团体的领导。公民法颁布后,就有 20 名议员因其父

---

① 戴学正:《中外宪法选编》(下),北京:华夏出版社,1994 年,第 366、347、372 页。

② 姚秉彦译:《缅甸公民法》,《南亚与东南亚资料》1983 年第 2 辑,第 173、176 页。

母不是缅甸公民而被取消了议员资格。奈温政权的有功之臣、原矿业部长尼尼博士,虽然是缅甸人,但由于查出他的父母是中国人,就被降职为驻某国的大使。新公民法还规定,对虚报种族源流者,可处 7 年徒刑及 1 万缅元的罚款。[①] 同客籍公民相比,归化公民的地位要更低些。因为"尽管客籍公民与归化公民都是在 1948 年 1 月之前迁居缅甸,但二者之间有一定的差别,前者申请入籍,后者没有申请过入籍。因此,后者会比前者问题大一些"。[②] 自由同盟时期,华侨入籍后拥有和原住民相同的权利,并没有受到特别的歧视。纲领党时期的华人则受到民族歧视,入籍华人被视为二等或三等公民,其社会地位全面下降。即使这样,华人这种地位也是不稳定的,因为该法令规定政府有权在必要的时候,对归化公民的权利和义务作进一步的限制。

1964 年 3 月 28 日,缅甸政府颁布"维护民族团结条例",规定除执政党和宗教团体外,政府可以解散任何团体并没收其财产,所有社团于 4 月 28—30 日必须向当地安全与行政委员会重新办理登记注册手续,逾期自动解散。条例颁布后,华侨华人社团因华人经济陷于破产境地,故一半以上华侨华人社团都放弃登记,自动解散。[③] 1973 年,缅甸华人组织还有 252 个,[④]比自由同盟时期的华人华侨社团数量减少了一半多,而且在社团规模、活动方面都已大不如从前。

三、菲律宾

直到 1975 年,中菲才建交外交关系。中菲建交使菲律宾政府对华人的政策和态度有较大的改善。

(一)入籍问题

菲律宾实行血统主义为主、出生地主义为辅的国籍法。1947 年修订的《菲律宾宪法》第四章《国籍》条款规定,有下列情况者可为菲律宾公民:(1)在本地出生,父母为他国国籍,但在制定本宪法前曾被选任菲律宾官员者;(2)其父为菲律宾公民;(3)其母为菲律宾公民,本人成年时选择菲律宾国籍者;(4)

---

① Paisal Sricharatchanya, Some are more equal, *Far Eastern Economic Review*, 1982,Oct 8,Vol. 118,No. 41,p. 27.

② 吴奈温:《缅甸政府对非原主民的政策》,《民族译丛》1985 第 5 期,第 4 页。

③ 凌冰:《缅甸华人生存难》,《南洋商报》1964 年 5 月 19 日。

④ 吴元黎等:《华人在东南亚经济发展中的作用》,厦门:厦门大学出版社,1989 年,第 225 页。

依法归化者。① 根据 1950 年菲律宾共和国法律第 530 号《增订入籍法》，归化条件为：(1)年龄不小于 21 岁并在菲律宾连续居住十年，从未离菲；(2)品德端正，无犯罪记录；(3)在菲律宾拥有 5000 比索的不动产，或有某种专利的营业、专门职业或合法职业；(4)懂得讲、写英语(或西班牙语)，及菲律宾任何一种主要语文；(5)在菲律宾居住十年期间，曾送其学龄子女入公立学校或政府承认的私立学校接受教育者。② 1960 年，菲律宾政府又规定，华侨要取得菲国籍，首先要放弃中国国籍并出示退籍证明。菲律宾华人大多为中国出生，只有少数在当地出生的中国侨民可遵循出生地主义自动成为菲律宾公民。根据以上严苛的归化条件，尤其是双语条件，实际上使大多数中国侨民难以通过归化途径取得菲律宾国籍。当时菲华通常持台湾护照，台湾实行双重国籍政策，华侨也不易得到退籍证明。20 世纪 60 年代，菲律宾法院作出 7 项规定，要求申请者财产要达到一定水平才能被批准入籍，以支持总检察院加强限制华侨归化入籍的意图。法院曾经否决一侨商入籍要求，原因是他有 5 个子女，而收入仅8000 多元。有些判例中，即使申请者已获得初级法庭的批准，亦可能遭法院否决。③ 20 世纪 70 年代初以来，尽管推动华侨入籍已是侨界的主流共识，但由于入籍手续繁琐苛刻，华侨争取入籍的成效甚微。菲华商联总会理事长蔡文华曾试图藉 70 年代初菲律宾政府大幅度修宪的时机，推动出生地主义原则入籍条例，但功败垂成。④ 1969—1974 年，申请归化的 579 户华侨，只有 330户获准。⑤

扫清菲华入籍的主要障碍是 1975 年的中菲建交。按照国际惯例，菲律宾一旦和中国建交，华侨将自动成为中华人民共和国公民。坚决反共的菲律宾政府，不能容忍在本国存在数十万共产党国家的公民。菲华如仍持台湾护照，则在菲律宾政府承认"一个中国"的政策下，实际上变成无国籍居民。1975 年4 月 11 日，即菲律宾正式承认中华人民共和国前夕，马科斯政府颁布了第 270号总统法令，宣布当地华人无论老幼，均可办理入籍手续。由于归化期限仅两个月，且手续繁琐，很多在外岛的华侨来不及申请。在侨领的疏通下，当年 11

---

①　黄明德、薛约翰编：《菲律宾法律大全》第 1 辑，马尼拉：法律大全出版社，1946 年，第 5~6 页。

②　黄明德、薛约翰编：《菲律宾法律大全》第 2 辑，马尼拉：法律大全出版社，1958 年，第 125 页。

③　《新闻日报》1962 年 8 月 3 日。

④　张存武、王国璋：《菲华商联总会之兴衰和演变：1954—1998》，台北：中研院亚太研究计划论文系列，58 号，2002 年，第 64 页。

⑤　松本国义：《从菲律宾华侨看同化》，厦门大学南洋研究所编《资料选编》第 2 期，1971 年 3 月 30 日。

月 26 日,马科斯总统在菲华商联当众宣布,将归化时限延长到 1976 年 3 月。① 当年 12 月 3 日,马科斯总统又发布关于入籍事务的第 836 号总统令,规定菲籍者的妻子儿女的入籍条件。1976 年 12 月 29 日,马科斯总统再颁布第 491 号总统令,对第 270 号总统令作出修改,降低入籍条件和简化申请手续。新法令规定:(1)申请入籍者的年龄限制为 18 岁,而非过去的 21 岁;(2)只需能讲、写菲律宾主要语种之一,而非过去的双语要求;(3)申请者只需有足以维持其个人及家庭生活的合法收入,不再提出拥有不动产的条件。新法令还设立归化特别委员会,受理华侨成批入籍申请事宜,报请总统成批批准。从 1976—1979 年,由总统批准成批入籍的华侨近 3 万人(仅指户主)。② 根据菲律宾司法部公布的资料,有 49866 个外侨(仅指户主)入籍,绝大多数是华侨。在 1976—1986 年间,已有 20 万华侨(仅指户主)入籍。到 1988 年初,仍有 98625 人保留中国国籍。③

(二)移民与居留问题

1986 年,阿基诺夫人当选总统,进一步推动菲华的归化工作和改善对华侨的态度。早在竞选总统期间,她就提出,"一旦我当选,所有菲律宾人,不管是提升的菲人还是归化的菲人,将一视同仁,平等对待"。④ 她在 1988 年访华前夕,签署了将"非法外侨合法化"的第 324 号总统政令,规定:凡在 1984 年 1 月 1 日以前来菲的非法外侨,只要没有进行任何非法活动和无犯罪记录,只需交纳 5 万比索,均可向菲律宾移民局申请办理永久合法居留手续,其妻子子女,则需分别交付 1 万比索和 1000 比索,便可同时办理合法化手续;至于 1984 年以后来菲的逾期游客,凡年满 50 岁以上的男性,在菲律宾银行存有 5 万美元退休金,或在菲律宾投资 7.5 万美元者,也可获得在菲律宾的永久居留权。这一总统令一举解决从 20 世纪 50 年代初一直困扰华社和菲律宾政府多年的非法华侨滞留问题。早在 1945 年日本投降以后数年,大批侨眷因移民配额不足而以过境游客(可居留 59 天)、预聘雇员、留学生等身份进入菲律宾,再设法滞留,更多的人干脆偷渡到菲律宾,再设法取得合法身份。偷渡来菲路线有香港—马尼拉线和香港—北婆罗洲—苏禄群岛—棉兰老岛。居留下来以后,有的疏通人事关系,到区乡政府取得伪造身份证,有的通过与移民局官员

---

① 张存武、王国璋:《菲华商联总会之兴衰和演变:1954—1998》,第 66 页。

② 陈烈甫:《东南亚洲的华侨华人与华裔》,台北:正中书局,1983 年,第 248 页。

③ (香港)《亚洲周刊》1988 年 4 月 1 日,第 14 页。

④ 暨南大学东南亚研究所、广州华侨研究会:《战后东南亚国家的华侨华人政策》,第 215 页。

有勾结的集团取得伪造居留证,有的人则花钱顶替死亡的菲律宾人。① 这种移民菲律宾的方式到1970年代以后又被新移民所沿用。据1990年菲移民局估计,全国有非法移民12万~25万,华人占50%~60%。② 到菲政府实施投资(7.5万美元)移民政策后,投资移民更成为近10多年来中国人移民菲律宾的主要合法途径。

由于越来越多的未持有效证件的外国人在菲律宾长期居留,也为了杜绝移民官员贪污枉法和敲诈勒索非法滞留者,1995年2月28日,菲律宾国会通过《共和国7919号法案》,经拉莫斯总统签署生效。该法案允许藏匿多年的非法入境者和逃税的外国人及其子女获得合法身份,也适用于1992年拉莫斯上台以前非法进入菲律宾的外国人。该条例让近10万黑市居民获得合法身份,其中大部分是华人。③

从1975年菲华被准许成批加入菲律宾国籍开始,至1988年阿基诺允许非法入境华人合法化,菲律宾华侨转为华人菲律宾公民,大概花了13年时间。在此期间,绝大多数华侨和非法华人入境者获得菲律宾国籍,少数没有入籍者或是选择保留中国或其他国家国籍,或是最近的非法入境者。

菲华入籍是大势所趋,有利于华人在菲律宾生存和发展,提升在菲律宾社会的政治经济地位。根据1947年修订的《菲律宾宪法》第五章《选举权》规定:菲律宾男性公民在行使选举权,资格不合法律规定者例外,平价年龄应在21岁或以上,能读能写,须在菲律宾居住一年。《立法部门》第四节规定,任何人不得担任参议员,除非他是一天生的菲律宾公民;第七节规定,任何人不得担任众议员,除非他是一天生的菲律宾公民。第七章《行政部门》第三节规定,总统与副总统的资格,须为一天生的菲律宾公民;第八章《司法部门》第六节规定,大理院法官应具备有如下资格——五年以上的菲律宾公民……第八节规定,国会应立法规定下级法庭推事的资格,但除非是菲律宾公民……不得被委为推事。第十四章《总则》第五节规定,与对成年公民施以公民训练,国家创设艺术、科学与文学的奖学金,奖励赋有天才的公民。第七节规定,特权、证书或任何其他经营公用事业的授权书,只得赋予菲律宾公民或依其资本60%为菲律宾公民所有者。④ 因此,华人入籍后就可以享有同菲律宾人一样的政治待遇,有选举权、被选举权、推为公职权,获得各种国家奖学金的权利,享有只有菲律宾公民才能经营的公用事业和某些只能赋予菲律宾公民的公共权利。其

---

① 张存武、王国璋:《菲华商联总会之兴衰和演变:1954—1998》,第28页。

② 《菲华日报》1990年3月7日。

③ (香港)《亚洲周刊》1995年3月5日,第36页。

④ 黄明德、薛约翰编:《菲律宾法律大全》第1辑,第5~6、11、14~15、19~20页。

中,选举、被选举权直接涉及菲华参政权利,经营公用事业权利则直接涉及菲华企业家在公用事业领域的经营权。菲华获得菲律宾公民权以后,更加活跃于各项产业领域。在政府行政运作层面,将华人视为外国人而公然歧视的现象也很少再出现。

对菲律宾政府而言,准许华人入籍也有利于菲律宾社会的稳定和经济的发展。1970 年代以前,菲律宾不断出台排斥华侨的法案,其结果是华人企业如惊弓之鸟。菲华入籍后,从根本上增强了对菲律宾的归属感和信心,鼓励他们长期参与菲律宾经济建设的积极性。在菲律宾 1983—1985 年发生社会危机时,许多西班牙混血儿和菲律宾专业人士移民到美国和加拿大,华裔菲律宾人则绝大多数留在菲律宾并扩大他们的事业。① 然而,成为菲律宾公民并不等于菲华就此进入主流政治社会,少数恶意的土著政治家仍不时利用菲律宾主流社会对华人的偏见,抨击华人是菲律宾社会的异类族群,试图达到在政治经济领域排斥华人的目的。

第三节　印度支那国家对华侨华人的政策

一、越南

20 世纪的最后 30 年,越南政府对华人的政策发生了从排华到容忍再到招徕华商尤其是台商的调整,越南华人社会也经历了从连根拔起到重建和复兴的过程。

(一)1955—1975 年:南北越分裂时期

抗美救国战争期间,南北方政府都推行了不同程度的强迫政策,试图解决华侨加入越南国籍的问题,从身份上迫使华侨认同于越南,只是南北方在推行这一政策的先后时间、强迫程度和具体方法上各有所不同。

南越在吴庭艳统治时期,就开始对华人采取强迫华侨归化的严厉措施。1955 年、1956 年和 1957 年三次颁布有关国籍的规定,放弃血统主义而采取出生地主义,主要目的是强迫华侨放弃中国国籍而加入越南籍。从 1962 年开始,又开始强征华侨青年服兵役,让他们充当炮灰和政治争斗的牺牲品。南越

① 〔菲〕黄淑秀:《近现代菲律宾的华人企业家族》,陈文寿主编《华侨华人新论》,第 264 页。

政权还推行经济民族主义政策,限制非越籍华人经营一些行业,从医者不入越籍不得开业。1956年颁布的第53号令规定,原来主要由华侨经营的鱼肉、杂货、煤炭、木材、石油、典当、布匹、钢铁、谷物、碾米、船舶运输、经纪等11种行业不准非越籍华人继续经营。这些规定,实际上剥夺了许多华人必需的生活条件。此外,还强迫华侨缴纳名目繁多的苛捐杂税,如"国防税"、"反共捐"、"战略村建筑费"、"养军费"等等。同时,南越政权还在文化上采取限制和同化措施,规定没有越文教师证的华侨不准当教师,禁止用汉语授课,解散多种华侨社团,封闭华文报纸,废除商店中的华文招牌,以此淡化华侨的民族意识,强迫华侨入籍。

这种强迫归化运动,一开始曾激起华人的强烈义愤和反抗,有数万人出走他国。南越政权的主要目的是强迫同化华人,对于顺应这些政策入籍的华人打击并不大。入籍后的华人,社会政治和经济地位多少有些保障,产生一些安全感。所以,随时间推移,还是有不少华人加入了越南国籍。据南越政权声称,到1960年,已有90%的华侨入籍。到1970年代,无越南国籍的华侨不超过20万人。这种变化表明,越南南方长期存在的华侨社会已经在20世纪60—70年代逐步向华人社会转化,尽管是以强迫、非志愿的方式和手段促成的。

在北方,华人的处境与中国政治及中越关系的发展变化有着较为密切的联系。从20世纪50年代中期到60年代中期,中越之间处在"同志加兄弟"的亲密关系阶段,对于华侨问题,双方采取了协商解决的方式。1958年双方达成一致意见,主要内容有:北方华侨与越南人民享有同样的权利,经过说服教育,按照完全自愿的原则,可以转为越南籍公民,绝不强迫命令转籍,绝不歧视保留中国国籍的华侨;华侨如具备条件,可进入越南党政机关工作,享有与越南干部同样的政治待遇和物质待遇,华侨文化风俗习惯应得到尊重等等,[1]南方的华侨问题,等待南方解放后,另行协商解决。此后,中国驻越南大使馆把涉及侨团、侨校、侨报等方面的工作移交给越方管理。1960年5月,周恩来总理和陈毅外长访问越南期间,接见华侨代表,动员他们自愿加入越南国籍。[2]到60年代中期前,两党两国较好地落实了已经达成的协议,华人在越南社会生活中也发挥了较大作用。同时,也有不少华侨自愿加入了越南国籍。越南北方的华侨社会也开始逐步向华人社会转变。

从20世纪60年代中期到70年代中期,中越双方分歧越来越明显,北越

① 参见郭明:《中越关系演变四十年》,南宁:广西人民出版社,1992年,第94~99页。

② 《中越关系的真相》,《国际问题研究》1981年第2期。

也开始推行一些较为严厉的政治和行政措施,强迫保留有中国国籍的华侨加入越南国籍。1967 年,制订"净化边境计划",1969 年规定不准华侨在边防部队服役,原由统战部门负责的华侨工作也交由外侨公安局管理。华侨订阅中国的政治性报刊,收听中国电台都受到限制。在党政部门工作的华侨干部或被降职,或被撤销职务。同时在一些华侨学校强制推行越语教学,限制汉语授课时间。因此,北越华人面临较大压力,其社会地位迅速下降,华侨以前曾享有的各种经济政治待遇被取消。但这一时期,越南南方和北方尚未统一,北越处于抗美救国战争最为艰苦的阶段,与中国的关系主流也还是友好的,并未形成较大规模的排斥华人浪潮。

(二)1976—1991 年:越南统一至改革开放前

1975 年 5 月,越南军民解放整个南方。1976 年 7 月越南第六届国会一次会议正式宣布南北两方实现统一,并改国名为越南社会主义共和国。此后,中越关系中的矛盾与分歧已经逐渐增多和公开化。越南为了建设苏联模式的社会主义,在全国加快了社会主义改造的步伐,加大了社会主义改造的力度。在此背景下,越南对华人的政策发生了急剧改变,华人在政治、经济、文化乃至生存方面都受到了不同程度的打击。过去零星的排斥华人的行为逐步发展成为较大范围的排斥华人浪潮,华人开始处于非常不利甚至是悲惨的境地,华人的社会地位跌入战后以来的谷底。

此时期越南华人社会地位的下降和低落主要表现在两个方面:一方面是在全国特别是刚刚解放的南方推行"社会主义改造",把许许多多从事私工商业的华人作为改造和打击对象,不仅有作为资本家的大华商以及与前政权有联系的华商企业,也还包括大量的华人中小商业者,甚至连街头摆摊没点的小商小贩都被视为改造的对象。当时曾规定,凡拥有新币 2000 盾以上的小商贩就是"资产阶级"。在胡志明市,这些被打击的小商户大部分为华人经营者。仅第五郡就有 7000 家华侨大小商户被划入改造对象之列。[①] 在这场改造运动中,不仅华人的财产遭到没收或征购,而所谓征购,实际上是一种变相没收,发给的支票并不能兑现,强迫华商缴纳沉重的"超额利润税"。甚至连人身保障都不复存在。地方政权以囤积居奇、投机倒把、破坏经济的名义和打击买办资产阶级、扫荡垄断市场的名义,对一些华人实施逮捕、关押、审讯,甚至从肉体上消灭。不少华人被剥夺房地产后,被限期迁离原居住的城市和地区,赶到偏远的穷山恶水的"新经济区"。华侨华人社团产业也被接管,包括西贡—堤

---

① 郭明:《中越关系演变四十年》,第 127 页。

岸地区约50所华人学校、堤岸16种华文报刊、6所医院①和华侨五帮（广东、潮州、福建、客家和海南）以及各宗亲会、同乡会、相济会、体育会等数百社团集体所有的财产。

另一方面，越南还采取种种强制手段，大规模驱赶华侨，输出难民。1976年，在北方颇有影响的华文日报《新越华报》被迫停刊，一些编辑人员被解雇；强迫南方华人一律按吴庭艳统治时期非法强加于华侨的国籍进行登记，否则即施以种种苛刻的限制和打击。同时，采取更为严厉的措施限制和取消华人社团，关闭华人学校。这些情况的出现，成为越南全国排斥、歧视华人的先声。1977年，越南以人口调查为名，强迫华侨登记为越南国籍，不少保留中国国籍的华侨被剥夺了各种社会权利和原有的待遇，并以发放公民证为诱引，要华侨填表，但表上不列民族和国籍，企图耍花招把全体华侨都变成越南公民。越南还进一步推行净化边境计划，强迫居住在边境地区的华侨和很早已从中国迁移而来的越南居民向越南内地迁移或者离境进入中国。后来，进一步发展为以武力强迫驱赶华侨回国。1977年底，已有4万多华侨被迫回到中国。1978年和1979年上半年，中越关系进一步恶化，越南大规模迫害和驱赶各地的华侨。至1979年6月底，被驱赶到中国的难民，包括华裔越南人、华侨和越南血统人，累计达25万多人，其中华人约有22万人。越南还从柬埔寨、老挝驱赶华人，输出难民，到1979年7月，约有100多万华侨、华裔和越南人被迫漂洋过海，从印度支那三国涌向中国、东南亚和世界上其他国家，②形成举世关注的难民潮和船民问题，而其中约有50%的难民是华人。

此外，越南还在党、政、军各部门对华人实施大清洗，对一些华侨扣上"机会主义者"、"第五纵队分子"的帽子，进行无情打击，使不少华侨华人处于十分艰难的社会环境之中，更使一些无辜华人卷入了中越政治冲突之中而在各方面都蒙受重大损失。

经过这场浩劫，越南华人过去曾经享有的社会地位丧失殆尽，华人的经济实力也遭到了巨大打击。华人约有30亿美元的财产被掠夺，数十万华人出走世界各国，留存下来的已不足100万人。这些幸存者，或在"新经济区"，或在偏远的农村艰难度日，但大部分仍在城市中靠传统的小手工业、小商业在狭缝中维持生计。

20世纪80年代，中越关系处于非正常化状态，越南对待华人的政策尚未改变，华人的政治、经济和社会地位也难以改善，不过，由于越南面临对外强硬而国内经济残破的矛盾，不得不进行经济革新的一些尝试，逐步承认和发展商

---

① 利奥内尔·韦隆：《1975至1979年间的越南华人》，《八桂侨史》1989年第2期。

② 谢益显：《中国外交史》，郑州：河南人民出版社，1988年，第512页。

品经济,允许市场经济在实际上的存在,在此背景下华人经济又有所复苏,华人应有的社会地位也在缓慢恢复。

1979 年 3 月,越南政府公布了《越南民族成分名称》,宣布越南共有 54 个民族。其中包括华裔越南居民,其名称被确定为汉(华)族。根据 1983 年越南有关部门公布的数字,汉(华)族居民有 92 万多人。① 1986 年越共六大确立了全面革新开放的路线,开始在实践中大力发展市场经济,对华人的政策进一步有所调整。

20 世纪 80 年代末 90 年代初,随着中越关系的松动,特别是适应越南国内政治、经济的迫切需要,越共中央再次肯定了华人在各方面所作的贡献,采取一些措施改善华人的政治、经济和社会地位。在中央民运部增设华人工作委员会,在华人集中的胡志明市重新设立由市委领导的华人工作处。一些华人在 70 年代后期所丧失的党籍也得到恢复。1988 年底,越南政府释放了过去在社会主义改造运动中被捕的 100 多名华人知名人士,并下发文件规定,退赔过去没收的华人房屋资产,允许华人社团恢复活动,起用了少量华人干部。1988 年 6 月,越南八届国会第三次会议通过了《国籍法》,随后,越南部长会议又作出了关于执行《国籍法》的规定。根据其中有关内容,对于父母一方为外国公民的子女,其本人在越南领土出生,即具有越南国籍,父母一致为其选择其他国籍的例外。这就是说,与越南公民通婚的华侨,具有为子女选择保留中国国籍的自由。与强迫入籍的政策相比较,这种规定也有所进步。

然而,20 世纪 80 年代后期到 90 年代初华人社会地位的恢复,理论上的变化快于实践的发展,而且作为一个族群的越南华裔居民也尚未完全有机地融入民族大家庭,华人还常常被视为异己力量而徘徊于越南主体社会之外。华人社会地位和经济实力的提升受政策摇摆变化影响,也呈现出曲折波动。1982 年前后,越南尝试推行一些革新政策,允许私人经济和市场经济一定程度的发展,华人经济有所抬头,实力上升。随后的 1983—1986 年间,越南又采取措施对华人经济进行严厉的监督、干涉和控制。

(三)1991 年至今:改革开放后

1991 年以来,越南政治经济形势和对外关系的发展变化,在此阶段华人在市场经济中施展经营才能,社会地位得到了提升。越南党和政府多次在不同场合重新肯定了华侨华人在越南抗法抗美斗争所起的作用。1998 年,越南国家主席陈德良签署了主席令,授予胡志明市华人一级独立勋章,授予该市华人工作处三级劳动勋章,并特别选择在胡志明市富有中国情调的莲潭公园举

---

① 利国、徐绍丽:《越南民族》,第 202 页。

行隆重的授勋仪式。同时肯定了华侨华人在经济建设中所起的积极作用,号召"各界同胞,尤其是善于商业和工业的华人同胞们,参加劳动,从事商业、工业活动,发家致富,为发展越南经济作出贡献"。① 政府强调华人作为越南公民,华人依照宪法和有关法律法令享有公民的一切权力和承担一切义务。如成立私人企业,从事工商业经营,准许开办中文夜校、华文中心,恢复华人传统节日,开展多种文化体育活动,等等。

20世纪90年代后期以来,越南提出了发挥内力的经济发展政策,重视吸引海外越侨中的华人回到越南从事经济活动。以后陆续出台了对越侨经营者、科学家、学者在出入境、关税、所得税等方面的许多优惠政策。2001年春节,越南国家主席陈德良发表讲话,呼吁国内外的越南人"不分男女老幼,贫穷富贵,宗教、民族、政见,携手合作,以建设未来。越南是所有越南人的共同家园"。②

20世纪90年代以来,越南对待华人政策措施的调整收到了很好的效果,达到了越南领导层的主观愿望,较好地调动了越南华人发展经济多作贡献的积极性。不仅国内华人在经济活动中发挥了重要作用,国外越侨中的华人也纷纷抓住商机,回国投资办厂,对越南经济发展产生了一定影响。1994年转回越南的侨汇是10亿美元,2001年翻一番,达到20亿美元。在胡志明市经营企业中,排名在前100位的商家中,华商占了一半以上。③ 华人在越南的橡胶、制鞋、制衣、饮食、旅游、建筑、金融业行业都取得了巨大成就,华人经济已得到振兴和发展,在推动越南融入区域经济和全球化浪潮中,发挥了重要作用。

华人经济实力的增长和作用的发挥,也促使越南进一步调整华人政策,使华人社会地位逐步得到恢复并有所提升。华人已可以入党、参军、升大学、出国留学,成为国家公职人员,可以参加国会各级代表的选举,自由加入合法的政治团体和经济文化组织,华人社团可以在规定的范围内活动。在胡志明市,华人何增曾担任华人工作处主任。市人民代表会议选举中,也都有华人代表当选,一些华人还担任了区(郡)、街道(坊)人民代表会议副主席,祖国阵线的副主席等职务。尽管华人大多还是只担任一些较低职务,安排在不很重要的岗位上,但这些情况已表明,华人作为越南公民和其他民族人士一样,可以在较大程度上自由参与社会政治和经济生活,基本享有平等的社会待遇。华人正在从过去强迫同化转变为自觉融入越南主体社会,华族和其他民族一样,具

---

① (越)《西贡解放日报》1994年春节刊。

② (越)《西贡解放日报》2001年1月29日。

③ 戴秀琴:《东南亚华人系列第七站:越南》,《星州日报》2001年4月2日。

有平等的地位。越南学者认为,华人"在融入过程中,正日渐与本市的经济领域、越南民族和越南祖国紧密结合在一起"。①

二、柬埔寨

(一)1950—1969 年:稳定平和

20 世纪五六十年代,中国与柬埔寨关系良好,柬埔寨国内政治经济局面稳定,政府对华侨的政策也相当平和。

1954 年颁布的有关外侨归化的柬埔寨王国第 NS904 号法令和以血统主义为原则的新国籍法,都有利于华侨入籍。1956 年,柬埔寨政府颁布的新移民法第 26 条,规定了禁止外侨从事的 18 种职业,违令者将被遣送出境。其中,华侨擅长并长期经营的粮食交易行、理发业、盐商、金银首饰加工、贷款业、无线电机器等行业,都在所禁之列。② 一时间不少华侨因此失业。1957 年,柬埔寨王国颁布对外侨汇款额度的限令,规定外侨汇回祖籍国的汇款,最高不得超过本人在柬埔寨月收入的 30%。1958 年,柬埔寨政府对外侨不动产作出了不能超过 99 年的规定,外侨不动产的转移只能以成本价或免费转移给具有柬埔寨国籍的个人和团体,并下令取消华人会馆。但这些规定的实施比较平和,寓引导于管制之中,主要目的是引导华侨入籍,对华侨冲击不大。在西哈努克时期,据说柬埔寨的商店有 70%是由华人经营的,金边 3000 多家商店中的 2000 家也属于华人,对外贸易业务 80%由华侨掌握。一般华侨持中国护照也能谋生,故保留中国国籍的华侨数量仍很多。

尽管西哈努克政府在入籍和经济上采取宽松政策,但却严禁华人进行政治活动。1958 年,政府下令关闭中华理事会,限制华人从事与经济无关的社会活动。在中国"文化大革命"期间,金边华人青年和学生曾组织政治示威游行,柬埔寨政府为此向北京提出严重抗议,并将煽动游行的主谋驱逐出境。③在华文教育方面,虽有 1956 年通过的旨在限制外侨学校的《柬埔寨私立学校开办条例》和 1957 年颁布的关于外侨私立学校教学规则的 NS 201 号法令,但

---

① [越]陈回笙:《从西贡到胡志明市华人的经济活动》,河内:越南青年出版社,1998年,第 138 页。

② 华侨志编纂委员会编:《柬埔寨华侨志》,台北:华侨志编纂委员会,1959 年,第 111页。

③ [日]李国卿著,郭梁、金永勋译:《华侨资本的形成和发展》,香港:社会科学出版社,2000 年,第 231~232 页。

实际上以上法令并没有从根本上威胁到以华文教育为主的华校教育,柬埔寨华人仍乐于将子女送到华校。20世纪60年代末,柬埔寨从小学到高中的各类华校达212所,学生5万多人。[1]

到柬埔寨战争爆发前的1977年,华侨华人总数约36万,保留中国国籍者12万,约占1/3。[2]

(二)1970—1991年:劫难和重生

1970年,柬埔寨朗诺集团在美国的策动下发动推翻西哈努克国王的政变,华人被当作西哈努克和越共的支持者而受迫害。当年,朗诺政府发布停办华文学校命令,封闭全柬华文学校,并禁止商店悬挂华文招牌。战争期间,大量农村居民逃亡到城市,乡村华人商贩纷纷破产,大部分逃亡金边、马德望等城市。

1975年,红色高棉军队占领金边及其他城市,红色高棉主导的民主柬埔寨政权控制全国。民主柬埔寨政权企图建立一个最革命和最平等的社会秩序,严禁佛教活动,实行消灭资产阶级的政策。城市工商业全部被政府没收,居民则被驱赶到乡下。1976年,民主柬埔寨政府进一步发布取缔私营商业和废除货币流通的命令,不允许拥有私有财产,仅保留国有大商店为社会提供商品。尽管民柬政府这种剥夺私有产业的极端政策是在全社会范围实施,但主要受害者是华人,柬埔寨华人数百年经济基础被连根铲除。被驱赶到乡下和边境地区的华人比柬埔寨土著更难适应农村环境,死亡率极高。据笔者1997年在金边的调查,1975年华人大家庭通常一家10数人从金边到乡下,到1979年以后华人陆续回金边,一家有一两个人活着回来已是侥幸,很多华人家庭无一生还。

1978年12月,越南出兵占领柬埔寨,民主柬埔寨政府垮台,越南扶植韩桑林傀偏政权。柬埔寨拥有武装的各政治派别奋起反抗,国内陷入武装割据、战火纷飞的局面。韩桑林政权跟随越南推行排华政策,很多华人逃离柬埔寨,前往泰国和越南,再寻机前往第三国。但有机会逃离柬埔寨的还是少数。战乱时期的华人谋生艰难,但也开始重操小商小贩旧业。2002年笔者访问金边的6家华人企业,业主都是经历1975年浩劫幸存的华人,其中有4家早在20世纪80年代中期就开始私下做小生意谋生,再逐步将生意做大。

---

[1] 周聿峨:《东南亚华文教育》,广州:暨南大学出版社,1995年,第374页。

[2] 萧永坚:《战后东南亚国家的华侨归化政策及其影响》,《南洋问题研究》1989年第2期。

1987 年,伴随越南华侨政策的调整,柬埔寨傀儡政府也开始实行恢复城镇工商业、鼓励私营商贸活动的政策,允许华人做各种小生意。1989 年 1 月 7 日,韩桑林政权颁布关于取消商业活动中政府占有股权和鼓励私人投资的法令。该法令取消了 20 世纪 80 年代初期政府实行的商业经营中政府占有 30％～40％股权的规定;今后任何私人包括柬埔寨公民和华侨华人都可以自由经商。为尽快推动社会经济的发展,吸引国内外资本投资柬埔寨,金边当局不仅颁布《外国在柬埔寨投资法》,还通过各种渠道争取逃离柬埔寨的华人回柬定居,并把管理不善的亏本国营企业采取分期付款的办法出售给华人经营。①

1991—1997 年,柬埔寨国内大规模战争基本停止,华人商贸活动迅速发展,华人社团、华文学校也陆续重建和创立。1990 年 12 月,在柬埔寨民主统一阵线主席谢辛支持和侨领的推动下,柬埔寨华人理事会正式成立。② 此后,华人的五大会馆和十大宗亲会也相继成立。到 2001 年,柬华总会已经在柬埔寨 24 个省市中建立了 16 个省级分会,附属机构达 103 个。③ 1991 年初,柬埔寨政府接受当地华人的要求,颁布关于准许华文学校复办的批示:华侨华人兴办华文学校,只要符合办学条件,向政府提出申请,即可获得批准。当年,政府归还柬埔寨最大的华文学校端华学校,第一期招生 2440 名学生。柬埔寨当局还归还华人庙宇,允许华人举行传统节庆活动。

这个时期的柬埔寨华人正在扩大其在社会各层面的影响力,尤其值得注意的是政界具有华人血统的人物。据说目前人民党和奉辛比克党组成的内阁中,华人血统者有一半以上。④ 笔者 2002 年访谈的一位熟谙华文的华裔上校,其心声大概可以代表目前华裔政界人物在族群认同上的尴尬。他说:在 1991 年以前,他要尽量回避其一半华人血统的身份,现在总算完全不用回避了。但在现在政界中,掌握实权的人物是土著,华裔官员之间的联系不能凸现血统基础,官方场合尽量不要讲华语,否则土著政治家会侧目,将你视为异类。但他坦言会利用其华裔身份和懂华语的优势与华商进行某种合作。随着华人经济力量日益上升和华人彼此联系的不断增强,代表华族和华人社区利益的政治诉求将会浮现,华裔政界人士与华商之间的合作互动也将有所发展。

---

① 周中坚:《严冬历尽苦望春:柬埔寨华人沧桑四十年》,(台湾)《思与言》1993 年第 3 期。

② 王士录:《柬埔寨华侨华人的历史和现状》,《华侨华人历史研究》2002 年第 4 期。

③ 邢和平:《柬埔寨华人华侨》,《东南亚纵横》2002 年第 9 期。

④ 蔡振裕:《柬埔寨华人系列》(一),(柬埔寨)《星洲日报》2001 年 3 月 23 日。

1997 年以后,柬埔寨政局日益稳定,中国与柬埔寨关系日趋密切,尤其是1999 年柬埔寨洪森首相访华,与中国政府签订《中柬经济技术合作协定》和《中国政府向柬埔寨政府提供优惠贷款框架协议》,中国大陆成为柬埔寨重要外资来源和各类商品的供应地。在现在的金边市场,从日用小商品到工作母机,大陆商品充斥大街小巷。截至 2001 年底,中国大陆在柬埔寨投资项目 58个,总投资额 1.48 亿美元,其中,中国资本为 1.2 亿美元,投资领域从原材料开发加工、纺织服装、电力、食品、酒店直至医院诊所。①

三、老挝

1975 年,老挝人民革命党建立人民民主共和国政府。在抗法抗美战争中,老挝党长期依赖越南党,关系密切。因此老挝人民革命党执政以来,在内政外交方面追随越南当局,推行极左的经济政治政策,全面实行对私有企业的"社会主义改造",华人首当其冲。虽然老挝当局的剥夺"资产阶级"政策对华人的生计打击很大,但总体而言,不似越南政府在南越采取的剥夺和驱逐华侨乃至肉体摧残的极端措施。

在对待侨民政策方面,老挝新政府曾宣布:旅居老挝的外侨要尊重老挝的主权,老挝政府将保证他们的正当权益,并在他们遇到困难时给予帮助。至于在老挝安家立业、往来经商及以及其他权利,都必须在老挝法律许可的范围内进行。但如果进行走私活动、囤积商品、无限制地提高物价、不尊重老挝的风俗习惯,必将受到镇压,或按老挝国家法律的惩处。② 但是这一政策并没有执行多久,就被阶级斗争方式所取代。

1976 年,老挝当局提出了过渡时期的路线、方针、政策,主张不经过资本主义阶段而进入社会主义。③ 但老挝政府急于迅速建立所谓的社会主义制度,将过渡期大大缩短,于 1977 年宣布进入社会主义革命与社会主义建设阶段,其结果是在各个社会领域推行更极端的措施。由于老挝工商业主要是外侨经营,老挝政府越来越倾向将外侨的工商阶层作为革命的对象,在老挝工商业中居重要地位的华人也因此成为主要目标。该党领导人富米冯维希在《老

---

① 高斌:《1980 年代末以来柬埔寨华人经济地位的发展变化》,《南洋问题研究》2003年第 2 期。

② 《人民之声报》回答读者提出的一些政策性问题,见成都军区政治联络部云南省社科院东南亚研究所编:《老挝问题资料选编》,1987 年,第 72~73 页。

③ 成都军区政治联络部云南省社科院东南亚研究所编:《老挝问题资料选编》,第 24~34 页。

挞和老挝人民反对美国新殖民主义的胜利斗争》一书中,曾经对华侨作这样的评述:老挝的商业从前全都集中在大城市,主要掌握在华侨、越侨、印侨和法侨等外侨手中。在法国殖民时代,华侨资本家与法国和其他外国的资本家勾结在一起,压榨越侨与华侨工人。① 表面上,他将华侨分为资本家和工人两个阶层,但老挝华人绝大部分经商,在剥夺资本家旗号下,将打击面扩大到大小工商业的从业者,华人社会受到全面冲击。

1976 年,老挝当局封闭了华人商店和工厂,1976 年和 1979 年,老挝当局借改革币制为名,搜刮华人游资。对在城市失去谋生手段而被迫从事农业的华人,则只分配少许口粮和土地。1975 年前,华人工业企业有 240 家,万象三大商业街有华人商店 500 多家,华人聚居的南部重镇巴色有华人商店 400 多家,旧王都琅勃拉邦也有华人商店 300 多家。② 到 1975 年以后,华人资本被没收,工厂商店被封闭。如老挝夹板厂创建人为陈玉龙,1972 年开始投产,有员工 300 人,1973 年员工增到 500 人,但 1975 年被老挝政府接收;老挝啤酒厂原是越南虎标酒厂与老挝华商投资 350 万美元创立,1973 年 7 月投产,每日产量达到 2000 箱,另生产汽水 2000 箱,1975 年也被政府接收。③ 当局虽然允许华人经营小本生意,但税负极重。老挝华人社团被迫停止活动,华校停办,当时唯一华文报纸《老华日报》也于 1978 年被当局封闭。

1975 年以后,老挝实行的极端政策使华人百年经济基业被连根拔起。谋生无计,大部分华人选择离开老挝,逃亡泰国等周边国家甚至欧美国家。不少人加入越南和柬埔寨的难民队伍,一起组成举世瞩目的印支难民潮。在全世界 160 万印支难民中,包括约 30 万老挝人,其中华人约 9 万。④ 到 20 世纪 80 年代初,原本规模达 15 万的老挝华人社会,只剩下约 1 万人。他们连谋生都很艰难,更谈不上什么社会地位或政治权利。

20 世纪 80 年代中期,一向追随越南国内外政策的老挝当局也开始确立改革开放的路线。1986 年 11 月中旬召开老挝人民革命党第四次代表大会,确定进行经济体制和政治体制改革,实施"新经济机制",调整外交政策,实行对外开放。1988 年,老挝政府颁布《外资投资法案》,1989 年又颁布第 27 号和第 28 号政府法令,设立外资投资管理局和新经济机制实施监督局,努力吸引外资和营造私营经济的发展空间。

---

① 富米冯维希:《老挝和老挝人民反对美国新殖民主义的胜利斗争》,北京:人民出版社,1974 年,第 11、22 页。

② 陈碧笙:《世界华侨华人简史》,厦门:厦门大学出版社,1991 年,第 374 页。

③ 梁英明主编:《华侨华人百科全书(经济卷)》,第 244 页。

④ 傅曦、张俞:《老挝华侨华人的过去与现状》,《八桂侨刊》2001 年第 1 期。

在社会政策方面,新制度保障宗教自由,允许建立民间社团,创办私立学校。1991 年,老挝人民革命党"五大"会议提出了发展公立和私立学校的教育发展战略。当年 8 月 14 日由老挝最高人民议会通过的老挝新宪法,允许开办执行国家教育大纲的私人学校,华校因此纷纷复办。到 20 世纪 90 年代中期,老挝有 4 所华文学校复办,都是全日制学校,以创办于 1937 年的万象寮都公学规模最大,2002 年在校生达到了 1131 人,教师 60 多人。寮都公学是万象中华理事会的下属部门,接受老挝教育部,万象市、县教育局的业务领导。寮都公学进行三语教学(中文、老挝文、英文),学校配备物理、化学实验室,有完善的体育设施。目前,中国暨南大学、华侨大学、南宁中国语言文化学校等院校已书面委托寮都公学为其招生,学生高中毕业后,品学兼优者可优先选送到中国有关大学深造。[1] 另外三所包括沙湾拿吉的崇德学校,现有学生 300 多人,教师 20 多人;巴色的华侨公学,现有学生 300 多人,教师 20 多人;朗勃拉邦的新华学校,学生 830 人。[2] 随着外来华资增多和前来老挝旅游的华人日益增多,中文逐渐成为一种有较高经济价值的语言,很多老挝人也不惜缴纳昂贵的学费,把子女送到华校就读。

第四节　日韩对华侨华人的政策及中国新移民

一、日本的华侨华人政策

(一)战后日本华侨社会

日本战败后,日本华侨社会发生巨大变化。首先是身份的恢复和变化。在日华侨由战争时期的"敌对国公民",转变成"战胜国公民"。1946 年 6 月 22 日,中华民国行政院公布并实施"在外台侨国籍处理办法",据此,原来籍隶日本台湾殖民地的在日台湾人,可自动恢复其中国国民身份,中国政府视之为华侨。如若不愿恢复中国国籍者,须于 1946 年 12 月 31 日之前向中国驻外公馆提出申请。大量在日台湾同胞放弃日本国籍,恢复中国国籍。原来被胁迫到日本的中国劳工,也恢复其国民身份,可选择回国或作为华侨定居于日本。华

---

① 老挝寮都公学供稿,www. hslmw. com/node2/node116.

② www. gxi. gov. cn/economy/zgydny/dnyhqhr. htm;傅曦、张俞:《老挝华侨华人的过去与现状》,《八桂侨刊》2001 年第 1 期。

侨成为"战胜国"侨民后,享有某些便利和优惠,所从事的行业,尤其是贸易业有较大的发展。[①] "许多以往从事单帮式贩卖活动的华侨,一时间改而经营商店、餐馆、贸易、不动产等"各业,[②]日本各地出现了不少华侨经营的剧场、百货店、贸易商社,甚至出现了一两家华侨所办的大工厂。根据日本通产省 1955 年 7 月发布的数字,尽管华侨并非是在日最大外国人群体,但在 1954 年日本登记在案的外国人商店中,华侨经营的商店数目居首位。[③] 神户的许多餐馆都是华侨开办,或称华侨的财产在神户占五成。[④] 战前日本华侨的传统行业"三把刀",在战后得到较大的发展。20 世纪 50 年代以后,随着日本民间贸易的开放和经济秩序的恢复,华侨所经营的各行各业受到很大冲击,尤其是贸易行业,迅速被边缘化,多只能维持对台湾和东南亚华商的贸易。日本华侨社会也没能产生类似东南亚的华侨豪富,其基本生活水平与日本人大体相当。

战后初期,又有不少中国人到日本,或投亲探友,或应聘经商,部分人留居日本。因此,在战后初期,日本华侨华人数量迅速增加。1945 年,日本华侨数量 26373 人。到 1951 年,迅速增长至 43377 人。其中,祖籍台湾者约占 40%～50%,留学生约占 10%,约有 4000～5000 人。[⑤] 根据 1989 年以前日本法务省及其出入国管理局对在日外国人的管理,在日本合法居留达 15 天以上的外国人共分为 28 种,[⑥]但统称"在日外国人"。凡持中国护照并获得这 28 种居留资格之一的中国人,统称"在日中国人"。1980 年以前的在日中国人,几乎都是 50 年代以前就在日本定居或在日本出生的,拥有永久居留权,也即我们所称的华侨。而华侨与日本人通婚所生子女,如持日本国籍,则不在华侨之列。

由于日本实施严厉的入籍条件和出入境管制,1950—1972 年间,华侨、华人总体人数变动不大,一直保持在 5 万人左右。即使在中日建交初期的 1980 年,日本华侨人数也仅 52896 人。[⑦]

---

① 罗晃潮:《日本华侨史》,广州:广东高等教育出版社,1994 年,第 354～355 页。

② 市川信爱:《现代南洋华侨的动态分析》,九州:九州大学出版会,1991 年,第 115 页。

③ 段柏林:《中华思想与华侨》,东京:亚洲文化综合研究所,1992 年,第 126 页。

④ 《林同春传》,北京:华侨出版社,1997 年,第 217 页。

⑤ 朱慧玲:《中日关系正常化以来日本华侨华人社会的变迁》,厦门:厦门大学出版社,2003 年,第 29 页。

⑥ [日]竹内昭太郎、谢俊哲:《外国人就职、研修申请指南》,日本加除株式会社,1993 年,第 19 页。

⑦ 朱慧玲:《华侨社会的变貌及未来》,东京,日本桥报社 1999 年,第 119 页。

表 8-1　1950—1989 年日本华侨人口的变化

年度	1950	1960	1965	1970	1975	1980	1985	1989
总人数	40481	45535	49418	51481	48729	50353	67895	129269

资料来源:朱慧玲:《中日关系正常化以来日本华侨华人社会的变迁》,第 41 页。

(二)1972 年以来日本对在日中国人的政策

中日邦交正常化后,两国往来日益频繁,以各种形式赴日并在日定居的中国人激增,在日中国人、华人以 7‰的年均增长率激增。①

1972 年《中日联合声明》的发表,中日实现邦交正常化,两国关系发展突飞猛进。1974 年,中日两国政府签订《中日贸易协定》、《中日航空运输协定》、《中日海运协定》。次年,又签订了《中日渔业协定》。随着两国政治关系的解冻和商贸关系的飞速发展,人员往来日益频繁,前往日本的中国人数量激增。1979 年以后,中日正式互派留学生。1980 年,中日政府签订《科技合作协定》。互派留学生和《科技合作协定》开启了大规模中国留学生和学者赴日的大潮。1982 年,中国访日人员由 1972 年的 500 人增加到 19000 人,日本访华人员由 1972 年的 8300 人增加到 138000 人。②

为了适应经贸全球化带来的劳力、人才全球流动的需要和日本老龄化社会加速而导致的人才、劳力短缺,日本自 20 世纪 80 年代以来,调整了原来严厉的外国人出入境制度和入籍管制,这些政策的调整客观上有利于中国人移民和定居日本。

与华侨华人关系密切的在日外国人法规主要有三个,即《出入国管理及难民认定法》(“入管法”)、《外国人登录法》和《国籍法》。《入管法》规定哪些人可以入境、居留和就职,《登录法》管理在日外国人的居住状况和身份及活动,《国籍法》则认定外国人入日本国籍的条件。

《入管法》制定于 1951 年,在 1981 年日本加入《国际难民条约》后,在原有的《出入国管理令》中增设认定难民身份的条款,同时简化了对日本的原殖民地韩国、朝鲜及台湾的在日侨民“永居权”的审批手续,有利于这些侨民永住权的获得。1989 年,日本政府将原 18 种在日外国人签证种类增至 28 种;将外国人在日“就职”签证变为 7 种;允许日本企业雇佣外国人职员;允许持“留学”签证的外国人毕业后,可直接在日将“留学”签证变更为“就职”签证,不必重新回国办理入境手续。1999 年,《入管法》对在日外国人的居留期限和居留条件作重大修改,以 1999 年 8 月法务省正式颁布的变更(延长)21 种签证居留期限细则为标志,重点是放宽居留期限,以促使日本顺利接受外国人、促进在日外国人的"安定化"。居留期限的延长,不但使尚未获得永住权的在日中国人节约了居留成本,也便利他们今后获得永住权。虽然《入管法》的修改目的是为了方便日本吸纳外国人才,但为中国人以留学名义移民日本大开绿灯,而在日外国人,尤其是留学生就职条件和居留条件的放宽,更使中国人以留学名义达到定居日本的目标不再是遥不可及,进一步强化了移民日本的动机。在 1989 年《入管法》修改以前,中国留学生完成学业后得到"就职"签证的仅年均 200 人左右。1989 年以后,中国自费生绝大多数选择了在日就职。1992—1998 年,每年均有中国留学生 1500～2000 人转为"就职"签证。截至 1998 年底,持此"就职"签证的中国人 32546 人,占在日外国人"就职"签证持有者总数(118961 人)的 27.4%。[①] 就职者中,大约 2/3 以上是原留学人员。必须指出的是,日本修改《入管法》,成功地吸引了中国数以十万计的留学生人才,对弥补日本因出生率降低和老龄化社会造成的人才、劳力短缺有重大意义。对中国而言,如此规模的潜在人才移民日本,是中国教育和人才资源的流失。

《登录法》的修改条款中,对赴日中国人有较大影响的是"按指纹"条例的废除。根据 1952 年的《登录法》,除日本法律规定的免于登录的人员——入境停留不满 90 天者,外国使领馆官员、随员和外国政府、国际机构的工职人员,驻日美军及其家属以及日本法律特别规定的不必登录人员外,所有首次入境的外国人均须履行"按指纹"的"登录"义务。1997 年,日本废除了《登录法》中持"永居者"签证的外国人按指纹的条款,但在日居留一年以上的非"永居者"外国人,仍须履行更换居留证时的指纹按捺义务。[②] 1999 年,日本国会通过《外国人登录法》修正案,废除外国人在登录时必须按指纹的制度,规定取得一年以上签证者,或在日本居住 1 年以上者,无论持何种签证,都无须在外国人登录证上按手印,而只需签名。至此,延续了近百年的源于"将外国人当作犯罪嫌疑犯"思维方式的指纹按捺制度终于被彻底废除。对在日居留的无证移民而言,无须指纹按捺,客观上方便其以冒名顶替或其他方式延长居留。因此,日本法规对外国人合法居留资格条件的放宽,使在日中国人中,具有"日本人的配偶者等"、"永住者的配偶者等"、"定住者"居留资格的华侨越来越多。

---

① 财团法人入管协会编:《在日外国人统计》,转引自朱慧玲:《中日关系正常化以来日本华侨华人社会的变迁》,第 80 页。

② (日)《读卖新闻》1997 年 3 月 31 日。

1986年,具有以上资格的仅19497人,到2000年,增至87862人。①

相比以上两个法规,《国籍法》对中国移民的入境和定居日本影响最大。日本国土狭窄,人口稠密,在历史上,平民和统治阶层排外心态严重。因此,直到1985年以前,日本政府对待外国人入籍,一直奉行"有条件地严格限制归化"的原则。根据这一原则,日本的国籍法以"父系血统主义"为基准,与日本女性所生的子女,原则上不能加入日本国籍,只能成为在日侨民。1952—1967年间,获准入籍的华人仅有4137人。入籍人数的多寡取决于"日本法务大臣的裁定和当时日本政府的政策需要"。② 1985年,日本修改《国籍法》,以"父母两系血统主义"为准则,规定父亲或母亲为日本公民时,其子女出生时可为日本公民;新《国籍法》实施前在日出生的未成年(不满20岁)人,如果母亲是日本公民,3年内(1985年为起点)可通过申请加入日本国籍;作为日本公民配偶的外国人,连续3年以上在日居住或结婚满3年并连续1年以上在日居住且拥有住所者,可批准其归化入籍。③ 由于中日通婚日多,绝大多数是中国女性嫁给日本男性。因此,中国新娘被允许入籍,中国人与日本人结婚所生子女也自动具有日本国籍,大批华侨因此成为日本公民。更重要的是获得日本国籍的华人越来越多,他们可通过日本国民的各种待遇,申请在中国的亲属来日投亲居留,引发"连锁移民"效应。日本《国籍法》还促进了在日中国人与日本人的通婚率。由于不用担心子女和配偶的国籍归属问题,中日通婚者数量急遽增加。

此外,日本的其他涉及在日外国人的管理条例均有所放宽,如聘用外国人作地方公务员的国籍限制逐步被废除、外国人取得"永居"和"定居"权的条件日渐放宽、非日本人配偶的外国人加入日本国籍的条件日益放松、在日外国人子女就读日本大学的门槛逐渐降低等。

中日关系的改善和20世纪80年代以后日本政府放宽外国人入境、居留和入籍的政策,使日本迅速成为吸引中国移民的国家。日本与中国一衣带水,文化和习俗相近,又是高收入国家,无论是中国的留学移民还是劳工移民,移民日本的成本都低于美国。日本是岛国,且又是单一民族和文化的国家,政府能有效管理出入境和移民。因此,除大规模的留学移民和"家庭连锁移民"外,其他类型的中国移民数量不多。20世纪80年代以来的大规模中国移民,使

---

① 根据日本《中文导报》等中日文资料整理,郭玉聪:《日本华侨、华人的数量变化及其原因》,《世界民族》2004年第5期,第46页。

② 陈正雄:《在日中国人人口动态》,《华侨学校教育的国际比较之研究(上)》,东京:丰田财团资助研究报告书,1988年,第77页。

③ 江传英文等:《国籍法——法律全书(59-Ⅱ)》,东京:有斐阁,1988年,第234页。

日本成为华侨华人人口增长最快的发达国家,在近20年间增长近10倍。1988年,日本华侨华人(在日中国人)88128人。据日本法务省2008年6月3日公布的统计结果表明,截至2007年底,日本的外来人口数量比2006年增长了3.3%,达到2152973人,创下历史新高,其中有606889名中国人,占总数的28.2%。[①] 如加上在日本出生的华人和无身份的居留者,日本华侨华人数量应远高于60万。虽然日本华侨华人人口远少于北美、欧洲和澳洲,但就日本的国土面积而言,应当是吸收中国移民密度最高的发达国家。

二、韩国对华侨的政策

(一)中韩建交前韩国对华侨的政策

1945年以后,南北朝鲜分治,双方在1948年分别成立对立政权。北部华侨约6万人,南部华侨约2万人。[②] 朝鲜战争期间,数以万计的华侨回国。朝鲜战争结束以后,部分华侨返回朝鲜。20世纪50年代末到60年代初,又有大批华侨回国。到70年代,朝鲜仅有华侨6000～7000人。据丹东市有关部门统计,到90年代,朝鲜华侨仅5400多人,大部分集中在平壤和新义州。

1948年,韩国政府制定的国籍法以父系血统主义为原则,如同时期的日本国籍法一样,其宗旨是维持韩国作为朝鲜族的单一民族国家。外国人入籍除满足规定条件外,尚需获得法务部长的批准。[③] 韩国政府严格控制以永久居住为目的的外国侨民进入或滞留韩国,并以有条件地许可外国人入籍的方式严格控制在韩外国人入籍。韩国男性与华侨女性结婚,所生子女可自然获得韩国国籍,如华侨男性与韩国女性结婚,所生子女为中国国籍。[④] 1992年以前,中国政府不承认韩国政府,双方也无经贸人员往来。韩国政府与台湾地区保持"外交关系",因此,韩国华侨几乎都持台湾护照。又由于20世纪50—70年代,韩国仍相当贫穷,华侨前往台湾很便利,持台北护照者也没有加入韩籍的动力。

1949年新中国成立前夕,部分大陆中国人举家移民韩国。据韩国政府统

---

① 日本外来人口中国人最多,登记人数达60万余,(日)《中文导报》2008年6月3日,http://www.chubun.com/modules/article/view.category.php/120.

② 杨昭全、孙玉梅:《朝鲜华侨史》,北京:华侨出版社,1991年,第302页。

③ 崔承现:《韩国华侨史研究》,香港:香港社科创办有限公司,2003年,第144页。

④ 朱慧玲:《韩国华侨社会的变迁与特点》,《华侨华人历史研究》1996年第2期。

计,到 1953 年,韩国华侨有 21058 人,到 1973 年,增至 32841 人,① 主要是人口自然增长率所致。到 1992 年中韩建交前夕,韩国华侨仅 24473 人。其中,23479 人持台北护照,935 人持中国大陆护照,59 人持香港护照。② 华侨人口下降的原因,是 20 世纪 70 年代以后,台湾经济腾飞,很多华侨放弃韩国的居留权,到台湾谋生。

(二)中韩建交以后韩国对华侨的政策

1992 年中韩建交以后,两国经贸关系发展突飞猛进。2007 年,两国贸易规模超过 1500 亿美元。与此同时,中国已经成为韩国最大的海外投资对象国,而韩国也成为中国第四大外商直接投资来源国。截至 2007 年 11 月底,韩国累计对华实际投资总额为 342.6 亿美元。截至 2006 年 9 月,中国对韩国的投资也达到了 8.9 亿美元。③ 经贸关系的飞速发展导致交通便畅和人员往来频繁,韩国很快成为也成为中国移民的目的地之一。尤其是 20 世纪 90 年代以后,韩国政府放宽出入境、外国人就业和入籍政策,大批中国人涌入韩国,以东北朝鲜族人为最,韩国华侨华人社会规模急遽扩大。

韩国自 20 世纪 80 年代成为新兴工业化国家以后,工资水平急剧上升,出生率连年呈下降趋势,快速进入老龄化社会,劳动力缺口带来越来越大的压力。如同其他进入高收入社会的国家一样,韩国劳动力逐渐不愿从事艰苦、脏累和危险的"三 D"(Difficult, Dirty and Dangerous)行业,导致很多相关中小企业劳动力严重短缺,转而雇佣外籍劳工。韩国奥运会(1988 年)期间,对出入境管理相对放松,菲律宾和尼泊尔等低收入的亚洲国家劳动力,趁机持短期或旅游签证进入韩国非法打短工,违反现有的韩国《出入国管理法》(Immigration Law)以及《出入国管理法施行令》。

随着非法外籍劳工数量不断增加,对韩国经济和社会秩序造成一定程度的冲击,要求放松和规范外国劳工雇佣制度的呼声越来越高。因此,韩国政府在 1993 年正式实行"产业技术研修生制度",作为引进外籍劳工的唯一正式制度,以缓解中小企业对外籍劳工的需求。产业技术研修制源于日本,是用于为发展中国家培训熟练技术工人的制度。韩国在 1991 年引进这一制度,原本也只适用于那些投资海外的韩国企业培训投资所在地的公司职员。但迫于国内对外籍劳工的需求,被作为变相地引进廉价外籍劳工的制度。引入外国研修生,不是为了培训他们获得技术,而是让他们充当没有合法权利的临时性廉价

---

① 崔承现:《韩国华侨史研究》,第 160~161 页。
② 崔承现:《韩国华侨史研究》,第 195 页。
③ 《2007 年世界华商发展报告》,中国新闻网,2008 年 1 月 16 日。

劳动力。企业以培训方式引进研修生,研修生工作期间领取研修补贴,而非作为工人领取工资。即便在韩研修生的待遇不如韩国工人,仍吸引很多亚洲发展中国家的劳力。很多中国人,尤其是东北的朝鲜族人利用"研修生"渠道前往韩国。

研修生制度一方面导致企业对研修生的盘剥,另一方面又使大批研修生因待遇太差而逃离研修企业,成为黑工。因此,招致韩国各阶层的广泛批评。1998年,韩国政府修改了其《出入国管理法》及《出入国管理法实施令》,将外国人每三年需更新签证的时间延长至五年。同时,又修订了《国籍法》,将原本以父系血统为国籍认定的标准,放宽为父系、母系任一方血统皆可认定的标准。入籍的放宽对中韩通婚所生的子女入籍提供了方便。同年,韩国政府颁布了应用于国内各业的"外国人研修就业制度",取代以前的"产业技术研修生制度"。新制度规定,经过2年研修后的产业研修生,可经过考试获得研修就业(E-8)资格,并正式就业1年。新制度适用于1998年4月1日以后进入韩国的产业研修生。在韩国的外国研修生中,中国人的数量一直占首位。2002年末,在韩中国研修生40868人,约为在韩外国研修生的40%。在合法研修后就业人员中,中国人有5954人,约占近1/3。[①]

即使如此,大批外国研修生或不堪忍受低待遇而私下跳槽,或研修期满后滞留韩国,造成在韩非法劳工数量不断增长。根据韩国劳动部资料,2000年,在韩国的非法工人数量有23.5万人,次年,增长到25.52万,2002年达28.92万。到2003年,在韩国的外籍工人共38.55万,其中,非法工人30.47万,将近占总量的80%。[②] 为了解决大批在韩非法劳工引发的法律和社会问题以及满足韩国对外籍劳动力的需求,2003年7月,韩国国会通过了"关于外国劳动者雇佣等的法律",实行外国劳工雇佣许可制,与研修生制度并行,适用于包括制造业在内的所有行业。根据该法案,外籍劳工在韩国国内的合法就业期限最长为3年,并需要每年签署劳动合同。

为了使在韩外国人对韩国有归宿感,韩国政府在1998年5月对《外国人土地法》进行全面修改。原《外国人土地法》对外国人或外国法人获得土地的审批、数量和用途有严格的限制,只有极少数外国人能得到批准,获得有限的自用土地。新修改的《外国人土地法》取消了对用途、面积的限制,审批的手续也大大简化。

对中国人移民韩国影响更大的是1999年韩国制定并实施《在外同胞出入

[①] Immigration Statistics,2002,Ministry of Justice,Republic of Korea,http://www.dhs.gov/ximgtn/statistics.

[②] 韩国劳动部网,www.molab.go.kr:8787.

境及法律地位法》(简称《在外同胞法》)。《在外同胞法》的基本目标是对"在外同胞"开展积极支援活动,给予海外朝鲜族人在韩国的权利几乎等同于韩国公民;规定海外朝鲜族人可以在韩国登记住所后滞留 2 年,并可以延长期限;不必重新申请入境许即可自由出入境;具有就业及购买、拥有和处理不动产权利;可利用金融服务。虽然该法规定不包括中国的朝鲜族和俄罗斯的高丽人,但对外籍朝鲜族的优待而为持有探亲居留的朝鲜族逾期滞留打开方便之门。由于签证手续复杂,在韩打工的中国朝鲜族人多超期滞留。一些民间团体要求废除现行的《在外同胞法》,给予中国和俄罗斯的朝鲜族人同等待遇。2001年,韩国宪法法院判决,政府制定的《在外同胞法》因未将中国朝鲜族纳入"在外同胞"而违宪,要求国会修改该法。不久,韩国国会又通过《在外同胞法》修正案,将中国朝鲜族纳入了"在外同胞"范围。2004 年,韩国法务部废除了以前限制中国朝鲜族人获得国籍的"中国同胞国籍业务处理方针",制定了对所有韩国"海外同胞"实行相同获得国籍程序的规定。根据此规定,只需具备以下条件之一,就可获得韩国国籍:除本人以外,堂亲以内亲属在韩国国内拥有户口本;通过族谱、目前居住国家公共部门证明文件、遗传基因识别等方式证明本人和韩国国民有血缘关系;在海外同胞第一代子孙中,未能注册户口的1945—1949 年出生者有望恢复国籍;无论是海外第一代同胞的未婚子女,还是已婚者,只要具备资格,就能获得国籍;即使是非法滞留者,拥有国内户口的第一代同胞、其配偶、未婚子女和已经恢复韩国国籍的第一代同胞的配偶、未婚子女都能恢复国籍。中国政府则明确反对将中国朝鲜族公民纳入恢复韩国国籍的这项规定,因为这项规定违反了中国的单一国籍政策。①

　　由于中韩政治和经贸关系飞速发展,韩国政府也采取一些支持和鼓励韩国华侨华人的措施,尤其体现在重建中国城和支持韩国华商召开世界华商大会上。仁川是韩国华侨的最早定居地,市政府计划全面恢复原来的唐人街,政府划出 113850 平方米的土地,计划在 2010 年完成中国城建设。釜山市政府在 2007 年 7 月划拨 114917 平方米的土地,在草梁洞修建中国城特区。全州为原山东华侨的聚居地,现正在建设 250 米的唐人街。韩国政府大规模兴建唐人街和特区的目的,不但是为了激发在韩华侨华人的经济活力,也希望借此引入海外华商资本。韩国政府全力支持韩国华侨华人主办 2005 年第八届世界华商大会,更体现韩国政府重视海外华商网络的态度。韩国贸易协会、大韩贸易振兴公司、韩国全国经济人联合会、大韩商工会议所等工商业组织均参与

---

① 张英:《韩国"在外同胞法"的性质及影响分析》,《东北亚研究》2008 年第 1 期。

筹办,以弥补作为首倡单位的韩国中华总商会影响力不足的问题。① 当时韩国总统卢武铉也亲自出席了开幕式。

到 2007 年底,在韩中国人达 50 万,主要是朝鲜族人,是中国新移民增长速度最快的国家之一。② 与此相关的是大量韩国人移居中国,据称,2007 年在中国的韩国人达 80 万。

---

① 郑永禄、李和承:《韩中建交后韩国华侨社会地位变化考察》,《华侨华人历史研究》2008 年第 3 期。

② 《韩国境内中国人剧增共达 50 万人》,《朝鲜日报》2008 年 5 月 6 日。

第三篇

东亚华人经济体崛起及其一体化趋势

第九章
东亚经济崛起与华商

第一节　香港、台湾、新加坡经济的崛起

　　自 20 世纪 50 年代末 60 年代初开始,东亚的香港、台湾、新加坡①三个华人经济体相继实行对外开放政策,推行出口导向型的工业化发展战略,经济开始起飞。到了 20 世纪 70 年代末期,它们都跨入了"新兴工业化"②行列,成为举世瞩目的经济奇迹创造者。这三个华人经济体也因此被西方经济学界誉为发展中国家(地区)中的"优等生",与韩国一道脱颖而出,成为亚洲经济的"四小龙"。本节在探讨香港、台湾、新加坡经济腾飞的背景和条件的基础上,重点分析这三个华人经济体在 20 世纪 60 年代至 80 年代的经济的增长与变化。

一、香港、台湾、新加坡经济崛起的背景与条件

(一)有利的国际环境

　　香港、台湾、新加坡的经济起飞于 20 世纪 60 年代前后,其动力来自发达国家的产业转移与当时有利的国际环境,也因为美国、日本等西方发达资本主义国家的扶持。

　　二战以后,西方发达国家在新科技革命的推动下,经历了 20 年经济高速增长的"黄金时代"。到 20 世纪 60 年代后,西方国家被迫加快了对自身产业

---

　　①　新加坡虽是多民族国家,但其华人人口占 75% 以上,并主导该国工商业。因此,将其归入华人经济体之列。

　　②　OECD(经济合作与发展组织)1979 年首次在其年度报告中,把一些工业化水平较高的发展中国家和地区称为 NICS(Newly Industrializing Countries:新兴工业化国家),这其中包括香港、台湾、新加坡;但实际上香港、台湾并不属于"国家"的范畴,因此后来在 1988 年发达国家首脑会议(多伦多会议)上,根据加拿大代表的提议,将 NICS 改为 NIES (Newly Industrializing Economies:新兴工业化经济体)。

结构的调整,重点发展技术与资本密集型的新兴工业。发达国家产业结构的这一调整,造成了劳动密集型产品市场的空缺,正好为香港、台湾、新加坡发展轻纺等劳动密集型工业提供了一个巨大的海外市场。与此同时,香港、台湾、新加坡凭借其良好的经济基础和大量高素质的廉价劳动力,自然成为西方跨国公司理想的投资场所。由于这些国家与美国和其他西方国家保持特殊关系,不仅可以充分利用与发达国家缔结的双边贸易协定和英联邦的贸易特惠制所享受的特殊待遇,也可以享受普惠制中给予发展中国家的普遍优惠,从而为它们实施外向型经济战略提供重要保证。①战后的国际政治格局尽管处于长期的冷战对峙态势,但在不同阵营的内部则维持了一个相对稳定、相互依赖与合作局面。香港、台湾、新加坡与发达国家的密切政治关系及其市场经济制度,无疑为它们的经济顺利发展提供了一个相对稳定和有利的国际背景条件。其中,台湾获得大量的美援,而新加坡和香港则有大量的外国资本流入,这其中也包括为数不少的华人资本。

(二)地缘优势与文化传统

香港、台湾、新加坡都处于西太平洋边沿地带,地形上都属半岛或海岛形态。由于地处海上要冲,且皆具有优良港湾,发展海上交通和对外贸易十分便利,战略地位亦十分重要。新加坡位于马六甲海峡的入口,是连接太平洋和印度洋的枢纽;香港的维多利亚港是世界三大著名天然港口之一;台湾则海岸线曲折,拥有高雄、基隆、花莲三个主要港口。这种地缘优势为它们发展外向型经济提供了良好条件。从文化传统来看,香港、台湾、新加坡同属中华文化区,深受以儒家思想为主的中华文化的熏陶,在经济发展过程中,注意发扬"义利两全"、"致富经国"、"以和为贵"、重视群体、注重教育、甘于吃苦、勤俭节约的儒家优良传统。这些地区曾是东西方文明接触和竞争的交汇点,先后成为西方殖民主义者的前哨贸易站,接受较多现代资本主义理念和制度文化。兼具东西方文化的特性造就了大批精明强干、富有进取精神,又具有很强应变能力的经营管理人员、科技人员和劳工队伍。

(三)有效的经济运行机制与发展政策

虽然香港、台湾、新加坡具备了发展经济的有利环境和良好的先天条件和人文基础,但其经济起飞更关键因素是其内部行之有效的经济运行机制与发展政策。

首先,这些地区都先后建立高效、灵活的经济运行机制,保证了对外开放

---

① 巫宁耕:《亚洲"四小龙"的致富之路》,北京:机械工业出版社,1988年,第44页。

战略的实施。这一机制是市场调节与政府干预①两方面的结合体。在实际的经济运行中,香港、台湾、新加坡根据自身的不同情况与条件变化,分别给予这两方面不同的作用重点和程度,从而使经济活动既能保持生机,又能保持平衡。因此,这一经济运行机制也被称为激发动力和平衡运行的经济机制。在经济起飞的过程中,台湾当局和新加坡政府对经济干预的程度较高,都提出了经济发展方向,制订和实行经济发展计划;香港则采取"积极不干预"的经济政策,但随着经济的发展,从20世纪70年代开始,香港当局对经济干预也在逐渐增加。②

其次,因地制宜,扬长避短,适时提出出口导向的发展战略,发展外向型经济。其主要内容是大力引进国外资本和技术,发挥自己有利的地理环境和廉价劳动力的优势,充分运用原有的工业基础和基础设施较好的条件,发展面向世界市场的出口加工业,通过扩大对外贸易,来带动整个经济的增长。为配合这一战略的实施,香港、台湾、新加坡主要采取如下三项措施:第一,改善投资软、硬环境,制定各种优惠政策,吸引外资,如减免税收、简化手续、利润和资本的自由汇出等。第二,大力引进先进技术和培养本国(地区)技术力量结合起来,发挥跟进效应,不断优化产业结构。第三,重视人力资源的开发和利用,逐年增加教育经费,将普及教育与重点教育相结合,注重提高全民素质的同时,大力发展职业教育和技术教育。

二、香港、台湾、新加坡经济的发展状况

进入20世纪60年代以后,香港、台湾、新加坡经济先后步入了高速增长的时期,其经济发展速度,无论是在发展中地区,还是在世界范围内,都是名列前茅的。三个华人经济体的工业,特别是制造业,获得长足的进步。即使在香港和新加坡,工业也成为经济的重要支柱。工业的高速发展推动了产业结构的调整和优化,大大促进了对外贸易扩张,并带动了交通运输、通讯、建筑、金融和其他服务业的繁荣。总之,到了20世纪80年代,它们已经从原来以农业和转口贸易为主的经济,转变为以工业为主体的多样化经济。

---

① 这里所指的政府对经济的干预是指通过制订发展计划、编制预算、实施各项法令和政策来实现,并不意味着干涉企业经营性活动。

② 李相文、韩镇涉、叶绿茵:《亚洲"四小龙"》,北京:新华出版社,1988年,第13页。

表 9-1　香港、台湾、新加坡经济增长率(1965—1990)

单位:%

年份	香港	台湾	新加坡
1965	—	8.97	7.5
1970	6.2	11.32	13.7
1975	2.8	4.44	4.1
1980	10.9	7.12	9.7
1981	9.4	5.76	9.6
1982	3.0	4.05	6.9
1983	6.5	8.65	8.2
1984	9.5	11.59	8.3
1985	−0.1	5.55	−1.6
1986	11.9	12.57	1.8
1987	13.9	11.87	9.4
1988	7.9	7.84	11.1
1989	2.5	7.33	9.2
1990	2.3	7.32	9.0

资料来源:1965—1980 年数据来自华人经济年鉴编辑委员会编:《华人经济年鉴
(1994)》,第 596 页。1981—1990 年数据来自"行政院"主计处编:《国民经济动向统计季
报》,第 46 页。

说明:台湾经济成长率为 GNP 的年增长率,新加坡、香港为 GDP 的年增长率。

(一)经济增长速度与人均国民生产总值的变化

从 1960 年到 1990 年香港、台湾、新加坡一直是世界经济成长率最高的区
域之一。根据世界银行的统计,从 1965 年到 1980 年,香港年平均经济增长率
达到 8.6%,新加坡则高达 10%,而同期整个世界平均经济增长率只有 4%,
发达国家为 3.7%。[①] 台湾经济自 20 世纪 60 年代起飞之后,经济快速发展,
60 年代和 70 年代的平均经济增长率分别达到 9.6% 和 9.7%。[②]进入 20 世纪

① World Bank, *World Development Report* 1992: *Development and the Environ-
ment*, Oxford University Press, Inc. New York, 1992, p. 221.

② 李晓:《东亚奇迹与"强政府"》,北京:经济科学出版社,1996 年,第 1 页。

80 年代以后,尽管国际经济形势比较严峻,香港、台湾、新加坡经济在 1982 年和 1985 年都遭到较大冲击,但就整体而言,仍保持较高的增长速度。根据亚洲开发银行的统计数据,香港、台湾、新加坡在 20 世纪 80 年代的年平均经济增长率分别达到了 7.1%、8.5%、6.3%;[1]而同期整个世界平均经济增长率只有 3.2%,发达国家为 3.1%。[2]

表 9-2　香港、台湾、新加坡人均 GDP/GNP(1965—1990)

单位:美元

年份	香港	台湾	新加坡
1965	—	217	—
1970	801	389	916
1975	1813	964	2504
1980	5462	2344	4851
1981	5594	2699	5691
1982	5829	2653	6181
1983	5339	2823	6954
1984	5894	3167	7450
1985	6144	3297	6911
1986	6958	3993	6766
1987	8292	5275	7947
1988	9638	6333	9443
1989	11351	7512	10780
1990	12069	7954	11575

资料来源:1965—1980 年数据来自华人经济年鉴编辑委员会编:《华人经济年鉴(1994)》,第 598 页。1981—1990 年数据来自"行政院"主计处编:《国民经济动向统计季报》,第 46 页。

说明:香港、新加坡的数据为人均 GDP,台湾数据则为人均 GNP。

1966 年,香港、台湾、新加坡的人均国民生产总值分别只有 564 美元、236

---

[1]　Asian Development Bank, *Asian Development Outlook* 1992, Oxford University Press, p. 289.

[2]　World Bank, *World Development Report* 1992: *Development and the Environment*, Oxford University Press, Inc. New York, 1992, p. 221.

美元、710 美元。①随着经济的高速增长与人口出生率的下降,其人均国民生产总值迅速提高,在 20 世纪 70 年代分别达到了 1000 美元,即新加坡在 1971 年,香港在 1972 年,台湾在 1976 年,先后跨入了新兴工业化国家和地区(NICS)行列。② 1989 年,香港和新加坡的人均 GDP 都已超过 1 万美元,台湾则在 1992 年亦超过 1 万美元。③至此,香港、台湾、新加坡这三个华人经济体都已跻身于世界上高收入国家和地区行列。

(二)产业结构的特点和变化趋势

在 20 世纪 50 年代,香港和新加坡都为贸易港,对外贸易是它们的主导产业,其他部门大都是为对外贸易行业服务的;而台湾还是以农业为主的社会,工业基础薄弱,主要是一些轻纺部门。20 世纪 60 年代以后,这三个华人经济体抓住西方发达国家产业结构调整的有利时机,利用本地廉价而充足的劳动力资源,低廉的进口原料和燃料,广阔的轻工外销市场等条件,大力发展了劳动密集型产业,形成了以出口加工工业为龙头的产业格局。进入 20 世纪 70 年代以后,随着经济发展,它们的产业又不同程度地向重化工业和高科技工业转化,到了 20 世纪 80 年代服务业在国民经济中的地位不断上升。

1989 年,香港的农业占 GDP 比重只有 0.4%,工业部门则经过 20 世纪 70 年代大发展以后,在总体经济中所占的比重相对下降。同期,服务业的比重迅速上升,从 1970 年的 61.4%上升到 1990 年 73.2%。④ 60 年代以后,台湾的产业格局呈从农业主导转变为工业主导,再转向服务业主导的阶梯式传递状况。农业在经济结构中的比重不断下降,从 1970 年的 16.9%降为 1989 年的 4.4%。工业的地位显著上升。1960 年,工业在 GDP 中的比重为 26.9%,到 1970 年,上升至 55.5%。服务业总体呈上升趋势,到 1990 年,已占 GDP 的 50%。新加坡的产业重心也呈从工业向服务业转移之势。其工业占 GDP 的比重从 1960 年的 17.6%上升至 1990 年的 37.1%。服务业的比重在 20 世纪 60 年代和 70 年代逐步下降。80 年代中期以后,新加坡调整了经济发展战略,优先发展服务业,使其比重有所回升,1990 年服务业占 GDP 的比重为 62.6%,⑤与此同时,服务业中贸易行业的比重相对下降,金融和保险等行业上升很快。

---

① 巫宁耕:《亚洲"四小龙"的致富之路》,第 12 页。
② 李相文、韩镇涉、叶绿茵:《亚洲"四小龙"》,第 32 页。
③ 叶耀明:《亚洲"四小龙"经济起飞新探索》,上海:同济大学出版社,1995 年,第 2 页。
④ 郑德良:《现代香港经济》,广州:中山大学出版社,1993 年,第 120 页。
⑤ 王勤:《新加坡经济发展研究》,厦门:厦门大学出版社,1995 年,第 53~55 页。

表 9-3　香港、台湾、新加坡的产业结构(农业、工业、服务业占 GDP 的比重)

单位：百分比

年份	香港			台湾			新加坡		
	农业	工业	服务业	农业	工业	服务业	农业	工业	服务业
1960	—	—	—	28.5	26.9	44.6	3.5	17.6	78.9
1965	2.0	40.0	58.0	23.6	30.2	46.2	3.0	24.0	74.0
1970	2.2	36.5	61.4	16.9	55.5	47.7	2.3	29.8	67.9
1980	0.9	32.0	67.2	7.9	46.0	46.1	1.1	38.8	60.0
1989	0.4	28.8	70.9	4.4	45.4	50.1	0.4	36.6	63.0
1990	0.0	26.0	73.0	4.2	43.4	52.3	0.3	37.1	62.6

资料来源：华人经济年鉴编辑委员会编：《华人经济年鉴(1994)》，第 600 页。

说明：这里的工业包括建筑业。

(三)对外贸易的发展与国际收支状况

随着 20 世纪 60 年代以后工业化进程的加速，香港、台湾、新加坡以国际市场为导向发展外向型经济，为对外贸易的扩大奠定了坚实基础，出口速度大大加快，从而带动整个经济的发展。

香港对外贸易总额从 1960 年的 17.15 亿美元增至 1989 年的 1453 亿美元，30 年间增长了近 86 倍，同期出口贸易从 10.26 亿美元增至 721.5 亿美元，进口贸易额从 6.89 亿美元升至 731.4 亿美元。根据世界银行的统计，1965 年至 1980 年香港的商品贸易出口年平均增长率为 9.1％，进口为 8.3％；而同期世界各国商品贸易平均增长率为 6.6％。[1] 1988 年香港的贸易总值分别超过韩国、台湾和新加坡，居亚洲"四小龙"之首；在亚洲仅次于日本，世界排名第 11 位；同年香港的人均贸易总值达 21600 美元，超过美英日等发达国家，仅次于新加坡，居世界第二位。[2]

台湾在 1960 年至 1989 年间，对外贸易总量从 4.61 亿美元猛增至大约 1186 亿美元，30 年间增加了 256 倍，其中出口贸易增速更快，从 1.64 亿美元增至近 663 亿美元，增加了大约 403 倍；与此同时，进口贸易也从 2.97 亿美元增至大约 523 亿美元。此间，台湾外贸收支实现从逆差到顺差的转变，1960

---

[1]　World Bank, *World Development Report* 1992：*Development and the Environment*, Oxford University Press, Inc. New York, 1992, p. 245.

[2]　叶耀明编著：《亚洲"四小龙"起飞新探索》，第 141～142 页。

年台湾外贸入超 1.33 亿美元,至 1989 年出超 140.39 亿美元。根据世界银行的统计,1965 年至 1980 年台湾的商品贸易出口年平均增长率为 18.9%,进口为 15.1%;1980 年至 1990 年间,其商品贸易的出口和进口的年平均增长率分别为 12.1%和 10.1%,远远高于同期世界各国商品贸易平均增长率。①

新加坡的对外贸易虽然一向比较发达,但在 20 世纪 60 年代以后也呈飞速发展之势。其对外贸易总额从 1960 年的 24.68 亿美增至 1989 年的近 944 亿美元,30 年增长了 37 倍。同期,出口贸易额从 13.32 亿美元猛增至 497 亿美元,进口贸易额从 11.36 亿美元增至 448 亿美元(见表 9-4)。随着国内工业化进程的推进,国产品出口占出口贸易的比重不断上升,1990 年达到 65.9%,彻底改变了新加坡单一转口贸易的经济结构。②

随着外向型经济发展不断深入,商品和服务贸易迅速增长,香港、台湾、新加坡的国际收支状况在 20 世纪 80 年代有了明显改善,外汇储备不断增加。虽然香港和新加坡的商品贸易通常是逆差,但是依靠各种无形贸易(主要是国际旅游和交通运输这两个项目)收入,国际收支经常项目能大致保持平衡。香港是亚洲首屈一指的旅游中心之一,旅游业一直是香港经济的重要支柱,1970 年香港旅游业收入为 18.21 亿港元,1990 年却猛增至 379.77 亿港元,③旅游业的发展,大大增加了香港的外汇收入,成为弥补贸易逆差,改善国际收支状况的重要来源。新加坡的情况也类似,其国际旅游业一直保持顺差,是平衡新加坡国际收支的重要因素。1970 年新加坡的国际收支经常项目赤字为 5.85 亿美元,到了 1990 年却盈余 24.45 亿美元,1970 年新加坡的外汇储备只有 10.12 亿美元,1990 年猛增至 277.48 亿美元。④在台湾方面,1980 年国际收支经常项目还有赤字 9 亿美元,此后情况逐步好转,1989 年经常项目盈余达到 113.85 亿美元;⑤台湾的外汇储备 1965 年仅为 2.45 亿美元,凭借 20 世纪 80 年代巨额贸易顺差,1990 年外汇储备增至 724 亿美元,1991 年更高达 824 亿美元,一度排名世界第一。⑥

---

① World Bank, *World Development Report* 1992: *Development and the Environment*, Oxford University Press, Inc. New York, 1992, p. 244.

② 王勤:《新加坡经济发展研究》,第 57 页。

③ 余仁:《世界经济与亚洲"四小龙"》,广州:广东旅游出版社,1993 年,第 609 页。

④ World Bank, *World Development Report* 1992: *Development and the Environment*, Oxford University Press, Inc. New York, 1992, p. 253.

⑤ Asian Development Bank, *Asian Development Outlook* 1992, Oxford University Press, p. 304.

⑥ 马爱军、刘明兴:《论台湾证券市场的国际化和大陆的证券市场对台融资》,《投资研究》1993 年第 6 期,第 47 页。

表 9-4　香港、台湾、新加坡的对外贸易统计(1960—1990)

单位:百万美元

年份	香港			台湾			新加坡		
	进口额	出口额	贸易差额	进口额	出口额	贸易差额	进口额	出口额	贸易差额
1960	1026	689	−337	297	164	−133	1332	1136	−196
1965	2838	1143	−1695	556	450	−106	1243	981	−262
1970	2124	2515	391	1524	1481	−43	2461	1554	−907
1975	6381	6026	−355	5952	5309	−643	8133	5375	−2758
1980	22447	19752	−2695	19733	19811	78	24007	19376	−4631
1981	24797	21827	−2970	21200	22611	1412	27572	20967	−6605
1982	23575	21006	−2569	18888	22204	3316	28167	20787	−7380
1983	24017	21959	−2053	20287	25123	4836	28158	21833	−6325
1984	28568	28323	−245	21959	30456	8497	28667	24070	−4597
1985	29703	30187	484	20102	30726	10624	26285	22812	−3473
1986	35365	35439	74	24181	39862	15680	25512	22495	−3017
1987	48467	48478	11	34983	53679	18695	32559	28886	−3873
1988	63899	63156	−734	49673	60667	10995	43872	39303	−4569
1989	72153	73140	987	52265	66304	14039	49675	44678	−4997
1990	82496	82160	−337	54716	67214	12498	60770	52729	−8041

资料来源:香港和新加坡的数据来自华人经济年鉴编辑委员会编:《华人经济年鉴》,北京:中国社会科学出版社,1994 年,第 602～603 页。台湾的数据来自 Council for Economic Planning and Development,Taiwan Statistical Data Book 2007,p. 212.

说明:进口额按到岸价格,出口额按离岸价格计算。

通过对 20 世纪 60 年代至 80 年代香港、台湾、新加坡的经济崛起的探讨与分析,我们不难发现这三个华人经济体存在诸多共同点:第一,在东西方交往史上,台湾、新加坡、香港都曾是东西方文明接触和竞争的交汇点,先后成为西方殖民主义者的前哨贸易站,冷战时期都处于西方资本主义阵营;第二,地理上都属海岛或半岛形态,位置接近中国大陆,面积狭小、资源有限;第三,经济上面临的机遇相似,起飞的时间相同,都重视国际贸易,发展模式接近,并都稳定高速发展了 20 年;第四,文化上同属于中华文化圈,深受儒家思想影响,语言相通,人民一般吃苦耐劳、勤俭节约。

香港、台湾、新加坡经济的崛起还与华人资本和华商网络密切相关。在经济起飞阶段,华人资本在一定程度上弥补了工业发展资金的不足,华商网络也为它们发展外向型经济提供了有利条件;进入 20 世纪 80 年代,香港、台湾、新加坡经济都面临世界贸易保护主义加剧的问题和国际市场竞争的巨大挑战,在进行产业升级、技术引进、企业国际化的过程中,世界华商资本和经贸网络依然扮演重要角色。在另一方面,伴随着香港、台湾、新加坡经济的崛起,经济体内的华人资本的积聚或企业的合并过程明显加快,产生许多资本规模庞大、经济实力雄厚的华人企业集团;这些华人企业为了分散风险和发展的需要,积极进行跨国的投资与贸易活动,在很大程度上活跃和扩大了华商经贸网络。

第二节　马来西亚、菲律宾、泰国、印度尼西亚华人经济地位的增强

二战以后,东南亚华侨社会逐渐转为华人社会,华人经济也成为当地民族经济的重要组成部分。随着东南亚国家经济自由化战略的实施,华人的经济实力在 20 世纪 80 年代和 90 年代初迅速扩张。

一、华人经济地位增强的原因

20 世纪 70 年代以后,东南亚国家逐渐成为国际投资和产业转移的热点。1985 年日元升值后,日本迅速超过美国,成为东盟最大的投资国,据日本贸易振兴会的统计,1986—1995 年的十年间日本对马、菲、泰、印尼的投资总额高达 262.76 亿美元,[①]极大推动这四个东盟国家经济的发展,美国和西欧不愿日本独占东南亚市场,也不断加大对东南亚的投资,而新兴的工业化国家和地区如韩国、中国香港和台湾,也加入了这股浪潮,致使 70 年代中期以来,东南亚一直成为国际投资的热点。1978 年中国改革开放之后,随着中国与东南亚国家政治关系的正常化,中国大陆广阔的市场和日益改善的投资环境,吸引了大量东南亚资本进入中国,其中相当大部分属于东南亚华人资本,仅 1991 年至 1996 年,前东盟五国(新加坡、马来西亚、菲律宾、泰国和印度尼西亚)对中

---

① Source:Japan External Trade Organization,Japan's Outward FDI(based on reports and notifications)by Country/Region(value)(1951—2004),http://www.jetro.go.jp/en/stats/statistics/rnfdi_01_e.xls.

国大陆的投资就达到 90.20 亿美元,①这些投资还不包括东南亚华商透过香港等第三地向中国大陆的投资。东盟经济一体化不断发展也为东南亚华人经济的发展提供了广阔的活动舞台。

进入 20 世纪 70 年代后,东盟成员国政局大都比较稳定,各国政府十分注重经济的发展,调整经济发展战略,强调农业和工业同步发展,促进经济的多元化、民营化、自由化,注意吸引外资,放宽投资限制的同时,充分利用国内资金,大力发展出口工业,这些国家的经济取得了较快发展。就 20 世纪 70 年代的 GDP 年平均经济增长率来看,马来西亚、泰国和印尼的平均增长速度均接近 8%,即使发展最慢的菲律宾也达到 6%,而 20 世纪 70 年代亚洲整体的年平均增长率为 5.2%,世界经济的年平均增长率也只有 3.4%。② 到了 20 世纪 80 年代初,由于世界经济的不景气,这些国家的经济发展速度有所放缓,东盟各国推行的发展经济的政策及经济发展本身,推动了包括华人经济在内的整个民族经济的发展,许多东南亚华人企业就在这一阶段走向多元化、集团化、国际化。

表 9-5　马来西亚、菲律宾、泰国、印度尼西亚(1970—1993)GDP 年均增长率统计

单位:%

年份国家	70 年代	80 年代	1986	1987	1988	1989	1990	1991	1992
马来西亚	7.8	5.2	1.2	5.4	8.9	8.7	9.8	8.6	8.5
菲律宾	6.0	1.0	3.4	4.8	6.3	6.1	2.4	−1.0	2.8
泰国	7.9	7.8	4.9	9.5	13.2	12.0	10.0	7.5	8.0
印尼	7.7	5.5	5.9	4.9	5.8	7.5	7.4	6.4	6.7

资料来源:Asian Development Bank,Asian Development Outlook 1992,Oxford University Press,p. 288.

各国政府放松对华人经济活动的限制,也是东南亚华人经济实力发展的重要原因。印尼苏哈托政府上台并稳定政局之后,逐步解除了对华人的多种管制,在出口贸易、金融、工农业等投资领域,制订了更为自由的一揽子计划,把华人企业集团视为国家经济建设的骨干,促进华人资本的积极性。菲律宾在 1969 年马科斯上台后,逐步将华人资本视为发展国家经济的主要力量之一。菲律宾政府在 1967 年颁布鼓励投资法,1970 年颁布鼓励出口法,1973 颁布废除米黍业菲化案,1974 年颁布鼓励旅游法、农业鼓励法令、

①　笔者根据 1992—1997 年的《中国对外经济贸易年鉴》的数据整理而得。
②　[日]对马宏:《东盟的经济增长》,《南洋问题资料译丛》1997 年第 3 期,第 26 页。

外资实业管理法等,这些法令开放国内外资本参与宪法中规定的"菲化"经济领域的开发,并给予相关优惠待遇,使华人企业也能参与这些原"菲化"经济领域的开发。① 1975 年中泰建交后,泰国对华侨华人政策的进一步放松和调整,放宽华侨华人出入境的限制,鼓励华人企业跨国经营,支持泰国华人到中国投资。80 年代中期,马来西亚政府调整歧视华人的"新经济政策",修改了《工业协调法》,同年又颁布了《促进投资法》,部分改善华人企业国内发展环境,促进了华人中小企业的发展。1991 年,马来西亚政府又提出给华人经济发展带来新的机遇的"国家开发政策",②许多华人企业利用政府放宽私人投资的时机,向制造业、种植业、房地产业、酒店业等产业发展,形成一批大型的华人企业集团。

华商企业的经营方式与网络,也是华人企业发展的重要因素。华商企业不但重视企业内部的和谐关系和高度的凝聚力,也注意处理好与政府部门、竞争对手和客户的关系。东南亚华人企业家尤其重视与当地政要的交往,以便减少政策限制和经济因素以外的干扰。特别要强调的是,华人文化中的勤俭、刻苦和诚信精神,是东南亚华人资本积累和企业发展的基本动力。东南亚华商在经营过程中,视诚信为生命,以诚待人,以信立业,因此能广结良缘,降低交易成本,提高投融资效率,并建构合作网络。华商网络并非排他性网络,也包括了华商与非华商的经济联系,③它是华商生存和发展的特殊有利条件。东南亚华商网络的运作也被认为是最具有历史经验、功能强大和卓有成效。④华商网络作为一种重要的无形资产,在外部市场信息不确定、不对称的情况下,往往能够提供一种信任机制,使经济交易融入一些情感因素,使买卖双方建立起一种友善信任的合作关系,从而为"关系网"内成员间的相互交换和分享信息、互惠互利奠定坚实的基础。正如《远东经济评论》在评价郭氏兄弟企业集团取得成功的原因时所指出的那样:"郭鹤年成功的关键之一,在于有能力维持其与广泛的亚洲商人及银行家无懈可击的联络结合,他的伙伴皆为亚

---

① 庄国土:《华侨华人与中国的关系》,广州:广东高等教育出版社,2001 年,第 336~337 页。

② [日]山下彰一:《马来西亚新国家发展政策的概要与各种课题》,《南洋问题资料译丛》1994 年第 1 期,第 55~65 页;日本广岛经济大学《经济研究论文集》第 15 卷第 2 期,1992 年。

③ East Asia Analytical Unit, *Overseas Chinese Business Networks in Asia*, Department of Foreign Affairs and Trade, Australia, 1995, pp. 245~249.

④ 郭梁:《辨析华商网络》,《东方企业文化》2005 年第 10 期,第 15 页。

洲最有势力者之中的名流。"①

华商企业的管理者也逐渐步入年轻化和专业化的进程。受过良好教育的年青一代华人企业家开始主导企业的经营管理,为企业发展注入了新的活力。他们不少毕业于欧美著名学府,具备专业技能,接受过现代化企业管理系统的专业训练,并继承了老一辈企业家的敬业精神。由于他们能够把握世界经济发展变化的机遇,注意改革企业旧的经营体制,引进先进技术和现代企业的管理方法,并善于利用前辈创立的经济关系和社会关系网络拓展业务,许多华人企业得以持续发展、不断壮大。这一时期进入企业管理核心的东南亚年轻企业家代表有三林集团创始人林绍良的儿子林逢生,盘谷银行创始人陈弼臣的次子陈有汉,以及郭氏集团创始人郭鹤年的儿子郭孔函、郭孔炎等人。

华商企业淡化家族色彩,也为企业增添了活力。20 世纪 70 年代后,马、菲、泰、印尼华人企业为适应发展的需要,大都通过上市、募股、与当地资本合作、与外商合资等渠道,广泛地筹集资金。如泰国的盘谷银行,在 20 世纪 70 年代初修改银行组织章程,向公众募股,从开创时少数人持股的商业银行变为各阶层人士均可参股的"大众银行",资本额直线上升,1980 年比 1971 年增加了 6.9 倍,平均每年增长 25.2%。② 很多华商企业起用非家族成员的高级管理人员,如林绍良集团旗下的第一太平洋集团总裁曼纽·彭基利南,盘谷银行继陈弼臣任总裁的黄闻波、担任常务董事会主席的庵蕾·威拉旺以及接任陈龙坚出任暹罗机器集团董事长的乃努军。

二、华人经济地位的提升

据美国学者的估计,在二战前夕,英属马来亚、菲律宾、泰国、荷属东印度四地的华侨所支配的资本总计大约为 5.5 亿美元,③从事的行业涉及零售贸易、种植业、矿业、金融业、运输业和加工制造业等领域。20 世纪 50 年代初至 60 年代,东南亚的华人商业资本遭到限制后,逐渐向工业资本转移,经济实力有所增长。进入 20 世纪 70 年代后,东南亚四国华人充分发挥自己的特长与潜力,抓住东盟国家工业化过程的发展机遇,经济上取得了长足的进展,华人

---

① 庄炎林主编:《世界华人精英传略(新加坡与马来西亚卷)》,南昌:百花洲文艺出版社,1994 年,第 171 页。

② 庄国土:《华侨华人与中国的关系》,第 341 页。

③ Helmut G. Callis, Capital Investment in Southeastern Asia and the Philippines, Annals of the American Academy of Political and Social Science, Vol. 226, *Southeastern Asia and the Philippines*, (Mar. 1943), pp. 29~30.

资本额迅速扩大。亚洲金融危机前东南亚华人资本高达 3000 亿美元,大约是 20 世纪 70 年代的 18 倍。马来西亚华人资本的增长大致反映这种趋势。根据马来西亚有限公司股权资本统计,1970 年华人股本占全马来西亚有限公司股本的 26.2%,金额为 3.42 亿马元,1982 年其所占比重上升至 33.4%,华人股本金额为 163.46 亿马元,到了 1990 年华人股本所占份额增至 44.9%,股本金额更高达 492.97 亿马元[①](折合 182.24 亿美元[②]),与战前马来西亚华侨资本总额相比,增幅达几十倍,这还不包括没有改组为有限公司的华人企业资本和其他无法统计的小股资金。

虽然东南亚华人已经积累了大量资本并成为推动地区经济发展的一支生力军,但华人资本并非像有些研究者声称的那样支配东南亚经济。根据日本学者岩崎育夫的研究,华人资本实际上只占总资本额的 1/3 左右,[③]其中华人企业占马来西亚、菲律宾、泰国、印度尼西亚四国企业总销售额或市场份额的比重分别为 25.3%、22.2%、31.3%、29.8%。马来西亚、菲律宾、泰国、印尼的华人资本已经是所在国国内资本的重要组成部分,在所在国生根发展,具有牢固的经济基础。

与华人资本额迅速增长相关的是华人企业集团的兴起。华人企业集团是指以华人控股为主,由拥有雄厚资本实力的核心企业、主要企业及附属或关系企业所组成的企业群体。[④] 东南亚华人企业集团大致形成于 20 世纪 70 年代,而其经济实力的迅速发展则是在 80 年代,尤其是 20 世纪 80 年代中期以后。[⑤] 到了 90 年代,东南亚华人企业集团已逐渐成为该区域一股新兴的国际投资力量,并在区域经济发展中发挥愈益重要的作用。

在 20 世纪 90 年代,马来西亚拥有资本规模在 2 亿美元以上的华人企业

---

① [马]蔡维衍:《从三个经济政策,七个大马计划看马来西亚的经济发展情况》,《吉隆坡暨雪兰莪中华工商总会 100 周年纪念特刊(1904—2004)》,第 131 页。

② 根据 1990 年度马元对美元平均汇率计算(当年马元对美元汇率:1 美元＝2.705 马元)。Asian Development Bank, *Asian Development Outlook* 1992, Oxford University Press, p. 308.

③ Ikuo Iwasaki, A Reflection on Some Basic Characteristics of Ethnic Chinese Capital in Contemporary Southeast Asia, in edited by Yu Chungsun, *Ethnic Chinese Their Economy, Politics and Culture*, The Japan Times, Ltd., 2000, p. 29.

④ 汪慕恒主编:《东南亚华人企业集团研究》,厦门:厦门大学出版社,1995 年,第 1 页。

⑤ 王勤:《东南亚华人企业集团的形成与发展》,《厦门大学学报(哲社版)》1995 年第 4 期,第 25 页。

集团约有 40 家,资产在 4 亿美元以上的有 17 家,[①]主要的华人企业集团有郭鹤年的郭氏兄弟集团、林梧桐的云顶集团、郭令灿的丰隆(马)集团、骆文秀(已故)的东方实业集团、林木荣和林天杰父子的甘文丁机构或马化控股集团、刘耀全的刘蝶集团、李莱生(已故)的吉隆坡甲洞集团、邱继炳的马联工业集团、陈志远的成功集团、雷贤雄的马婆资本集团、钟廷森的金狮集团等。[②] 菲律宾的华人企业集团也有较快发展,但其资本规模和数量上要较其他三国来得少,菲律宾著名的华人企业集团有郑周敏的亚洲世界集团、陈永栽为首的企业集团、吴奕辉为首的企业集团、杨应琳为首的企业集团、郑少坚的首都银行集团、施至成的 SM 集团等。[③] 泰国的华人企业集团也颇具规模,其主要的华人企

表 9-6 东南亚华人资本额的变化统计表

年代	东南亚华人资本估计额
第二次世界大战前 (20 世纪 30 年代末以前)	6.44 亿美元(据 H. G. Gallis 估计)
	9.43 亿美元(据福田省三估计)
20 世纪 50—60 年代	29.67 亿美元(据内田直作估计)
	29.30 亿美元(据游仲勋估计)
20 世纪 70 年代	166 亿美元(据吴元黎估计)
20 世纪 80 年代前半期	600 亿美元(据游仲勋估计)
20 世纪 80 年代后半期	1000 亿美元(据郭梁估计)
20 世纪 90 年代	3000 亿美元(据《亚洲周刊》估计)

资料来源:郭梁:《东南亚华侨华人经济简史》,北京:经济科学出版社,1998 年,第 200～202 页。

业集团有陈有汉的盘谷银行集团、谢国民的正大集团、李木川和李智正的大城银行集团、黄子明的曼谷置地集团、吴玉音与吴光伟的伟成发集团、陈龙坚的暹罗机器集团等。印尼华人企业集团亦发展十分迅猛,据统计,1991 年印尼国内最大的 200 家私营企业集团中,华人企业集团占 167 家,其中前 11 家最大的企业集团均为华人企业集团。[④] 印尼最大的华人企业集团主要有:林绍

---

① (马)《南洋商报》1993 年 9 月 7 日,转引自云冠平、陈乔之主编:《东南亚华人企业经营管理研究》,北京:经济管理出版社,2000 年,第 106 页。

② 庄国土:《华侨华人与中国的关系》,第 343 页。

③ 华人经济年鉴编辑委员会编:《华人经济年鉴(1995)》,第 84 页。

④ [印尼]《经济新闻》1992 年 4 月号,转引自汪慕恒主编:《东南亚华人企业集团研究》,第 2 页。

良的三林集团、黄奕聪的金光集团、彭云鹏的巴里多太平洋集团、蔡道行的盐仓集团、李文正的力宝集团、黄惠祥的针织集团、吴家熊的大马集团、徐清华的芝布特拉集团、郑建信的波普·哈山集团、霍佐佑的燕达尔玛迪集团等。

表 9-7　华人资本在马来西亚、印度尼西亚、泰国、菲律宾所占的份额

单位:%

资本类型	国家							
	马来西亚		菲律宾		泰国		印度尼西亚	
	N	M	N	S	N	S	N	S
国家资本	20.0	48.0	20.0	31.4	10.0	13.2	55.0	67.1
本地资本	30.0	22.6	16.7	16.9	10.0	9.9		
华人资本	35.0	25.3	30.0	22.2	40.0	31.3	37.0	29.8
外国资本	15.0	4.1	33.3	29.5	40.0	45.6	8.0	3.1

资料来源:Ikuo Iwasaki,A Reflection on Some Basic Characteristics of Ethnic Chinese Capital in Contemporary Southeast Asia,in edited by Yu Chungsun,*Ethnic Chinese Their Economy*,*Politics and Culture*,The Japan Times,Ltd. ,2000,p. 30.

说明:N——公司数目。S——总销售额。M——市场占有额。

　　1996 年香港《亚洲周刊》刊载的股票市值在 1.85 亿美元以上的"国际华商 500"的资料显示,在全世界最大的 500 家华人企业中,马来西亚有 98 家,菲律宾有 15 家,泰国有 30 家,印度尼西亚 31 家,四国合计 174 家,占总数的 34.8%;马来西亚、菲律宾、泰国、印度尼西亚四国入选"国际华商 500"的华人企业股票市值分别为 761.22 亿美元、162.69 亿美元、452.18 亿美元、291.37 亿美元,四国合计 1667.46 亿美元,占总股票市值的 30% 左右,上述这些数据表明,马来西亚、菲律宾、泰国、印度尼西亚四国华人企业集团在世界和亚洲的华人企业中占有相当重要的地位,具备雄厚的经济实力。就个人财富而言,根据香港《资本家》(Forbes)杂志 1995 年的统计,全世界资产在 1 亿美元以上的华人富豪有 368 人,资产合计 3463 亿美元,在东南亚国家中,泰国人数最多,有 50 位华人入选(占 13.59%),资产额 764 亿美元(占 22.1%);马来西亚 37 人(占 10.1%),资产额 342 亿美元(占 9.9%),印度尼西亚 26 人(占 7.1%),资产额 471 亿美元(占 13.6%),菲律宾 25 人(占 6.8%),资产额 247 亿美元(占 7.1%),①四国合计有 138 人,资产总额 1824 亿美元(占 52.7%)。1996

---

　　①　香港《Forbes(资本家)》1995 年 6 月号,转引自郭梁:《东南亚华侨华人经济简史》,北京:经济科学出版社,1998 年,第 205～206 页。

年资产超过1亿美元的华人有376人,其中菲律宾亚洲世界集团的创办人郑周敏被列为全球最富有的华人,估计其财富约为130亿美元。[1]

表 9-8 东南亚国家华人企业集团的经济实力比较

单位:亿美元

国别或地区	企业数(个)	股票市值(%)	销售额(%)	资产总额(%)	在最大的100家华人企业中拥有的企业数(个)
中国香港	114	1887.37(33.75)	471.96(24.60)	2555.84(30.52)	28
中国台湾	156	1397.75(24.99)	692.06(36.07)	1587.13(18.96)	25
马来西亚	98	761.22(13.61)	347.91(18.13)	764.00(9.12)	15
泰国	30	452.18(8.08)	89.85(4.68)	1135.40(13.56)	11
新加坡	60	640.36(11.45)	158.59(8.27)	1641.44(19.61)	11
印度尼西亚	31	291.37(5.21)	132.11(6.89)	461.16(5.51)	5
菲律宾	15	162.69(2.91)	26.00(1.36)	227.79(2.72)	5
合计	500	5592.93(100.00)	1918.48(100.00)	8372.76(100.00)	100

资料来源:香港《亚洲周刊》1996年11月4日—11日号:"国际华商500",转引自郭梁:《东南亚华侨华人经济简史》,北京:经济科学出版社,1998年,第205页。

　　20世纪70年代以来,马、菲、泰、印尼的华人企业经营多元化与国际化,大大增强了华人企业生存发展和抗风险能力,既扩大和活跃了华人商业网络,也是华人经济地位提高的重要表现。

　　华人金融资本的发展,很大程度上体现了东南亚华人经济实力的成长。20世纪70年代以后,伴随着马、菲、泰、印尼经济迅速发展和资本社会化程度的提高,各国国内资本的积聚和银行金融机构的兼并过程明显加快,许多华人银行金融机构通过收购、兼并、参股等途径,不断扩大其资本规模和经济实力,逐步在国内银行金融业占据重要地位。从马、菲、泰、印尼四国的华人银行业

[1]　华人经济年鉴编辑委员会编:《华人经济年鉴(1997—1998)》,第550页。

表 9-9　东南亚五国 11 家最大华人上市企业集团(1996 年)

位次	企业集团	市值(百万美元)	行业	国别
1	Bankok Bank	10620	银行	泰国
2	OCBC Bank	8866	银行	新加坡
3	United Overseas Bank	7014	银行	新加坡
4	Thai Farmers Bank	6714	银行	泰国
5	Resorts World	6186	休闲业	马来西亚
6	City Developments	6161	不动产	新加坡
7	Genting	5425	控股	马来西业
8	Gudang Caram	5265	丁香烟	印度尼西业
9	Hajaya M Sampoerna	5230	丁香烟	印度尼西业
10	Singapore Press Holdings	5100	新闻	新加坡
11	Telecomasia Corp	4917	通信	泰国

　　资料来源:*Straits Times*,25 July 1996. 转引自岩崎育夫:《华人资本的政治经济学》,东京:东洋经济新报社,1997 年。

表 9-10　东南亚(部分)华族企业海外初始直接投资概括

公司名称	基地	主要经营业务	初始投资年代和地点
盘谷银行	泰国	银行	1954 年香港,1955 年东京
郭氏兄弟集团	马来西亚	酒店	1970 年新加坡
亚世集团	菲律宾	金融等	1971 年中国台湾
大华银行	新加坡	银行	1972 年日本,1974 年英国
正大集团	泰国	饲料等	1972 年印尼,1974 年香港
三林集团	印度尼西亚	多元化	1975 年香港
丰隆(马)集团	马来西亚	多元化	1977 年香港
华侨银行	新加坡	银行等	20 世纪 70 年代东南亚

　　资料来源:康荣平、柯银斌:《华人跨国公司成长论》,北京:国防大学出版社,2001 年,第 38~39 页。

来看,属泰国的华人银行最具规模,由华资控制或拥有多数股权的盘谷银行、泰华农民银行、大城银行和京华银行,在国内银行金融业具有重要地位。其中盘谷银行是 20 世纪 90 年代东南亚地区最大的商业银行,1991 年资产额达

256.6 亿美元,国内外分支机构达 291 家;泰华农民银行是国内第三大银行,占国内 15%的存贷款市场;大城银行是国内第五大银行,1991 年资产额为 70.48 亿美元,国内分支机构 246 家,该银行存贷款额占国内市场的 7%。①

表 9-11　20 世纪 90 年代初东南亚部分华人银行一览

国别	银行名称	创办时间	银行资产额	银行分支机构或控制的海外银行	所属集团
印尼	中亚银行	1957 年	115204 亿盾（1992 年 6 月）	国内分行 400 多家、香港第一太平银行等	三林集团
	力宝银行（前身为印尼商业银行）	1989 年	33041 亿盾（1992 年 6 月）	国内分行 140 多家、香港华人银行、美国加州力宝银行等	力宝集团
马来西亚	大众银行	1965 年	26.61 亿美元（1990 年底）	国内外分支机构 81 家	大众银行集团
	丰隆银行（前身为马联银行）	1994 年（1960 年）	37.7 亿美元（1989 年底）	国内外分支机构 71 家、香港道亨银行等	丰隆集团
菲律宾	首都银行	1962 年	20.78 亿美元（1991 年底）	国内外分支机构 223 家	郑少坚集团
	黎刹银行	1960 年	10.42 亿美元（1992 年 3 月）	国内分行 100 余家	杨应琳集团
	联盟银行	1977 年	10.13 亿美元（1992 年 3 月）	国内分行 128 家	陈永栽集团
泰国	盘谷银行	1944 年	256.6 亿美元（1991 年底）	国内外分支机构 291 家	盘谷银行集团
	泰华农民银行	1945 年	109.29 亿美元（1990 年底）	国内外分支机构 335 家	泰华农民银行集团
	大城银行	1945 年	70.48 亿美元（1991 年底）	国内分行 246 家	大城银行集团
新加坡	大华银行	1935 年	418.3 亿新元（1992 年底）	国内外分支机构 132 家	大华银行集团
	华侨银行	1932 年	411.4 亿新元（1992 年底）	国内外分支机构 99 家	华侨银行集团
	华联银行	1949 年	158.9 亿新元（1992 年底）	国内外分支机构 105 家	华联银行

　　资料来源:王勤:《东南亚华人金融集团的发展与特点》,《华侨华人历史研究》1994 年第 3 期,第 24 页。

---

　　①　华人经济年鉴编辑委员会编:《华人经济年鉴(1996)》,第 186 页。

就企业数量而言,占压倒多数的还是从业人员很少的那种小规模家族式中小企业。正如日本学者岩崎育夫所认为的那样,"东南亚华人资本一方面有盘谷银行、三林集团、丰隆集团等大企业,他们轰轰烈烈地在世界上展开资本主义竞争活动,另一方面又有这些无数的家族小企业固守着传统的形态和产业领域而生存着,这里形成极为鲜明对照的两副面孔正是东南亚华人资本的真实面貌"。[①]

马、菲、泰、印尼华人经济地位的增强以及华人资本的集团化、多元化、国际化,为其在 20 世纪最后 20 年与中国成功的经济合作奠定了坚实基础,大大推动了以中国大陆为核心的东亚华商网络的恢复与发展。

第三节 东亚华人资本与经贸网络(20 世纪 60—80 年代)

东亚华人资本,指东亚区域内的华人资本,理论上包括中国大陆、港澳台地区、东南亚、朝鲜半岛和日本华人资本以及俄国远东地区的华商资本。但本书讨论的主题,是中国大陆与其他东亚地区华人资本的合作和融合。由于朝鲜半岛和日本的华商实力尚有待成长,又限于资料的掌握有限,故本书讨论的东亚华人资本,集中于港澳台和东南亚华人资本。

20 世纪 80 年代以来,东亚华人经济的奇迹,成为全球经济发展的亮点。本节重点阐述以新加坡、香港、台湾为中心的东亚华人资本投资与贸易网络,以便从中窥探其与当时东亚华人经济崛起的关系。

一、东亚华人资本的主要构成

20 世纪 70 年代以后,伴随着东南亚国家工业化进程的推进和对华人经济政策的调整,东南亚的华人资本迅速壮大,涌现出一大批规模庞大的华人企业集团,成为东亚区域资本流动的一支生力军。根据游仲勋教授的估计,1968年东南亚华人资本总额达到 29.30 亿美元,其中新马地区为 12 亿美元,泰国为 7 亿美元,菲律宾为 5 亿美元,印度尼西亚为 4 亿美元,而南越和缅甸合计1.3 亿美元。到了 1975 年东南亚华人资本迅速增加至 166 亿美元,其中新加坡的华人资本为 46 亿美元,泰国和马来西亚同为 37 亿美元,印度尼西亚为26 亿美元,菲律宾为 20 亿美元;进入 20 世纪 80 年代后,东南亚华人资本规

---

① [日]岩崎育夫:《东南亚的华人资本与国民经济(下)》,《南洋问题资料译丛》1999年第 2 期,第 66 页。

模不断扩大,80 年代中期东南亚华人资本额约为 500 亿美元,到了 80 年代末已达到 1000 亿美元。[①] 历史上印支三国和缅甸的华人经济本身力量较弱,加之战后遭遇极为不利的生存环境,他们在东南亚华人资本中所占比重很小,因此战后东南亚华人资本主要指的是新加坡、马来西亚、泰国、印度尼西亚、菲律宾五国的华人资本。

香港华人资本是指由华人控制及管理的、以香港为基地或经营重心的私人资本,[②]其主要资产、业务和盈利来源集中在香港,不包括以国家资本为后盾的中资机构。

表 9-12　东南亚各国华人资本推算统计表

单位:百万美元

国别	二战前夕	1968 年 (按 1962 年价格计算)	1975 年
马来西亚	200	1200	3700
新加坡	(英属马来亚)	(西马来西亚和新加坡的总额)	4600
印度尼西亚	150	400	2600
泰国	100	700	3700
菲律宾	100	500	2000
印度支那	80	80 (仅指南越)	—
缅甸	14	50	—
合计	644	2930	16600

资料来源:二战前夕的东南亚华人资本推算数据来自:Helmut G. Callis,Capital Investment in Southeastern Asia and the Philippines,Annals of the American Academy of Political and Social Science,Vol. 226,Southeastern Asia and the Philippines,(Mar. 1943),pp. 29~30. 1968 年东南亚华人资本推算数据引自[日]游仲勋著,郭梁、刘晓民译:《东南亚华侨经济简论》,第 41 页。1975 年东南亚华人资本推算数据引自(日)《亚洲研究》第 32 卷第 1 期,转引自郭梁:《东南亚华侨华人经济简史》,第 152 页。

在 20 世纪以前,香港华人资本的中坚力量是经营转口贸易,以南北行、金山庄为首的商行和英资洋行、银行和大公司的华人买办,但他们基本上作为英资财团的附属力量而存在,力量弱小,不具备独立性。进入 20 世纪的上半期,伴随着香港作为转口贸易港的日渐繁荣,香港华人资本开始在地产、航运、零

---

① 郭梁:《东南亚华侨华人经济简史》,第 201 页。

② 参见冯邦彦:《香港华资财团(1841—1997)》,香港:三联书店,1997 年,前言部分。

售百货以及银行业等领域崭露头角,但并未在任何一个重要的经济行业占据优势或对英资财团构成强有力竞争。到了20世纪中叶,外来的华人资本对香港华人资本的发展起了关键作用,尤其是1949年中华人民共和国成立前后流入香港以及五六十年代东南亚地区局势动荡和排华浪潮中流入香港的华人资本,使香港的华资在数量上迅速扩张。20世纪50年代初朝鲜战争的爆发,联合国对中国大陆的制裁导致香港的转口贸易一落千丈、经济衰退,香港的传统经济发展道路已被堵塞。就在这一时期,一大批从内地移居香港的华人实业家,连同其携带而来的资金、技术、机器设备、企业管理人才以及与海外市场的联系,在香港建立最初的工业基础。因此,香港华人资本的形成,从一开始就结合了内地资本。

据游仲勋教授的估计,截至1967年9月,香港华人资本大约为6亿美元。[①] 在十年"文革"期间,部分老牌英资财团看淡香港经济,在港投资策略趋向消极并转向海外发展,与此相反,许多华人企业趁机低价吸纳地产和物业,并通过上市集资扩展业务,迅速崛起为实力雄厚的大财团。[②] 至20世纪70年代末80年代,以李嘉诚、包玉刚为首的华资大财团先后收购了青州英坭、和记黄埔、九龙仓、会德丰和香港电灯等历史悠久的英资上市公司,使得香港华人资本进一步壮大,成为香港经济中与英资财团并驾齐驱的两大资本力量。至1986年1月,华人资本所控制的上市公司约占总市值的1/3,而英资略高于1/3,[③]与此同时,香港十大家族财团所控制的上市公司共占上市公司总市值的56.02%,其中华人资本7家,英资只占3家,上述的大家族财团中的三大英资家族集团占总市值的21.14%,七大华资家族集团却占到34.88%(见表9-13)。进入20世纪80年代末90年代初,香港华人资本已经遍及各行业、各领域,其中在制造、地产、航运、仓储和码头以及影视传播等行业占据绝对或相当大的优势,在公用事业方面已能与英资分庭抗礼,此外,华资还在酒店饮食、零售百货占据重要市场份额。到1997年香港回归之时,香港华人资本不仅成为香港经济中最大的资本力量,而且也是推动香港经济发展和维持香港稳定的主要力量。

本节探讨的台湾华人资本指台湾的私人资本。20世纪50年代以后,台湾私人工商业资本由战后流入台湾的大陆资本和土改中转变为工业资本的台湾地主资本组成和发展。在日本殖民统治时期,台籍民间资本发展缓慢,力量薄弱,1941年台籍民间资本仅占股份有限公司缴纳资本额的8.06%,资本额

---

① [日]游仲勋著,郭梁、刘晓民译:《东南亚华侨经济简论》,第41页。
② 冯邦彦:《香港华资财团(1841—1997)》,第488~489页。
③ 郑德良编著:《现代香港经济》,第524页。

15

为 8571.4 万日元,①台湾经济被日本垄断资本完全控制。二战结束后,国民党当局将 85 个日台合资企业和 376 个日资企业(均为中小企业)出售给私人,②才使得台湾私人资本取得一定发展。1949 年前后,伴随着国民党败退台湾,大陆资本大量流入台湾,据统计,仅 1948 年 9 月至 12 月期间,大陆流入台湾的资金就高达 2947 亿旧台币,③其中有一半是私人资本,而流入台湾的私人资本中,大部是上海纺织资本,这些资本到达台湾后很快就设厂营运。此外,台湾私人资本发展的另一个重要因素,台湾当局在 1953 年的土地改革中,因征购土地支付给地主的地价补偿金高达 22 亿新台币,其中 15.4 亿新台币为实物债券,6.6 亿新台币为四大官营企业(台湾水泥、台湾造纸、台湾工矿、台湾农林)的股票,④这一措施将地主的土地资本转变为工业资本,成为台湾私人资本重要组成部分。1955 年台湾私人资本为 20.97 亿新台币,占全台资本总额的 52.3%。⑤

表 9-13　香港十大家族财团控制的上市公司统计表(1986 年 1 月底)

排名	家族名称	所控股票总值 (亿港元)	占上市公司总值 百分比
1	李嘉诚	342.88	13.57
2	怡和(凯瑟克〔Keswick〕家族)	212.1	8.4
3	包玉刚	196.2	7.77
4	嘉道理(Kadoorie)	187.49	7.42
5	太古(史怀德〔Swire〕家族)	134.39	5.32
6	郭德胜	102.89	4.07
7	郑裕彤	83.81	3.32
8	李兆基	81.24	3.22
9	陈曾熙	40.91	1.62
10	邵逸夫	33.14	1.31

资料来源:香港《信报》1986 年 2 月 6 日。

---

① 日本大藏省管理局:《有关日本人海外活动历史的调查》台湾篇第 4 分册,第 90 页,转引自[日]刘进庆著,雷慧英译:《战后台湾经济分析》,厦门:厦门大学出版社,1990 年,第 23 页。

② 金泓汎:《台湾的私人资本》,厦门大学台湾研究所编《台湾经济问题》,第 42 页。

③ [日]刘进庆著,雷慧英译:《战后台湾经济分析》,第 84 页。

④ 金泓汎:《台湾的私人资本》,厦门大学台湾研究所编《台湾经济问题》,第 44 页。

⑤ Council for Economic Planning and Development, *Taiwan Statistical Data Book* 2007,pp. 65~66.

台湾私人资本虽然起步较晚,但发展十分迅速,1960年台湾私人资本为69.08亿新台币,到了1979年就猛增至2338.38亿新台币(见表9-14),20年间增长了近33倍,其中1963年至1972年的促进出口工业化时期,民营工业产值平均每年增长22.8%,比官营工业的增长速度快1.13倍。这一时期台湾私人资本的迅速发展是和台湾当局鼓励发展民营企业分不开的,在20世纪60年代,台湾制定《奖励投资条例》,改善投资环境,鼓励私人资本投资,到70年代,为了鼓励发展民营重工业,特别规定金属制造工业、重机械工业、石油化学工业等生产企业所得税不得超过全年所得的22%。进入20世纪80年代,岛内经济加快产业升级,积极发展策略性工业,创设"新竹科学工业园区",开

表 9-14　历年台湾地区的区内资本构成统计表

单位:百万新台币

年份	资本总额	政府	比重(%)	公营企业	比重(%)	私人资本	比重(%)
1952	2645	345	13	1128	42.6	1172	44.3
1955	4007	550	13.7	1360	33.9	2097	52.3
1960	12692	1438	11.3	4346	34.2	6908	54.4
1965	25652	2410	9.4	5689	22.2	17553	68.4
1970	58147	6591	11.3	16847	29	34709	59.7
1975	180166	25419	14.1	78835	43.8	75912	42.1
1979	395167	51994	13.2	109335	27.7	233838	59.2
1980	505941	68652	13.6	179445	35.5	257844	51.0
1981	532083	79300	14.9	188119	35.4	264664	49.7
1982	482074	83920	17.4	168533	35	229621	47.6
1983	496886	78929	15.9	153757	30.9	264200	53.2
1984	524406	84046	16	127897	24.4	312463	59.6
1985	477610	90296	18.9	113135	23.7	274179	57.4
1986	508874	99348	19.5	101332	19.9	308194	60.6
1987	676715	113513	16.8	140322	20.7	422880	62.5
1988	847467	145517	17.2	137311	16.2	564639	66.6
1989	940242	186045	19.8	181072	19.3	573125	61.0
1990	1015613	240534	23.7	254046	25.0	521.033	51.3

资料来源:Council for Economic Planning and Development,*Taiwan Statistical Data Book* 2007,pp.65~66.

发高科技产业,台湾私人资本把握时机,积极投身其中,产生许多高科技民营企业;此外台湾当局还继续推动公营事业民营化,原有的禁止私人资本投资的行业部门也陆续向私人资本开放,为私人资本的迅速发展创造了良好条件。到了 80 年代末,在台湾私人资本中,虽然已经存在许多实力雄厚的民营企业集团,但是在当时居于主体地位的仍然是数量庞大的中小民营企业,作为台湾现代经济发展的一大特色,中小企业一直扮演推动台湾经济成长的主导者角色。① 1989 年台湾私人资本达到 5731.25 亿新台币,占全台资本总额的 61.0%,是 1952 年私人资本额的 489 倍。

二、东亚华人资本结构的多元化与国际化

在 20 世纪中期,东亚华人资本主要集中在农业、商业以及加工制造业,伴随着东南亚地区、香港、台湾的工业化,华人资本为谋求更大发展,不断进入新的产业领域,到了 20 世纪 80 年代,东亚华人资本已经遍及金融、房地产、制造业、农业、商业、运输、通讯、休闲娱乐等几乎所有产业领域。由于各个国家或地区自然资源禀赋、产业结构、经济发展水平的不同,使得各地的华人资本结构有明显的差异:在香港的华人资本中,房地产型占据优势地位;台湾华人资本则以制造业为主,其中高科技制造业特别突出;在印度尼西亚和马来西亚、菲律宾的华人资本中,加工制造业发展较快;在新加坡,金融业和商业的华人资本居多;而泰国的华人资本多集中于金融和制造业领域。就单个华人企业而言,为增强竞争力和分散经营风险,大多会谋求进入不同产业,形成以一业为主多业经营或多业并重的发展模式,因此在 20 世纪七八十年代产生了许多多元化的东亚华人企业集团。以马来西亚的郭氏兄弟企业集团为例,1948 年郭鹤年以经营进出口贸易起家成立郭氏兄弟有限公司,20 世纪五六十年代开始把商业资本转向产业资本,创办马来亚糖厂和玻璃市种植公司,成为"亚洲糖王";进入 20 世纪 70 年代后,郭氏兄弟集团把投资业务重点转向航运、地产、酒店这三个行业,到了 80 年代末,郭氏家族已经建立起拥有 200 家企业的企业集团,经营领域横跨进出口贸易、蔗糖业、食品工业、油脂工业、石油化工、矿业、酒店业、航运业、房地产业、新闻出版、影视业、金融保险业的等行业。②

随着战后世界经济的不断发展,东南亚国家中新加坡、马来西亚、泰国、印尼、菲律宾这五个东盟国家以及中国台湾和香港越来越多地卷入国际劳动分工与国际商品交换,在这一过程中,东亚华人资本也逐渐走向国际市场,与国

---

① 李非:《台湾经济发展通论》,北京:九州出版社,2004 年,第 179 页。
② 汪慕恒主编:《东南亚华人企业集团研究》,第 111~113 页。

际资本合作,实现跨国经营。东亚华人资本国际化既是华人企业生存和发展的需要,也是所在国家或地区经济国际化的重要组成部分。在东南亚各国工业化的进程中,华人资本不断膨胀,为追求新的市场和利润,逐步转向海外发展。以泰国的盘古银行为例,1944 年陈弼臣创办该银行时,资本金仅为 20 万美元,员工 23 人,到了 1989 年该行的分行已增至 357 家,员工 3 万人,资产总额超过 200 亿美元;盘古银行较早推行国际化战略,1954 年开始在香港设立分行,至 20 世纪 80 年代初,它已经在香港、台北、新加坡、雅加达、吉隆坡、纽约、洛杉矶、伦敦、汉堡、东京、大阪等地设有 40 余家分行。① 早期台湾的私人资本对外投资规模较小,自 20 世纪 70 年代后期开始,逐步加快了向海外发展的步伐,投资的重点主要在发达国家,到了 80 年代后期,随着岛内外汇储备膨胀、新台币升值、资本严重过剩,出现大规模的海外投资,投资重点地区转向东南亚和香港等地,投资的主体既有实力雄厚的企业集团,也有数量庞大的中小企业。香港作为亚洲金融中心,既是国际资本汇集地,也是重要的资本输出地,华人资本在加强香港业务的同时,也不放慢进军海外市场的步伐,到了 80 年代末 90 年代初,香港华资的触角已从香港延伸到加拿大、美国、澳大利亚、欧洲以及东南亚诸国,投资领域遍及能源、地产、酒店、电信、货柜码头、百货零售、制造业以及其他行业。②

在华人社会中,华商之间存在血缘、地缘、业缘的关系,使得华人企业或资本之间更易于合作。据哈佛大学高健教授的统计,华人企业的国内业务的52%,海外业务的 39% 是在华人企业之间进行的。③ 在以诚为本的华人社会中,建立在信用基础上的相互信赖关系是华人企业或资本之间相互协作的基础,所以华人企业之间的交易、融资等业务即使不签合同亦能顺利进行,相反,与外国企业的商务谈判则要"烦琐许多"。华人企业或资本的相互协作关系主要通过相互持股、合并以及共同出资设立新企业等形式来构筑。例如印度尼西亚的力宝集团股份的一半由创立者李文正家族持有,另一半则由林绍良持有。林绍良的三林集团在金融方面与力宝集团,在房地产方面与成功集团,在汽车方面与阿斯特拉集团保持合作关系。④ 1988 年应新加坡总理李光耀之邀,香港顶级华商合作组建新达城市发展有限公司,李嘉诚、郑裕彤、李兆基、

---

① 方雄普:《有关华侨、外籍华人及港澳台资本的一些问题》,萧效钦、李定国主编《世界华侨华人经济研究》,汕头:汕头大学出版社,1996 年,第 30 页。

② 冯邦彦:《香港华资财团(1841—1997)》,第 440 页。

③ John Kao,The Worldwide Web of Chinese Business,*Harvard Business Review*,March-April,1993.

④ 世界华商年鉴编辑委员会:《世界华商经济年鉴(1996—1997)》,北京:企业管理出版社,1998 年,第 82 页。

邵逸夫、曹文锦各占16％的股权,该公司计划投资48亿港币在新加坡兴建亚洲最大的会议展览中心。①

表9-15　部分香港、台湾华人企业海外初始直接投资概况

公司名称	基地	主要经营业务	初始投资年代和地点
南洋纺织	香港	纺织	1952年新加坡,1956年马来西亚
永泰集团	香港	制衣	1963年新加坡,1966年马来西亚
远东集团	台湾	纺织	1963年新加坡
东元电机	台湾	机电	1966年新加坡
太平洋电线电缆	台湾	电缆	1966年新加坡,1971年泰国
永新集团	香港	毛纺	1970年葡萄牙
大同集团	台湾	电器	1972年新加坡、美国
宝光集团	香港	钟表	1976年美国

资料来源：Kang Rongping, Emergence of Ethnic Chinese Multinational Enterprise, in edited by Yu Chungsun, *Ethnic Chinese Their Economy*, *Politics and Culture*, The Japan Times, Ltd. 2000, p. 58.

　　华人企业或资本之间相互协作关系的另一重要表现就是华人企业的关系型融资。在东南亚地区,华人企业相对于当地企业较易通过同族同乡等各种关系从华人银行获得关系型贷款,如泰国的盘谷银行集团,它不仅给本国的大型华人企业集团提供贷款,马来西亚的郭氏兄弟集团等东南亚著名华人企业集团也经常获得盘谷银行的贷款资助。② 20世纪80年代中期,世界航运业陷入空间衰退,香港董氏航运集团深陷危机,董建华获得霍英东协助,答应注资1.2亿美元,才得以进行债务重组渡过难关,③这也是华人企业关系型融资的典型案例。在东亚华人企业或资本相互协作的过程中,华人社团和经济组织往往扮演着相当重要的角色。遍布东亚地区各地的中华总商会,已成为东亚华商联谊、信息交流、利益协调的重要载体;此外,由世界华商领袖发起的世界华商贸易会议④,从1963年至1990年已经海内外累计举办17届,在联系各

---

　　① 冯邦彦:《香港华资财团(1841—1997)》,第446页。

　　② 林勇:《东南亚华人企业融资模式初探》,《华侨华人历史研究》2001年第2期,第36页。

　　③ 冯邦彦:《香港华资财团(1841—1997)》,第268～269页。

　　④ 世界华商贸易会议,系由亚洲华商贸易会议演进而成,1963年在东京首次举办亚洲华商贸易会议,迨至1968年第6届起改为世界华商贸易会议,嗣为扩大参与层面,经第17届会议决议,自第18届(1992年)起更名为世界华商经贸会议,轮流在海内外举行。

地华商,加强互助合作方面亦发挥了重要作用。①

三、东亚华人资本地位

就华人企业集团而言,它是中国香港、台湾以及东南亚各国经济发展的产物,也是东亚华人资本发展壮大的重要标志。二战后,东亚华人资本所在的国家或地区先后推行工业化政策,促使大量华人资本迅速向产业资本转化,兴建大量企业和工厂,资本规模和经营范围不断扩大。20世纪60年代末70年代初,这些华人企业相继在当地股市挂牌上市融资,随后大力收购当地企业,兴办附属公司,使得企业经营规模进一步扩大,到了70年代中后期,新兴的华人企业集团开始涌现。李嘉诚1950年创办长江塑胶厂,并在60年代成为香港的“塑胶花大王”,1965年李嘉诚进入香港地产业发展,并将企业易名为“长江实业”,1972年长江实业公司上市,经营规模迅速扩张,并在20世纪70年代末先后收购老牌英资上市公司青州英坭与和记黄埔,②成为香港举足轻重的华人企业集团。印尼的林绍良家族在60年代末70年代初先后创办了30多家企业,到1973年正式成立三林经济开发企业公司,从而形成了以该公司为核心的三林企业集团。③

20世纪80年代是华人企业发展的黄金时代,他们借助有利的宏观经济政策,通过兼并、参股、与国际资本合作等形式,极力扩大了资本规模和经营范围,产生了一大批实力雄厚的企业集团。据日本经济新闻社统计,1985年亚洲十大富豪中仅一人不是华人,其余九人皆为华人企业集团的领导人,其中三人来自香港、六人来自东南亚,合计资产138亿美元(见表9-16)。20世纪80年代末90年代初,香港最具代表性的华人企业集团主要有:长江实业、新鸿基、恒基兆业、会德丰、新世界、德昌电机、邵氏兄弟、恒隆、东亚银行等企业集团;在台湾主要的企业集团有霖园、台塑、新光、裕隆、和信、长荣、远东、统一、大同、和泰、华隆等企业集团;东南亚的华人企业集团的实力雄厚,比起香港、台湾甚至更胜一筹,1996年全球500家最大华人企业中,旧东盟五国就拥有230家,资产总额高达4229.79亿美元,而香港占114家,资产总额为2555.84亿美元,台湾有156家,资产总额只有1587.13亿美元。④ 总的说来,东亚华人企业集团的崛起,不仅是东亚华人经济势力强劲发展的重要表现,而且也为

---

① 华侨经济年鉴编辑委员会:《华侨经济年鉴(1991)》,第1211页。
② 华人经济年鉴编辑委员会编:《华人经济年鉴(1994)》,第551~552页。
③ 汪慕恒主编:《东南亚华人企业集团研究》,第2页。
④ 《国际华商500》,(香港)《亚洲周刊》1996年11月4—11日号。

华人资本参与东亚区域经济活动提供了重要载体。

表 9-16　亚洲十大富豪(1985)

单位:亿美元

排名	姓名	所属国家或地区	估计资产
1	陈弼臣	泰国	22
2	林绍良	印度尼西亚	20
3	李嘉诚	香港	20
4	恩莱科·索布尔	菲律宾	15
5	郭芳枫	新加坡	15
6	李成伟	新加坡	14
7	包玉刚	香港	10
8	冯景禧	香港	10
9	郭鹤年	马来西亚	10
10	邱德拔	新加坡	7

资料来源:日本经济新闻社编:《亚洲在飞翔》,1985 年,转引自[日]游仲勋:《亚洲太平洋时代海外华人的经济发展》,《南洋问题资料译丛》1993 年第 1 期,第 98 页。

说明:部分是家族资产合计。

　　我们在关注华人企业集团的同时,也不应忽视华人中小企业的重要性,正因为华人中小企业存在,才有华人企业集团的出现,在数量上占绝对多数的华人中小企业不仅是当地生产和流通的重要力量,更是华人经济的中坚力量。在东南亚的马来西亚,截至 1982 年,华人企业中有 80％属中小企业,而且特别集中于小企业;[①]在印度尼西亚,根据 1984 年 8 月印尼商业部的调查资料,华人商业仍维持以中小商家为主的格局,华人中小零售商达 202115 家,占华人零售商总数的 93.4％,[②]就整个国民经济而言,在印尼企业的结构中,大型企业仅占 5％,其余 95％为中小型企业,[③]印尼的华人企业也不例外,绝大多数为中小企业;在菲律宾,华人经济的传统基石是零售业,仅此一项,就占华人经济比重的 43.5％;此外,在泰国和新加坡,中小企业亦占华人企业的绝大部分。在香港,虽然存在许多声名显赫的华人企业集团,但时至今日中小企业仍

---

　　①　董孟雄、陈庆德:《战后经济动荡中的东南亚华人、华侨社会》,《华侨华人历史研究》1989 年第 4 期,第 4 页。

　　②　汪慕恒主编:《东南亚华人经济》,福州:福建人民出版社,1989 年,第 112 页。

　　③　江宗仁:《印尼华人经济现况与展望》,台北:世华经济出版社,1992 年,第 155 页。

是香港经济的重要支柱,香港中小企业近 27.7 万家(绝大多数为华人企业),占企业总数的 98% 以上,其聘用雇员人数相当于私人机构雇员人数的 60%,成为推动香港经济发展的重要动力。① 在素有"中小企业王国"之称的台湾,中小企业是台湾经济发展重要的支撑力量,它们在满足消费需求、繁荣商品市场、创造就业机会、拓展对外出口、进行海外投资等方面发挥着举足轻重的作用。台湾的中小企业基本上都属于私人资本,1990 年台湾中小企业达到794834 家,占全体企业数量的 97%,其就业人口占总数的 63%,出口额占总出口的 65%,②总而言之,台湾中小企业的数量之多、所占比重之高、对台湾经济贡献之大,在东亚地区是绝无仅有的。

四、东亚华人资本的经贸网络

1. 东南亚、香港华人资本对台湾的投资

自 20 世纪 50 年代起,台湾当局就开始采取各项措施鼓励华侨资本③到台投资,1954 年和 1955 年先后颁布《华侨回国投资办法》和《华侨回国投资条例》,④这两项条例的颁布使得东南亚、香港华人资本对台湾的投资有所增加,但由于当时台湾经济管制过严,投资税率又高,东南亚、香港华人资本对台湾的投资规模都很小;1952 年至 1960 年,来自香港的华侨资本只有 470 万美元,来自菲律宾、新加坡、马来西亚、泰国、印尼的华侨资本仅为 170 万美元(见表 9-17)。进入 20 世纪 60 年代后,伴随着美国对台湾经济援助减少并最终结束,台湾当局进一步加大对外商(包括华商在内)的吸引力度,1960 年颁布了《奖励投资条例》,并在 1960 年和 1968 年两次修订《华侨回国投资条例》,使得东南亚、香港华人资本对台湾投资较 50 年代有较大增幅;1961 年至 1970 年间,台湾十年累计吸引香港华侨资本为 5800 万美元,来自东南亚五国的华侨资本投资为 6380 万美元,其中菲律宾是这一阶段东南亚华侨资本对台湾投资最多的国家,投资金额达到 4140 万美元,大体而言,东南亚、香港华人资本在这一时期对台湾投资规模并不大。

---

① 刘韬:《香港如何扶持中小企业》,《人民日报》2007 年 12 月 3 日。

② 林长华:《论台湾产业转型期的中小企业》,《台湾研究》1994 年第 2 期,第 37 页。

③ 在台湾,华侨资本实为华人资本,因为关于华侨的定义,台湾根据血统主义原则,主张承认双重国籍,实际上等于把许多华人和华裔也包括在华侨之列,这与中国大陆对华侨的定义存在不同。

④ 庄国土:《略论台湾当局引进侨资的措施和成效》,《华侨华人历史研究》1992 年第 1 期,第 39 页。

表 9-17　各国(地区)华侨资本对台湾的投资(1952—1989.6)

单位:百万美元

国家 (地区)	1952—1960			1961—1970			1971—1980			1981—1989.6			合计 1952—1989.6		
	金额	比重	件数	金额	比重	件数	金额	比重	件数	金额	比重	件数	金额	比重	件数
香港	4.7	44.8	32	58.0	38.0	425	191.1	23.8	425	285.9	41.9	220	539.7	22.8	1102
新加坡	0.2	1.9	2	1.2	0.8	7	240.0	29.9	31	14.7	2.2	50	256.2	15.6	90
菲律宾	0.3	2.9	1	41.4	27.2	53	87.1	10.9	63	68.9	10.1	40	197.7	12.0	157
马来西亚	0.3	2.9	2	17.0	11.2	23	51.4	6.4	31	49.6	7.3	51	118.2	7.2	107
泰国	0.7	6.7	4	4.0	2.6	10	4.4	0.6	14	18.3	2.7	19	27.4	1.7	47
印度尼西亚	0.2	1.9	2	0.2	0.1	3	6.5	0.8	12	37.8	5.5	28	44.7	2.7	45
美国	0.1	1.0	1	4.9	3.2	17	170.3	21.3	64	125.2	18.3	114	300.5	18.2	196
日本	3.2	30.5	10	11.0	7.2	71	32.7	4.1	86	59.5	8.7	31	106.4	6.5	198
其他	0.8	7.6	4	14.8	9.7	34	18.2	2.3	48	22.9	3.4	35	56.7	3.4	121
合计	10.4	100	58	152.6	100	643	801.7	100	774	682.9	100	588	1674.6	100	2063
构成比(%)	0.6	—	2.8	9.3	—	31.2	48.7	—	37.5	41.5	—	28.5	100	—	100

资料来源:Investment Commission,Statistics on Overseas Chinese & Foreign Investment,Technical Cooperation Outward Investment,Outward Technical Cooperation,Taipei,December 1988,pp. 11. 13/June 1989,15. 转引自[日]涂照彦:《台湾经济与华侨资本——"政侨资本"的形成及其实态》,载陈文寿主编:《华侨华人的经济透视》,香港:社会科学出版社,1999 年,第 158 页。

说明:(1)以批准为基准;(2)马来西亚、印度尼西亚、泰国系 1988 年的统计,这三国1989 年 1—6 月的华侨投资包括在"其他"项内;(3)比重系四舍五入,所以合计未必是100%。

华人资本大规模对台湾的投资开始于 20 世纪 70 年代,在这一阶段,台湾当局进一步制定和完善投资法规,在 1977 年制定了《促进投资方案》,方案中有关加强对华资的引进力度政策方面,包括缩短华侨投资审核的过程与时间,放宽侨外资本金的结汇权利以及减少投资企业技术合作的限制等。从 1971年至 1980 年间,台湾累计吸引来自香港和东南亚五国的侨资约 5.81 亿美元,项目 576 件,其中来自香港的侨资约为 1.91 亿美元,项目 425 件,值得一提的是,来自新加坡的华侨资本在这一阶段急剧增加,十年间累计对台投资 2.4 亿美元,取代香港成为台湾最大的侨资来源国。进入 20 世纪 80 年代以后,台湾经济逐步转型,从劳动密集型向技术密集型经济过渡,重点发展高科技产业;

与此同时,台湾贸易连年顺差,外汇储备激增,岛内资本对外投资逐年增加。因此台湾当局吸引普通侨资的积极性下降,转而鼓励实力雄厚的华商投资科技产业,引进海外华人高新技术。1981年至1989年6月,台湾累计吸引来自香港和东南亚五国的华侨资本为4.75亿美元,项目408件,其中有60%来自香港地区,金额高达2.86亿美元。总体而言,从20世纪50年代至80年代,香港是台湾华侨资本最大的来源地,与此同时,东南亚五国在台湾吸引侨资方面也处于相当重要的地位,其中新加坡和菲律宾是东南亚地区华侨资本对台湾投资最多的两个国家。

表9-18　华侨、华人资本在台湾金融(保险)市场的投资情况表

单位:亿新台币

机构名称	建立时间	建立时资本金	资本系列	净资产额(1987年12月)
华侨商业银行	1960.3	1	菲律宾华人资本与台湾私人资本共同参与	363.13
世华联合商业银行	1975.5	4.56	华人资本与台湾地方政府资本共同参与	782.04
华侨信托投资公司	1971.8	5.2	华人资本、国际资本、台湾私人资本共同参与	137.35
亚洲信托投资公司	1972.7	2	华人资本、台湾地方政府资本、英国资本(后两项是1983年2月加入)	193.50
华侨产物保险公司	1961.4	0.3	菲律宾华人资本与台湾私人资本共同参与	22.48
友联产物保险公司	1963.4	未详	菲律宾、香港、泰国华人资本及台湾私人资本共同参与	10.46
台湾第一信托投资公司	1971	2	华人资本、国际资本、台湾私人资本共同参与,其中华人资本占13%	225.13
中韩信托投资公司	1971.10	2.4	华人资本、国际资本、台湾私人资本共同参与,其中华人资本占4.8%	220.95
中国人寿保险公司	1971	未详	前身为华侨人寿保险公司,华人资本占9.5%	29.87

资料来源:[日]涂照彦:《台湾经济与华侨资本——"政侨资本"的形成及其实态》,载陈文寿主编《华侨华人的经济透视》,香港:社会科学出版社,1999年,第172页。

就华人资本投资的产业分布而言,在20世纪50年代主要集中在纺织、非

金属矿产物制品制造业(主要是水泥工业)、食品饮料等产业;进入 60 年代后,服务业(旅游饭店)、建筑业、食品饮料产业分别占据这一阶段华人资本投资产业的前三位;到 70 年代,台湾当局调整产业结构,重点发展重化工业,资本需求激增,许多华人资本被诱导投向重化工业,此外还有相当部分的华人资本投向旅游饭店业;而在 80 年代,华人资本投资除了在服务业(旅游饭店)继续保持外,开始向金融保险业与电子制造业倾斜,截至 1990 年华人资本累计投资金额前五名分别为服务业、非金属矿产物制品制造业、金融保险业、纺织业、电子及电器制品制造业。东南亚、香港华人资本到台投资对于台湾的经济发展,特别是在台湾经济起飞阶段,做出了一定的贡献,港商和东南亚华商同世界市场联系紧密,熟悉国际商情,有较高的工艺水平和丰富的营销经验,在对台湾发展服装、家具、玻璃制品和电子电器加工出口方面具有重要意义。① 华人资本的投资对台湾经济发展颇具先导作用,与台湾经济发展战略密切配合,在弥补台湾建设资金的不足,增加就业机会和税收,促进台湾产业结构优化,提高台湾出口商品竞争能力等方面都具有重要意义。

需要指出的是,台湾当局自 20 世纪 70 年代末开始逐步减少了对华侨投资的优待,导致华侨与一般外国人的待遇相同,②加之东南亚各国的华侨多数已加入所在国国籍,所以许多华商不再以华侨身份而是以"外国人"身份登记投资。这正是台湾投审会所公布外来投资数据中东南亚"外国人"资本大量增加的重要原因。实际上,在台湾登记的"外国人"企业中,有不少是加入外国国籍的华人独资经营,或者华人与外国人合伙经营的企业,因此华人资本对台湾投资的数额实际上要比官方的统计数据高出许多。

2. 东南亚华人、台湾资本对香港的投资

东南亚华人资本对香港的投资最早可追溯至 19 世纪中叶,1843 年暹罗华商高元盛在香港创办了第一家华人出入口行,③此后,伴随着香港转口贸易的发展和繁荣,东南亚华商对香港的投资逐渐增多。1900 年至清王朝灭亡之初,东南亚华商对香港累计投资达 1000 万港元,占当时香港外资总额的近 50%。④ 其后,由于中国内战频仍,以及日本在二战期间对中国和东南亚国家

---

① 段承璞主编:《战后台湾经济》,北京:中国社会科学出版社,1989 年,第 306 页。

② 顾长永:《台湾与东南亚的政治经济关系:互赖发展的顺境与逆境》,台北:风云论坛出版社,1998 年,第 178 页。

③ 林熙:《从香港的元发行谈起》,《大成》第 117 期,1983 年。

④ 许又声:《东南亚华人经济在香港的扩展》,《侨务工作研究》1992 年第 2 期,第 20 页。

的侵略,致使东南亚华人资本基本中断对香港投资。

二战结束后,东南亚华人资本重新流向香港。战后初期至 20 世纪 60 年代,许多东南亚国家政局动荡,对于发展民族经济还处于摸索阶段,普遍实行扶持原住民经济,限制和排斥华人经济的政策,致使许多华人企业希望将资金转移至安全的地方,而香港在历史上有作为中国海外"移民、贸易、金融的中途站"的传统,①自然成为东南亚华人资本重要的避风港。此外,自 20 世纪 50 年代以来,香港自由开放的经济体系、快速发展的经济以及良好的基础设施,也使香港成为东南亚华人资本投资的首选地点。据经济分析家估计,50 年代东南亚华人资本对香港投资额为 40 亿港元,60 年代增加至 60 亿港元,②其中仅 1964 年至 1967 年,从东南亚流入香港的资金每年就多达 10 亿港元③,成为香港经济起飞的重要资金来源之一。

进入 20 世纪 70 年代,作为亚太地区金融、贸易、信息中心之一的香港,被视为东亚华人企业国际化的重要基地,依然是对东南亚华人资本颇具吸引力的投资市场。据相关资料显示,在整个 70 年代,由于东南亚地区的新兴华资财团大举进军香港,使得这一时期,东南亚华人资本对香港的投资高达 100 亿港元。此外,另据估计,1975 年南越政权垮台后的一个月内,每天都有价值 50 万美元的黄金从印度支那流入香港,这些华资少部分作为侨汇寄往大陆或投资到外国,大部分则投资于香港的房地产、工商和金融业。④ 到 20 世纪 80 年代,东南亚各国经济繁荣发展,许多华人企业已经发展成为实力雄厚的企业集团,东南亚华商对香港的投资规模急剧扩大,投资额猛增至 500 亿港元。⑤ 值得一提的是,这一时期中国改革开放逐步深入,香港与内地的经贸关系得到全面发展,与华南的地区经济急速融合,香港已成为国际资本进军中国大陆的重要桥梁,许多东南亚的华人资本通过香港进入中国大陆,这也是导致东南亚华人资本对香港投资激增的重要因素。从 1949 年至 1990 年,东南亚资本(主要是华人资本)在香港的投资达 730 亿港元,超过日本(717 亿港元)和美国(550

① 滨下武志:《香港大视野:亚洲网络中心》,台北:故乡出版有限公司,1997 年,第 56 页。

② 许又声:《东南亚华人经济在香港的扩展》,《侨务工作研究》1992 年第 2 期,第 20 页。

③ 丘立本:《从历史的角度看东南亚华人网络》,《华侨华人历史研究》1998 年第 3 期,第 3 页。

④ [美]吴元黎等著,汪慕恒、薛学了译:《华人在东南亚经济发展中的作用》,厦门:厦门大学出版社,1989 年,第 158 页。

⑤ 王望波:《改革开放以来东南亚华商对中国大陆的投资研究》,厦门:厦门大学出版社,2004 年,第 114 页。

亿港元)。①

就投资的产业分布而言,经过战后几十年的发展,至 20 世纪 80 年代末,
东南亚华人资本对香港的投资已经遍及房地产、金融、酒店、制造、航运、百货、
旅游以及新闻传媒等各个行业,其中房地产和金融业是东南亚华人资本投资
重点。东南亚华资历来青睐香港的房地产业,这主要是由于投资香港的房地
产业的回报率与东南亚地区相比要高出许多,从 1949 年至 1960 年,东南亚华
人资本对港投资的 1/3 集中在房地产业,成为带动当时香港房地产业走向繁
荣的重要力量。此后,东南亚华人资本一直在香港的房地产业扮演重要角色,
例如郭鹤年的郭氏兄弟集团,1977 年开始涉足香港的房地产业,到 1988 年在
香港房地产行业的投资高达 20 亿港元,另外新加坡的黄廷芳家族与印尼李文
正的力宝集团对香港地产业的投资也高达数十亿港元,1989 年信和置业(黄
廷芳家族控制)联合香港本地财团,以 33.5 亿港元高价投得湾仔"地王",该幅
土地后来建成亚洲最高商厦之一——中环广场,成为信和置业在香港地产界
重要地位的象征。② 在金融业方面,最早进军香港金融业的,当属东南亚的华
侨巨贾陈嘉庚在 1947 年创办的集友银行,泰国的盘谷银行也早在 1954 年就
在香港设立分行。此后,东南亚的华人资本在香港金融业投资一直保持稳定
增长,这主要由于香港没有外汇管制,资金流动自由;与此同时,香港是当时亚
洲金融中心之一,易于筹集资金,资金成本低廉。截至 1990 年,东南亚华人财
团在香港已经拥有持牌银行 13 家,包括泰国陈有汉的盘谷银行,新加坡黄祖
耀的大华银行和李成伟的华侨银行,印尼林绍良的第一太平银行和李文正的
华人银行,马来西亚郭令灿的道亨银行,菲律宾吴佩然兄弟的建南银行等,这
些东南亚华资银行资产总额不少于 600 亿港元;金融业在东南亚华人资本对
香港的投资总额所占比重不少于 1/3。③ 自 20 世纪 80 年代以来,东南亚华人
资本除了继续保持注重对香港房地产和金融业投资的传统外,逐渐加大对其
他行业的投资力度,1991 年东南亚企业集团对香港制造业的投资额为 1.62
亿美元,比 1985 年的 0.81 亿美元增长了一倍。④ 东南亚华人在香港制造业
的投资主要以电子电气业和食品加工等中间技术产业为主。其中新加坡华人
资本主要投资于化学制品、金属制品和制衣业;泰国华人主要集中在钟表业;

---

① 许又声:《东南亚华人经济在香港的扩展》,《侨务工作研究》1992 年第 2 期,第 20
页。

② 冯邦彦:《香港华资财团(1841—1997)》,第 368~369 页。

③ 许又声:《东南亚华人经济在香港的扩展》,《侨务工作研究》1992 年第 2 期,第 20
页。

④ 王望波:《改革开放以来东南亚华商对中国大陆的投资研究》,第 117 页。

马来西亚华人则集中在化学制品行业,印尼华人主要从事激光唱片制造。[①]

表 9-19　东南亚部分华人企业集团以香港为基地的投资控股机构

企业集团家族	集团名称	在港机构	建立年份
林绍良	三林	第一太平	1981
黄奕聪	金光	中策投资	1982
李文正	力宝	力宝香港	1991
吴家熊	大马	大马香港	1993(重组)
郭鹤年	郭氏兄弟	嘉里	1974
郭令灿	丰隆(马)	国浩	1982
林天杰	马化	威达利国际	1993
钟廷森	金狮	华新国际	1994
陈志远	成功	永鸿基	1993
雷贤雄	马婆金融	马婆资本亚洲	1992(重组)
黄廷芳	远东机构	信和置业	1975
郭芳枫	丰隆(新)	城市酒店国际	20 世纪 80 年代初
谢国民	正大卜蜂	卜蜂国际	1988(重组)
黄子明	曼谷置地	宝光实业	20 世纪 60 年代初
陈永栽	福川	裕景兴业	1987

　　资料来源:饶志明:《东南亚华人企业财团跨国投资战略及行为特征》,《华侨华人历史研究》1995 年第 4 期,第 12 页。

　　台湾对香港的投资始于 20 世纪 50 年代,但至 80 年代以前,一直发展较为缓慢。据台湾"经济部投资审议委员会"统计,从 1952 年到 1980 年,投资项目仅有 8 件,投资金额只有 386 万美元。另据香港方面的统计资料,1971 年至 1980 年,台湾对香港制造业的投资额为 1.85 亿港元,占香港外来投资的1%左右。进入 20 世纪 80 年代之后,随着台湾经济实力的增强和外汇管制的放松,特别是 1987 年后台湾进一步落实经济自由化、国际化政策,解除了长达30 多年的外汇管制,台湾对港投资有了较快发展,从 1981 年至 1990 年,台湾

---

　　① 郑佩玉主编:《香港对外经济关系发展与展望》,广州:广东高等教育出版社,1999年,第 230 页。

经济部门共核准对港投资项目 49 件,投资金额 5732.8 万美元,大约是 20 世纪 80 年代以前台湾对港投资金额的 14.85 倍;截至 1990 年底,台湾对香港的直接投资大约只占台湾对外直接投资的 1.99%。① 从台湾方面的统计数据来看,台湾对香港的直接投资在 20 世纪 90 年代以前,不仅投资金额不大,而且香港在台湾对外投资中亦不占重要地位。

香港虽有优良的投资环境,但台湾在 20 世纪 80 年中期以前对港直接投资并不多,甚至低于台湾同期对东南亚的投资。究其背后的原因,从台湾方面来看,主要是由于台湾岛内资本和技术力量有限,这是限制台湾在港投资规模的决定因素,此外,当时台湾经济建设的资金需求以及台湾当局对资金外流的限制,也是影响台湾对港投资的重要因素;从香港方面来看,由于香港与台湾同属亚洲新兴工业化地区,两地产业结构相似,生产力水平接近(实际上香港高于台湾),导致台湾到香港投资风险大,成效小,获利难,限制了台湾对港投资,这也从侧面说明了为什么同期台湾对东南亚的投资要高过其对香港的投资。

需要指出的是,上述台湾方面公布的数据是指经台湾经济部门核准的对港直接投资数据,它并不能完全准确地说明台湾资本流入香港的实际情况。因为台湾对香港的投资不仅包括直接投资,还包括台湾资本购买香港公司债券、金融债券及公司股票的间接投资。此外,还有许多台湾私人资本为了逃避政府监管,未经当局核准,通过海外金融市场直接对香港进行投资,这些投资伴随着 20 世纪 80 年代中后期台湾岛内资本过剩而迅速增加。据香港《中通社》1990 年 6 月报道,台商在香港仅 1989 年投入房地产方面资金达 30 亿港币(约 3.8 亿美元),投入股市约 25 亿港元(约 3.2 亿美元)。② 另据新加坡《联合早报》的报道,"1990 年香港一位证券公司的高级主管指出,台资每天进出香港股市金额达到 1 亿至 2 亿港元之多,约占香港股市每天成交金额的 10%至 20%"③,这说明台湾资本在香港的股市相当活跃。

就产业的投资分布而言,自 20 世纪 60 年代至 80 年代,台湾资本对香港的投资主要集中在房地产、贸易业、仓储业、金融保险业、制造业等产业。其中香港房地产业一直是台商普遍关注且投资较多的行业,自 80 年代起,台商加大对香港房地产的投资,台商黄周旋 80 年代初便投资数十亿港元在香港建

---

① 笔者根据台湾"经济部投资审议委员会"发布的 2007 年《华侨及外国人、对外投资及对中国大陆投资统计年报》、华润贸易咨询有限公司编《香港经济贸易统计汇编:1947—1983》(香港:华润贸易咨询有限公司,1984 年,第 86 页)整理计算。

② 世界华商年鉴编辑委员会:《世界华商经济年鉴(1998—1999)》,北京:世界知识出版社,2000 年,第 175 页。

③ 《台湾大举介入香港股市》,《联合早报》1990 年 3 月 31 日。

"阳明山庄";1988年台湾龙祥集团斥资10.06亿港元购入香港尖东的日航酒店;台湾的另一家企业长荣集团则用2.4亿港元收购湾仔升平舞厅。[①] 贸易业也是台商投资的重点,为了拓展国际市场和香港本地市场,将香港发展为台湾企业国际化的基地,台商在香港设立上千家企业从事百货销售、进出口贸易和批发、零售等贸易行业。在制造业方面,早期台湾对香港制造业的投资领域主要集中在建筑材料、轻纺制造业,其中对港投资有代表性的企业有台湾水泥、中华电缆等企业,到80年代中后期逐渐增加对电子电器制造业的投资。

由于所处政治经济的环境不同,使得战后50年代至80年代,台湾资本对香港的投资与东南亚华人资本相比存在差异。在规模上,东南亚华人资本对香港投资要大于台湾资本对港投资;在投资领域方面,前者也比后者更为广泛;就投资趋势来看,东南亚华人资本对香港的投资一直保持稳定和较快增长,而台湾资本在20世纪80年代以前,对香港投资一直发展缓慢,进入80年代后才有了较大幅度的增长。但二者也存在许多相似之处,如双方都重视对香港房地产市场的投资,在70年代积极利用了香港作为本地企业国际化的基地,到了80年代则将香港作为前往中国大陆投资的跳板。

3. 东亚华人资本对新加坡的投资

新加坡地处南洋群岛中心,是太平洋和印度洋往来的交通枢纽,拥有通向亚洲众多区域的海上通道和陆上通道(新加坡—柔佛长堤),它与亚洲大多数主要城市的距离都在5000公里之内,用李光耀的话来说,新加坡就是“亚洲的车轴”。[②] 正是凭借如此优越的地理位置,新加坡得以成为历史上东西方贸易的中心以及中国海外移民的重要目的地与中转站,并一直在区域性的亚洲华人社会和商业网络扮演着相当重要的角色。

1965年印度支那战争进一步升级、东南亚地区反共排华达到顶峰、马来西亚与印度尼西亚的对抗最为激烈的时刻,华人小国新加坡诞生了。面对动荡不安的地区局势,作为东南亚唯一的华人国家,能够为东南亚华族社会提供的服务主要有两个:一是资本的避难所,二是东南亚华人再移民的中转站。[③]在20世纪60年代,东南亚许多国家推行狭隘民族主义经济政策,限制和排挤华人经济,导致许多华人资金转移到比较安全的新加坡和中国香港。新加坡

---

① 陈恩:《台湾与香港的相互投资探析》,《台湾研究》1996年第1期,第39页。

② Iain Buchanan, *Singapore in Southeast Asia: An economic and Political Appraisal*, London, G. Bell and Sons, 1972, p. 267.

③ 黄枝连:《东南亚华族社会发展论:探索走向二十一世纪的中国和东南亚的关系》,上海:上海社会科学院出版社,1992年,第240页。

凭借稳定的政治环境、良好的投资软硬条件以及与西方发达国家的密切联系，一方面确保了流入新加坡的华人资本安全，另一方面也为投资新加坡工业和服务业的华人资本提供较高回报。此外，新加坡在 1968 年建立亚洲美元市场，并在 70 年代逐步取消了外汇管制，减免税收，使得债券、外汇、黄金的交易迅速繁荣起来，[①]截至 1980 年，经营亚洲货币的银行有 115 家，亚洲货币单位的总资产达到 543.9 亿新元。[②] 新加坡如此繁荣的离岸金融市场，吸引大量的东亚华人资本流入其中，通过这个金融市场，不仅能为东亚华人企业提供资金融通功能，而且通过新加坡，东南亚的许多华人资本可能伪装成非华人资本，并以外国资本的身份重新回到所在国进行投资。据新加坡方面的统计，截至 1970 年香港累计对新加坡的股权投资为 1.81 亿新元，进入 20 世纪 70 年代，香港对新加坡股权投资增长很快，十年间累计投资近 20 亿新元；在东盟方面，到 1981 年，东盟累计对新加坡股权投资达 20.45 亿新元（见表 9-20），其中马来西亚是对新加坡投资最多的东南亚国家，而东南亚各国华人资本则是东盟对新加坡投资的主要力量；截至 1990 年，香港和东盟对新加坡股权投资累计高达 85.60 亿新元。在台湾方面，20 世纪 80 年代以前，台湾资本对新加坡

表 9-20　1970—1990 年香港、台湾、东盟对新加坡的股权投资

单位：百万新元

地区	1970	1981	1985	1986	1987	1988	1989	1990
香港	181.3	2187.5	2352.8	2121.8	2636.2	2886.1	3530.3	4220.8
台湾	17.4	55.9	82.0	83.9	120.6	161.3	208.1	254.1
东盟	—	2044.8	3165.7	2859.2	2721.4	3310.2	3343.5	4338.7
合计	—	4288.2	5600.5	5064.9	5478.2	6357.6	7081.9	8813.6

资料来源：新加坡贸工部《新加坡经济概览》有关年份，新加坡统计局《新加坡统计年鉴》有关年份，转引自王勤：《新加坡经济发展研究》，厦门：厦门大学出版社，1995 年，第 176 页。

说明：表内投资金额是截至该年年底的累计投资总额。

的投资发展缓慢，累计投资金额仅为 645.8 万美元，但是到 80 年代中后期以后，发展十分迅速，仅从 1986 年至 1990 年五年间台湾就向新加坡投资达 6.10 亿美元。来自东亚的华人资本，虽然在投资规模上不如西方发达国家，但是它们与当地的华人资本联系更为紧密，作为新加坡重要的外资来源，为新

---

① 《世界经济年鉴（1981 年）》，北京：中国社会科学出版社，1982 年，第 228 页。

② 李琮主编：《世界经济年鉴（1989 年）》，北京：中国社会科学出版社，1990 年，第 253 页。

加坡工业化提供了宝贵资金,大大促进了新加坡贸易、金融、酒店和制造等行业的发展,是推动新加坡工业化的一支重要力量。

表 9-21 台湾与新加坡相互投资表(1965—1990)

单位:千美元

年份	新加坡对台湾的投资				台湾对新加坡的投资	
	华侨		外国人			
	件数	金额	件数	金额	件数	金额
1965—1970	4	305	0	0	2	526
1971—1975	16	19339	1	518	7	2096
1976—1980	15	220791	2	569	8	3834
1981	2	2701	1	1452	1	736
1982	0	0	1	796	1	96
1983	2	836	4	37595	0	909
1984	4	1621	0	562	1	209
1985	8	3268	2	206	1	253
1986	9	1961	1	890	3	434
1987	16	2073	9	12014	0	1301
1988	8	2204	18	14367	3	6433
1989	2	325	26	70728	6	5209
1990	8	14121	13	58859	10	47622
合计	94	269545	78	198556	43	69658

数据来源:笔者根据台湾"经济部投资审议委员会":2006 年核准华侨及外国人、对外投资、对中国大陆投资统计年报整理。

此外,需要指出的一点,许多华人资本除直接投资新加坡本地外,还通过新加坡向其他国家或地区进行投资。一方面,华人资本通过新加坡的国际金融市场和信息网络,进行融资、寻找合作伙伴;另一方面,由于新加坡成功的"小国外交"使其在国际上具有特殊地位,并与许多国家签订了双边投资保护协定,华人资本经新加坡间接投资海外,不仅更有保障,还能有效避免各种政治因素的干扰。例如许多东南亚华商为了避免引起居住国政府的不满,往往先将资金转移至新加坡,然后再以新加坡公司名义前往中国大陆投资;在 20世纪 80 年代,台湾还未开放台商前往大陆投资,而新加坡则在 1985 年 11 月与中国大陆签订《关于促进和保护投资协定》,①因此许多台湾企业通过先在新加坡设立公司,然后再以新加坡公司的名义向大陆投资。台湾"经济部长"萧万长曾说,在海峡两岸无法直接通商的情况下,最好的途径是选择新加坡作为到大陆投资的中转站。②

4. 东南亚、台湾、香港华商的贸易网络

从开埠至 1950 年,香港主要从事转口贸易,充当中国内地、东南亚地区、欧美国家产品的集散地和贸易转口站。20 世纪五六十年代是香港从单纯转口贸易向加工出口贸易转变的时期,到 50 年代末,港产品出口在出口贸易的比重已占七至八成,这一比值与 1953 年正好相反。那时香港出口总值的三成是港制产品,七成是转口产品;③在 60 年代,香港加工出口贸易继续发展,港产品出口在出口贸易中居于主要地位。由于香港对美、日的贸易迅猛发展,使得香港与东南亚的贸易在香港的对外贸易比重有所下降,但是东南亚依然是香港重要的贸易伙伴,双方贸易的绝对值依然保持增长。以 1968 年的数据为例,在出口方面,印尼、新加坡、泰国都位列香港十大出口贸易伙伴之中,其中印尼和新加坡分别排在第五位和第六位;在进口方面,新加坡和泰国居香港十大进口贸易伙伴之列。在东南亚地区,基于历史传统和各国政府的政策导向,从事贸易的商人以华商居多,这就使得当时香港与东南亚的贸易主要在两地的华商之间进行。此外,香港与台湾的贸易也取得长足的进展,1968 年台湾是香港的第五大进口来源地,进口货值为 4.18 亿港元,第九大出口贸易伙伴,港对台出口 1.65 亿港元,而中国内地则为香港第二大进口来源地。④

20 世纪 70 年代以后,香港对外贸易更趋成熟,对外贸易业持续高速发展,1970 年至 1979 年,总贸易额的年平均增长率为 19.3%,到了 80 年代,对外贸易年均增长率达到 21.5%,其中转口平均增长率大大超过了港产品出口增长率,香港的对外贸易出现了港产品出口与转口贸易两者并驾齐驱的新格局。⑤ 在港从事对东南亚贸易的办庄、贸易行(基本为华商经营)凭借着它们成熟的贸易代理网络以及对东南亚地区的风土人情、市场需求、消费偏好、供应节奏、政治经济动态的熟悉,导致香港对东南亚五国的出口从 1971 年的

---

① 陈立主编:《现代金融大辞典》,长春:吉林大学出版社,1991 年,第 560 页。

② 林莹秋:《萧万长要把新加坡变成两岸中间站》,(台湾)《新新闻》1991 年第 216 期,第 85 页。

③ 张恭德:《现代香港经济发展概论》,广州:广东高等教育出版社,1998 年,第 32 页。

④ 香港经济年鉴编委会:《香港经济年鉴(1969)》第三篇,第 21~22 页。

⑤ 郑德良编著:《现代香港经济》(第三版),第 157 页。

13.96 亿港元猛增至 1990 年的 458.52 亿港元,20 年间增长了近 32 倍,在进口方面,1971 年香港自东南亚的进口额为 14.02 亿港元,[①]到 1990 年增至 495.37 亿港元,增长了大约 34.33 倍。[②] 在此阶段,香港与台湾的贸易发展更为惊人,截至 1990 年底,台湾已是香港第三大进口来源地,第七大港产品出口市场及第五大转口贸易市场,双方的贸易总额达 850.52 亿港元。[③] 此外需要指出一点,伴随着香港对外贸易的繁荣,在港经营进出口贸易的商行迅速增加,1968 年还只有 8000 多家,[④]到 1990 年已经 6 万多家,[⑤]这些新增的商行中,除部分外国商人及跨国公司所设外,多数是本地及东南亚华商、台商在港设立的中小贸易商行。

20 世纪 50 年代,台湾与香港、东南亚地区的民间贸易量不大。1950 年,台湾出口贸易额仅 0.93 亿美元,其中糖、米两项占 90% 以上。进口额仅为 1.02 亿美元,自备外汇占 1061 万美元,多为海外华商或从中国大陆移至香港的厂商所提供的外汇。[⑥] 到了 1956 年台湾出口产品依然以农产品为主,其中糖、米两项占 68.4%,工业品出口仅占台湾总出口额的 22.9%;[⑦]1960 年台湾与香港及东南亚地区贸易总额分别只有 0.25 亿美元和 0.24 亿美元。[⑧]

进入 20 世纪 60 年代之后,台湾开始实行出口扩张战略,相继设立一批出口加工区,外销事业十分兴旺,出口贸易得到快速发展,从 60 年代至 80 年代可称得上是台湾对外贸易的高速发展期。与此同时,台湾私人资本迅速发展,出现了大量以国际市场为导向的私人企业和贸易公司,它们成为开拓香港和东南亚地区市场的主力。从贸易额来看,1965 年台湾与东南亚五国的贸易总额为 0.65 亿美元,其中台湾出口额为 0.37 亿美元,进口额为 0.28 亿美元;到了 1990 年,台湾与东南亚五国的贸易额猛增至 108.02 亿美元,26 年间增长了大约 165 倍,其中台湾对东南亚五国出口货值为 40.14 美元,进口货值 67.88 亿美元;在此期间,台港贸易与其同东南亚的贸易相比,增长速度更快,1965 年台港贸易额只有 0.33 亿美元,到 1990 年双方的贸易额已经突破 100

① 香港经济年鉴编委会:《香港经济年鉴(1973)》第二篇,第 5~6 页。

② 香港经济年鉴编委会:《香港经济年鉴(1991)》第四篇,第 30 页。

③ 香港经济年鉴编委会:《香港经济年鉴(1991)》第四篇,第 42~43 页。

④ 香港经济年鉴编委会:《香港经济年鉴(1969)》第一篇,第 180 页。

⑤ 香港经济年鉴编委会:《香港经济年鉴(1991)》第二篇,第 75 页。

⑥ 陈怀东、黄海龙:《海外华商贸易现况与展望》,台北:世华经济出版社,1997 年,第 52 页。

⑦ 华侨经济年鉴编委会:《华侨经济年鉴(1958)》,第 737 页。

⑧ Council for Economic Planning and Development, *Taiwan Statistical Data Book* 2007,pp. 218~221.

亿美元,26年间增长了302倍以上。就贸易产品而言,台湾对东南亚五国的出口商品结构大致相似,主要为纺织品、化学材料、化学制品、橡胶及塑胶制品、基本金属、机械电机及电器等,台湾自东南亚五国的进口商品结构,除自新加坡的进口商品以化学材料、化学制品、机械、电机及电器等工业品为主外,其余各国多以初级产品和原料为主,但由于资源禀赋不同,各国也存在差异,如自泰国进口以农、林产品为主,自马来西亚进口以林产品和能源矿产品为主,自印尼进口则主要是石油,从菲律宾进口主要是林产品和铜砂。[1]

表 9-22　香港与台湾、东南亚五国、中国内地的贸易统计(1965—1990)

单位:百万港元

国家/地区	1965		1971		1975		1980		1985		1990	
	进口	出口	进口	出口	进口	出口	进口	出口	进口	出口	进口	出口
中国台湾	154	86.14	991.5	412.85	1942.53	836.79	7961.14	3065.21	20898.45	5576.31	58084	26968
新加坡	237.73	348.95	668.18	537.85	1920.98	1551.83	7383.75	4301.15	11281.33	6620.73	26122	20368
印尼	88.99	186.36	158.85	390.28	179.48	732.43	682.11	3077.69	1173.69	2639.89	4509	5876
马来西亚	64.27	142.66	122.85	203	264.35	371.35	1057.11	874.31	1345.49	1741.02	8200	4507
泰国	238.73	137.63	358.99	145.83	724.58	366.06	1577.65	1063.08	2296.29	1639.99	8151	8382
菲律宾	—	63.63	92.71	119.03	132.27	343.2	928.99	1633.9	1623.55	2423.79	2555	6719
中国内地	2321.78	71.54	3330.37	618.67	6804.94	164.79	21948.23	6246.93	58962.78	61212.5	236134	158378

资料来源:笔者根据历年《香港经济年鉴》整理。

在台湾的对外贸易中,香港和新加坡都扮演着转口贸易港的角色。新加坡一直是台湾在东南亚最重要的贸易伙伴,香港则是台湾商品输往世界各地的口岸。1990年,台港贸易额为100.02亿美元,其中40.34亿美元是海峡两岸通过香港的转口贸易额。[2]

东南亚华商则不仅发展同东南亚之外的华人经济体合作,通过香港、新加坡的贸易公司进口机械设备,再通过香港和新加坡将产品输往国际市场,而且在东南亚华商内部建立起长期的伙伴关系。例如,郭鹤年在与林绍良建立伙伴关系之后,获知林绍良下属的一家布洛公司专营大米和白糖的进口,几乎垄

---

① 张贻达:《战后台湾对外贸易》,厦门:鹭江出版社,1987年,第167～169页。

② 李非:《台湾经济发展通论》,北京:九州出版社,2004年,第528页。

断了整个印尼的米、糖进口生意,郭鹤年直接与布洛公司挂钩,通过它将米、糖源源不断地输入印尼,据商品期货贸易商的估计,郭氏兄弟公司通过三林集团供应的白糖,约占印尼进口蔗糖量的30%。[1] 考虑到华商在东南亚的经济实力,东南亚区域内贸易和区域外贸易的增长可以说是与战后东南亚地区华商贸易网络的发展紧密相关的。

表 9-23　台湾与香港、东南亚五国的贸易统计(1965—1990)

单位:百万美元

国家/地区	1965		1970		1975		1980		1985		1990	
	出口	进口	出口	进口	出口	进口	出口	进口	出口	进口	出口	进口
香港	27.9	5.77	135.88	27.26	363.02	74.8	1550.61	249.92	2539.72	319.68	8556.24	1445.86
新加坡	9.24	2.68	35.93	5.31	140.7	35.77	545.17	221.72	885.18	275.88	2203.66	1406.04
泰国	16.49	5.24	25.19	40.94	67.84	69.93	176.28	89.92	236.21	146.92	1423.63	447.96
马来西亚	5.54	6.34	12	29.45	43.61	58.3	169.93	424.85	194.87	481.47	1103.56	1003
印尼	0.01	0.18	32.56	11.85	177.77	167.67	478.2	539.57	280.91	413.79	1245.81	921.59
菲律宾	6.19	13.22	16.25	20.66	82.08	33.3	194.99	117.25	239.16	104.2	811.43	236.26
合计	65.37	33.43	257.81	135.47	875.02	439.77	3115.18	1643.23	4376.05	1741.94	15344.33	5460.71

资料来源:Council for Economic Planning and Development,*Taiwan Statistical Data Book* 2007,pp. 218~221.

一般说来,战后东南亚华商贸易网络具有三个重要特点:

第一,华商是西方资本主义国家以及香港、台湾产品进入东南亚市场的中介与桥梁。外国厂商包括港商和台商,踏足东南亚市场,大多需要借助东南亚华商成熟的行销网络,委托当地华人进口代理商开展业务。这些华人进口代理贸易公司除了经营进出口业务,还具有广泛的批发和零售渠道。它们由于规模不大,所以订货量较小,但订货期密,经营手法灵活,华人代理商除了办理进口报关手续外,亦可协助建立业务关系网,提供市场信息。在购货种类方面能够及时掌握市场动态,适应市场需要,有时代理商还负责外国厂商和零售商的协调工作,加强售后服务。在许多情况下,华人贸易商既是代理商也是经销商,负责产品的进口、包装、销售、售后服务整个流程。

第二,新加坡作为东南亚地区最大的货物集散地和转口贸易港,是整个东

---

① 春萌、蓝潮:《郭鹤年传》,香港:名流出版社,1997年,第150页。

南亚华商贸易网络的中心联结点。在殖民贸易时代,新加坡就是东南亚的营运中心,外国的远洋轮船运抵东南亚的产品一般都在新加坡装卸货物,再由小型船只运往其他港口,东南亚各地的华商产品也多运至新加坡经分级、包装、处理后销往海外。[①] 战后,新加坡同样扮演着过去一个多世纪中扮演的角色:作为西方发达国家以及日本和东南亚发展中国家(尤其是马来西亚和印尼)之间首要的"联系城市"。[②] 1957 年新加坡的华人经营进出口的商行有五百余家,另有代理商 100 余家,土特产外销线全由华商办理。[③] 经营的转口货品主要是椰干、椰油、胡椒、砂糖、橡胶、锡等。随着东南亚各国经济的发展,20 世纪 70 年代开始,新加坡的转口贸易产品逐渐转向工业产品,如机械、工业配件等生产设备,以及纺织、钟表、服装等消费品,而土特产品则降到次要地位。新加坡在东南亚地区贸易的重要作用,亦可以从东盟区域内贸易的数据得到验证。以 1986 年的数据为例,当时东盟区域内的贸易比重[④]为 17.52%,居发展中国家区域经济一体化组织之首,但是东盟五国的区内贸易很大部分是新加坡同其他东盟四国进行的,而且大部分是转口贸易,如果不算新加坡,东盟其他四国区内贸易比重仅为 4.26%。

第三,东南亚华人社团在传递商业贸易与投资兴业信息,促进华人工商业之间在互惠互利基础上的交流合作等方面发挥着不可或缺的作用。新加坡中华总商会成立于 1906 年,尽管总商会广泛地代表了不同社会阶层的利益,但本质上仍是一个贸易和商业组织,[⑤]在促进华商贸易发展方面可谓不遗余力,为会员提供贸易信息,出版定期刊物;总商会获新加坡当局授权可为厂商与转口商签发原产地证明,会员享有优惠收回率,为华商贸易提供很大便利;此外它还多次成功组织贸易考察团、举办多届工商展览会。[⑥] 东南亚地区的许多华人同业社团在促进华商贸易方面亦功不可没,如泰国的火砻公会,它是华商碾米业交换米盘意见的场所,在协调华商内部米价及谷价,促进泰国米粮顺利出口方面扮演着重要角色,另一个重要的泰国华人同业社团——火锯工会,它

---

① 陈怀东、黄海龙:《海外华商贸易现况与展望》,第 59 页。

② 刘宏:《战后新加坡华人社会的嬗变:本土情怀・区域网络・全球视野》,厦门:厦门大学出版社,2003 年,第 138 页。

③ 华侨经济年鉴编委会:《华侨经济年鉴(1965)》,第 566 页。

④ 此处的区域内贸易比重指一国或区域的区内贸易占该国或该区域总贸易的比例。

⑤ 刘宏:《新加坡中华总商会与亚洲华商网络的制度化》,《历史研究》2000 年第 1 期,第 108 页。

⑥ 黄孟复主编:《中国商会发展报告 No.1(2004)》,北京:社会科学文献出版社,2005 年,第 1036～1038 页。

的宗旨包括交换买卖木材的意见、评议木价、推广木材外销等。①

　　20 世纪 60 年代至 80 年代,东南亚华人资本、香港华人资本及台湾私人资本构成东亚华人资本的主体,三者在作为当地资本重要组成部分的同时,具有三个共同的特征:资本结构多元化与国际化、企业的家族性与相互协作、企业形式——企业集团与中小企业并存。东亚华人资本相互投资与贸易构成的经贸网络,促进了东亚华商企业的资金、商品、人才的高效流动与资源整合。在东亚华人经贸网络中,香港和新加坡成为东亚华人资本流动的北站和南站。当华人经济在东南亚地区遭遇逆境时,香港和新加坡便成为东南亚华人资本的避风港,待环境转好之后,华人资本又能回到当地,恢复实力,茁壮成长。若以一个棋局来比喻东亚华人经贸网络的话,那么香港和新加坡就是两个当之无愧的"活眼",正因这两个"活眼"的存在,东南亚华人经济才有"不死鸟"的美誉。

　　毋庸置疑,战后东亚华人资本的投资与贸易网络促进了东亚华人经济资源(包括资金、技术、人才、市场)的有效整合,更为重要的是,这一整合为 20 世纪 80 年代以来东亚华人资本发展与中国大陆的投资和贸易关系,恢复以中国大陆为中心的东亚华商网络奠定了坚实的基础。

---

　　①　陈怀东、黄海龙:《海外华商贸易现况与展望》,第 129～130 页。

第十章

东亚华商与中国大陆的经济整合

东亚华商与中国大陆经济发展具有强烈的互补性。经历 20 世纪 70—80 年代高速经济增长的"亚洲四小龙"和东南亚华商积累大量资金,正在寻求对外投资市场。基于同文同种和共同习俗,海外华商在大陆做生意更有经验,也拥有更多的人脉关系。加上海外同胞对祖国和家乡的亲情纽带,东亚华资大规模进入大陆已是水到渠成。正如新加坡前总理李光耀所说的,"我们都是华人,我们共享由共同祖先和文化而产生的某些特性……更容易沟通和信任,而沟通和信任是一切商业关系的基础"。①

第一节　中国全方位开放与海外华商北上

改革开放以来,东亚的华侨华人、港澳同胞一直是外商在华投资的主力和先锋,在促进中国 30 年来的经济增长方面发挥着不可替代的作用。在改革开放前期,海外华商的投资主要集中在广东、福建的侨乡地区。进入 20 世纪 90 年代之后,随着中国的全方位开放,生产和市场要素逐渐取代"侨缘",成为海外华商投资大陆的主导因素。华商投资随之北上大陆的中、北部地区。特别是长三角地区和环渤海地区,凭借其优势的生产和市场要素,成为海外华商投资的重要聚集地。

一、中国大陆的全方位开放

20 世纪 80 年代,沿海地区的对外开放及其与海外华资合作的初见成效,使得中国经济得以保持高速增长,并极大地推动了中国经济改革与现代化的进程。中国先后设立深圳、珠海、汕头、厦门、海南五个经济特区,开放了天津等 14 个沿海港口城市及所在地区,开辟了包括长江三角洲、珠江三角洲、闽南厦漳泉三角地区、辽东半岛和山东半岛在内的经济开放区,逐步

---

① Quoted in Samuel P. Huntington, *The Clash of Civilizations and the Remaking of World Order*, London, 1997, p. 170.

形成了南北连片,包括 290 个市县、2 亿多人口、30 多万平方公里的沿海开放地带。①

　　1989 年春夏之交的"政治风波"后,西方国家对中国实施短期的经济制裁。中国决定进一步推进改革开放,正如 1992 年春邓小平在"南巡"讲话中所言:"计划和市场都是经济手段,解决了姓'资'还是姓'社'的标准问题,改革开放要胆子大一些,迈开步子,敢于试验。"②继 1990 年开放上海浦东之后,1992年 3 月开放沿边黑河、绥芬河、满洲里等 13 个沿边城镇。同年 8 月,国务院决定开放重庆、岳阳、武汉、九江、芜湖等 5 个长江沿岸城市;同时开放哈尔滨、长春、呼和浩特、石家庄 4 个北方省会城市以及太原、合肥、南昌等 11 个内陆省会城市。在随后的几年,又陆续开放了一大批符合条件的内陆市县。此外,20世纪 90 年代还先后在沿海和内陆地区设立了 53 个高新技术开发区。至此,中国对外开放区域已经形成了全方位、多层次的对外开放格局。

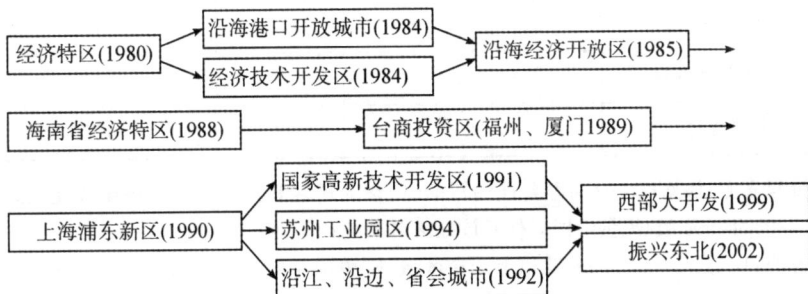

图 10-1　中国利用外资的空间演进示意图

　　在不断对外资开放内陆地区的同时,中国政府制定了一系列外商投资政策、法律和法规,并在进一步扩大开放、吸引外资过程中,修改和完善这些政策法规。1990 年,在外商投资法的基础上,颁布了《国务院关于鼓励华侨和香港澳门同胞投资的规定》。根据这一法规,华侨和港澳同胞可享受比一般外商更优惠的投资条件。1991 年 4 月 9 日,第七届全国人民代表大会第四次会议通过了《中华人民共和国外商投资企业和外国企业所得税法》。根据该法律第29 条的规定,国务院于 1991 年 6 月 30 日颁布《中华人民共和国外商投资企业和外国企业所得税法实施细则》,在国家法律和实施细则层面,规范了对外商投资企业所得税的征收与管理,与国际规范逐步接轨。1992 年 8 月 22 日,制定《中华人民共和国外商投资企业进出口货物监管和征税办法》。1994 年 2月 25 日,颁布《中华人民共和国外资金融机构管理条例》,对外资金融机构在

---

　　① 《邹家华在意大利米兰商会的演讲词》,《厦门日报》1992 年 9 月 13 日。
　　② 《邓小平文选》第三卷,第 370～383 页。

表 10-1　截至 1998 年初中国对外开放地区分布统计

开放区域	东部	中部	西部	全国合计
经济特区	5	0	0	5
经济技术开发区	26	4	2	32
沿海港口开放城市	14	0	0	14
沿海经济开放区	260	0	0	260
省会(首府)开放城市	2	8	8	18
沿江开放城市	0	5	1	6
高新技术产业开发区	29	14	10	53
沿边开放城镇	2	5	6	13
保税区	13	0	0	13
国家旅游度假区	10	0	1	11
全国合计	361	36	28	425

资料来源:根据税务总局办公厅编写的《中华人民共和国涉外税收法律法规汇编(续一)》(1998 年 4 月版)提供中国对外开放地区名单统计而得。

说明:1. 截至 1998 年初,除以上开放区域外,中国对外开放区域还有上海浦东新区、苏州工业园区和福建省四个台商投资区(厦门的杏林、海沧、集美以及福州的马尾)。2. 国家统计局关于中国大陆东、中、西部的划分标准:东部地区包括北京、天津、河北、辽宁、上海、江苏、浙江、福建、山东、广东、广西、海南 12 个省、自治区、直辖市;中部地区包括山西、内蒙古、吉林、黑龙江、安徽、江西、河南、湖北、湖南 9 个省、自治区;西部地区包括重庆、四川、贵州、云南、西藏、陕西、甘肃、宁夏、青海、新疆 10 个省、自治区(详见国家统计局网站:http://www.stats.gov.cn/tjzs/t20030812_402369584.htm),本表东、中、西部的划分采用这一标准。1999 年中国实施"西部大开发"战略之后,将原属东部的广西和原属中部的内蒙古划入西部。关于中国经济的区域划分,参见王梦奎主编:《中国中长期发展的重要问题 2006—2020》,北京:中国发展出版社,2005 年,第 233~245 页。

中国大陆的设立与登记、业务范围、监督管理、解散和清算以及罚则均作了详细的规定。1996 年 8 月 22 日,国务院制定了《扩大内地省、自治区、计划单列市和国务院有关部门等单位吸收外商直接投资项目审批权限的通知》,规定符合条件的有关部门审批权限从 1000 万元以下提高到 3000 万元以下。[1] 与此同时,一些地方政府为确实保障华侨投资权益,根据实际情况制定了若干规

---

[1]　中国法律年鉴编辑部:《中国法律年鉴(1997)》,北京:中国法律出版社,第 449 页。

定,如 1998 年 8 月 1 日福建省第九次人民代表大会常务委员会第四次会议通过的《福建省保护华侨投资权益的若干规定》、四川省人大制定并通过的《四川省华侨投资权益保护条例》等。

除了国内制定的一系列政策、法律法规之外,自 20 世纪 90 年代以来,中国逐步加入了《联合国国际货物销售合同公约》、《承认和执行外国仲裁裁决公约》、《保护工业产权巴黎公约》等一大批国际公约和条约,2001 年年底,经过 15 年的艰苦谈判,中国成为世界贸易组织的正式成员。2002 年 11 月 4 日,中国总理朱镕基和东盟十国领导人签署了《中国与东盟全面经济合作框架协议》,宣布 2010 年建成中国—东盟自由贸易区。2003 年中央人民政府与香港特别行政区政府正式签署了《内地与香港关于建立更紧密经贸关系的安排》及六个《附件》,并于 2004 年 1 月 1 日正式启动实施。截至 2003 年底,据商务部的统计,中国已与 106 个国家签订了投资保护协定,与 81 个国家签订了避免双重征税协定。[①]

二、海外华商北上

改革开放之初,海外华商(包括港澳商人)在中国大陆的投资主要集中在广东和福建的沿海地区,尤其是珠江三角洲和闽南金三角地区,小部分投向广东的潮汕地区。进入 20 世纪 90 年代以后,随着中国改革开放力度的加大,全方位、多层次的对外开放格局的形成,海外华商对大陆投资迅速发展,投资地域不断扩展,其中"北上"趋势非常明显。一方面,海外华商投资逐步向经济基础较好、市场发育良好、能够获得更好投资回报的地区扩展,尤其是经济较发达的长三角和环渤海地区等。另一方面则充分利用了三个有利时机(西部开发、东北振兴、中部崛起)进行扩展,转移其劳动、资金密集型产业,寻找新的利润增长点。

改革开放以来,华侨华人、港澳同胞一直是外商在华投资的主力和先锋,据侨务部门的统计,截至 2008 年初,外商累计在华投资企业近 60 万家,吸收外资超过 7000 亿美元。其中,属于华侨华人、港澳同胞投资的侨资企业约占七成,这些企业在华投资额约占外商投资总额的六成,大约为 4200 亿美元。[②]众所周知,海外华商对大陆投资缺乏单独的统计资料,在一定程度上限制了对

① 《商务部:中国签订 106 个投资保护协定 81 个避免双重征税协定》,《中国经济信息》2004 年第 1 期,第 42 页。

② 《任启亮:侨资企业在中国发展建设中作用不可替代》,国务院侨务办公室网站,www.gqb.gov.cn//news/2008/0111/1/7669.shtml,2008 年 1 月 11 日。

海外华商投资区位变化的研究。考虑到海外华商和其他外商投资的区位变化具有趋同性,以及海外华商企业数量和投资金额占整个外商投资的比重,笔者拟先通过对外商投资区位变化分析来观察海外华商投资大陆的北移。表 10-2 反映的是 1983 年至 2006 年我国七大区域外商直接投资及其他投资比重的变化。从表中可看出,在沿海地区内部,南部沿海地区所占的比重在不断下降,而中部和北部沿海地区所占的比重则在迅速提高。一方面,在 1983 年南部沿海地区占整个外商投资的比重高达 73.3%,1990 年这一比重仍保持在60%左右,但到 2006 年,其所占外商投资份额已经减少至 25.2%;在另外一方面,中部沿海地区和北部沿海地区所占的比重不断扩大,从中部沿海地区来看,1983 年中部沿海地区占整个外商投资的比重仅为 3.8%,到了 1990年这一比重也仅为 10%左右,但是到 2006 年这一比重已经增至 43.2%,长三角地区已经成为我国外商投资最主要的集中地。1990 年中部沿海地区和北部沿海地区合计占所有外商投资的份额仅为 33.8%,2000 年增至47.1%,到了 2006 年这一比重已经达到 65.8%。此外,临近沿海的长江中游地区,外商投资份额在逐步提高,其所占比重由 1990 年的 2.3%提升至2004 年 10%,而中北部地区,特别是地处西部、对外交通不便的广大西南和西北地区,外商投资不仅总量规模小,而且所占比重并未增加。可见,自 20世纪 90 年代以来,外商投资北移的趋势已经十分明显,特别从南部沿海地区向中部和北部沿海地区转移,海外华商对大陆投资区位变化情况也大体相同。

　　东南亚华商是海外华商最主要的构成之一,而东南亚国家对华投资的大部分是由东南亚华商来完成的,[①]因此考察东南亚国家对中国大陆投资的区位变化,对于分析海外华商投资大陆的区位变化具有重要意义。在改革开放初期,东南亚国家对华投资主要集中在中国南部广东、福建两地,以 1990 年数据为例,南部(广东、福建、海南)三省占东南亚国家对华投资的 72.51%,而中部地区(长江流域 6 省)和北部(北京等 6 省市)所占的比重分别为 11.37%和9.65%,到 1995 年,中部地区的比重已经超过南部地区,北部地区所占比重也已升至 24.48%,到 2000 年,东南亚国家对大陆投资北移趋势继续保持,该年南部地区所占比重为 32.06%,中部和北部地区则占 55.81%。由此可见东南亚华商对华投资北移的趋势十分明显。

----

　　① 据 2003 年 7 月在马来西亚举行的第七届世界华商大会组委会不完全统计,截至2003 年 6 月份,东南亚国家对华投资中,约有 70%的资本来自当地的华人企业,而在 1997年以前这一比例更高达 98%。参见张鑫炜:《东盟国家在华投资的现状及前景展望》,《国际经济合作》2003 年第 12 期,第 37~38 页。

表 10-2　1983—2006 外商直接投资和其他投资的空间分布比重

单位：%

年份	北部沿海 地区 （环渤海地区）	中部沿海 地区 （长三角地区）	南部沿海 地区	中北部地 地区	长江中游 地区	西南地区 地区	西北地区 地区
1983	15.8	3.8	73.3	0.7	0.4	3.3	2.7
1984	7.1	8.0	81.7	0.1	1.1	1.0	1.1
1985	16.2	12.8	60.6	0.9	4.3	3.0	2.1
1986	18.7	11.9	55.9	3.2	4.4	2.7	3.0
1987	22.7	18.9	47.0	1.8	2.9	1.7	5.1
1989	19.9	17.5	52.9	2.4	3.4	1.0	2.9
1990	23.4	10.4	59.4	1.7	2.3	1.2	1.6
1991	22.9	10.3	59.3	1.3	3.2	2.2	0.8
1992	19.0	20.0	52.3	1.9	4.9	1.5	0.4
1993	17.7	25.7	44.0	2.5	6.4	2.6	1.1
1994	20.7	22.2	44.9	2.0	5.9	3.2	1.2
1995	19.5	25.1	43.1	2.8	6.4	1.9	1.2
1996	21.0	25.7	41.4	2.9	6.5	1.3	1.2
1997	22.3	24.1	39.7	3.2	7.3	1.9	1.0
1998	23.0	24.7	39.9	2.7	6.8	2.1	0.8
1999	20.0	24.5	43.5	2.6	6.6	1.9	0.9
2000	20.5	26.6	41.0	2.3	6.7	2.0	0.9
2001	22.0	27.8	38.1	2.1	7.1	1.9	1.0
2002	22.6	32.2	33.2	1.8	8.1	1.6	0.5
2003	25.6	39.7	21.3	1.5	9.6	1.5	0.8
2004	31.5	34.7	20.4	1.6	10	1.4	0.5
2005	29.3	35.5	24.6	1.8	6.6	1.7	0.4
2006	22.6	43.2	25.2	1.6	4.9	2.0	0.5

　　资料来源：根据历年《中国统计年鉴》和《中国外商投资报告》整理而得。2003—2006
年的数据仅根据外商直接投资（不包括外商其他投资）进行分布统计。

　　说明：为分析外商在华投资的区位变化，按照地理上相互接近、社会经济联系程度，将
中国大陆分为七大区域：(1)北部沿海地区即环渤海地区，包括辽宁、河北、北京、天津和山
东；(2)中部沿海地区即长三角地区，包括上海、江苏和浙江；(3)南部沿海地区，包括福建、
广东、广西和海南；(4)中北部地区，包括黑龙江、吉林、内蒙古和山西；(5)长江中游地区，
包括河南、安徽、江西、湖北和湖南；(6)西南地区，包括重庆、四川、贵州、云南和西藏；(7)
西北地区，包括陕西、甘肃、宁夏、青海和新疆。这七大区域的划分，与传统的行政经济区
的划分方法有所不同，它照顾了三大地带的完整性，这样将有利于进行对比分析。

表 10-3　东盟五国对中国大陆直接投资在南部、中部与北部所占比例的变化

单位:%

年　份	1990	1995	1999	2000
南部(广东、福建、海南)	72.51	29.40	15.80	32.06
中部(上海、江苏、浙江、湖北、湖南、四川)	11.37	32.71	39.64	31.45
北部(北京、天津、辽宁、山东、河南、河北)	9.65	24.48	27.32	24.36

资料来源:根据各省市区经济统计年鉴及相关官方网站的资料计算整理,转引自唐礼智:《东南亚华人企业集团对外直接投资研究》,厦门:厦门大学出版社,2004 年,第 211 页。

说明:东盟五国指马来西亚、新加坡、印度尼西亚、泰国、菲律宾。

　　长期以来,香港一直是海外华商投资中国大陆的桥头堡,也是内地外来直接投资最大的来源地,香港对内地的投资绝大部分属于海外华商资本。截至 2006 年底,香港在内地投资累计设立新资企业 269555 家,合同外资金额 6030.99 亿美元,实际投入金额 2797.55 亿美元,分别占全国累计批准设立外商投资企业数、合同外资金额和实际使用外资金额总量的 45.35%、40.77% 和 40.81%。[①] 按实际使用外资累计金额计,香港在内地投资位居第一位。在 20 世纪 80 年代末,港资对内地的投资主要集中在广东珠江三角洲和福建沿海地区,自 90 年代以来,随着中国改革开放的深入,港资对长三角和环渤海地区的投资迅速增长,与此相反,广东和福建所占的比重则不断减少,2000 年后港资对内地的投资出现北移的趋势更加明显。1990 年,上海和北京实际利用香港投资仅为 3913 万美元和 3061 万美元,到 2000 年,二者实际利用港资分别增至 7.86 亿美元和 5.95 亿美元;与此同时,广东省占香港对内地投资的比重从 1990 年五成降至 2001 年四成左右。2006 年,长三角三省市(上海、江苏、浙江)实际吸引港资 95.7 亿美元(见表 10-4),首次超过广东与福建的总和,而在 1998 年广东省与福建省实际共吸引港资 101.7 美元,约为当时长三角三省市吸引港资总和的 4 倍。最新统计数字进一步印证了港资加速"北上"的发展趋势。2007 年 1—5 月香港在江苏省和上海市的实际投资金额同比分别增长了 45.1% 和 40.1%,共占香港对内地实际投资额的 28.9%,所占比重较去年同期增长 4.1 个百分点;香港在吉林省和辽宁省的投资增幅更高达 1478.4% 和 51.5%,而同期香港在广东省的投资仅增长 7.3%,在香港对内地投资总量中的比重也由去年同期的 29.8% 下降到 26.8%。[②]

① 中华人民共和国商务部:《2007 中国外商投资报告》,第 79 页。

② 王军:《近年来香港在内地投资的主要特点》,《中国外资》2007 年第 7 期,第 12～13 页。

表 10-4　广东、福建、江苏等七省市的实际利用港资统计（1990—2006）

单位：万美元

年份	广东	福建	江苏	上海	浙江	北京	天津
1990	98501	24804	—	3913		3061	
1995	899021	240126	168000	184396	—	72501	—
2000	744826	151768	153648	78596	50643	59489	156999
2005	582361	121783	295406	87400	303747	57170	68947
2006	680946	132270	431682	135300	389772	86600	87570

资料来源：根据历年各省市的相关年鉴统计而成。

　　新增侨资企业①区位数量变化，也呈现海外华商北移状况。在 20 世纪 90 年代以前，中国大陆每年新增的侨资企业主要集中在广东和福建两省，其中仅广东一省就占全国每年新增侨资企业六成以上，福建省每年新增的侨资企业亦高于长三角和环渤海地区。进入 90 年代后，随着中国全方位开放格局的形成，为谋求生产要素的比较优势以及更高的利润，侨资开始辐射至全国各地，从广东、福建等侨乡沿海北上，1992 年开始，长三角、环渤海地区的新增侨资企业数开始超过福建省。进入新世纪，长三角地区凭借其巨大的区位优势和发展潜力，成为侨资的最大聚集地，在 2000 年，新增侨资企业数在全国的比重，长三角地区追平并随后超过珠三角地区。②

　　华商北上投资规模趋于大型化。如泰国谢国民的正大卜蜂集团，先后在河南、广西、四川、安徽等地投资兴办饲料厂；印尼彭云鹏的巴里多太平洋集团在咸阳市投资兴建火力发电厂和渭河公路；马来西亚郭鹤年的郭氏兄弟集团在广西兴建深水码头和炼油化工企业；菲律宾郑周敏的亚洲世界集团在洛阳投资于土地成片开发等。③ 新加坡在苏州、无锡、龙口、青岛、成都、重庆等地投资的 10 个工业园区，均是以政府为主导联合广大华人企业集团参与的，其中苏州新加坡工业园是新加坡在中国大陆投资的最大工业园区，园区占地 70 平方公里，总投资达 20 亿美元，包括丰隆（新）集团、林增控股等多家华人企业集团在内的 19 家新加坡公司参与投资开发。④ 进入新世纪以来，以归国留学

　　① "侨资企业"是地方政府和侨务部门的习惯用法，与"海外华资"概念大体相通，指海外华商（包括港澳商）在中国大陆的投资企业。

　　② 龙登高、赵亮、丁骞：《海外华商投资中国大陆：阶段性特征与发展趋势》，《华侨华人历史研究》2008 年第 2 期，第 10～17 页。

　　③ 王望波：《改革开放以来东南亚华商对中国大陆的投资研究》，第 62～63 页。

　　④ 唐礼智：《东南亚华人企业集团对外直接投资研究》，厦门：厦门大学出版社，2004 年，第 214 页。

人员为代表的新一轮华商企业对华投资热潮正在兴起,据不完全统计,近年到上海投资创业的"新华商"(归国留学人员)总数达 6 万余人,在上海创办各类企业 3250 家,总投资额超过 4.5 亿美元。[①]

海外华商北上呈现明显的阶段性。1991 年至 1996 年为第一阶段,是海外华商北上投资的迅速发展期。从 1991 年至 1996 年,长三角地区吸引外资占全国的比重由 10.3% 增至 25.7%,应为 10.3% 吸收外资金额从 4.06 亿美元增至 134.85 亿美元;长三角地区实际利用港资占全国的比重也由 1990 年 8.08% 增至 1995 年 21.2%,吸收港资金额从 1.5 亿美元增至 42.41 亿美元。1997 年至 2001 年为第二阶段,是海外华商北上投资的调整发展期。亚洲金融危机使得海外华商聚集地的香港和东南亚地区遭受严重打击,华人资本严重缩水,导致海外华商北上投资的速度放缓,投资金额也有所下降。1997 年,全国实际利用外资为 452.57 亿美元,到 2000 年,减少至 407.14 亿美元。从 1998 年至 2001 年,新加坡对华投资连续四年负增长,实际投资金额从 34 亿美元降至 21.44 亿美元,[②]同期,香港对内地的投资也连续四年负增长,长三角地区和环渤海地区实际利用港资都出现了不同程度的下降。[③] 1999 年,中部地区(长江流域 6 省)和北部地区(北京等 6 省市)占旧东盟五国对华投资的比重合计为 71.09%,但到 2000 年,这一比重降至 51.68%。[④] 2002 年至今为第三阶段,这是海外华商北上投资的稳步发展期。21 世纪最初几年,海外华商对中国大陆的投资出现了新一轮的"北上"趋势。2002 年中国实际利用外商直接金额为 527 亿美元,到 2007 年增至 748 亿美元,[⑤]中国已经成为全球吸引外商直接投资最多的国家之一。2002 年长三角地区吸收外商直接投资为 129.78 亿美元,到 2006 年增至 272.38 亿美元。香港对内地的投资 2002 年以来结束了长达四年的连续负增长,2006 年内地实际利用港资的金额再次突破 200 亿美元,恢复到 1997 年的水平。同时,由于西部大开发战略和振兴东北老工业基地战略的实施,我国的西北和东北也成为海外华商的投资热点地区。2005 年,西部地区和东北老工业基地吸引华商投资增幅首次超过了全国平均增长水平。[⑥]

---

① 晓兆:《华商对华投资作用不可小视》,《中国工商报》2008 年 5 月 9 日。

② 中华人民共和国商务部:《2007 年中国外商投资报告》,第 105 页。

③ 中华人民共和国商务部:《2005 年中国外商投资报告》,第 99 页。

④ 唐礼智:《东南亚华人企业集团对外直接投资研究》,第 211 页。

⑤ 《中华人民共和国 2007 年国民经济和社会发展统计公报》,《人民日报》2008 年 2 月 29 日。

⑥ 沈丹阳:《华商企业对华投资基本情况、新趋势及引发的思考》,《中国外资》2006 年第 9 期,第 28 页。

改革开放初期,海外华商对大陆的投资领域比较单一,主要集中在劳动密集型的出口加工制造业以及宾馆服务业等。进入20世纪90年代以后,随着中国政府产业政策和投资导向的调整,海外华商投资的领域逐渐遍布各个行业,产业结构日趋优化和完善。其中,房地产、酒店业、制造业、金融业、商业以及基础设施领域都是海外华商北上投资的重点。香港的长江实业、和记黄埔、新鸿基、九龙仓等华人财团在长三角、环渤海以及长江中游地区皆有大型的地产投资项目,仅2005年11月至2006年3月间,港资在上海房地产投资超过200亿元,商业项目与大型高档住宅成为港资投资的重点。① 海外华商投资酒店业的代表当属郭鹤年的"香格里拉"酒店集团。1984年,该集团在杭州开设了第一家饭店。截至2007年,先后在中国大陆的19个城市开设了24家饭店,客房量近15000间,投资金额超过10亿美元。② 制造业一直是海外华商北上投资的重点,投资的行业主要包括食品、啤酒、电器、造纸、轮胎、摩托车制造、建材、玻璃以及重化工业等。随着中国金融市场逐步放宽限制,特别是加入WTO之后,金融业进一步向外资开放,香港和东南亚的著名华人银行和金融机构纷纷在中国大陆设立分行、合资银行或其他金融分支机构。在基础设施领域方面,海外华商投资包括兴建码头、港口、机场、高速公路、工业园区、技术开发区、物流区,参与安居工程、旧城改造等项目。在商业方面,香港的新世界集团从1993年至今,已经在武汉、沈阳、无锡、哈尔滨、天津、宁波、北京等18个大城市投资设立了30余家连锁百货商场,员工超过3万人;截至2007年底,马来西亚的金狮集团旗下的百盛商业集团有限公司,在中国26个主要城市的黄金地段拥有及管理39家以"百盛"为品牌的百货店及2家以"爱客家"为品牌的超级购物中心。③ 近年来,海外华商逐渐加大对物流、医疗、精细化工、电子信息、绿色食品、教育及文化等新兴产业的投资,产业类型逐步从劳动密集型向资金密集型、技术密集型企业过渡。此外,海外华商的投资形式以独资为主,以往的合资企业也通过股权转让、资产重组等渠道逐步向独资转变。④

三、吸引海外华商北上的区位因素

自20世纪90年代以来,随着中国全方位开放格局的形成,特别是2001

---

① 《李嘉诚等港资房产商大举入沪》,《每日商报》2006年4月4日。

② 《在变化中坚守根本——专访香格里拉酒店集团中国区销售副总裁朱福明》,《商务周刊》2007年第23期,第75页。

③ 《百盛商业集团有限公司2007年年报》,第1页。

④ 陈明、蔡炜:《"长三角"如何吸引华商资本》,《新华日报》2003年4月10日。

年底加入世界贸易组织之后,全国范围利用外资政策逐步正走向均等,中国南部沿海地区(福建、广东两省)对海外华商投资的特殊优惠政策效应迅速递减,而土地、劳动力成本等基本要素价格不断上升。因此,海外华商北移,投资重点转向长三角地区和环渤海地区。

以上海为龙头的长江三角洲地区辐射长江中游地区,已经具备为外资提供现代金融、现代物流、现代交通运输设施等高级要素,再加上厚实的产业科研基础、良好的劳动力素质、巨大的市场潜力以及独特的文化吸引了众多海外华商前往投资。1990年中国政府做出开放浦东战略之后,作为长三角地区核心的上海,正在逐渐发展成为国际经济、金融、贸易和航运中心之一。上海拥有中国外汇交易中心、上海证券交易所和上海商品交易所等全国性或区域性金融市场和要素市场,同时也是中国大陆城市中拥有外国金融机构最多的城市,为海外华商进入上海乃至长江三角洲地区提供了便捷的融资渠道和资本通道。在交通方面,长三角地区拥有密集的公路和铁路网,使长三角内15个重点城市皆处于"三小时经济圈"内,空运和海运方面的便捷程度全国第一,集"黄金海岸"和"黄金水道"于一身。在人才素质与产业科研方面,长三角地区拥有各类高等院校138所(1998年),是珠江三角洲地区的3.2倍,在校大学生总量是珠江三角洲近3倍。① 以北京、天津为核心的环渤海地区,历来是科技力量密集、人才优势突出的地区。该区有各类高校241所(2000年),在校大学生138.52万人,拥有各类自然科学与社会科学研究机构1221所,各种科技人员22万人,②该地区还是中国传统工业基地,能源、钢铁、石油化工、建材、机械电子、轻纺等产业有明显优势,新兴的电子信息、生物制药、新材料等高新技术产业也发展迅猛。此外,该区海、陆、空运输发达,基础设施比较完善,天津滨海新区成为综合配套改革试验区。作为政治中心的北京,对注重发展政商关系的海外华商,更具有莫大吸引力。

在可以预期的将来,华商北上的趋势将会延续。长三角和环渤海地区将成为海外华商最重要的投资聚集地之一。此外,由于海外华商在长三角和环渤海地区与发达国家的外资竞争激烈,更多中小华商企业乃至大企业集团将进军大陆的中西部地区,成为改变中国"东西部经济差距"的重要力量。

大规模的海外华资进入中国大陆,是传统海外华商网络全面恢复与中国大陆经贸关系的标志,也带动了大陆经济的飞速发展。从资本的角度来看,如果说内资是支持中国经济的第一力量的话,那么海外华商毫无疑问已经成为

---

① 《中国统计年鉴(1999)》,北京:中国统计出版社,1999年,第653、654、658页。

② 《中国统计年鉴(2001)》,北京:中国统计出版社,2001年,第660、661、665、683、684页。

支持中国经济的第二力量。海外华商北上投资激发了中国经济的内在潜能，极大地推动了中国区域经济的协调发展与城市化进程；海外华商雄厚的资本实力，有效弥补了中国国内建设资金的不足，带来了数以千万计的就业岗位。海外华商进入中国的重要意义还表现在他们带来了先进的管理经验和技术知识，帮助中国培育了一大批企业经营者，帮助国人接受了市场经济概念，降低了中国社会变革的成本，在较短的时间内帮助中国融入世界经济体系。

第二节　台商大规模投资中国大陆

台商投资中国大陆始于 1983 年，但直到 1987 年，台湾当局开放民众赴大陆探亲，才开始有大规模投资。进入 20 世纪 90 年代后，随着台商赴大陆投资的合法化[①]与中国大陆改革开放进一步深入，台商对大陆投资得到迅速发展，并形成一波接一波的投资热潮，2000 年以来，伴随着两岸先后加入世贸组织，以电子资讯为代表的资本与技术密集型产业开始成为台商投资大陆的主流，台商投资大陆的规模日益大型化、高层次化，台商在大陆经营发展进入了一个崭新阶段。根据中国商务部的统计，截至 2007 年 12 月中国大陆累计批准台资项目 75146 个，累计实际使用台资金额达 456.67 亿美元，[②]台湾地区已成为中国大陆外资主要来源地，而中国大陆则是台湾最大的投资目的地。本节旨在简要分析台商投资大陆原因的基础之上，重点探讨台商投资大陆的过程和特点。

一般说来，台商投资大陆是岛内的"推力"和大陆的"拉力"相互作用的结果，即台湾整体投资环境的恶化和祖国大陆更适宜的投资环境。[③] 首先从台湾岛内来看，台湾经济经历了几十年的快速发展，已步入新兴工业化地区行列，人均所得日益增加，外汇储备雄厚，具备较强的资本输出能力，与此同时，随着岛内经济自由化和国际化的发展，投资环境发生重大变迁，诸如新台币升值、环保意识抬头、劳动密集工业人力短缺、土地价格飙涨等因素，造成产业竞争压力升高，产业为求生存而加速外移。[④] 其次从大陆方面来看，劳力充沛、

---

① 1992 年台湾有关部门以正面表列形式准许部分制造业产品项目到大陆投资，从而首次使台商赴大陆投资合法化。

② 《商务部统计 2007 年两岸间接贸易额达 1244.8 亿美元》，http://www.gov.cn/jrzg/2008-01/25/content_869355.htm，2008-6-18。

③ 段小梅：《台商投资祖国大陆的区位选择及其投资环境研究》，北京：中国经济出版社，2006 年，第 51 页。

④ 吕慧敏：《台商赴大陆投资的理论与实际》，(台湾)《经济前瞻》1997 年 7 月 5 日。

资源丰富、土地低廉、市场前景广阔、优惠的租税政策及文化上的同文同种等因素是大陆吸引台商投资的主要诱因。此外,世界经济全球化和一体化的大背景和两岸关系的相对缓和亦是影响台商投资大陆的重要因素。

一、台商投资中国大陆的过程

1987 年以前台商对中国大陆的投资尚处于试探阶段,投资主体多是中小企业,规模有限,形态单一,基本上属于劳动密集型加工业。这主要是由于大陆还处在改革开放的初期,而台湾仍处于"动员戡乱时期",当局严禁厂商赴大陆投资,当时的台商仅能通过第三地秘密前往大陆投资。根据中国大陆的统计数据,截至 1987 年底,台商投资大陆的协议金额仅有 1 亿美元,投资件数为 80 件。[①] 20 世纪 80 年代末 90 年代初,随着台湾当局逐渐放宽对大陆投资活动的限制,台商投资大陆的活动才逐渐公开化和大规模化。以 1988 年为起点,台商对中国大陆的投资大致经历三波投资热潮。

(一)第一波热潮(1988—1991 年)

1987 年台湾当局宣布开放民众到大陆探亲,放宽外汇管制,允许资本在一定范围内流动之后,台商对大陆投资逐渐增加。1988 年 7 月大陆颁布《关于鼓励台湾同胞投资的规定》,对台商投资的合法权益提供法律保障,并给予许多的优惠和便利。这些措施的出台,大大鼓舞了台商投资祖国大陆的热情,掀起了第一波投资大陆的热潮。据大陆方面的统计数据,1988 年台商投资大陆协议金额为 5 亿美元,台商投资项目 357 件,[②]分别为前 5 年投资总金额和投资项目的 5 倍和 4.46 倍;1989 年至 1991 年,台商累计协议投资大陆金额达 27.1 亿美元,年平均项目为 1125 件,年均金额达 9.03 亿美元。[③] 这一阶段,台商对祖国大陆投资以劳动密集型为主,包括纺织、服装、制鞋、玩具、皮革加工、塑胶制品、手提箱包、农产品加工等,总体技术层次较低。投资计划以中小型为多,投资规模平均在 100 万美元以下,合同期限多为 3 ~5 年,短期投资行为表现突出。[④] 营运方式主要是"台湾接单、大陆加工、香港转口、海外销售",产品外销比例比较高。投资地区主要集中在东南沿海一带,主要是闽粤两省。

---

① 季崇威主编:《中国大陆与港澳台地区经济合作前景》,北京:人民日报出版社,1996 年,第 110 页。
② 季崇威主编:《中国大陆与港澳台地区经济合作前景》,第 110 页。
③ 中华人民共和国商务部:《中国外商投资报告》,第 196 页。
④ 季崇威主编:《中国大陆与港澳台地区经济合作前景》,第 111 页。

（二）第二波热潮（1992—1999 年）

1992 年邓小平的"南巡"讲话和中共十四大确立了社会主义市场经济体制的发展方向，把中国的改革开放进一步推向深入，1994 年 3 月由全国人大常委会通过了《中华人民共和国台湾同胞投资保护法》，依法保护台商的合法权益；与此同时，台湾方面在 1992 年 9 月 18 日颁布《台湾地区与大陆地区人民关系条例》，对两岸的经贸、投资往来进行了法律规范。上述政策环境的改善，激发了台商投资大陆的第二波热潮，此外，首届"汪辜会谈"的举行也为两岸经贸关系发展创造了良好氛围。1992 年大陆新增台商投资项目 6430 件，协议金额达 55 亿美元，翌年，更突破 1 万件，达到创纪录的 99.65 亿美元。[①]虽然台湾当局在 1996 年提出"戒急用忍"政策，并由经济主管部门在 1997 年实施的祖国大陆从事投资或技术合作审查准则，但并未阻隔两岸经贸交流的热潮。[②] 截至 1999 年底，大陆的台资企业约 43500 家，协议投资金额达 440亿美元，实际到资 240 亿美元。[③]

这一阶段，台商对大陆的投资逐渐转向资本、技术密集型产业，生产方式已不再局限于简单的加工装配制造，车辆、机械、化工、机密机床等生产性企业逐步投资祖国大陆，投资规模日趋扩大。投资形态由以往单纯的租用厂房、引进设备、采取简单装配加工的短期行为，转变为自带资金、生产设备和管理人员，购买厂房及土地使用权等营运方式，投资年限不断延长。投资策略由早期多为中小企业规模及外销市场导向逐渐转变为大型企业及内销市场导向。经营方式由独资经营居多转变为合资经营为主。投资地域由南向北推进，由沿海向内地扩张，长江流域和环渤海地区成为投资热点地区。

（三）第三波热潮（2000 年至今）

2001 年底和 2002 年初，中国大陆和台湾地区先后加入 WTO 组织，正式成为其会员之一，以此为契机，台商对大陆投资进入一轮迅速扩张期，通常称之为第三波台商投资热潮。在这一阶段，伴随着台湾大中型企业对大陆投资的增多，包括高科技产品在内的新型制造业在大陆急剧扩张，技术密集型产业成为主导，电子产业转移已形成规模，形成以大企业为中心、专业化分工协作

---

① 商务部台港澳司：历年台商投资大陆统计表（1989—2007 年），http://tga.mofcom.gov.cn/aarticle/jingmaotongji/zongzhi/200803/20080305435913.html，2008-6-17。

② 段小梅：《台商投资祖国大陆的区位选择及其投资环境研究》，第 62 页。

③ 李非：《台湾经济发展通论》，第 393 页。

配套的发展格局。而在产业竞争模式上,也由个别竞争转向产业群聚,形成了龙头企业为核心,大、中、小型企业分工合作、上下游联动、配套完善的台商投资产业集聚。① 与此同时,台商在大陆的投资产业分布上也更趋多元化,服务业比重渐增,台商投资逐渐向商业、金融、物流、通讯、医疗、房地产、基础设施、教育、文化等领域转移。在投资领域方面,随着大陆东部沿海发达地区的市场正趋于饱和,在西部大开发、中部崛起、东北老工业基地振兴等发展战略的推动下,台商加快了"西进""北扩"的步伐,以更积极的姿态深入大陆的中西部地区。根据大陆商务部的统计数据,从 2000 年至 2007 年,累计新增台资项目 31630 件,实际使用台资 218 亿美元(见表 10-5)。

表 10-5　历年台商对中国大陆投资统计②

单位:百万美元

年份	台湾"经济部"核准资料			中国大陆商务部统计资料				
	件数	金额	平均每件金额	项目数	合同金额	平均每项金额	实际金额	资金到位率(%)
1991	237	174.16	0.73	3377	2710.18	0.80	843.60	31.13
1992	264	246.99	0.94	6430	5543.35	0.86	1050.50	18.95
1993	9329	3168.41	0.34	10948	9964.87	0.91	3138.59	31.50
1994	934	962.21	1.03	6247	5394.88	0.86	3391.04	62.86
1995	490	1092.71	2.23	4847	5849.07	1.21	3161.55	54.05
1996	383	1229.24	3.21	3184	5141.00	1.61	3474.84	67.59
1997	8725	4334.31	0.50	3014	2814.49	0.93	3289.39	116.87

---

① 《商务部副部长:两岸贸易今年有望突破 1100 亿美元》,http://www.gov.cn/jrzg/2007-09/09/content_743804.htm,2008-6-20.

② 综合相关学者所作研究,两岸统计数据的差异的原因主要有如下几方面:第一,有相当部分台商投资大陆多循非正式渠道,或投资项目不符合现行法律规定,故未向台湾当局申报批准;第二,还有部分台商利用企业滞留海外的资金或者利用在大陆投资的盈余进行再投资,以及部分利用国际融资对大陆进行投资,均未列入台湾统计之内;第三,大陆视"三来一补"为投资行为,台湾则认定为贸易行为,前者纳入投资统计,而后者则未纳入;第四,部分民营企业为享受台商投资的优惠政策,以台商的名义进行投资。相对而言,大陆商务部的统计数据具有权威性,也比较准确,能大致反映台商在大陆投资的实际情况。参见李非:《台湾经济发展通论》,第 394~395 页;段小梅:《台商投资祖国大陆的区位选择及其投资环境研究》,第 50~51 页;林昱君:《论台商对大陆投资统计问题暨发展趋势》,(台湾)《中国大陆研究》第 40 卷第 11 期,1997 年。

年份	台湾"经济部"核准资料			中国大陆商务部统计资料				
	件数	金额	平均每件金额	项目数	合同金额	平均每项金额	实际金额	资金到位率(%)
1998	1284	2034.62	1.58	2970	2981.68	1.00	2915.21	97.77
1999	488	1252.78	2.57	2499	3374.44	1.35	2598.70	77.01
2000	840	2607.14	3.10	3108	4041.89	1.30	2296.28	56.81
2001	1186	2784.15	2.35	4214	6914.19	1.64	2979.94	43.10
2002	3116	6723.06	2.16	4853	6740.84	1.39	3970.64	58.90
2003	3875	7698.78	1.99	4495	8557.87	1.90	3377.24	39.46
2004	2004	6940.66	3.46	4002	9305.94	2.33	3117.49	33.50
2005	1297	6006.95	4.63	3907	10358.25	2.65	2151.71	20.77
2006	1090	7642.34	7.01	3752	11335.71	3.02	2135.83	18.84
2007	996	9970.55	10.01	3299	—	—	1774.37	—
合计	36538	64869.1	1.78	75146			45666.92	

资料来源:台湾公布的数据资料系根据"经济部投资审议委员会"发布的历年《华侨及外国人、对外投资及对中国大陆投资统计年报》整理。中国大陆公布的数据资料系根据历年《中国外商投资报告》整理。

说明:大陆商务部1991年台商投资大陆统计数据是1983年到1991年的累计投资数据。

综上所述,如果说80年代中后期第一次台商投资热潮,主要表现为以轻纺工业为代表的劳动密集型产业向祖国大陆东南沿海地区的转移,90年代初中期第二次台商投资热潮,主要是以石化工业为代表的资本密集型产业跟进;那么,新世纪初期出现的第三次台商投资热潮,主要是以电子信息为代表的技术密集型产业的投资,与此同时,服务业的比重不断加大。

二、台商投资中国大陆的特点

(一)台商对大陆投资以制造业为主,服务业和农业的比重较小

虽然台商在中国大陆投资的产业领域现已呈现多样化的趋势,产业也横跨三大产业的26个行业,但就投资比重而言,仍以制造业为主,服务业次之,农业的比重最小。根据台湾"投审会"的统计,从1991年至2007年,制造业的投资占台商对大陆总投资额的89.47%,相应的服务业为8.96%,农业的比重

只有 0.37％。

首先,从制造业来看,一方面,台商投资大陆的制造业主要包括电子零组件、计算机、电子产品及光学制品、金属制品、塑料制品、机械设备、纺织、食品等制造业。其中从 1991 年至 2007 年,仅电子零组件制造业和计算机、电子产品及光学制品制造业这两项的投资额就达到 204.47 亿美元,占台商对大陆总投资额的 31.52％,说明台商对大陆的投资偏重于电子高科技产业(见表 10-6)。另一方面,台商对于传统产业的投资比重趋于下降,1995 年底台商累计对食品、塑料制品、纺织制造业投资的比重分别达到 11.58％、10.26％、5.64％,[①]但是到 2007 年,三者的比重分别降至 5.17％、2.74％[②]。总的说来,台商对大陆制造业的投资已实现了由劳动密集型向资本与技术密集型产业的转变。

其次,从服务业来看,20 世纪 90 年代初,台商对大陆服务业投资很少,到 90 年代中后期其所占比重不断上升,2000 年台商对服务业的投资占当年台商投资大陆总金额的 7.72％。[③] 新世纪以来,海峡两岸双方先后加入 WTO,服务业进一步开放,台湾方面也逐步放宽对台商投资大陆服务业的限制,[④]在此背景之下,台商对服务业投资的项目和金额增长十分迅速。2001 年台商对大陆服务业投资的金额为 2.59 亿美元,2007 年则达到了 10.98 亿美元,七年间增长了 3.24 倍。[⑤] 目前,台商对大陆服务业的投资主要集中在批发及零售业、信息及通讯传播业、金融及保险业,2006 年大陆加入 WTO 的过渡期结束,大陆服务业市场将加快开放,这为台湾服务业转型和两岸服务业交流与合作提供了极好的机遇,服务业必将成为台商投资大陆的热门领域。[⑥]

最后,就农业方面而言,长期以来就不是台商投资大陆的重点产业,投资的项目和金额亦不多,截至 2007 年为止累计投资金额 2.42 亿美元,项目 544

---

① 笔者根据台湾"经济部投资审议委员会"发布的 2000 年《华侨及外国人、对外投资及对中国大陆投资统计年报》整理计算。

② (台湾)《两岸经济统计月报》2008 年第 182 期,第 30 页。

③ 笔者根据台湾"经济部投资审议委员会"发布的 2000 年《华侨及外国人、对外投资及对中国大陆投资统计年报》整理计算。

④ 张传国:《2000 年以来两岸投资关系的新发展及其效应》,《厦门大学学报》2000 年第 4 期,第 93 页。

⑤ 笔者根据台湾"经济部投资审议委员会"发布的 2007 年《华侨及外国人、对外投资及对中国大陆投资统计年报》整理计算。

⑥ 黄庭满:《台商投资祖国大陆第四波热潮来临》,《经济参考报》2006 年 6 月 5 日。

件，①但从长远的趋势来看，两岸农业具有较大的互补性，特别是大陆许多内陆地区农业栽培、耕作技术、品种和管理营销仍然比较落后，这就为台湾农业资本和技术提供了广阔的发展空间。

表 10-6　1991 年至 2007 年台商投资大陆的行业分布统计

行业	件数	金额(百万美元)	占总金额比重(%)
电子零组件制造业	2046	10360.67	15.97
计算机、电子产品及光学制品制造业	2605	10086.26	15.55
金属制品制造业	2482	4341.95	6.69
塑料制品制造业	2230	3353.43	5.17
非金属矿物制品制造业	1504	2942.39	4.54
机械设备制造业	1871	2717.96	4.19
纺织业	1069	1778.25	2.74
食品制造业	2206	1760.44	2.71
化学制品制造业	1189	1002.44	1.55
运输及仓储业	195	480.67	0.74
其他服务业	244	388.78	0.60
农林渔牧业	544	242.34	0.37
其他产业	18353	25413.50	39.18
合计	36538	64869.07	100.00

资料来源：(台湾)《两岸经济统计月报》2008 年第 182 期，第 30 页。

(二)投资分布主要集中于沿海地区，逐步向中西部地区扩散

纵观 20 多年台商对大陆投资的历程，台商投资主要集中在大陆南部沿海地区(广东、福建)和东部沿海地区(江苏、上海、浙江)，并进一步向北部的环渤海地区(北京、山东、天津)扩展。其中一方面，南部沿海地区的广东和福建两省是大陆最早开放的地区，对台湾有较强的地缘和文化优势，是第一波和第二波台商投资的热点区域，虽然近年来，台商对珠江三角洲和闽东南的投资步伐明显放缓，但截至 2007 年底，广东、福建两省的台商投资仍占投资总额的

---

① 笔者根据台湾"经济部投资审议委员会"发布的 2007 年《华侨及外国人、对外投资及对中国大陆投资统计年报》整理计算。

33.04%,投资金额高达 214.28 亿美元;在另一方面,随着 20 世纪 90 年代上海浦东的开发和江浙两省的外向型经济的发展,长江三角洲凭借其区位、文化、经济等各方面的优势和潜力成为台商投资的新的热点区域,2000 年台商对东部沿海地区(江苏、上海、浙江)的投资首次超过其对南部沿海地区(广东、福建)的投资,截至 2007 年底台商对江苏、上海、浙江的投资占总投资额的53.85%,投资金额为 349.33 亿美元,东部和南部沿海的四省一市总共占了台商投资总额的 86.89%(见表 10-7)。此外值得一提的是,截至 2008 年 1 月,仅苏州市一地就吸引台资企业 7843 家,合同利用台资逾 427 亿美元,实际到位台资超过 150 亿美元。[1]

21 世纪初,随着南部和东部沿海地区市场的日益成熟,人力成本、管理成本等日渐提高,使得台商考虑北移以获取更低的投资成本;而以京津为中心的环渤海地区凭借其雄厚的产业基础、大量的高素质人才、广阔的腹地、便捷的交通及较低的人力成本等优势,正好满足新世纪台商投资的要求,环渤海地区正逐渐成为台商投资的热点区域。根据台湾"投审会"的统计,截至 2007 年底,台商累计向北京、天津、山东地区投资项目 2864 件,投资金额达 36.08 亿美元,占台商投资大陆总额的 5.56%(见表 10-7)。

表 10-7　截至 2007 年底台商在大陆各省/市投资分布统计

省/市	件数	金额(百万美元)	占总金额比重(%)
江苏	5617	20900.79	32.22
广东	11873	16636.32	25.65
上海	5035	9524.44	14.68
福建	5212	4791.21	7.39
浙江	1904	4507.32	6.95
天津	868	1230.66	1.90
山东	898	1221.84	1.88
北京	1098	1155.07	1.78
其他地区	4033	4901.42	7.55
合计	36538	64869.07	100.00

资料来源:笔者根据《2007 年华侨及外国人、对外投资及对中国大陆投资统计年报》整理。

---

[1]　周建琳:《苏州台资企业突破 7800 家,台商投资从制造业转向服务业》,《人民日报》(海外版)2008 年 1 月 24 日。

如上所述,可知台商投资 90％以上集中在南部、东部沿海地区及环渤海地区;但近年来,台商投资区域开始逐步向中西部地区扩散。这主要得益于大陆政府关于西部大开发的政策及中部崛起的发展态势,以及广大中西部地区所具备的丰富的自然资源与廉价的土地、劳动力等优势对台商形成的新的吸引力。① 武汉、成都、重庆、西安等中西部城市逐渐成为台商投资新的热点区域,以武汉为例,2006 年 11 月富士康集团首期投资 10 亿美元建立富士康工业园,整个项目建成后,将年产数码相机 3000 万部、液晶显示器 1500 万台。事实上,看中部的台商不止富士康一家。2006 年 6 月总投资 100 亿元的中芯国际(武汉)12 英寸工厂正式动工。这是继北京、上海之后,中芯国际在大陆建设的第三座 12 英寸厂;台湾远东集团在武汉投资 2924 万美元,从事高分子聚酯(薄)胶片等产品的研发、生产和销售。② 毋庸置疑,台商此时进入中西部地区发展将在广阔的内销市场上占有一席之地,形成自己独特的行销渠道,这是推动台商投资中西部的最大动力。

总的说来,台商在祖国大陆的直接投资主要集中在以江苏、广东两省为核心的沿海地区,在空间上呈现分散化趋势,在逐步向中西部地区扩散的同时,进行东部地区内的合理化调整。③

(三)投资经济效益明显,规模不断扩大

首先,就投资的经济效益而言,大陆的台商投资企业普遍盈利,增资扩产的比例高。根据 2008 年的统计资料,台商投资企业的微观经济效益非常好,企业盈利面在 60％以上,其中投资经营以工业生产项目为主的台商企业盈利面更高达 70％以上。④ 而根据台湾《工商时报》所作的大陆台商"1000 大"的调查显示,2007 年大陆台商"1000 大"中,营业收入成长的台商为 664 家,盈利的台商为 825 家,说明仍有八成以上台商继续盈利,其中获利达亿元人民币以上的台商有 111 家,远多过 2006 年的 77 家,整体"1000 大"台商获利持续攀高峰。从产业面来看,信息电子及通信器材业是大陆台商的第一大产业,2007 年税前纯利总额为 289.07 亿元人民币,占"1000 大"台商税前纯利的比重高达 60.50％,电子业是大陆最赚钱的台商,它的收益要好于全部在大陆的台资

①　史晓芳:《台商投资西进北上》,《中华工商时报》2005 年 9 月 15 日。

②　聂春林、王传晓:《台商中部投资样本:富士康 30 亿美元进驻武汉东湖高新区》,《21 世纪经济报道》2007 年 5 月 30 日。

③　张传国:《台商直接投资祖国大陆的空间扩散研究》,《国际贸易问题》2003 年第 10 期。

④　袁飞:《台商投资大陆经济效益明显》,《国际商报》2008 年 4 月 20 日。

企业,也好于全部在海外的台湾企业。①

　　台商企业获得明显的经济效益的重要表现便是台商企业增资扩产的比例高,在已开业的 6 万家台商中,有上万家增资扩产,约占 1/6,平均每家增资100 万美元以上,累计增资超过 100 亿美元。② 据台湾"经济部"统计处的调查,2005 年获利的大陆的台商投资企业有 24.8% 进行增资扩产,高于同期其他海外台商投资企业。③ 一批台商企业通过扩大生产规模、新办企业以及带进配套项目等方式进行增资,逐步朝集团化、规模化经营方向发展。据分析,台商增资主要来源于投资盈利,也不乏证券融资。如厦门的三德兴、正新橡胶、灿坤电器、翔鹭石化等一批重点台商纷纷增资扩产。④

　　其次,20 多年来台商单项投资规模总体上呈现不断扩大的趋势。台湾"经济部"的统计资料显示,1991 年台商投资大陆平均每件规模仅为 73 万美元,1994 年突破 100 万美元,1996 年升至 321 万美元,但此后因两岸关系紧张和亚洲金融危机的影响,1998 年回落至 158 万美元,但到 2000 年又回升至310 万美元,此后两年有所回落,2004 年迅速增至 463 万美元,2007 年单项投资规模更猛增至 1001 万美元,增幅十分惊人。⑤ 之所以出现上述趋势,主要是因为在 20 世纪 90 年代中期以前,台商对大陆的投资多属劳动密集型产业,且为试探性投资外移模式,故一般规模都较小,但从 20 世纪末开始,台商投资开始转向以大中型企业为主,台湾的大企业、大财团及上市上柜公司纷纷到大陆投资办厂,单项投资规模迅速扩大。统计显示,截至 2006 年第三季度,赴大陆投资的台湾上市公司有 487 家,占上市公司总数的 70% 左右,到大陆投资的上柜公司 353 家,占上柜公司总数的大约 52%,两者合计 840 家,比 2005年底增加 28 家。⑥

　　此外值得一提的是,根据大陆商务部的统计,中国大陆外商投资企业出口前 10 名中 7 家是台商投资企业,而鸿富锦精密工业(深圳)有限公司从 2002年起连续五年占据中国大陆外商投资企业出口榜首,2006 年该公司出口额高达 182.64 亿美元,出口额超过 30 亿美元的台商投资企业有 9 家(见表 10-8),这也从侧面反映在大陆的台商企业规模庞大,实力雄厚。

---

① 林上祚:《千大台商 获利持续攀高峰》,(台湾)《中国时报》2008 年 6 月 4 日。

② 袁飞:《台商投资大陆经济效益明显》,《国际商报》2008 年 4 月 20 日。

③ 台湾"经济部"统计处:《制造业对外投资实况调查报告》,2006 年。

④ 李非:《台湾经济发展通论》,第 398 页。

⑤ (台湾)《两岸经济统计月报》2008 年第 182 期,第 28 页。

⑥ 《台湾上市上柜公司投资大陆获利丰厚》,http://news.xinhuanet.com/tai_gang_ao/2006-12/06/content_5444371.htm,2006 年 12 月 6 日。

表 10-8　2006 年中国大陆出口 30 亿美元以上的台商投资企业统计

企业名称	外方主要股东 （国别/地区）	出口金额 （亿美元）	台湾母公司
鸿富锦精密工业(深圳)有限公司	萨摩亚	182.64	鸿海精密
名硕电脑(苏州)有限公司	英属维尔京群岛	95.67	华硕电脑
英顺达科技有限公司	开曼群岛	56.88	英业达
深圳富泰宏精密工业有限公司	开曼群岛	46.87	鸿海精密
仁宝资讯工业(昆山)有限公司	英属维尔京群岛	45.56	仁宝电脑
达功(上海)电脑有限公司	英属维尔京群岛	44.84	广达电脑
达丰(上海)电脑有限公司	英属维尔京群岛	40.83	广达电脑
达业(上海)电脑科技有限公司	英属维尔京群岛	33.55	广达电脑
群康科技(深圳)有限公司	—	30.72	鸿海精密

资料来源：笔者根据 2007 年《中国商务年鉴》整理而成。

　　台商自 20 世纪 80 年代初开始对中国大陆进行投资，1983 年大陆出现第一个台资企业，1987 年以前投资数量较少，真正形成高潮是在 1988 年以后，台商对中国大陆投资是一个从初级到高级，从局部到全面，从小型到大型的一个动态的发展过程，它既是台商遵循市场经济规律的理性行为，又是台湾现代产业经济发展规律的体现，同时也是世界经济全球化、东亚区域经济一体化必然趋势的反映。毋庸置疑，追求利润的最大化是台商投资大陆的首要目标，但台商投资大陆对两岸经济发展的贡献也是显而易见的。台商在大陆的投资活动，促进了台湾经济的转型，推动了大陆的经济发展，提升了两岸贸易的依存度，带动了两岸人员往来、两岸航运的发展以及信息、文化等方面的交流。

　　如果说 20 世纪 80 年代改革开放之初，以港澳和东南亚华商为主，掀起了第一轮华商对华投资高潮，那么 20 世纪 90 年代以后，在台商投资带动下的第二轮华商投资增长则势头更猛，并且带动了跨国公司的对华投资。新世纪台商投资在经历了三次投资热潮后，正在酝酿第四波投资热潮，中西部和环渤海等地区将是新的投资热点区域，光电产业、生物技术产业、服务业、金融业等产业将成为新的热门领域。[①]

———————————

　　①　黄庭满：《台商投资祖国大陆第四波热潮来临》，《经济参考报》2006 年 6 月 5 日；来建强、戴劲松、熊金超：《台商投资大陆兴起"第四波"浪潮》，《人民日报》(海外版)2005 年 6 月 29 日。

　　总而言之,台湾和大陆之间的资源互补是台商投资大陆的主要动力,两岸人民共同的文化基础则使得台商在大陆的投资更易进行,台商投资大陆推动两岸经济的整合的同时,极大地促进了以大陆为核心的东亚华商网络的形成。

第十一章

中国新移民前往东南亚的过程、原因和分布

　　20世纪70年代以来,中国再次大规模向国外移民,成为国际移民大潮的组成部分。发达国家修改移民政策是国际移民潮形成的直接推力,首先肇基于美国移民政策的改变,引发席卷全世界的国际移民潮。美国新移民法的产生受惠于20世纪50年代后期以来美国民权运动的勃兴。以黑人领袖马丁·路德金为旗帜的美国民权运动在20世纪60年代初以后在美国如火如荼发展,以反种族主义为核心内容的这场民权运动,得到包括不少白人,尤其是受国籍歧视的南欧白人在内的各种族人民的响应,席卷全美各地各阶层。1964年,美国国会通过民权法案,经约翰逊总统签署生效,正式申明美国国内各族裔无论其肤色如何,均应享有平等权利,美国联邦政府有权以法律行为保障这种平等权利。民权法案的种族平等原则也彰显在移民法的修改上。美国1924年制定的移民法规定的移民配额,是根据1890年美国人口的国籍比例给予各国的移民额度,其目的是保持以西北欧后裔为主的美国种族比例,其结果是94％的移民配额给予北欧和西欧国家。1965年,美国政府颁布新移民法,取消了原有的移民配额规定,改为给予西半球以外每个国家2万名的移民配额,无论其种族和国籍如何。该移民法规定移民美国的两种优先原则:一是美国公民家庭团聚;二是美国需要的专业人才。美国新移民法虽然对各国一视同仁,但由于欧洲经济繁荣,乐意移民美国的欧洲人并不多,主要受惠者是亚洲和拉丁美洲人,特别是华人。

　　美国移民法的改变开二战以后发达国家大规模接受发展中国家移民的先河,也推动了以劳动力流动为主要标志的全球化进程。此后,欧洲、澳大利亚等发达国家和地区为了弥补劳动力的不足和吸引专门人才,逐渐淡化原有移民政策的种族和意识形态色彩,放宽对来自发展中国家移民流入的限制,从而掀起发展中国家大规模向发达国家移民的浪潮。经济全球化带动资金、信息、技术、劳动力在全球范围内加速流动,使国际移民活动以前所未有的规模进行。虽然其主流是发展中国家人口大量移居发达国家,但发展中国家之间的移民流动也与日俱增。在1970—1995年间,西方发达国家净接纳3500万移民,占其人口增长的28％。根据国际移民组织(IOM)发表的《2003年全球移民报告》,全球移民的数目由1975年的8400万增加至2000年的1.75亿。到

2005 年,国际移民更达 1.91 亿人。其中,1.15 亿在发达国家,0.75 亿在发展中国家。约 1/3 的移民是从一个发展中国家移居另外一个发展中国家。①

第一节　中国新移民的特点和分布

改革开放伊始,国门骤开,外资和外国人蜂拥而至,近 30 年来被封锁的发达富裕的西方和东亚展现在国人面前。同时,中国政府也逐步放宽出国限制,出国热蔚为时尚,大规模移民潮也随之而至,持续至今。在中国大陆,改革开放以来的出国移民通常被称为新移民。在中国新移民潮中,东南亚并非移民的首选目的地。从改革开放初期到 90 年代中期,发达国家是中国新移民的主要目标。随着发达国家对外国移民日趋严厉的限制和中国与发展中国家经贸关系的飞速发展,越来越多的中国商民前往发展中国家寻求商机,并定居于当地。

依出国目的、途径和职业结构,中国新移民大体可分为四种类型:

第一类移民是留学生。台湾留学生开创由留学到移民的先河。从 20 世纪 60 年代中期到 80 年代中期,将近 15 万台湾学生前往美国攻读研究生学位。据台湾"侨委会"统计,截至 2000 年,在美台胞有 52.9 万人。其中,留学移民占 41.3%,工作移民占 30%,亲属团聚和投资移民分别居第三和第四位。② 根据台湾"侨委会"2007 年发布的调查报告,海外台湾人约 107 万,其中,定居美国者约 59 万,超过 70% 为大专文化以上者,有硕士、博士学位者占 35%。③ 中国大陆大规模派遣留学生虽迟于台湾,但其数量很快后来居上。近年来,留学规模有增无减,迄 2006 年,中国大陆留学人员数量已超百万,连同其出国眷属,以留学渠道移民国外的中国大陆人总数当在 100 万以上。留学成为中国人移民国外的主渠道之一,为古今中外独一无二。无论大陆还是港台,中国留学人员主要前往发达国家,尤其以北美为最。

第二类移民为非熟练劳动力。他们主要以亲属团聚理由申请定居身份,少部分人则选择非法途径前往海外定居。非熟练劳动力移民也主要前往发达国家,尤其是美国。申请亲属移民不但是为了尽可能利用很多发达国家优先

① 联合国秘书长安南在联合国第 60 届会议(议程 54.C)上所作《关于国际迁徙与发展的报告》(中文本),2006 年 5 月 18 日,第 11 页。

② 朱慧玲:《近 30 年美国华社人口状况及其结构变化》,《侨情》2006 年第 20 期,第 15～19 页。

③ 哥斯达黎加台湾商会网站,http://www.cacotacr.com/news.htm.

家庭团聚的签证原则,而且华人重视家庭、宗族的传统也使他们乐于承担为其他家庭成员申请移民海外的责任。在 20 世纪 80 年代,有 84.5% 来自大陆的美籍华人为父母申请移民美国,是美国各类移民中最积极为父母申请移民的。[①] 一旦父母来美,就开始申请他们的其他子女前来团聚。根据美国移民条款,被批准来美国的移民的父母,可以携带未成年的子女。这些子女成年后,可以利用婚姻关系,再将配偶办来美国,然后再新的一轮申请配偶的父母。这种家庭连锁移民的结果是一旦一个移民被批准定居美国,在今后数年或十来年间,会有一大批亲属有机会前往美国。我们在福州侨乡调查中,通常一个80 年代末定居美国的移民,可带出二十来个亲友。[②] 在我们 2002 年在纽约福州人聚居区的调查中,大多数 70 年代定居美国的老华人,都带出数十个亲属。最多的一位 1968 年定居美国的福清人,带出 100 多位亲友。[③] 通过婚姻关系出国的中国移民,也遍及大多数国家和部分发展中国家。

非正式途径移民海外的中国人主要来自大陆,遍布世界各地,主要集中于发达国家,其数量无从统计,至少有数十万人。仅在美国,其数量以 10 万计。[④] 近 10 年来,中国移民也大量前往发展中国家,以东南亚、拉丁美洲和非洲为最。尤其是定居于东南亚的中国移民,相当数量的人并没有取得合法移民身份。

第三类移民为商务移民。包括投资移民、驻外商务人员和各类商贩。20世纪 90 年代中期以前,前往发达国家的中国投资移民主要来自港台。在2000 年以前将近 60 万的香港海外移民中,可能有 30% 属商业移民。据估计,1990—1996 年,香港商业移民每年带出的资金在 200 亿美元以上。以 1993年到 1994 年正式移居加拿大的港人为例,仅以商业移民为由进入加拿大的港人约 26000 人,占移加 80000 港人的 1/3,其他类移民中也有一定比例的有相当经济实力者在加投资。台湾的商业移民在移民中也占一定比例。至少占近

① John D. ,Heinberg,Jeffrey K. Harris and Robert L. York,The Process of Exempt Immediate Relative Immigration to the United States, *International Migration Review*,1989,23(4),pp. 845~846.

② 2002 年 10 月—2003 年 6 月,由福建省侨办和厦门大学南洋研究院联合组成的福州侨乡研究课题组共 22 人,在美国华人最主要来源地福州地区做移民调查,取得 16 个村共 1657 户问卷,已编成《福州海外移民调查资料》。

③ 笔者于 2002 年 3—5 月间在纽约华人社区做关于福州籍新移民调查,面访 32 位纽约福州籍华人,包括社团领导人、合法移民和非正式居留者。我的纽约合作者仍在继续进行该访谈,初步整理出《2002 年纽约福州籍华人调查资料》。

④ Paul J. Smith, *Human Smuggling*, The Center for Strategic and International Studies,Washington D. C. ,1997,introduction,p. x. .

年移民总数的 20％以上，尤以移加商业移民的比例最高。在 1993—1994 年移居加拿大的台湾人中，商业移民约占 60％。[1] 90 年代后期以来，中国大陆前往发展中国家的投资移民数量增长较快，尤其在东南亚地区。中国大陆逐渐成为世界制造业中心，中国制成品畅销于发展中国家，对发展中国家的投资、工程承包数量激增，大量中国大陆的商贸人员随之前往世界各地，尤其是涌入发展中国家。在东南亚，经营中国商品和从事与中国商务相关的行业，成为中国新移民谋生的主业。

第四类移民为劳务输出人员。劳务输出人员有别于一般移民。大部分劳务人员在合同期满回国，少部分留居当地。[2] 中国出国劳务人员的期限是两年，且常年保持增长趋势，可视为特殊移民群体。据国侨办网站 2007 年初报道，仅 2006 年 1 月至 10 月，通过劳务输出中介公司到境外打工的中国人就有 27.4 万，到目前为止，大约有 375 万中国人在境外打工。[3] 其中，在东南亚的合法中国劳务人员约 20 余万，非法打工者数量远超过合法劳务人员。

无论是前往发达国家还是发展中国家的中国新移民，其出国动机、教育程度、经济能力、职业结构和定居状况和老移民有较大不同。1950 年以前的海外中国移民，绝大多数来自福建和广东沿海地区。他们多为目不识丁、身无长物的贫困农民，仅能讲方言，为生活所迫，到海外谋生存。由于自身教育程度低、经济能力弱等原因，老移民通常定居于初到达的地区，与同乡抱团聚居，终老于彼。

和老移民相比，中国新移民具有学历高、有一定经济能力、流动性大和来自全国各地等特点。

大陆新移民中则有相当大比例是高学历者，本身就是社会的精英或潜在的精英。来自港台的新移民更是大部分都完成高等教育。他们移民的动机并非谋生存，而是求发展。

新移民中的投资移民，在原居地就有较强的经济能力。其移民目的通常是寻求企业在异域的开拓。新移民中占较大比例的商贩，本身通常也有一定的资产，才能在异域从事商贩活动，积累更大的资本。即使是来自农村地区的非熟练劳动力，通常也非来自那些最贫困的家庭，因为移民国外需要一定的费

---

① 庄国土:《华侨华人与中国的关系》，第 359 页。

② 联合国人口司和国际移民组织估计的国际移民总量，指当年居住在出生地国家之外的人口数量。各国对居住国外多长时间才视为移民，则标准不一，以半年至一年为多。

③ 国侨办网站，http://www.gqb.gov.cn/news/2007/0117/1/3743.shtml.

用、人脉关系和见识。其移民动机,也是为了致富或谋求更好的生活。

由于绝大部分新移民出国是为了求发展,他们多变动居住地,前往有更多发展机会的国家或国内其他地区。尤其是专业人才,广受各发达国家欢迎,改变定居地,成为有能力的新移民的常态。新加坡吸引数以万计的北美中国新移民专才,日本、欧洲中国留学生前往美国,都是为了寻求更好的发展空间。对占新移民较大比例的商贩而言,自然更是哪儿好入境好赚钱就奔哪儿。前往发展中国家的新移民商贩,其流动性更大。进入缅甸的新移民,很多前往柬埔寨、老挝和泰国定居,或在数国间流动经商。在我们调查福建新移民的案例中,不少前几年在俄罗斯经商的新移民去年转到阿根廷和南非。①

东南亚的中国新移民也具有中国新移民的普遍特点。相对而言,东南亚新移民商贩比例大,其经济能力较好和流动性强的特点更显著。其高学历者主要集中在新加坡,但有逐渐向马来西亚、泰国等地扩展的趋势。

20 世纪 90 年代中期以前,中国新移民高度集中于发达国家。其后,流向发展中国家的中国新移民日趋增多,尤其是前往东南亚地区。

老移民绝大多数来自广东和福建,尤其是珠江三角洲、潮汕和闽南地区,讲各地方言。新移民则来自中国各省市区,基本上讲普通话。除港台外,大陆相对集中的新移民输出地为福建的福州地区、浙江的温州地区、辽宁和云南。福州新移民大部分前往美国,其次是日本、印尼和欧洲。温州新移民主要前往欧洲,温州商人活跃于世界各地,近十年来也有不少人前往美国。早期辽宁新移民主要前往美国,近年来大批前往欧洲。云南新移民主要分布于缅甸、泰国、柬埔寨和老挝。

前往发达国家或发展中国家的中国新移民,有相当大比例是无证移民,他们或合法出入境但超期滞留,或无证出入他国,在各国移民处均无记录,其数量无从统计。前往东南亚的中国新移民,超期滞留或越境前往者众多,且流动性大,更难以准确估计数量。为研究目的所需,笔者根据所掌握的各类数据和信息,仍试图对中国新移民数量作一大体估计。

至 2008 年,中国新移民数量可能达 958 万。其中,来自港台的约 160 万,来自中国大陆的约 800 万。② 在大陆新移民中,100 余万来自福建省。③

---

① 厦门大学南洋研究院福建侨乡调查课题组:《福清市新移民调查资料》,2006 年 12 月,未刊。

② 中国青少年研究中心《"十五"期间中国青年发展状况与"十一五"期间中国青年发展趋势研究报告》认为,改革开放以来,中国大陆国际移民已达 500 余万人。http://www.singtaonet.com/hot_news/gd_20070219/200702/t20070219_472592.html。

③ 《2006 年福建省华侨华人调查资料》,http://www.fjql.org/fjrzhw/a689.htm.

表 11-1　2007—2008 年中国新移民数量估计、分布和职业构成

单位:万人

国别	人数	主要职业	备　注
美国	190	留学人员和专业人士,非熟练工人	相当部分来自港台,相当部分为无证移民
加拿大	85	留学人员和专业人士,非熟练工人	相当部分来自港台
欧洲	170	商贩、工人	相当部分为无证移民,流动性大
大洋洲	60	留学人员和专业人士,工人、商人	相当部分来自港台,小部分为无证移民
日本	60	留学人员和专业人士,工人	大部分为留学—专业人士定居
非洲	45	商贩、技术人员、劳务人员	大部分集中于南非
拉丁美洲	75	商贩	大部分居住在阿根廷及其周边邻国
俄罗斯	20	商贩	流动性大,数量变动大
东南亚	253	商贩、技术人员、企业家、工人、劳务人员、留学生	流动性大,相当部分为无证移民
总计	958		

20 世纪 90 年代中期以来,中国新移民的主要流向发生重要变化,发展中国家成为新的移民目标。其原因首先是由于发达国家接纳非专业人士的移民限制日趋严格,合法移民难度加大,通过非正式移民渠道的价格飞涨。80 年代中后期和 90 年代前期,福州人非正式渠道前往美国的费用为 1.8 万～3 万美元,到 90 年代中后期,费用升至 3 万～5 万美元。至 2003—2005 年,费用高达 5 万～7 万美元。[1] 到欧洲的非正式移民费用也呈同比例增长。其次,中国经济实力迅速增长,对发展中国家的商品出口、投资和劳务输出激增。对外经贸联系的扩展既为华商提供了谋生和发展机会,中国商贩和企业家的海外活动也强化了中国的海外经济扩张,由此推动了中国新移民流向发展中国家。发展中国家入境和居留管理通常远较发达国家宽松,当地民众对中国移民的态度也较友好。东南亚为中国近邻,交通便捷,移民费用低廉。东南亚与中国经贸关系密切。尤其是中国—东盟自由贸易区的建立,双方经济一体化的进程极大促进双方的人员往来,有利于移民出入境。东南亚各地广泛存在华人社区,也使新移民在东南亚较易谋生。此外,东南亚是经济和社会发展程度高

---

① 庄国土:《近 20 年福建长乐人移民美国动机和条件》,《华侨华人历史研究》2006 年第 1 期。

度不平衡的地区,包括发达国家(新加坡)、中等发展程度国家(如马来西亚、泰国)和可列入亚洲最贫穷国家的缅甸和老挝,各国和各阶层有不同的人才和劳力需求,各类中国新移民可从事不同行业,有各种机会。不像在非洲、南美和俄罗斯,绝大部分中国新移民仅能从事商贸活动。

第二节　经贸与移民互动:中国新移民前往东南亚的原因

中华人民共和国成立后至 70 年代后期,大规模的中国人海外移民活动基本停止,持续 300 余年的中国人移民东南亚大潮中断。一方面,中国政府严厉限制人民向海外迁徙,海外关系成为"污点",大部分华侨被视为需要进行社会主义改造的"资产阶级和小资产阶级",向东南亚移民在动机和实践上均不可行。从 1955 年始,中国政府正式宣布放弃双重国籍法,承自清末的根据血统主义原则制定的国籍法不再施行。中国政府从号召华侨在政治上认同、经济上协助新中国转变为鼓励华侨加入当地国籍,文化上认同于当地,政治上效忠于当地政府(加入当地国籍者)或不介入当地政治活动(保持中国国籍者)。中国政府对华侨工作的方针,"是为侨胞的长远利益着想,鼓励更多的华侨参加当地国籍,在当地生根"。[①] 另一方面,独立后的东南亚国家出于对"共产主义"国家的防范,也非常忌讳本国存在的大规模"外侨社会",严厉禁止中国移民入境,并相继对本国华侨社会采取或激进或和缓的同化政策。东南亚各国华侨或被动或主动融入当地社会,加入当地国籍,效忠于当地政府,成为当地国家民族的组成部分,绝大部分华侨完成了从"侨民"到当地华人的身份转变,不复为中华民族的海外分支。从 50 年代到 80 年代,东南亚各国华人社会的"华人意识"(Chineseness)均有不同程度的削弱。[②] 在泰国、印度尼西亚、菲律宾、柬埔寨和老挝,相当部分华人同化于当地社会。除了 70 年代初期数千来自云南的知青越境进入缅甸和 70 年代中期数千福建人潜入菲律宾外,东南亚华人社会基本上没有来自中国的移民加入。

---

①　廖承志在 1957 年中侨委第二届第一次全体委员会议上的讲话,《侨务政策汇编》第 3 辑,南洋研究院存。

②　在此使用的"华人意识"(Chineseness),指认为自己是华人的意识。构成华人意识的基础,一是华人血缘,二是一定程度上认同和保持华人文化。王赓武教授则认为,"华人意识"指"那些认为自己是华人的即是华人"。参见 Wang Gungwu, The Study of Chinese Identities in Southeast Asia, in J. Cushman & Wang Gungwu, *Changing Identities of the Southeast Asian Chinese Since World War Two*, Hong Kong University Press, 1988, pp. 16～17.

由于人口自然增长率的作用,东南亚华人人口仍有一定程度的增长。据廖建裕教授估计,到 1990 年前后,东南亚华人约 2000 万,其中,印度尼西亚约 546 万,马来西亚约 525 万,泰国约 481 万,新加坡约 252 万,越南近 100 万,菲律宾约 85 万,柬埔寨和缅甸各约 50 万。[①]

经济全球化带动资金、信息、技术在全球范围内加速流动,从而使国际移民活动以前所未有的规模进行。虽然其主流是发展中国家人口大量移居发达国家,但发展中国家之间的移民流动也与日俱增。根据国际移民组织(IOM)的全球移民报告,全球移民的数目由 1975 年的 8400 万增加至 2000 年的 1.75 亿。到 2005 年,国际移民更达 1.91 亿人。其中,1.15 亿在发达国家,0.75 亿在发展中国家。约 1/3 的移民是从一个发展中国家移居另外一个发展中国家。[②] 70 年代以来,中国再次大规模向国外移民,成为国际移民大潮的组成部分。从改革开放初期到 90 年代中期,发达国家是中国新移民的主要目标。90 年代中期以后,发达国家对外国移民日趋严厉的限制和中国与发展中国家经贸关系的飞速发展,推动越来越多的中国商民前往发展中国家寻求商机,并定居于当地。东南亚为中国近邻,与中国经贸关系密切,交通便捷,入境和居留管理通常远较发达国家宽松,移民费用低廉。东南亚各地广泛存在华人社区,也使新移民在东南亚较易谋生。80 年代中期以来,中国人大规模涌入东南亚谋生,数量可能约达 250 万。[③] 本节探讨中国新移民前往东南亚的背景和移民原因,对中国与东南亚经贸关系的飞速发展推动大规模移民现象给予特别的关注。

一、中国与东南亚政治关系和中国形象的改善

20 世纪 50—70 年代中期以前的大部分时期,中国与东南亚处于政治上

[①] Leo Suryadinata,*Chinese and Nation-Building in Southeast Asia*,Singapore:Singapore Society of Asian Studies,1997,p. 7. 虽然廖建裕教授说明,其所列华人数量大部分是推估,并非来自正式人口统计数据,但我仍认为,所列印度尼西亚和泰国的华人人口数量显然低估。

[②] 联合国秘书长安南在联合国第 60 届会议(议程 54.C)上《关于国际迁徙与发展的报告》(中文本),第 11 页,2006 年 5 月 18 日。联合国人口司(United Nations Population Division)和世界移民组织(International Organization for Migration)对"国际移民"的定义为:跨越国界的长久性人口空间移动。何为"长久性",则各国标准不一,从 1—12 个月均有。参照以上定义,本文的新移民,指 20 世纪 70 年代以来从中国(包括港澳台)移居国外并长住一年以上者。

[③] 庄国土:《论中国人移民东南亚的四次大潮》,《南洋问题研究》2008 年第 1 期。

的对立状况。朝鲜战争以后,以美国为首的西方势力,力图在中国南方周边国家组建反华包围圈。一些东南亚国家被拉入以美国为首的针对中国的军事和政治联盟组织。同时,中国与东南亚国家所存在的历史冲突和现实矛盾,使大多数东南亚国家或多或少担心来自中国的威胁。这些矛盾主要表现在三方面:首先,东南亚主要国家均存在较大规模的华人社会,经济实力强大。掌握政权的当地主体民族,担心强大的中国可能重新引发本地华人对中国的向心力,影响对当地政权的忠诚,也担心中国利用华人为中国利益服务。其次,怀疑中国输出共产主义,支持当地共产党或左翼分子与政府对立,威胁政权的稳定。当地政府普遍认为,华人是当地左翼势力的主力,得到中国的指导和援助。再次,中国与一部分东南亚国家仍存在陆地和海域边界纠纷,一些东南亚国家担心强大的中国将使用武力改变边界。因此,在双方政治关系对立的情况下,东南亚各国均严禁来自中国大陆的移民。

中国改革开放以后,为创造和平发展的国际环境,逐渐清除了对外关系中的极左路线,以现实主义的睦邻友好关系原则,力图改善与东南亚诸国的关系。中国在 1974 年和 1975 年分别与马来西亚和菲律宾建立外交关系,同时承诺不会干预两国的国内华人事务。但由于两国政府仍怀疑中国与当地共产党组织有所联系,与中国的政治关系仍未明显改善。1980 年初,中国政府明确向东南亚国家表示,无论在物资上或道义上,中国都不会支持东南亚当地与政府对抗的左翼组织。中国的承诺很大程度上削减了东南亚各国政府对中国的猜忌。在 1990 年建交之前,印尼政府与中国关系最为紧张。印尼是东南亚最大的国家,存在东南亚最大规模的华人社会。印尼政府长期批评华人主导当地商贸,尚认为很多华人是左翼组织的支持者。当地政府曾多次排华,并指责中国政府干预印尼华人事务,于 1965 年中断与中国的外交关系。1990 年,李鹏总理与印尼政府在雅加达签署中国—印尼复交备忘录时,再次强调,中国不承认双重国籍,也不承认持印尼国籍的华人是中国国民。① 中国与印尼建交后,两国关系迅速改善。1998 年印尼爆发大规模排华事件,在各国政府,尤其是世界各地华人社会严厉批评印尼当局时,中国政府保持克制态度。后苏哈托时期的印尼政府放弃强迫同化华人的政策,承认华人与其他公民一样,拥有宪法赋予的同等权利。一向被认为是对华人最严厉的印尼政府,逐渐对华人采取宽容态度并与中国保持友好关系后,东南亚华人不复为中国与东南亚政治关系的主要障碍之一。南中国海诸岛主权争端一直是 80—90 年代中国与东南亚的主要争端之一。然而,由于中国政府的克制态度,南中国海诸岛争端并未酿至严重冲突。2003 年,中国总理温家宝在巴厘岛签署《东南亚友好

---

① 《人民日报》1990 年 8 月 9 日。

合作条约》(Treaty of Amity and Cooperation in Southeast Asia),表明中国愿意在相互尊重的基础上以和平方式处理与东盟争端的态度。[1] 该条约在 1976 年由前东盟五国发起,强调在尊重独立和主权、互不干涉内政、和平解决争端的基础上东盟各国进行有效的合作。[2] 2007 年 1 月,中越进行了第 13 轮政府级边界谈判,双方一致同意:确保按照两国领导人达成的共识,最迟于 2008 年完成全部勘界立碑工作。保持海上边界问题谈判势头,认真研究和积极商谈共同开发。此次谈判成果表明,双方将最终解决陆地边界争端,并以积极合作态度划分海域边界。这意味着中国与东南亚之间,已不复存在陆地边界问题,海岛和海域争端也将以和平方式解决,东南亚国家对中国的"武力威胁"疑虑基本消除,中国形象也日趋正面。此外,中国在 1997—1998 年东南亚遭受金融危机时,坚持人民币不贬值,使东南亚各国不至于雪上加霜,表现了"负责任"大国的形象,深受东南亚国家的赞赏。危机过后,时任东盟秘书长的 Rodolfo Severino 宣称,"中国就此声誉凸显"。[3]

东南亚各国对中国疑虑的极大缓解和认可中国作为"负责任大国并在区域政治经济事务中扮演建设性角色",使东南亚与中国的政治关系迅速得到改善,来自中国的移民也并非那么不可接受,因为他们不再来自一个被认为是对东南亚有敌意的大国。

二、东南亚与中国日益密切的经济互动

虽然中国与东南亚政治关系的改善是东南亚社会接受中国新移民的重要基础,但中国与东南亚经济一体化进程加速,则是大规模新移民得以成行的最重要推力。双边经济密切互动,不但使中国新移民被当地社会所容忍,而且被认为是当地社会经济发展所必需。

中国与东南亚经济整合很大程度上是东南亚华商所发动的。在中国改革开放、吸引外资的头十年,在进入中国的 95.46 亿美元的外资直接投资中,92.54 亿美元来自海外华资,其中,29.23 亿美元直接来自东南亚。1990—2002 年,中国吸引外资数量急遽增长,在所吸引的 4307.43 亿美元的外资直

---

① Catharin Dalpino and David Steinberg,Georgetown Southeast Asia Survey,2003—2004,Washington:Georgetown University,2003,p. 49.

② 东南亚国家联盟网站,http://www.aseansec.org/1217.htm.

③ Josh Kurlantzick,China's Charm Offensive in Southeast Asia,*Current History*,September 2006.

接投资中,45％ 或 1950 亿美元来自香港,6.7％ 或 290 亿美元来自东南亚。①
然而,香港对大陆的直接投资中,很大部分的资金实际上来自东南亚华商在香
港的公司。1995 年初,香港前 200 名的上市公司中,至少有 26 家(占 13％)是
由东南亚华人控股的。② 虽然我们不能确定东南亚华商通过香港在大陆投资
的准确数量,但毫无疑问,其数额远超过直接来自东南亚的投资。

(一)双边贸易

双边贸易的飞速增长,是中国与东南亚经济一体化趋势的主要标志。东
南亚华商仍是双边贸易的主要推动者。在中国改革开放后的前 20 年,东南亚
华商是中国在东南亚的主要贸易伙伴。中国商品在东南亚的行销,主要通过
华商网络。尤其是 90 年代中期以后,中国的国企和民营企业借助东南亚华商
网络,加速向东南亚寻求资源和制成品市场,带动双方贸易额和投资飞速增
长。1990 年,中国与东南亚的贸易额仅 74.2 亿美元,到 2006 年,双方贸易额
达 1684 亿美元,17 年中增长 20 倍以上。近年来,更呈增速逐年加快趋势。
1993 年,双边贸易额为 100 亿美元,到 2000 年,达 350 亿美元。6 年以后,更
达 1684 亿美元。根据中国商务部统计,2007 年上半年,双方贸易额 921.7 亿
美元,全年将达近 2000 亿美元。

此外,由于各种原因,中国与东南亚的小额边境贸易未被完全统计,大批
过境小商贩的随身小额商品通常也未计入官方统计。因此,中国与东南亚的
实际贸易额可能超过 2000 亿美元。值得注意的是,中国与东南亚经济较落后
的国家,如缅甸、柬埔寨和老挝等,近年来贸易额的增长也非常迅速。

2002 年,中国与东盟正式签署自由贸易区协议,成为双边贸易增长的新
动力。根据该协议,双方从 2005 年开始降低大部分商品关税,到 2010 年,达
到零关税,成为拥有 18 亿人口的世界最大的自由贸易区。次年,中国与东盟
贸易达 782.6 亿美元,较上年增长了 42.8％。2004 年,双边贸易额达 1059 亿
美元,增幅 27.8％。虽然该协议没有涉及劳动力自由流动,但资本和商品自
由流动,也推动商人、管理和技术人员的大规模交流。中国产业齐全,劳动力
成本低廉,除部分高科技产品外,出口商品种类齐全,无论是生产资料或生活
资料商品,都质优价廉,其竞争力举世无双,尤其受东南亚经济落后国家的青
睐。东南亚经销中国商品的主要是华商和中国新移民。随铺天盖地的中国商

---

① 根据《中国统计年鉴(1995)》和《中国对外经济贸易年鉴(1984—2004)》历年数据
统计。

② Constance Lever-Tracy,David Ip and Noel Tracy,*The Chinese Diaspora and Ma-
inland China*,MacMilan Press,London ,1996,p.107.

表 11-2   中国大陆与东南亚的贸易额(1990—2007 年)

单位:亿美元

年份	总额	出口	进口
2007.1—6	921.7	424.7	496.0
2006	1608.4	713.1	895.3
2005	1303.7	553.7	750.0
2004	1058.8	429.0	629.8
2003	782.6	309.3	473.3
2002	547.9	235.7	312.0
2001	365.2	198.2	167.0
2000	350.1	186.3	163.8
1999	254.1	138.6	115.5
1998	224.0	118.5	105.5
1995	204.2	117.1	87.1
1990	74.2	47.9	26.3

资料来源:商务部贸易统计,商务部网站,http://www. mofcom. gov. cn/tongjiziliao/tongjiziliao. html.

表 11-3   中国大陆与东南亚国别贸易额(2001—2006 年)

单位:百万美元

国别	2001	2002	2003	2004	2005	2006
文莱	165	263	346	299	261	315
缅甸	631	862	1077	1145	1209	1460
柬埔寨	240	276	321	482	563	733
印度尼西亚	6724	7928	10229	13481	16789	19057
老挝	62	64	109	114	129	218
马来西亚	9425	14271	20128	26261	30703	37112
菲律宾	3566	5260	9490	13328	17558	23412
新加坡	10934	14018	19353	26684	33149	40854
泰国	7050	8561	12655	17343	21812	15704
越南	2815	3264	4634	6743	8196	6666

资料来源:商务部贸易统计,商务部网站,http://www. mofcom. gov. cn/tongjiziliao/tongjiziliao. html.

品涌入东南亚的是中国小商贩。他们不但是中国小商品的供应者，还是推销者。供应和经销中国商品，也成为中国移民的主要谋生方式之一。在缅甸、泰国、老挝、柬埔寨、菲律宾等国，相当部分中国新移民先是充当街头摊贩售卖中国商品，有所积蓄后盘下小店，再逐步开大店兼批发和转营其他商贸行业。在生意有所发展需雇帮工时，通常再从中国引来亲友，从而招徕更多新移民。其生存和发展经历如同老移民，但比老移民更依赖中国商品。有些携资出国的新移民，原本就熟悉国内商品产地和行销网络，在东南亚经营中国商品和从事与中国相关的商贸活动就更如鱼得水了。在新加坡、菲律宾、马来西亚和泰国，新移民的商贸活动都或多或少构成对一向执经销中国商品牛耳的老华商的竞争。在缅甸、越南、柬埔寨和老挝，新移民在从事与中国商品相关的商贸活动方面，均已超过老华人。

（二）中国在东南亚的投资和援助

中国在东南亚的投资和援助项目，也是向东南亚移民的重要推力。大项目的投资通常由国有企业承担，中小型项目投资则主要由民营企业进行。由于成本考量和管理方便，无论国企或民企，中国人在东南亚投资和援建的工程，通常都需要引入大批中国管理人员、技术人员和熟练工人。

20世纪90年代中期以前，除为获得急需资源的海外投资，如中国石油公司投资印尼油田外，中国基本上是一个纯资本输入国。90年代中期以来，由于中国的资源依赖型经济快速发展，能源和原材料产出严重不足，不得不持续进口各种能源和原材料。同时，中国商品的国际竞争力提升较快，外贸顺差激增，累积大量外汇，有能力对外投资。此外，改革开放以来，中国企业，尤其是民营化的中小企业有较大发展，到90年代末，纺织、服装、制鞋、电器、自行车等行业已经积聚大量产能，面临国内激烈的市场竞争，也有通过对外投资拓展国际市场的强烈意愿。东南亚是中国近邻，有大量可成为中国企业合作伙伴的华商和成为中国商品销售市场的大规模华人社区。因此，东南亚迅速成为中国企业，尤其是民营企业对外投资的首选之地。

1996—2000年是中国企业尝试性投资东南亚的时期，2001年以后，中国对东南亚投资迅速增加。根据中国商务部统计，到2006年底，中国大陆对东南亚的非金融投资约17.64亿美元。中国对外投资存量前20位国家与地区中，新加坡、越南、泰国和印度尼西亚名列其中。值得注意的是，中国对缅甸、老挝、柬埔寨等东南亚经济较落后的国家的投资增长较快，方兴未艾。与这些国家中国新移民的增长呈同步之势。到2007年，在柬埔寨注册的中资公司（包括独资与合资）达3016家，居所有投资国之冠。2003年至2005年，中国连续三年成为柬埔寨的最大投资国,2006 年落后于韩国,位居第二。[①] 据缅甸投资委统计,截至 2007 年 12 月 31 日,中国对缅甸投资共有 27 个项目,协议总金额达 4.75 亿美元,在缅甸外资中排第六位。[②] 在 2003 至 2004 年度,中国在老挝的投资排名第一位。同时,中国对缅甸、柬埔寨和老挝还提供大量无偿和有偿援助,用于当地的基础建设和人力资源培养。[③] 此外,尚有相当比例的中国商人的投资以当地人,尤其是华商合作伙伴的名字注册,未计入中国官方统计和当地的外资统计中。一部分民营企业和个体商人,出于避税、隐瞒财富或财产转移等原因,利用各种渠道将资本投入东南亚,利用当地人名义注册公司,或本人获得当地护照后成立公司。这类投资既未归入中国对外投资统计,也未作为当地国的外资统计。因此,如果加上未计入的投资额和政府援助项目,中国大陆在东南亚的投资当远高于 17.64 亿美元。

表 11-4　东盟统计的中国大陆对东南亚的直接投资(1995—2004 年)

单位:百万美元

国别	1995	2002	2003	2004	1995—2004
文莱	0	0	0	2	2
柬埔寨	—	49	26	33	111
印度尼西亚	6	−1	0	−1	−37
老挝	1	1	2	0	33
马来西亚	22	13	2	2	123
缅甸	3	5	0	5	18
菲律宾	14	0	0	0	304
新加坡	81	−178	137	98	224
泰国	2	20	21	1	51
越南	7	9	1	86	189

资料来源:东盟秘书处编:《2005 年外资投资统计》。

与中国人移民东南亚相关的直接投资,还有台湾和香港的投资,两者在东南亚的投资都远高于中国大陆。然而,即使是中国大陆、香港和台湾在东南亚

---

① (柬埔寨)《华商日报》2007 年 10 月 6 日,http://news. xinhuanet. com/news-center/2007/10/06/content_6835699. htm.

② 中国驻缅甸使馆经济商务参赞处,http://mm. mofcom. gov. cn/aarticle/ztdy/200801/20080105340987. html.

③ 中国商务部网站,http://www. fdi. gov. cn/pub/FDI/dwtz/dwtztj/t20071026_86757. htm.

的投资总和,也仍远远小于日本和美国在东南亚的投资。1995—2004 年间,美国资本占东南亚外资的 19.5％,日本资本占 13.3％,中国大陆仅占 0.4％,即使加上台湾和香港,也仅占东南亚外资的 7.1％。然而,近几年中国大陆在一些东南亚国家投资的增长速度,则快于美、日。港台的投资企业多为劳动密集型,也大量使用来自大陆的新移民。

表 11-5　东盟外资直接投资来源地(1995—2004 年)

单位:百万美元

	1995	2002	2003	2004	1995—2004	所占比例
东盟	4654	3634	2302	2433	30309	12.5
其他地区	23424	19970	16145	19371	206241	85.3
其他不明地						2.2
香港	1271	204	100	345	7290	3.0
台湾	914	271	827	1187	8903	3.7
中国大陆	137	−81	189	226	1018	0.4
日本	5649	3366	2318	2538	32071	13.3
美国	4318	358	1395	5052	42285	19.5

资料来源:东盟秘书处编:《2005 年外资投资统计》。

　　中国对东南亚的非金融投资,主要集中于资源开采和加工行业,尤其在缅甸、印度尼西亚、老挝和泰国。其次是投向可以利用东南亚出口配额的行业和拥有当地市场的中等技术制造业,如柬埔寨、越南等国。老挝矿业部公布,中国投资矿业的项目到 2006 年 8 月已达 43 个,占老挝矿业项目总数的 34％。[①] 在柬埔寨,中国投资集中在发电、纺织、服装、建材等行业。[②] 据缅甸投资委公布,到 2006 年 6 月中国所投资的 1.94 亿美元中,有 1.3 亿美元投入石油和天然气行业,0.28 亿美元投入加工业,近 0.1 亿美元投入矿业和渔业。[③] 1996—2005 年中国在泰国投入的 2.8 亿美元中,绝大部分投入农副产品生产和加工、矿业和轻工业。

---

　　① 中国驻老挝使馆经济商务参赞处,http://la. mofcom. gov. cn/aarticle/jmxw/200608/20060803006887. html.

　　② 《柬埔寨投资指南》,http://cb. mofcom. cn/aarticle/zxhz/sbmy/200412/20041200318534. html.

　　③ 中国驻缅甸使馆经济商务参赞处,http://mm. mofcom. gov. cn/aarticle/zxhz/hzjj/200607/20060702712033. html.

表 11-6　中国大陆在泰国投资的行业(2001—2006 年)

单位:百万泰铢

行业	2001	2002	2003	2004	2005	2006	2001—2006
农产品	193.5	1626.0	1053.2	733.3	131.8	10412.4	14150.2
矿业和陶瓷业	76.5	—	—	73.1	11980	71.8	12201.4
轻工业和纺织业	4965.9		606.0	200.0	883.3	40.8	6696
金属和机械	213.5	30.0	485.0	1940.5	270.3	372.5	3311.3
电力	67.0	353.0	268.1	—	112.6	634.7	1435.4
化学和造纸	2998.5	—	445.7	535.2	761.3	702.2	5442.9
服务业		2.0				72.3	144.3
总计	8514.9	2081.0	2858.0	3482.1	14139.3	12306.7	43381.5

资料来源:泰国投资委员会,http://www.boi.go.th/english/about/statistics_other_country.asp?id=49。

中国投资企业均需要大批熟练劳动力和中等技术人员,大多尽可能从中国大陆引进。而且这些项目通常由中国公司承建,承建公司也大多引入各类中国建设人员。如在越南投资的 TCL 集团,其彩电年产量达 50 万台,深受越南市场欢迎。为了与日本和韩国的电视机竞争,TCL 集团非常重视售后服务,因此需要从中国引入大批技术人员。[1] 在泰国,外国投资的企业通常可合法雇佣 5%～10%的外国雇员,[2]中国的投资企业所雇的非泰国人,通常都来自中国,甚至非熟练劳力也倾向使用中国人。在北缅甸的掸邦,有的中国人投资的甘蔗园,几乎所有劳动力都来自云南,数量竟达 5000 人。[3]

近年来,中国政府加大对东南亚的各类援助,也刺激了中国新移民的增长。据 2003 年美国华盛顿国防大学亨利·叶的研究,中国对柬埔寨的援助金额已经与美国的援助相当,对菲律宾的援助比美国多四倍,对印度尼西亚的援助多一倍,对老挝的援助多三倍。[4] 中国的援建项目,多集中在基础设施,如公路、铁路、码头和大型公共建筑等。这些项目需要大批技术人员和熟练劳

---

① 中国海外投资年度报告编辑委员会编:《中国海外投资年度报告(2005—2006)》,北京:社会科学文献出版社,2006 年,第 113～114 页。

② 泰国投资部数据,http://www.boi.go.th/english/about/statistics_other_country.

③ 据云南大学国际关系研究院瞿建文副教授提供的缅甸调研资料,2006 年 12 月。

④ Josh Kurlantzick,China's Charm Offensive in Southeast Asia,*Current History*,September 2006.

工。从 2000 年 11 月江泽民主席访问老挝至 2004 年 3 月吴仪副总理访问老挝期间,中国对老挝的经济援助已经达 10 亿元人民币以上,相当于过去 12 年中国援助老挝之总额。有代表性的经援项目如:老挝国家文化宫、万荣第二水泥厂、上湄公河疏浚、琅勃拉邦老中友谊医院、电信网二期扩容工程、昆曼公路老挝 1/3 路段工程等;信贷项目如南梦水电站项目、巴色输变电工程等。① 老挝本国基本上无力提供相关工程技术人员,熟练劳力也相当短缺,这些项目自然主要由从中国来的人员承担。

(三)中国在东南亚承包工程项目和劳务输出

相比中国在东南亚的投资和援助项目,可能中国在东南亚的承包工程和劳务对中国人移民东南亚的推动作用更大。由于中国在东南亚的大量承包工程项目,须从中国引进的管理和技术人员更多。据商务部统计,2007 年 1—11月,我国对外承包工程完成营业额 332 亿美元,同比增长 34.6%;新签合同额622 亿美元,同比增长 13%。② 中国对外承包工程企业在东南亚有很强的竞争力,东南亚成为中国对外承包工程和劳务合作的最重要市场。1995 年,中国在东南亚的承包工程额仅 4.95 亿美元,至 2005 年,中国承包商在东南亚获得 286.2 亿美元的合同。其中,1/3 来自新加坡。截至 2005 年底,中国企业在新加坡共签订承包工程和劳务合作合同总额 122 亿美元,完成营业额105.9 亿美元。其中,承包工程签约总额为 77.4 亿美元,完成营业额 55.5 亿美元;劳务合作签约总额 44.6 亿美元,完成营业额 50.4 亿美元。③

在泰国,中国承包商仅在 2006 年就获得 10.67 亿美元的合同。至同年底,中国承包商在泰国累计获得承包工程、劳务合作合同 47.9 亿美元。其中承包工程累计签订合同额 45.6 亿美元,完成营业额 24.2 亿美元。④ 除新加坡外,其他东南亚国家的技术水平相对落后于中国,中国承包项目均需引入技术人员和熟练工人。中国熟练和非熟练劳动力相对便宜,也便于沟通和管理,因此,中国承包商均大批雇佣中国人。这些人或由承包公司引进,或在当地雇佣自行前来东南亚的中国人。在中国承建项目最多的新加坡,由于当地劳动力价格昂贵,则非熟练劳力也通过劳务合作从中国输入,尤其在建筑行业。根

---

① 中国驻老挝大使刘永兴谈中老关系,新华网 2005 年 6 月 8 日。

② 商务部网站,http://chinca. mofcom. gov. cn/aarticle/zhongyswhd/200801/20080105355987. html.

③ 中国驻新加坡使馆经济商务参赞处,http://sg. mofcom. gov. cn/aarticle/about/meiticf/200603/20060301637376. html.

④ 中国驻泰国使馆经济商务参赞处,http://th. mofcom. gov. cn/aarticle/zxhz/tjsj/200704/20070404586326. html.

表 11-7　中国大陆在东南亚承包工程额（1995—2005 年）

单位：百万美元

年份	新加坡	泰国	马来西亚	印尼	菲律宾	越南	柬埔寨	老挝	缅甸	文莱
1995	87.36	83.39	158.42	53.46	25.74	17.55	3.46	34.60	20.61	10.52
1996	214.39	66.14	271.84	31.26	46.95	73.24	1.84	47.66	19.62	11.10
1997	480.18	106.52	242.96	22.54	117.44	89.42	6.04	46.33	111.82	5.30
1998	492.59	131.05	131.30	25.26	105.08	55.47	9.14	69.82	154.22	29.06
1999	530.85	108.65	87.93	22.40	55.58	65.34	15.01	83.21	192.69	16.73
2000	654.21	86.45	94.78	11.96	40.26	67.15	18.66	90.77	178.48	9.55
2001	511.04	114.99	70.59	27.04	68.09	94.91	35.27	100.68	249.09	2.20
2002	540.26	184.28	128.27	81.34	73.48	147.00	57.56	136.77	288.05	0.35
2003	499.33	114.11	233.08	144.14	100.82	161.48	35.42	101.89	370.74	
2004	656.26	165.56	213.94	263.03	126.60	277.84	62.15	132.84	331.20	2.96
2005	767.58	300.99	226.47	523.63	179.25	275.30	123.12	169.53	286.72	9.34

　　资料来源：国家统计局贸易外经司编：《中国对外经济统计年鉴（1999—2004 年）》，北京：中国统计出版社，2000—2005 年；国家统计局贸易外经司编：《中国贸易外经统计年鉴（2005 年）》，北京：中国统计出版社，2006 年。

　　据中国统计，1995 年，中国前往新加坡的合法劳务人员已有 40652 人。到 2001 年，新加坡的中国劳务人员更达近 10 万规模。此后，中国在新加坡的合法劳务人员保持约 7 万～9 万的规模。这些劳务人员中，在建筑行业的占多数。① 除新加坡外，其他国家根据劳务合同从中国引进劳务人员有限，约在 2 万～3 万人之间。

　　东南亚各国都严厉限制国外劳工。上表所列，为中国劳务输出的官方数据。劳务输出的期限通常为 1～2 年。中国劳务人员有足够时间了解如何在当地生存和谋生，很多人劳务期满后仍以各种方式留居当地。实际上，更多的中国劳工通过旅游签证等其他方式进入东南亚，然后超期滞留打工。即使根据中国驻马来西亚使馆的估计，在 2004 年间，中国在马来西亚务工人员有 2 万～4 万人，但同时期马来西亚从中国合法输入的劳务人员仅 3816 人，大部分都是非法滞留的打工者。②

　　1999 年以后，缅甸成为中国在东南亚仅次于新加坡的海外承包工程市

---

　　①　Yang Ruoqian, Why Chinese Workers Falling Easy Prey in Singapore: Analysis, *People Daily*, July 10, 2002.

　　②　（马）《南洋商报》2004 年 4 月 18 日。

场。在 2000—2005 年间,中国在缅甸的承包工程额达 17 亿美元以上,增速高于在东南亚的其他国家。同时期中国移民大量涌入缅甸,与中国在缅甸承包的工程飞速增长直接相关。

表 11-8　中国对东南亚的技术和劳务人员输出(1995—2005 年)

年份	新加坡	泰国	马来西亚	印度尼西亚	菲律宾	越南	柬埔寨	老挝	缅甸	文莱
1995	30863	1906	1883	1016	283	1372	563	2525	102	139
1996	45496	2264	3413	832	647	2035	1525	2890	343	343
1997	58583	2584	5239	1215	1058	3004	2466	2737	1204	267
1998	59705	2078	3452	1334	1140	2344	3521	2409	1893	175
1999	73229	1797	3228	1738	681	3692	5598	2598	2497	187
2000	87592	1843	3649	1890	841	4716	6898	3450	2554	428
2001	99680	3496	4026	2557	1018	6008	5885	2795	2132	76
2002	91220	2906	4498	3552	936	6737	6181	4188	3592	57
2003	81444	2678	5577	4819	1007	8678	5560	3419	4144	215
2004	73844	2963	3816	4713	820	8638	5075	3715	4872	472
2005	74682	2900	3937	2832	804	7943	4798	3094	8726	1263

资料来源:同表 11-7。

三、交通与获得签证条件的改善

交通便利和申请东南亚签证条件的改善也是导致大量中国新移民涌入东南亚的因素之一。1990 年以前,除广西、云南通缅甸、老挝和越南的陆路外,中国与东南亚之间仅有少数几条直飞航线。中国只有北京、上海和广州有飞东南亚的少数航班,大部分中国人到东南亚,主要是前往香港中转。随着中国与东南亚经贸、政治与文化关系的日益密切,双方人员交往飞速增长,中国与东南亚之间的各类交通路线也随之发展。在云南,滇缅铁路和滇越铁路经过大规模改造,运力大增。尤其是新修的高速公路和其他高等级公路,经缅甸、老挝通往泰国、柬埔寨各地,快速且票价低廉。广西通越南的公路和铁路经改造后,客货流量呈几十倍增长。特别应当关注的是通双方各地的直飞航班,其数量增长之快令人叹为观止。

1990 年以后,中国与东南亚之间的航班增速极快。到 2007 年初,有近 40 家的国际航空公司,经营中国与东南亚之间每周近 800 班的航线,这些航空公司大部分是中国和东南亚各国的航空公司。每天数以万计的旅客,往来于中国与东南亚之间。中国的始发地也从北京、上海和广州,扩展到南宁、厦门、昆明、重庆、成都等南方城市与北方的大连和青岛。若加上国内中转,实际上在中国的大多数大中城市,均有航班可接驳直飞东南亚的航班。中国各地与东南亚之间航班的便利,且参与各航线的航空公司竞争激烈导致票价低廉,方便快捷,使移民成本大为降低。这在某种程度上可解释为什么近年来前往东南亚的新移民,已非主要来自传统上向东南亚移民的广东和福建,而是来自全国各地。

表 11-9　2007 年初中国与东南亚各国间航班

国别	东南亚和外航公司航班	中国(含香港)航空公司航班	中国始发地/到达地	东南亚国家始发地/到达地	每周航班数量
印度尼西亚	TG(泰国),SQ(新加坡),GA(印度尼西亚)	CZ,CA,HU	北京、上海、广州、厦门	巴厘、雅加达	61
马来西亚	MH(马来西亚)AK(马来西亚)	MU, CZ, CA, MF,ZH,KA(HK)	北京、上海、广州、厦门、昆明、福州	槟榔屿、吉隆坡	103
菲律宾	PR(菲律宾),TG,LH(德国)	CZ, CA, MF, 2P,KA(HK)	北京、上海、广州、厦门	马尼拉	41
泰国	MH,MS(埃及),TG,UL(锡里兰卡)PG(泰国),AI(印度)FD(马来西亚)	3Q, CZ, CA, SZ,MF,MU,KA(HK)	北京、上海、广州、厦门、昆明、桂林、海口、杭州、成都、汕头、西安、西双版纳	曼谷、清迈、普吉岛	236
新加坡	UM(津巴布韦)SQ,MI,TR(新加坡)GA,ET(埃塞俄比亚)H8(俄罗斯)	3Q, CZ, CA, SZ,MF,MU,SC	北京、上海、南宁、广州、厦门、昆明、成都、重庆、福州、海口、杭州、深圳、大连、青岛	新加坡	305
越南	VN(越南)	CA,CZ,3Q,MU	北京、广州、昆明	河内、胡志明市	56
柬埔寨	SQ,MH,TG	FM,CZ	北京、上海、广州、昆明	金边、暹粒	30
老挝	QV(老挝),VN	CZ,MU,3Q	北京、广州、昆明、西双版纳	万象、朗勃拉邦	16
缅甸		CA,MU,CZ	北京、广州、昆明	仰光、曼德勒	11

资料来源:各航空公司航班网站。

　　东南亚对中国人签证制度的放宽和增设领事馆,也为中国人前往东南亚提供了前所未有的便利。90 年代中期以来,为了吸引中国的投资和游客,东南亚各国相继对中国人放宽签证条件,尤其是旅游签证的开放,基本上扫清了中国人出国和进入东南亚的法律和制度障碍。因此,很多中国移民以游客身份进入东南亚后,超期滞留当地谋生,乃至定居当地。在泰国北部、缅甸和柬埔寨的很多城镇,均散居大量以游客身份入境定居的中国移民。即使是在对外国人超期滞留严加惩罚的新加坡,仍有数千乃至上万的中国人长期非法滞留。① 多次申请旅游签证也是一些中国商贩和从事特种行业人员在东南亚谋生的渠道。一些中国商贩随机托运中国商品到东南亚变卖,所得足以支付机票费用,再利用旅游签证期限做工。虽然他们奔波于两地,但工作时间主要在东南亚。一些娱乐行业工作者,更是反复申请旅游签证,频繁往来于中国和东南亚之间,尤其是前往泰国、马来西亚、新加坡和菲律宾。②

东南亚国家在中国增设大量领事馆,也为中国公民申请签证提供了便利条件。1990年以前,东南亚各国仅有驻北京的大使馆负责处理中国公民申请签证业务。中国各地民众的签证申请,都须在北京处理,费时费钱。1990年以来,随着双边关系日益密切,除文莱以外,其他东南亚国家均陆续在中国各地设立领事馆或总领事馆。除缅甸仅在昆明设领事馆外,其他国家在中国各地设3～4个领事馆,包括新加坡、老挝和柬埔寨等小国。这些领事馆主要设在广东、福建、广西和云南等邻近南方省份及上海等大都市。中国各地民众和旅行社申请到东南亚的签证,可在就近领事馆办理,很大程度上节省了时间和费用。对于移民而言,这也意味着移民成本的降低。

四、推动移民东南亚的国内因素

日益增长的剩余劳动力和致富机会的缺乏,是推动海外移民的基本动力。此外,放宽对移民海外的限制,是移民国外得以成行的基本条件。由于移民发达国家的费用日益昂贵,东南亚地区逐渐为中国移民所青睐。

近20年中国从计划经济转型为市场经济,使国有企业面临巨大压力。在外资企业和私营企业的竞争下,国有企业大批破产,工人下岗,城市失业人数激增。市场经济的发展也导致农业的商品化经营和生产的集约化,使农村产生大量剩余劳动力,作为农民工流入城市。据国务院研究室2006年4月发布的《中国农民工调研报告》,外出务工农民达1.2亿,其工资基本在500～800元间。如加上就近务工者,总数近2亿。③ 大量农民工流入城市导致城市就业形势更加恶化。因此,尽管改革开放以来中国经济增速很快,也难以容纳如此多的剩余劳动力。尤其是了解移民信息和渠道的经济落后地区的民众,有

① 在龙海市某村,近5年有100多人到新加坡定居数年以上,大半为超期滞留。厦门大南洋研究院《福建新移民调查资料》,福建龙海市2006年9月30日调查录,该项目(2002—2007年)由庄国土、郭玉聪教授主持。

② 《福建新移民调查资料》,2006年8月25—28日对从泰国、马来西亚回来的新移民调查。

③ 国务院政策研究室:《中国农民工调查报告》,2006年4月。

强烈前往海外谋生的愿望。东南亚位于中国周边,旅费低廉且易与国内保持联系。1990 年以前,向东南亚移民主要来自福建和广东的传统侨乡。在 90 年代以后移民欧美费用日益高昂的情况下,东南亚也成为来自其他省份的中国新移民,尤其是教育程度低且家境贫寒者的较好选择。

改革开放以来,政府逐步放宽公民出国的限制,是移民得以大规模成行的首要条件。80 年代以后,政府鼓励出国留学,大批公费生和自费生成为第一批领取护照的公民,前往发达国家留学。其眷属也多以陪读名义出国。80—90 年代的中国留学生及其眷属,大部分留居国外,成为移民。90 年代中期以后,在大多数省份,公民如加入政府认可的旅行社组织的旅游团,可领取护照出国。由于因私护照有效期 5 年(2007 年以后的护照有效期 10 年),并可延长有效期两次,因此,可用于再次出国。2005 年以后,只要无犯罪记录,即可申请护照,无须加入旅行团或获得国外的邀请。至此,中国政府不再像以往那样,通过控制护照发放限制出国。护照发放政策的宽松,使那些意图移民但家境不佳且难以在海外获得邀请的人,能获得合法出国的身份。尤其当东南亚国家放宽中国人旅游签证后,中国公民合法入境东南亚基本上就不受限制了。

在大多数输出新移民的地区,基层政府通常鼓励正常移民,有些地区甚至默许非正常渠道移民。在这些地区,海外移民行为蔚为风尚,很多基层干部认可"出去一个人,富裕一家人。出去十个人,富裕一村人"的时谚。他们为本县、乡的移民行为提供方便,在有的县乡,有关部门甚至编印移民目的地的信息、同乡状况和联系方式,方便移民出国谋生。同时,积极协助海外同胞办理定居当地所需的各种证明文件。我们的福建侨乡新移民调查表明,在向东南亚输出较多新移民的福清、莆田、晋江等县市,相关政府部门多为正式或非正式渠道出国的新移民提供争取定居当地所需的帮助。

中国政府近年来鼓励企业家到海外投资,客观上也有利于海外移民。海外中资企业的发展,能为新移民提供更多的谋生机会。

新老侨乡的海外联系,也是这些地区新移民获得海外信息和在海外谋生的有利条件。遍布东南亚各地的华人社区一直与家乡保持密切联系。改革开放以来第一批到东南亚的新移民,就是来自传统的侨乡福建晋江地区和广东潮州地区。菲华主要来自晋江,泰华主要来自潮州。他们提供邀请信、担保书乃至资助旅费,帮助晋江和潮州的家乡亲友移民到菲律宾和泰国。这些新移民在当地亲友的帮助下,很快融入当地华人社区。对这些投靠东南亚亲友的新移民而言,异国他乡并非全然陌生。当地亲友帮助他们提供食宿,介绍或安排工作,通过收养、通婚、继承财产等方式,协助他们获得定居当地的身份。东南亚华人社区历来有协助家乡的新来者谋生的传统,即定居者有道义上的义务帮助同乡、同宗的弱势亲友。新移民定居后一旦有能力,也有义务帮助后来者。这种传统几乎作为所有华人宗亲社团和同乡社团的宗旨之一,迄今有数百年历史,仍延续到现在。有所成就的东南亚华人通常与某个或数个社团保持联系,社团成员有捐款或协助社团工作的义务。社团领导职务高低,通常取决于捐款数量和社会名望。遍布东南亚的成千上万的华人社团,成为新移民求助的对象。2003年,仅在马来西亚,各种华人社团数量约达7500个。① 从传统侨乡到菲律宾、印度尼西亚、泰国和马来西亚的新移民,都或多或少得到华人社团的帮助。90年代以后,虽然很多前往东南亚的新移民并非来自传统侨乡,而是来自云南、湖南、湖北乃至中国北部,但由于与东南亚华人同文同种,易于沟通,仍有机会求助于华人社团和个人。值得注意的是,新移民也开始组织自己的社团。2000年2月,东南亚第一个影响力较大的中国新移民社团"新加坡天府同乡会"(Singapore Tianfu Association, STA)在新加坡宣告成立,其成立目的,是增进四川籍新移民之间的联络互助。据该同乡会成立时估计,新加坡来自四川的新移民已达3000人,绝大部分是近10年内到达新加坡。② 2001年5月,以新移民为主的"华源会"(Hua Yuan Association, SHY)也在新加坡成立。该组织号称最大的中国新移民社团,据称会员达2300人。③ 2001年7月,泰国华人青年商会(Young Chinese Chamber of Commerce in Thailand, TYCC)在曼谷成立,发起人为较为成功的新移民商人,主要成员也是新移民。其宗旨之一,就是帮助在泰国的新移民适应和融入当地社会。④ 2006年2月,泰国另一个以留学人员为主的社团"泰华留学生协会"(Thai-Chinese Student Association, TCSA)也宣告成立,泰国华社的几位主要领导人还应邀担任该协会的名誉主席。⑤ 在菲律宾,一些事业有成的中国新移民商人,也正酝酿成立新移民社团,其目的是显示新移民在菲律宾华社的存在和有别于传统华人社团。⑥ 在缅甸、泰北和柬埔寨,一些新移民也正式或非正式成立同乡或业缘社团,以求守望相助。中国新移民社团日益增加,既反映新移民数量增长和定居当地的现实,也显示新移民意图表达与传统华人社团不同的心声,从而形成对传统上代表华社声音的老华人社团的潜在挑战。

---

① 据2003年马来西亚内政部副部长曹智雄提供的数据,中国新闻网,2003年3月25日。

② (新)联合早报网,http://www.zaobao.com/chinese/region/singapore/pages1/singapore_chinese261101.html.

③ 新加坡华缘网站,http://www.myhuayuan.org/newhy/about.asp.

④ 泰国华人青年商会网站,http://www.tycc.org.

⑤ 泰国泰华留学生协会网站,http://www.rudaoism.com/org_intro.htm.

⑥ 笔者采访菲律宾世界日报社长,2007年7月14日,马尼拉世界日报社。

第三节　中国人移民东南亚的第四次大潮

中国第一次大规模移民东南亚的浪潮,始于 17 世纪以后欧洲殖民者在东南亚的殖民开发,到 19 世纪中叶,东南亚的中国移民及其后裔已达 150 万人。移民东南亚的第二个高潮,是 19 世纪 60 年代以后的大规模华工出国,也即臭名昭著的中国苦力贸易。到 20 世纪前期,先后约 500 万华工被贩运出国,约有 200 万华工被送往东南亚的种植园和矿场。到 1920 年,东南亚华人估计有 500 万。①

20 世纪 20 年代以后,中国人移民东南亚掀起第三次高潮,其直接动力是东南亚的经济繁荣。一战以后,各殖民政府纷纷扩大在东南亚的投资,东南亚的现代交通和航运业、采矿业、加工业和种植业有较大发展。以从事商贸为主的华商企业也在 20—30 年代纷纷进入实业领域,经济实力突飞猛进。东南亚经济繁荣和华商经济实力的增强吸引了更多的中国移民。19 世纪末兴起的华侨民族主义运动迅速在东南亚各地华侨社区如火如荼地开展,到 20 世纪20—30 年代,东南亚华侨社会有如国内社会的延伸。第三次中国移民高潮以自由移民为主,其重要特点之一,是知识分子也加入移民行列。20 世纪前期,不少中国知识分子或因政治变动、专业发展、文化传播或战乱等原因移居东南亚。包括知识分子在内的第三次大规模移民不但导致海外华人社区的扩大,在南越、泰国北部、缅甸、印尼外省和菲律宾外岛出现规模较大的华人社区,而且也加强了华人社区的中华民族主义意识,使华侨社会很大程度上重新中国化。② 在 20 世纪 30 年代,有大约 600 万华人分布在数以千计的东南亚华人社区。至 20 世纪 40 年代初,东南亚华人增至 700 多万。到 20 世纪 50 年代初,约有 1000 万中国人移民及其后裔定居于东南亚。

较大规模进入东南亚的中国新移民开始于 20 世纪 80 年代中后期,一直延续迄今,这是中国人移民东南亚的第四次大潮。据其目的地和移民特点,可分为三波考察。

---

① 庄国土:《华侨华人与中国关系》,第 185 页。

② "再中国化"的观点为廖建裕教授(Leo Suryadinata)提出,指那些已经同化或半同化于当地民族的华裔,再度恢复华人的族群认同和文化认同的现象。参见 Leo Suryadinata,Ethnic Chinese in Southeast Asia:Overseas Chinese,Chinese Overseas or Southeast Asians? In Leo Suryadinata ed. ,*Ethnic Chinese as Southeast Asians*,p. 17.

一、第一波到东南亚的新移民

第一波进入东南亚的中国新移民来自传统侨乡闽南和潮汕地区,各自的主要目的地是菲律宾和泰国。这两个国家之所以成为中国移民的第一批目标,首先是因为中国与这两个国家的关系较早得到改善,这两个国家在东南亚率先放宽对中国大陆人入境的限制,次第开放中国探亲者、商务人员和游客入境。其次是这两个国家对本国华人社会较为宽容,当地华人和土著社会关系尚为和谐,民间没有强烈的排华情绪。再次是这两个国家都存在经济实力强大的华人社会,并一直与家乡保持密切联系。菲律宾华人绝大部分源自闽南,泰国华人绝大部分源自潮汕,他们乐意协助来自家乡的亲友定居。

大量潮汕人前往泰国始于 20 世纪 80 年代末。改革开放初期,潮汕地区经济落后,尤其在农村地区,农民收入远低于泰国华人。在 1988 年泰国开放中国人到泰旅游之前,潮汕人已在泰国亲友的帮助下,以应邀探亲的名义前往泰国。泰国政府开放中国人旅游签证以后,移民泰国在潮汕地区迅速成为一种行业,主要经营者为当地旅行社。由于泰国政府严厉管制定居签证的发放,正式申请定居签证移民泰国的可能性极小,大多数来自潮汕的移民以旅游探亲名义进入泰国,逾期不归,定居于当地。由于泰国存在规模达数百万人的庞大华人社会,新移民融入其中,如细流入海。更由于有在泰国的亲友帮助,在当地谋生和取得定居身份并不困难。泰国警方曾在 1994 年就披露中国新移民是如何达到定居目的的:中国人居于在泰非法移民数量的前列,他们通过贿赂警方,以每份 2000～4000 美元的价格非法购买假公民证;一些中国人则通过与泰国妇女结婚或虚假投资获得合法身份。[1] 然而,同年泰国移民局发布的非法移民数据则说明,最多的非法移民者来自缅甸,达 33 万,中国人超过10 万。[2] 尽管泰国境内有众多来自中国的非法滞留者,但很少有人因此被捕。1992—1994 年间,仅有不到百名的中国人被拘捕,这些被拘捕的非法滞留者大多是非潮汕人。[3] 来自潮汕的新移民大多认为,泰国社会和警方对中国移民甚为宽容。新移民被发现无正式居留身份,通常通过社团领导人周旋或付给警察一点小费,也能解决问题。[4] 据我们 1995 年夏在曼谷的田野调查,几

---

① (泰)《世界日报》1994 年 5 月 23 日。

② (泰)《世界日报》1994 年 10 月 11 日。

③ (泰)《世界日报》1992 年 2 月 12 日;1992 年 4 月 2 日;1993 年 5 月 3 日;1994 年 2月 17 日。

④ 潮州新移民采访资料,2006 年 10 月 21 日,邓金花采访回乡新移民笔录。

位潮汕籍社团领导人估计,当时的潮汕新移民可能近 20 万。① 这个估计也为我们 2006 年在潮州的移民调查所证实。

此外,从 20 世纪 80 年代中期以来,泰国成为来自中国各地,尤其是福建人潜往发达国家的中转地。同时,泰国的假护照制作数量和技术举世闻名,成为国际假证制作中心之一。国内外蛇头组织大批偷渡客越过中缅或中老边境,再潜入泰国,等候前往发达国家的机会。根据我们 2002 年 5 月在纽约面访的几位 90 年代中后期经泰国前往美国的福州籍无证移民所提供的资料,泰国有国际人蛇集团专门为潜往美国的中国移民所设立的旅馆,每家入住的等候前往美国的中国移民数量在数十人至 100 多人。② 1994 年,泰国移民官员承认,他们的国家被国际人蛇集团作为一个重要的区域转运中心,在藏匿于泰国等候转运的约 10 万中国人中,由于某种原因,小部分人仍留在泰国。③ 90 年代后期,泰国对中国游客开放,原来主要沿陆路越境前往泰国等候偷渡发达国家的移民得到分流。很多移民以游客身份直接从中国大陆前往泰国,然后在蛇头安排下藏匿,等候到发达国家的机会。然而,沿陆路前往泰国仍然是重要的移民路线。因为以游客身份入境需要保证金或各类担保,沿陆路入境虽然较艰苦,但成本较低。

无论是潮汕人移民泰国,或其他中国移民以泰国为中转地前往西方的活动,迄今都仍在持续。由于近年来中国沿海地区经济发展迅速,潮汕人收入水平大幅提高,移民泰国潮有所降温。取而代之的是来自中国其他地区移民。

较早利用老华人社区的传统联系前往东南亚的中国移民还有闽南人,其主要目的地是菲律宾。80% 的菲律宾华人源自闽南,其中有 70% 来自晋江县(市),向以与祖籍地联系之密切著称于世,即使是"文革"期间,菲华回乡和在家乡的捐赠活动也仍在继续。1966—1976 年,海外在晋江县的捐资办学金额达 315.71 万元,大部分来自菲律宾华人。④ 80 年代以后,在菲律宾亲友的帮助下,晋江人移民菲律宾络绎不绝。90 年代早期以前到菲律宾的新移民多为晋江人,在菲华亲友的帮助下,大部分人可能都拥有菲律宾护照,融入菲华社会。获得当地身份的途径之一,是设法购买身份证,尤其是购买户籍管理不严

---

① 庄国土:《中南半岛四国华人同化浅议》,《东南亚研究》1996 年第 1 期。

② 访谈时间、地址:2002 年 5 月 21 日晚,纽约市立大学社会学系会议室。

③ Paul J. Smith, Illegal Chinese Immigrants Everywhere and No Letup in Sight, *International Herald Tribune*, May 26, 1994, http://www.iht.com.

④ 晋江方志办编:《晋江市志》,上海:三联书店,1994 年,第 1044 页。

的偏远地区死亡者的身份证,其价格更便宜。① 1992 年以后,菲律宾政府推出新投资移民政策,更为富裕的中国移民获得菲律宾定居身份大开方便之门。根据该项政策,外国公民如在菲律宾投资超过 7.5 万美元,可获得长期投资居留签证(SIRV),投资者的配偶和 21 岁以下未婚子女,也可得到同类签证。② 此项政策一出,晋江一带迅速出现以做投资移民项目为业的公司,多以旅行社为名,包办投资签证手续、出境入境及在菲的暂时落脚点,价格在 3 万～4 万元之间。到 1997 年,仅以投资移民名义移民菲律宾的晋江人至少在万人以上,他们大部分是从事经贸活动,申请投资移民的中小企业家。其目的主要不是在菲律宾谋生,而是获得菲律宾定居身份证,方便其国际商务旅行。近 10 年来,大批来自中国内陆地区的移民也前往菲律宾谋生,这在菲律宾华人史尚属首次。

我们推估,20 世纪 80 年代迄今前往菲律宾的中国移民约在 15 万～20 万。菲律宾最早的华文报纸《商报》最近估计,近 15 年来到达菲律宾的中国新移民约 15 万人。③ 早期来菲的新移民绝大多数为晋江人,大多已有菲律宾护照或定居身份,包括数以万计的所谓投资移民。1996 年中期以来到菲的新移民,很多人仍是无证移民。2002 年 7 月,菲律宾移民局宣称,非法滞留在菲律宾的中国移民有 3 万人。④ 2005 年,知名菲华研究学者洪玉华女士(Teresita Ang See)认为,仍持中国护照的在菲中国移民约 10 万人,不到一半人有合法居留身份。⑤ 无论合法移民或非法滞留者,来菲的中国新移民绝大多数经营商贸,从事与中国商品相关的批发或零售业。

---

① 2006 年 7 月 8 日,马尼拉田野调查资料,被访者(笔者表弟)于 1984 年在菲律宾亲友的帮助下前往菲律宾,并在亲友帮助下取得菲律宾国籍。被访者认为:在菲律宾购买身份证明并不难,最容易的办法就购买菲律宾偏远地区已去世的菲籍人的身份证明。据他所知,20 世纪 90 年代中期前来菲律宾的晋江人,绝大部分都已经有菲律宾国籍。

② 菲律宾驻北京大使馆网站,签证信息,http://www. philembassy-china. org/visa/index. html.

③ (菲)《商报》2007 年 7 月 14 日。

④ 李天荣:《中国新移民,菲国新动力》,《亚洲周刊》2002 年第 35 期,第 46～47 页。

⑤ Teresita Ang See, *China, new Chinese immigrants, and transnational crimes in the Philippines: problems and challenges*, Paper presented to International conference on 30 years of Philippines-China relations: Charting new directions in a changing global environment, Manila, Oct. ,2005, pp. 21～22.

二、第二波到东南亚的新移民

第二波新移民发生在 20 世纪 90 年代中期，延续至今，以新加坡、马来西亚和印尼为主要目的地。这一波移民包括长住台商及其眷属。1994 年，台湾当局推动"南向政策"，试图引导台商到东南亚投资，取代台商西进大陆的趋势。根据当地国投资主管机构资料，到 1999 年底，台商投入印度尼西亚（168.89 亿美元）、泰国（99.14 亿美元）、马来西亚（86.51 亿美元）、越南（47 亿美元）、菲律宾（10 亿美元）、新加坡（11.71 亿美元）的资金累计 423.25 亿美元。[①] 伴随着规模巨大的对外投资，数以万计的台商活跃于东南亚各地。据印度尼西亚移民机构估计，仅在印度尼西亚持短期居留的台湾人就达 3 万人，在越南的台商超过万人。[②] 甚至在外资流入甚少的柬埔寨，台商最多时达 4000 多人。在 90 年代后期，整个东南亚的台商及与台资企业相关台籍人员达 10 万人。[③]

1990 年以后，新加坡受困于劳动力短缺和非华人人口迅速增长而产生的种族失衡问题，因而刻意引入各地华人移民，尤其是来自马来西亚、香港和澳大利亚的华人。1989 年，新加坡政府提供了 2.5 万个定居（Permanent Residence）签证名额，用于引进香港熟练劳动力。如果这个额度用足，连同其家属，将有 10 万港人进入新加坡。据说这个额度至少已用一半。[④] 1990 年代中期以来，高素质大陆华人成为新加坡刻意引进的目标。新加坡吸引高素质的大陆移民主要分为两类。一类是直接从大陆吸引各类优秀学生。新加坡向海外留学生提供优厚奖学金，每年吸引数千大陆学生前往新加坡。根据新加坡政府规定，使用新加坡提供的奖学金，毕业之后要在新加坡服务 6 年。当前，在新加坡就读的大陆学生从小学到博士候选人，达 3 万人。仅在国立新加坡大学，就有约 3000 人，在南洋理工大学也有 2600 余人。[⑤] 同时，在新加坡就读的小留学生还带动了一个特殊移民群体，即"陪读妈妈"。根据新加坡规定，6～16 岁间的留学生可由妈妈陪读，很多中国大陆妈妈前往新加坡陪读兼打

---

① 环球经济社：《华侨经济年鉴（1999 年）》，第 47 页。

② 台湾"立委"林志隆等提出的议案：《南进越南应迅速培养"越南学"人材》，《台湾日报》2002 年 7 月 31 日。

③ 顾长永：《台商在东南亚》，第 146 页。

④ Ronald Skeldon, Singapore as a Potential Destination for Hong Kong Emigrants before 1997, in Ong Jin Hui, Chan Kwok Bun and Chew Seen Kong, eds. , *Crossing Borders: Transmigration in Asia Pacific*, Singapore: Prentice Hall, pp. 227～228.

⑤ 林友顺：《大马及中国移民成为新加坡政经精英》，《亚洲周刊》2007 年 4 月 1 日。

工。2003 年,中国大陆陪读妈妈已有数千人。① 2006 年,这一数量约 6000 人。② 另一类高素质人才转自其他发达国家的中国人。改革开放以来,大批中国留学生在发达国家深造,成为专业人才。新加坡成功地从其他发达国家吸引了数以万计的原来从中国大陆出国的专门人才。据估计,新加坡的中国新移民应在 25 万~30 万间。③ 除了高素质人才的移民外,90 年代中期以来,新加坡还引进大量中国大陆劳工。2002 年,中国对新加坡的劳务人员输出已近 10 万人。④ 2000—2006 年间,新加坡始终保持约 8 万~10 万人的中国大陆劳务人员,绝大部分在建筑行业。

1990 年以前,马来西亚政府禁止国民访问中国大陆,也不允许来自中国大陆的人私访马来西亚。1990 年 9 月,马来西亚政府废除国民访华禁令,但仍禁止中国大陆人前往马来西亚。1994 年以后,马来西亚政府为了促进旅游业,逐渐开放中国大陆人访问马来西亚。1999 年,马来西亚对中国大陆开放旅游签证,允许持旅游签证的中国大陆人经 10 个口岸进入马来西亚,停留时间以 10 日为限。2004 年,持旅游签证者可在马来西亚停留一个月。

马来西亚对中国大陆来访开放伊始,即成为中国移民的目标。90 年代中期以后,大批中国大陆人利用旅游签证进入马来西亚,然后滞留不归,成为移民。福建侨办的新移民调查资料表明,大部分在马来西亚的福建新移民都是 1996 年以后前往马来西亚的。以福州市的不完全统计为例,1980—2005 年,马来西亚的福州新移民约 23747 人,其中,19577 人是 1997 年以后去的。⑤ 有如其他前往发达国家的新移民,婚姻成为一部分中国人移民马来西亚的渠道之一。2001—2002 年间,有 2184 名中国大陆妇女与马来西亚人结婚而移民马来西亚。2003 年,婚姻移民数量增加至 2710 人。⑥ 据马来西亚内务部副部长陈财和透露,2005 年底,已有超过 6000 名的合法中国新娘嫁到马来西亚。⑦ 1997 年,马来西亚和中国签订教育交流协议,互换留学生是教育交流协议的主要内容。1997—2002 年间,约有 2 万中国大陆学生到马来西亚留学。2003

---

① (新)《联合早报》2003 年 11 月 23 日。

② (新)早报网,2006 年 7 月 8 日,http://www.zaobao.com.

③ 新加坡政府虽然定期发布人口结构和外国移民统计数据,但没有专门关于中国大陆移民数量、学历等数据,当地学术机构和学者也没有发表关于中国新移民的相关研究成果。笔者的估算只能根据当地华人社团的估计和调查资料。

④ *People Daily*,July 10,2002,http://english.people.com.cn.

⑤ 2006 年福建省华侨华人调查资料,未刊资料。

⑥ *Huasheng bao* (Press of overseas Chinese),Oct. 17, 2003, http://www.tigtag.com.

⑦ 星岛网讯,2005 年 11 月 14 日,引《星洲日报》,http://www.singtaonet.com.

年,有 10884 名中国留学生在马来西亚就学。① 在 2004—2006 年间,在马来西亚的大陆留学生大致在万名规模,约占马来西亚外国留学生总数的 30%。② 留学方式也成为移民的渠道,一些中国人,尤其是一些较易在马来西亚谋生的青年妇女利用学生签证在马来西亚打工。2003 年初,马来西亚移民局以防止学生签证用于工作目的,尤其是以学生签证居留马来西亚从事娱乐行业,拒绝发放学生签证给年龄大于 25 岁的外国人。虽然马来西亚移民局否认此项政策是针对中国妇女,但在这一期间,很多年龄大于 25 岁的中国妇女无法得到学生签证,乃至拒绝给予任何签证。在 1996—2002 年间,马来西亚警方拘捕18119 名从事性行业的外国人,其中,1267 人来自中国大陆。③ 2002 年,马来西亚政府为了吸引外国资金,启动"第二家园"计划,吸引富裕的外国退休人员定居马来西亚。至 2006 年,有 8574 名外国人到马来西亚定居。其中,1779人来自大陆,558 人来自台湾,218 人来自香港。④

马来西亚也输入中国劳务人员。根据 2003 年中国商务部与马来西亚劳工部代表各自政府正式签署的《中华人民共和国政府与马来西亚政府关于雇用中国劳务人员合作谅解备忘录》,马来西亚将对我国开放仿古产品制造、制瓷、木制工艺品制造、家具制造等 4 个工种的外籍劳务市场。由商务部指定的18 个对外劳务公司输出前往马来西亚的劳务人员。⑤ 至 2003 年底,经劳务公司合法输出到马来西亚的劳务人员有 5582 人。⑥ 然而,不少未经授权的劳务公司也暗中输出劳务人员。他们组织劳务人员,以旅游签证进入马来西亚非法打工,导致很多劳务人员非法打工被马来西亚警方查获拘捕,遣返中国。也有不少非法劳务人员找不到工作,生活无着,也无力回国,流落异乡。少数人也求救于中国驻马来西亚使馆。从 2003 年 5 月至 2004 年 4 月,中国驻马来西亚使馆帮助约 1700 名非法劳务人员回国。⑦ 2004 年 4 月,马来西亚移民局宣称,有 18.5 万中国人非法滞留在马来西亚。⑧ 中国驻马大使随即否认马来西亚移民局的说法。根据中国大使馆掌握的资料,在马非法中国劳务人员约

---

① Source from:Education ministry of Malaysia, *Nanyang Press*(南洋商报,Malaysia),Sept. 7,2003.

② Telephone interview with staff in Chinese Embassy of Malaysia,May 14,2007.

③ (马)《南洋商报》2002 年 5 月 3 日。

④ (马)《星洲日报》2006 年 6 月 4 日。

⑤ 商务部网站,http://www. mofcom. gov. cn/aarticle/s/200411/20041100306087. html.

⑥ 谢国祥:《马来西亚外劳市场和外劳政策现状》,《国际工程与劳务》2004 年第 7 期。

⑦ (马)《南洋商报》2004 年 4 月 18 日。

⑧ (马)《南洋商报》2004 年 4 月 17 日。

2 万～4 万。① 由于马来西亚有庞大的华人社区,很多超期滞留马来西亚的中国大陆人仍有较多谋生之道。通常认为,相当多超期滞留或利用旅游签证多次往返的中国大陆妇女从事娱乐行业。

中国与印尼建交后,印尼政府严防中国大陆人进入印尼的限制逐渐放松。苏哈托统治后期,来自福建的中国移民在其富裕的印尼亲友的帮助下,开始成批前往印度尼西亚。② 前往印尼的福建人主要来自福州地区,少部分人来自泉州地区。根据福建省调查资料,1996 年前往印尼的新移民及其子女约30900 人。到 2005 年,在印尼的福州籍新移民增至 51311 人。③ 在东南亚的台商也高度集中在印尼。1997 年亚洲金融风暴前夕,在印尼居住的台商及其眷属达 3 万人左右。台商在东南亚所建的 6 个台北学校,有 2 个就建在印度尼西亚。雅加达台北学校建于 1991 年,泗水台北学校建于 1994 年。④

三、第三波到东南亚的新移民

第三波到东南亚的新移民潮启动于 21 世纪初年,主要前往缅甸北部、柬埔寨、老挝和泰国北部等东南亚大陆地区,其数量之大远非前两波移民可比。其中,在缅甸的数量最多。第三波移民的主动力,是中国与中南半岛的大规模经济合作突飞猛进。2000 年以来,中国与泰国、缅甸、老挝、柬埔寨和越南的双边贸易飞速增长,中国商品铺天盖地涌入这些地区,随之而来的是大量中国商贩。在中国政府鼓励对外投资政策的促动下,这些地区也成为中国企业家对外投资的热点之地。

中国政府对这些国家的援建项目直接推动了中国移民前往这些地区。在缅甸、老挝和柬埔寨,中国援建的项目遍及全国各地。在缅甸的交通和资源开发领域,中国通常被认为是最大投资者。尤其是中国援建的铁路、机场、港口和水坝等大型建设项目,由于当地缺乏技术力量,更需要从中国引进大批技术人员和熟练劳力。据仰光的《亚洲外交资讯》不久前报道,中国政府已同意提供资金,用于建设从缅甸北部通往印度的高等级公路,这个项目将雇佣约 4 万名中国建筑工人。工程完工后,将有 2 万名工人留在缅甸从事公路的保养和

---

① (马)《南洋商报》2004 年 4 月 18 日。

② Leo Suryadianta,*Understanding the Ethnic Chinese in Southeast Asia*,Singapore: Institute of Southeast Asian Studies,2007,p. 60.

③ 福州市华侨华人调查资料,未刊,2006 年。

④ 顾长永:《台商在东南亚》,第 113、104 页。

维护工作。① 在老挝首都,3000 多名中国劳工正在建设中国援建的国家体育场,这个体育场是为老挝主办 2009 年东南亚运动会而建造的。② 在柬埔寨,有数千来自中国的工程师和工人正在兴建连接昆明和西哈努克港的全天候高等级公路,这条公路由亚洲发展银行、日本和中国资助。2007 年底完工后,大批中国商贩和中国货物将如潮水般从云南涌入柬埔寨。

这些地区的华资企业也吸引大批中国移民。据驻柬埔寨中国使馆 2003 年资料,在柬埔寨的中国大陆、台湾和香港投资的纺织行业,雇佣 7000 多来自大陆的技术工人,只有 2000 多人是有合法工作准证的。③ 据柬埔寨中国商会 2005 年资料,在柬埔寨投资的中国企业已有 400 多家。④ 1996 年,柬埔寨中国商会在金边成立,迄今已有 100 多家较大型中国企业加入,⑤每家企业所需中国技术和管理员工应有数十人。如中国投资企业“德棉纺织厂”,雇佣 400 多当地工人,中国来的技术和管理人员有 30~40 人。在越南,自 2000 年至 2006 年,中国大陆在越南投资的较大企业有 400 多家。⑥ 仅 TCL 集团在越南的投资厂家所需中国技术和管理人员,当数以千计。2007 年初,40 多家中国企业共同投资湄公河口的工业园,投资额达 10 亿美元。⑦ 中国企业在越南大规模投资,势必带动大批技术和管理人员长驻越南。迄 2007 年初,在越南的台商企业已达 3000 家,分布于南北越各地。长住越南的台商及其眷属约 2 万人。⑧ 1997 年成立的胡志明市台北学校,到 2007 年,学生数为 561 人,教职工 75 人。⑨ 包括台商在内的中国新移民,其数量应当在 11 万~12 万人或更多。

由于中泰关系良好,申请泰国旅游签证较易,泰北成为第三波中国新移民的集散地。据知名移民观察家、前《远东经济评论》记者林奈尔在 2007 年初指出,泰国北部城市清迈机场充斥中国游客。他们除了前往曼谷外,更多的中国

---

① Larry Jagan, Myanmar best bad buddies with Beijing, *Asia Times Online*, July 13, 2007, http://www. atimes. com/atimes/Southeast_Asia/IF13Ae01. html.

② 《柬埔寨中国商会会刊》2001 年第 4 期,第 15~16 页。

③ 中国驻柬埔寨大使馆商务处网站,http://cb. mofcom. gov. cn/aarticle/zxhz/zzjg/200304/20030400081658. html.

④ 《柬埔寨中国商会会刊》2001 年第 8 期,第 8 页。

⑤ 柬埔寨中国商会网站,http://www. cambo-china. com/introduce/jianjie. asp.

⑥ 《广州日报》2007 年 2 月 20 日。

⑦ Hannah Beech, Charting the Mekong's Changes, *Times(online)*, Sept. 1, 2007, http://www. time. com/time/magazine/article/0,9171,1657580-3,00. html.

⑧ (台湾)《经济日报》2007 年 5 月 30 日。

⑨ Website of Taipei School of Hu Chi Ming City, http://hk. geocities. com/rocknodie1/profile. html.

人前往缅甸北部、老挝北部和柬埔寨等地。① 由于潮汕移民通常都直飞曼谷，且泰国向为中国无证移民前往发达国家的中转地，在泰北集散的中国移民，应来自中国其他地区，其最终移民目的地也不限于泰国，甚至不限于东南亚。

中越边贸的繁荣和中国近年来大量投资越南，是中国人移居越南的主要动力。更多的中国移民应当是从事边贸的商贩。越南的北部边境城镇芒街，其批发市场内 95％的铺面都是中国人在经营，以服装和杂货为主，而越南商人则批量买下货物，再销往越南内地。② 90 年代迄今，约有 25 万福建商人前往广西。③ 迄 2006 年，有 20 万浙江商人在广西做生意。④ 这些外来客商应有相当比例的人从事边贸。

在中国第三波前往东南亚的新移民潮中，较为引人注目的，是中国人集体前往缅甸北部、老挝和柬埔寨从事种植行业。由中国移民开发的大型种植园，多分布在金三角地区靠中国边境的地区。根据中国—东盟自由贸易区协议，中国对东南亚农产品进口减税直至免税。同时，中国政府承诺帮助金三角地区发展种植业和加工业，以便取代鸦片种植。云南边境地区的市县政府，均鼓励企业家过境投资。因此，很多中国企业家在缅甸和老挝的边境地区投资种植业，建立一批水果、橡胶、甘蔗园和加工厂。由于金三角地区经济多年来单一依靠鸦片种植，缺乏农业技术，中国投资者通常大量招募中国工人和技术人员前往其农场。在缅北的调研资料表明，较大的一个甘蔗种植园所雇佣的中国工人达 5000 人。⑤ 这些中国移民投资和经营的种植园的产品和加工品，再免税或以极低税率出口到中国。由于投资农业利润较高，在这些地区投资农业的中国企业家越来越多，也带动更多的中国移民从事农业生产。在老挝北部，几乎所有重要的商务活动都由来自中国的资本、劳力和需求推动。在老挝山区，成千上万的中国移民，忙于生产用于出口的农产品。在柬埔寨，中国移民也开始进入边远地区从事农业开发。⑥ 2006 年，一位关注移民的西方观察家认为，近年来涌入柬埔寨的中国移民在 5 万～30 万人之间，散布在柬埔寨

　　① Betil Lintner, China's Third Wave: A new breed of migrants fans out, *Asia Times Online*, April 17, 2007, http://www. atimes. com/atimes/China/ID17Ad03. html.

　　② 李西：《中国边贸纵览》，《对外经贸实务》2007 年第 2 期。

　　③ Figure from the Yunnan Fujian Business Association, http://www. ynfjsh. cn/about. asp

　　④ 中国商人网，http://www. zgsrw. com/newsview. asp? id＝1995.

　　⑤ 据云南大学国际关系研究院瞿建文副教授提供的缅甸调研资料，2006 年 12 月。

　　⑥ David Fullbrook, Beijing pulls Laos into its orbit, Asia Times online, Oct. 25, 2006, ki-media. blogspot. com/2006/10/what-china-could-not-do-in-70s-it-is. html-25k.

各地,包括那些最难到达的偏远地方,也可发现中国新移民的踪迹。①

由于东南亚各国都未发布有关中国人出入境和中国移民的数据,中国方面也无公开此项数据,唯一较准确掌握中国移民数据的新加坡政府,也不公布此项统计资料,因此,无法利用公开数据推估中国新移民数量。此外,东南亚各国除新加坡外,出入境管理和纪录仍不完善,而且由于中国与东南亚之间的边界漫长而难以管理,进入东南亚的中国新移民中,相当比例为无正式出入境手续者,更使相关各国也无法准确推估。由于研究所需,笔者据所掌握的资讯,仍试图对东南亚的中国新移民规模作大体评估。

2000 年,老挝华侨华人已有 16 万,约 2/3 是新移民。在万象的 1.5 万华商中,约有一半以上来自湖南。他们应当是改革开放以来前往老挝的新移民。② 到 2006 年,老挝的中国新移民应当在 10 万人以上。

柬埔寨的中国新移民主要包括商贩、中资企业管理和技术人员、熟练工人、大型工程的技术人员和劳工,总数可能在 20 万～30 万之间。其中,以商贩数量最多,已充斥金边及各城镇。

越南的中国新移民主要应是长住越南的中国投资企业的管理和技术人员、台商及其眷属和从事中越边贸的商贩,总数可能在 10 万～12 万之间。其中,商贩及其眷属的数量应当最多,尽管他们在中越之间流动。

虽然泰国应当是东南亚中国新移民最集中的国家之一,但由于进入泰国的新移民流动性较大,也缺乏相关统计资料,我们仍无力准确估计其规模。大体认为,在 90 年代中期,新移民规模应在 20 万左右,以潮汕人为主。在第三波移民中,泰国尤其是泰北是主要目的地之一。当前居住在泰国的中国新移民规模应当在 35 万～40 万间。

新加坡的中国新移民数量通常估计为 30 万左右。③ 如加上流动性较大的劳务出口人员,应当在 35 万～40 万之间。马来西亚的新移民数量较难估计,可能大约在 10 万～12 万之间,合法与非法滞留者大约各半。菲律宾的中国新移民应在 15 万～20 万之间,④仍有相当比例为无正式居留身份者。

---

① David Fullbrook,China's growing influence in Cambodia,Asia Times online,Oct. 6,2006,http://www.atimes.com/atimes/Southeast_Asia/HJ06Ae01.html .

② 庄国土:《二战以来东南亚华人社会地位的变化》,第 384 页。

③ 吴前进:《新华侨华人与民间关系发展》,《华侨华人历史研究》2007 年第 1 期。

④ 据 2006 年 7 月访问马尼拉中国驻菲使馆获得的非正式信息,在菲中国新移民可能有 20 万。

表 11-10　2007—2008 年东南亚中国新移民数量估计、分布与职业构成

国别	数量(万)	主要职业	备　注
缅甸	100~110	商贩、管理与技术人员、劳工、农民	相当比例的流动人员,相当比例的无证移民
泰国	35~40	商贩、管理与技术人员、自由职业者、公司职员	相当比例的流动人员,相当比例的无证移民
新加坡	35	留学生和专业人士、职员、商人和劳务人员	
菲律宾	20	商贩、职员	相当比例的无证移民
马来西亚	10~15	商贩、劳工、学生、中国新娘和退休人士	相当比例的流动人员
越南	10~15	商贩、投资者、管理和技术人员	一定比例的流动人员,相当比例的台商及其眷属
印度尼西亚	10	投资和管理人员、商贩、技术人员	相当比例的台商及其眷属
老挝	13	商贩、管理和技术人员、劳工、农民	相当比例的流动人员
柬埔寨	20~30	商贩、管理和技术人员、劳工	相当比例的流动人员
总计	253~283	从事政治以外的所有职业领域;商贩最多	相当比例的流动人员

　　缅甸的中国新移民最多,但数量最难推估。长达 3000 公里的中缅边境,并非设几处口岸所能完全控制。中缅两国跨境民族常年几乎自如出入边境线,双方边民贸易管制也不严格。而且到达缅甸的中国新移民流动性大,相当比例再流向柬埔寨、老挝和泰国。2005 年,一位长驻印度孟加拉邦的独立研究者 Sudha Ramachandran 提出:在过去 10 年中,至少有 100 万以上的中国移民进入缅甸。数量庞大的中国移民已经改变了缅北地区的族群结构。[1] 此后,这一关于缅甸中国新移民的数量被西方人口问题观察家所反复引用。[2] 据台湾"侨委会"2000 年资料,缅甸华侨华人达 250 万。如果估计老华侨华人

　　[1]　Sudha Ramachandran, Yangon still under Beijing's thumb, *Asia Times online*, Feb. 11, 2005, http://www. atimes. com/atimes/Southeast_Asia/GB11Ae01. html.

　　[2]　Larry Jagan, China's uneasy alliance with Myanmar, *Asia Times online*, Feb. 24, 2006, http://www. atimes. com/atimes/Southeast _ Asia/HB24Ae01. html; Larry Jagan, Myanmar best bad buddies with Beijing, *Asia Time Online*, June 13, 2007, http://www. atimes. com/atimes/Southeast_Asia/IF13Ae01. html.

数量为 50 万,则其余 200 万为新移民,其数量之大不甚可信。如据 2005 年来自中国驻缅甸使馆信息,缅甸华侨华人总数为 200 多万,则新移民数量在 150 万以上。① 我的估计是在 100 万～110 万人之间。

近 30 年来,在经济全球化进程中,信息、资本、人力、商品在全球范围内的流动加速。其中,人力流动更具全球化的本质特征。东南亚是中国移民的传统之地,历史上的三个移民大潮奠定了东南亚成为华侨华人最集中的地方。虽然东南亚并非中国新移民的首选之地,但随着中国与东南亚经济融合的加速,大量中国新移民进入东南亚,迄今已达 250 万以上的规模,可能约占中国新移民总量的 30%,再次呈现历史上的经贸与移民互动之势。如中国与东南亚的政治关系保持良好,前往东南亚的移民潮仍将继续。与此同时,东南亚各国进入中国的移民也日益增多,并呈加速之势。

---

① 电访中国驻缅甸大使馆官员关于华侨华人的信息,2006 年 7 月 8 日。

第十二章

东南亚华侨华人数量、
籍贯、分布和职业构成

东南亚是世界华侨华人最集中的地区。然而,自20世纪50年代以来,除新加坡和马来西亚外,东南亚各国政府都没有正式发布有关族群结构的人口统计数据。国内外学者对东南亚华侨华人数量的看法也五花八门,莫衷一是,其差异可在50％以上。包括中国政府在内的各国政府的相关部门,其发布的数据也相距甚远。

诸种因素导致对东南亚华侨华人规模估计的巨大差异。首先,二战以后,绝大部分东南亚华人相继加入当地国籍,其身份认同呈多元化状态。很多华人或自愿或被迫同化于当地社会,隐瞒华人特征,导致"华人"身份认定的不确定性,在社会人口统计中多被归入土著民族。此状况以印尼、泰国为最,次为缅甸、越南。其次,华侨华人问题一向被东南亚各国政府视为敏感问题,其真实存在状况的信息通常被回避或扭曲。即使在新加坡政府发布的族群结构统计数据中,也未公布非永驻新加坡的外国人来源地的统计数据。除新加坡和马来西亚外,其他地区几乎没有任何关于族群结构的可靠统计资料可利用。再次,东南亚各国的出入境统计数据大多不全,尤其没有关于入境签证类型及其是否按期出境的记录。中国与东南亚有漫长的边境,难以有效监管,很多地方边民可自由出入。此外,在缅甸、柬埔寨、老挝乃至菲律宾和泰国,很多中国新移民可通过各种方式改变居留身份而不进入官方的归化统计记录。以上种种情况导致对近20年进入东南亚的中国新移民规模难以把握。

本章将当前东南亚华侨华人分为两部分估算,一是传统华人社会,二是近20多年进入东南亚的中国新移民。本章对东南亚传统华人社会规模的把握,主要是通过考察历史人口数据变动及可能的人口自然增长率,参考其他相关因素进行推估。大体而言,作为估算基础的历史人口统计数据,多是殖民政府或当地土著政府基于出入境数据的估算,普遍存在低估或大幅度低估实际华侨华人的规模,但华侨华人的人口增长率可能稍低于当地土著。因此,笔者偏向谨慎评估,假设两者至少可相互抵消,再将得出的数据与各家估算和从东南亚侨社获得的信息相互印证,其结论应该相当接近真实状况或偏于低估。对中国新移民的估算则通过搜集和综合各种零散的信息,力图描述东南亚的中国新移民的整体状况和推断出大体数据。

我们的初步结论是：迄 2007 年，东南亚华人华侨总数约 3348.6 万，包括 250 多万的新移民及其眷属，约占东南亚总人口的 6%，约占全球 4543 万华侨华人的 73.5%。

表 12-1　东南亚华侨华人分布及在当地人口中所占比例

单位：万人

国别	年份	人数	在当地人口中所占比例	新移民人数*
印尼	2007	1000	4.1%	10
泰国	2007	700	11%	35～40
马来西亚	2006	645	23.7%	10～15
新加坡	2007	360	77%	35
缅甸	2007	250	4.5%	100～110
菲律宾	2006	150	1.6%	20
越南	2007	140	1.67%	10～15
柬埔寨	2007	70	5%	20～25
老挝	2007	28	4.8%	13
文莱	2007	5.6	15%	—
总计	2007	3348.6	5.96%	253～283

　*新移民指 20 世纪 70 年代以后进入东南亚的华侨华人，包括来自中国大陆、港台和其他国家的华人华侨。

第一节　印尼与泰国华侨华人数量、籍贯、分布和职业结构

一、印尼

印尼是东南亚、也是全球华侨华人数量最多的国家。到新世纪初，印尼华侨华人总数应当在 1000 万以上。

（一）人口估算

由于印尼缺乏对华人人口的全面普查，且印尼华人有相当大部分同化于当地土著，尚有一部分华人自认为是印尼土著或以印尼土著身份对外交往，很

多底层华人及其子女仍无国籍,故关于印尼华侨华人人口数量的估计差距很大,有 700 万、1000 万、1600 万甚至 2000 多万等相差甚远的估计。但如以人口的自然增长率和机械增长率推估,再与较有权威性的印尼官员或专家的估算印证,仍能大体得出印尼华侨华人的基本规模。

2007 年,印尼华人问题研究专家廖建裕(Leo Suryadinata)引用 Astrong 所编的统计资料,2000 年印度尼西亚华人人口为 402 万,约占全国总人口的 2%。[①] 这和我们通常认为印尼华侨华人占印尼人口 3%～5% 的比例偏差较大,不足采信。而他在 1997 年的著作中,所引他人统计的印尼华人数量为 546 万,[②]可见廖教授对印尼华人人口数量的无甚把握。暨南大学黄昆章教授认为,20 世纪 80 年代初,印尼华人有 600 万左右。到 1995 年,全印尼人口有 1.9 亿,其中华裔有 720 万以上,加上华侨和无国籍华人,华侨华人人口总数为 770 万,[③]约占印尼总人口的 4%。笔者基本认可这一估计。1999 年 11 月,印尼驻新加坡大使鲁弗班查依旦中将在保证瓦希德政府不会再有歧视华人的政策时,第一次说明印尼华人有 1100 万人,是印尼 2 亿多人口中,仅次于爪哇族和巽达族的第三大种族。[④] 鲁弗班查依旦中将并无说明关于华人数量的数据来源,但与印尼国军情报局有密切联系,其曾被内定为国军战略与情报部主任。国军情报局曾有完整的华人资料,因此这个数字应有一定依据。据印尼泗水《千岛日报》社长张明开先生的说法,印尼官方认为华人数量是 1000 万,但根据当地华人自己估计,大约有 1600 万人。[⑤]

2003 年 5 月 23 日,印尼华裔总会举行关于华族人口及融入主流社会问题的时事双语座谈会,多数与会者认为 1000 万人这个数字比较接近客观。座谈会倾向接受《国际日报》主编李卓辉根据历史变迁而提出的 1100 万人。李氏的推估基础仍是 1930 年荷印人口普查统计数据的 123 万华人。李氏认为,1941 年华人因国内战乱而大批来印尼,1955 年解决双重国籍问题时,印尼移民厅的华人数据为 300 万人。到 1959 年,约有 30 万华侨回国。1965 年

① Jocelyn M. Astrong, eds, *Chinese Population in Contemporary Southeast Asian Societies*, Richmond, Survbey; Curzon Press, 2001, cite from: Leo Suryadinata, *Issues and Events of Ethnic Chinese Communities*, Chinese Heritage Center Bulletin, N. 9, May, 2007, pp. 4～5.

② Leo Suryadinata, Ethnic *Chinese as Southeast Asians*, Singapore: Institute of Southeast Asian Studies, 1997, p. 21.

③ 黄昆章:《印尼华侨华人史(1950—2004)》,广州:广东高等教育出版社,2005 年,第 220 页。

④ 《印尼现有华人 1100 万》,《八桂侨刊》2000 年第 2 期,第 60 页。

⑤ 书欣:《海外华人知多少》,(菲)《世界日报》2005 年 3 月 8 日。

"9·30"事件后,不少华人受害或逃离印尼。苏哈托时期,华人人口大增。目前华族有1100万人,占总人口的3%或3.5%,即为印尼第三大民族(爪哇族、巽达族、华族)。[1] 但李氏仍未说明估计的数据依据。

2003年6月5日,印尼大同党中央总主席、《和平日报》社社长吴能彬先生访问泉州时称,印尼2000多万华人华侨中,福建人占1/3以上,全国近80%的财富掌握在华人手中。[2]

2005年印尼中华总商会副秘书长陈立志认为,据官方不完全统计,华人人口总数约有1760万人,大多数从商,在印尼经营的范围包括:商业、工业、农业、地产、金融、运输、旅游、服装、饮食、手工业等领域,为开拓和发展印尼的经济作出了巨大的贡献。[3]

关于印尼华人数量估计偏差如此之大,源于殖民时期对华人身份的认定。1910年初,荷兰政府颁布《荷属东印度籍民条例》,以出生地主义为原则,规定荷属东印度籍民为:凡出生于荷属东印度、其父母在东印度居住,或父无考而母居东印度者;出生于东印度但父母无可考者;出生于外国的荷印籍民的未满18岁之未婚子女。[4] 此法与清朝国籍法针锋相对,将在荷印出生的华人均归为荷印籍民。荷印当局为防止中国政府过多干预荷印华人事务,鼓励华人尤其是土生华人加入荷籍。[5] 在人口统计中,多将混血华人计入印尼土著籍。因此,广为引用的1930年荷印发布关于华侨的人口统计数据,显然对华侨人口数量严重低估,但这个统计为印尼华人的籍贯、职业和构成土生比例提供了较详细的材料。根据统计报告,1930年华侨人数119万人,占印尼总人口的2.19%。华侨从业人员469935人。在从业人员中,商业占36.6%,种植业18.3%,矿业9.7%,从事工业者(制造、运输等)20%,其余为自由职业和其他行业。闽籍华侨从事商贸者多,潮州、客属华侨从事种植、采矿业者多,广肇籍华侨从事手工业者多。[6]

1947年,印尼共和国驻英代表处发表的《印尼新闻》提及,华人是印尼最大的少数民族,在7000万印尼人口中,有150万华人,[7] 约占总人口的

① 泗水《千岛日报》2003年5月26日,转引自周南京《印度尼西亚华侨华人研究》,香港:社会科学出版社,2006年,第219页。

② 泉州晚报网,http://www.qzwb.com/gb/content/2003-06/09/content_889707.htm.

③ 专访印尼中华总商会副秘书长陈立志,中国—东盟博览会官方商务部网站,2005年6月14日,http://www.caexpo.org/gb/news/interview/t20050614_41194.html.

④ Victor Purcell, The Chinese in Southeast Asia, pp. 442~443.

⑤ 盛宣怀:《愚斋存稿》卷七六,电文,第3~4页。

⑥ Volkstelling, 1930, Vol. 7, pp. 159~160.

⑦ [英]布赛尔:《东南亚的中国人》,《南洋问题资料译丛》1958年第2—3期,第158页。

2.14%。可见仍是大体按照 1930 年的华人比例估计。到 1954 年中国印尼解决双重国籍时，印尼移民厅掌握的华人数据为 300 万人，[1]约占总人口的 3%。这个数据仍属低估，因为印尼移民厅对华人身份的认定，只会包括那些华人认同意识强烈的人，较少包括那些双重认同或华人意识较弱的人。

表 12-2　1930 年印尼华侨数量和籍贯构成

籍贯	总数	在华侨人口中的比例	土生华侨比例
福建	554981	46.6%	77%
客家	200736	16.9%	60%
广肇	136130	11.4%	37.4%
潮州	87812	7.4%	33.5%
其他	210355	17.7%	58.4%
合计	1190014		

资料来源：Volkstelling 1930，荷印统计局资料。

据印尼报刊，20 世纪 60 年代中期，印度尼西亚有华侨华人 350 万，占印尼 1.1 亿总人口的近 3.2%。已加入印尼籍的华人约有 236 万，占华人总数的 67.4%。[2] 1971 年苏哈托在演讲中，提到华人数量为 350 万，占总人口 2.87%。其中，150 万人取得印尼国籍，150 万人保留中国国籍，50 万人为无国籍。此数据显然是沿用 60 年代中期的数据。1972 年台湾《华侨经济年鉴》根据雅加达中华商会推算的数字，载华侨人口为 450 万人，占印尼总人口的 3.68%。其中，取得印尼国籍者 250 万。[3] 根据 1999 年台湾的《华侨经济年鉴》估算，印尼总人口为 20925.5 万，其中华人有 740 万。[4] 此数据似乎仍是按华人人口的自然增长率与印尼人口自然增长率持平，华人人口占印尼总人口 3.6%～3.7% 的比例推算。

如上所述，在殖民时期的人口统计资料中，印尼华侨数量，乃至整个东南

---

[1]　泗水《千岛日报》2003 年 5 月 26 日，转引自周南京《印度尼西亚华侨华人研究》，第 219 页。

[2]　《罗盘报》1967 年 5 月 5 日。

[3]　[日]李国卿著，郭梁、金永勋译：《华侨资本的形成和发展》，香港：社会科学出版社，2000 年，第 161 页。

[4]　华侨经济年鉴编辑委员会：《华侨经济年鉴》，台北：台湾"侨务委员会"，1999 年，第 78 页。

亚华侨的数量就一直被低估。其原因既是涉及殖民当局倾向扩大对华人的实际管辖权,也在于大批偷渡的中国移民及其子女没有进入人口统计。此外,很多华人与当地土著通婚,所生子女即使认同华人身份,也通常被统计为土著人口。尤其在印尼,早在20世纪30年代,被统计为华侨身份的土生者,其比例已经超过华侨总数的60%,相信有更多土生华侨被统计为土著。此外,很多印尼华人,尤其是大量底层混血华人,尚不知国籍为何物,也未能进入人口统计数据。因此,在印尼某些省份,华人实际人口数量与统计数据之差可能多达数倍。如邦加勿里洞的华人,在2000年的人口普查中仅103736人,占全省总人口898889人的11.54%。而2007年7月印尼邦加勿里洞省副省长夏姆苏汀透露,大约有35%的邦加勿里洞华裔居民还未拥有印尼国籍证。他们已在这里居住了好几代,占全省120万总人口的一半。这些华裔居民这些年来对国籍证的重要性缺乏了解,造成邦加勿里洞华裔民众根本不在乎处理他们的印尼国籍证,因此重新登记是为了了解住在邦加勿里洞外国公民的人数。[①]尤其在1999年以后,由于印尼政府开始善待华人,且中国经济的迅速崛起增强了华人身份的认同感,越来越多的有华人血统的印尼人自认为华人。

因此,如就血统和某种程度的华人意识而言,估计印尼华侨华人总数为1600万、2000多万者也有其依据。

我们拟以1972年台湾《华侨经济年鉴》根据雅加达中华商会推算的华侨人口为450万人,占印尼总人口的3.68%为基数,根据自然增长率和机械增长率(进入印尼的中国移民)以及适当增加无国籍华人和华人身份不甚明显的部分,推估印尼华侨华人总数。据《中国—东盟年鉴(2007)》,2006年底印尼人口2.45亿,2007年底当近2.6亿。如华人自然增长率稍低于印尼总人口自然增长率,但加上无国籍华人和华人身份或认同不甚明显者,则2007年印尼华人约960万。苏哈托统治后期,来自福建的中国移民在其富裕的印尼亲友的帮助下,开始成批前往印度尼西亚。[②]前往印尼的福建人主要来自福州地区,少部分人来自泉州地区。根据福建省调查资料,1996年前往印尼的新移民及其子女约30900人。到2005年,在印尼的福州籍新移民增至51311人。[③]加上来自中国大陆其他地区的移民、劳务输出人员和常驻印尼商务与技术人员,以及印尼数以万计的台商及其眷属,可推估印尼华侨华人约1000万。这个数据作为下限应当是适度的,与鲁弗班查依旦中将、李卓辉和黄昆章

---

① 中国新闻网引印尼《星洲日报》,http://news.qq.com/a/20070716/002097.htm.

② Leo Suryadianta,*Understanding the Ethnic Chinese in Southeast Asia*,Singapore:Institute of Southeast Asian Studies,2007,p.60.

③ 福州市华侨华人调查资料,未刊,2006年。

教授的估计也相去不远。

（二）华人华侨的分布、籍贯和职业构成

从 20 世纪 50 年代初起，印尼政府不再接受来自中国的移民。从 50 年代中期到 60 年代初，受印尼排华影响，30 多万华人返回中国。现在印尼华人多为数代以上的土生者，第二代已不多，第一代移民则凤毛麟角。其籍贯结构大概可参考 1930 年的人口统计，即福建省籍为多，约占 50％，广东次之，约占 35％；海南、广西、江苏、浙江、山东、湖北等省籍者共约占 15％。[1]

印尼华人主要集中在爪哇、马都拉、苏门答腊、加里曼丹、苏拉威西及伊利安加亚各大岛。1959 年 11 月 18 日，苏加诺颁布"总统第 10 号法令"，禁止外侨零售商在县以下营业，让印尼土著民或合作社来经营。[2] 华人被迫离开县乡，只能在城市谋生。故当前华人大部分都居住在县以上的城市。雅加达、泗水、绵兰、万隆、日惹、茂物、棉兰、巨港、坤甸、马辰、乌戎班棠、万雅佬、三宝垄等大中城市是印尼华侨华人分布最为集中的地方。2000 年，印尼举行第一次全面的人口普查，但在印尼 30 个省份中，只有 11 个省（中爪、东爪、日惹、西爪、万丹、雅加达、邦加—勿里洞、苏西、廖岛、巴厘、西加）内有华人数量的统计，其他 19 个省的华人数量因未列入前八大族群，故无单独统计。上述 11 省共有印尼籍华人 1739036 人，加上外籍华人 93717 人，总共为 1832753 人，占印尼总人口的 0.91％左右。其中，雅加达有 46 万，东爪哇 19 万，廖内省17.68 万，中爪哇 16.5 万，邦加—勿里洞 10 万。廖建裕教授认为，此次人口普查华人人数减少的原因有五：(1)有的华人在普查时已经加入印尼国籍不认同自己是华人。(2)华人刚经历 1998 年 5 月惨案，可能有的华人，尤其是在小城镇的不敢承认自己是华人。(3)从 1959 年第 10 号总统条例到 1998 年 5 月暴乱后，大约有 20 万华人离开了印尼。(4)不少华人已同化，自认是当地的族群，因此普查时他们不列入华族。(5)华人的出生率下降。廖教授自己据此估计，2000 年印尼华人人口约占印尼总人口的 1.5％～1.8％，约有 300 万～360万。[3]

到 50 年代末，印尼华人在商贸领域仍有较大优势。近 11 万家华人商业企业，应当能供养半数以上的华人人口。

---

[1] 参见：《印尼华侨华人概况》，中华人民共和国国务院侨务办公室网站，2004-9-21。ht-tp://www.gqb.gov.cn/node2/node3/node52/node54/node62/userobject7ai284.html。

[2] 戴鸿琪：《印尼华侨经济》，台北：海外出版社，1956 年，第 93 页。

[3] 周南京：《印度尼西亚华侨华人研究》，第 217～219 页。

表 12-3　1959 年印度尼西亚华人商业企业类别及其资本投资

企业类别	公司家数	资本投资估计数(百万美元)
外贸与批发商业	962	96.20
中等规模的独资企业	24991	249.91
零售商业	83793	418.91
合计	109746	765.02

资料来源:吴元黎等著,汪慕恒、薛学了译:《华人在东南亚经济发展中的作用》,第102页。

苏哈托时期,印尼政府实行新经济政策,鼓励私营企业发展,华商把握时机,再度崛起。到1991年,在印尼200家大企业集团中,华人资本或以华人资本为主的有167家。[①] 到21世纪初,印尼的大华人企业家约有170名,中等企业家5000名,25万人为零售商或饭馆、商店经营者。其余华人为农民、渔民、工人和店员。[②] 如每家中等企业可容纳百人,每家零售店可供养5～10人,仅5000家中等企业和25万家零售店和饭馆,赖以为生的人口不会低于300万人。

据1990年统计的不同民族所拥有的企业数(按行业分类)计算,政府企业和原住民企业在矿业、制造业、商业、运输业和服务业中都占有80%以上的比例,在建筑业和金融业中也占有60%以上的比例。但是,在制造业中,华人占有大企业数的73.3%,中小企业数的60%,另外,华人在全部的超级市场中占有98.7%的比例,在私人银行业中有90.1%的比例。2008年全球华商富豪500强中,印尼共有10位华商榜上有名,其中,Djarum香烟集团的黄惠忠、盐仓集团的蔡道行家族、金光集团的黄奕聪家族、三林集团、香港第一太平的林绍良家族、力宝集团的李文正家族等分别排在75位、95位、114位、133位和187位。在2008年全球华商企业500强中,印尼有4家企业上榜,其中分别为排在第207位的印多福食品有限公司(PT Indofood Sukses Makmui Tbk.)、第257位的盐仓集团(PT Gudang Garam Tbk.)、第380位的PT Indah Kiat Pulp and Paper company和399位的PT Hanjaya Mandala Sampoerna Tbk. 。但印尼的国家资本和原住民资本控制着国家的经济命脉,包括国家银行的金融资本、重要资源开发、基础设施以及公用事业部门,华人资本只

---

① (印尼)《经济新闻》调查统计,转引自蔡仁龙《印尼华人企业集团研究》,香港:社会科学出版社,2004年,前言,第6页。

② 李文正:《在危机中觅生机》,北京:中国友谊出版公司,2001年,第6页。

是在私营行业拥有相对优势。据印尼富豪李文正博士的研究,50％的印尼经济活动掌握在国营企业手中。①

(三)发展趋势

1999 年,瓦希德当选总统。有华人血统的瓦西德总统奉行较明显的善待华人的政策,废止若干明显的歧视华人的法律法规,允许华人庆祝春节,可以恢复使用中文名字和中文店铺,停止在华人身份证上标明华人身份,允许出版华文报纸、书刊和成立华人社团等。梅加瓦蒂担任总统后,宣布从 2003 年开始,将华人的传统节日——春节正式定为印尼的国家节日。2006 年苏希洛总统在庆祝春节大会上的讲话中也强调,目前在印尼国土上的所有公民一律平等,不再有所谓原住民与非原住民之分。2006 年 7 月,印尼政府公布新的《国籍法》,取消旧法令中对华人的歧视性条款,规定"凡在印尼出生和未接受外国国籍的人均为印尼国民,所有种族和社群都享有同样的权利和义务"。新《国籍法》取消对华人的歧视,对中华文化也完全解禁。由于印尼华人觉得能以"华人身份"不受歧视地生活在印尼,激发了华人意识的重新崛起。故 1999 年以后,重新认同华人身份者越来越多,这也导致对印尼华人人口总数的重新估计。

二、泰 国

和印度尼西亚一样,泰国华人华侨数量大且特别难估算。我倾向于按泰国华人自然增长率与全国的人口增长率大体相当、泰国华人占泰国人口的10％来估算泰华数量,再加上近 20 年涌入泰国的新移民,则 2007 年泰国华人华侨约 700 万。但华泰混血儿数量很大,如他们大批认同华人身份,则这个数据可能偏于低估。

(一)人口估算

19 世纪以来,泰国华人人口数量一直没有可靠的统计数据。中国移民普遍与泰人通婚,其后代融入泰国社会程度甚深,很多仍有华人意识的中国移民后代取泰国名字,行为方式与泰人无甚区别,通常被官方视为泰人。在泰国官方的人口资料中,向来只有中国人出入境的数据和人口普查时的中国籍侨民人数统计资料,而没有入泰籍华人及其后代的统计资料。因此,无论是 19 世

---

① Dr. Mochatar Riady, *Mencari Peluang di Tengah Krisis*, Universitas Pelita Harapan, Jakarta, 1999, pp. 127~128,转引自周南京《印度尼西亚华侨华人研究》,第 213~214 页。

第十二章 东南亚华侨华人数量、籍贯、分布和职业构成

417

纪西方商务官和清朝官员的估计,还是 20 世纪日本学者的研究,其数据都相距甚远。

泰国学者江白潮曾说明,华侨应指持有政府发给的永久居留证和保持中国籍的那批人,这批人在 1990 年约有 24 万人,华人人口则由于融合而无法统计。①

对东南亚华人数量较为关注的廖建裕教授在其 1997 年的著作中,所引用的 1990 年泰国华人数量是 481.3 万,占泰国总人口的 8.6%。② 他对 2000 年泰国华人数量的估计是 523.4 万,仍是按占泰国总人口的 8.6% 估算。③ 1997 年,由《远东经济评论》驻泰办事处主任 Michael R. J. Vatikiotis 撰写的《华侨华人百科全书》泰国华人篇,估计泰国华人在 450 万～600 万间,约占泰国人口的 10%。1956 年,台湾的华侨志编撰委员会估计,1956 年泰国华人大约有 369 万人,④约占泰国总人口的 15%。但台湾"侨委会"1975 年的估计,则将泰国华人数量调整为 360 万,约占泰国人口总数的 11%。此后基本上按照这个比例推估泰国华人人口。这个调整可能是受泰国华人史专家、美国教授史金纳的影响。台湾"侨委会"的《华侨经济年鉴》2002 年版估计,泰国的华人共计有 6994372 人,仍按约占泰国总人口的 11% 计算。⑤ 维基百科全书(Wikipedia, the free encyclopedia)称大约有 14% 的泰国人口是华人华侨,⑥2007 年应在 900 万以上。

史金纳教授根据对泰国内地所作的详细调查,估算 1954—1955 年泰国华人总数为 231.5 万,约占泰国总人口的 10%。其中,483000 人在曼谷。同时,他还估算了了泰国华人的籍贯构成。⑦ 在 80 年代以前,尚无大规模中国新移民进入泰国,因此,史金纳的估算成为迄今广为接受的数据,以后各国学者对泰国华人的估算,大多以此为基础。

应当指出的是,治学严谨的史金纳教授向来主张泰国华人正在融入泰国社会,逐渐丧失华人认同。因此,他所认定的华人群体,是那些族群标识明显

① 江白潮:《二十世纪泰国华侨人口初探》,《东南亚》1992 年第 4 期。

② Leo Suryadinata, *Ethnic Chinese as Southeast Asians*, Singapore: Institute of Southeast Asian Studies, 1997, p. 21.

③ Leo Suryadinata, *Issues and Events of Ethnic Chinese Communities*, pp. 4～5, Chinese Heritage Center Bulletin, No. 9, May, 2007.

④ 华侨志编纂委员会:《华侨志总志》,台北:海外出版社,1956 年,第 126 页。

⑤ 《华侨经济年鉴(东南亚篇)》,台北,2003 年,第 96 页。

⑥ 维基百科网, http://zh. wikipedia. org/wiki/%E6%B3%B0%E5%9C%8B%E4%BA%BA%E5%8F%A3.

⑦ W. G. Skinnar, *Chinese Society in Thailand: An Analytical History*, Chapter 7, Ithaca: Cornell University Press, 1957.

的华人,客观上有低估华人数量的可能。史金纳研究时期之后的 60—80 年代的泰国华人中,会有部分人因融入泰人社会而丧失华人标识,而 80 年代以来,很多有中国血统的泰人重新认同华人身份。两者相抵,我倾向仍按史金纳的泰华占总人口比例的 10% 估算泰华人口。考虑到近年来泰国人口自然增长基本停顿,故设定泰华的人口增长率应相当于总人口增长率,不影响按泰华人口占总人口的 10% 的估算。据美国统计局发布的世界人口资料,2007 年泰国人口为 65068149 人。[1] 因此,泰华约为 650 万,加上近 20 年涌入泰国的 40 万~50 万中国新移民,估计泰国华人华侨应在 700 万左右。由于史金纳的数据有低估可能,故我不排斥适当高于 700 万的估算。

(二)人口变动与职业构成

据 1888 年清朝考察暹罗的官员报告,曼谷已有华人 50 万以上,尚有入山种植的华人 30 余万,暹罗华人总数已达 80 余万。寓暹华民潮籍为最,闽籍次之,广肇、海南籍再次之,惠州、嘉应又其次。[2] 据暹罗出入境局统计,1882—1892 年,每年入境的中国人 1.3 万~1.8 万,年均 1.61 万人,每年净移入 0.5 万~0.8 万人,年均 0.71 万人。1893—1905 年,年均入境 3.5 万人,年均净移入 1.49 万人。仅暹罗官方按出入境人数为基础的统计,1900 年暹罗华侨约 60.8 万人,占全国人口 732 万中的 8.3%。如计入暹化华侨及华暹混血儿,暹华人数至少将数倍于此。1906—1931 年,中国人(华侨)入境 214.33 万,出境 146.34 万,净移入 64.99 万。1932—1955 年,中国人(华侨)入境 74.15 万,出境 48.91 万,净移入 25.24 万。[3] 考虑到 1949 年以后中国政府基本不准国外移民,这些净移入者绝大部分应当是在 1949 年以前。

1949 年后,中国向泰国的移民潮流基本停止,但一部分国民党部队和"难民"陆续逃离中国进入缅甸,以后辗转潜入泰国北部,这些人及其后代,据称有 5 万人左右。[4]

根据以上泰国(暹罗)出入境人口统计,仅 1900—1949 年,中国人就净移入泰国近 100 万。如不考虑同化因素而仅以血统计,1955 年泰华数量应在 300 万~400 万间,与 1956 年台湾华侨志编撰委员会的估计相当。按自然人口增长率计,迄今应在 1000 万以上。

① CIA World Factbook,http://indexmundi. com/thailand/population. html.

② 光绪十三年粤督张之洞奏访查南洋华民情形拟设小吕宋总领事以资保护折,《清季外交史料》卷七四,第 22~26 页。

③ G. W. Skinner,*Chinese Society in Thailand：An Analytical History*,pp. 60~61.

④ 庄国土等:《二战以后东南亚华族社会地位的变化》,第 291 页。

（三）华侨华人的分布和籍贯、职业构成

20 世纪 50 年代初到 80 年代中期,没有大规模的中国新移民进入泰国,故泰国华人的籍贯构成应当与 50 年代中期相似。根据史金纳 1955 年的调查,潮州人约 130 万人,占泰华总数的 56％,其次为客家人、海南人、福建人和广府人。

表 12-4　史金纳对 1955 年泰国华人数量和籍贯的估算

方言籍贯	占华人总数比例％	数量
潮州人	56	1297000
客家人	16	370000
海南人	12	278000
广府人	7	162000
福建人	7	162000
其他	2	46000
总数	100	2315000

20 世纪 80 年代中期到 90 年代中期,大批潮州新移民涌入泰国,数量可能在 20 万人以上。因此,潮州人在当前泰国华侨华人中的比例可能在 65％左右。华侨华人主要聚居在曼谷、清迈、合艾等大中城市,以曼谷最多,约有 50 多万华人,以潮州人为主。闽籍华人主要聚居在泰南。普吉岛(亦为普吉府)总人口约 50 万,华裔约占总人口的 60％,约 30 万人。[1] 泰北 17 个府现有华侨华人约 100 万,其中华侨约 5 万,其祖籍地绝大多数为云南、广东和海南等省。清迈府是华侨华人聚居较为集中的地区,约有华侨华人 30 万。祖籍潮州和云南的华人占大多数,其次是客家人、海南人和广肇人。在清莱、清迈、夜丰颂、达府等地,分布着 70 个"难民村",居住原国民党 93 师残部及其后代,还有不少从缅甸逃难到泰国的云南籍人以及国内历次政治运动后逃跑出去的各省籍人,共约 15 万～20 万人,其中云南籍占 90％以上。[2] 此外,泰北是中国新移民的集散地。尤其是从陆路往泰国的中国新移民,都居留在泰北,再伺机流向泰国各地乃至其他东南亚国家。自 80 年代中期始,泰北还是前往欧美的中国新移民的重要中转地之一。

泰国华人的经济地位举足轻重,在商业、金融业、纺织业、钢铁业、制糖业、

---

[1]　刘红梅:《中国的发展太不可思议了——泰国普吉侨领访华》,《侨情》2004 年第 35 期,第 10 页。

[2]　朱柳:《独具特色的泰北侨情》,《侨情》2004 年第 18 期,第 6 页。

运输业、农产品加工业中都有很强的实力。泰国华人中潮州籍最多,其经济实力也最强大,主要从事金融业、进出口业、碾米业、纺织业、土产业、珠宝首饰业等。客家人多从事皮革业、百货业、制鞋业、裁缝业;广府人多经营机械业、建筑业、饮食业;海南人多经营饮食业、旅馆业、理发业及药房;福建人则经营橡胶、茶叶买卖为多。[1]

1988 年,泰国最大的 25 家企业集团中,23 家是华人企业集团。1991 年末,华人企业集团占曼谷上市股票总额的 89%,被称为泰国金融"四大家族"的盘古银行、泰华银行、大城银行、京华银行都是华人银行,其资产占泰国商业银行的 60%。[2] 2008 年的全球华商富豪 500 强中,泰国有 15 位华商上榜。华彬国际集团、红牛维他命饮料有限公司的严彬排在第 23 位,排在前 51 位的还有 TCC 集团的苏旭明、大众银行集团、中央零售集团的郑有英及家族。2008 年全球华商企业 500 强排行榜中,泰国的卜蜂食品企业有限公司(Charoen Pokphand Group)名列第 190 位,中央洋行集团名列第 313 位,True Corporation Public Co. Ltd 名列第 410 位。

表 12-5 1990 年泰国华人从业基本情况

行业类别	基本情况
商业	华人约占全国的 80% 左右。按类别分:(1)大规模的进出口公司;(2)中介商;(3)零售商。按行业分:(1)进出口业;(2)土产业;(3)米业;(4)中西药业。
工业、矿业	颇具历史与规模。早期中国移民就在泰国建立了各种生产事业,将当地原料加工为成品,二战后,华人采用现代化机器,形成现代化企业。按行业分:(1)冶炼、金属制品及机械工业;(2)电器及电子工业;(3)纺织工业;(4)食品加工业;(5)碾米业;(6)制糖业;(7)化学工业;(8)饲料工业;(9)采矿业。
金融业	是泰国华人经济的支柱行业。现在业务范围已经扩展到资金、证券、信托、保险、投资等多种业务。
运输业、仓储业	1985 年统计,华商经营的企业占泰国同行业的 70%。泰国内河水运、码头驳运业务,几乎均为华人从事。
旅游业	华人多经营旅行社、宾馆、夜总会等旅游业务。
农林渔牧业	按行业分:(1)农业;(2)林业;(3)渔业;(4)畜牧业。

资料来源:广东华侨研究会:《泰国》,第 58~68 页。

---

① 广东华侨研究会:《泰国》,广州:广东华侨研究会,1991 年,第 58~68 页。
② 郭梁:《东南亚华侨华人经济简史》,第 208 页。

第二节　马来西亚和新加坡华侨华人数量、籍贯、分布和职业结构

　　马来西亚和新加坡是东南亚为数不多地拥有关于族群人口详细统计数据的国家,因此,关于其华侨华人的数量基本没有分歧。

一、马来西亚

　　据马来西亚统计局数据,2006 年,马来西亚人口约 26640000 人。其中,2120 万人住在西马,544 万人居住在东马。如按 2004 年华族占总人口 23.7%的比例,2006 年华人共 631.37 万。[①] 如加上尚未加入马来西亚国籍的中国新移民(如婚姻移民、退休移民等)和合法与非法中国劳工,2006 年马来西亚华人华侨总数约在 645 万。

　　(一)历史人口变动

　　根据英属马来亚殖民政府的统计数据,到 1921 年和 1931 年,马来半岛(不包括新加坡)共有华人 85.65 万和 128.5 万,分别占总人口的 29.4%和 33.9%,1941 年日本南侵进入新马后,华侨流动基本停止。马来亚独立后,大多数华侨加入当地国籍,新来移民已经断绝,华人人数主要通过自然繁衍增加,华人从 1947 年的 188.5 万,增加到 1957 年的 233.38 万,占总人口的 37.16%。到 1970 年,华人人口 371.91 万,占总人口比例下降为 34.39%。[②] 由于马来西亚华人生育率低于马来人,故马华在马来西亚总人口中的比例不断下降。至 2000 年,华人人口比例降至 26.0%。

　　20 世纪 30 年代,尚有相当部分华人从事采矿业和垦殖业。独立后,随着矿产枯竭和马来人对土地经营的垄断,华人逐渐退出这两个行业,主要职业领域是金融、保险、房地产、商业服务、建筑业、制造业、采矿、打石、行政等。[③]

　　马来西亚华侨华人的祖籍地以福建和广东两省最多,广西和海南省次之。

---

　　① 马来西亚政府统计局,http://www. statistics. gov. my/english/frameset_ key-stats. php。

　　② 林水檺、骆静山合编:《马来西亚华人史》,第 453 页。

　　③ [马]林水檺等:《马来西亚华人史新编》第 2 册,吉隆坡:马来西亚中华大会堂总会,1998 年,第 323 页。

表 12-6　1931—1967 年西马男性华人职业统计

单位：人

年份	1931		1957		1967	
职业	总数	华人	总数	华人	总数	华人
农业	875122	271588	802645	184937	689696	135177
矿工	77220	69893	1907	1353	16798	11582
工匠和管工	102188	72792	185123	115632	201877	116864
专业和技术	21895	7670	47140	16108	80780	26436
行政和管理	9057	4646	24033	14956	35670	22744
书记	29090	16158	56980	25323	76163	35627
销售	120449	93898	164292	110562	168487	113263
劳务	87079	43311	145346	33545	98150	33098
交通	73364	28230	65767	26387	83843	31719
其他劳工	112079	54159	103569	41681	146195	48869
未详	7194	3770	5997	2430	665	256

资料来源：Donald R. Snodgrass，Inequality and Economic Development in Malaysia，K. L：Oxford University Press，1980，p. 38.

说明："专业和技术人员"包括教、传教人员及护士等。"行政和管理人员"包括政府职员及私人公司的董事和经理等。

福建籍者绝大部分来自闽南和福州，广东则以客家、广府、潮州籍人为最。2006 年，西马华人华侨约为 525 万～530 万，主要分布在马来半岛西海岸，以霹雳、雪兰莪、柔佛、槟榔屿、森美兰、马六甲和彭亨等州最为集中，玻璃市、吉打、吉兰丹、丁加奴等州的华人较少。槟城是马来西亚唯一华人人口占多数的州属，有华人 63.55 万人，占该州总人口的 42.5％，以闽南籍为多，台商也多集中于槟城。吉隆坡则以广府籍为主，怡保、新山多潮州籍。华族多集中于大中城市，槟城、古晋、巴生、马六甲等城市华人超过半数。东马华人约 110 万～115 万，沙捞越州 60 多万，沙巴州有 40 多万。东马华人主要来自广东的客家人和福建的福州人，其次是海南人。[①]

(二)籍贯和职业构成

1978 年以后，马来人主导的政府实施为期 20 年的"新经济政策"，旨在全

---

① 王明惠、廖荣禄：《东马来西亚的华人社团》，吕伟雄主编《海外华人社会新观察》，广州：岭南美术出版社，2004 年，第 30 页。

面提升马来人的经济地位。其中主要目标之一,是要将马来人资本拥有权从 2.4%提高到30%,而非马来人(华人与印度人)则保持在40%,以实现"种族经济平衡";马来族在主要产业部门中的就业比重到1990年达到50%以上,而且必须在每个企业及其各种职位上的就业比重都达到50%以上,以纠正种族间的经济差距,实现反映种族构成的经济社会。因此,"新经济政策"对马来西亚华人的职业结构产生一定冲击。很多华人经营的矿业和种植业转入马来人手中。到1984年初,全部商业银行的马来人资本比率已达到77%,马来资本在全部种植园资本中所占的比重在1982年初就超过了60%。[①] 1970—1980年间,从事零售业的土著人数增加了9倍,营业额增加了2倍。同一时期,华族零售商店的比例由75%下降到56%,[②]许多华族零售商店被迫改为与土著合营。许多城市华人失去了工作机会,华人在采矿业、制造业中的就业比例急剧下降,但在金融保险、商贸和酒店业以及高级管理者和专业技术人员比例中,仍远高于马来人。尤其是与金融商贸密切相关的会计业,华人所占比例一直在70%以上,足见华人在金融和商贸领域的优势地位。

表 12-7　马来西亚华人就业情况(在该职业中所占比例)

单位:%

职业	2000	2005
高级经营管理者	55.8	55.1
专业技术人员	33.5	31.9
办公室文员	35.4	34.3
服务业工人和销售人员	40.6	39.6
农牧渔业工人	13.9	11.3
手工艺品及其相关销售人员	47.1	44.6
产业工人	25.2	24.8
电子工业从业人员	25.7	25.2
总计	32.5	32.4

资料来源:林勇:《马来西亚华人与马来人经济地位变化比较研究(1957—2005)》,第290页。Department of Statistics:Labour Force Surveys,2000 and 2005. 转引自 *Government of Malaysia:The Ninth Malaysia Plan*,2006—2010,Kuala Lumpur:Government Press,2006,p. 334,Table 16-4.

---

① 〔日〕原不二夫:《新经济政策下的马来西亚华人企业》,《南洋问题资料译丛》1991年第3期。

② 《星洲日报》1985年7月25日。

除金融和商贸领域外,马来西亚华人企业在房地产业、娱乐休闲和酒店业、农林经济作物种植及产品的加工工业等领域,仍占有重要地位。2008 年全球华商富豪 500 强和全球华商企业 500 强中,马来西亚华人占有 15 席。马来西亚郭氏兄弟集团、嘉里集团的董事长郭鹤年居东南亚地区首位,在总排名中居第 6 位。凯业集团的李深静排在东南亚地区华商富豪第 3 位,总排名中第 13 位。在 2008 年全球华商企业 500 强排行榜中马来西亚有 4 家,分别为排在第 366 位的云顶有限公司(Genting)、第 423 位的 PPB 集团有限公司、435 位的杨忠礼机构有限公司(Y. T. L)和 464 位的奥维尔工业有限公司(O. Y. L Industries Berhad)。

二、新加坡

新加坡发布的人口统计资料,一向包括各族裔国民人数和定居的外国人人数,但没有发布定居新加坡的外国人族裔比例。因此,新加坡华人华侨人数的总和,应当是新加坡华族人数和定居的外国人中的华人,以及中国劳务人员和非法滞留者人数之总和。

(一)人口估算

1911 年,新加坡登记华人数达 219577 人。1927 年,进入新加坡的中国移民增加到 36 万人,[①]为历史最高记录。1947 年,新加坡华人 72.95 万人,约占总人口的 77.8%。1963 年 9 月,新加坡和马来亚合并,成立马来西亚联邦。1965 年 8 月 9 日新加坡宣布退出联邦,成为独立的主权国家。独立后的新加坡华人人口比重,仍维持在总人口的 75% 左右。

表 12-8　新加坡华人人口变化表(1947—2006 年)

	1947	1957	1970	1980	1990	1997	2006
华人数量	729473	1090596	1579866	1856237	2252700	2394200	2713200
所占比重(%)	77.8	75.4	76.2	76.9	74.7	77.2	75.2

资料来源:1947—1997 年数据,Saw Swee-Hock,the population of Singapore,Singapore:Institute of Southeast Asian Studies,2007,p. 47. 2006 年数据,Singapore residents by age group,ethnic group and sex,end June 2006,*Yearbook of statistics Singapore*,2007,p. 25.

截至 2007 年 6 月,新加坡人口总数 468.06 万。其中,有近 370 万的公民

---

① 宋旺相:《新加坡华人百年史》,第 18～19 页;C. Mary Turnbull,*A short History Of Malaysia,Singapore and Brunei,Singanore*,1981,pp. 189～198.

和永久居民,其余约 100 万为暂住的外国居民。公民和永久居民人口比上年度增加 1.8%,而暂住居民则增加了 14.9%。① 根据新加坡统计年鉴提供的数据,2006 年华族占新加坡公民和永久居民的比例为 75.2%。② 如 2007 年的种族比例大体相当,则新加坡华族约 277.5 万。如我们假定暂住居民中华人的比例与公民和永久居民种族比例相当,加上没有进入统计的非法滞留者,则新加坡的华侨华人总数约为 353.5 万人。

(二)籍贯和职业构成

新加坡是海外唯一华人占多数的国家。据 1996 年 6 月新加坡政府统计,新加坡的华族 2352700 人,占人口数的 77.3%。新加坡华人祖籍地为闽南的约占 40%,潮州人约占 20%,广府人占近 20%,客家人占不足 10%,其余为其他方言人群。③ 近年来,由于大批来自中国各地的新移民定居新加坡,新加坡华人华侨的籍贯应有所变化,祖籍地为闽粤的比例有所降低,但不会超过 5%。

主导新加坡经济的两大资本是外国资本和本地资本,后者包括政府资本、华人资本、马来人资本、印度人资本。外国资本在制造业有显著优势,金融业和服务业则是华人资本和外国资本各占一半,而政府资本掌握较多大型企业。新加坡华人企业在金融贸易、房地产、旅游业中有显著优势。1986 年统计,新加坡华人企业集团在该国销售额最大的 500 家企业中(金融业除外),分别占有 32.8% 的数量,24% 的销售额,10% 的利润,32.9% 的资产额,其整体实力仍远逊外国企业。④ 2007 年《福布斯亚洲》(Forbes Asia)杂志所发布的新加坡 40 大富豪榜上,第一位是地产大王黄廷芳(67 亿美元),第二位是排在榜首的邱氏家族(已故酒店大亨邱德拔的家族,57 亿美元),大华银行集团主席黄祖耀及家人,则以 33 亿美元排名第三。此后依次为仁恒置地总裁钟声坚(25 亿美元)、丰隆集团主席郭令明及家人(11 亿美元)、丰益国际主席兼总裁郭孔丰(9.6 亿美元)、股票大王林荣福(8.3 亿美元)、华侨银行前主席李成伟(6.5 亿美元)、主要业务集中在澳洲的任九皋(6 亿美元)和莱佛士教育集团总裁周

---

① 《我国总人口 468 万 公民和永久居民 370 万增 1.8% 非居民 100 万增 14.9%》,(新)《联合早报》2007 年 9 月 28 日。

② Singapore residents by age group, ethnic group and sex, end June 2006, *Yearbook of Sstatistics Singapore*, 2007, p. 25.

③ 《新加坡华侨华人概况》,国务院侨务办公室,2004-9-21。http://www.gqb.gov.cn/node2/node3/node52/node54/node62/userobject7ai285.html。

④ 郭梁:《东南亚华侨华人经济简史》,第 210 页。

华盛(5.95 亿美元)。^① 2008 年全球华商富豪 500 强中,新加坡有 13 位上榜。信和集团、远东集团的黄廷芳家族排在东南亚地区的第 2 位,总排名的第 9 位。此外,新加坡金鹰国际集团的陈江和及大华银行的黄祖耀分别排在第 26 位和第 47 位。在 2008 年全球华商企业 500 强排行榜中,新加坡拥有的企业数量在东南亚最多,有 6 家。分别为排在第 119 位的大东方控股有限公司(Great Easten Holdings Limited)、第 223 位的大华银行有限公司(United Overseas Bank Limited)、第 228 位的花莎尼有限公司(Fraser and Neave Limited)、第 259 位的华侨银行有限公司(Oversea-Chinese Banking Corporation Limited)、第 292 位的创业集团有限公司(Venture Corporation Limited)及第 361 位的城市发展有限公司(City Developments Limited)。

第三节　缅甸和菲律宾华侨华人数量、籍贯、分布和职业结构

一、缅甸

(一)人口估算

对缅甸华人华侨人口数量的估计分歧最大,主要涉及对近 20 年进入缅甸的中国新移民数量的估算。综合各方面信息,笔者倾向于估计:到 2007 年底,缅甸华侨华人数量应达 250 万。

涉及缅甸华侨华人的估算数据有 300 万(2000 年)、200 多万(2008 年)、250 万(2003 年)、100 万(2001 年)、90 万～135 万(1996 年)、46.6 万(1990 年)、32.48 万(2007 年)等,其数据相差近 10 倍,是对各国华侨华人数量估计中悬殊最大者。

陈怀东主编的 2000 年《华侨经济年鉴》估计缅甸华侨华人达 300 万,^②但没有解释为何两年内暴长 2 倍的原因,因此不予采信。2008 年缅甸风灾过后,据(香港)《星岛日报》报道,缅甸归侨联谊会会长粟秀玉称,目前缅甸华人

---

① 《〈福布斯亚洲〉发布新加坡 40 大富豪,黄廷芳居首》,(新)《联合早报》2007 年 8 月 24 日。

② 台湾"侨委会"编:《华侨经济年鉴》,台北,2000 年,第 92 页。

华侨有 200 多万人,①但并无说明这个数据的依据。

根据缅甸研究专家林锡星的估计,2001 年缅甸华人约有 100 万,占缅甸总人口的 2%。② 林教授未说明数据来源,但根据其相关研究成果,应当是援引香港《亚洲周刊》1988 年 8 月 28 日所报道的缅华占缅甸总人口的比例,即缅甸华人约占总人口的 2.2%,约 80 万人。③《亚洲周刊》数据可能源于缅甸人口和侨民统计局统计。1988 年,缅甸华侨华人约有 80 多万,其中华侨只有73272 人。④

缅甸学者 Mya Tan 是当地华人研究专家,其估计缅甸华人的数量应当是占人口的 2%~3%,当在 90 万~135 万间。⑤ 他同时认为,Martin Smith 认为缅甸华人约 40 万的数字是低估,⑥而澳大利亚的"东亚研究所"(East Asia Analytical Unit.)认为缅甸华裔约占缅甸全国人口 15%~20% 的说法是高估。⑦

廖建裕教授引用 Astrong 所编的统计资料,2000 年缅甸华人人口为32.48 万,占全国总人口的约 0.7%,⑧而他在 1997 年的著作中,所引他人统计的 1990 年缅甸华人数量却为 46.6 万,占全国人口的 1.4%。⑨ 廖教授所用资料,可能来自当地政府早期对中国侨民的统计数据,与缅甸华侨华人总数相差太远。

对缅甸华侨华人数量的估计,应重视对传统华人社会自然增长率和机械

---

① 星岛网,http://www.stnn.cc/society_focus/200805/t20080509_776040.html.

② 林锡星:《缅甸华人与当地民族关系研究》,《东南亚研究》2002 年第 2 期.

③ 林锡星:《缅甸华侨及其分布》,《东南亚纵横》2000 年第 1 期.

④ 缅甸中央统计局:《缅甸联邦计划财政部统计年鉴(1979—1989)》,昆明:云南国际问题研究所,1991 年,第 15 页.

⑤ Mya Tan,The Ethnic Chinese in Myanmar and Their Identity,in Leo Suryadinata,*Ethnic Chinese as Southeast Asians*,*Singapore*:*Institute of Southeast Asian Studies*,1997,p.119.

⑥ Martin Smith,Ethnic Chinese in Burma,*London*,*Anti-Slavey International*,1994,p.62.

⑦ East Asia Analytical Unit.,*Overseas Chinese Business Networks in Asia*,Department of Foreign Affairs and Trade,Parkes ACT,1995,p.61.

⑧ Jocelyn M. Astrong,eds,*Chinese Population in Comtemporary Southeast Asian Societies*,*Richmond*,*Survbey*;Curzon Press,2001,cite from:Leo Suryadinata,Issues and Events of Ethnic Chinese Communities,*Chinese Heritage Center Bulletin*,No. 9,May,2007,pp.4~5.

⑨ Leo Suryadinata,*Ethnic Chinese as Southeast Asians*,Singapore:Institute of Southeast Asian Studies,1997,p.21.

增长率的估算,更要关注近 20 年中国新移民对缅甸华侨华人总量的影响,后者可能是决定性的。综观以上学者对缅甸华侨华人数量的估计,所依据的是传统华人社会的增长率,除缅甸归侨联谊会会长粟秀玉外,均未注意到新移民的因素。

布赛尔根据缅甸人口统计,提出 1961 年缅甸华人数量为 35 万,约占总人口的 1.6%。[①] 此数量当大为低估,因为缅甸华人无国籍或以土著名字者多。根据民国政府驻仰光总领事馆 1947 年查报,缅甸华侨总数为 36 万,[②] 占当地总人口的 2.3%。1964 年,缅甸实行"国有化"政策,据说导致 10 万华侨离开缅甸。[③] 此后缅华在缅甸总人口中的比例可能有所下降。1982 年,缅甸实行新公民法,华人被归为客籍公民和归化公民,他们没有被选举权,不能竞选公职和担任政府机构及团体的领导。[④] 新公民法也导致部分华人离开,更多华人则登记为当地土著。因此,在 1973 年和 1983 年的人口统计中,华人只有22.7 万和 23.4 万。[⑤]

综上所述,笔者倾向于以民国驻仰光总领事馆 1947 年查报的数据 36 万、占缅甸人口的 2.3% 为基础,再考虑 1973 年以后缅华非正常减少的因素及1950 年国民党军溃退缅甸和"文革"期间云南知青大批前往缅甸的因素,取传统缅华社会约占缅甸总人口 2.2% 的估计,则 2006 年应为 110 万。

改革开放以后,前往缅甸的云南商贩开始络绎于途。90 年代以来,中缅经贸关系飞速发展,双方贸易额、中国对缅甸的援助、官方和私人投资、承包工程额等急遽增长,激发大批中国移民前往缅甸。据估在近 10 年间,有多达100 万中国新移民前往缅甸。[⑥] 加上 80 年代以来新移民的自然增长率,则新移民及其后裔当在 130 万人以上。此外,缅甸北部有原为汉人的果敢族近 10

---

① VictorPurcell,The Chinese in *Southeast Asia*,London:*Oxford University Press*,1965.

② 华侨志编纂委员会:《华侨志·总志》,台北,1956 年,第 128 页。

③ Martin Smith,Ethnic Chinese in Burma,London,*Anti-Slavey International*,1994,p. 63.

④ Paisal Sricharatchanya,*Ibid.*,p. 27.

⑤ Mya Tan,The Ethnic Chinese in Myanmar and their Identity,in Leo Suryadinata,*Ethnic Chinese as Southeast Asians*,Singapore:Institute of Southeast Asian Studies,1997,p. 118.

⑥ Sudha Ramachandran,Yangon still under Beijing's thumb,*Asia Times online*,Feb. 11,2005,http://www. atimes. com/atimes/Southeast_Asia/GB11Ae01. html.

万人,①云南的部分跨界民族居住于缅北,他们向来不被统计为华侨华人。如加上他们,当前缅甸的华侨华人应在 250 万以上。这一估计与缅甸归侨联谊会会长粟秀玉所说的 200 多万相当,也符合 2005 年来自中国驻缅甸使馆的估计。②

(二)历史人口变动与籍贯和职业构成

据缅甸殖民政府人口调查,1911 年缅甸中国籍人 12.2 万人,1921 年为 14.9 万人,1931 年达到 19.4 万人。③ 殖民政府对外侨管理比较宽松,中国人来缅甸,向英国驻厦门、广州、汕头的领事馆办理签证即可。外侨在缅甸居住不需任何手续,不需外侨证和缴纳外侨税,行动自由,滇缅边界的两国人民可以自由往来,不受限制。因此,很多中国人不办理外侨登记手续,也就没有体现在外侨人口统计上。英属缅甸实行以出生地原则为主的国籍归化政策,在缅甸出生的外侨及其子女都属法定归化之列。

根据 1931 年的人口调查,所登记的 19.4 万华侨中,有 10.4 万是在缅甸出生的,约占登记华侨总数的 53.6%,在中国出生的有 8.96 万人,其他地区约为 500 人。④ 云南籍华侨占 35%,广东籍占 17.6%,福建籍占 25.8%,其他籍占 21.6%。

1948 年缅甸独立时,华侨华人总数已达 36 万人。1953 年,缅甸内政部秘书在答复国会议员时称:全缅华侨大概有 35 万人,⑤华侨华人的实际数量应远多于此。由于华侨华人多不愿入籍,⑥此后缅甸政府发布的华侨人口数量逐次减少。但如依缅华的自然增长率和机械增长率,到 80 年代,缅华数量应在 80 万左右。

缅甸独立后,缅甸政府将战前控制着缅甸经济的英印大企业、大工业和大

---

① 果敢地区原属中国管辖,1897 年《中英条约》后,中国割让果敢给英属缅甸。1960 年中缅边境划界时,果敢仍归缅甸。果敢地区多为汉人居住,其汉人语言和习俗基本保留,在 80 年代以后,华人意识更为强烈。参见王士录《缅甸的"果敢族":族称、来历、状况及跨国互动》,《世界民族》2005 年第 5 期,第 75 页。

② 2005 年,笔者助手在仰光时,曾电访中国驻缅大使馆一秘。

③ 〔英〕布赛尔:《东南亚的中国人》,《南洋问题资料译丛》1958 年第 2—3 期。

④ 田家青:《缅甸华侨的人口与分布》,《伊江周报》1961 年 9 月 3 日。

⑤ 赵维扬:《缅甸华侨之今昔》,德宏州经济研究所编《缅甸现状与历史研究集刊》,潞西:德宏州经济研究所,1987 年,第 125～133 页。

⑥ 对缅甸华侨华人不愿入籍原因的详细研究,参见庄国土等:《二战以来东南亚华族社会地位的变化》,第六章"缅甸式社会主义与缅甸华人的社会地位"(范宏伟执笔),厦门:厦门大学出版社,1993 年。

商业收归国有,华侨经营的主要是中小型工商企业。大体而言,云南籍华侨多经营土木建筑业和宝石业;闽籍华侨多经营木材行业和土产贸易;粤籍华侨多经营饮食业和典当业等。1951年,缅甸政府严厉实行金融业缅甸化,华侨金融业不复存在。1953—1956年,华侨经营的酒廊、当店和宰猪场先后被收归国有。1960年,缅甸政府实行进出口商缅化政策,华侨只能以缅人名义经营,实力急遽下降。从商业中被排挤出来的华侨资本,趁缅甸政府提倡民族工业化之机由商转工。1961年,华侨资本约60％经营工业。① 1963年,缅甸政府开始实施国有化政策,逐步将商店、进出口贸易行、银行和工矿企业收归国有,对大米等农产品实行统购统销。到1964年3月,仰光3000家商店被收归国有,其中,华人商店占15％。② 所有华侨华人商店不分大小均被一网打尽。此外,全缅华侨华人经营的700家工厂也都被国有化。华商多以缅甸人身份入籍,少数人离开缅甸。1963年1月—1964年7月共有36576人离缅,仅泰国6个村就收容缅甸华侨近1万人。③

1988年,缅甸政府实行市场经济和对外开放政策,华商卷土重来。到90年代中期,缅甸国内主要市场的售货摊位70％为华人所经营,主要行业为米谷、土产、珠宝、塑料、机械、运输、旅馆、餐饮、纺织、建筑、旅游、农畜、水产等。④ 缅甸大部分的零售业、批发业,包括边境贸易的进口贸易和大饭店等,都是由华人或中缅混血儿经营的,华人再度居于缅甸经济的前沿。⑤ 或谓到20世纪末,缅甸国内华人经济占缅甸私人经济的六七成,主要帮助政府推销和出口农产品。⑥

(三)人口分布与职业、籍贯构成

到20世纪80年代,约90万的缅华分布于全国各地,一半以上集中于15个城镇。其中,仰光10多万人,曼德勒8万,腊戎2万,勃生2万余人,当阳2万多人,东枝1万多,密支那1万,毛旦绵8000,景栋8000,渺妙5000多,土瓦6000,卑缪5000多,八莫5000,彬文那4000多,垒固1000多。⑦ 近20年前往缅甸的中国新移民则高度集中在上缅甸,尤其是和中国接壤的地区。新移民

① 福建省华侨事务委员会办公室编:《华侨情况介绍》,福州,1963年,第25页。

② 华侨志编纂委员会编:《缅甸华侨志》,台北,1967年,第163页。

③ 凌冰:《缅甸下逐客令后外侨大量离境赋归政府不准带走财物》,《南洋商报》1964年9月16日。

④ 包鲁:《华人在缅甸》,《东南亚南亚信息》1996年第18期,第23页。

⑤ Mya Than, *The ethnic Chinese in Myanmar and Their Identity*, p. 128.

⑥ 庄国土等:《二战以来东南亚华族社会地位的变化》,第275页。

⑦ 《亚洲周刊》1988年8月28日。

中,从事农工者主要是云南边民。近年来,四川、贵州乃至湖南农民也大批前往缅北。新移民中的小商贩仍以云南人为主,大中商人则来自全国各地,尤其是闽南、浙江。由于缅北新移民集中,华文中、小学校达 100 多所。1999 年,仅腊戍果文教会的学校就有 40 多所,学生 1.7 万多人。

由于近年来缅甸华侨华人数量激增,各类从业人员都有,但以经营中小企业为主,最多的是零售杂货业,估计共有 25000 家以上。由于大陆、香港、台湾及东南亚华人前往缅甸投资日多,带动了对中式餐馆之需求,华人餐馆和金饰及宝石店数目飞速增加。在工业方面,则以经营机械修配、食品加工及成衣业为主。其中汽车维修业因市场需求扩张,许多技师自己创业,而原有经营者则扩大营运规模。食品加工业在启动自动化或半自动化生产后,到 2002 年,已增至 5000 家左右,并仍在持续发展中。观光旅游业、运输业及农产品加工业也是华商重点经营的领域。① 尤其在缅北,观光旅游业和运输业几乎多为华商经营,华商投资的农产品种植和加工业更是方兴未艾。其原因是根据 2002 年中国—东盟自由贸易区协议,中国将对东盟输华农产品实行零关税。很多中国商人到缅甸投资种植业和农产品加工业,并招募大批国内农民前往缅甸。

二、菲律宾

20 世纪 80 年代以来,菲律宾与大多数东南亚国家一样,都没有公布菲律宾华侨华人的统计数据。但对 90 年代中期菲华人数的估计,各菲华研究专家估计的数据相差不大,误差不超过 20%。影响菲华数量估计分歧的因素是对新移民数量的估计。对 2007 年菲律宾华侨华人的数量,笔者的估计是 150 万左右,约占菲律宾总人口 8846.8 万(2006 年)的 1.7%。

(一)人口估算

1990 年,著名菲律宾华人研究专家、加拿大教授魏安国(Edgar Wickberg)估计,80 年代末菲华数量约在 60 万~100 万之间,认为数据的不确定性在于缺乏官方对华裔菲律宾公民的人口统计。② 90 年代中期,菲华研究专家和菲律宾华社著名活动家洪玉华女士(Teresita Ang See)估计,菲律宾华人约

---

① 《华侨经济年鉴(东南亚篇)》,台北,2003 年,第 167 页。

② Edgar Wickberg, Some Comparative Perspectives on Contemporary Chinese Ethnicity in the Philippines, *Asian Culture*, 1990, No. 14, p. 24.

在 80 万～85 万人之间,约为菲律宾 6800 万总人口的 1.2%。① 同期,魏安国教授调高了对菲华数量的估计,认为菲华总数大概在 80 万～120 万之间,最普通的估计是 100 万人,约为菲律宾总人口的 1.4%。但魏安国的估算包括 90 年代初期以前来菲的不到 10 万人的新移民。② 如洪玉华的估算不包括新移民,则两人的估计大体相当。同期,廖建裕所用的 1990 年菲律宾华人数据为 85 万人,占菲律宾总人口的 1.3%。③ 他对 2000 年菲律宾华人数量的估计是 96.8 万,仍是按占菲律宾总人口的 1.3%估算,④ 可见他认可 1990 年的数据,也与魏安国的估计相差甚微。据福建省侨办 80 年代末的统计,菲律宾华人约 100 万,绝大多数来自闽南地区,其中晋江籍者约占 2/3,⑤ 约占同期菲律宾总人口的 1.5%,与魏安国的估计也大体相当。

笔者基本同意魏安国的估算,即 90 年代中期,菲律宾华人华侨约 100 万,为总人口的 1.4%。以此数据为基础,加上自然增长率和 90 年代初以来的新移民及其自然增长率,应是菲律宾华人华侨的总数量。菲律宾的中国新移民准确数量无从得知,只能大体推估。2006 年 4 月笔者访问菲律宾时,特别向各侨团领袖征求对新移民数量的估计,但差异甚大,从 15 万至 50 多万的回答都有。但通常都认可至少有 20 万以上。⑥

如菲华人口自然增长率与菲律宾总人口相当,加上 90 年代初迄今至少 15 万的新移民及其自然增长率,则 2007 年菲律宾华人华侨总数约 150 万。

菲律宾尚存在历史悠久、规模庞大的华菲混血儿(Chinese Mestizo),据说可占总人口的 10%,将近 1000 万。科拉松总统即属于这个群体。她在竞选总统期间,公开表明自己有中国血统,对菲华为菲律宾所作的贡献表示感激。⑦ 早在 19 世纪末,华菲混血儿已达 50 万。⑧ 近 20 年来,随着中菲经贸的

① Teresita Ang See, The Ethnic Chinese as Filipinos, in Leo Suryadinata, *Ethnic Chinese as Southeast Asians*, Singapore:Institute of Southeast Asian Studies,1997,p.174.

② 魏安国:《菲律宾华人篇》,潘翎主编《华侨华人百科全书》,新加坡:华裔馆,1998 年,第 187 页。

③ Leo Suryadinata, *Ethnic Chinese as Southeast Asians*, Singapore:Institute of Southeast Asian Studies,1997,p.21.

④ Leo Suryadinata,Issues and Events of Ethnic Chinese Communities,pp.4～5,*Chinese Heritage Center Bulletin*,No.9,May,2007.

⑤ 福建省地方志编纂委员会:《福建省华侨志》,福州:福建人民出版社,1992 年,第 81 页。

⑥ 笔者 2006 年访问中国驻菲领事馆,也间接得到中国新移民有 20 多万的信息。

⑦ (菲)《世界日报》1987 年 4 月 6 日。

⑧ Antonio S. Tan,The Status of Overseas Chinese Studies,In *Chinese America:History and Perspectives*,edited by Chinese Historical Society of America,San Francisco 1994,p.5.

飞速发展和中国经济迅速崛起,华菲混血儿的华人意识有所增强,有再华化的
现象(resinification)。① 这种现象可能在中菲建交以后就开始存在。如考虑
这个因素,则对菲律宾华侨华人的数量应有更高的估计。

(二)人口变动、分布与籍贯构成

根据 1939 年民国政府对菲律宾各岛所做的华侨人口登记,华侨总数 13
万人。其中,居住在马尼拉的有 5 万人。由于底层华侨不在意国籍问题,很多
华侨也因各种原因没有进行人口登记,因此,无论是美国殖民当局或中国领事
馆所做的人口调查和登记,实际上都会低估华侨数量。有学者认为,当时实际
上有 100 万菲律宾人的祖先是中国人。根据 1939 年的人口登记,39%居住在
马尼拉市,45%居住在大马尼拉地区。华侨人口超过 3000 以上的城市有宿
务、纳卯、怡朗、奎松、礼智、黎萨、三宝颜等省。全菲 51 个省中,只有巴塔尼斯
省没有华侨。日治时期,菲华热心抗日,很多人被日军残杀,很多人逃离菲律
宾。根据菲律宾政府移民局 1947 年的估计,华侨人数约 10 万人,尚少于
1939 年。但根据前美国驻菲大使的估计,华侨约有 20 万人,包括日治时期进
入菲律宾的数千人。② 这位前美国驻菲大使的估计可能有所夸大。但据日人
田寿村"南洋通报社"估计,1939 年在美国殖民当局的人口调查中登记的华侨
为 11.7 万,加上入境及信基督教所用菲名者,总数应达三四十万。③ 其中,福
建人约 90%,绝大部分是闽南人;10%为广东人,其余 10%来自其他省份。④

1946 年,菲律宾共和国宣布独立。1947 年,菲律宾政府为了防止共产主
义的渗入,实施菲律宾共和国第 144 号法律《修改原有移民法、加严外侨出入
菲国》。到 1949 年,全面禁止中国人入境。同时,在多种经济行业实行菲化
案,计有《进口商业菲化案》(1953 年)、《零售业菲化案》(1954 年)、《米黍业菲
化案》(1960 年)等。很多华侨为维持生计,选择加入菲律宾籍。1955 年以前,
已经有 2.5 万华侨入籍。⑤ 根据 1955 年台湾当局驻菲大使馆的查报,华侨人

① 廖建裕(Leo Suryadinata)教授认为,中国的复兴使一些东南亚华人为中国语言文
化所吸引,从而推动他们"再中国化"(resinification)。Leo Suryadinata ed. , *Ethnic Chinese
as Southeast Asians* , p. 17.

② [英]布赛尔:《东南亚的中国人》,《南洋问题资料译丛》1958 年第 2—3 期,第 162
～163、202 页。

③ 田村寿:《南洋华侨现势》,张荫桐译《南洋华侨与经济之现势》,上海:商务印书馆,
1946 年,第 4 页。

④ 李国卿著,郭梁、金永勋译:《华侨资本的形成和发展》,第 179 页。

⑤ [美]吴元黎等著,汪慕恒、薛学了译:《华人在东南亚经济发展中的作用》,第 118
页。

数仅 138817 人,①但统计的数据可能是持台北护照的华侨,与当时菲律宾政府公布的数据相当,华侨华人的实际数量应当远过于此。② 50 年代中期以前,不少前往香港北角的菲侨闽南眷属通过短期旅游签证进入菲律宾。1962 年,新任菲律宾移民局长发布 V101 号通令,结束所有 1961 年以前滞留菲律宾的外侨临时游客,6000 人华侨眷属被强迫遣返。③ 1975 年 4 月 11 日,即菲律宾正式承认中华人民共和国前夕,马科斯政府颁布了第 270 号总统法令,宣布当地华人无论老幼,均可办理入籍手续。从 1976—1979 年,由总统批准成批入籍的华侨近 3 万人(仅指户主)。④ 根据菲律宾司法部公布的资料,有 49866 个外侨(仅指户主)入籍,绝大多数是华侨。在 1976—1986 年间,已有 20 万华侨(仅指户主)入籍。到 1988 年初,仍有 98625 人保留中国国籍。⑤

1973 年,菲律宾华侨华人应在 50 万左右。⑥ 著名学者、台籍日本教授戴国辉根据菲律宾中华总商会的资料,认为菲律宾华侨华裔人口达 60 万,半数居住在马尼拉地区。⑦

20 世纪 80 年代初期,闽南人,尤其是晋江人大批前往菲律宾,是中国最早的新移民之一。90 年代中期以后,前往菲律宾的中国新移民来自中国南方各省,甚至少部分人来自中国北方,迄今仍络绎于途。

除新移民以外,传统菲华社会已经是以第二代、第三代乃至第四代在菲律宾出生长大的华人为主体,占 90％以上,第一代移民不足 10％。土生华人和近半新移民主要聚居在大马尼拉地区(约 60 万),其余则散居在维萨亚地区和棉兰佬岛等地。近年来,大批新移民集中在以宿务为中心的菲律宾中部。福建籍华人中,以原属泉州的晋江、惠安、南安等地最多,大部分居住在吕宋岛,尤其是大马尼拉地区,所经营的工商业和文教事业,也以在大马尼拉地区的最为发达。原属漳州的龙溪、海澄等地,以及同安、厦门、金门的华人大多数在中部维萨亚地区的宿务等地和棉兰佬岛各处。⑧ 宿务市的 70 多万人口中,华

---

① 华侨志编纂委员会:《华侨志·总志》,台北,1956 年,第 128 页。

② 李国卿著,国梁、金永勋译:《华侨资本的形成和发展》,第 174 页。

③ 刘芝田:《中菲关系史》,台北:中正书局,1964 年,第 827~828 页。

④ 陈烈甫:《东南亚洲的华侨华人与华裔》,台北:正中书局,1983 年,第 248 页。

⑤ (香港)*Asia Week*,April 1,1988,p. 14.

⑥ 台湾"侨委会":《华侨经济年鉴(1973)》,第 201~202 页。其估算菲律宾华侨华裔数量最低为 35 万人,但又称如果把实际人口增长率算上,总数应当在 50 万人以上。

⑦ [日]戴国辉:《东南亚华人社会研究》下卷,东京:亚洲研究所,1974 年,第 106 页。

⑧ 《菲律宾华人概况》,《菲华商联总会红宝石纪念特刊》,第 522~526 页,http://www.chinanews.com.cn/2001-04-28/26/88832.html。

人约占15%,是整个菲律宾华人比例最高的地方。① 华人主要居住城市有马尼拉、巴伦苏埃拉、卡卢坎、麦卡蒂、圣胡安、奎松、巴萨伊等,可以说遍布全菲各地。

（三）职业结构

相比其他东南亚主要国家,菲律宾华人华侨是经商比例最高的族群。在西班牙和美国殖民时期,菲律宾华侨几乎都是商贩。1946年以后推行长达20年之久的"菲化"政策,沉重打击了菲律宾华人的经济活动。华侨资本在菲化运动期间转移到制造业、金融业和进出口行业,这些行业在60年代以后迅速发展,使菲律宾华人在国家经济结构调整过程中再获先机。据日本学者吉原久仁夫统计,在80年代中期,菲律宾250家最大企业中的80家华人企业里,有80%是在菲化运动期间转向制造业的。② 60年代以后兴起的产业领域吸引更多的华人资本,形成有别于传统华人企业家族的新华人企业群体。1993年拉莫斯总统指名协助国家建设的六大华人财团（施至成、杨应琳、吴奕辉、陈永栽、郑少坚、吴天恩）,其巨额财富多来自制造业、房地产业、银行金融、采矿业和大规模贸易等新兴行业。③ 据《亚洲周刊》1995年10月22日报道,总资产在1亿美元以上的菲律宾华人企业有14家。④

据2007年亚洲《福布斯》杂志公布的菲律宾巨富排行榜,菲律宾前五名巨富当中,有三人是华人,他们分居第二、第三及第四名。"商场之王"施至成以17亿美元的个人净值排名第二。陈永栽个人财产净值16亿美元,排名第三。施至成和陈永栽在2006年曾分别以40亿美元及23亿美元,分居第一及第二名。吴聪满主营房地产、酒店及快餐产业,个人财产净值从2006年的4.8亿美元倍增至11亿美元,排行全国第四位。⑤ 2008年全球华商富豪500强中,菲律宾5位上榜。陈永栽排在第88位,其余依次为排在第108位的SM企业集团的施至成家族、第126位的首都银行集团的郑少坚家族、第169位的JG控股的吴奕辉家族及第401位的快乐蜂集团的陈觉中家族。在2008年全球

---

① 《走近菲律宾文化名城——宿务》,云南省电子政务门户网站,2005-6-25,http://www.yn.gov.cn/yunnan,china/76845971505414144/20050625/379513.html。

② Yoshihara Kunio, *Philippine Industrialization : Foreign and Domestic Capital*, Ateneo de Manila University Press,1985,p. 90.

③ ［菲]黄淑秀:《近现代菲律宾的华人企业家族》,陈文寿主编《华侨华人新论》,第264～267页。

④ 郭梁:《东南亚华侨华人经济简史》,第211页。

⑤ 《福布斯公布菲律宾巨富榜,前五名华人占三席》,福州新闻网2007-10-19,http://news.fznews.com.cn/guoji/2007-10-19/20071019sm－yl_rFii205841.shtml。

华商企业 500 强排行榜中,菲律宾华资企业无一家上榜,仅菲律宾长途电话公司排在第 264 位。

第四节 印度支那和文莱华侨华人数量、籍贯、分布和职业结构

一、越南

虽然当前越南华人华侨的总数一直没有权威的统计数据公布,但各学者对越南华人的估计基本一致,即约占越南总人口的 1.4%～1.53%。再加上新移民,我的估计为约 150 万,约占越南总人口 1.8%。

(一)人口估算

1989 年,越南人口普查时统计,全国人口总数为 6441.2 万人,其中华人总数为 961702 人,约占越南总人口 1.5%。其中,胡志明市最多,有 524499 人,河内仅有 4015 人。[①] 廖建裕教授关于 1990 年越南的华人数量采用这个数据。[②] 1996 年,越南国家社科中心(National Center for Social Sciences and Hmanities of Vietnan)Tran Khanh 博士认为,越南华族约 105 万,占越南 7500 万总人口的 1.4%。[③] 1997 年,台湾当局估计越南华侨为 100 万,[④]约占越南总人口的 1.33%。越南研究专家许文堂教授认为,依据越南人口总数和人口增长率估算,1997 年华人总数约为 115 万人,[⑤]约占人口 1.56%。廖建裕的估计基本上和许文堂教授相当,2000 年越南华人约 118.1 万,占越南总

---

① [越]朱海:《越南的华人共同体》,胡志明市:社会科学出版社,1992 年,第 45 页。

② Leo Suryadinata, *Ethnic Chinese as Southeast Asians*, Singapore:Institute of Southeast Asian Studies,1997,p. 21.

③ Tran Khanh,Ethnic Chinese in Vietnam and Their Identities,in Leo Suryadinata, *Ethnic Chinese as Southeast Asians*, Singapore:Institute of Southeast Asian Studies,1997, p. 268.

④ 《华侨经济年鉴》,台北,1997 年,第 155 页。

⑤ 许文堂:《关于越南华人人口数量的历史考察》,《东南亚季刊》第 3 卷第 3 期,1998 年 7 月。

人口的 1.5％。① 据统计,2002 年越南华人共有 122.65 万人,约占越南总人口的 1.53％。② 笔者倾向于许文堂、廖建裕教授的越南华人占总人口的 1.5％左右的估计,到 2006 年,华人数量约为 130 万人。加上中国在越商务人员、常驻边贸商贩和台商及其眷属,即是越南华侨华人的总数。

近年来中国对越南大规模投资与双边贸易额的大幅增长刺激了中国人力与劳务对越南的输出,这些人多持公务签证。据越南政府公布的近年来国际游客数量和签证类型推算,以公务目的进入越南的国际游客占 2005—2007 年入境总数的 15.5％。③ 中国大陆旅客三年共入境越南 185.4313 万人,如按公务入境的国际游客比例计算,平均每年公务入境越南者 9.58 万人。这些公务入境者多为常驻越南的商贸、技术人员。越南为东南亚台商集中地。迄 2007 年初,在越南的台商企业已达 3000 家,分布于南北越各地。长住越南的台商及其眷属约 2 万人。④ 中越边贸繁荣多年,常驻越南经营边贸者不少。越南的北部边境城镇芒街,其批发市场内的 95％铺面都是中国人在经营,以服装和杂货为主。⑤ 此外,每年均有一定数量的原南越籍华人回到越南。虽然缺乏以上各类中国大陆和台湾的新移民以及原南越籍华人归越的统计数据,但我们估计在 20 万人以上。因此,越南华侨华人总数约在 150 万。但各家推估越南华人数据的基础是 1989 年越南政府发布的人口普查数据。当时中越关系尚未正常化,“华人”身份仍是敏感,应当有不少华裔不敢认同华人身份。故如在此基础上高估越南华人人口 10％～20％,我们也认可。

(二)人口历史变动

1921 年,交趾支那登记的华侨数量 15.6 万人,1931 年增长到 20.5 万人。⑥ 抗日战争时期,中国南方省份不少居民为躲避兵燹之灾,通过海路和滇越铁路前往越南,多达十万之众。1949 年前后,国民党军队及随军夹带的大批百姓入越。根据法属政府出入境统计,在 1923—1951 年间,入越华人有 120 万,离越华人 85 万,净留越 35 万人。此间,大批中国移民开始携眷属入

---

① Leo Suryadinata, Issues and Events of Ethnic Chinese Communities, pp. 4～5, *Chinese Heritage Center Bulletin*, No. 9, May, 2007.

② 《华侨经济年鉴(东南亚篇)》,台北,2003 年,第 127 页。

③ 根据越南政府网站公布的 2005 年、2006 年、2007 年及 2008 年 1 月全国经济社会形势报告统计,资料由博士生覃翊提供。

④ (台湾)《经济日报》2007 年 5 月 30 日。

⑤ 李西:《中国边贸纵览》,《对外经贸实务》2007 年第 2 期。

⑥ 〔英〕布赛尔:《东南亚的中国人》,《南洋问题资料译丛》1958 年第 2－3 期,第 4 页。

越。越南学者 Tran 认为,根据法属政府资料,1950 年交趾支那华人约 75
万。[1] 根据 1952 年台湾当局驻西贡总领事馆查报,越南华侨约 100 万。[2] 但
据越南新闻社 1952 年 3 月 30 日发表《越南的华侨》一文,估计 1951 年全越有
华侨 150 万人,其中北部 9 万人,中部 5.3 万人,南部 135.7 万人。[3]

1954 年,法国撤出越南,约 4 万～4.5 万人从北越迁往南越。[4] 由于中国
基本禁止移民出境,越南华人的增长主要是自然增长。台湾学者张文和曾估
计,到 70 年代初,西贡堤岸华侨华商当在 120 万人以上。[5] 估计 1973 年越南
华侨为 160 万人,绝大部分已取得越南国籍。其中,北越仅 2 万～3 万人。台
湾方面的统计可能仅及南越,偏于低估。在 1974 年马尼拉举办的东南亚少数
民族专题研讨会上,发布的越南华人总数为 217.5 万,其中 17.5 万在北越。[6]
这个数据偏高,可能计入部分已经融入越人社会的明乡人。

1975 年,北越军队攻占西贡,越南全境统一。由于中越对立和越南政府
实行排华政策,从 1975 年到 1979 年底,约 100 万人逃离越南,前往世界各地,
约 60%～70% 是华人。其中,23 万人逃往中国,约 22 万人乘船逃往东南亚各
国,[7]还有不少人前往欧美国家。根据 1983 年越南有关部门公布的数字,汉
(华)族居民(华裔越南居民)有 92 万多人。[8]

(三)人口分布和籍贯、职业构成

根据 1989 年越南人口普查数据,全国人口总数为 64412000 人,华人总数
为 961702 人,约占越南总人口 1.5%。华人分布如下:胡志明市 524499 人,
后江 102571 人,同奈 84570 人,明海 40144 人,小河 32512 人,河北 22467 人,
九龙 20898 人,建江 20638 人,安江 18617 人。河内较少,仅 4015 人。[9] 籍贯
以广肇籍为多,约占 56.5%,其次是潮州人,约占 34%,再次为福建人和海南

① *The Ethnic Chinese and Economic Development in Vietnam*,Singapore:Institute of
Southeast Asian Studies,p. 28.
② 华侨志编委会:《华侨志·总志》,第 128 页。
③ 华侨志编委会:《越南华侨志》,第 45 页;张文和:《越南华侨史话》,台北:黎明公司
出版部,1974 年,第 46 页。
④ 李塔那:《越南华人篇》,潘翎主编《华侨华人百科全书》,新加坡:华裔馆,1998 年,第 232
页。
⑤ 张文和:《越南华侨史话》,第 52 页。
⑥ 吴元黎等著,汪慕恒、薛学了译:《华人在东南亚经济发展中的作用》,第 213 页。
⑦ Ramses Amer,*Ethnic Chinese in Vietnam and Sino-Vietnamese Relations*,Kuala
Lumper:Forum,1991,p. 20.
⑧ 利国、徐绍利:《越南民族》,北京:华夏出版社,1989 年,第 202 页。
⑨ 赵和曼:《东南亚手册》,南宁:广西人民出版社 2000 年,第 612 页。

人,分别占 6％和 2％。① 到 2004 年,胡志明市华人仍主要聚居于堤岸(包括第五郡和第六郡),有越南"华埠"之称。其余分布在胡市邻近各省和九龙江平原一带。② 北方华人也逐渐增多,主要分布在河内、海防、广宁等地。③ 如河内市的属于还剑郡的行帆街、马尾街等街区。海防华人主要居住在通向打铁街市的道路两边。在广宁省,华人聚居在锦普、先安等县的市镇和芒街镇。④

清代以降,赴越中国移民除少数矿工外,多为商民。1953 年,越南的工商业户为 100789 家,其中华商为 25564 家,占 23.36％。在西堤,华商则占工商业户总数的 62.4％。⑤ 根据西贡中国银行总经理魏宗徒(Tsung-to Way)1958 年的调查,近 89％的华人从事商业、金融业和服务业,11％的华人从事制造业,从事农林渔业者数量之少可略去不计。⑥ 根据西贡中华总商会的统计,1974 年南越的华人企业 11747 家,总注册投资资金 1.3 亿美元。此外,尚有 1000 多家小型企业未被计入。西贡华人商会前会长估计,在北越统一前,各行业的华人企业总投资额将近 20 亿美元。1975 年以后,越南政府实施排华政策,所有华人企业灰飞烟灭,估计约有 30 亿美元的华人财产被掠夺。⑦ 80 年代初,越南在全国推行"社会主义改造",中越关系非正常化,华人谋生难于越人。1986 年以后,越共实行革新开放路线,发展市场经济,对华人政策有所调整。胡志明市华人率先把握商机,发展私营企业。国外越侨中的华人也纷纷抓住商机,回国投资办厂。据说从 1990 年起,华人家庭式小经济已恢复并超过 1975 年以前的水平。⑧ 几乎所有华人生产企业包括家庭经营、小生产企业以及各中等和大型公司,都已竞相使用了 70—80 年代的机器设备。⑨ 越南为近 10 年台湾投资东南亚的重要地区,累积投资额超过 100 亿美元。根据越南台商协会统计,迄 2007 年初,在越南的台商企业已达 3000 家,分布于南北

① 潘翎主编:《华侨华人百科全书》,新加坡:华裔馆,1998 年,第 230 页。

② 文雪:《越南华侨华人现状及工作建议——出访越南胡志明市调研报告》,《侨情》2004 年第 34 期,第 12 页。

③ 韦锦海:《越南华人华文教学当前存在的几个问题》,《东南亚纵横》2004 年第 8 页,第 63 页。

④ [越]陈庆著,黄汉宝、陈金云译:《越南华人的人口学分析》,《八桂侨刊》2001 年第 3 期,第 60 页。

⑤ 张文和:《越南华侨史话》,第 104～105 页。

⑥ 吴元黎等著,汪慕恒、薛学了译:《华人在东南亚经济发展中的作用》,第 138 页。

⑦ 庄国土等:《二战以后东南亚华族社会地位的变化》,第 337 页。

⑧ 莫唐著,冯永孚译:《胡志明市华人经济的发展》,《八桂侨史》1996 年第 1 期。

⑨ 莫唐:《1975 年以后胡志明市的华人社会:潜能和发展》,河内:社会科学出版社,1994 年,第 71 页。

越各地。长住越南的台商及其眷属约 2 万人。[①] 近年来,中国对越投资也逐年增长。进入越南的中国企业多数为实力雄厚的大型企业,投资范围涵盖能源、交通、基建、电子工业等。2005 年以来,仅中国电力部门在越南兴建的 6 个电力项目,拟投资总额就达 15.5 亿美元以上。[②] 如此规模的投资,涉及中方外派的翻译、技术和管理人员当数以千计。

二、柬埔寨

(一)人口估算

对当前柬埔寨华侨华人数量的推估千差万别,其差异可达数倍。计有 70 万(2006 年,2008 年)、35 万(90 年代中后期)、10.9 万(2000 年)之说。其误差多在是否包括和如何估计近 10 多年来大规模涌入柬埔寨的中国新移民。本人基于对柬埔寨的中国新移民研究的基础,推估 2007 年柬埔寨华侨华人总数约为 70 万。

厦门市侨联 2006 年 6 月组团访问缅甸、柬埔寨侨团,拜访柬埔寨闽籍社团,访得柬埔寨华侨华人约 70 万。[③] 2008 年 10 月柬埔寨联合资源投资集团董事长、柬埔寨中国商会副会长张云峰的估计仍是 70 万左右,约占柬埔寨总人口 1400 多万的 5%。[④] 1997 年,台湾方面对柬埔寨华人的估计为 30 万,1999 年的数据是 40 万,[⑤]约占柬埔寨总人口的 3.7%。在其对人口变动的叙述中,未涉及中国新移民,没有解释为何两年时间柬埔寨华人增长 30% 的原因。赵和曼教授主编的《东南亚手册》估计,1998 年柬埔寨华侨华人 30 多万,约占柬总人口的 3%。但未说明数据来源。[⑥] 90 年代中期,柬埔寨华人研究最著名的专家、新西兰根德堡大学社会学系教授云达忠(W. E. Willmott)估计,90 年代中期之前,柬埔寨华人大概有 35 万人,包括来自中国大陆、香港和台湾的新移民,[⑦]约占柬埔寨总人口的 4.3%。2007 年,廖建裕教授对 2000

---

① (台湾)《经济日报》2007 年 5 月 30 日。

② 博士生覃翊 2008 年赴越调查资料。

③ 《厦门侨联组团访问缅甸、柬埔寨华侨华人社团及华文教育见闻录》,2006 年,厦门侨声,http://www.xmqs.xm.fj.cn.

④ 新华网,2005 年 7 月 19 日,http://www.gx.xinhuanet.com.

⑤ 环球经济社:《华侨经济年鉴(1999)》,台北,2000 年,第 57 页。

⑥ 赵和曼主编:《东南亚手册》,南宁:广西人民出版社,2000 年,第 602 页。

⑦ 云达忠:《柬埔寨华人篇》,潘翎主编《华侨华人百科全书》,第 149 页。

年柬埔寨华人数量所采用的数据是 10.9 万,约占总人口的 1%。[①] 此数据即使是对新移民以外的传统华社数量的估计,也是难以置信的。

近 10 年来,由于中国和柬埔寨经贸关系飞速发展,中国对柬埔寨进行大规模的投资、经济援助、承包工程,涌入柬埔寨的中国各类管理、工程技术人员数量乃至劳工迅速增长,其规模远过于云达忠教授涉及的 90 年代中期之前。如估计 90 年代中期以后还有 10 万新移民涌入柬埔寨,加上约占柬埔寨人口 4.3% 的原有华侨华人,则柬埔寨华侨华人总数应在 70 万。

(二)人口变动与籍贯、职业结构

二战以后,大批中国移民进入柬埔寨。到 1949 年,柬埔寨华人激增至 42 万人。由于 1949 年以后中国移民柬埔寨基本停止,至 1968 年,柬埔寨华人仍与 1949 年基本持平,约 42.5 万人,占柬埔寨总人口 6.5%。其籍贯以潮州人为主,占柬华人口的 77%,其次为广府籍,约占 10%,再次为海南和福建籍,各占 8% 和 2%。[②] 柬埔寨华人几乎全部在工商行业谋生。经商者及其眷属 35.9 万,占华人人口的 84%,更占全柬埔寨商人的 95%。6.4 万华人当工商业、农业和服务业的雇员,占华人人口的 15.5%。占柬埔寨人口 86% 的农民和渔民中,没有华人。在西哈努克时期,据说柬埔寨的商店有 70% 是由华人经营的,金边 3000 多家商店中的 2000 家也属于华人,对外贸易业务的 80% 由华人掌握。[③]

在红色高棉和越南入侵柬埔寨时期,柬埔寨华人工商业灰飞烟灭,数百年经济基础被连根铲除,金边华人几乎尽被逐往乡下边境地区。据笔者 1997 年在金边的调查,1975 年华人大家庭通常一家十数人从金边到乡下,到 1979 年以后华人陆续回金边,一家有一两个人活着回来已是侥幸,很多华人家庭无一生还。[④] 1987 年,柬埔寨政府跟随越南政府的政策,开始恢复城镇工商业,鼓励私营商贸活动,允许华人做各种小生意。华人小商贩也因此得以公开经营。金边当局通过各种渠道争取逃离柬埔寨的华人回柬定居,并把管理不善的亏本国营企业采取分期付款的办法出售给华人经营。[⑤] 1997 年以后,柬埔寨组

① Leo Suryadinata, Issues and Events of Ethnic Chinese Communities, *Chinese Heritage Center Bulletin*, No. 9, May, 2007, pp. 4~5.

② W. E. Willnott, *The Political Structure of the Chinese Community in Cambodia*, University of London, The Athlone Press 1970, p. 7.

③ [日]李国卿著,郭梁、金永勋译:《华侨资本的形成和发展》,第 231 页。

④ 1995 年笔者访问金边调查资料。

⑤ 周中坚:《严冬历尽苦望春:柬埔寨华人沧桑四十年》,(台湾)《思与言》1993 年第 3 期。

成以洪森主导的第二届政府,大力招徕外国投资,中国大陆、台湾、香港和新加坡华资涌入柬埔寨,带动新移民的进入。华人商贸活动也迅速发展,华人社团、华文学校也陆续重建和创立。据新加坡《联合早报》1994 年 7 月 1 日消息,金边华侨华人已达 20 万。① 1999 年,柬埔寨华侨华人约 40 万。② 在柬埔寨首都金边和主要旅游城市暹粒,较大的商店、酒店,几乎都有华文招牌,其经营者大多是本地华人或包括台商在内的外来华商。街面各种消费品、日用工具乃至交通工具,也大多来自中国大陆、香港、台湾和新加坡等地。③ 酒店、夜总会、KTV 等各种娱乐场所,也充斥着华人消费者。就整体而言,华人的经济地位远高于当地土著。华侨华人以金边最为集中,数量达 20 多万。其次是马德望、干拉、贡不、茶胶等省。

三、老挝

(一)人口估算

由于近 20 年来中国进入老挝的新移民数量较大且难以准确估算,对老挝华侨华人总数的估计差异较大,从 1 万余人(1997 年)到 21.2 万(2000 年)都有。笔者基于对老挝的中国新移民研究的基础,推估 2007 年老挝华侨华人总数约为 28 万,约占老挝 600 万总人口的 4.7%。

廖建裕教授采用的数据估计,2000 年老挝华人人口 21.2 万,约占老挝总人口的 4%。④ 此数据已考虑到中国新移民的因素,但尚未充分估计其数量。2002 年,老挝华人共有 172933 人,约占老挝总人口 543 万人的 3.2%。⑤ 此估计仍是按台湾"侨委会"1997 年的老挝华人数量 16 万人,占总人口的 3.2% 计算。⑥ 可见台湾方面的估计只是按人口比例计算,没有考虑到其他变动因素,尤其是甚少考虑中国新移民的因素,故其估计甚至少于廖建裕采用的数

① Leo Suryadinata, Ethnic Chinese as Southeast Asians, Singapore: Institute of Southeast Asian Studies, 1997, p. 21.

② 环球经济社:《华侨经济年鉴(1999)》,第 57 页。

③ 笔者 2002 年 9 月 6—12 日考察柬埔寨华人社区。柬埔寨本地华人似乎重掌经贸龙头。与越南不同的是外来华商投资的数量尚不大,但增长的速度也较快。

④ Leo Suryadinata, Issues and Events of Ethnic Chinese Communities, *Chinese Heritage Center Bulletin*, No. 9, May, 2007, pp. 4~5.

⑤ 《华侨经济年鉴(东南亚篇)》,第 190 页。

⑥ 《华侨经济年鉴(1996)》,第 167 页。

据。但廖教授采用的 1990 年老挝华人的数据是 1 万,占总人口的 0.32%。[1] 赵和曼教授估计沿用廖建裕教授的数据,对老挝华侨华人数量的估计也是 1 万余人,仅占老挝总人口的 0.22%。[2] 此估计涉及的仅是劫后余生的传统老挝华社规模,完全没有考虑到中国新移民因素和劫后返回老挝的华人,不予采信。[3] 中国海外联谊会估计,1990 年前后,老挝华侨华人数量为 16 万,约占老挝总人口的 5%。[4]

近 10 年来,由于中国和老挝经贸关系飞速发展,中国对老挝进行大规模的投资、经济援助、承包工程,涌入老挝的中国各类管理、工程技术人员乃至劳工数量迅速增长。此外,中国政府承诺帮助金三角地区发展种植业和加工业,以便取代鸦片种植。云南边境地区的市县政府,均鼓励企业家过境投资。因此,很多中国企业家在老挝的边境地区投资种植业,建立一批水果、橡胶和甘蔗园及加工厂。在老挝山区,成千上万的中国移民,忙于生产用于出口的农产品。[5] 近 10 年来中国新移民进入老挝多于 90 年代。故如以 2000 年老挝华侨华人占老挝总人口 4% 的比例,并估计近年来进入老挝的中国新移民约 5 万~6 万人,则 2007 年老挝华侨华人当在 30 万左右。

(二)人口变动与籍贯、职业结构

第二次世界大战后,迁往老挝的华侨人数大幅增长。1954 年法国撤出老挝时,仍有华侨 3 万人。1954 年老挝独立后,华侨华人增至 5 万人左右。根据台湾 1973 年版《华侨经济年鉴》的资料,华侨人数在 10 万人左右。台湾学者蔡天则估计,70 年代中期,老挝华侨华人约 15 万。其分布状况为:永珍(即万象)约 6.5 万人,以潮州籍居多,客家籍次之,以下是海南籍,广肇及江浙籍;銮巴拉邦约 1.5 万人,以潮州籍为最多,海南籍次之,云南籍亦为数不少;百色华侨约 3000 人,百细华侨约 25000 人,多为潮州籍,次为东莞及惠阳籍人;素旺华侨约 15000 人,他麻约为 3000 人,川圹约 3000 人,以云南籍占多数;沙拉湾约 1000 人,甘蒙华 1000 人,桑怒约 3000 人,以云南、钦州、广西占多数;北汕约 500 人,多为潮州籍,其他各市镇为 10000 多人。[6] 老挝华人籍贯以潮州

---

① Leo Suryadinata, Ethnic Chinese as Southeast Asians, Singapore: Institute of Southeast Asian Studies, 1997, p. 21.

② 赵和曼主编:《东南亚手册》,第 605 页。

③ 《华侨经济年鉴(东南亚篇)》,第 190 页。

④ 中国海外联谊会网,http://www.cofa.org.cn/hwzl/rsfb.htm.

⑤ David Fullbrook, Beijing pulls Laos into its orbit, *Asia Times online*, Oct. 25, 2006, ki-media.blogspot.com/2006/10/what-china-could-not-do-in-70s-it-is.html-25k.

⑥ 蔡天:《寮国华侨概况》,台北:华侨协会总会、中正书局,1988 年,第 54~55 页。

人最多,约占 70%,其次是客家人、海南人和云南人。老挝华人多从事工商业。据说在老挝的小型企业中,华人约占 70%。[1] 1975 年,老挝当局没收华人财产,封闭工厂、商店,只许小本经营,并禁止华文教育与华文报刊,导致大批华人离开老挝。到 80 年代初,华侨人数只剩下约 5000 人。[2] 1988 年后,老挝政府跟随越南政府的政策,开始恢复城镇工商业,鼓励私营商贸活动,允许华侨华人从事各种经济活动,华人人数有所回升。80 年代末,中国新移民开始前往老挝定居经商。老挝华人华侨多数从事小型的工商业活动,例如批发、零售、进出口贸易等,虽普遍属于小型的经营规模,但销售据点相互连接,经营网络遍布全老挝。90 年代后期以来,中国新移民进入老挝的规模急遽增大。因此,老挝华人华侨的籍贯也和 1975 年前以潮州人为主的状况大不一样。新移民主要来自云南、湖南、安徽、江西、江苏、浙江、广西等省份,而以湖南、安徽、云南三省的人占多数。湖南人当中,又以邵东县为多。[3] 根据范宏贵先生 1999 年的实地考察,1975 年以前,老挝琅勃拉邦有华人 1.5 万人,基本上是广东和海南人。1999 年,琅勃拉邦华侨华人 3000 人左右,广东和海南籍贯者只剩下 8 户,95%都是近几年来从其他地方迁来的云南人。很多内地农民进入老挝务工、经商、打工,多数居住在老挝与中国接壤的丰沙里、乌多姆赛、琅南塔三省。[4] 许多华商也开始与外资合作经营事业,尤其在开发天然资源方面,如林业、矿业等。泰、老两国签订合作协议后,泰、老两国华商也在橡胶、纺织、有机化学,乃至银行及酒店等行业中积极合作。[5]

四、文莱

2006 年,文莱华人华侨约 5.6 万人,约占总人口的 15%。[6] 由于文莱严厉管制出入境,中国对文莱的劳务人员输出仅数百人,故文莱华侨华人数量变动主要是人口自然增长率所致。

当代文莱华侨华人社会源于 20 世纪前期。1913 年,英荷壳牌石油公司在文莱马来奕县发现大量石油,华人开始大批迁移该国。随着石油业的发展,

① 吴元黎等著,汪慕恒、薛学了译:《华人在东南亚经济发展中的作用》,第 143 页。
② 傅曦、张俞:《老挝华侨华人的过去与现状》,《八桂侨刊》2001 年第 1 期。
③ 黄兴球:《老挝新华侨》,《八桂侨刊》2005 年第 5 期。
④ 范宏贵:《老挝华侨华人剪影》,《八桂侨刊》2001 年第 1 期。
⑤ 《华侨经济年鉴(东南亚篇)》,台北,2003 年,第 190 页。
⑥ 台湾"侨委会"和廖建裕教授等各项资料,都用文莱华人占总人口的 15%比例推算。《华侨经济年鉴》,台北,1997 年,第 105 页;Leo Suryadinata,Issues and Events of Ethnic Chinese Communities,*Chinese Heritage Center Bulletin*,No. 9,May,2007,p. 4.

该地区亦成为华人集中区。到 1960 年,文莱华侨华人增长到 21795 人,1971
年为 31925 人,1989 年为 44400 人。① 到 2001 年,华侨华人约有 5 万人,占全
文莱 34 万总人口的 15%。

文莱华侨华人大多数为福建移民及后裔,约占 80%,其中以福建金门人
为多。其他为广东籍贯,主要是客家人和潮州人,多来自揭阳县。福建人集中
在首都及其周边地区,主要从事商业,广东人则聚居于产油区马来奕县,多任
油田的技术人员和工人。

文莱华人几乎都聚居在城市,主要分布在文莱首都斯里巴加湾市(Bandar
Seri Begawan)、马来奕市(Kuala Belait)、诗利亚市(Seria)与都东市(Tu-
tong)。斯里巴加湾市是行政、贸易与商业中心,马来奕市与诗利亚市位于马
来奕县,是油田分布地,都东市周围则为农业区。据 1989 年文莱人口统计资
料,文莱华人 44400 人中,80% 居住在城市,20% 居住在农村。华人居住在首
都的有 22600 人,居住在马来奕县的有 17700 人。② 文莱华人社区由福建人
(主要是金门人)、广府人、客家人、海南人、潮州人与兴化人等组成,这些方言
群分布在不同的地域:福建金门人聚集在首都;客家人、广府人与海南人则分
布在马来奕县。③

---

① 《文莱人口普查资料》,转引自温广益主编《二战后东南亚华侨华人史》,广州:中山
大学出版社,第 67 页。

② (新)《联合早报》1990 年 6 月 12 日。

③ 《文莱》,海外华人研究网站,http://www.lib.nus.edu.sg/chz/chineseoverseas/oc
_brunei.htm。

第十三章

东亚经济一体化与华商

第一节　中国与东盟的贸易和投资关系

20 世纪 70 年代中期以后,随着中国与东盟国家关系的逐渐正常化,双方经贸关系得以恢复和发展。冷战结束之后,双方的经济关系更是进入全面合作与发展的新阶段。本节拟分成两个部分:第一部分阐述中国与东盟的贸易关系,在对冷战时期双方贸易关系简要回顾的基础上,重点分析 20 世纪 90 年代以来中国与东盟贸易的主要特征;第二部分探讨中国与东盟的投资关系,详细分析自由贸易区框架下中国—东盟双向投资的五个重要特征。

一、中国与东盟的贸易关系

(一)中国与东盟贸易关系的简要回顾(1967—1989)

从 1967 年东盟成立至冷战结束,中国与东盟贸易关系大致可分为两个阶段:1967 年至 1974 年为第一阶段,受政治因素的影响,双边贸易关系发展缓慢,以民间的间接贸易为主;1975 年至 1989 年为第二阶段,中国与东盟国家政治关系改善,双边贸易关系处于恢复和发展时期。

1. 第一阶段(1967—1974 年)

在 20 世纪 60 年代后期,中国与东盟成员国关系基本呈现疏远、隔绝或敌对的状态,导致双方的贸易关系受到严重的影响。中国与印尼于 1967 年中断外交关系,同年双方的直接贸易往来也宣告中止,两国仅通过香港和新加坡维持有限的间接贸易。由于冷战意识形态的尖锐对峙,致使相当长的一段时期菲律宾、泰国、马来西亚与中国一直处于敌视和对抗的状态,1967 年东盟成立时,三个国家仍拒绝承认中国,其中中泰、中菲之间的直接贸易关系几近中止,双方仅限于民间的间接贸易,马来西亚虽然与中国保持一定程度的贸易往来,但增长乏力。在东盟成员国中,只有新加坡与中国的贸易额从 1967 年的

1.45 亿美元,增至 1974 年的 3.42 亿美元。

中南半岛的越南、老挝、柬埔寨、缅甸四个东南亚国家在这一时期都没有加入东盟,但都已经与中国建立正式的外交关系,双方贸易关系逐步加强,个别国家因为国内的政治因素以及中国"文革"而遭受一定的影响。

2. 第二阶段(1975—1989 年)

20 世纪 70 年代初,国际形势发生巨变,在中美、中日关系松动与正常化的大背景之下,中国与东盟的关系出现重大转折。1974 年 5 月 31 日中马建交,1975 年中菲和中泰建交,[①]中国与东盟国家关系的正常化使得双方的贸易形势迅速改观,菲、泰、印尼先后与中国恢复贸易关系。此外,上世纪 70 年代末中国开始推行改革开放的政策,亦极大促进了 80 年代中国与东盟贸易的快速发展。

据中方的统计数字,1975 年至 1989 年间,中新贸易额从 2.73 亿美元增至 20.44 亿美元,中菲贸易额从 6530 万美元增至 2.07 亿美元,中泰贸易额从 2462 万美元增至 8.84 亿美元,中马贸易额从 1.6 亿美元增至 5.6 亿美元,中国与印尼的双边贸易额从 2 万美元增至 4.42 亿美元,中国与文莱贸易从 131 万美元增至 303 万美元,中缅双边贸易从 3123 万美元增至 2.87 亿美元。与多数国家不同,越南自 1975 年统一之后,中越关系急转直下,1979 年 2 月两国发生边境冲突最终导致两国断交,中越贸易因此中断。与此同时,在整个 80 年代中国与老挝、柬埔寨的双边贸易也处于停滞状态。

这一时期中国与东盟贸易结构最主要的特征就是商品交易集中在初级产品的贸易上。中国对东盟国家的出口商品主要是石油和石油制品、煤炭、食品、纺织品、中药材、化工原料、农业机械等,其中以石油和石油制品所占比重最大;中国从东盟国家进口的商品主要是橡胶、食糖、木材、粮食、椰子产品、铜等初级产品,20 世纪 80 年代中后期又增加了钢材、化纤原料等工业制成品,但仍以初级产品为主。

总的说来,20 世纪 70 年代中期至 80 年代末,中国与东盟国家的贸易还处在恢复和发展时期,新加坡则是中国在东南亚最重要的贸易伙伴。1989 年中国与东盟六个成员国贸易总额为 41.4 亿美元,占中国对外贸易总额的 5.01%,中国对东盟出口 25.14 亿美元,占中国对外出口的 5.78%,中国自东盟进口 16.26 亿美元,占中国进口总额的 4.15%;需要指出的是,仅新加坡一国就占中国与东盟贸易的 49.37%。若根据国际货币基金的统计,1989 年自

---

① 王勤等:《中国与东盟经济关系新格局》,第 26 页。

中国进口只占东盟进口总额的 3.1%，对中国的出口只占东盟出口的 2.3%，①可见，中国和东盟彼此在各自对外贸易中所占的比重并不大，贸易依存度低。

（二）20 世纪 90 年代以来中国与东盟贸易的特征分析

20 世纪 80 年代末冷战终结，国际和地区政治格局发生重大变化，美苏从东南亚地区战略收缩，柬埔寨问题得到和平解决，东盟老成员国与印支国家对立缓解，中国与东盟的关系出现新的转折。1989 年至 1991 年间，中国先后与老挝、印尼、越南实现邦交正常化，与新加坡、文莱建立正式外交关系，至此，中国同所有东南亚国家的关系全面正常化。随着政治关系的改善和政治互信的增强，中国与东盟经济关系进入了全面合作发展的新阶段。双方贸易自 20 世纪 90 年代起也进入全面快速发展的新时期，进入新世纪，随着中国经济实力的增强，特别是中国—东盟自由贸易区计划的启动，双边贸易更表现出惊人的增长速度。据商务部的统计，2007 年中国与东盟的双边贸易额达到 2025.5 亿美元，成为超过香港仅次于欧盟、美国、日本的中国第四大贸易伙伴。笔者拟从双方贸易增长、贸易结构以及贸易的竞争性与互补性这三个方面来详细探讨 20 世纪 90 年代以来中国与东盟贸易的特征。

1. 双方贸易的高速增长性

进入 20 世纪 90 年代后，中国与东盟的双边贸易发展十分迅速。从双方整体贸易金额来看，据中国方面的统计，1991 年中国与东盟贸易额 83.86 亿美元②，到 2000 年增至 395.22 亿美元，10 年间增长了 3.7 倍。此后随着中国加入 WTO 和中国—东盟自由贸易区的启动，双方的贸易增长更加惊人，2007 年双边贸易额突破 2000 亿美元；1991 年至 2007 年，中国自东盟的进口金额从 39.41 亿美元增至 1081.4 亿美元，16 年间增长了 26.44 倍；中国对东盟出口的金额从 44.56 亿美元增至 941.47 亿美元，16 年间增长了近 20.13 倍。在东盟国家中，新加坡是中国在东南亚最大的贸易伙伴，2002 年和 2003 年曾一度被马来西亚超过，但 2004 年至今，中新的贸易额再次反超中马贸易额；2007 年的数据显示，马来西亚、泰国、菲律宾、印尼、越南分别列中国在东南亚贸易伙伴的第二、三、四、五、六位。

从双方贸易的增长速度来看，根据中国方面统计，1991 年至 2007 年，中

---

① ［美］弗雷德·赫斯奇德：《中国与东盟的贸易：对太平洋时代的影响》，《南洋问题资料译丛》1992 年第 3 期，第 9 页。

② 1991 年贸易数据将东南亚 10 个国家都统计在内。

国与东盟国家贸易年均增长率高达 22.90％,其中中国自东盟进口的年均增长率为 23.89％,中国对东盟出口的年均增长率为 22.16％。2002 年以后,中国与东盟贸易发展进一步增速,2002 年至 2007 年间,双方贸易的年均增幅高达 30.38％,中国自东盟进口和对东盟出口的年均增长率分别达到 29.87％和 31.34％。由于中国与东盟统计口径不同,双方的贸易统计存在一定的差异,但反映出来的贸易发展趋势却是一致的。根据东盟方面的统计,从 1991 年至 2000 年,中国与东盟贸易的平均增长速度为 20.4％;①2002 年至 2005 年间,东盟六个老成员国与中国贸易的年均增幅高达 34.97％,其中东盟自中国进口四年的年均增长率为 33.59％,东盟对中国出口的年均增长率为 36.1％。② 总而言之,自 20 世纪 80 年代至今,中国与东盟的贸易一直保持高速增长,除了 1998 年由于受到亚洲金融危机的影响双边的贸易额略有下降外,但随后又很快恢复了增长势头。

2. 双方贸易的商品结构中初级产品的比重下降,工业制品成为双方贸易的主导商品

进入 20 世纪 90 年代后,随着各国国内产业结构升级与生产方式转变,中国与东盟贸易的商品结构趋于优化,初级产品的比重不断下降,工业制品逐渐成为双方贸易的主导。

从 20 世纪 90 年代初双方贸易的商品结构来看,以 1993 年为例,根据东盟方面的统计,该年东盟对中国出口 45.29 亿美元,其中前 20 种商品占该年出口额的 78.5％,在这 20 种主要商品(SITC 分类)中有 8 种属于初级产品,这 8 种商品占 1993 年东盟对华出口的 43.1％,它们中的大部分是石油、木材、植物油等资源性产品。在进口方面,1993 年东盟自中国进口总额为 43.36 亿美元,其中前 20 类商品占该年进口额的 45.9％,在这 20 种主要商品(SITC 分类)中也有 8 种属于初级产品,这 8 种初级产品占当年进口的 22.2％,金额为 9.6 亿美元,与此同时,当年东盟自中国进口的前四位商品均为初级产品,分别是石油及其产品、原油、未碾磨的玉蜀黍和烟草制品。③ 总的说来,20 世纪 90 年代初级产品在双方贸易商品结构中仍占据相当重要的地位。

进入 21 世纪,中国与东盟的经贸关系更加密切,双方贸易的商品结构也

---

① ASEAN-China Expert Group on Economic Cooperation, *Forging Closer ASEAN-China Economics Relations in the Twenty-First Century*, October 2001, p. 7. http://www. aseansec. org/newdata/asean_chi. pdf.

② Source:The ASEAN Secretariat, *ASEAN Statistical Yearbook* 2006, p. 85.

③ Source:The ASEAN Secretariat, *ASEAN Statistical Yearbook* 2003, p. 124.

发生巨大变化。以 2004 年为例,根据东盟方面的统计,2004 年东盟对中国出口 385.54 亿美元,其中前 20 种商品占该年出口额的 71.7%,在这 20 种主要商品(SITC 分类)中有 15 种属于工业制品,这 15 类工业制品占该年出口的 52.7%,金额为 203.42 亿美元,出口排名前三位商品都属工业制品,而且仅这三种工业制品就占当年东盟对华出口的 34%;在这 20 种主要商品(SITC 分类)中有 5 种属于初级产品,它们占当年出口的 19%,所占比重与 1993 年相比下降了 56%。在东盟进口方面,2004 年东盟自中国进口总额为 425.22 亿美元,其中前 20 种商品占该年进口额的 63.4%,在这 20 种主要商品(SITC 分类)中有高达 18 种属于工业制品,这 18 种工业制品占该年进口的 59.4%,金额为 252.44 亿美元,当年东盟自中国进口的前 6 种商品均属工业制品。20 种主要商品中属于初级产品的仅两种,分别是石油及其产品和原油,占当年东盟自中国进口的 4.1%,所占比重与 1993 年相比下降了 81.53%。[①] 总的说来,21 世纪初工业制品已完全在双方贸易商品结构中占据主导地位,双方贸易的初级产品也以有资源禀赋优势的初级产品为主,而且所占的比重不断下降。

3. 双方贸易的互补性与竞争性并存

中国与东盟贸易之间的互补性和竞争性是决定和制约双方贸易关系发展的基础。长期以来,双方各自的要素禀赋、产业结构及比较优势的不断演进,决定了双方贸易往来不可避免地存在互补性与竞争性。

首先从双方贸易互补性来看,笔者认为主要表现在以下两个方面:第一,因自然资源禀赋的差异形成的能源、资源性产品和农产品贸易的互补性。在能源产品方面,东盟国家是世界上能源丰富的地区之一,石油和天然气储量十分可观,中国由于近年来经济飞速发展,对石油等资源性产品需求十分旺盛,大量的能源产品需要进口,因此双方在能源性产品上存在很强的互补性。在资源性产品方面,东盟国家拥有优势的地理和地质条件,各种矿产品特别是金、银、铜、铁、锡等的储量都非常丰富并可大量开采以供出口;除矿产资源外,东盟国家在天然橡胶、木材及木制品出口方面具有明显的比较优势。随着中国工业化进程的加快,对资源性产品的需求也日益增加,双方在资源性产品贸易方面具有很强的互补性。在农产品方面,东盟国家向中国出口的农产品主要有大米、植物油脂以及热带水果,而中国向东盟出口的农产品主要有小麦、玉米、蔬菜以及苹果、梨等温带水果,双方在农产品方面也存在着较强的贸易互补性。第二,在一些工业制成品上存在产业内贸易互补性。进入 20 世纪 90 年代以后,随着中国与东盟国家工业化进程的加快和外资的大量涌入,区

---

① Source:The ASEAN Secretariat,*ASEAN Statistical Yearbook* 2005,p.121.

域内产业分工不断发展,双方的贸易关系正逐渐从产业间贸易的主要形式转变为基于规模经济和差别化产品的产业内贸易形式。在产业内贸易中,由于彼此在同一产业中参与国际分工的侧重点有所不同,双方具有优势的产品也各有不同,因此能形成贸易的互补性。此外,近年来中国与东盟经济不断发展,人民生活水准提高,人们对同类商品差异化和多样化需求日益增加,使得同一类商品仍然可以在双边之间进行贸易并形成了双边产业内贸易的互补性。

其次从竞争性来看,双方出口商品结构的相似性与出口市场的重叠性是导致中国与东盟贸易竞争性的根本原因。由于中国和东盟的经济总体发展水平相近,在东亚产业转移和传递的过程中,主动或被动地选择以资源密集型或劳动密集型产业为主导的出口产业,从而导致了相似的出口商品结构。在出口市场方面,中国与东盟国家在国际分工中基本上处于同一水平,美国、欧盟、日本以及新兴工业化国家均为双方的主要贸易伙伴和出口市场。由于出口市场的重叠性,加之双方出口贸易皆以劳动密集型和部分资本技术密集型产品出口为主,这就使双方贸易存在一定的竞争性。在美国市场,中国和东盟是纺织服装和机电产品的主要出口商,同样在日本市场,中国和东盟主要出口机械电子产品。根据东盟统计资料,1993—1999 年,中国机电产品在美、欧、日进口市场上的份额均上升,而同期东盟的机电产品在美、欧的市场份额则有所下降;中国纺织服装除在美国进口市场下降外,在日、欧进口市场份额均呈现上升趋势,同期东盟在美、日进口市场份额则有轻微降幅,[1]有学者认为随着中国加入 WTO,中国与东盟在纺织服装出口贸易上的竞争将更为激烈。[2] 东盟各方普遍认为,中国入世后,中国制造的产品将会大量进入东盟市场,中国与东盟国家的出口商品在美、欧、日等第三国市场的竞争将趋于激烈。[3]

二、中国与东盟的投资关系

(一)自由贸易区建立前中国与东盟相互投资概况(1983—2002)

中国—东盟相互投资始于 20 世纪 80 年代初。多年来东盟国家对中国进

---

① ASEAN-China Expert Group on Economic Cooperation, *Forging Closer ASEAN-China Economics Relations in the Twenty-First Century*, October 2001, p. 10. http://www.aseansec.org/newdata/asean_chi.pdf.

② Terrie L. Walmsley and Thomas W. Hertel, China's Accession to the WTO: Timing is Everything, in *The World Economy*, 24(8), pp. 1019~1049.

③ 王勤等:《中国与东盟经济关系新格局》,第 60 页。

行大量的直接投资,但中国对东盟的投资规模很小。截至 2002 年底,中国企业对东盟国家的投资仅为东盟对华投资的 2.43%。总体而言,这一阶段,中国与东盟相互投资在很大程度上是单向的,即资金主要从东盟国家流向中国。

1. 东盟国家对华投资方面

东盟国家对中国的直接投资始于 20 世纪 80 年代,最初投资规模很小[①],1983 年东盟五国[②]对中国实际直接投资金额只有 530 万美元[③]。1984 年至 1991 年间,东盟国家对华直接投资的项目和金额开始逐渐增加,据中方统计,该阶段东盟五国累计对华实际投资 3.79 亿美元。随着中国改革开放进一步深入以及中国和东盟国家关系的全面正常化,1992 年至 1998 年间,东盟国家对中国直接投资迅速增长,1992 年东盟国家对中国实际直接投资为 2.78 亿美元,投资项目 1599 个,到 1998 年东盟国家对中国直接投资猛增至 42.23 亿美元,占该年中国实际利用外资的 9.29%。此后由于亚洲金融危机的冲击,东盟国家对华投资出现衰退,2001 年起东盟国家对华投资开始出现回升势头,截至 2002 年底,东盟国家在华投资项目累计 19731 个,协议投资金额 580.89 亿美元,实际到位金额 294.31 亿美元,占中国实际使用外资总额的 6.56%。

事实上,受到东盟国家外汇管制政策以及华人问题的敏感性等多重因素影响,东盟国家的许多企业(绝大部分是华人企业)往往通过设在香港和西太平洋岛屿上的子公司对中国大陆进行投资。考虑到上述因素,从外资资本的实际来源看,东盟国家对中国的投资将远远超过中国官方所公布的数据。总体而言,这一时期,东盟国家对华投资主要集中在东盟五个老成员国,其中新加坡高居榜首;东盟国家对华投资的主体以华人企业为主;东盟国家对华投资主要集中在制造业、酒店业和房地产业。

2. 中国对东盟投资方面

在 20 世纪 80 年代,中国就开始对东盟国家进行小规模的海外投资,截至 1989 年底,中国在东盟国家的经济合作项目只有 75 个,投资金额仅为 3722

---

① 据中方统计,截至 1983 年底,来自新加坡、菲律宾、泰国的直接投资合同金额分别只有 5447 万美元、428 万美元、250 万美元。《中国对外贸易经济年鉴(1984)》,第 184 页。

② "东盟五国"指新加坡、马来西亚、泰国、印尼和菲律宾这五个东南亚国家。

③ JETRO《中国经济》1996 年 3 月号,第 102 页,转引自郭梁《东南亚华侨华人经济简史》,第 228 页。

万美元。① 进入 20 世纪 90 年代后,中国对东盟国家投资规模有所扩大,1991
年至 1997 年中国累计对东盟国家投资 2.19 亿美元,投资项目 318 个。1998
以后,由于亚洲金融危机巨大冲击,东盟国家纷纷采取措施,制定更加优惠的
投资政策,吸引外国投资者前来投资以加快经济复苏;与此同时金融危机使得
人民币相对升值,降低中国企业前往东盟投资的成本,此外中国政府也出台了
一系列强有力的对外投资政策,在这种背景之下,一大批优秀的中国企业加快
了对东南亚投资的步伐。1998 年中国批准对东盟国家海外投资为 3985.1 万
美元,投资项目 35 个,到 2001 年中国对东盟国家投资增至 1.88 亿美元,投资
项目 40 个。截至 2002 年底,中国累计对东盟国家投资 7.16 亿美元,投资项
目 792 个。

由于东盟国家经济发展水平、经济结构和自然资源方面有很大的差异性,
因此中国对其投资也因国而异,截至 2002 年底,中国企业对东盟国家的投资
主要集中在泰国、柬埔寨、越南、新加坡、缅甸和印度尼西亚六国,占投资总额
的 87.62%,其余的四国只占到了投资总额的 12.38%。尽管中国对东盟国家
投资规模还较小,但投资的领域已经扩展到能源开发、金融、建筑、化工、纺织、
电气、医药和运输等行业,而且投资形式也从直接投资发展到包括技术投资、
BOT 等多种形式。

(二)自由贸易区框架下中国—东盟双向投资特征分析(2003—
2008)

进入 21 世纪,经过 20 多年改革开放的中国,经济实力大幅增强,已具备
了较强的资本输出能力,特别是随着中国—东盟自由贸易区进入实质性运作
阶段,投资效应逐步显现,中国对东盟投资增长迅猛,双方资本流动已从过去
单向流动向双向流动转变,2007 年中国对东盟投资呈现进一步加速趋势,该
年中国对东盟投资增至 5.6 亿美元,比上年增长了一倍,而同期东盟对中国投
资也较上年增长了 31.34%,②中国—东盟双向投资的持续升温,引起了世人
广泛关注。笔者认为自贸区框架下中国与东盟相互投资主要呈现以下五个特
征:

1. 双方相互投资不断扩大,中国对东盟投资呈现加速趋势

自 2002 年底中国—东盟建立自由贸易区的进程正式启动以来,中国与东
盟的相互投资不断扩大。2003 年东盟国家对中国投资项目 2302 个,实际投

---

① 《中国对外经济贸易年鉴(1990)》,第 271 页。
② 《中国商务年鉴(2008)》,第 679 页。

资 29.25 亿美元;到 2007 年东盟国家对华实际投入金额增加至 44 亿美元,年均增长率超过 10%。截至 2007 年底,东盟国家累计对华投资 465.5 亿美元,合同外资金额 1037 亿美元,项目 30963 个。① 在东盟国家中,新加坡和文莱对华投资增长较快,2003 年新加坡实际对华投资 20.58 亿美元,到 2008 年增加到 44.35 亿美元,6 年间增长 1.16 倍;文莱对华投资也从 2003 年的 5260 万美元增至 2007 年的 3.77 亿美元,五年间增加了 6.17 倍。在中国对东盟投资方面,2003 年中国企业在东盟国家投资项目 65 个,投资金额 2.24 亿美元,在此后的 3 年间,中国对东盟投资逐步扩大,2006 年中国对东盟投资增加至 2.8 亿美元;随着自贸区进程的顺利推进,从 2007 年开始,中国对东盟投资呈现加速趋势,该年中国对东盟投资猛增至 5.6 亿美元,比上年增长 100%。2003 年至 2007 年间,中国累计对东盟投资(非金融类)15.92 亿美元,占中国历年对东盟非金融类投资总额的 68.62%。② 若从中国非金融领域对外直接投资净额(流量)来看,中国对东盟国家直接投资净额从 2003 年的 1.19 亿美元,增加至 2006 年的 3.36 亿美元,但进入 2007 年后,中国对东盟投资流量进一步加速,2007 年猛增至 9.68 亿美元。总的说来,随着中国—东盟自贸区进程的不断推进,其投资效应已经逐步显现,中国—东盟相互投资在不断扩大的同时,中国对东盟国家投资的增长速度已经超过东盟国家对华投资。

2. 东盟老成员国依然是对华投资的主力,而东盟四个新成员则成为中国对东盟投资的热点

2003 年至 2007 年间,东盟国家累计对华实际投资 171.19 亿美元,其中东盟六个老成员国投资 167.1 美元,所占比重达 97.61%,而东盟四个新成员国对华投资金额仅为 4.09 亿美元,所占比重只有 2.39%。2003 年至 2008 年间,东盟国家中有四个国家累计对华投资超过 10 亿美元,它们分别是新加坡、马来西亚、菲律宾及文莱,其中新加坡是东盟国家中对华投资最多的国家,6 年间累计对中国投资金额高达 161.46 亿美元,马来西亚名列第二,对华投资金额达 20.35 亿美元。东盟的老成员国由于经济起步早,经济发展水平和企业国际竞争力要比东盟四个新成员国高出许多,具备了较强的资本输出能力,因而,在自贸区框架下,东盟的老成员国依然是对华投资主力,并且这一特点将在今后相当长一段时期继续存在。

---

① 《中国商务年鉴(2008)》,第 679 页。

② 截至 2007 年底,中国企业累计对东盟投资 23.2 亿美元(非金融类),参见《中国商务年鉴(2008)》,第 679 页。

2003 年以来,东盟四个新成员国(越南、老挝、柬埔寨、缅甸)正逐步成为中国对东盟投资的热点。据中国商务部统计,截至 2007 年底,中国对东盟四个新成员国累计非金融类投资 8.49 亿美元(越南 3.79 亿美元、老挝 1.46 亿美元、柬埔寨 1.9 亿美元、缅甸 1.34 亿美元),[①]其中有大约 2/3 的投资是在 2003 年至 2007 年间进行。在柬埔寨,中国已连续多年成为柬埔寨第一大投资国,[②]2008 年据柬官方统计,中国对柬埔寨投资 43 亿美元,占柬埔寨全部外资的 40.14%,[③]投资行业主要涉及服装、电力、矿产、酒店等领域。中国对越南的投资增长亦十分迅速,根据越南计划投资部统计,2002 年至 2006 年中国在越南的投资项目超过 250 个,2005 年中国对越南投资 6600 万美元,到 2006年已猛增至 3.12 亿美元,[④]未来双方在纺织、汽车、化肥、水泥等领域具有巨大的合作潜力。[⑤] 在老挝,据其官方统计,2003 年中国对老挝投资 1.198 亿美元,到 2006 年中国对老挝的投资增加至 4.23 亿美元,成为老挝仅次于泰国的第二大投资者,2007 年 4 月至 6 月中国在老挝共投资 223 个项目,投资额已达到 1.21 亿美元,超过越南和泰国,位居老挝境内外国投资者的榜首。[⑥] 在缅甸,中国的投资主要涉及油气、矿业、水电开发等领域,截至 2008 年 12 月底,中国对缅甸投资累计达 13.31 亿美元,其中对矿产、电力、油气领域类的投资分别为 8.66 亿美元、2.81 亿美元、1.24 亿美元。中国在缅投资由居外资在缅投资的第 6 位跃居到第 4 位。[⑦] 总的说来,由于中国与东盟四个新成员国在产业结构和资源方面存在较强的互补性,加上中国—东盟自由贸易区投资效应的推动,东盟四个新成员国正在成为中国对东盟投资的热点。

3. 服务贸易领域成为东盟国家对华的投资的重点

随着入世承诺的履行以及中国—东盟自贸区《服务贸易协议》的实施,中国在服务贸易领域已实现对东盟国家的全面开放,正是在这一背景之下,东盟

---

① 中国国家发展和改革委员会、外交部、财政部联合发布的《中国参与大湄公河次区域经济合作国家报告》,《人民日报》2008 年 3 月 28 日。

② 2003 年至 2008 年的 6 年间,有 5 年是柬埔寨第一大投资国,只有 2006 年中国在柬埔寨投资落后于韩国,位居第二。

③ Source from Xinhua News Agency,China top investor in Cambodia in 2008,http://news. xinhuanet. com/english/2009－02/05/content_10766192. htm.

④ 《中国对越南投资增长迅速》,《参考消息》2007 年 10 月 11 日。

⑤ 《投资越南瞄准商机》,载《亚太经济时报》2006 年 10 月 19 日。

⑥ 《老挝境内投资中国位居榜首》,《国际商报》2007 年 7 月 24 日。

⑦ 《2008 年中缅经贸合作数据》,http://mm. mofcom. gov. cn/aarticle/zxhz/hzjj/200902/20090206038342. html.

中较发达国家特别是新加坡、马来西亚抓住机遇,凭借它们在相关服务贸易领域的比较优势,扩大对中国服务贸易领域的投资,并取得一系列积极进展。

在东盟国家中,新加坡对中国服务贸易领域投资最为活跃、投入金额也最大,据中国商务部统计,2003 年至 2006 年,新加坡累计在中国服务贸易领域新设企业 1975 家,投资金额达 23.47 亿美元,[1]投资的重点主要集中在金融、房地产、租赁、商业、航运业、仓储物流等行业。在金融业方面,目前,新加坡的星展银行、大华银行、华侨银行均在中国设立了分支机构,其中星展银行已经在北京、广州、上海、深圳及苏州开设了五家分行,在东莞、福州、杭州及天津设立四个代表处。房地产业一直是新加坡对华投资的重点,近年来有进一步扩大的趋势,其中最具代表性的企业当属凯德置地[2],从 1994 年进入中国到 2004 年,凯德置地扎根上海作为大本营,蓄势待发;2004 年开始北上南下,迅速扩张,截至 2008 年,凯德置地已经在上海、北京、广州等 49 个城市开展业务,成为在华总投资额超过 200 亿元,拥有员工 4600 余名,主要经营范围包括住宅房产、商用房产、酒店及服务公寓的大型企业集团。[3] 在其他服务贸易领域,如航运业、仓储物流等行业,新加坡对华投资也相当活跃。在航运业,新加坡一直是中国航运业外商直接投资的重要来源地之一,据商务部统计 2006 年新加坡占中国航运业外来直接投资的 20%,投资金额为 1.16 亿美元。[4] 2006 年 10 月,新加坡港务集团与天津港共同出资 23 亿元,设立天津港太平洋国际集装箱码头有限公司,并由该公司投资兴建天津港北港池集装箱码头三期工程,截至 2006 年底,新加坡港务集团已投资了天津、大连、福州、广州、江阴等 5 个码头项目,实际累计投资额超过 30 亿元。[5]

在东盟国家当中,马来西亚对中国服务贸易领域的投资仅次于新加坡,投资重点主要集中在商业、酒店、房地产等行业。例如郭氏兄弟旗下的香格里拉酒店集团,2004 年至 2007 年间在中国共有 11 家豪华酒店开业,平均每家酒店投资超过 6000 万美元,2008 年在深圳、温州、宁波、满洲里、桂林仍有五家香格里拉酒店正在兴建当中。还比如金狮集团旗下的百盛商业,截至 2008 年

---

① 由于统计方法和统计口径的不同,新加坡对华服务贸易领域的许多投资并未计入对华实际投资。

② 凯德置地是新加坡嘉德置地集团在华的全资子公司,而嘉德置地集团则是亚洲最大的房地产公司之一。

③ 《来福士四地齐贺凯德置地"与中国共成长"》,新华网,http://news. xinhuanet. com/photo/2008－11/30/content_10433851. htm。

④ 中国商务部:《2007 中国外商投资报告》,第 34、35 页。

⑤ 《携手新加坡港务集团,天津港打造世界级集装箱码头》,《天津日报》2006 年 11 月 6 日。

底,在中国大陆 26 个城市,拥有及管理 42 家以"百盛"为品牌的百货店及两家以"爱客家"为品牌的超级购物中心,这其中有一半以上是在 2000 年以后才开业。

4. 能源、矿业、农业成为中国对东盟国家投资的亮点

在能源领域,东盟国家蕴藏丰富的能源,但开发程度相对较低,与此相对应,中国人均资源占有量少,但在能源开发方面具有丰富的经验技术。随着中国经济快速发展,对能源需求与日俱增,因此双方在能源合作方面存在很强的互补性,近年来中国加大了对东盟地区石油、天然气、电力等方面的投资,取得令人瞩目的成果。在石油、天然气方面,中国国有石油企业自 2003 年以来已多次投入巨资收购发达国家在东南亚地区的油气项目,如 2003 年 4 月,中石油联手马来西亚国家石油公司,以 1.64 亿美元的代价联合收购了赫斯印尼控股公司,2004 年 2 月,中海油花费大约 1 亿美元,收购了英国天然气集团在印尼巴布亚省穆图里区块的生产分成合同 20.76% 的股权。此外,中国还与缅甸、泰国加强了在石油、天然气勘探与开发的合作。截至 2006 年 6 月,中国已累计在缅甸投资石油天然气项目 8 个,投资金额 1.29 亿美元。① 在电力投资方面,中国近年来已经在老挝、柬埔寨、缅甸和越南等国投资建立了数十座水力、电力发电站。2008 年 6 月 20 日,中国重型机械总公司投资 5.4 亿美元,在柬埔寨兴建达岱水电站,该水电站项目系中资企业目前在柬投资规模最大的一个水电站项目。② 在东盟老成员国也有中国电力企业投资的身影,2008 年 3 月 14 日,中国华能集团以 30 亿美元收购新加坡三大电力企业之一的大士能源有限公司 100% 股权,通过此次收购,华能集团成为新加坡发电和电力零售市场的重要参与者。③

除了能源领域外,近年来中国逐步扩大了对东盟国家矿业领域的投资。与投资其他国家相比,中国对东盟国家矿业投资既有区位优势,也有政策环境优势,加上东盟国家,尤其是紧邻的越南、老挝、缅甸矿产勘察的程度不高,希望引进中国的资金、技术来推动国内资源开发,促进经济发展,这就为中国增加对东盟国家矿业投资创造了良好条件。在缅甸,矿业投资一直是中国对缅甸投资的重点,截至 2006 年 6 月,中国已经在缅甸投资 9 个矿业项目,投资金

---

① 《中国对缅甸投资情况》,http://mm.mofcom.gov.cn/aarticle/zxhz/hzjj/200607/20060702712033.html。

② 《中国公司在柬承建水电站项目正式签约》,http://cb.mofcom.gov.cn/aarticle/zxhz/tzwl/200807/20080705638617.html。

③ 《华能集团成功收购淡马锡大士能源》,《上海证券报》2008 年 3 月 15 日。

额达 6700 万美元；①在越南,2005 年 8 月中方投资 1.6 亿元人民币获得越南清化省一座年产铬铁 30 万吨铬矿 20 年的开采权,②2008 年中铝国际工程有限责任公司与越南最大的煤矿生产商——越南国家煤矿工业集团已经签订合作协议,投资 4.6 亿美元在越南中部林同省建立一座氧化铝厂。③ 可以预见,随着中国对东盟国家投资日趋自由和便利,以及国内对矿业资源需求的不断增长,未来中国对东盟国家的矿业投资还将不断扩大。

在农业领域,中国对东盟农业的投资,不仅可以充分利用东盟国家丰富的农业资源,享受东盟内部优惠关税,还可以规避部分国家专门针对中国农产品的贸易壁垒,从而扩大对国际市场的出口;与此同时,中国许多农业技术比较实用,易于推广,深受东盟国家的欢迎。因此,近年来,农业正逐步成为双方合作重点领域,中国对东盟国家农业投资也日益扩大。以泰国为例,2003 年至 2008 年已核准的中国对泰国的投资金额为 29.89 亿泰铢,其中农产品投资项目 23 个,投资金额 14.24 亿泰铢,占总投资金额 47.64%,而轻工纺织和金属机械所占的比重分别只有 4.31% 和 11.94%,④可见农业已经在中国对泰国投资中居于首要地位。

5. 民营企业已成为中国对东盟投资的生力军

经过几十年的快速发展,中国民营企业的经济实力已今非昔比,一大批的民营企业开始走向国际市场,成为中国企业海外投资的一支生力军。以中国对外投资最多的浙江省为例,截至 2007 年 6 月,进行海外投资的企业有 2800 多家,其中 1910 家是民营企业,占总企业数的 68%,民营企业已经构成浙江对外直接投资的中坚力量。与国有企业相比,民营企业产权清晰,经营自主,追求利润,敢冒风险,善抓机遇,这就使得民营企业在管理体制、用人机制、市场营销和市场洞察力等方面比国有企业更具优势,对外投资更为主动,海外投资也更易取得成功;与此同时,随着中国—东盟自由贸易区建设的逐步深入,东盟各国投资环境日趋完善和便利,东盟国家已成为中国企业海外投资的首选之地。正是在自身优势和外部有利条件的共同作用下,民营企业在近年来迅速扩大了对东盟国家的投资,成为中国对东盟投资的新动力。

---

① 《中国对缅甸投资情况》,http://mm. mofcom. gov. cn/aarticle/zxhz/hzjj/200607/20060702712033. html。

② 《幸运者邹青海:中国商人们的越南矿山梦》,《21 世纪经济报道》2006 年 1 月 6 日。

③ 《中铝赴越南开矿建厂》,《第一财经日报》2008 年 7 月 22 日。

④ 泰国投资促进委员会,http://www. boi. go. th。

目前,中国民营企业在东南亚的投资已经遍布东盟十国,投资行业广泛,主要涉及制造、农业、矿业、贸易以及高科技等领域,投资规模不断扩大。在越南,中国民营企业的投资十分活跃,比如新希望、苏泊尔等对越南的投资都超过 1 亿元,2006 年重庆力帆集团与越南合作伙伴共同投资 2000 万美元,在当地建立汽车生产厂,生产力帆 520 轿车;①2007 年 1 月,广东美的集团投资 2500 万美元建设的海外生产基地——美的越南工业园正式投产,②在短短几年时间内,越南已成为中国民营企业重要的海外制造业基地。在柬埔寨,2007 年江苏红豆集团联合柬埔寨企业共同投资开发西哈努克港经济特区,该项目总投资 3.2 亿美元,中方占 80% 的股份。③ 在菲律宾,2007 年 3 月,天津最大的私营企业——荣程联合钢铁有限公司与菲律宾出口公司签署了合作协议,投资 2 亿美元,在该国建设现代化铁镍厂。④ 在印尼,华为公司早在 2000 年就开始设立代表处,2004 年注册成立了全资子公司(PT HUAWEI),经过几年努力,华为已经成为印尼主流设备供应商,2008 年华为在印尼的员工总数超过 1200 名,全年签订合同的金额达 8.5 亿美元,⑤另外,华为在雅加达的研发中心和培训中心也于 2008 年 12 月 10 日正式落成,华为的成功可称得上是中国民营企业在东盟国家投资高科技产业的典范。

总的说来,民营企业走向国际化是经济全球化的必然要求,也是民营企业发展到一定阶段的必然选择。可以预见,随着中国—东盟自贸区建设进程的顺利推进,作为中国投资东盟生力军的民营企业,还将努力开拓,扩大投资,推动中国—东盟经贸关系向前发展。

第二节　中国—东盟自由贸易区与东南亚华商

在中国与东盟的经济整合进程中,东南亚华商作为一支不可忽视的经济力量,凭借自身的特点与优势,在中国—东盟自由贸易区的建设中扮演了相当重要的角色,发挥着不可替代的作用。本节拟先探讨中国—东盟自由贸易区的建立及其发展趋势,然后详细分析东南亚华商在中国—东盟自由贸易区的

---

① 《第四次海外投资潮勃兴,民企出国成风》,《南方周末》2007 年 11 月 15 日。

② 《美的集团越南生产基地投产》,《证券日报》2007 年 1 月 18 日。

③ 《柬埔寨太湖国际经济合作区一期项目已获国家发改委核准》,无锡市发展和改革委员会,http://www.jsdpc.gov.cn/pub/wuxi/dwmy/200802/t20080213_70411.htm。

④ 《天津民企海外揽金》,《天津日报》2007 年 3 月 24 日。

⑤ 中国驻印尼大使馆经商参处:《华为印尼公司举办"迎新年颁奖晚会"》,http://id.mofcom.gov.cn/aarticle/todayheader/200902/20090206036350.html。

角色。

一、中国—东盟自由贸易区的启动

在 20 世纪 90 年代后期的亚洲金融危机中,中国与东盟国家感同身受,坚持人民币不贬值,共同渡过了难关。危机之后,双方都深刻认识到,在全球化和区域经济合作迅猛发展的趋势下,双方只有加强互利合作,推动经济一体化,才能实现共同发展与繁荣。进入 21 世纪后,中国与东盟关系深入发展,贸易投资快速增长,技术合作不断加强,人员往来日益频繁。共同的政治愿望和不断深化的经济联系,为中国—东盟自贸区的建设奠定了重要基础。[①]

正是在此背景之下,2000 年 11 月在新加坡举行的第四次中国—东盟领导人会议,时任中国总理的朱镕基首次提出建立中国—东盟自由贸易区的宏伟构想,并建议在中国—东盟经济贸易合作联合委员会框架下成立中国—东盟经济合作专家组,就中国与东盟建立自由贸易区的可行性进行研究。[②] 这一提议得到了东盟领导人的积极回应。2001 年 3 月 28 日,中国—东盟经济合作专家组在吉隆坡正式成立,[③]专家组围绕中国加入世界贸易组织的影响及中国与东盟建立自由贸易区的可行性这两个议题进行了充分研究,肯定了中国加入世界贸易组织和建立中国—东盟自由贸易区对双方的积极影响,建议中国和东盟用 10 年时间建立自由贸易区。2001 年 11 月在文莱首都斯里巴加湾召开的第五次中国—东盟领导人会议上,各国领导人共同批准了中国—东盟经济合作专家组的建议,共同决定在未来十年建立中国—东盟自由贸易区。随后中国与东盟有关部门就建立自由贸易区问题进行了多次接触,2002 年 9 月 13 日,第一次中国—东盟经济部长会议在文莱举行,双方就自由贸易区建成的时间、框架等主要问题达成共识。2002 年 11 月 4 日,第六次中国—东盟领导人会议在柬埔寨首都金边举行,朱镕基总理和东盟 10 国领导人签署了《中国—东盟全面经济合作框架协议》(简称《框架协议》),决定到 2010 年建成中国—东盟自由贸易区。这标志着中国—东盟建立自由贸易区的进程

[①] 《促进中国与东盟各国经济发展推进东亚经济一体化进程,商务部部长薄熙来就中国—东盟自贸区有关问题答记者问》,《经济日报》2006 年 7 月 22 日。

[②] 《朱镕基出席第四次中国—东盟领导人会晤》,《人民日报》2000 年 11 月 26 日。

[③] 《中国—东盟经贸合作联委会会议在吉隆坡举行》,《人民日报》(海外版)2001 年 3 月 29 日。

正式启动,也标志着中国与东盟的经贸合作进入了崭新的历史阶段。①

《中国—东盟全面经济合作框架协议》作为未来自贸区的法律基础,整个框架协议由3大部分、16项条款和4个附件组成,规定了自由贸易区的目标、范围、措施、起止时间,先期实现自由贸易的"早期收获"方案,经济技术合作安排,给予越南、老挝、柬埔寨3个非世界贸易组织成员以多边最惠国待遇的承诺以及在货物、服务和投资等领域的未来谈判安排等内容,②在总体上确定了中国—东盟自贸区的基本架构。从总体设计上来看,该框架协议也基本遵循了东盟自由贸易区"先协议、后谈判",在降税问题上由易到难推进等原则。它既展示了中国与东盟在21世纪全面合作的前景,也是下一步减税谈判及推进自贸区建设的重要指导文件。

二、中国—东盟自由贸易区的发展进程

(一)"早期收获"计划的实施

根据2002年双方签署的《框架协议》,降税计划首先从"早期收获"计划开始。经过谈判,中国与除菲律宾以外的东盟其他9个成员国分别达成"早期收获"计划协议,2004年1月1日起,中国与东盟9国的"早期收获"产品的关税削减如期实行。③ 菲律宾虽然由于国内原因,没有与中国谈成"早期收获"协定,但并未关上谈判窗口,并表示要继续参加后面的谈判,中方则表态:菲方可随时恢复"早期收获"计划谈判。2005年4月,胡锦涛主席对菲律宾进行国事访问期间,双方签署了《中华人民共和国政府和菲律宾共和国政府关于〈中国—东盟全面经济合作框架协议〉早期收获计划的谅解备忘录》,从2006年1月1日起,双方200多种产品将实现零关税。④ 至此,中国和东盟全部成员都加入了"早期收获"计划。

值得一提的是,为了推动"早期计划"的顺利实施,中泰双方在2003年6月18日签署了《中华人民共和国政府与泰王国政府关于在〈中国—东盟全面经济合作框架协议〉"早期收获"方案下加速取消关税的协议》,协议涉及的蔬

① 《朱镕基和东盟领导人签署中国与东盟全面经济合作框架协议》,《人民日报》2002年11月5日。

② 曾培炎主编:《2003年中国国民经济和社会发展报告》,北京:中国计划出版社,2003年,第222页。

③ 陆建人:《中国—东盟自由贸易区:进展与问题》,《亚太经济》2006年第3期,第2页。

④ 《中菲邦交三十年,两国合作潜力大》,《国际商报》2005年6月7日。

菜和水果共 188 项产品,规定从 2003 年 10 月 1 日起,实现蔬菜和水果产品贸易的零关税。① 该协议签署意义重大,这是中国与东盟部分"早期收获"计划"的提前实施,标志着中国—东盟自由贸易区开始从纸面上落到实处。

根据中国与东盟国家谈判结果和《框架协议》制定的"早期收获"降税模式,双方降税过程执行如下:第一,中国与文莱、印尼、马来西亚、新加坡、泰国的早期收获产品从 2004 年 1 月 1 日开始降税,2006 年 1 月 1 日取消全部早期收获产品关税。第二,菲律宾由于在 2005 年 4 月才决定参加早期收获计划,因此其早期收获产品无须进行前期降税,而应在 2006 年 1 月 1 日全部降为零。第三,在东盟新成员中,越南的早期收获产品从 2004 年开始降税,但可以享受两年过渡期,至 2008 年 1 月 1 日取消全部早期收获产品关税;老挝和缅甸的早期收获产品从 2006 年开始降税,至 2009 年取消全部早期收获产品关税;柬埔寨的早期收获产品从 2006 年开始降税,至 2010 年取消全部早期收获产品关税。另外,由于各国具体国情不同,谈判中确定早期收获减税项目数量也存在差异,菲律宾只有 214 种产品参与"早期收获"计划的减税项目,老挝有406 种,剩下其他国家都在 500 种以上,其中新加坡有 602 种产品参与"早期收获"计划的减税项目。

"早期收获"计划的逐步实施,降低了中国和东盟企业农产品的出口成本,有效推动了双方农产品贸易的发展,增强了中国与东盟各国建设自由贸易区的信心。2004 年是中国—东盟自贸区早期收获计划实施的第一年,早期收获产品贸易呈现喜人局面,全年贸易总额达到 19.7 亿美元,同比增长 39.8%,其中,进口 11.5 亿美元,增长 46.6%,出口 8.2 亿美元,增长 31.2%,增幅明显高于 2003 年同类产品的增长速度,也高于 2004 年总体贸易的增长速度。② 经分析,"早期收获"计划实施后,获益较大、进出口增长较快的主要产品有蔬菜、水果、水产品等。

(二)《货物贸易协议》与《争端解决机制协议》的签署与实施

"早期收获"计划付诸实施后,双方接着就有关正常产品和敏感产品的降税模式进行谈判,以及着手建立争端解决程序和机制。2004 年 11 月 29 日中国与东盟 10 国共同签署了《中国—东盟全面经济合作框架协议货物贸易协议》(简称《货物贸易协议》)和《中国—东盟争端解决机制协议》两项重要文

---

① 《中泰签署关于实现农产品零关税协议》,《人民日报》2003 年 6 月 19 日。
② 尚国骧:《中国—东盟自贸区的试验田:早期收获计划》,http://fta. mofcom. gov. cn/dongmeng/annex/zaoqijihua. doc。

件,①这是中国—东盟自贸区建立过程中的一件大事,对于中国—东盟自贸区具有举足轻重的意义。

《货物贸易协议》是规范中国与东盟货物贸易降税安排和处理非关税措施等有关问题的法律文件,共有 23 个条款和 3 个附件,主要包括关税的削减和取消、减让的修改、数量限制和非关税壁垒、保障措施、加速执行承诺、一般例外、安全例外、机构安排和审议等内容。该协议将早期收获产品外的其余产品分为正常产品和敏感产品两大类,并根据产品分类,执行相应降税模式。在协议中,东盟宣布所有成员国承认中国是一个完全市场经济体,明确表示放弃使用反倾销的替代国定价法、特殊保障措施等歧视性做法,此外,该协议还确立了原产地规则即如果一产品的本地加工增值不低于该产品总价值的 40%,则该产品可被认为是原产于中国—东盟自贸区的产品,在进出口贸易中享受自贸区的优惠税率。

《中国—东盟争端解决机制协议》由 18 个条款和 1 个附件构成,包括定义、适用争端的范围、磋商程序、调解或调停、仲裁庭的设立、职能、组成和程序、仲裁的执行、补偿和终止减让等内容,它是规范中国与东盟双方在自由贸易区框架下处理有关贸易争端的法律文件。②《争端解决机制协议》借鉴了国际通行原则,富有自身特点,具有很强的操作性,2005 年 1 月 1 日正式生效后,为实施框架协议的各项原则和措施提供了有力保障。

《货物贸易协议》签署后,自贸区全面降税进程开始启动,标志着中国—东盟自贸区的建设进程全面拉开了帷幕。2005 年 7 月,中国对东盟已降低了 3408 种产品的税率,③对其平均关税从 9.9% 降为 8.1%。2007 年 1 月 1 日起,中国扩大了降税产品的范围和幅度,降低了 5375 种产品的关税,对东盟关税水平降到 5.8%。到 2010 年,中国自东盟进口产品将有 93% 约 7000 种产品实行零关税。同样,东盟国家也将做出类似安排。以泰国为例,2005 年其对中国产品的平均税率从 12.9% 降到 10.7%,2007 年又降到 6.4%,2009 年下降到 2.8%,2010 年将对中国 90% 以上约 7000 种产品实行零关税。④ 在中国与东盟货物贸易自由化的推进下,双方商品贸易发展迅猛。据中国海关统计,中国与东盟贸易额由 2005 年的 1303.7 亿美元增加到 2007 年的 2025 亿美元,提前三年实现双方领导人提出的 2000 亿美元的贸易目标,2008 年 1 月

---

① 《温家宝出席第八次东盟与中国领导人会议》,《人民日报》2004 年 11 月 30 日。
② 《解读中国—东盟自贸区争端解决机制协议》,《国际商报》2005 年 7 月 19 日。
③ 降税商品中包括 2004 年 1 月 1 日已开始实施优惠税率的早期收获产品。
④ 中国商务部国际司:《中国—东盟自由贸易区知识手册》,2007 年 9 月,第 6 页。

至 10 月中国与东盟贸易额达 1990.7 亿美元,同比增长 21.6%。[1] 双边商品贸易实现了稳健、持续的增长,取得了令人满意的成果。

(三)《服务贸易协议》的签署与实施

服务贸易是中国—东盟自贸区的重要组成部分。自 2002 年 11 月中国与东盟领导人签署框架协议之后,双方便开始了服务贸易谈判,经过多轮磋商,双方就服务贸易协议文本和各国的第一批具体承诺减让表达成一致。2007年 1 月 14 日中国与东盟 10 国在菲律宾宿务正式签署了《中国—东盟全面经济合作框架协议服务贸易协议》(简称《服务贸易协议》)。[2]

该协议参照了 WTO《服务贸易总协定》的模式,包括定义和范围、义务和纪律、具体承诺和机构条款 4 个部分,共 33 个条款和 1 个附件。协议主要规定了双方在中国—东盟自贸区框架下开展服务贸易的权利和义务,同时包括中国与东盟 10 国开放服务贸易的第一批具体承诺减让表,各方根据减让表的承诺内容进一步开放相关服务部门。根据《服务贸易协议》的规定,中国在WTO 承诺的基础上,在建筑、环保、运输、体育和商务等 5 个服务部门的 26个分部门,向东盟国家做出市场开放承诺。东盟各国也在其 WTO 承诺基础上做出了新的开放承诺。该协议是中国与其他国家或区域签署的第一份关于服务贸易部门相互开放的协议,也是东盟与对话伙伴国签署的第一份服务贸易协议,标志着中国与东盟服务贸易自由化进程的正式启动。目前,除柬埔寨之外的所有国家均已完成《服务贸易协议》的国内法律审批程序,并于 2007 年7 月 1 日起正式生效。根据协议规定,双方正就第二批服务部门的市场开放问题进行谈判,以进一步推进中国与东盟间的服务贸易自由化。

从各国服务贸易发展情况来看,新加坡、文莱等国家在金融、法律服务等领域有相当优势,泰国、马来西亚等国家在旅游、物流方面有专长,而中国在工程建设、电信业等方面也有自身优势。[3] 伴随着《服务贸易协议》的顺利实施,将对中国与东盟产生一系列的积极效应。协议的实施将提升中国与东盟服务行业竞争力,扩大中国与东盟的服务贸易,促进两国投资的不断增长。

2007 年中国服务贸易进出口增长迅速,逆差规模显著下降,国际地位进一步提升,按国际收支口径统计,2007 年中国服务贸易(不含政府服务)进出口总额首次突破 2000 亿美元,达 2509 亿美元,比 2006 年增长 30.9%,增幅

---

① 中国商务部网站,http://zhs. mofcom. gov. cn/aarticle/Nocategory/200812/20081205963739. html。

② 《中国与东盟 10 国签署自贸区〈服务贸易协议〉》,《人民日报》2007 年 1 月 15 日。

③ 《东盟服务贸易企业进军中国迎来最佳时机》,《国际商报》2007 年 7 月 24 日。

提升了 8.8 个百分点。① 根据中国国家旅游局的统计,2007 年中国入境旅游的 15 个主要客源国中有 5 个是东盟国家,它们分别是:马来西亚、新加坡、菲律宾、泰国、印尼,5 国合计入境旅游人数 390.57 万人,比 2006 年增长了 12.63%。在中国十大出境旅游目的地中,东盟国家就占据四席,以中国公民出境第一站按人数排序,分别依次为越南、泰国、新加坡、马来西亚。② 另根据中国商务部统计,2007 年中国与东盟地区在对外承包工程、劳务合作和设计咨询方面新签合同额为 133.15 亿美元,完成营业额为 62.27 亿美元,分别占中国当年对外经济技术合作新签合同额和完成营业额的 15.6% 和 13%,较 2006 年有了大幅度的增长。③ 由于《服务贸易协议》实施的时间较短,现在还没有足够数据来证明其实施效果,但是可以预见,在 2007 年中国与东盟服务贸易良好发展态势之下,随着该协议的进一步实施,服务贸易有望成为今后双边经贸发展的新引擎,将构成未来中国—东盟合作的新亮点。

三、中国—东盟自由贸易区的发展趋势

(一)争取早日签署中国—东盟投资协议

中国—东盟投资协议是《框架协议》下属三个协议之一,随着中国—东盟自由贸易区《货物贸易协议》和《服务贸易协议》相继签署和实施,中国—东盟自贸区投资协议便成为双方谈判的重中之重。

未来中国—东盟投资协议将是《框架协议》中关于"投资规定"的具体贯彻,也是对中国和东盟国家原有双边投资协定的继承和改造,在对中国和东盟各国与投资相关的法律吸收和转化的同时,也要借鉴和运用包括《东盟投资区框架协议》在内的区域性及世界性的相关协议、文件。④ 中国与东盟签署投资协议之后,各成员国将向来自其他成员国的投资者,提供国民待遇和最惠国待遇,开放更多的产业部门,放松和取消各种限制措施和业绩要求,促进与投资相关的法律法规以及其他信息的透明化,提供投资保护。毋庸置疑,这些规定

---

① 《1982—2007 年中国服务贸易进出口情况》,中央政府门户网站,http://www.gov.cn/jrzg/2008-06/06/content_1008975.htm。

② 《2007 年中国旅游业统计公报》,中国国家旅游局网站,http://www.cnta.gov.cn/html/2008-9/2008-9-10-11-35-98624.html。

③ 《"国际经济合作展区"在中国—东盟博览会上受到各界瞩目》,中华人民共和国商务部网站,http://chinca.mofcom.gov.cn/aarticle/tpxw/200810/20081005845866.html。

④ 呼书秀:《中国与东盟发展相互投资的法律机制研究》,北京:北京大学出版社,2005 年,第 138~142 页。

将有效地降低投资成本、创造投资机会,促进中国与东盟的相互投资。

为如期全面建成中国—东盟自由贸易区,中国和东盟国家都充分认识到签署自贸区投资协议的重要性,积极推动中国—东盟投资协议谈判。2007年12月中国总理温家宝出席东亚峰会期间,提出加快中国—东盟投资协议谈判、推动全面建成自贸区,推进双方公路、铁路、航空、信息互联互通。[1] 2008年7月23日,中国外长杨洁篪在新加坡举行的东盟—中国外长会议上再次强调"为应对挑战,中国和东盟国家要加强团结合作,要加紧《投资协议》谈判,争取年内达成一致"。[2] 2008年8月27日召开第七次中国—东盟("10+1")经济贸易部长会议,会后发表联合声明显示中国—东盟投资协议谈判已经取得的实质性进展,声明还强调了在第十二次中国—东盟领导人会议召开之前结束谈判的重要性。[3] 可以预见,中国—东盟投资协议极有可能在2009年召开的第十二次中国—东盟领导人会议期间签署。

(二)双方的贸易与投资将不断扩大

在贸易领域,随着中国—东盟自贸区建设的顺利推进,双方的关税水平和非关税壁垒将逐步降低,2012年1月1日前中国与东盟6国取消所有正常产品关税,2018年1月1日前东盟新成员也将实现所有正常产品零关税目标,这些措施将有效减少双方贸易成本,推动双方贸易进一步增长,双方的贸易结构也将不断优化,机电产品和高技术产品在进出口贸易的比重将不断增加,与此同时,由于中国经济的快速增长,东盟对中国的能源和原材料等初级产品的出口也将一直保持较高水平。随着双方贸易额的增加,中国与东盟的贸易依存度也将不断提高,有中国贸易官员乐观地预言:"随着中国—东盟自由贸易区建设的逐步加强,到2010年该自由贸易区有望在进出口总额上超过北美自由贸易区,到2020年在GDP总量上超过欧盟自由贸易区。中国—东盟自由贸易区将和北美、欧盟自由贸易区一道成为世界三大经济支柱。"[4]

在投资领域,近年来中国与东盟在投资领域合作取得显著成效,已经显现出双向投资的特点,随着中国—东盟自由贸易区的全面建成,在区域内投资效应和吸引区域外投资效应的共同作用下,将有效地促进投资的增长,东盟国家

---

[1] 《中国与东盟将加快投资协议谈判》,《国际商报》2007年12月4日。

[2] 《杨洁篪出席中国—东盟外长会议》,《人民日报》2008年7月24日。

[3] 《第七次中国—东盟(10+1)经济贸易部长会议联合新闻声明》,中华人民共和国商务部网站:http://yzs.mofcom.gov.cn/aarticle/zcfb/200808/20080805750977.html。

[4] 《中国—东盟自由贸易区将跻身世界三大经济支柱》,新华网:http://news.xinhuanet.com/fortune/2005-09/07/content_3459093.htm。

有望成为中国企业的主要投资地。中国实施"走出去"战略,海外投资是重要的措施,投资的重点区域今后首先将是东南亚国家,特别是周边的越南、老挝、柬埔寨和缅甸等东盟新成员国。未来中国企业应加强在矿产资源、能源及基础设施领域与东盟的投资合作。中国的人均资源占有量少,而东盟国家具有丰富的矿产资源但开发程度相对较低,因此中国企业应抓住这一机遇进行投资。东盟部分中下游国家基础设施不够完善,道路、桥梁、电力和通讯等基础设施落后,对中国企业投资带来了一定的阻碍,因此从长远来看,中国可以加强在基础设施领域对东盟的投资,为其他领域的投资创造条件。此外,随着中国建筑、环保、运输、体育和商务等产业的开放,一些较发达的东盟成员国也将扩大对中国的投资。

(三)双方经济合作领域日益扩展和深入

中国与东盟的合作是全方位的,除贸易、投资领域外,双方在金融、农业、环保、航空、海运、旅游、邮电、知识产权、文化等领域的合作也将进一步扩展和深入。例如,在金融领域,目前中国与东盟的金融合作还处于初级阶段,随着双方贸易和投资合作的日益深化,区域金融合作步伐也不断加快,短期内双方合作的重点主要集中在支付结算、反洗钱与反假币、推动金融机构互设分支机构、建立区域开发合作基金等方面。从长远来看,双方合作的重点将放在完善地区金融监管和危机救助机制、各国政策协调、地区债券市场建设、统一货币区等方面。在农业领域,由于中国和东盟的多数国家都是发展中国家,农业是重要的支柱产业,因此农业合作一直是中国—东盟自由贸易区重点合作领域之一,2006 年中国农业部率先实施了中国—东盟农业合作项目,涉及种植业、畜牧业、水产养殖、农产品加工、动物疫病防治、农村能源与生态等诸多领域,合作方式包括人力资源开发、农业科技交流、小型境外示范项目、农产品贸易促进等。[1] 2007 年 1 月中国和东盟续签了《中国—东盟农业合作谅解备忘录》,双方未来农业合作潜力十分巨大。

此外,中国与东盟在次区域领域合作也将不断扩大深入,目前中国与东盟的经贸合作有两大块次区域经济合作,一块是正在积极推进中的大湄公河次区域经济合作,另一块就是积极启动中的泛北部湾经济合作。中国自 20 世纪90 年代以来,就积极参与大湄公河次区域合作,经过十多年的努力,中国与湄公河次区域国家在交通运输、电力、电信、农业、环境保护、旅游、卫生和人力资源开发、禁毒等领域的合作取得重大进展,[2]对中国—东盟自由贸易区建设起

---

① 《中国—东盟农业合作成果丰硕》,《国际商报》2007 年 12 月 18 日。
② 《中国参与大湄公河次区域经济合作国家报告》,《人民日报》2008 年 3 月 28 日。

重要的促进和催化作用。目前大湄公河次区域正在由交通走廊向经济走廊转型,中国与东盟国家在大湄公河次区域合作前景十分广阔。北部湾是连接中国与海上东盟国家的重要通道,因此开展泛北部湾地区的次区域经济合作与大湄公河次区域合作相互呼应,并将为中国—东盟的合作注入新的活力。

(四)中国—东盟自贸区建设存在的制约因素

目前中国—东盟自由贸易区建设已经进入了全面推进的实质性阶段,双方合作取得了积极进展,但未来中国—东盟自由贸易区的建设也并非一帆风顺,仍存在一些制约因素和问题需要加以考虑或克服。

首先,从东盟本身来看,东盟自身的一体化还面临着许多现实困境。在经济上,各成员国经济发展水平差异巨大、产业结构雷同、出口产品相似,严重依赖外部市场、区内贸易比重低,整个东盟缺少核心的经济力量;政治上,东盟某些国家国内政局长期不稳,领土纠纷仍然困扰着东盟,这些政治经济方面的不利因素将阻碍东盟区域合作。东盟一体化的乏力对于中国—东盟自由贸易区的建设是不利的,它将增加中国与东盟自由贸易区谈判的成本,从而有可能阻碍自由贸易区的建设。

其次,从中国与东盟的关系来看,在经济上,近年来中国对东盟的贸易逆差不断扩大,尽管从目前看,这一逆差对中国影响还不大,但长期这样下去,将对双边的贸易平衡及中国经济带来不利影响,进而损害中国与东盟区域经济合作。在政治上,南海问题、台湾问题、"中国威胁论"以及东南亚华人问题均有可能干扰和制约中国与东盟政治关系的正常发展,进而对中国—东盟自贸区建设产生不利影响。

再次,从中国—东盟自贸区与区域外国家的关系来看,中国率先与东盟创建双边自由贸易区,使中国和东盟在东亚地区经济合作中抢占了先机,同时也极大刺激了区域外其他许多国家,引起了国际社会的密切关注。日本、印度、美国、韩国等国家纷纷表示要加强与东盟的经济合作,并提出了一系列具体措施,这些举措虽然符合东盟的利益,但必然给中国—东盟自由贸易区的建设带来新的挑战。一旦应对不当,将会受到很大的掣肘。

最后,中国—东盟自贸区领导权问题。中国—东盟自由贸易区建设至今,中国一直是倡导东盟在东亚合作中的主导地位,因为东盟是东亚现有的"10＋3"、"10＋1"等合作机制的创始者和推动者,也是东亚共同体的最早倡导者。但目前现实的情况是:一方面,东盟内部整合还未完成,加之机制松散、缺乏核心力量,在很大程度上影响了东盟在自贸区建设中所能发挥的作用;另一方面,中国近年来综合国力明显增强,在自贸区的建设也处于强势地位,能担当领导者的角色,不过东盟国家能否接受中国的领导地位还是个很微妙的问题。这个问题若是处理不当,有可能对中国—东盟自贸区建设产生不利影响。

四、东南亚华商在中国—东盟自由贸易区的角色

(一)东南亚华商的特点与优势

1. 当地化与现代化

20世纪50年代以来,伴随着东南亚华侨社会向华人社会的转变,华人经济已成为当地民族经济的重要组成部分。作为华人经济主要载体的东南亚华商,他们当中绝大部分都已加入当地国籍,成为居住国的合法公民。在政治上,东南亚华商已认同和效忠于当地国家;在经济上,东南亚华商的财富源于当地,他们所从事的行业与居住国的民生休戚相关,并直接为当地国家的经济发展和人民生活服务。东南亚华商资本与土著资本已经相互交融,不少土著人士在华人企业中占有股份,并担当公司的管理人员,同时,许多以其他族裔为主的企业也吸纳华人资本,并邀请华商参与经营管理。大体而言,随着华商当地化的日益加深,在东南亚已经越来越难以分辨出"纯粹的华人经济"。①

经过几十年的发展,东南亚华商在当地化的同时,也日趋现代化。这种现代化主要表现为两个方面:一是华商从事产业领域从传统产业部门向现代工业和服务业转变,战前东南亚华商主要经营领域集中在农矿业、商业零售业等传统产业部门,战后随着东南亚国家的经济发展,到了20世纪七八十年代华商资本已大部分转向制造业、金融业、服务业等现代产业部门;二是华商的经营管理模式从单一家族管理模式向家族管理与现代管理相结合的转变,自20世纪70年代以来,许多华人企业开始引进现代企业管理制度,大胆启用外部人才,使华人家族企业的公众化和社会化程度不断提高,涌现出一大批跨国华人企业。

2. 硬实力和软实力兼备

所谓硬实力是指东南亚华商经济实力雄厚。东盟地区是华侨华人的主要聚居地,华人经济的发展历史悠久,华商的人数众多、资本雄厚,是东南亚乃至东亚地区一股重要的经济力量。东南亚华商既有富甲一方的大华商,也有数以万计的中小华商,他们在当地经济中占有突出地位,在某些行业甚至起到支

---

① 陈乔之:《华侨华人社会经济研究》,香港:地平线出版社,1998年,第150页。

配作用。据不完全统计,华人上市公司占东南亚地区证券交易市场上市企业数量的七成,华人资本占了日本、韩国、中国大陆以外的亚洲 10 个股票交易市场股票价值总额的 66%。[①] 2008 年东南亚最大的 20 家华商企业,平均营业额为 36.28 亿美元,总资产高达 3973.36 亿美元(见表 13-1),东南亚华商可谓实力雄厚。

表 13-1　2008 年东南亚最大的 20 家华人企业

单位:百万美元

名次	公司名称	总部所在地	营业额	纯利	总资产	股东权益
1	丰益国际有限公司	新加坡	16466.2	580.4	15507.1	7845.2
2	大东方控股	新加坡	6121.2	362.9	30864.2	2180.2
3	IOI 集团	马来西亚	4266.2	649.2	5021.3	2441.1
4	卜蜂食品企业大众有限公司	泰国	3988.1	36.9	2970.8	1280.9
5	CP All Public Company Limited	泰国	3342.0	42.3	1310.0	265.5
6	大华银行有限公司	新加坡	3232.9	1399.7	116084.1	11498.0
7	菲律宾长途电话公司	菲律宾	3165.9	780.2	5204.1	2407.8
8	星狮集团	新加坡	3144.0	251.2	8536.7	3464.0
9	盐仓集团	印尼	3080.5	158.2	2617.8	1544.7
10	印多福食品有限公司	印尼	3047.6	149.7	3230.2	372.5
11	华侨银行有限公司	新加坡	2840.3	1374.0	115856.5	1002.5
12	SM Investments Corp.	菲律宾	2655.3	260.4	5081.1	2359.5
13	创业集团有限公司	新加坡	2569.7	199.1	2022.8	1250.4
14	云顶有限公司	马来西亚	2467.9	578.6	8779.1	3594.1
15	丰隆亚洲有限公司	新加坡	2145.0	63.3	2161.5	393.7
16	城市发展有限公司	新加坡	2061.0	481.1	8107.4	3449.5
17	盘谷银行有限公司	泰国	2032.8	556.8	46148.0	4808.5
18	Lion Industries Corporation Berhad	马来西亚	2018.9	245.6	1664.1	878.4
19	巅峰控股(约格森米)	菲律宾	2004.9	186.7	4982.5	1663.7
20	杨忠礼机构有限公司	马来西亚	1905.4	211	11187.6	2244.1

资料来源:根据《亚洲周刊》发布"2008 全球华商 1000 强"的数据资料整理而得。

---

① 纪硕鸣、萧雅、童清峰、林友顺:《华商在国际市场举足轻重》,《亚洲周刊》第 18 卷第 41 期,2004 年 10 月 10 日。

东南亚华商除了具备硬实力,还具有较强的软实力。这种软实力主要表现为东南亚华商在当地的政界、商界以及普通大众中具有广泛的影响力和号召力。东南亚华商作为一个重要的利益集团,他们中的许多人本身就是当地政府成员,有些则是政府的决策顾问,有些则是政府领导人的私人朋友,有些是国会议员或地方议会议员,因此华商影响政府决策的资源很多,手段与方式也非常多元化。① 东南亚华商已经完全融入当地的商业网络,他们大多是当地商界的佼佼者,有的还担任当地商业社团的主要领导人,他们与其他族裔的企业家,或者相互持股,或者彼此保持紧密业务合作,这些都使东南亚华商在当地商界保有巨大的影响力。东南亚华商是当地华人社会的优秀代表,有的还是当地华人社团的负责人,他们的言行在整个华人族群中具有很强的感召力。在华人族群之外,东南亚华商成功之后,大量投入公益事业,服务社会,在当地也深得人心。此外,不少华商还开办报纸、电台和电视台,他们对当地社会有着相当的舆论引导力。总而言之,东南亚华商既有硬实力也有软实力,这为他们在中国—东盟自贸区的角色扮演奠定了坚实基础。

3. 具有两地投资的成功经验,参与自贸区建设的积极性高

众所周知,东南亚华商大多成长于居住国,熟悉当地的政治、经济环境,凭借着对市场需求的准确把握,在商业上获得巨大成功,具有在当地从事经济活动的成功经验。1978 年中国改革开放以来,东南亚华商作为最早进入中国市场的外商之一,对中国进行了大量投资,经过 20 多年的发展,许多东南亚华商已经在中国建立起成功的事业,获得丰厚的回报。与其他外商相比,他们对中国的政府运作以及市场环境更为熟悉,在长期的经济活动中,积累了丰富的人脉资源,拥有许多成功的贸易投资经验,总结出许多新的企业发展模式。印尼华商林文镜可称得上是具有两地投资成功经验的代表人物。林文镜 20 世纪 50 年代开始在印尼创业,60 年代中期开始与林绍良合作,组建了林氏集团,共同创造了以面粉、水泥为龙头的企业帝国,林文镜担任集团总裁,其个人资产达数十亿美元。20 世纪 80 年代后期,他将其在南洋的产业交给儿子管理,自己则回到家乡福清开始第二轮创业,积极推动融侨经济技术开发区的建设,1989 成立融侨集团。进入 90 年代后,他个人独资创办了洪宽工业村并与台商合作创建冠捷电子,发现并带头开发江阴港,经过多年的努力,目前在中国,林文镜麾下的关联企业已经遍及房地产、电子、港口、金融、酒店、餐饮等诸多行业,在各个方面都获得极大成功。毫无疑问,具有两地投

---

① 王望波:《中国—东盟自由贸易区中的东南亚华商》,《南洋问题研究》2007 年第 3 期,第 63 页。

资的成功经验,将使东南亚华商在中国—东盟自由贸易区建设中如鱼得水,游刃有余。

此外,东南亚华商参与自贸区建设的积极性很高。从感性的角度来看,东南亚华商作为一个特殊的群体,他们长期生活在居住国,同时他们身上也传承者中华的血脉和文化,因此他们对居住国和中国都有很深的感情,他们渴望看到两地经济的繁荣以及双方经贸联系的加强。中国—东盟自由贸易区是一个两地双赢的抉择,这就使得东南亚华商在参与自贸区的建设进程中具有很强的自豪感和责任感。从理性的角度来看,中国—东盟自由贸易区的建立将推动双边贸易、投资的自由化,能够为东南亚华商提供更广阔的市场和更多的商机,有利于自身事业的开展,因此他们对自贸区的建设必将身先士卒。新加坡金鹰集团主席陈江和在谈到东南亚华商参与自贸区建设的积极性时,曾经打了一个非常形象的比喻,"我们平常在讲,中国就是我们的'生父',东南亚这些国家对我们身为华商的人,就是我们的'养父'。那么怎么样把'生父'和'养父'的关系保持良好,也是我们作为华商必须要执行的一个义务"。[1]

(二)东南亚华商在中国—东盟自贸区的角色定位

要分析东南亚华商在中国—东盟自贸区的角色,我们首先来看看东南亚各国华商是如何定位自己的角色。印尼华商林文镜认为,"中国—东盟自贸区对于东盟华商来说,是天赐良机,华商们可以利用住在国籍和华裔的双重角色,利用熟悉住在国和祖籍国政治、经济、法律、自然条件和深厚人脉资源,在推进中国—东盟自由贸易区建设中发挥三大中介作用:第一,桥梁——推介作用;第二,向导——服务作用;第三,黏合剂——融合作用"。[2] 菲律宾著名华商领袖陈永栽则认为"东盟华人华侨实力雄厚,常扮演华人'大金主'的角色,中国政府推动中国—东盟自由贸易区,借重海外华人在东盟国家的力量是很聪明的方法",并且"随着中国—东盟贸易区建设的不断推进,华商在中国东盟合作中正扮演着重要角色,作用越来越明显"。[3] 新加坡华商陈江和则指出:"于'情'于'理',位于东南亚的华商应该是自由贸易区建设进程中的先锋力量。"他还认为"机遇与挑战并存……必须处理好居住国和祖籍国的关系,既要不忘回报居住国的社会与百姓,也要珍惜中国快速的经济发展为华商提供的

---

[1] 《世界华商共谋中国——东盟自由贸易区新发展》,央视国际网站,http://www.cctv.com/program/jrgz/20040716/100317.shtml。

[2] 《发挥中介作用共促中国与东盟合作——"第三届世界华人论坛"论文摘编》,《侨务工作研究》2004年第4期。

[3] 《陈永栽:华商在10+1推进中扮演重要角色》,《福建侨报》2004年7月30日。

巨大商机"。① 大体而言,东南亚各国的华商普遍认为,东盟华商作为一个特殊的群体,依靠自身的地位与优势,应该也能够在中国—东盟自贸区担当重要角色,并发挥积极作用。

综合上述东南亚各国华商对自身的角色定位,笔者认为东南亚华商在中国—东盟自贸区主要扮演如下角色:

1. 东南亚华商是中国—东盟自贸区的直接受益者

中国—东盟自由贸易区将于 2010 年初步建成,届时将形成一个包括 11 个国家,人口达 18 亿,GDP 总量超过 5 万亿美元的发展中国家间最大的自贸区。毋庸置疑,如此大规模的市场,将为东南亚华商的经济活动提供更多的贸易、投资机会,有利于东南亚华商企业做大做强。随着自贸区进程的推进,中国与东盟将逐步实现货物和服务贸易自由化,并创造透明、自由和便利的投资机制,这对于在两地都有大量投资事业的东南亚华商而言,可以促进华人企业内部资金、技术及其他生产要素的自由流动,提高资源配置效率,降低华商企业的经营成本。此外,东南亚华商与中国大陆企业、东盟土著企业相比,具有更多优势,更易在自贸区中发现商机并获得成功。

2. 东南亚华商是区域内贸易、投资的实践者和引导者

东南亚华商实力雄厚,经济地位突出,参与自贸区建设的主观意愿强烈,因此多年来他们一直是区域内贸易、投资的主要实践者之一。在贸易方面,东南亚华商在居住国的商业、制造业占有重要地位,有许多华商还直接从事进出口贸易,长期以来一直构成东盟国家对华贸易的主力。随着自贸区建设的推进,减税计划的实施,东南亚华商在扩大对华出口的同时,也加大了从中国的进口,推动了中国与东盟贸易的增长。2002 年中国与东盟贸易额只有 547.8 亿美元,到 2008 年双方的贸易已经猛增至 2311.2 亿美元,双边贸易的这种快速发展离不开东南亚华商的积极推动。在投资方面,东南亚华商一直是中国外资的重要来源,构成东南亚国家对华投资的主要力量。2002 年自贸区建设启动以来,东南亚华商为把握自贸区建设所带来的巨大商机,搭乘中国"经济快车",壮大自身事业,不断扩大其在中国的投资。2003 年至 2007 年间,东盟国家累计对华投资 171.2 亿美元,东南亚华商则占据其中的大部分,此外,还有许多东南亚华商通过在香港设立投资基地,再以港资的身份扩大对中国的

---

① 《陈江和:东南亚华商应是自贸区建设中的先锋力量》,中国新闻网,http://www.chinanews.com.cn/news/2004year/2004-07-17/26/461069.shtml。

投资,其规模远大于直接来自东南亚的投资。

除了作为实践者之外,东南亚华商也是区域内贸易、投资的重要引导者。东南亚华商在建立自贸区的进程中,可以利用熟悉中国与东盟的政治、经济、文化的特殊优势,收集两地的投资机会、贸易机会以及合作机会,分别向两地的企业进行推介。中国商人到东盟投资,东盟的华商可以协助组织团队、可以负责早期规划、可以为他们的投资提供许多经验。东盟商人到中国投资,华商们同样可以利用自己在中国的人脉资源、经验,为他们提供帮助。① 除了引导中国和东盟的企业外,东南亚华商也可以引导区域外的跨国公司到区域内开展投资。东南亚华商国际化较早,他们与日本、欧美的跨国公司保持广泛的业务联系,可以向区域外的跨国投资者提供投资和合作的信息,吸引他们到中国和东盟开展投资活动。

3. 东南亚华商是中国—东盟自贸区制度建设的推动者

东南亚华商作为一个重要的利益集团,在居住国具有一定的社会地位和较大的影响,与当地政府官员、军队要员、社会名流等高层人士建立了密切关系,一些华人大企业家已跻身当地名流之列。他们可以通过游说等各种手段影响政府的对华政策,建议政府加强与中国经济合作,进而推动中国—东盟自贸区的建设。另外,东南亚华商进入中国市场 20 多年,在长期的经济活动中,已经积累了丰富的人脉资源,与中国的各级政府和官员建立起密切的联系,拥有畅通的沟通管道,东南亚华商可将相关市场信息反馈给中国政府,促进中国与东盟各国政府的信息沟通,减少双方谈判的困难,推动自贸区制度建设。

为推动自贸区的建设,中国和东盟国家搭建了各种贸易、投资性平台和论坛,比如南宁的"中国—东盟博览会"、雅加达的"中国—东盟商务理事会"以及吉隆坡的"东盟—中国合作论坛"等等。东南亚华商一直是这些投资性平台或论坛的积极参与者或建设者,他们以自己的实际行动支持自贸区的制度建设。他们一方面积极促成各种贸易、投资项目协议的达成,确保贸易、投资平台收到良好成效;另一方面,他们积极在各种论坛上发言,为中国—东盟自贸区建设献计献策,宣扬自贸区建设对地区经济发展的重要意义,引导两地(特别是东南亚国家)的媒体和舆论,减少政府谈判的阻力,进而推动中国—东盟自贸区制度建设。

---

① 《发挥中介作用共促中国与东盟合作——"第三届世界华人论坛"论文摘编》,《侨务工作研究》2004 年第 4 期。

第三节　东亚区域经济一体化的进程与特点

一般说来,东亚区域经济一体化有两层意思:一是东亚区域经济体之间的密切相关性或相互依赖;二是东亚区域经济体之间的某种程度的制度性安排。但是由于东亚在区域一体化的外部环境和内部成员结构等方面存在诸多特殊性,导致欧美等传统一体化演进模式无法适用。因此一些学者在总结区域经济整合的经验时,认为东亚的区域经济一体化存在两种演进的形式,即区域化和区域主义。所谓的区域化,就是指在没有正式的合作框架下,区域内贸易、投资、技术和人口流动的增加所导致的经济依赖性的增强,通常被称为市场驱动型一体化;而区域主义则是指正式的经济合作和经济一体化的安排,以及两国和更多国家间通过贸易和投资自由化与促进措施实现经济增长的协定[1],通常被称为制度驱动型的一体化。究竟在区域经济整合过程采取那种演进形式,取决于市场驱动和制度驱动所带来的一体化成本与收益的权衡。[2]

东亚区域经济一体化在 20 世纪 90 年代以前很大程度上属于市场驱动型的一体化,即通过贸易、投资等方式形成经济上的相互依赖关系。20 世纪 90年代之后,东亚区域经济一体化在区域化演进的同时,越来越重视区域主义,通过建立正式的制度安排来化解现有矛盾和问题,来配合和规范市场,确保东亚区域经济一体化顺利推进。

一、东亚区域经济一体化的进程

区域化和区域主义作为东亚区域经济一体化的两种演进形式,二者相辅相成,相互促进,区域主义的初步形成离不开区域化的市场支持,区域化的深入发展也离不开区域主义的制度保障,二者交织贯穿于东亚经济一体化的发展进程中。因此笔者拟从区域化和区域主义的演进这两条线索来探讨东亚区域经济一体化进程。

---

① 较早对区域化与区域主义进行区分的是新加坡著名学者谢秀瑜(Chia Siow Yue),详情请见:Chia Siow Yue. East Asian regionlism,Paper presented at *East Asian Cooperation*:*Progress and Future Agenda*,Institute of Asia-Pacific Studies(Chinese Academy of Social Sciences,CASS)and Research Centre For APEC and East Asian Cooperation,Beijing,August 22—23,2002;Kathie Krumn,Homi Kharas 编,赵中伟、王旭辉译:《东亚一体化:共享增长的贸易政策议程》,北京:中国财政经济出版社,2004 年,第 75 页。

② 范洪颖:《东亚大趋势:经济区域主义》,广州:暨南大学出版社,2008 年,第 29 页。

（一）东亚经济区域化演进

在经济全球化大背景之下，自然因素（如区位临近）、单边自由化以及GATT/WTO框架下的多边承诺共同促进了东亚贸易与投资的自由化，进而推动东亚经济体高速增长，贸易和投资等市场因素推动的东亚经济区域化也随之产生并不断向前演进，区域内经济体之间的相互依赖日益加深。

1. 东亚经济区域化——从贸易角度分析

（1）东亚区域内贸易的增长

东亚贸易在世界贸易中占有重要地位，20 世纪 70 年代以来东亚贸易一直保持快速增长，如表 13-2 所示，1975 年至 2001 年，东亚贸易占世界贸易的比重从 11.3％增至 25.7％，增长速度远远超过世界其他贸易地区，东亚新兴市场（中国与东盟）是贸易增长的主要动力。

伴随着东亚地区对外贸易的迅速增长，东亚区域内贸易也获得了快速发展，其增长速度不仅快于世界贸易的增长速度，还大大超过了那些建立在自由贸易协定基础上的区域贸易集团内部的贸易增长速度。如表 13-3 所示，1980 年至 2000 年间，东亚区域内贸易占世界贸易的比重从 4.8％上升到 12.7％，同期北美自由贸易区的这一比重由 5.5％上升至 10.7％，而欧盟区域内贸易在世界贸易中的份额则呈下降趋势。虽然东亚区域内贸易在世界贸易中的份额还不如欧盟，但其增长速度却比北美自由贸易区和欧盟要快得多。1980 年至 2004 年间东亚区域内贸易占区域总贸易的比重由 34.6％上升至 55.2％，表明东亚地区有超过一半的对外贸易是在区域内进行的。同期，北美自由贸易区的这一比重从 33.8％上升至 46.4％，欧盟由 60.7％上升至 62.1％，由此可见，仅就绝对比重而言，东亚地区还稍逊于欧盟，但从发展速度看，东亚仍是增长最快的地区。

表 13-2　东亚及其他地区在世界贸易中的地位

地区	出口额（10 亿美元）				占世界贸易（出口值）的比重（％）			
	1975	1985	1995	2001	1975	1985	1995	2001
东亚	93.6	376.5	1315.1	1643.00	11.3	19	25.6	25.7
东盟	22	72	307.8	403.8	2.7	3.6	6	6.3
NAFTA	143.9	351.9	922.4	1214.70	18	17.8	18	19
EU(15)	325.3	711.6	1893.40	2194.80	39.2	36	36.9	34.3

资料来源：Francis Ng and Alexander Yeats, Major Trade Trends in East Asia, What are their Implications for Regional Cooperation and Growth? *in World Bank Policy Research Working Paper* 3084, 2003, p. 3.

说明：东亚包括中国大陆、中国香港、中国台湾、韩国、日本、蒙古、东盟 10 国。

表 13-3　区域内贸易占世界贸易的比重

单位：%

地区	1980	1990	1996	1998	1999	2000
东亚	4.8	7.8	12.7	10.5	11.2	12.7
东盟自由贸易区	0.7	0.9	1.6	1.3	1.4	1.8
北美自由贸易区	5.5	8.8	8.3	9.7	10.3	10.7
欧盟 15 国	24.4	29.5	24.1	22.7	24.8	22.3

资料来源：Eisuke Sakakibara and Sharon Yamakawa, Regional Integration in East Asia: Challenges and Opportunities, Part Two: Trade, Finance and Integration, in *World Bank Policy Research Paper* 3079, 2003, p.11.

说明：1. 东亚包括中国大陆、中国香港、中国台湾、韩国、日本、东盟 10 国共 15 个经济体。2. 东亚 1980 年和 1990 年的数据不包括台湾。

表 13-4　东亚区域内贸易占区域总贸易的比重

单位：%

地区	1980	1985	1990	1995	2000	2001	2002	2003	2004
东亚	34.6	37.1	43.1	52.0	52.2	51.7	53.7	54.7	55.2
东亚发展中经济体	22.1	27.5	32.9	39.2	40.7	40.9	43.2	43.9	44.2
东盟	18.0	20.3	18.9	24.1	24.7	24.1	24.4	23.9	23.9
北美自由贸易区	33.8	38.7	37.9	43.2	48.8	49.1	48.4	47.3	46.4
欧盟 15 国	60.7	59.8	66.2	64.2	62.3	62.2	62.5	63.0	62.1

资料来源：Masahiro Kawai, East Asian economic regionalism: Progress and challenges, in Michael G Plummer & Erik Jones ed., *International Economic Integration and Asia*, New Jersey: World Scientific Publishing Company, 2006, p.22.

说明：1. 东亚包括中国大陆、中国香港、中国台湾、韩国、日本、东盟 10 国共 15 个经济体。2."东亚发展中经济体"指除日本以外的其他 14 个经济体。

（2）贸易依存度与贸易密集度指数分析

在东亚贸易迅速增长的同时，区域内经济体之间贸易相互依赖程度不断加深。从贸易依存度[1]来看，根据世界银行的工作报告显示，东亚区域各经济体彼此间的贸易依存度在近 20 年来有显著的增加。如日本在东亚区域内进口（出口）的依存度从 1985 年的 28.48%（28.33%）增加至 2001 年的 40.26%

---

① 贸易依存度是指一国（地区）与特定贸易伙伴的进出口总额占该国（地区）国内生产总值的比例，如果把分子换成出口或进口，也可以具体区分为出口依存度或进口依存度。

（38.68％），至此东亚各经济体对区域内其他经济体的贸易依存度均高过对美国的贸易依存度，达到总贸易量的 1/3 以上；东亚各经济体对区域内的进口依存度大于出口依存度，2001 年各经济体对区域内的进口依存度达到 42.9％，而出口依存度只有 30.8％，这说明各经济体在进口方面更加依赖区内市场；与此同时，中国与东亚其他经济体的贸易相互依存度不断上升。[①] 此外，贸易密集度指数[②]也是反映经济体之间贸易依赖关系强弱的一个重要指标。根据日本学者河合正弘的测算，2004 年东亚地区的贸易密集度指数要比 1980 年有轻微降幅，但依然达到 2.3，大大超过欧盟 15 个老成员国的贸易密集度指数（1.7），值得一提的是，2000 年以来东盟历年的贸易密集度指数都超过 4，这说明东盟各国对东盟其他国家的贸易高度依赖（见表 13-5）。

表 13-5　东亚区域内贸易密集度指数

地区	1980	1985	1990	1995	2000	2001	2002	2003	2004
东亚	2.6	2.3	2.2	2.1	2.2	2.3	2.3	2.3	2.3
东亚发展中经济体	3.2	3.3	2.7	2.3	2.3	2.4	2.4	2.4	2.3
东盟	4.8	5.7	4.4	3.7	4.0	4.1	4.2	4.2	4.2
北美自由贸易区	2.1	2.0	2.1	2.4	2.2	2.3	2.4	2.6	2.7
欧盟 15 国	1.5	1.6	1.5	1.7	1.7	1.7	1.7	1.7	1.7

资料来源：Masahiro Kawai，"East Asian economic regionalism：Progress and challenges"，in Michael G Plummer & Erik Jones ed. ，*International Economic Integration and Asia*，World Scientific Publishing Company，New Jersey 2006，p. 23.

说明：1. 东亚包括中国大陆、中国香港、中国台湾、韩国、东盟 10 国和日本共 15 个经济体。2."东亚发展中经济体"指除日本以外的其他 14 个经济体。

尽管东亚地区的贸易与欧盟、北美自由贸易区相比缺少正式的制度安排，但是无论是区域内贸易的绝对额还是相对额，东亚地区都高于北美自由贸易区，稍逊于欧盟。考虑到欧盟正式贸易安排已有近半个世纪的历史，北美也已走过了十几年的历程，东亚贸易区域化发展如此之快、贸易相互依赖程度如此之高，尤为引人注目。

---

① Francis Ng and Alexander Yeats，Major Trade Trends in East Asia，What are their Implications for Regional Cooperation and Growth? in *World Bank Policy Research Working Paper* 3084，2003，pp. 13～14.

② 如果贸易密集度指数大于 1，则表明两国的双边贸易关系比较紧密，两国互为重要的贸易伙伴；如果贸易密集度指数小于 1，则表明两国的贸易关系还比较弱。

2. 东亚经济区域化——从投资角度分析

东亚投资的区域化主要表现为区内成员相互直接投资的增长。东亚区域内相互直接投资水平虽然低于欧盟,但呈现逐年发展的趋势。据日本学者Eisuke Sakakibara 和 Sharon Yamakawa 的统计,中国大陆、中国香港及东盟国家的外商直接投资中来自东盟、中国大陆、中国香港、中国台湾和韩国的比例从 1999 年的 37% 增加至 2001 年的 40%。① 另根据联合国世界投资报告的统计,东亚发展中经济体的外商直接投资主要来自美国、欧盟、日本以及亚洲新兴经济体,1990 年至 2002 年间,日本是东盟(除新加坡)最大的直接投资来源国,23 年间,日本累计对东盟(除新加坡)投资 212.88 亿美元,占东盟 FDI 总额的 17.5%,同期亚洲新兴工业体(即中国香港、中国台湾、新加坡、韩国)累计对东盟(除新加坡)投资 290.74 亿美元,占东盟 FDI 总额的 23.9%,这说明东盟的 FDI 主要来自东亚区域内部;中国大陆作为东亚最大的发展中经济体,1990 年至 2002 年间,其 FDI 有 55.5% 来自亚洲新兴工业体,其中香港一直是中国内地最大的外来投资者。

需要指出的是,尽管区内投资的总体比重不断提高,但 1997 年亚洲金融危机之后,区域内的投资流向发生了变化,如日本减少了对东盟的投资,进而将新增投资转投向中国大陆,1997 年至 2001 年间,日本对东盟 9 国的投资从 30.06 亿美元下降至 2000 年的 7.45 亿美元,而同期日本对中国大陆的投资从 36.68 亿美元增至 57.8 亿美元(见表 13-6);亚洲新兴经济体也存在类似的转向,1999 年至 2001 年间,中国台湾对东盟的投资下降了 67%,但对中国大陆的投资增加了 15%。2001 年韩国减少了对东盟的投资,但对中国的投资增加了 69%,同年中国对东盟的投资增加了 94%。②

(二)东亚区域主义的演进

1. 东亚区域主义的萌发阶段

东亚经济区域主义源起大致可以追溯到 20 世纪 60 年代东南亚地区主义

---

① Eisuke Sakakibara and Sharon Yamakawa, Market-Driven Regional Integration in East Asia, paper prepared for the *Workshop on "Regional Economic Integration in a Global Framework"* to be held on 22－23 September 2004 in Beijing China.

② Eisuke Sakakibara and Sharon Yamakawa, Market-Driven Regional Integration in East Asia, paper prepared for the *Workshop on "Regional Economic Integration in a Global Framework"* to be held on 22－23 September 2004 in Beijing China.

表 13-6　东亚发展中经济体的 FDI 来源分布(1990—2002)

单位:百万美元

	FDI 来源地	1990	1991	1992	1993	1994	1995	1996	1997	1998	1999	2000	2001	2002	合计	比例 (%)
亚洲四小龙	美国	3299	2612	1410	2512	5311	4364	4630	4845	5139	9350	13705	10797	2651	70625	23.5
	欧盟	2496	1990	1072	1521	2403	2404	3642	3313	2337	3533	8765	4939	3654	42069	14
	日本	1391	2081	772	1499	2187	2822	2781	2979	5483	8425	2805	6639	4323	44187	14.7
	Asian NIES	200	165	254	225	441	242	568	419	847	1642	9112	2117	876	17108	5.7
	FDI 总额	7693	7338	3812	6192	10735	10541	13174	13177	25897	42312	92656	46605	19798	299930	100
东盟9国	美国	359	758	1633	1923	865	1494	1782	2187	3546	1872	2349	422	614	19804	16.3
	欧盟	2061	1784	1440	1999	1069	2389	4052	3548	2853	959	1156	1644	1889	26843	22
	日本	494	777	2375	1505	1889	1638	1653	3006	2066	2852	745	807	1481	21288	17.5
	Asian NIES	2183	2629	1804	2334	3709	2956	3681	3352	2033	677	1467	807	1442	29074	23.9
	FDI 总额	6399	8038	9301	10052	9408	12070	15125	14930	13109	7078	5222	3672	7408	121812	100
中国大陆	美国	189	200	599	1682	2456	2934	3792	4282	5445	5656	5222	5091	5198	42746	10.1
	欧盟	242	296	417	731	1815	2982	2813	2950	2308	2436	2402	3572	3376	26340	6.2
	日本	119	277	185	786	2301	2914	3706	3668	4988	3850	5780	3491	2872	34937	8.3
	Asian NIES	2081	2687	9021	21831	23681	22978	23959	24014	21192	19220	16591	22405	25496	235156	55.5
	FDI 总额	3487	4366	11156	27515	33787	35849	40180	44237	43751	38753	40715	46878	52743	423417	100

资料来源:UNCTAD,World Investment Report 2004. 转引自:Masahiro Kawai,East Asian economic regionalism:Progress and challenges,*in Journal of Asian Economics*,Vol. 16,Issue 1,2005,p.33.

说明:东盟 9 国不包括新加坡。

的蓬勃兴起,1967 年东南亚国家联盟的成立则标志着地区主义在东南亚范围内正式付诸实践,但是随后由于冷战特殊的国际环境以及内部分歧导致东盟经济合作发展缓慢,东亚经济区域主义也完全处于沉寂状态。直到 20 世纪 80 年代之后,和平与发展成为时代主题,发展经济成为各国政府的首要目标,在这种背景之下,东亚经济区域化进一步加快,东亚区域主义也随之得以萌生。其中 1989 年成立的亚太经合组织(APEC)对东亚区域主义萌发起到重要的推动作用。APEC作为亚太区域国家（地区）加强多边经济联系、交流与合作的重要组织，虽然对于推动亚太区域的投资与贸易自由化未能取得实质性进展，但它毕竟通过会议和项目将区内的政府和企业聚集在一起，使东亚成员意识到通过合作解决共同问题的必要性，而美国在亚太经合组织的做法和态度则把东亚成员推动在一起，①可以说东亚区域主义意识从APEC成立的那一天起就埋下了种子，并在等待合适时机的降临以便寻求一种制度化的表达方式。②

另者，1990年时任马来西亚总理的马哈蒂尔出于对乌拉圭回合进展失望以及APEC未能抑制北美区域主义发展的无奈，提出建立"东亚经济集团"（后改称"东亚经济核心论坛"）的构想，但是由于美国的极力反对和日韩态度的暧昧，此倡议最终被束之高阁。③在这种背景之下，东盟采取了比较现实的推进区域一体化的做法，1992年明确提出建立东盟自由贸易区的目标，并不断把实现目标的预期提前，同时还实现东盟的第二次扩大。④东盟经济一体化的突破性进展，对东亚其他成员参与区域合作产生了重要的推动和示范作用，这种"溢出"效应对东亚区域主义的形成与发展起到重要的促进作用。毫无疑问，东盟壮大为其在东亚区域经济整合发挥主导作用以及为未来东亚区域主义的多轨演进奠定了重要基础。

2. 亚洲金融危机之后东亚区域主义的多轨演进

1997年7月爆发的亚洲金融危机是东亚区域主义发展的重要转折点。虽然金融危机对东亚一些国家的宏观经济发展造成严重破坏，但对东亚区域主义发展的影响却具有正面意义，主要表现在如下三个方面。首先，危机的迅速蔓延使区域经济体真正感到地区经济联系的紧密性，认识到加强区域合作不仅有助于当前经济危机的解决，而且也有助于防范新的危机，促进地区经济稳定发展。其次，金融危机使得许多东亚国家经济发展的信心受挫，加上中小经济体受到其他区域组织的歧视性待遇，在这种背景之下，东亚各经济体感到唯有联合起来增加议价的能力，实行防卫性的区域主义。最后，在解决金融危机的过程中，认识到外部经济力量的不可靠性。1994年12月，墨西哥发生金

<hr>

① 陈勇：《新区域主义与东亚经济一体化》，北京：社会科学文献出版社，2006年，第71、72页。
② 范洪颖：《东亚大趋势：经济区域主义》，第104页。
③ 张蕴岭、周小兵主编：《东亚合作的进程与前景》，北京：世界知识出版社，2003年，第5页。
④ 越南和缅甸分别于1995年和1997年加入东盟，而第一次扩大指1984年文莱的加入。

融危机时,美国立即联手国际货币基金组织提供了 500 亿美元的巨额援助,然而,1997 年当泰国发生危机后获得的 172 亿美元的援助中,IMF 只提供了 40 亿美元,而且还附加了苛刻的条件,美国则没有提供援助,①APEC 虽然讨论了金融危机,却未能拿出有效的解决措施。"美国对墨西哥金融危机的迅速反应与它在亚洲金融危机的冷淡表现形成鲜明对比,促使东亚各经济体痛定思痛,有史以来第一次郑重考虑建构一个联系更为紧密的地区集团。"②

正是在上述的背景之下,亚洲金融危机之后,东亚区域主义的发展开始呈现新的局面,即在东亚各经济体的共同努力之下,东亚区域主义沿着"10+3"(东盟与中日韩合作机制)、"10+1"(东盟分别与中、日、韩之间的合作)、"10"(东盟 10 国合作机制)、"3"(中日韩之间合作)以及东亚经济体双边经济合作这五条轨道向前演进。

(1)"10+3"(东盟与中日韩合作机制)

"10+3"机制是东亚经济合作的主渠道,1997 年 12 月 15 日,东盟—中日韩领导人(当时是 9+3)非正式会议在马来西亚首都吉隆坡举行,会议一致同意今后不定期召开"非正式首脑会晤",就东亚区域合作达成首脑共识,标志着"10+3"机制的正式启动。迄今,"10+3"机制已经建立起领导人会议、部长会议(包括财长、外长、经济部长等)、高官会议三个层次的会议机制;以经济合作为重点,同时推动各个领域合作的全面展开。金融危机导致"10+3"合作机制的建立,为解决危机,东亚国家最容易在金融领域达成协议,因此"10+3"合作机制的实质性进展首先发生在金融领域,取得的主要成果有:第一,在 1999 年和 2001 年的"10+3"财长会议先后同意建立金融监测网和危机预警系统,以便防范潜在的金融危机;第二,2000 年 5 月,东亚"10+3"财长在泰国清迈签署《清迈协议》③,其目的旨在建立一种地区紧急救援机制。自 2000 年签署以来,清迈协议落实得十分顺利,截至 2004 年底,中国先后分别与泰、韩、日、马、菲、印尼等国达成总额 105 亿美元的双边货币互换协议,东亚货币互换基金的

---

① 姜运仓:《东亚区域经济合作研究》,北京:中央党校出版社,2008 年,第 33 页。

② 唐世平:《制度建设中的"领导"问题——以"10+3"为个案》,《国际经济评论》2004 年第 3 期,第 27 页。

③ 该协议的主要内容:完善东盟货币互换安排(ASEAN Swap Arrangement,ASA)并在东盟和中日韩三国间建立双边货币互换网络和回购协议(Network of Bilateral Swaps and Repurchase Agreement,BSA),可以对暂时出现外汇不足的国家提供外汇支持,以防止其货币大幅贬值。

总规模已经达到 335 亿美元。① 第三,债券市场的合作,2003 年 6 月,东亚及太平洋地区的 11 家中央银行宣布出资 10 亿美元建立亚洲债券基金,与此同时"10+3"财长会议为发展亚洲债券市场专门成立 6 个工作小组,从资产证券化、区域投资与担保机制、外汇交易与清算等不同角度开展工作。截至 2007 年底为止,东盟—中日韩领导人会议已经成功举办了十一次,"10+3"机制虽然还只是一个区域性的对话与合作机制,但已在东亚经济一体化进程中发挥着相当重要的作用。

(2)"10+1"(东盟分别与中、日、韩之间的合作)

所谓的"10+1"是指东盟分别与中、日、韩之间的对话与合作,它是东盟推动东亚区域经济整合时的现实选择,它通过与区域内三个强大的经济体分别建立对话协商机制直至建立单独自由贸易区的方式,巧妙地使各种不同的合作利益和合作诉求首先在不同的平台上以不同的目标加以实现,并在这个过程中使中、日、韩都能加入到东亚区域经济一体化的进程中来。目前,"10+1"合作进展最快的是中国—东盟自由贸易区的进程。2002 年 11 月 4 日,中国与东盟领导人在柬埔寨首都金边共同签署了《中国—东盟全面经济合作框架协议》,标志着中国—东盟自由贸易区进程的正式启动。历经两年谈判,2004 年 11 月 29 日,中国与东盟签署自由贸易区《货物贸易协议》,并在 2005 年 7 月 20 日开始实施全面降税进程。2007 年初,中国又与东盟签署了《服务贸易协议》,并在 2007 年 7 月 1 日开始正式实施。目前双方正加紧谈判,争取早日签署中国—东盟投资协议。按照双方领导人提出的宏伟蓝图,中国—东盟自由贸易区在 2010 年基本建成后,将是世界上人口最多的自贸区,也是发展中国家间最大的自由贸易区。随着中国—东盟自由贸易区的快速推进,深感危机的日本遂加快与东盟建立自由贸易区的步伐,2003 年 10 月,日本和东盟签署《日本与东盟全面经济伙伴关系框架协议》,决定从 2005 年开始谈判,到 2012 年落实日本—东盟自由贸易协定。此外,韩国也于 2005 年 12 月与东盟签署了《东盟—韩国经济合作框架协定》及《关于落实东盟与韩国全面合作伙伴关系联合宣言的行动计划》,进一步推动了东盟与韩国经贸关系的发展。

(3)"10"(东盟 10 国经济一体化)

在亚洲金融危机之后,东盟尽管面临许多困难,但东盟各国始终能保持高昂的合作热情,积极采取措施推进东南亚的一体化,并取得一系列积极进展。首先,东盟 1999 年正式接纳柬埔寨为其成员,至此,一个包括 10 国的大东盟

---

① Source from Asian Development Bank, *Progress Report on the Chiang Mai Initiative: Current Status of the Bilateral Swap Arrangement Network* (*As of 10 November*), www. aric. adb. org.

终于成为现实。其次,在自由贸易区建设方面,1998年东盟决定将建成自由贸易区的时间提前到2002年,文莱、印尼、马来西亚、菲律宾、新加坡和泰国6个老东盟国家已于2002年将绝大多数产品的区内关税降至0％～5％,但对新入盟国家降税时限有所放宽,越南于2006年,老挝和缅甸于2008年,柬埔寨于2010年最终实现0％～5％的关税目标。此外,值得一提的是,2003年底东盟国家在印尼的巴厘岛签署了《第二巴厘协定》,决定至2020年(后来又提前至2015年)建成东盟经济共同体、安全共同体、社会文化共同体,这充分显示了东盟国家推进东盟一体化的决心。为推动东盟共同体的建设,东盟10国领导人又于2007年11月20日在新加坡签署了对东盟而言具有划时代意义的《东盟宪章》,该文件的签署是东盟在机制化和法制化建设上的重要举措,为建立东盟共同体提供了重要的法律保障,这是东盟一体化进程中的重要里程碑。①

(4)"3"(中日韩之间合作)

东亚中日韩三国经济总量大,经济发展水平具有层次性,互补性明显,三国经济合作具有坚实的经济基础,但是由于历史积怨、意识形态等诸多原因,导致中日韩三国之间的区域经济合作大大晚于和落后于东南亚地区。三国的经贸合作于20世纪80年代才刚刚起步,建立区域合作经济体系的构想则起步更晚,基本上是在亚洲金融危机以后才提出。1999年第三次"10＋3"首脑会议期间,首次举行了中日韩三国领导人的非正式早餐会。2002年"10＋3"框架下的中日韩三国首脑年度会晤成为固定机制,在经济贸易、信息科技、环保、人力资源开发和文化合作五大重点领域建立合作机制达成共识。2003年10月7日,中国、日本和韩国三国领导人在印度尼西亚巴厘岛举行会议,签署并发表了《中日韩推进三方合作联合宣言》,在宣言中,三国领导人决定加强在经贸、文化、人员交流、政治与安全等14个领域的合作,并正式启动建立三国自由贸易区的可能性研究。② 此外,在2006年10月,第五届"中日韩商务论坛"③三国与会代表签署共同声明,表示将尽早建立中日韩自由贸易区,促进三国经济协同发展。在双边合作方面,1999年日本与韩国共同发表了以"通向21世纪更紧密的日韩经济关系"为题的研究报告,双方都认为为振兴两国贸易、投资等经济活动和加强彼此的经济联系,两国必须尽可能消除存在的各种障碍,共同在促进投资、税收条约、标准认证部门的合作以及知识产权部门

---

① 《祝贺〈东盟宪章〉签署》,《人民日报》(海外版)2007年11月21日。

② 《中日韩推进三方合作联合宣言》,《人民日报》(海外版)2003年10月8日。

③ "中日韩商务论坛"是三国政府倡导的、目前三国间唯一的国家级非政府层面较高水平和有影响力的商务活动。

的合作和 WTO 新一轮谈判等领域开展合作。在中韩方面,2000 年 10 月中韩两国首脑决定探索两国中长期经济合作方案,2001 年双方就共同设立 21 世纪中韩经济合作研究会事宜达成初步协议,同意共同加强中韩经济的中长期合作研究,将合作研究成果作为向两国政府部门提出政策建议的依据,推动两国经贸合作的深入发展。总的说来,目前三国的合作机制还局限在"对话"框架内,但三国合作正在向制度化方向发展,这是一个渐进的过程,虽然缓慢,却充满了希望。①

(5)东亚经济体双边经济合作

1998 年 APEC 吉隆坡会议受挫和 1999 年 WTO 西雅图谈判无果而终,使得许多国家对多边自由贸易深感失望;在另外一方面,双边自由贸易因其涉及的成员少、差异性小、谈判双方的立场和利益协调起来容易、易于达成协议等一系列优点正受到越来越多国家的青睐。在这两种因素的共同作用下,20世纪 90 年代末期特别是进入 21 世纪以来,双边经济合作逐渐兴起,东亚地区出现了双边自由贸易迅速发展的新局面,其中新加坡、日本是东亚经济体中推行双边自由贸易先锋。根据新加坡政府提供的资料显示,截至 2009 年 3 月,新加坡已经和区域内的中国、日本、韩国以及区域外的澳大利亚、新西兰、美国、约旦、印度、巴拿马、秘鲁共 10 个国家缔结各种自由贸易协定。② 另据日本外务省的统计,截至 2009 年 4 月,日本已经和区域内的新加坡、菲律宾、印尼、马来西亚、泰国、越南、文莱、韩国以及区域外的澳大利亚、智利、印度、墨西哥、瑞士共 13 个经济体③签署经济伙伴协定(EPA)④。中国在加入 WTO 后,也迅速地开始了双边贸易自由化进程。为促进内地与香港、澳门单独关税区的共同繁荣与发展,2003 年中国中央政府分别与香港、澳门特别行政区签署了《内地与香港(澳门)关于建立更紧密经贸关系的安排》,这是中国第一个全面实施的自由贸易协议;在随后的几年里中国又分别与巴基斯坦、新西兰、智

---

① 陆建人:《10＋3 框架下的东北亚区域合作——兼谈对东北亚合作的几点新认识》,《东北亚论坛》2005 年第 1 期,第 8 页。

② 除此之外,新加坡还与海湾合作委员会、欧洲自由贸易联盟等区域组织签署了自由贸易协定,新加坡政府网站,http://www.fta.gov.sg.

③ Source from Ministry of Foreign Affairs of Japan,http://www.mofa.go.jp/policy/economy/fta/index.html.

④ "FTA"与"EPA"的区别:自由贸易区(FTA)的基本内核是取消关税和其他贸易限制,在区域组织内部实行商品免税流通,但对成员国以外国家的独立关税壁垒保持不变。经济伙伴协定(EPA)不仅含有传统的 FTA 要素,且包括投资规则、服务贸易规则、人员自由移动以及资本市场的共同规则。EPA 是促进合作以及经济活动能够达到一体化的范围较广的一种协定。

利、新加坡四个经济体签署了自由贸易协定，[①]目前中国已进入与亚太及世界其他国家和地区建立双边自由贸易区的活跃时期。

近年来，东亚各经济体所签署的双边自由贸易协议，既有东亚内部经济体之间的双边自由贸易协定，也有东亚经济体与非东亚经济体之间的双边自由贸易协定。这些双边自由贸易协议的签署，对于缺乏建立区域贸易和投资安排方面经验的东亚各经济体而言，不啻为一种很好的锻炼，可以为东亚自由贸易区提供必要的经验储备。此外，双边自由贸易协定也可作为一种回旋的策略，通过东亚一些主要国家所签署的双边自由贸易协定来避开暂时最困难、最敏感的东北亚地区合作，迂回地推动东亚整个地区的一体化建设。当然双边自由贸易也可能对东亚一体化产生一定的负面影响，目前的关键是东亚各经济体应站在地区利益的高度，从大局出发，使各自的双边战略朝有利于东亚自由贸易区实现的方向发展，尽量减少其对东亚地区一体化的消极影响。

二、东亚区域经济一体化的特点

（一）区域化成效显著而区域主义相对滞后

东亚市场驱动型一体化或者区域化始于 20 世纪 70 年代后期，经过大约 30 年的演进，东亚区域内贸易、投资水平以及生产网络化程度不仅高于许多发展中国家间的区域一体化组织，甚至有些指标已经超过北美自由贸易区（NAFTA）和欧盟，东亚区域化可谓成效显著。在贸易领域，东亚区内贸易占区域总贸易的比重自 20 世纪 90 年代中期起就一直保持在 50％以上，超过 NAFTA，[②]仅次于欧盟。[③] 在投资方面，区内成员相互直接投资十分活跃，区内投资占区域总投资的比重大。日本和亚洲四小龙一直是其他东亚经济体 FDI 的主要来源地，1990 年至 2002 年间，中国大陆至少有超过 63％的 FDI 来自东亚区域内部。[④] 与此同时，基于区域内微观经济组织的内在需求和动力而形成的东亚区域生产网络，也大大增强了区域内经济体的相互依赖水平。

[①] 中国自由贸易区服务网，http://fta.mofcom.gov.cn/fta_qianshu.shtml.

[②] 北美自由贸易区 2000 年至 2004 年，区内贸易占区域总贸易比重平均为 48％，没有一年超过 50％。

[③] Masahiro Kawai，East Asian economic regionalism：Progress and challenges，in Michael G Plummer & Erik Jones ed.，*International Economic Integration and Asia*，New Jersey：World Scientific Publishing Company，2006，p. 22.

[④] Masahiro Kawai，East Asian economic regionalism：Progress and challenges，in *Journal of Asian Economics*，Vol. 16，Issue 1，2005，p. 33.

但是,东亚各国和地区的制度安排与政府间的合作却相对滞后。目前,东亚制度性协议与协定主要存在于东盟国家以及东盟与中国、日本和韩国之间,整个东亚还没有建立自己的区域经济一体化组织,这是东亚合作与欧盟和 NAF-TA 等地区合作的最大差别。总的说来,与成效显著的区域化相比,东亚经济区域主义仍相对滞后。

(二)东盟主导与大国推进

在区域经济一体化进程中,作为地区性大国的中国,虽然近年来经济持续增长,但仍难以单独提供区域经济一体化所需要的足够的公共产品,这在很大程度上制约了其主导作用的发挥;日本则受制于特殊的日美关系,很难推行独立的东亚区域战略;此外,区域内大国间复杂的矛盾和相互的不信任也制约了各自主导作用的发挥。总之,东亚大国由于受各种因素、条件的制约还无法发挥主导作用。而作为东亚最成功的区域合作组织——东盟,自 20 世纪 90 年代起就积极推动东亚一体化进程,并在其倡议和主导下建立起目前东亚合作的主渠道——"10+3"合作机制。东盟这种主导作用的发挥,既是东盟实力的体现,也是符合各方利益的稳妥安排。2005 年 12 月在第九次东盟与中日韩领导人会议上,与会领导人共同签署了《吉隆坡宣言》,宣言强调在实现东亚经济一体化的过程中,"将继续以 10+3 机制为主渠道,由东盟发挥主导作用,通过东盟与中日韩的积极参与,增强共同的主人翁意识",①这表明东盟起主导作用的积极重要性已经获得东亚各国共同认可。目前中、日、韩都分别与东盟签署了自由贸易协定,日本还与东盟中的 7 个国家签署了 EPA,大国推进已经构成一体化进程的主要动力之一。总的说来,考虑到东亚区域特殊的内外因素,东亚经济一体化由东盟主导、大国推进的局面仍将会持续较长一段时间。

(三)制度安排的多重性与多样化

东亚经济一体化制度安排的多重性与多样化,首先表现为多边与双边合作的相互交叉重叠,这当中既有整个东亚的"10+3"多边合作,也有东盟 10 国的多边合作和中日韩的三边与双边的对话与合作,以及三个"10+1"多边合作。除此之外,随着双边自由贸易浪潮的兴起,东亚区域内部还出现一系列的双边自由贸易安排。其次,合作机制程度呈现多样化,目前从制度一体化程度的强弱顺序呈现不同的程度差别:制度建设相对较好的是东盟 10 国合作,而

---

① 《东盟和中日韩领导人会议发表〈吉隆坡宣言〉》,中华人民共和国外交部网站,http://www.mfa.gov.cn/chn/gxh/tyb/zyxw/t226055.htm.

488

后是三个"10＋1"即东盟分别与中、日、韩的合作,其次是10＋3,最后是中、日、韩的对话与合作。由此可见,东亚经济区域主义的发展是按照多层次、多机制、多形式的组合进行的。

(四)东亚区域经济合作的开放性

在推进东亚经济一体化的进程中,大多数国家都极力主张建立一个面向世界的开放区域经济集团,并以此为平台来加强与西方发达国家的合作,以便更好地整合东亚各国的经济实力,谋求东亚地区的共同发展。[①] 正如中国总理温家宝在出席2007年第二届东亚峰会所指出的那样,"东亚合作要坚持开放性,欢迎域外国家和组织的参与,不断拓宽合作的范围,加强合作的基础"。[②] 目前,东亚区域经济一体化无论是哪种形式和层次的合作,都没有欧美集团所具有的那种排他性;东亚地区的经济合作也已经打破了狭义的地域相邻的概念。其最典型的例子便是东亚峰会,自2005年首次召开以来,每届与会成员除了包括东亚13个国家之外,还包括区域外的澳大利亚、新西兰、印度这三个国家。此外,东亚区域合作机构也注意和其他跨区域机构,如亚太经合组织、亚欧会议、东亚—拉美合作论坛等保持紧密的合作与协调。

第四节　华商在东亚经济一体化的角色

近30年的东亚经济整合的历程已表明,市场因素是推动东亚经济一体化的主要力量,这与欧洲和北美地区的一体化进程主要依靠国家和制度的力量存在很大不同。将市场因素作为东亚区域经济整合的主要驱动力量,这是东亚地区面对政治、经济以及文化的差异性与多样性的现实选择。所谓的市场因素,就具体而言,主要表现为市场主体的行为及由市场主体组成的非正式机制,区域内的日本企业及其生产网络,华商与华商网络便是这种市场因素的典型代表。20世纪70—80年代,日本企业及其生产网络依靠其强大资本与技术实力,在东亚产业分工格局与经济整合中发挥着决定性作用。进入90年代以后,一方面,日本经济陷入衰退,以日本企业为核心的"雁行模式"分工体系

---

① 张鸿:《区域经济一体化与东亚经济合作》,北京:人民出版社,2006年,第267页。

② 《温家宝在菲律宾宿务出席第二届东亚峰会发表讲话》,中国政府门户网站,http://www.gov.cn/ldhd/2007-01/15/content_496363.htm。

逐渐走向式微。另一方面,随着中国大陆经济的崛起,东亚华人资本与技术实力的增强,华商与华商网络在东亚经济整合的作用日益突显。进入 21 世纪,随着东亚华人经济资源的有效整合,华商依托有效的网络已成为东亚经济一体化的主要推手之一。

一、华人的资本实力是华商推动东亚经济一体化的基础

随着 20 世纪 70—80 年代东亚华人经济的崛起,东亚华人资本逐渐成为本地区乃至世界范围内一支不可忽视的经济力量。根据香港《亚洲周刊》的估计,21 世纪中国大陆之外的华人所拥有的资本高达 2 万多亿美元,超过 2004 年中国大陆 13.6 万亿元人民币(约合 1.7 万亿美元)的国内生产总值,[①]而这些华人资本绝大部分都集中在东亚地区。它们当中既有实力雄厚的华人企业集团,也有数量庞大的华人中小企业,其中华人企业集团是华人资本的中坚力量,而华人中小企业则构成华人资本的主体。

香港在历史上就是华商云集、华人资本高度集中的地区,从 20 世纪 90 年代中期起,香港华资就逐渐超过英资成为香港经济中最大的资本力量。2006年"国际华商 500"[②]中香港华人企业有 191 家,股票市值达 3915 亿美元,大大超过了金融危机前的水平,1996 年上榜的香港企业仅有 114 家,股票市值也只有 1887 亿美元。据 2008 年《福布斯》的统计,香港十大富豪中的九人是华人,一人为犹太人,九位华人富豪的资产合计超过 9051 亿港元。2008 年香港十大上市企业分别是和记黄埔、利丰、冠捷科技、华润创业、中信泰富、东方海外、国美电器、思捷环球、中银香港、复星国际,十大企业平均营业额超过 85 亿美元,净资产总额达 749.37 亿美元。[③] 除了享誉全球的华人企业集团外,香港 98% 的企业属于中小企业(绝大多数为华人企业),它们是香港最大的竞争优势,被称为"香港的经济英雄"。有资料显示,2001 年香港中小企业雇用员工超过 140 多万人,占香港就业人口约六成,以生产总值计算,中小型企业则约占本地 GDP 的 35%。[④]

---

① 纪硕鸣:《华商盈利急升香港台湾最亮丽》,《亚洲周刊》第 19 卷第 41 期,2005 年 10 月 9 日。

② 《亚洲周刊》以中国香港、中国台湾、新加坡、马来西亚、泰国、印度尼西亚及菲律宾等地华商为主要股东的民营上市企业作为焦点,依据每年 6 月 30 日收市的企业股价市值作出分析检视,排名"国际华商 500"。

③ 《国际华商 500》,《亚洲周刊》1996 年 11 月 4 日—11 日号;《亚洲周刊》全球华商 1000 强的统计,http://www.yzzk.com。

④ 《港澳经济年鉴(2001)》,北京:港澳经济年鉴社,2001 年,第 248 页。

表 13-7　2006 年"国际华商 500"分布统计

地区\国家	上榜数量	市值(亿美元)	所占比重(%)
台湾	203	3429.978	38.2
香港	191	3915	43.6
马来西亚	29	430.992	4.8
新加坡	45	763.215	8.5
菲律宾	12	152.643	1.7
泰国	10	161.622	1.8
印度尼西亚	5	44.895	0.5
美国	5	71.832	0.8
合计	500	8970	100

资料来源:《亚洲周刊》第 20 卷第 40 期,2006 年 10 月 8 日。

　　台湾私人(华人)资本虽然起步较晚,但发展很快。随着 20 世纪 60—70 年代台湾经济的起飞,台湾私人资本实力不断壮大。进入 20 世纪 80 年代之后,台湾私人资本已在东亚华人资本中占有重要地位。1993—2006 年,台湾经济的年均增长率超过 5%,加上公营事业民营化的推行,台湾私人资本实力不断膨胀,在东亚华人资本中的份额也逐渐扩大。据台湾当局统计,1991 年台湾私人资本为 5870 亿新台币,占全台资本总额的 51.3%,到 2006 年,台湾私人资本猛增至 1.88 万亿新台币,占全台资本总额的比重也增加至74.6%。[①] 若以"国际华商 500"的上榜企业来衡量,在 1996 年全球最大的 500 家华人企业中,台湾有上榜企业 156 家,股票市值为 1397.75 亿美元。到 2006 年,台湾上榜企业增加至 203 家,股票市值高达 3429.98 亿美元,上榜企业数已经超过香港(191 家)和东南亚地区(101 家)。2008 年,台湾最大的十家企业分别是鸿海、台湾中油、国泰人寿、广达、华硕、台塑石化、仁宝、友达光电、宏基、奇美,这十大企业的平均营业额超过 228 亿美元,净资产总额达562.26 亿美元。[②] 除了实力雄厚的企业集团外,台湾还有数量庞大的中小企业,它们占据台湾企业的绝大多数。据 2007 年台湾中小企业白皮书的统计,2006 年台湾民间经营的中小企业达到 124.41 万家,占岛内企业总数的

---

　　① Council for Economic Planning and Development, *Taiwan Statistical Data Book* 2007, pp. 65～66.

　　② 《亚洲周刊》全球华商 1000 强的统计,http://www.yzzk.com。

97.77%,雇佣员工达 519 万人,占全台雇员总数的 68.76%,销售收入大约占岛内企业销售总额的 30%。①

　　20 世纪 80—90 年代中期,东南亚的华人企业迅速扩张,涌现了一大批实力雄厚的华人企业集团,华人资本额也随之大幅度提高。正当东南亚华人经济蓬勃发展之际,却在 1997 年遭遇了一场严重的金融危机,东南亚地区经济陷入衰退,作为当地经济重要组成部分的华人经济自然也受到极大的冲击。危机爆发之后,东南亚华人企业积极应对,随着所在国经济的复苏,华人企业开始走出经营低谷,竞争优势逐步恢复。依笔者观察,近十年来,由于大多数东南亚华人企业的经营范围局限于传统产业,加之缺少政府的鼓励与扶持,东

表 13-8　1991—2006 年台湾地区的区内资本构成统计表

单位:百万新台币

年份	资本总额	政府	比重(%)	公营企业	比重(%)	私人资本	比重(%)
1991	1145160	299012	26.1	259103	22.6	587045	51.3
1992	1391645	353350	25.4	270741	19.5	767554	55.2
1993	1581910	430008	27.2	246120	15.6	905782	57.3
1994	1682343	476640	28.3	235288	14.0	970415	57.7
1995	1827756	500257	27.4	238817	13.1	1088682	59.6
1996	1834507	491749	26.8	219255	12.0	1123503	61.2
1997	2072505	493081	23.8	211005	10.2	1368419	66.0
1998	2305519	500707	21.7	198566	8.6	1606246	69.7
1999	2279174	516998	22.7	265729	11.7	1496447	65.7
2000	2333605	489739	20.8	239411	10.8	1604455	68.4
2001	1811063	456836	21.0	222733	10.3	1131494	68.8
2002	1848548	399733	25.2	233538	12.3	1215277	62.5
2003	1935758	402577	21.6	208790	12.6	1324391	65.7
2004	2506990	411821	16.4	188006	7.5	1907163	76.1
2005	2436185	417349	17.1	214675	8.8	1804161	74.1
2006	2523780	413253	16.4	227655	9.0	1882872	74.6

　　资料来源:Council for Economic Planning and Development, *Taiwan Statistical Data Book* 2007, pp.65~66.

---

　　①　台湾"经济部中小企业处":《2007 中小企业白皮书》,第 286、288、300 页。

南亚华商财富积累相对缓慢,华人经济的发展势头亦不如港台地区。我们大约可以从"国际华商500"榜单发现一些端倪,在 1996 年全球 500 家最大华人企业当中,东南亚地区上榜企业达 230 家,股票市值 2307.82 亿美元。到 2006 年,东南亚地区上榜企业减少至 101 家,股票市值也只有 1553.37 亿美元。尽管发展速度不如港台地区,但仍有许多数据表明华人资本特别是华人企业集团在东南亚地区仍保有巨大实力。如表 13-9 所示,东南亚各国最大的 10 家华人企业的股票市值占当地国家 GNP 的比重都超过 10%,其中新加坡和马来西亚分别达到 47.41% 和 20.61%,这表明东南亚华人经济在东南亚地区仍占据重要地位。另据《福布斯》公布的 2005 年东南亚 40 个最富有的商人中,有近 30 名是华人,而前十名中更是有 9 位都是华人,这 9 名华人富豪的净资产高达 279 亿美元,其中郭鹤年以 53 亿美元的身价高居榜首(见表 13-10)。

表 13-9　1999 年东南亚各国十大华人企业与美国十大公司市值占国民生产总值的比重

国家	十大公司市值 (单位:十亿美元)	1999 年国民生产总值 (单位:十亿美元)	占国民生产总值的比重 (单位:%)
新加坡	40.98	86.43	47.41
印度尼西亚	18.02	151.74	11.88
马来西亚	16.23	78.74	20.61
菲律宾	9.45	74.32	12.72
泰国	13.39	125.12	10.70
美国	1684.55	9299.2	18.11

资料来源:新加坡、印度尼西亚、马来西亚、菲律宾、泰国十大公司的市值资料来自《亚洲周刊》1999 年对华人前 500 大企业的年度统计;美国的十大公司的实质来自《财富》杂志(April 17,1999);各国的 1999 年国民生产总值的资料来源自 IMF(International Financial Statistics 2001. Washington D. C.),转引自林华生,饶美蛟主编:《东盟、日本与中国人地区经贸合作》,香港:世界科技公司,2003 年,第 599 页。

就产业优势或分布来看,香港华人资本在房地产、银行、零售、物流、航运、公用设施等行业占有优势。台湾私人资本则在电子高科技制造业方面表现优异,石化产业及金融业规模也颇大。2006 年台湾十大华商企业中就有 5 家电子企业,分别是鸿海精密、联华电子、宏达、友达光电、联发科技。[①] 东南亚地区的华人资本的优势产业因各国具体情况不同存在差异,新加坡华人资本在

---

① 《台湾十大华商企业》,《亚洲周刊》网站,http://www.yzzk.com/htm/events/2006_500/content.cfm? Path=01tai10.htm.

表 13-10　2005 年东南亚十大富豪(福布斯版)

排名	名字	净资产(亿美元)	国籍	年龄	企业
1	郭鹤年	53	马来西亚	82	郭氏集团
2	阿南达	51	马来西亚	67	明讯通讯公司
3	郭令明	40	新加坡	64	(新)丰隆集团
4	黄志祥	32	新加坡	77	信和集团
5	苏旭明	30	泰国	60	TCC 集团
6	李成伟	27	新加坡	74	华侨银行集团
7	林梧桐	26	马来西亚	87	云顶高原赌场
8	郭令灿	24	马来西亚	64	(马)丰隆集团
9	黄祖耀	24	新加坡	76	大华银行集团
10	黄惠忠	23	印度尼西亚	64	Djarum 香烟集团

银行、报业、工业、房地产等产业拥有很强实力;马来西亚的华人资本则主要集中在银行、博彩、制造业、种植等行业;泰国华人资本主要在银行、工业、农业、通讯产业占据较大优势;菲律宾的华人资本则在电信、银行、地产业等产业表现亮丽;印度尼西亚的华人资本则在初级制造业和银行业具有较强实力。总的说来,东南亚华人资本优势主要集中在银行、房地产、种植业、零售及初级产品制造业等传统产业。据《亚洲周刊》2007 年"亚洲银行 300"的统计,东南亚地区 20 家最大的银行中,有 9 家属于华人银行,东南亚最大的 10 家华人银行总资产超过 4500 亿美元。

表 13-11　2007 年东南亚十大华人银行

排名	银行名称	总部所在地	总资产(百万美元)	增长率(%)	东南亚地区银行排名	亚洲地区银行排名
1	大华银行	新加坡	100819.8	11.2	1	22
2	星展银行	新加坡	97742.5	9.8	2	24
3	华侨银行	新加坡	94512.3	12.3	3	25
4	大众银行	马来西亚	41052.6	32.3	5	65
5	盘谷银行	泰国	39408.9	6.8	6	68
6	泰华农民银行	泰国	24683.6	11.7	12	106
7	大城银行	泰国	17578.6	2.8	16	137
8	丰隆银行	马来西亚	16832.6	5.0	18	141
9	首都银行	菲律宾	12646.9	10.9	20	163
10	马来西亚华侨银行	马来西亚	10194.5	19.1	27	189

资料来源:《亚洲周刊》"2007 年亚洲银行 300",http://www.yzzk.com.

综上所述,我们不难发现,中国大陆之外东亚地区的华人具有雄厚的资本实力,这将为他们从事各种经济活动,参与东亚经济一体化进程奠定坚实基础,而不同地区华人经济的产业优势互补则为他们的相互合作提供了有利条件。

二、华商网络是华商推动东亚经济一体化的重要依托

华商网络的形成与传统华人社会结构息息相关。其社会网络关系就如同"一块石子投入水面上所发生的一圈圈推出去的波纹",[①]是以自我为中心的一个个同心圆所组成的整体。在社会经济层面上,以华人企业为结点,以社会关系为经络,依据社会关系的亲疏等级为半径编织的同心圆。无数个同心圆相互交织、渗透,就构成了华商网络的总体结构。[②] 因此,华人企业既是华人经济的最基本单位,也是构建华商网络的无数结点之一。

华人经济的成功有赖于遍布世界的华商网络。依托华商网络,广大华人企业不仅可以获取充裕的市场信息、降低交易成本,还可以有效筹集资金、规避各类风险,不可否认,当代华商网络已经成为华人企业进行产业扩张、拓展海外投资市场的重要平台。美国未来学家约翰·奈斯比特就将华商网络比喻成"互联式电脑网络",网络中没有统一的控制中心,其成员可以不受限制地增加,并可获得最大限度的独立与自由,[③]在这里,"网络充当了信息桥,把不同的界限和等级的人联系起来,个体通过社会关系网络可以获得许多有价值的信息"。[④] 大体而言,在市场不完备、信息不对称的情况下,华人企业相较日、韩企业更易通过华商网络获得有效的市场信息而获得成功。与此同时,华商网络也能有效地降低华商交易成本,这主要是因为华商网络的维系是建立在人际信用关系的基础之上。在这个网络中,华商个体一旦建立起可靠的人际信用,其信用就可作为契约的替代和回报的担保,华商之间的交易也就不需要手续繁复、费用高昂的法律程序来支撑,降低了华商之间的交易成本,提高了交易效率。[⑤] 此外,许多华人中小企业在经营和扩张的过程中,常常面临资金

---

① 费孝通:《乡土中国》,上海:三联书店,1985年,第23页。

② 王苍柏:《东亚现代化视野中的华人经济网络——以泰国为例的研究》,《华侨华人历史研究》1998年第3期,第20页。

③ [美]约翰·奈斯比特著,蔚文译:《亚洲大趋势》,北京:外文出版社,1996年,第13页。

④ Nan Lin. *Social Capital: A Theory of Social Structure and Action*, Cambridge: Cambridge University Press, 2001, p. 22.

⑤ 龙登高:《跨越市场的障碍:海外华商在国家、制度与文化之间》,第90、91页。

的筹措问题,它们往往能够通过华商网络的内部关系从其他华人企业或华人银行获得关系型融资。即便是大型的华人企业集团,也常常需要通过华商网络与其他华商组成合作伙伴,以便大规模筹集资金、迅速扩展经营规模、选择安全投资场所,最大限度地规避孤立状态下的投资风险。

在过去很长的一段时期里,华商网络一直以商业和贸易著称,但随着20世纪七八十年代台湾、香港、新加坡三个华人经济体的崛起及其工业化进程深入,华商网络开始注入了生产与技术的因素。台湾、香港、新加坡企业对东南亚和中国大陆的大规模投资,在全区域范围内寻找生产要素的最佳组合,逐渐使华人企业生产网络成为东亚地区一股相当重要的制造力量,我们大概可以认为,由商贸性质向生产性质的转变是华商网络在20世纪最后20年的主要变化之一。近几十年来,美、日等发达国家企业为将有限的资源和精力集中于企业核心能力的发展,越来越多地将非核心的生产、营销、物流、研发乃至非主要框架的设计活动外包给发展中国家或地区的企业,台湾、香港乃至东南亚地区的华人企业迅速抓住机遇,担当起外包供应商的角色,海外华人生产网络也随之快速发展起来。通过融入美国或日本的企业生产网络,并借助该网络提供的全球分销能力,诸如鸿海①、宏基、广达以及华硕这样实力强大的华人制造商开始建立并控制自己的生产网络,它们通过合同转包等手段将大中华地区乃至东南亚国家数以万计的中小型设计、配件、零件、组件以及组装厂商纳入华人企业生产网络之中。在这一生产网络当中,华人制造商一方面接受发达国家大企业的外包订单,另一方面,又通过 FDI 等方式在东亚区域内寻找最合适的生产区位。到20世纪90年代,新兴的华人企业生产网络已经变得越来越区域化了。

华人企业生产网络的形成与发展离不开东亚地区华人经济体的相互配合。在华人企业生产网络当中,台湾占有重要地位,扮演着技术供应者的角色,30年前留美科技人才的回流,缔造了台湾的高科技奇迹,台湾科技界通过与美国硅谷日益频繁的人员、技术交流,使台湾在信息、半导体、通讯等高科技产业居于世界先进水平,具备了向其他东亚华人经济体提供技术的能力。香港和新加坡则在华人企业生产网络中发挥桥梁和资本汇聚地的功能,香港和新加坡是当今世界最繁忙的港口,在基础设施、物流、信息、采购、分销等方面具有明显的优势。与此同时,二者还是亚洲首屈一指的金融中心,汇聚了大量

---

① 台湾鸿海精密工业股份公司从2005年起开始成为全球最大的电子产品代工厂商,它为计算机公司惠普制造个人电脑,为诺基亚公司生产手机,也为索尼公司生产游戏机,还为苹果公司制造 MP3 播放器。它不仅是台湾最大的工业企业,还从2002年起连续5年成为中国大陆外商投资企业出口的冠军。

的海外华人资本,特别是实力雄厚的东南亚华人资本,确保华人生产网络能够获得充足的资本供应。中国大陆庞大的消费市场、充足的原料、廉价优质的劳动力以及便宜的土地成本则为东亚华人经济资源整合提供了一个巨大的活动平台,通过这个平台使华人生产网络最终成为东亚地区乃至世界一股相当重要的制造力量。

在制度安排与政府间的合作相对缺乏和滞后的情况下,华商网络对于东亚经济整合就显得极为重要。通过华商网络,海外华商的信息、资本、技术及其他的要素资源得以跨越国家的边界,实现最佳的配置,在某种意义上说,华商网络已成为东亚经济体间制度安排的替代品。华商网络作为一种族群联系主要建立在私人纽带的基础之上,这就使得华商网络倾向于忽略政治的差异,[①]他们会尽力使政治对经济的影响最小化。[②] 1989 年政治风波之后,当许多西方发达国家企业大举撤资时,海外华人资本,包括台湾的私人资本却大举进军中国大陆市场。1996 年台海危机的爆发也未能阻挡台商的投资步伐,投资金额不减反增。与此同时,华商网络也是广大华商穿越区域内潜在经济壁垒与障碍的天然渠道。海外华商遍布东亚地区并扎根于当地社会,能够很好地处理与当地政府的关系,每当企业经营遭遇限制之时,他们也总能寻找到应对之策,表现出极强的生命力。因而广大华商在进军东亚市场时,通过华商网络可以获得当地华商的协助,进而减少企业经营和发展潜在的困难和限制,[③]快速适应当地的投资环境。

此外,基于华商网络的巨大能量,华人企业已经成为东亚地区与国际市场联系的中介,在东亚特别是东南亚地区,美日跨国公司与当地企业进行合作时,他们的合作伙伴通常都是华人企业。依托华商网络,华人资本常常担当地区经济整合的先锋,当中国大陆、越南、老挝推行经济改革,开放本国市场的时候,海外华商便是这些地区最早的外来投资者。[④] 近年来,作为华商网络社会形态之一的华人社团日益走向国际化,国际性的华商大会也频频举办,大大促进了广大华商的交流与合作,华商网络作为东亚经济整合的一种有效的非正式途径,正在发挥着越来越重要的作用。

---

① Dajin Peng, Ethnic Chinese Business Networks and Asia Pacific Integration, in *Journal of Asian and African Studies*, Vol. 35, No. 2 (May 2000), p. 238.

② Fukuyama Francis, *Trust: The Social Virtues and the Creation of Prosperity*, New York: Free Press, 1995, p. 88.

③ 事实上,这些潜在经济壁垒与障碍,即便存在正式区域制度安排或双边政府协议也未能很好地消除。

④ Dajin Peng, Invisible Linkages: A Regional Perspective of East Asian Political Economy, in *International Studies Quarterly*, Vol. 46, No. 3 (Sep 2002), p. 433.

三、两岸三地的经济整合是华商推动东亚经济一体化的主要表现

两岸三地的经济整合启动于 20 世纪 70 年代末 80 年代初。进入 90 年代后,随着中国大陆的全方位的开放,港商、台商以及海外华商得以更大规模、更深入、更广泛地参与到大陆经济建设当中,两岸三地经济整合进程也随之加速。时至今日,货物、资金、人员、信息等的流动已经将大陆、香港、台湾的经济紧密联系到了一起,彼此间在经济上存在高度的相互依赖关系。考虑到中国大陆、香港、台湾这三个经济体在东亚经济的重要地位,两岸三地经济整合不仅是东亚华人经济整合的核心,更是东亚经济整合的重要组成部分,构成华商推动东亚经济一体化的主要表现。

在两岸经贸整合方面,台商对大陆的大规模投资始于 20 世纪 90 年代,经过十多年的发展,台湾企业在大陆形成了以龙头企业为核心,大、中、小型企业分工合作、上下游联动、配套完善的投资产业集聚,两岸产业分工格局也逐渐由垂直分工向水平分工转变。据商务部的统计[1],截至 2008 年 12 月底,台商在大陆累计投资项目 77506 个,实际投资金额高达 476.6 亿美元,[2]台湾已成为大陆外资的主要来源地之一,而中国大陆则是台湾的最大投资目的地。大量台商投资大陆,使两岸双边贸易规模呈现直线跃升趋势,1990 年两岸贸易额还只有 40.43 亿美元,到 2008 年两岸双边贸易额已经猛增至 1292.2 亿美元。台湾电子产业的大规模转移,带动台湾对大陆的出口,2000 年台湾对大陆出口大约为 254.9 亿美元,到 2008 年已高达 1033.4 亿美元,台湾方面享有顺差 775.6 亿美元(见表 13-12)。据台湾经济部门的统计,2007 年台湾对大陆的出口依存度已经超过 30%,中国大陆已连续多年成为台湾第一大贸易伙伴、第一大出口市场和贸易顺差最大来源地。随着两岸投资、贸易的迅速发展,两岸同胞人员往来也日趋热络,1993 年台湾居民来大陆 152.7 万人次,到 2007 年台湾居民赴大陆的人次已达 462.79 万,从 1987 年到 2007 年,台湾居

---

[1] 若加上台商从经维尔京群岛、开曼群岛、萨摩亚、毛里求斯等自由港转入的投资,台商到大陆投资的金额还会更多。有资料显示,上述四个自由港对中国大陆的投资资金有八成左右来自港台企业,以 2006 年为例,当年四个自由港对中国大陆投资金额为 159.13 亿美元,其中有 55.97%来自香港的企业,24.72%来自台湾企业。参见《2007 中国外商投资报告》,第 99 页。

[2] 中国商务部台港澳司:《2008 年 1—12 月大陆与台湾贸易、投资情况》,http://tga.mofcom.gov.cn/aarticle/d/200901/20090106015202.html。

民来大陆累计达 4704 万人次,而大陆居民赴台也累计超过 320 万人次。[①] 值得一提的是,两岸经贸的发展以及人员往来的增加也带动了两岸金融的交流与合作,截至 2009 年 3 月,台湾共有 7 家银行已在大陆设立办事处;13 家证券公司经第三地在大陆设立 24 个代表处,并准许国泰、新光和台湾人寿等保险公司,在大陆设立办事处。[②]

表 13-12　中国大陆、香港、台湾的相互贸易统计

单位:亿美元

年份	大陆与香港		大陆与台湾		台湾与香港	
	金额	同比(%)	金额	同比(%)	金额	同比(%)
2000	539.5	23.3	305.3	30.1	335.4	19.4
2001	559.7	3.7	323.4	5.9	288.2	−11.5
2002	629.1	23.7	446.7	38.1	325.8	13.1
2003	847.1	26.3	583.6	30.7	301.0	−7.6
2004	1126.8	28.9	783.2	34.2	319.7	6.3
2005	1367.1	21.3	912.3	16.5	326.3	2.1
2006	1661.7	21.6	1078.4	18.2	392.6	8.6
2007	1972.5	18.7	1244.8	15.4	398.0	1.4
2008	2036.7	3.3	1292.2	3.8	—	—

　　资料来源:关于大陆与香港、台湾贸易的数据,2000 年至 2007 年数据系笔者根据相关年份的《中国对外经济贸易年鉴》或《中国商务年鉴》整理;2008 年数据来自商务部台港澳司,http://tga.mofcom.gov.cn。台湾与香港的贸易数据来自《两岸经济统计月报》第 182 期,2008 年,第 60 页。

　　内地与香港的经贸整合主要表现在贸易、投资、金融以及人员往来等方面。在贸易领域,自改革开放以来,内地与香港的贸易发展十分迅速,自 1985 年起内地就开始成为香港的最大贸易伙伴并一直保持至今,1990 年至 2008 年间,内地与香港的贸易从 409 亿美元增加至 2036.7 亿美元,19 年间增长了近 4 倍,2008 年内地对香港出口 1907.4 亿美元,自香港进口 129.2 亿美元,目前香港是内地的第五大贸易伙伴、第三大出口市场。在投资领域,香港与内地互为重要的投资伙伴。港商是中国内地开放以来最早和最大的投资者,自 20 世纪 80 年代起,港商利用内地与香港的优势互补关系,逐渐将香港制造业转移至以珠三角为核心的华南地区,使香港与内地形成"前店后厂"的产业分

①　(台湾)《两岸经济统计月报》第 182 期,2008 年 1 月,第 37、38 页。

②　杨美玲:《两岸金融 MOU 最慢 6 月签》,(台湾)《联合晚报》2009 年 3 月 27 日。

工模式,极大地促进了香港与内地的经济发展与经济整合。截至 2008 年底,香港在内地累计设立新企业接近 30 万家,实际投入金额 3495.7 亿美元,①占内地累计吸收境外投资的四成以上。在港商投资大陆的同时,内地也在香港进行了大量投资,截至 2004 年 11 月,在港的中资企业有 2000 多家,其总资产超过 2200 亿美元。② 目前内地是香港的第一大外资来源地,截至 2008 年,内地累计在香港投资达 2 万亿港元,占香港吸引境外投资的 35.07%。③

表 13-13 香港、台湾及自由港对中国大陆的投资统计

单位:亿美元

年份	香港			台湾			自由港		
	项目(个)	金额	比重(%)	项目(个)	金额	比重(%)	项目(个)	金额	比重(%)
2000	7199	155.0	38.07	3108	23.0	5.6	1453	47.3	11.6
2001	8008	167.1	35.66	4214	29.8	6.4	2039	66.1	14.1
2002	10845	178.6	33.86	4853	39.7	7.5	2691	81.8	15.5
2003	13633	177.0	33.08	4495	33.8	6.3	3113	76.3	14.3
2004	14719	189.9	31.08	4002	31.2	5.1	3675	99.0	16.3
2005	14831	179.5	24.72	3907	21.6	3.6	3557	124.4	17.2
2006	15496	202.3	32.11	3752	21.4	3.4	4106	159.1	25.3
2007	16208	277.0	37.1	3299	17.7	2.4	3233	226.3	30.3
2008	12857	410.4	44.4	2360	19.0	2.1	1670	231.4	25.05

资料来源:2000 至 2006 年的数据根据《2007 中国外商投资报告》整理;2007 年和 2008 年的数据来自中国投资指南,http://www.fdi.gov.cn。

说明:自由港包括维尔京群岛、开曼群岛、西萨摩亚和毛里求斯。

在金融领域,香港一直是外资进入中国的桥梁和内地企业融资的基地。近年来随着中国金融业开放的加快,香港的华资银行如恒生、东亚银行在内地的分支机构已遍布内地主要城市,并向二三线城市渗透,与此同时,内地的银行、证券、保险等金融机构也纷纷在港设立分支机构,广泛开展各项金融业务。2004 年以来,存款、兑换、汇款、信用卡等人民币业务相继对港开放,香港已成

---

① 《2008 年 1—12 月内地与香港经贸交流情况》,http://tga.mofcom.gov.cn/aarticle/d/200901/20090106015204.html.

② 《香港概况》,http://www.fmcoprc.gov.hk/chn/topic/xgjk/t54949.htm.

③ 香港政府统计处,http://www.censtatd.gov.hk/.

为中国的首个人民币离岸中心。截至 2008 年 10 月在香港上市的内地企业共有 453 家(包括 6 家中资银行①),占香港上市公司总数的 36% 及总市值的 55%。② 随着内地与香港经贸关系的不断发展,两地人员往来也日益频繁,特别是近年来内地居民赴港手续的简化,使内地居民赴香港的旅游人数迅猛增长。据国家旅游局的统计,2007 年,香港居民赴内地旅行总人数达 7794.89 万人次,内地居民首站赴香港的旅游人数也高达 1613.69 万人次。③

香港与台湾同属外向型经济,两地的经贸联系素来密切。进入 20 世纪 90 年代之后,两岸经贸关系的发展为港台经贸往来注入了新的活力,两地之间的贸易、相互投资持续高速发展。1990 年台港两地的贸易额为 100 亿美元,到 2007 年台港贸易额已接近 400 亿美元,2008 年台湾是香港的第六大贸易伙伴和第五大出口市场,而香港则是台湾第四大贸易伙伴和第二大出口市场。在投资领域,据香港方面统计,截至 2007 年年底,台湾是香港的直接投资第十大来源地,外来直接投资存量达 399 亿港元。截至 2008 年 6 月,台资企业在香港共设立 26 家地区总部,158 家地区办事处及 149 家办事处,并有超过 5000 家台资企业驻港,协助台湾母公司进行企业管理、资金调动、采购和市场推广等工作;④香港亦是台湾重要的外资来源地,据台湾方面统计,1952 年至 2007 年底,台湾累计核准香港的投资达 44.31 亿美元。台港经贸关系的发展带动两地之间的人员往来,2008 年从台湾来香港的旅客超过 224 万人次,而从香港到台湾的旅客也有 30 多万人次,显示两地旅客往来频繁。此外,香港还是台资企业重要的融资基地,2008 年香港股票市场有超过 50 家台资企业上市,著名的公司包括富士康国际、康师傅、唯冠国际、中国旺旺及统一企业等。需要指出是,近年来台港经贸联系增强,很大程度上归功于香港在两岸经济整合中所扮演特殊角色。⑤ 2000 年以来,由于台湾电子厂商对大陆投资急剧增加,使得两岸产业内贸易的不断扩大,带动了台海两岸经香港的转口贸易再次复兴,两岸经香港的转口贸易额从 2000 年的 116 亿美元增加至 2007 年的 241 亿美元。

---

① 目前在港上市的中资银行分别是中国银行、中国工商银行、交通银行、中信银行、中国建设银行、招商银行。

② 《截至 2008 年 10 月底共有 453 家大陆企业在香港上市》,http://tga.mofcom.gov.cn/aarticle/am/200812/20081205942636.html.

③ 《2007 年中国旅游业统计公报》,中国国家旅游局网站,http://www.cnta.gov.cn

④ 香港立法会秘书处:《香港与台湾的经贸联系》,香港,2009 年,第 2 页。

⑤ 香港在两岸经济整合中所扮演特殊角色:一可作为两岸间接贸易和投资的桥梁,这包括两岸间货物的中转,投资的跳板,资金的停留、运转和转汇;二可作为两岸旅客往来、人员接触及信息传送的媒介。

　　毫无疑问,港台地区的华商在两岸三地的经济整合进程中,发挥了先锋和主导作用。而历史上一直与港台华商保持紧密互动的东南亚华商,从一开始就发现了中国大陆经济崛起所蕴涵的巨大商机,便自觉或不自觉地参与到两岸三地经济整合的进程当中,他们或者在香港设立投资基地,以港资的身份进入中国大陆市场;或者与港台地区的华商合作直接介入两岸三地的经济整合。东南亚华商在香港设立的企业既有像国浩集团、信和置业、第一太平、嘉里建设这样实力雄厚的上市公司,也有大批华人中小企业,它们在香港和内地的投资经营活动,有力地推动了香港与内地的经济整合。此外,还有许多东南亚华商与港商、台商合作共同推动两岸三地的经济整合,例如 20 世纪 90 年代印尼华商林文镜便与台湾潘氏集团联手在福清成立冠捷电子(福建)有限公司,1999 年冠捷在香港证交所成功上市,2004 年冠捷电子收购荷兰飞利浦的显示器业务成为全世界最大的 PC 显示器生产厂商。

　　总体而言,在港商、台商以及东南亚华商的推动之下,两岸三地的投资、贸易、金融日渐区域化,彼此间在经济上已形成了密切的相互依赖关系。进入新世纪,两岸三地的经济开始由功能性整合向制度性整合迈进,其中内地与香港已先行一步,2003 年中央政府与香港特别行政区政府签署了《内地与香港关于建立更紧密经贸关系的安排》(CEPA),并于 2004 年 1 月 1 日正式实施。大陆与台湾的《两岸经济合作框架协议》(ECFA)也在研究谈判之中。

表 13-14　台海两岸经香港转口贸易金额统计

单位:百万美元

年份	贸易金额		经香港转口				顺差
			台湾向中国大陆出口		台湾从中国大陆进口		
	金额	成长率(%)	金额	成长率(%)	金额	成长率(%)	
2000	11573.6	18.1	9593.1	17.3	1980.5	21.6	7612.6
2001	10504.8	−9.2	8811.5	−8.1	1693.3	−14.5	7118.2
2002	12019.9	14.4	10311.8	17	1708.1	0.9	8603.7
2003	13950.5	16.1	11789.4	14.3	2161.1	26.5	9628.3
2004	17247.3	23.6	14761.9	25.2	2485.4	15	12276.5
2005	19690.4	14.2	17055.9	15.5	2634.5	6	14421.4
2006	21617.0	9.8	18707.2	9.7	2909.8	10.5	15797.4
2007	24127.6	11.6	21206.6	13.4	2921.0	0.4	18285.5

资料来源:(台湾)《两岸经济统计月报》第 182 期,2008 年,第 20 页。

近 20 年来,海外华商抓住东亚经济快速发展特别是中国大陆崛起的巨大商机,财富累积速度不断加快,到本世纪初大陆之外的华商所拥有资本已经超过 2 万亿美元,俨然成为东亚地区乃至世界范围内一支不可忽视的经济力量。另外,自 20 世纪 70 年代末海外华商网络重建中国大陆的经贸关系以来,华商网络已经遍及整个东亚地区,华商生产网络的崛起以及华商网络对区域经济整合的制度替代功能,使华商网络作为东亚经济整合的一种有效的非正式途径,正在发挥着越来越重要的作用。在这种背景之下,同时具有资本和网络优势的华商,在从事经济活动的过程中,自觉或不自觉地成为东亚经济一体化的主要推手之一。近年来两岸三地经济整合的巨大成效充分表明华商在推动区域经济整合所蕴涵的巨大能量,构成了华商推动东亚经济一体化的主要表现。日本学者游仲勋教授在谈到东亚经济整合时认为,"日本企业的投资与贸易主导了东亚经济整合的第一阶段,而东亚华人经济的崛起及其海外投资扩张将预示东亚经济整合第二阶段的到来"。[1] 可以预见,随着东亚华人经济整合的有效推进,华商及华商网络将在东亚经济一体化中扮演越来越重要的角色。

---

① Dajin Peng, Ethnic Chinese Business Networks and Asia Pacific Integration, in *Journal of Asian and African Studies*, Vol. 35, No. 2(May 2000), p. 242.

第十四章

华侨华人智力资源在中国大陆的整合

世界华人经济资源在中国大陆整合,是改革开放以来中国现代化进程的主要外部推力。海外华资及其部分技术和国际市场,成功地与中国的丰富廉价劳动力和国内市场结合,使中国经济迅速国际化。然而,社会经济发展水平本质上取决于人才的水平,中国人才成长和发挥的环境仍差强人意,严重制约了中国现代化的进程。随着中国大规模的出国留学,海外华人人才的数量激增,如能争取他们大规模参与中国大陆的社会经济建设,将从根本上提升中国乃至东亚华人社会的竞争力。本章论述海外人才与中国大陆的合作,是中国现代化的独特机遇。

第一节　近代的海归和当代的海归比较

中国海外留学人员是中国海外智力资源的主要载体。16 世纪末欧洲人开始对东亚殖民扩张后,中西文化开始大规模交流和碰撞,尤其是英国发动鸦片战争并以武力击破所谓"天朝上国"的封闭状态后,西方先以器物文化,再以科学和制度文化强行进入中国,中华民族面临未有之变局,其命运已注定是要向西方学习。学习和吸取先进文化,是人类社会的本性,更是生存本能使然。近代科学和社会文化制度产生和发展于西方,向西方学习,对本民族文化和制度进行改造,是中国富强的必由之路。到先进国家学习先进,是最有效的学习,这就是留学的由来。

一、近代的海归及其特点

从近代到改革开放前,中国的留学与海归,大概可分为四个时期。改革开放以前的中国留学生,与改革开放后的留学人员相比,其留学动机和结果大相径庭。以前的留学生,大多是在求学报国、振兴民族的背景下前往海外,学习先进国家的知识,肩负振兴国家和民族的重任,有强烈的报国使命感,这些留学生基本上都回国,并在中国各领域发挥重要作用。

第一个时期是清末留学生，其主体包括两部分人：留美幼童和以留欧学习军事为主的海军学堂生。大家熟知的曾国藩、李鸿章，就是派遣留学生的始作俑者。曾国藩和李鸿章的计划是每年派 30 名幼童，四年共 120 名，到美国留学 15 年，学成先进科技和现代知识，按年分批回国报效朝廷。由派遣生员年龄和学习年限看来，曾、李的留学计划相当有远见，堪与早期西方殖民政府培养东方学人才相比。这个计划被慈禧太后采纳。第一批"留美幼童"于 1872 年 8 月出发。前后四批，共派出 120 名，都是乘坐轮船，横渡太平洋去美国的。分住在美国人家里，按年龄和学力在美国读中小学，然后再上大学。对大多数美国人来说，第一次看到从中国来的留长辫子孩子，很新奇。第一批 30 个幼童到了美国，有 100 多个美国家庭争着要领养照顾这些中国幼童。这个留学计划没有达到初衷，原因是清朝守旧势力唯恐他们被洋化。1882 年，朝廷下令将他们召回。很可惜，因为他们中至少有 50 多人已经进入了耶鲁、哈佛、麻省理工、哥伦比亚等名校学习。为了留住这批人才继续在美国学习，大名鼎鼎的文学家马克·吐温还说服前美国总统格兰特，向清朝统治者关说，请求让中国留美学生完成学业后再回国。格兰特和李鸿章私交不错，借机请托。但朝廷以"清流"自居的保守势力的主张得到慈禧太后的认可，李鸿章遂不敢坚持。结果是大部分幼童被送回国。但这批辍学回国者还是为当时的中国现代科技和社会发展作出很大贡献，如修建中国第一条铁路的詹天佑、民国的第一任内阁总理唐绍仪、北洋大学的校长蔡绍基等，都出自这批留学生。

清末另一类留学生大体上可称为海军学堂生，由当时的福州船政学堂派出留学。福州船政学堂成立于 1866 年，是中国第一个现代高等学堂，比号称中国第一所新式大学的北洋大学还早近 30 年。从 1877 年到 1886 年，福州船政学堂从本校和以后成立的天津北洋水师学堂的在学学生中，分 3 批共选派 88 名留学生到英国、德国和法国，主要学习海军指挥、枪炮使用和制造、机械、火药、鱼雷、驾驶、测绘等军事及其相关专业。学以致用的目的性非常明确，主要就是为了建立中国现代化的海军。和留美幼童不一样，这些留欧生大都是 20 岁左右的青年，出国之前已具备了高等学堂文化水平，学习期限 2～4 年，最长的 6 年。同时，对留学期间所进学校、所学课程进度及学习程序，都作了明确而严格的规定。他们学成归国后，大部分在北洋水师服务。就是这批留学人员，奠定了中国现代海军的基础。北洋海军中 12 艘主要船舰的舰长，多由这批留欧生担任，如经远号舰长林永升、镇远号舰长林泰曾、定远号舰长刘步蟾等。清末中国自己建造的战舰，也大都出自他们的手中。可惜的是这批人无一能出任参与指挥和全面建设中国海军的重任，否则甲午海战鹿死谁手，孰难预料。

这批留欧生中出了一个异类人才，就是翻译《天演论》的严复。严复在

1866年数百人的留学选拔考试中名列第一,于1877年赴英留学。他不光重视科技,而且关心社会科学理论和制度文化。回国后,他系统翻译和介绍西方社会科学和制度文化,如达尔文的《物种起源》等,堪称当时社会的启蒙思想家。后出任北京大学的首任校长。与同时期留学欧洲的日本海归,如掌握重权并主导日本社会现代化进程的伊藤博文等人相比,清朝仅在中等技术官僚层面使用这批留学生。甲午战争的失败,使这批海归精英一蹶不振。日本和清朝海归在本国所起的大相径庭的作用,给我们以重要启示:海归能否有改造本国落后制度文化的空间,关系到本国社会现代化和民族振兴的进程。

中国第二个留学时期在清末民初,以留日生为主,多为自发留学行为。甲午战争使中国对日本割地赔款,日本成为中华民族最凶狠的敌人。中国陷入空前的民族危机之时,却引发了留学日本热潮。从1896年开始赴日留学到1906年十年间,竟有上万人到日本留学,而同时期到欧洲、美国的也不过数百人。这么多中国人涌到日本留学,是因为当时的民族危机,使中国社会的精英急于求索强国之路。日本和中国差不多同时被西方国家打破国门,但日本明治维新后,积极学习西方,改革图强,国力迅速提升,30年间就成为世界强国。当时的中国有识之士普遍认为,中国和日本同文同种,与西方文化则相去甚远。因此,以日本为师,走日本式现代化之途,日本人能做到,我们也能做到。此后,留学日本,蔚为当时中国有识之士的时尚。留学日本的浪潮一直到"九·一八"事变以后才退潮。留日潮的结果是中国通过日本,相当大程度了解了西方现代制度、科学和文化。我们现在常用的当代自然科学和社会科学的理论和概念,如"政治"、"经济"、"民族"、"生物"、"物理"、"内科"、"外科"等各门科学的基本概念和理论,几乎完全取自日文。推翻清朝的仁人志士,民国时期的各界社会精英,很多人有留学日本的经历。广为人知的鉴湖女侠秋瑾、文坛斗士鲁迅、著名诗人郁达夫、一代画家张大千、风流名将蔡锷、写《警世钟》《猛回头》的陈天华、与孙中山并称"孙黄"的民国缔造者之一黄兴,等等,不胜枚举,都是留学日本的。就连日伪汉奸的汪精卫、国民党的蒋介石,都是留日的学生。大概可以说,民国时期中国社会的党政军科教文卫各领域,大都是留日生当家。如果说留日生是民国社会的脊梁可能也不过分。就是共产党内,也有不少留学日本的经历,像周恩来、郭沫若、成仿吾、何香凝、李四光、田汉、艾思奇、廖承志等。抗战开始后,大敌当前,留日海归投身战场,中国的科学文化建设也无力顾及了。

中国的第三批留学生以庚款留美生为主,还有留法人员。清华学堂的建立是庚款留学的主要标志。

当留日潮逐渐退潮时,另一类留学形式悄然发生。这就是留法勤工俭学。留法勤工俭学的发起人蔡元培、汪精卫,原本是为了利用当时法国因欧战而急需劳工的机会,组织中国青年赴法,以工求学。1919—1921年间,先后有2000多人到达法国。他们不像清末留美幼童和留欧生及庚款留美生那样,由国家选派,有充足的政府经费支持学费和生活费。留日学生也多是公费生或富家子弟。这些赴法生除了能在国内筹出路费外,要靠在法国勤工俭学挣出学费不太可能,而且大部分人出国前的教育水平也有限。所以他们到法国后,大部分人没有进入高等学校,而是进入当地社会,参与工人运动,研修马克思主义。科技救国梦不做了,就寻找革命救国之路。特别是在1922年,赵世炎、周恩来、李维汉等人在巴黎成立旅欧中国少年共产党和中国共产党旅欧支部,这两个组织成为共产党高级干部的摇篮。他们中最负盛名的,自然是改革开放总设计师邓小平。还有共产党内如雷贯耳的无产阶级革命家,像蔡和森、赵世炎、李维汉、李富春、李立三、陈毅、聂荣臻、蔡畅、向警予,都是个中人。所以就纯粹留学意义上,称之为留学生有点牵强。可能邓小平不一定会自诩"我是从法国学成归来的"。就其所学的科学文化水平,尚不如30年代莫斯科中山大学培养的中国留学生,如王明、博古,张闻天、王稼祥、杨尚昆等中共历史上著名的"二十八个半"中的人物。比较像赴苏联"游学"的叶剑英、董必武、林伯渠、徐特立等,还有蒋经国、冯玉祥的儿子冯洪国、于右任之女于秀芝等国民党要员的子女。就这类人的留学目的而言,当归入"寻求革命之路"的留学人员。

和留法勤工俭学差不多同时,中国政府第二次有计划地大规模向海外派出留学生,也就是留美学生的派遣。从1909年开始,留学美国的活动持续30年以上,造就大批中国科技人才。其主要派出渠道是庚款留学。所谓庚款留学,是美国政府用勒索中国的"庚子赔款"中,将超出美方实际损失的部分,资助中国学生赴美留学。从1909年开始,每年向美国派遣100名留学生。现在蜚声国内的清华大学,就是当年为了培训庚款留美生而建立的。和法国的勤工俭学生不同,庚款留美生选拔考试非常严格。一方面是庚款来之不易,另一方面是美国大学入学资格也很严格。除了庚款资助外,另外还有其他的公私赴美留学途径。到1949年,有数以万计的留学生赴美,绝大部分学成归来。当代中国现代科学的各领域开拓者和学科带头人,大部分都是这批留美学者,如胡适、赵元任、竺可桢、"三钱"(钱学森、钱伟长、钱三强)、傅斯年、茅以升、梁思成、金岳霖、华罗庚、吴有训、马寅初、钱锺书等。

1949年以前,中国到西方和日本的留学人员有近10万人,绝大部分都是学成归国,很少有转为移民的。和当前的海归群体相比,应当说他们对当时的社会的推动作用更大。很大程度上可以说,他们成为改造中国社会的主力之一,而不是为中国制度所同化,这是我们特别要强调的。

前辈留学生选择回国服务,有两方面原因。首先是强烈的使命感。他们在国难深重的岁月出国留学,有强烈的振兴国家的抱负,很多人还是国家资助留学,归国服务或回国建功立业,应当是顺理成章的既定想法。其次是回国后的物质待遇。学成回国后,绝大部分人能得到的职位和报酬,通常不会比留在国外差。比如当时在美国拿个博士回来,在国内大学当个教授或副教授,拿月薪200～300大洋,其收入可以买一座房子,雇几个佣人,远不是现在的教授待遇能比的。

第四批是留苏和留欧生。这批留学生最大的特点是选拔条件突出政治因素,并由国内政府严密监管。1950年至1965年,根据政府双边协议,中国共向苏联、东欧各国等社会主义国家派遣留学生上万人,其中,到苏联留学的有8000人左右,主要学习科技。也有少数人派往社会主义的古巴。留学人员由高教部在全国选拔,政治和业务条件非常严格。毛主席的那段著名语录"你们是早上八九点钟的太阳,希望就在你们身上",就是1957年在莫斯科大学对留苏学生说的。江泽民、李鹏、邹家华、钱其琛等,都在这批留学生之列。他们一个人的费用,相当于当时25个农民的收入,可以说是金子堆起来的。一旦国内召唤,即刻回国,除非你要叛国。所以他们是否回国不取决于自己的选择。倒是当时国内政治运动不断,阶级斗争意识不断升温,加上中苏关系决裂,使这批留学生回国后,一部分人受到重用,不少人受到冲击。

二、改革开放以来的留学与回归特点

大体而言,对比近代的海归,当前的留学人员和海归使命感不同,国内环境不同,发挥的作用也不同。

(一)留学而不归国

"从留学生到移民",或者以留学为手段达到移民的目的,是改革开放迄今的新现象,在中国留学历史上从未存在。相信1978年邓小平决定派遣留学生时,一定没有想到大部分中国大陆留学生会成为移民。中国留学生不回来,有主客观原因。主观上,现在到国外留学更多是个人行为和选择,这种选择更多是谋生方面的考量。老留学生的那种肩负国家兴亡的情怀,对现在的人有点"不能承受之重"。再就是客观环境的差距,讲到底就是收入和工作环境的差距。如果回国的收入还不如在国外打一般工收入的五分之一甚至十分之一,加上生活和工作中有无数人要管你,你就要掂量掂量,要不要回国?

(二)缺少重量级海归

与前代海归及台湾海归相比,现在中国大陆仍缺少重量级海归。我们经常说,新中国成立以来中国没有培养出大师。其实,前代的大师也大多数是海归。中国现代科学的各领域的开拓者和学科带头人,大部分都是来自美国、日本的海归。台湾当前的重量级学者,如李远哲和中研院各研究所长,各大学校长和名教授,绝大部分都是海归。与台湾相比,我们仍缺乏重量级海归回国的环境。在教育部 1999 年所收录的 424 位受表彰的优秀留学回国人员中,在国外获得博士学位者仅 182 人,其他是各类进修、访问学者。难以吸引重量级海归,或海归在中国大陆难以成为重量级人物,主要不在物质条件,而在于制度环境和海归本身的价值追求,而且两者互动。制度环境决定工作条件。如论物质条件,不少大学开出年薪百万的条件,其实际购买力不亚于在国外,但仍不足以吸引重量级海归。据《瞭望》(2006 年第 23 期《迷信海归到尽头》)报道,2002 年清华大学就开始聘请百万年薪讲席教授,规定工作 9 个月,但他们只利用假期来,彻底从国外辞职回来的几乎没有。国内官本位体制及其规定的学术导向,本质上是与科学和求知的规律冲突的,这不但无法形成大师工作和成长的环境,也使海归难以发挥真正的作用。国内价值评估机制也使海归的价值取向发生变化。很多主动或被动同化于国内制度环境的海归,学术追求不再是其主要价值取向,更多精力用于如何在体制内短期获取最大利益,这种利益往往远超于其在国外专注于学问的利益。当学术变成利益的敲门砖时,利益的获得必然导致学术的贬值。这种现象尤其存在于文科。迄今中国虽有大量海归,如就人文社会科学而言,与国际水平的差距不是缩小,而是扩大。关键原因在于学术利益化导致学风浮躁,潜心学问者日益边缘化,海归也无法幸免。有些人甚至认为,只有那些同化于体制而非试图改变体制的海归,才能在国内有较大的影响力。这种氛围如未能改变,即使重量级海归回国,其学术分量也将与日俱轻。

（三）不少海归留有后路

也因为上述国内整体工作和制度环境的不尽如人意,导致现在不少海归和以往学成回国专注于国内事业的海归,在回国工作的方式上存在不同。尤其是在国外有一定地位的人才,回国就职时,多选择兼职一途,或至少保留国外的定居身份,以便随时出国。一方面,他们有些人确实怀有报效祖国、报效家乡或母校之心;另一方面,他们又担心被国内制度环境异化或工作条件和发展空间不如意。留有后路势必两头兼顾,较大影响他们在国内的事业。这种留有后路的方式,使他们更像人才的国际流动而非回国效力。或许这是全球化时代人才流动的特点。但无论如何,这为国内如何留住人才和充分发挥海归作用提出新的挑战。

（四）社会科学人才的短缺

社会科学人才的短缺不但是因为攻读社会科学的人才较少，而且在于国内整体的重理轻文的环境。社会科学的要旨之一，在于通过对社会、对体制的审视和评判以启迪民智，是体制外的制衡力量。民国时代社会科学的海归在国内如鱼得水，如胡适、傅斯年、金岳霖、马寅初等，无不是因坚持对传统体制的审视和批判而盛享清誉、身孚众望，并在各自专业上开宗立派。当前国内社会科学工作者更多时候，只能附和各级行政的主导意识，缺乏独立参与社会运动的空间。社会影响力微薄也使自身价值下降，社会科学人才转投商界政界，谋求更大的社会影响力。当前社科海归不但整体的社会影响力有限，少数有影响力的学者，却因疏于高深学术转而过分靠拢利益集团而广被社会非议。

三、当前中国吸引海归的期望

近30年来，留学成为移民的现象，使中国成为向发达国家输送人才的主要来源地。以"蓄才于国外"的巧妙理由来解释这种现状，无法掩盖举世无双的"脑力流失"这种令人痛心疾首的事实。

对比20世纪90年代，这种状况可望在新世纪前期得到改善。当前国内吸引海归的条件已今非昔比。一方面，国际化和经济高速发展需要大批海归，能提供给他们较好的发展机会。一些国内大型企业已经率先做到这点。新旧体制和机构交替转型，也有利于创新人才的脱颖而出。挟真知灼见的海归，不难找到一展身手的空间。另一方面，中国大陆经济近30年的高速发展，尤其是沿海地区，各行业有能力给优秀的海归提供相当优裕的物质条件。台湾经济起飞后，留学人员大部分都回台湾。我们有理由相信，大批留学生回国，尤其是重量级海归，将出现在不远的将来。当国内各方面条件改善以后，学成回国就会是留学的目的了。但海归如何像他们民国时期的前辈那样，能在引导中国现代化、国际化方面发挥主导作用，却有待于中国制度环境的改善。台湾能吸引海归，更重要的是其制度文化与先进国接轨，能给海归较好的社会发展空间。中国社会各层面对先进的制度和文化，仍有不同程度的排异反应，相当多地方的人才使用存在"劣币驱逐良币"的现象。而克服这种排异，既是改善海归现状的条件，也是海归本身的责任。海归的真正希望，在于国内尊崇科学大环境的形成而非官本位的体制。据教育部1999年所收录的424位受表彰的优秀留学回国人员中，有175位集中于北京。权力高度集中导致资源和人才的高度集中。海归高度集中于北京，未尝不是官本位的另类表现。改变官本位的价值取向，才能真正广泛吸引海归，推动中国社会各领域的发展。所幸本届政府以建构"和谐社会"为宗旨,制度文化将逐渐向个人的价值、利益和尊严倾斜,海归在中国各地各领域能找到更广阔的发展空间。

无论如何,今后 20 年应当是留学人员大返国的时期。现在的中国海归,将会像他们的先辈那样,成为共和国各行业的脊梁。或许在中国的外国留学生也会千方百计留下,成为移民。

第二节　大规模海外专业人才的形成和分布

在海外华资大规模涌入中国大陆的同时,中国人才却呈流出之态势,且流出规模越来越大,构成中国新移民的主要组成部分之一。

一、留学成为移民的主渠道之一

中国第一批大规模新移民当属留学生。1978 年 6 月,邓小平决定大规模派遣留学生,"当年就派三千,明年派一万",认为这是五年内迅速提升中国科技水平速见成效的办法。[1] 随后,中国政府鼓励自费留学,自费留学人数远过于公费留学。中国政府鼓励出国留学的初衷是学成归国服务,然而,大部分留学生则学成不归,成为移民。

台湾的海外留学生最早兴起由留学转变到移民定居。在 20 世纪 60 年代中期到 80 年代中期赴美攻读研究生学位的近 15 万名台湾学生中,大部分人选择理工领域。台湾大学理科学生赴美留学者高达 70%～80%。在 90 年代末以前,来自台湾的学生是美国最大的留学生群体。大约 97%的台湾留学生将 F-1 签证改为移民身份而在美定居。[2] 留学生及其眷属成为台湾移民美国的主力。根据台湾"侨委会"2007 年发布的调查报告,海外台湾人约 107 万,其中,定居美国者约 59 万,超过 70%为大专文化以上者,有硕士、博士学位者占 35%。[3]

中国大陆大规模派遣留学生迟于台湾,其留学生和其后定居海外的数量则远过于台湾。1979 年中美建交后,大批中国学生赴美留学。到 1988 年,在美留学的中国学生数量已占在美外国留学生首位。根据中国教育部的不完全统计,在 1980 年至 2003 年,共有 70.02 万中国学生和学者到国外留学,其中

---

①　程希:《当代中国留学生研究》,香港:社会科学出版社,2003 年,第 35 页。

②　Peter Kwong, *The New Chinatown*, New York: Hill and Wang,1996,pp. 60～61.

③　哥斯达黎加台湾商会网站, http://www.cacotacr.com/news.htm.

52.74 万留居海外,占留学人员的 75%。① 据称,2000 年北京大学本科毕业生有 2154 人,研究生 1596 人,毕业后直接出国留学的有 751 人,约占毕业生总数的 20%,其中 587 人往美国,占 78%。2001 年,北大本科和研究生毕业后直接出国留学的有 831 人,占毕业生总数近 20%,其中有 711 人去了美国,比例接近 86%。当年,北大物理化学专业毕业生 32 人,直接出国留学的达 28人;高分子化学与物理专业毕业 15 人,出国人数达 13 人,比例接近 90%。② 据今年美国全国科学理事会数据,220 万个在外国出生的科学或工程学位获得者,来自中国的科学或工程学位获得者占 11%,约 24.2 万人,有 22% 的科学或工程博士来自中国。美国国家科学基金会 7 月完成的一份《美国大学博士学位获得者综合报告》,2006 年在美获博士学位的 5 万多人中,清华大学出身的 571 人,北京大学 507 人,加州大学伯克利分校 427 人,复旦大学和中国科技大学各 163 人,南京大学 155 人,南开大学 147 人,上海交通大学 144 人。中国成为美国博士最肥沃的培养基地。③

除直接出国留学者大部分成为移民外,以陪读和家庭团聚为由前往海外的留学人员家属也当数以十万计,他们多属受过良好教育者。近年来,留学规模有增无减,迄 2007 年,中国大陆留学人员数量已超百万,连同其出国眷属,以留学渠道移民国外的中国大陆人当在 100 万以上。加上港台,其总数可达200 万。留学成为中国人移民国外的主渠道之一,为古今中外独一无二。无论大陆或港台,中国留学人员主要前往发达国家,尤其以北美为最。受"9·11"事件等因素影响,虽然从 2002 年开始,中国赴美留学生增幅下降,2004 年首次出现负增长,但 2005 年以后,美国又开始大量增加留学生数量,中国留美学生数量再度大幅增加。据美国移民与海关执法局(ICE)资料,2006 年底在美国学校注册的留学生中,韩国留学生共有 9.3728 万人,占美国留学生总数的 14.9%,印度则以 7.6708 万人居第二位,中国大陆以 6.0850 万人居第三位,台湾以 3.3651 万人居第五位。大陆和台湾的在美留学生合计,则占首位。④ 2007 年度,中国大陆赴美留学生人数为 67,723 人,占美国留学生总人数的 11.6%,仅次于印度。如加上台湾、香港和澳门地区的赴美留学生,其总人数大大超过印度。⑤

---

① 教育部网站,www. chisa. edu. cn/newchisa/web/8/2004-02-23/news_17713. asp.

② 人民网,http://opinion. people. com. cn/GB/35560/3803340. html.

③ 中国网,http://www. china. com. cn/overseas/txt/2008-02/28.

④ 《韩国在美留学生人数居各国之首》,《朝鲜日报》2007 年 4 月 6 日。

⑤ 《2007 年中国赴美留学生人数再创新高增长 8.2%》,中新网,http://edu. chinanews. cn/edu/cglx/news/2007/12-06/1097485. shtml.

留学成为移民的主要途径而导致中国大规模的人才或潜在人才的流出，是改革开放政策最值得检讨的部分。然而，如果中国真正重视人才并措施得法，海外专业人才仍可能是中国迅速发展的机遇。

二、新移民专业人才的分类和分布

新移民专业人才大体可分为四类。第一类是从中国大陆出去的留学生。随着中国留学热潮方兴未艾，来自大陆的新移民正日益成为海外华人专业群体的主要组成部分。第二类是从中国香港和台湾出去的留学生。第三类是新移民的第二代。由于华人对教育的重视，新移民子女的专业人才数量飞速增长。第四类是直接从中国大陆、台湾、香港和东南亚等地移民出去的专业人士。

改革开放以来，中国大陆的留学潮延绵不断。据中国留学服务中心（直属教育部）公布的数据，从 1978 年到 2001 年，中国大陆的出国留学生约有 45 万人（包括公费和自费留学生），回国率仅有三成，绝大部分为公派出国人员。滞留在国外的大陆留学生以在美国为多。[①] 中国教育部在 2006 年 6 月 5 日举行的新闻发布会上公布，从 1978 年到 2005 年底，中国各类出国留学人员总数为 93.34 万人，留学回国人员总数为 23.29 万人，占出国留学总人数的 25% 左右。无论是留学目的地或留学转定居，中国留学人员首选国均是美国。与此同时，美国也采取各种措施吸引海外优秀专才。美国政府的移民配额，也优先保障引进专门人才。2000 年美国移民规划署公布签发 H-1B 签证的人数为 13.5 万人，中国大陆的留学生占名额的 10%。[②]

据台湾方面统计，从 1950 年到 1974 年，台湾"教育部"共批准了 30765 名大专毕业生到美国留学。据台湾青年辅导委员会统计，从 1950 年到 1971 年，留学生（其中 90% 为留美学生）接收辅导回台就业的只有 2341 名，仅占同期出台留学人数的 7.7%。[③] 70 年代到 90 年代，台湾出台留学达到高潮。1986—1987 年度，台湾留美学生为 2.6 万人；1988—1989 年度增至 2.9 万人。1990 年台湾当局正式开放留学政策后，到海外留学的人数急剧增加，每年突

---

① 王晓莺：《中国海外留学人员的现状及工作思路》，《当代大学生》2003 年第 1 期，第 24 页。

② 高原：《美国如何吸引高科技人才》，《环球纵横》2000 年第 5 期，第 32 页。

③ 令狐萍：《从台湾社会的发展看台湾留美运动的兴衰》，《华侨华人历史研究》2003 年第 4 期。

破 6 万人,仅 1992—1993 年度,台湾在美国的留学生便达 37430 人。^① 但此间台湾经济发展迅速,留学生毕业后返台服务比例增加。据统计,从 1971 年到 1991 年,有 24981 名留学生返台,占留美学生总数的 20.3%。从 1992 年起,台湾留美学生返台人数急剧增加。1992 年,有 5157 人返台,1993 年 6172 人,1994 年 6150 人,1995 年 6272 人,呈逐年增长的趋势。^② 但是与海外留学的总体人数相比,仍有八成的留学生滞美不归。20 世纪 90 年代以来,随着台湾经济的飞跃发展和台湾研究生教育的国际化,台湾留学生海外留学有所放缓。

20 世纪 60 年代至 70 年代中期,香港人前往海外留学数量大增,往美、英、澳大利亚以及欧洲各国留学的人数,每年都达到 7000~8000 人之间,其中约有 5000 人学成后留下就业定居。此后数量继续增加。据港英政府教育署统计,留学英国的香港学生 1984 年是 5444 人,1985 年是 4492 人,1986 年是 4269 人。据香港有关部门统计,1995 年以来,香港平均每年赴海外的留学人数是 3 万左右。^③

值得关注的是新移民子女,他们正在成为海外华人专门人才的重要来源地。相比其他移民族群,华人可谓对子女教育最关注的群体。留学人员对其子女的教育重视自不待言,教育程度低的华人新移民,对子女教育的奉献精神更令人叹为观止。据南洋研究院福州新移民研究课题组在纽约的调查,纽约福州籍新移民的子女,只要是 14 岁以前来美国或在当地出生者,大部分都在美国名牌大学就读。^④ 虽然在美福州籍新移民近 60 万,大部分为低教育程度者,但其子女多受良好教育,正在成为美国华人专才的后备力量。

从中国大陆、台湾、香港和东南亚等地移民出去的知识分子或技术人才,也成为所在国华人专业人才的一个重要组成部分。他们当中的许多人在移民出去前就已经取得硕士和博士学位,并且拥有工程师、教授等中高级职称。还有的是在某些领域经验丰富的技术高度熟练的专家、专业技术人员、投资者、

---

① 郑瑞林:《台湾移民的特点和贡献》,《华侨华人历史研究》1995 年第 1 期,第 37 页。

② 蒋家兴:《台湾的留学教育与国家发展》,李又宁编《华族留美史:150 年的学习与成就——国际学术研讨会论文集》,纽约:天外出版社,1999 年。

③ 朱慧玲:《21 世纪上半叶发达国家华侨华人社会的发展态势》,《华侨华人历史研究》2002 年第 6 期,第 31 页。

④ 庄国土、郭玉聪编:《福州海外移民调查资料》,南洋研究院未刊资料集(2003—2006 年)。

医师、商人、中级和高级经理、关键岗位工人和转包合同工等有一技之长的人。[1] 这一部分人才中的知识分子多以从台湾和香港移民出去的为多。

新移民专门人才广泛分布于发达国家,高度集中在北美,尤其是美国。其次,海外华人科技人才比较集中的国家是西欧各国,尤其是英法等国,以及亚洲的日本、大洋洲的澳大利亚、新加坡等一些比较发达的国家。

中国大陆留学人员的学历大部分在本科以上。出于毕业后的就业考量,留学生高度集中于理工科领域。据 1995 年美国移民中心的调查显示,在美国华侨华人科技、经济管理专业人员中,在美国本土出生的华裔专业人士有 19% 是各类工程师;在美国国外出生来美的华裔专业人士,各类工程师占 27%,大学研究及大学教职人员占 16%,从事计算机行业的人士占 15%。[2] 根据郑斌等人的调查,20 世纪 90 年代初期以来,在加拿大西部学习的中国大陆留学人员,学习理工科者占 80% 以上,尤其集中在工科。新移民专门人才集中于理工科领域的现象也体现在留学回国人员中。据中国教育部编撰的《学子风华——优秀留学回国人员业绩录》(中央编译出版社 2003 年版)所载,受表彰的优秀归国留学人员,绝大部分学习和从事的专业是自然科学,学习与从事人文和社会科学的不到 1/4。

中国国务院侨务办公室在 1998 年对美国的华侨华人科技、经济管理人才的抽样调查之后公布了相关专业的统计数据,被调查的 1037 名华裔人才的专业领域主要分布在物理、化学、计算机、机械、航天航空、生物、医学等领域,其中自然科学基础学科占 26.2%、技术科学占 31.2%、生物医学占 26.0%、农林科学占 3.0%、社会科学占 1.3%、经济法律占 9.3%、其他占 3.0%。[3] 2001 年,在海外的中国大陆科技人才超过 30 万人。全球获得博士学位的科技人才约有 10 万名。[4]

新移民专业人才高度集中于理工科,极大提升了美国华人高科技人才的比例。1980 年,美国华人 16 岁以上的专业技术人员中,工程师和科技工作者

---

① Organization for Economic Co-operation and Development (OECD) SOPEMI: *Trends in International Migration*: *Continuous Reporting System on Migration*, Paris: OECD, 1997.

② 刘云:《海外中国留学人员和华人学者分布状况及其特点》,《辽宁科技参考》2002 年第 4 期,第 37~39 页。

③ 刘云:《海外中国留学人员和华人学者分布状况及其特点》,《辽宁科技参考》2002 年第 4 期,第 37~39 页;郑斌、陈文、史瑞文:《加拿大西部中国留学人员调查报告》,《神州学人》2001 年第 8 期。

④ 范波涛:《知识型海外华人:耀眼的群体》,《人民日报》(海外版)2001 年 9 月 5 日。

占 41％，而白人仅为 18.4％，黑人为 8.1％。①到 2000 年，美国华人从事管理和专业技术及相关职业的比例为 52.3％，达到历史最高水平，远远高出全国平均值的 33.6％，仅次于印度裔的 59.9％。同时，华人从事服务业的比例下降到 13.9％，略低于全国平均水平的 14.9％。② 20 世纪 90 年代，来自中国大陆的知识新移民大量进入高科技行业。2002 年针对旧金山湾区 17 家公司的 2300 名员工的一项调查显示，硅谷的高科技工作者中出生于中国大陆和台湾者占 42％。据 90 年代初统计，在由新移民组成，会员遍布美国 16 个州的旅美中国科学工程师协会会员中，在大学和研究所工作的占 31.7％，在工程界的占 57.1％，在商业和法律界的占 11.2％。③

2001 年以来，中国成为加拿大留学生的主要来源地。在 2006 年，中国的留学生人数合计 11061 名，约占该年度加国外籍留学生总数的 18％，④历年中国留学生的总量为 45194 人。加拿大统计局 2008 年 2 月 7 日发表的报告显示，2005—2006 学年度，来加留学的中国大学生增加了 7％，总人数升至 19200 人，是历年新高。该年度有超过一半的留学生来自亚洲，而亚洲学生中有 46％来自中国；中国学生占了所有新增外国留学生的 28％。⑤

新移民专业人才另一个高度集中的地区是日本。根据日本法务省 2008 年 6 月 3 日公布的 2007 年年底在日外国人统计数据显示，合法履行登记手续的旅日中国人已超 60 万，成为日本数量最多的外国人群。在日获得博士学位的中国新移民有 6000 多人，获得硕士学位的更有好几万。2008 年，在日各种学校留学、研修的中国人数有近十万。⑥

三、吸引海外人才：海外华人资源在大陆整合的关键

根据教育部不完全统计，截至 2005 年，中国大陆留学人员中有 70 万人留

① Harry H. L. Kitano, Roger Daniels. *Asian Americans-Emerging Minorities*, Englewood Cliffs, New Jersey：Prentice-Hall, Inc. ,1995,p. 203.

② Terrance J. Reeves and Claudette E. Bennett,*We the People：Asians in the United States-Census 2000 Special Report*, Washington：U. S. Department of Commerce, 2004. p. 14.

③ 沈立新：《美国华人新移民状况研究》，《八桂侨史》1996 年第 2 期，第 27 页。

④ 《政策松绑吸引 加国外籍留学生中国连续五年居首》，新华网，http：//news. xinhuanet. com/overseas/2007-09/18/content_6745723. htm。

⑤ 《加拿大中国留学生持续成长，人数近二万创新纪录》，中国侨网，http：//www. chinaqw. cn/lxs/lxsxw/200802/09/105943. shtml。

⑥ 星岛网，http：//www. stnn. cc/overseas/200806/t20080604_790367. html。

居海外,加上近年来留居海外者和其他出国专业人才,中国大陆在海外的人才和潜在人才当近百万人。加上来自港澳台的海外专业人士,其数量至少在160万人以上。这是中国最重要的海外资源。然而,如何把数量如此庞大的海外专业人才这一潜在资源,转化为中国发展的现实机遇,成为中国能否迅速崛起的关键。

早在 20 世纪 90 年代,中国政府就敏锐把握海外专业人才对中国大陆发展的重要性。1993 年,江泽民总书记指出:就华侨、华人来说,拥有的不仅是巨大的资本,还有相当的智力、人才。1999 年,江泽民总书记在全国侨务工作会议上再次强调:侨务工作有一个艰巨的任务,就是要通过 3000 万华侨华人,特别是他们中的科教工作者,促进我们科教兴国战略的实施。侨务部门要加强对海外同胞的工作,努力增进同他们的交流与情谊,争取他们为祖国的发展作出更多的贡献。① 2004 年,胡锦涛总书记指出:要按照经济社会发展的需要,制定切实可行的措施,进一步做好新形势下吸引海外人才和智力的工作,为现代化建设提供人才和智力支持。要建立符合留学人员特点的引才机制,制定和实施吸引留学人员回国创业的政策措施,重点吸引高层次人才和紧缺人才。要为留学人员回国服务营造良好的环境,健全招聘使用制度,改善管理和配套服务,落实优惠鼓励政策,积极解决他们在创业资金、知识产权、医疗保险、子女入学、家属就业等方面的实际问题。②

然而,近十几年的人才引进情况总体上仍不尽如人意。在以海外华商及其所拥有的技术和市场营销经验为主的世界华人资源与大陆相关资源整合的进程中,海外专业人才的缺位不能不说是最大的遗憾。尽管近 10 年来,中国的科教文卫各行业和企业也吸引了一定数量的海外专业人士,但很多在中国的海外华人精英则是在外国驻华企业和机构任职,他们一方面推动中国的国际化进程,另一方面也增强在华外国企业的竞争力,构成对中国民族企业的挑战。与此同时,中国大陆专业人才和潜在的专业人才仍大规模涌向国外,转为移民。就中国民族企业的竞争力而言,近 10 年来虽有较大提升,但这种提升主要在规模方面,而高技术企业或相当多民族企业的核心技术,却仍然掌握在外国人手里。

尽管中国大陆整体物质待遇与发达国家尚有较大差距,但东南沿海部分地区仍能提供对海外人才相当有吸引力的经济条件。海外人才的回归数量偏

---

① 《江泽民与国务院侨务工作会议部分代表座谈时的讲话》(1993 年 2 月 26 日),《侨务工作研究》1999 年第 5 期。

② 《胡锦涛在看望出席全国政协十届二次会议的致公、侨联界委员时的讲话》,《人民日报》2004 年 3 月 7 日。

少,根本原因在于中国仍缺乏对科学和知识的足够尊重和敬畏。社会价值追求的取向主要目标是权力而非专业,从而使专业人才不能得到应有的重视。这种大环境如不改变,即使专业人才回归,也会发生异化。一些专业人才回国,放弃专业发展而专注于仕途发展,不能不说是相当令人扼腕的现象。以提升专业人才的行政待遇作为对专业人才的价值肯定,其实是对专业人才价值的扭曲。在一个"官本位"社会里,专业人才很难体现自身的价值。

就世界华人资源在中国大陆的整合状况而言,海外专业人才的缺失造成这样的错位:一方面,海外华资及其部分技术和国际市场,成功地与中国大陆的丰富廉价劳动力和国内市场结合,尤其是港台经济与大陆的高度整合,使中国经济迅速国际化;另一方面,海外中国人才大规模参与外国的高科技开发,增强外国企业对中国的技术优势,中国却因缺乏核心专业人才而产业难以升级,大陆本土企业的核心竞争力难以提升。经济层面的合作尽管使中国大陆成为"世界工厂",但大陆付出的资源、环境、国内市场和廉价劳动力的代价也相当昂贵。可以说,高端人才不足,尤其是高端科技人才和管理人才的缺失,是中国社会经济发展再上台阶的主要障碍。

因此,如何吸引海外华人专业人才,尤其是与中国联系密切的新移民群体的专业人才,将是中华民族腾飞的关键。近 10 年来,中国大陆各级政府出台了多种吸引海外人才的措施,如 2000 年 7 月 28 日,国家人事部公布了《关于鼓励海外高层次留学人才回国工作的意见》,2001 年,人事部为吸引和扶持留学人员创业而颁布的《留学人员创业园管理办法》和《关于鼓励海外留学人员以多种形式为国服务的若干意见》,各地方政府也出台各种优惠归国留学人员的政策。虽然总体而言,尚不能扭转中国人才大规模滞留海外的趋势,但回国创业和服务的海外人才已呈日益增多趋势。我们相信,随着中国经济的飞速发展和管理体制的逐渐现代化,海外专业人才大规模前往中国的时期将迅速来临。

结 论

东亚华人:以中国大陆为中心的资源整合

东亚华商网络和华人经济体间的整合具有坚实的支点。

第一个支点是共同的文化。虽然华商网络并非排他性的网络,这个网络包括华商与非华商的经济联系。[①] 然而,共同的亲缘、语言和表现在共同心理状态上(主要体现在价值观上)的文化基础,能使华商之间易于建立"由同一种语言和文化产生的关系,这种关系可以弥补法治的缺乏以及规则和法规缺少透明度"。[②] 具有共同文化背景的合资者之间,其合作的社会成本比处于不同文化的群体之间的合作要低。如果说亨廷顿在《文明冲突论》中将文化冲突作为政治、经济冲突的根源的说法具有合理性,那么华人的共同文化背景也将更容易消解冲突,促进合作,正如西欧和北美的经济互相渗透与合作基础即是文化的一致性使然。

第二个支点是共同处于东亚区域。处于共同或邻近的区域意味着相近的自然和地理条件和相互交往的交通便利,也因此降低物流和人流的成本。在全球化突飞猛进的今天,区域经济合作作为全球化的补充方兴未艾。海外华商网络也可视为区域经济合作的一种方式,是在"自然经济区域"内的不同经济体的合作典范。

第三个支点是历史的基础。明代以来形成的华商经贸网络基于共同的地域和文化基础,寻求共同的经济和社会利益。数百年来华商之间的联系长期维系,基本上一直能够为共同利益而聚合,尽管华商网络的中心在不同时期有所变化,但客观上都增强了东亚华人经济体间的整合。

从 20 世纪 70 年代末海外华商网络重新扩展到中国大陆以来,中国大陆在海外华商网络中的重要性与日俱增。在过去的 20 多年里,在华商网络的框架下,东亚各地华商资源在中国大陆进行着最佳整合。来自东南亚华商和港台的雄厚金融资本,来自台湾的高科技制造业和国际行销网络,来自东南亚华

---

① East Asia Analytical Unit, *Overseas Chinese Business Networks in Asia*, Australia: Department of Foreign Affairs and Trade, 1995, pp. 245~249.

② Samuel P. Huntington, *The Clash of Civilizations and the Remaking of World Order*, London, 1997, p. 170.

商和香港的现代化企业管理制度和市场营销经验,这些海外资源结合中国大陆取之不尽的廉价优质劳动力,便宜的地价,巨大的消费市场,尤其是稳定的政局,其结果是造就了中国大陆经济的腾飞和海外华资实力的迅速增长。

加入这种整合的各方都获得巨大利益。一方面,中国大陆借助海外华资,顺利解决了资本和外汇短缺两个缺口,更重要的是在中国大陆从计划经济向市场经济体制的转型时期,海外华资的进入成功推动了市场经济因素的成长,外商企业成为出口的主力。中国大陆很大程度上因此成为市场机制和贸易导向的经济体和"世界工厂",尤其是制造业的出口能力,得到迅速提升。2000年,中国大陆出口总额约 2490 美元。2001—2003 年,其出口总额分别达到2661 亿、3255 亿、4383 亿美元,年增长率分别为 6.8%、22%、37%。到 2004年,中国大陆出口总值更高达 5933 亿美元,增长 35%,成为世界第三大出口国。由于海外华资集中投入中国大陆,大陆越来越成为海外华商网络的核心区域。另一方面,海外华资企业在获得中国大陆的巨大市场方面获得先机,它们将研发基地留在本地,将生产基地转移到大陆,充分利用大陆的人力和自然资源,极大增强了其制造业的国际竞争力和累积更多的金融资本。两岸三地的经济整合及其成效,成为在华商网络框架下超越政治制度差异而组成"自然经济区域"的典范。[①]

东南亚华商与中国大陆的经济整合也有望在中国—东盟自由贸易区框架下得到加强。由于众所周知的原因,东南亚华商对中国大陆的直接投资经常受到当地政府的批评。特别在印尼和马来西亚,华人资本流向中国大陆常导致对华人是否效忠当地社会的质疑。这也是长期以来东南亚华商不得不通过香港和其他第三地向大陆投资的原因。2002 年,中国与东盟正式签署自由贸易区协议,双边经济整合获得新的动力。2003 年,中国与东盟贸易达 782.5亿美元,较上年增长了 42.8%。2004 年,双边贸易额达 1059 亿美元,增幅27.8%。2006 年,中国与东南亚的双边贸易已达 2000 亿美元,很大程度是与东南亚华商的贸易。东南亚与中国经贸关系的发展,华商应是最主要的推动者与得益者。正如印尼著名华商林文镜(Diuhar Sutanto)所言:"用 10 年时间建成中国—东盟自由贸易区,这对东盟华商来说,是天赐良机。华商可以利用住在国籍和华裔的双重角色,利用熟悉住在国和祖籍国政治、经济、法律、自然条件和深厚人脉资源,在推进中国—东盟自由贸易区建设中发挥重要中介作用,并在发挥中介作用的同时,为自我争取更大的发展空间以实现快速发展。也正因此,东

---

① Harry Harding,The Concept of "Greater China":Themes,Variations and Reservations,*China Quarterly*,Vol. 136,Dec. 1993,p. 665.

盟华商将建立中国—东盟自由贸易区视作事业腾飞的一个难得机遇。"①

台湾与港澳地区经济日益和大陆经济交融,已使海峡两岸与香港成为超政治的自然经济区,形成走向和平统一的不可逆转趋势。在海外华商与中国大陆日益加深经济整合的同时,中国大陆在这个网络中的核心地位也逐渐凸现,海外华商网络正日趋转型为以中国大陆为中心的东亚华商网络。而东亚地区华商经济一体化进程的加速,也成为支撑中国东亚外交的经济基础。

近20年来,东亚华人经济体的飞速发展和整合,也受益于世界华人专业人才的急遽增长和不断涌入东亚。世界华人专业人才资源高度集中在美国,其大体的运行方向是:东亚各华人区为北美、日本、欧洲和大洋洲输送潜在的专业人才(留学生),他们大部分留在当地国,少部分回流东亚,构成东亚各华人经济体的主要专业骨干。中国台湾、香港和新加坡是回流的最早受惠者,这些专业人才成为其经济腾飞和产业提升的关键因素之一。即使在中国大陆,留学回国人员也构成中国高端专业人才的主力。社会经济发展水平本质上取决于人才的水平。目前,中国大陆人才成长和发挥的环境仍差强人意,严重制约了中国现代化的进程。所幸的是,海外华人专业人才数量和质量足以和任何国家和民族媲美,是中国可资利用和合作的最重要的海外资源。随着中国社会管理体制现代化程度的提升,海外人才将越来越为中国大陆的发展空间所吸引。随着东亚经济的腾飞,在发达国家,尤其是美国,华人华侨的科技、教育成果和专门人才,越来越迅速涌向东亚各华人区,特别是涌入大陆。

基于同文同种和相近习俗乃至价值观,东亚华人社会,乃至世界华人之间的合作具有最深层次的共同文化基础。诚如新加坡前总理李光耀所说的:"我们都是华人,我们共享由共同祖先和文化而产生的某些特性……因此,更容易沟通和信任,而沟通和信任是一切商业关系的基础。"②如果说改革开放的前30年,中国和其他东亚华人经济体之间的合作和融合主要在经济层面,那么21世纪的合作则将在文化、科技乃至政治领域全面展开。海外同胞的资金、国际营销市场及经验和日益增加的专业人才流入,将全面提升中国经济、科技和文化竞争力,③尤其是作为世界华人资源最重要部分的专业人才与中国大陆资源整合时,即是中华民族腾飞之日。

---

① 林文镜在"第三届华人论坛"上的发言,《侨务工作研究》2004年第4期,第15页。

② Samuel P. Huntington, *The Clash of Civilizations and the Remaking of World Order*, London, 1997, p. 170.

③ 庄国土:《从国家发展战略看侨务资源》,《侨务工作研究》2008年第5期。

参考文献

一、未刊档案

1. 中国第一档案馆藏

《军机处录副奏折》外交类。

《外务部档案》侨务招工类。

《农工商部档案》商务司类。

《农工商部档案》庶务司类。

《邮传部档案》路政类。

2. 国家清史编纂工作资源库

档号 03-1098-001。

档号 03-1222-037。

档号 03-0549-008。

3. 张裕酿酒公司所藏档案资料

二、已刊档案与资料汇编

1.《唐大诏令集》,宋敏求编,商务印书馆点校本。

2.《建炎以来系年要录》,北京:中华书局,1988年。

3.《明清史料》(庚编),中研院史语所本。

4.《明律集解附例》,高举编,清光绪三十四年法律馆重刻本。

5.《朱批谕旨》,郝玉麟编,上海点石斋本,1887年。

6.《雍正朝汉文朱批奏折汇编》,中国第一历史档案馆编,南京:江苏古籍出版社,1989年。

7.《筹办夷务始末》,北京:故宫博物院1930年影印本。

8.《军机处录副奏折》,中国第一历史档案馆编:《清代中国与东南亚各国关系档案史料汇编》第1册,北京:国际文化出版公司,1998年。

9.《总理衙门及外务部档案》,中国第一历史档案馆编:《清代中国与东南亚各国关系档案汇编》第2册,北京:国际文化出版公司,2004年。

10.《东华续录》光绪朝,上海古籍出版社影印本。

11.《中外条约汇编》,黄月波等编,上海:商务印书馆,1935年。

12.《矿务档》,台北:中研院近代史所,1960 年。

13.《明实录》,中研院史语所校本,1962 年。

14.《清实录》,中华书局影印本,1985 年。

15.《李朝正宗实录》,吴晗辑:《朝鲜李朝实录中的中国史料》,北京:中华书局,1980 年。

16.《史料旬刊》,故宫博物院文献馆编辑。

17.《钦定大清会典事例》,宣统元年商务印书馆石印本。

18.《大清光绪新法令》,清宣统商务印书馆排印本。

19.《清季外交史料》,王彦威、王亮编,北平故宫博物院影印本,1934 年。

20.《驻德使馆档案钞》,刘锡鸿等编,台北:学生书局,1966 年。

21.《大清律例增修统纂集成》,陶骏等(增修),光绪二十六年铅印本。

22.《云南史料丛刊》,方国瑜主编,昆明:云南大学出版社,1998 年。

23.《公案簿》(巴达维亚华人公馆档案)第 4 辑,包乐史主编,厦门:厦门大学出版社,2005 年。

24.《岭南摭怪等史料三种》,戴可来,杨保筠校注,郑州:中州古籍出版社,1991 年。

25.《古代中越关系史资料选编》,中国社会科学院历史研究所编,北京:中国社会科学出版社,1982 年。

26.《中国古籍中有关缅甸资料汇编》,余定邦、黄重言编,北京:中华书局,2002 年。

27.《福建华侨档案史料》,福建省档案馆编,北京:中国档案出版社,1990 年。

28.《政府公报》,北京政府编,台北:文海出版社,1971 年。

29.《北洋军阀》,李宗一、章伯锋主编,武汉:武汉出版社,1990 年。

30.《辛亥革命》,中国史学会编,上海:上海人民出版社,1981 年。

31.《中华民国史事纪要》(初稿),中华民国史事纪要编辑委员会编,台北:正中书局,1979 年。

32.《西班牙时代之菲律宾华侨史料》(英文),[菲]吴景宏编,《南洋研究》第 1 卷抽印本,新加坡:南洋大学南洋研究室,1959 年。

33.《华侨开国革命史料》,蒋永敬编,台北:正中书局,1977 年。

34.《菲律宾法律大全》第 1 辑,[菲]黄明德、薛约翰编著,菲律宾法律大全出版社,1946 年。

35.《菲律宾法律大全》第 2 辑,[菲]黄明德、薛约翰编著,菲律宾法律大全出版社,1958 年。

36.《中华民国开国五十年文献》,本书编委会编,台北:正中书局,1964

年。

37.《缅甸公民法》,姚秉彦译,《南亚与东南亚资料》第 2 辑,1983 年。

38.《华工出国史料汇编》(10 辑),陈翰笙主编,北京:中华书局,1985 年。

39.《中国近代工业史资料》(第 2 册),孙毓棠主编,北京:三联书店,1957 年。

40.《中国近代铁路史资料(1863—1911)》,宓汝成编,北京:中华书局,1963 年。

41.《华侨抗日救国史料》,蔡仁龙、郭梁主编,福州:中共福建党史委员会、中国侨史学会印行,1987 年。

42.《康有为论集》上册,汤志钧编,北京:中华书局,1981 年。

43.《老挝问题资料选编》,成都军区政治联络部云南省社科院东南亚研究所编,1987 年。

44.《近代华侨投资国内企业史资料选辑》(福建卷),林金枝编著,福州:福建人民出版社,1985 年。

45.《近代华侨投资国内企业史资料选辑》(广东卷),林金枝编著,福州:福建人民出版社,1989 年。

46.《近代华侨投资国内企业史资料选辑》(上海卷),林金枝编著,厦门:厦门大学出版社,1994 年。

47.《中外宪法选编》(下),戴学正编,北京:华夏出版社,1994 年。

48.《印度尼西亚华人同化问题资料汇编》,周南京等编,北京:北京大学亚太研究中心,1996 年。

49.《潮汕地区侨批业资料》,杨群熙编,潮汕历史文化研究中心、汕头市文化局、汕头市图书馆,2004 年。

50.《闽西南、粤东、赣东南十三市统计资料汇编》,厦门:第二届区域统计信息交流联席会议,1998 年。

51.《侨务政策汇编》第 3 辑,厦门大学南洋研究院资料。

52.《侨务法规文件汇编(1955—1999)》,国务院侨务办公室(内部文件),1999 年。

53.《国际迁徙与发展》,联合国秘书长安南在联合国第 60 届会议报告(议程 54.C,中文本),2006 年。

54.《邓小平论侨务工作》,国务院侨务办公室编,1998 年。

55.《江泽民论侨务》,国务院侨务干部学校编,2002 年。

56.《晋江县旅外社团组织》,晋江县侨务办公室编,1987 年。

57.《2007 中小企业白皮书》,台湾经济部中小企业处编,2007 年。

58.《香港与台湾的经贸联系》,香港立法会秘书处编,2009 年。

59.《华侨及外国人、对外投资及对中国大陆投资统计年报》,台湾经济部投资审议委员会编,2007 年。

三、方志

1. 周钟瑄纂:《诸罗县志》,台湾文献丛刊第 141 种。
2. 连柱等纂:《广信府志》,清乾隆四十八年刻本
3. 叶廷推等纂:《海澄县志》,清乾隆二十七年刻本。
4. 黄任纂:《泉州府志》,清同治年重刊本。
5. 魏大名修:《崇安县志》,清嘉庆十三年刻本。
6. 薛凝度修:《云霄厅志》,湖南图书馆影印本。
7. 胡之鋗修:《晋江县志》,清道光九年,传抄本。
8. 周凯纂:《厦门志》,厦门:鹭江出版社,1996 年。
9. 汪敦灏、王闿运纂:《(湖南)桂阳直隶州志》,清同治七年刻本。
10. 陈寿祺纂:《重纂福建通志》,清同治十年正谊书院刻本。
11. 范咸纂辑,陈伟智点校:《重修台湾府志》,台北:"行政院"文化建设委员会,2005 年。
12. 郑梦玉等修纂:《南海县志》,清宣统元年刊本。
13. 黄家鼎撰:《马巷厅志》,清光绪十九年刻本。
14. 安海志修编小组:《安海志》(新编),1983 年。
15.《晋江大仑蔡氏族谱》,1731 年重修。
16. 晋江方志办编:《晋江市志》,上海:三联书店,1994 年。

四、中文古籍

1.《史记》,中华书局点校本。
2.《新唐书》,中华书局点校本。
3.《宋史》,中华书局点校本。
4.《元史》,中华书局点校本。
5.《清史稿》,中华书局点校本。
6. 袁康、吴平:《越绝书》,长沙:岳麓书社,1996 年。
7.《续修四库全书·史部·政书类》。
8. 徐竞:《宣和奉使高丽图经》,文渊阁四库全书本。
9. 洪迈:《夷坚志》,北京:中华书局,1987 年。
10. 周密:《癸辛杂识》续集下,吴企明点校本,北京:中华书局,1988 年。
11. 吴自牧:《梦粱录》,《丛书集成初编》(616),上海:商务印书馆,1936 年。

12. 朱彧：《萍洲可谈》，四库全书本。

13. 徐松：《宋会要辑稿》，北平图书馆，1936 年影印本。

14. 赵汝适：《诸蕃志》，台北：商务印书馆，1962 年。

15. 汪大渊：《岛夷志略》，苏继顾校释本，北京：中华书局，1981 年。

16. 方回：《桐江集》，台北：商务印书馆，1981 年。

17. 陈大震：《大德南海志》，宋元方志丛刊，北京：中华书局，1990 年。

18. 吴澄：《吴文正公集》，四库全书本。

19. 王圻：《续文献通考》，北京：现代出版社，1986 年。

20.《明经世文编》，中华书局影印本。

21. 陶宗仪：《辍耕录》，文渊阁四库全书本。

22. 茅元仪：《武备志》，台北：华世出版社，1984 年。

23. 何乔远：《闽书》，福州：福建人民出版社，1994 年。

24. 马欢：《瀛涯胜览》，《丛书集成初编》(624)，商务印书馆刊本。

25. 张燮：《东西洋考》，谢方点校，北京：中华书局，1981 年。

26. 朱国祯：《涌幢小品》，北京：中华书局，1959 年。

27. 何乔远：《名山藏》，明崇祯刊本。

28.《徐光启集》，上海：上海古籍出版社，1984 年。

29. 谢杰：《虔台倭纂》，玄览堂丛书续集，中央图书馆影印本，1947 年。

30. 沈德符、张燮：《明季荷兰人侵据彭湖残档》，台湾文献丛刊本。

31. 蔡清：《虚斋集》，文渊阁四库全书本。

32. 黄宗羲：《赐姓始末》，梨周遗著丛刊，上海扫叶山房铅印本，1919 年。

33. 王沄：《漫游纪略》，光绪中申报馆铅印本。

34. 川口长孺：《台湾郑氏纪事》，台湾文献丛刊，第 5 册。

35. 郁永河：《伪郑遗事》，《屑玉丛谭》(15)，1878 年申报丛书本。

36. 江日升、吴德桥校注本：《台湾外纪》，上海：上海古籍出版社，1986 年。

37. 沈起元：《条陈台湾事宜状》，《台湾理蕃古文书》，台北：成文出版社，1983 年。

38. 蓝鼎元：《鹿洲全集》，厦门：厦门大学出版社，1995 年。

39. 赵翼：《簷曝杂记》，北京：中华书局，1982 年。

40. 张伯行：《正谊堂续集》，清乾隆刻本。

41. 刘锦藻：《清朝续文献通考》，上海：商务印书馆，1936 年。

42.［越］潘清简等：《越史通鉴纲目》，北京：北京图书馆，1956 年。

43.［越］《大南列传前编》，日本庆应义塾大学语言研究所影印本，东京：有邻堂，1961 年。

44.［越］吴士连：《大越史记全书续编》，东京：东京大学东洋文化研究所，

1984 年。

45. 蔡永蒹：《西山杂志》，泉州海交馆抄本。

46. 吴任臣：《十国春秋》，中华书局点校本。

47. 王大海著，姚楠、吴琅璇校注：《海岛逸志》，香港：学津书店，1992 年。

48. 陈伦炯：《海国闻见录》，郑州：中州古籍出版社，1985 年。

49. 大汕著，余思黎点校：《海外纪事》，北京：中华书局，1987 年。

50. 力钧：《槟榔屿志略》，双镜庐集字板排印，1891 年。

51. 李钟钰：《新加坡风土记》，新加坡：新加坡南洋书局，1947 年。

52. 许云樵校注：《开吧历代史记》，新加坡《南洋学报》第 9 卷第 1 辑，1953 年。

53. 程日炌撰述，许云樵校注：《噶喇吧纪略》，《南洋学报》第 9 卷第 1 期，1953 年。

54. 杨锡绂撰：《四知堂文集》，《四库未收书辑刊》（第 9 辑第 24 册）。

55. 吴丰培整理：《安南纪略》，北京：书目文献出版社，1986 年。

56. 李根源辑：《永昌府文征》，昆明：云南美术出版社，2002 年。

57. 徐鼐：《小腆纪年》，台北：大通书局，1987 年。

58. 王芝：《海客日谭》，光绪十一年（1885）刻本。

59. 黄懋材：《西辀日记》，《小方壶斋舆地丛钞》第十帙。

60. 李鸿章撰，吴汝纶编：《李文忠公全集》，台北：文海出版社，1984 年。

61. 曾纪泽：《曾惠敏公奏疏》，1894 年上海石印本。

62. 张之洞：《张文襄公全集》，1928 年北平文华斋本。

63. 盛宣怀：《愚斋存稿》，近代中国史料丛刊续编（第 13 辑），台北：文海出版社，1975 年。

64. 何如璋：《使东述略》，《晚清海外笔记选》，北京：海洋出版社，1983 年。

65. 郑观应：《盛世危言》，上海：上海古籍出版社影印本，2008 年。

66. 陈庆镛：《籀经堂类稿》，《续修四库全书》集部第 1522—1523 册。

67. 连横：《台湾通史》，北京：商务印书馆，1983 年。

68.《政闻社宣言书》，中国史学会编《辛亥革命》第 4 册，上海：上海人民出版社，1957 年。

69. 康文佩编：《康南海先生年谱续编》，《近代中国史料丛刊》本。

70. 梁启超：《新大陆游记》，《走向世界丛书》，长沙：岳麓书社，1985 年。

71. 薛福成撰，蔡少卿整理：《薛福成日记》，长春：吉林文史出版社，2004 年。

72. 郑观应：《郑观应集》，上海：上海人民出版社，1982 年。

73. 陈铮编：《黄遵宪全集》，北京：中华书局，2005 年。

74. 梁启超:《饮冰室合集》,上海:中华书局,1936年。

75. 上海文物保管委员会编:《康有为与保皇会》,上海:上海人民出版社,1982年。

五、中文著作

1.《国父全集》,台北:中国国民党中央党史会,1973年。

2.《列宁全集》,北京:人民出版社,1956年。

3.《孙中山全集》,北京:中华书局,1981—1986年。

4.《孙中山选集》,北京:人民出版社,1981年版。

5. 蔡天:《寮国华侨概况》,台北:华侨总会协会、正中书局,1988年。

6. 曹亚伯:《武昌革命真史》,上海:中华书局,1929年。

7. 陈碧笙:《世界华侨华人简史》,厦门:厦门大学出版社,1991年。

8. 陈碧笙主编:《南洋华侨史》,南昌:江西人民出版社,1989年。

9. 陈昌福:《日本华侨研究》,上海:上海社会科学出版社,1989年。

10. 陈高华:《元史研究论稿》,北京:中华书局,1991年。

11. 陈佳荣、谢方、陆峻岭等编:《古代南海地名汇释》,北京:中华书局,2002年。

12. 陈嘉庚:《南侨回忆录》,香港:香港草原出版社,1979年。

13. 陈嘉庚:《我国行的问题》,南侨总会刊行,1946年。

14. 陈烈甫:《东南亚洲的华侨华人与华裔》,台北:正中书局,1983年。

15. 陈三井:《华工与欧战》,台北:中研院近代史研究所,1986年。

16. 陈铁凡、傅吾康合编:《马来西亚华文铭刻萃编》,吉隆坡:马来亚大学出版社,1982年。

17. 陈文寿主编:《华侨华人新论》,北京:中国华侨出版社,1997年。

18. 陈锡祺主编:《孙中山年谱长编》,北京:中华书局,1991年。

19. 陈荆和、陈育崧:《新加坡华文碑铭集录》,香港:香港中文大学出版社,1970年。

20. 崔承宪:《韩国华侨史研究》,香港:香港社会科学出版社,2003年。

21. 崔贵强:《新加坡华人——从开埠到建国》,新加坡:新加坡宗乡会馆联合总会,1994年。

22. 崔贵强:《新马华人国家认同的转向(1945—1959)》,厦门:厦门大学出版社,1989年。

23. 邓泽如:《中国革命党二十年史述》,上海:正中书局,1948年。

24. 丁文江、赵丰田编:《梁启超年谱长编》,上海:上海人民出版社,1983年。

25. 段柏林:《中华思想与华侨》,东京:亚洲文化综合研究所,1992 年。

26. 段立生:《泰国的中式寺庙》,曼谷:泰国大同社出版有限公司,1996年。

27. 冯自由:《革命逸史》,北京:中华书局,1987 年。

28. 冯自由:《华侨革命开国史》,上海:商务印书馆,1947 年。

29. 冯自由:《华侨革命组织史话》,台北:正中书局,1954 年。

30. 冯自由:《中华民国开国前革命史》,上海书店 1928 年影印本。

31. 福建省华侨事务委员会办公室编:《华侨情况介绍》,1963 年。

32. 傅吾康、刘丽芳:《泰国华文碑铭汇编》,台北:新文丰出版公司,1998年。

33. 甘乃光编:《中山全集》,上海:良友图书公司,1931 年。

34. 高明群编:《石狮商工文化研究》,厦门:厦门大学出版社,1995 年。

35. 古鸿廷:《东南亚华侨的认同问题(马来亚篇)》,台北:联经出版公司,1994 年。

36. 广东华侨研究会:《侨情手册——泰国》,广东华侨研究会,1991 年。

37. 郭明:《中越关系演变四十年》,南宁:广西人民出版社,1992 年。

38. 韩方明:《华人与马来西亚的现代化进程》,北京:商务印书馆,2002年。

39. 韩振华:《航海交通贸易研究》,香港:香港大学亚洲研究中心,2002年。

40. 胡汉民:《胡汉民自传》,台北:传记文学出版社,1969 年。

41. 华侨革命史编纂委员会:《华侨革命史》,台北:正中书局,1981 年。

42. 华侨志编委会:《越南华侨志》,台北:华侨志编纂委员会,1958 年。

43. 华侨志编委会:《柬埔寨华侨志》,台北:华侨志编纂委员会,1959 年。

44. 华侨志编委会:《缅甸华侨志》,台北:华侨志编纂委员会,1967 年。

45. 华侨志编委会:《华侨志·总志》,台北:海外出版社,1956 年。

46. 黄病佛:《锦绣泰国》,曼谷:泰华文化事业出版社,1974 年。

47. 黄福銮:《华侨与中国革命》,香港:亚洲出版社,1954 年。

48. 黄季陆:《革命人物志》(1),台北:中央文物供应社,1969 年。

49. 黄警顽:《华侨对祖国的贡献》,上海:崇棣出版社,1940 年。

50. 黄文鹰等:《荷属东印度公司统治时期巴城华侨人口分析》,厦门大学南洋研究所,1981 年。

51. 黄小坚、赵红英、丛月芬:《海外侨胞与抗日战争》,北京:北京出版社,1995 年。

52. 黄滋生、何思兵:《菲律宾华侨史》,广州:广东高等教育出版社,1987

年。

53. 季啸风、沈友益编:《中华民国史料外编》,桂林:广西师范大学出版社,1998年。

54. 暨南大学东南亚研究所、广州华侨研究会编著:《战后东南亚国家的华侨华人政策》,广州:暨南大学出版社,1989年。

55. 金应熙主编:《菲律宾史》,开封:河南大学出版社,1990年。

56. 柯木林、林孝胜:《新华历史与人物研究》,南洋学会丛书第27种,1986年。

57. 李金明、廖大珂:《中国古代海外贸易史》,南宁:广西人民出版社,1995年。

58. 李锐华:《马来亚华侨》,自由中国社丛书(34),1954年。

59. 李喜所:《近代中国的留学生》,北京:人民出版社,1987年。

60. 李学民、黄昆章:《印尼华侨史》,广州:广东高等教育出版社,2005年重印本。

61. 李盈慧:《华侨政策与海外民族主义(1912—1949)》,台北:国史馆,1997年。

62. 李玉昆:《泉州海外交通史略》,厦门:厦门大学出版社,1995年。

63. 李则芬:《中日关系史》,台北:中华书局,1982年。

64. 利国、徐绍丽:《越南民族》,北京:华夏出版社,1989年。

65. 梁嘉彬:《广东十三行考》,上海,1937年。

66. 梁漱溟:《中国文化要义》,上海:上海学林出版社,1987年。

67. 廖大珂:《福建海外贸易史》,福州:福建人民出版社,2002年。

68. 廖建裕:《现阶段的印尼华族研究》,新加坡:新加坡教育出版社,1978年。

69. 廖小健:《战后各国华侨华人政策》,广州:暨南大学出版社,1995年。

70. 林代昭:《战后中日关系史》,北京:北京大学出版社,1992年。

71. 林金枝:《近代华侨投资国内企业概论》,厦门:厦门大学出版社,1988年。

72. 林金枝等:《华侨与中国革命和建设》,福州:福建人民出版社,1993年。

73. 林仁川、黄福才:《闽台文化交融史》,福州:福建教育出版社,1997年。

74. 林仁川:《明末清初的私人海上贸易》,上海:华东师范大学出版社,1987年。

75. 林水檺、骆静山编:《马来西亚华人史》,吉隆坡:马来西亚留台校友会联合总会,1984年。

76. 林锡星:《中缅友好关系研究》,广州:暨南大学出版社,2000 年。

77. 林孝胜等:《石叻古迹》,新加坡:南洋学会,1975 年。

78. 林勇:《马来西亚华人与马来人经济地位变化比较研究(1957—2005)》,厦门:厦门大学出版社,2007 年。

79. 林远辉、张应龙:《新加坡、马来西亚华侨史》,广州:广东教育出版社,1991 年。

80. 林再复:《闽南人》,台北:三民书局,1996 年。

81. 刘伯骥,《美国华侨史(1848—1911)》,台北,黎明文化事业公司,1982 年。

82. 刘伯骥:《美国华侨逸史》,台北:黎明文化事业公司,1984 年。

83. 刘芝田:《中菲关系史》,台北:正中书局,1964 年。

84. 卢冠群:《韩国华侨经济》,台北:海外出版社,1956 年。

85. 罗晃潮:《日本华侨史》,广州:广东高等教育出版社,1994 年。

86. 罗香林:《西婆罗洲罗芳伯等所建共和国考》,香港:中国学社,1961 年。

87. 马维良:《云南回族历史与文化研究》,昆明:云南大学出版社,2000 年。

88. 旻子:《林同春传》,北京:华侨出版社,1997 年。

89. 潘翎主编:《华侨华人百科全书》,新加坡:华裔馆,1998 年。

90. 彭家礼:《英属马来亚的开发》,北京:商务印书馆,1983 年。

91. 戚嘉林:《台湾史》(上册),台北:自立晚报社,1986 年。

92. 侨务委员会编:《十年侨务特刊》,重庆:侨务会编印。

93. 邱炫煜:《明帝国与南海诸蕃国关系的演变》,台北:兰台出版社,1995 年。

94. 施添福:《清代在台汉人祖籍分布和原乡生活方式》,台北:台湾师范大学地理系,1987 年。

95. 石沧金:《马来西亚华人社团史》,北京:中国华侨出版社,2005 年。

96. 司徒美堂:《祖国与华侨》(上册),香港:文汇出版社,1956 年。

97. 宋越伦:《留日华侨小史》,台北:中央文物供应社,1953 年。

98. 宋哲美:《马来西亚华人史》,香港:中华文化事业公司,1964 年。

99. 华侨志编纂委员会编:《缅甸华侨志》,台北:华侨志编纂委员会,1967 年。

100. 侨务委员会编:《侨务五十年》,台北:侨务委员会,1982 年。

101. 唐青编著:《新加坡华文教育》,台北:华侨出版社,1964 年。

102. 汪向荣、汪皓:《中世纪的中日关系》,北京:中国青年出版社,2001

年。

103. 温广益等:《印度尼西亚华侨史》,北京:海洋出版社,1985年。

104. 温广益主编:《二战后东南亚华侨华人史》,广州:中山大学出版社,2000年。

105. 吴春明:《中国东南土著民族历史与文化的考古学观察》,厦门:厦门大学出版社,1999年。

106. 吴凤斌主编:《东南亚华侨通史》,福州:福建人民出版社,1994年。

107. 吴翊麟:《宋卡志》,台北:商务印书馆,1968年。

108. 吴翊麟:《暹南别录》,台北:商务印书馆,1985年。

109. 谢益显主编:《中国外交史》,郑州:河南人民出版社,1988年。

110. 辛向阳等:《人文中国》,北京:中国社会出版社,1996年。

111. 徐晓望:《妈祖的子民:闽台海洋文化研究》,上海:学林出版社,1999年。

112. 颜清湟:《海外华人史研究》,新加坡:亚洲研究学会,1992年。

113. 杨建成:《华侨参政权之研究》,台北:文史哲出版社,1992年。

114. 杨建成主编:《菲律宾的华侨》,台北:中华学术院南洋研究所,1986年。

115. 杨建成主编:《三十年代南洋华侨侨汇投资调查报告书》,台北:中华学术院南洋研究所,1983年。

116. 杨建成主编:《泰国的华侨》,台北:中华学术院南洋研究所,1984年。

117. 杨进发:《战前的陈嘉庚言论史料分析》,新加坡:南洋学会,1980年。

118. 杨昭全、孙玉梅:《朝鲜华侨史》,北京:中国华侨出版公司,1991年。

119. 姚曾荫:《广东省的华侨汇款》,上海:商务印书馆,1943年。

120. 余光弘:《清代班兵与移民:澎湖个案研究》,台北:稻香出版社,1997年。

121. 俞亚克、黄敏编著:《当代文莱》,成都:四川人民出版社,1994年。

122. 曾少聪:《东洋航路的移民》,南昌:江西高校出版社,1998年。

123. 张存武:《清韩宗藩贸易》,台北:中研院近代史所,1985年。

124. 张文和:《越南华侨史话》,台北:黎明公司出版部,1974年。

125. 张永福:《南洋与创立民国》,上海:中华书局,1933年。

126. 张仲礼著,费成康、王寅通译:《中国绅士的收入》,上海:上海社会科学出版社,2002年。

127. 张仲木等编:《泰中研究》第1辑,曼谷:华侨崇圣大学泰中研究中心,2003年。

128. 赵和曼:《东南亚手册》,南宁:广西人民出版社,2000年。

129. 郑良树:《马来西亚华文教育史》(第一分册),吉隆坡:马来西亚华校教师总会,1998年。

130. 郑林宽:《福建华侨汇款》,永安:福建省政府秘书处统计室,1940年。

131. 中国银行泉州分行行史编委会:《闽南侨批史纪述》,厦门:厦门大学出版社,1996年。

132. 周南京主编:《华侨华人百科全书》,北京:中国华侨出版社,2000年。

133. 周聿峨:《东南亚华文教育》,广州:暨南大学出版社,1995年。

134. 朱慧玲:《中日关系正常化以来日本华侨华人社会的变迁》,厦门:厦门大学出版社,2003年。

135. 朱维幹:《福建史稿》,福州:福建教育出版社,1984年。

136. 庄国土:《华侨华人与中国的关系》,广州:广东高等教育出版社,2001年。

137. 庄国土:《中国封建政府的华侨政策》,厦门:厦门大学出版社,1989年。

138. 庄国土等:《二战以后东南亚华族社会地位的变化》,厦门:厦门大学出版社,2003年。

139. 庄钦永:《新加坡华人史论丛》,新加坡:南洋学会,1986年。

140. 邹鲁:《中国国民党史稿》,上海:上海书店,2002年。

六、中文论文

1.[美]成露西:《美国华人历史与社会》,《华侨论文集》第2辑,广东华侨历史学会,1982年。

2.[美]郝延平:《中国三大商业革命和海洋》,张炎宪主编《中国海洋发展史论文集》第六辑,台北:中研院社科所出版,1997年。

3.[美]何翠媚:《曼谷的华人庙宇:19世纪中泰社会资料来源》,《海交史研究》1996年第2期。

4.[缅]陈启漳:《国福宫百年沿革简史》,《庆福宫百周年庆典特刊》,仰光:庆福宫,1961年。

5.[缅]周隼:《缅南要港毛淡棉》,《庆福宫百周年庆典特刊》,仰光:庆福宫,1961年。

6.[泰]刘丽芳、麦留芳:《曼谷与新加坡华人庙宇及宗教习俗的调查》,(台)《民族学研究所资料汇编》1994年第9期。

7.[泰]素帕拉·乐帕尼察军:《曼谷王朝时代政体改革前对华人的管理(1782—1892)》,《漳林港(1767—1850)》,[泰]素攀·占塔匿等:《泰国潮州人及其故乡潮汕研究计划》第1辑,曼谷:朱拉隆功大学亚洲研究所中国研究中心,1991年。

8.[泰]旺威帕·武律叻达纳攀、素攀·占塔瓦匿:《吞武里王朝和曼谷王朝初期泰国社会中的潮州人》,《红头船的故乡——樟林古港》,香港:香港天马出版有限公司,2004年。

9. 崔贵强:《泰国华人的同化问题》,陈碧笙选编《华侨华人问题论文集》,南昌:江西人民出版社,1989年。

10.《印尼现有华人1100万》,《八桂侨刊》2000年第2期。

11.《发挥中介作用共促中国与东盟合作——第三届世界华人论坛论文摘编》,《侨务工作研究》2004年第4期。

12.《中越关系的真相》,《国际问题研究》1981年第2期。

13. 包鲁:《华人在缅甸》,《东南亚南亚信息》1996年第18期。

14. 陈高华:《元代的航海世家澉浦杨氏》,《海交史研究》1995年第1期。

15. 陈荆和:《〈河仙镇叶镇莫氏家谱〉注释》,(台湾)《文史哲学报》第7期。

16. 陈荆和:《承天明乡社与清河庙——顺化华侨史之一页》,(香港)《新亚学报》第4卷第1期。

17. 陈荆和:《华侨历史上的人口及居留地》,张其昀《中菲文化论集》(2),台北:中华文化出版事业社,1960年。

18. 陈荆和:《清初郑成功残部之移殖南圻》(上),(香港)《新亚学报》第5卷第1期。

19. 陈孺性:《缅甸华侨史略》,《旅缅安溪会馆四十二周年纪念特刊》,仰光:旅缅安溪会馆,1963年。

20. 陈松沾:《日治时期新马华人的处境》,《南洋学报》第52卷,1998年8月。

21. 陈天杰:《广东第一间蒸汽缫丝厂继昌隆及其创办人陈启沅》,《广州文史资料》1963年第2辑。

22. 陈万安、许肖生:《北伐战争与华侨》,《学术研究》1982年第5期。

23. 陈维龙:《在新加坡注册的商业银行》,《南洋文摘》第12卷第11期,新加坡南洋文摘出版社,1960年。

24. 陈育崧:《陈怡老案与清代迁民政策之改变》,《南洋学报》第12卷第1辑。

25. 崔贵强:《海峡殖民地的华人对五四运动的反响》,《南洋学报》第20卷第1—2合辑。

26. 崔贵强:《星马华族社会运动的主流问题》,柯木林、吴振强编《新加坡华族史论集》,南洋大学毕业生学会,1972年。

27. 范波涛：《知识型海外华人：耀眼的群体》，《人民日报》(海外版)2001年9月5日。

28. 范宏贵：《老挝华侨华人剪影》，《八桂侨刊》2000年第1期。

29. 范可：《"海外关系"和闽南侨乡的民间传统复兴》，杨学嶙、庄国土编《改革开放和福建华侨华人》，厦门：厦门大学出版社，1999年。

30. 傅曦、张俞：《老挝华侨华人的过去与现状》，《八桂侨刊》2001年第1期。

31. 高斌：《1980年代末以来柬埔寨华人经济地位的发展变化》，《南洋问题研究》2003年第2期。

32. 高原：《美国如何吸引高科技人才》，《环球纵横》2000年第5期。

33. 郭景荣：《爱国华侨反袁斗争》，广东华侨历史学会《华侨论文集》第3辑，1986年。

34. 郭水潭：《荷人据台时期的中国移民》，《台湾文献》第10卷第4期，1959年11月。

35. 郭玉聪：《日本华侨、华人的数量变化及其原因》，《世界民族》2004年第5期。

36. 寒谭：《华侨民信局小史》，《南洋中华汇业总会年刊》，新加坡：南洋中华汇业总会，1947年。

37. 洪玉华、吴文焕：《华人与菲律宾革命》，《华侨华人历史研究》1996年第4期。

38. 黄昆章：《论瓦希德与印尼华人》，《华侨华人研究》第5辑，香港：荣誉出版有限公司，2001年。

39. 黄昆章：《十六、十七世纪暹罗的华人街》，《中国东南亚研究会通讯》1992年第4期。

40. 黄昆章：《中印(尼)复交后印尼华人政策走势初探》，《华人月刊》1991年第10期。

41. 黄昆章：《走世界华人发展的历史必由之路》，《华侨华人历史研究》1993年第4期。

42. 黄庆云：《华侨与广东地区辛亥革命运动》，暨南大学华侨研究所编《华侨史论文集》第2辑，1981年。

43. 黄兴球：《老挝新华侨》，《八桂侨刊》2005年第5期。

44. 迦陵生：《康有为在槟城》，《南洋文摘》第1卷第12期，新加坡南洋文摘出版社，1960年。

45. 江白潮：《二十世纪泰国华侨人口初探》，《东南亚》1992年第4期。

46. 蒋家兴：《台湾的留学教育与国家发展》，李又宁编《华族留美史：150

年的学习与成就——国际学术研讨会论文集》,纽约:天外出版社,1999年。

47. 金安清:《东倭考》,中国历史研究社编《倭变事略》,上海:上海书店,1982年。

48. 李道缉:《泰国华社的变迁与发展》,陈鸿瑜主编《迈向21世纪海外华人市民社会之变迁与发展》,台北:海外华人研究会,1999年。

49. 李笃彬:《荷属巴城华侨书报社略史》,《南洋研究》第3卷第3期。

50. 李西:《中国边贸纵览》,《对外经贸实务》2007年第2期。

51. 廖小健:《近十年来马来西亚华人政策的变化发展》,《八桂侨史》1993年第3期。

52. 林去病:《马来西亚华文教育三个突破的意义及其发展的前景》,《华侨华人历史研究》1998年第2期。

53. 林锡星:《缅甸华侨及其分布》,《东南亚纵横》2000年第1期。

54. 林锡星:《缅甸华人与当地民族关系研究》,《东南亚研究》2002年第2期。

55. 令狐萍:《从台湾社会的发展看台湾留美运动的兴衰》,《华侨华人历史研究》2003年第4期。

56. 刘红梅:《中国的发展太不可思议了——泰国普吉侨领访华》,国务院侨务办公室编《侨情》,2004年。

57. 刘云:《海外中国留学人员和华人学者分布状况及其特点》,《辽宁科技参考》2002年第4期。

58. 陆建人:《中国—东盟自由贸易区:进展与问题》,《亚太经济》2006年第3期。

59. 罗尔纲:《太平天国革命前的人口压迫》,《中国社会经济史集刊》第8卷第1期,中研院社会研究所,1949年。

60. 欧阳荣华:《新加坡的私会党组织》,《星洲日报》1966年1月9日。

61. 彭胜天:《三十年来之侨务》,《南洋研究》第6卷第2期,1936年。

62. 朴红心:《试论明治时期的日朝贸易》,北京大学韩国研究中心《韩国学论文集》第3辑,北京:东方出版社,1994年。

63. 邱炫煜:《明初与南海诸蕃国之朝贡贸易》,张彬村、刘石吉主编《中国海洋发展史论文集》(第五辑),台北:中研院,1993年。

64. 任贵祥:《华侨对祖国抗战经济的贡献》,《近代史研究》1987年第5期。

65. 任贵祥:《孙中山、袁世凯及其代表的南北政府侨务政策比较研究》,《江汉论坛》2005年第7期。

66. 桑兵:《新加坡华侨与康梁的保皇运动及孙中山的革命运动》,张希哲、陈三井编《华侨与孙中山领导的国民革命学术研讨会论文集》,台北:国史馆,1997年。

67. 沈立新:《美国华人新移民状况研究》,《八桂侨史》1996年第2期。

68. 司徒赞:《荷兰统治时期的印度尼西亚华侨教育史》,暨南大学东南亚研究所《东南亚华侨研究资料》1963年第1期。

69. 汤熙勇:《夏威夷华侨对孙中山先生革命的反应(1894—1911)》,张希哲、陈三井编《华侨与孙中山领导的国民革命学术研讨会论文集》。

70. 汤志钧:《论康有为和保皇会》,《纪念辛亥革命70周年学术讨论会论文集》中册,1983年。

71. 唐世平:《制度建设中的"领导"问题——以"10+3"为个案》,《国际经济评论》2004年第3期。

72. 田汝康:《杜文秀使英问题辨误》,《中国帆船贸易与对外贸易史论集》,杭州:浙江人民出版社,1987年。

73. 王苍柏:《东亚现代化视野中的华人经济网络——以泰国为例的研究》,《华侨华人历史研究》1998年第3期。

74. 王士录:《柬埔寨华侨华人的历史和现状》,《华侨华人历史研究》2002年第4期。

75. 王士录:《缅甸的"果敢族":族称、来历、状况及跨国互动》,《世界民族》2005年第5期。

76. 王望波:《东南亚华人社会政治地位的现状和发展趋势》,《南洋问题研究》2000年第3期。

77. 王望波:《中国—东盟自由贸易区中的东南亚华商》,《南洋问题研究》2007年第3期。

78. 王晓莺:《中国海外留学人员的现状及工作思路》,《当代大学生》2003年第1期。

79. 韦锦海:《越南华人华文教学当前存在的几个问题》,《东南亚纵横》2004年。

80. 温北炎:《印尼问题国内外近期研究述评》,《东南亚研究》2002年第1期。

81. 文雪:《越南华侨华人现状及工作建议——出访越南胡志明市调研报告》,国务院侨务办公室编《侨情》,2004年。

82. 翁佳音:《17世纪的福佬海商》,汤熙勇主编《中国海洋史论文集》第七辑,台北:中研院中山人文社科研究所,1999年。

83. 吴承明:《论明代国内市场和商人资本》(2),《中国社会科学院经济研究所集刊》第5集,北京:中国社会科学出版社,1983年。

84. 吴崇伯:《文莱的华侨华人经济》,《华侨华人历史研究》1994 年第 3 期。

85. 吴奈温:《缅甸政府对非原主民的政策》,《民族译丛》1985 年第 5 期。

86. 吴前进:《新华侨华人与民间关系发展》,《华侨华人历史研究》2007 年第 1 期。

87. 萧永坚:《战后东南亚国家的华侨归化政策及其影响》,《南洋问题研究》1989 年第 2 期。

88. 谢方:《明代漳州月港的兴衰和西方殖民者的东来》,《月港研究论文集》,福建省历史学会厦门分会、龙溪地委宣传部合编,1983 年。

89. 谢国祥:《马来西亚外劳市场和外劳政策现状》,《国际工程与劳务》2004 年第 7 期。

90. 谢品峰:《应新学校史略》,《星洲应和会馆一百四十一周年纪念特刊》,新加坡:应和会馆,1965 年。

91. 邢和平:《柬埔寨华人华侨》,《东南亚纵横》2002 年第 9 期。

92. 许文堂:《关于越南华人人口数量的历史考察》,《东南亚季刊》第 3 卷第 3 期,台北:暨南国际大学东南亚研究中心,1998 年。

93. 许秀聪:《星马华族对日本的经济制裁 1937—1942》,柯木林、吴振强编《新加坡华族史论集》,新加坡:南洋大学毕业生学会,1972 年。

94. 颜清湟:《新马华人对 1928 年济南惨案的反响》,吴伦霓霞、郑赤琰编《两次大战期间之海外华人》,香港:香港中文大学出版社,1989 年。

95. 曾瑞炎:《解放战争时期华侨爱国民主运动初探》,《史学月刊》1985 年第 2 期。

96. 张存武、王国璋:《菲华商联总会之兴衰和演变:1954—1998》,台北:中研院亚太研究计划论文系列第 58 号,2002 年。

97. 张坚:《两次世界大战间东南亚经济交往体系中的华商与日商》,未刊硕士论文,1999 年。

98. 张英:《韩国"在外同胞法"的性质及影响分析》,《东北亚研究》2008 年第 1 期。

99. 张映秋:《泰国华人社团模式的演变》,《东南亚研究学刊》1994 年第 11 期。

100. 张增信:《明季东南海寇与巢外风气》,张炎宪主编《中国海洋发展史论文集》(3),台北:中研院三民主义研究所,1988 年。

101. 赵维扬:《缅甸华侨之今昔》,德宏州经济研究所编:《缅甸现状与历史研究集刊》,潞西:德宏州经济研究所,1987 年。

102. 郑斌、陈文、史瑞文:《加拿大西部中国留学人员调查报告》,《神州学人》2001 年第 8 期。

103. 郑金树:《中菲人民的友好使者——罗曼·王彬》,《晋江文史资料》第 10 辑,1988 年。

104. 郑瑞林:《台湾移民的特点和贡献》,《华侨华人历史研究》1995 年第 1 期。

105. 郑瑞明:《试论越南华人在新旧阮之争中所扮演的角色》,许文堂主编《越南、中国与台湾关系的转变》,台北:中研院东南亚区域研究计划,2001 年。

106. 郑永禄、李和承:《韩中建交后韩国华侨社会地位变化考察》,《华侨华人历史研究》2008 年第 3 期。

107. 周孝中:《华侨与省港罢工》,《华侨史论文集》第 1 辑,广州:暨南大学华侨研究所,1981 年。

108. 周兴樑:《孙中山的革命活动与越南华侨》,中山大学孙中山研究所编《孙中山与华侨学术研讨会论文集》,1996 年。

109. 周中坚:《严冬历尽苦望春:柬埔寨华人沧桑四十年》,(台湾)《思与言》1993 年第 3 期。

110. 朱德兰:《清开海令后中国长崎贸易商与国内沿岸贸易(1684—1722)》,张炎宪主编《中国海洋发展史论文集》(3),台北:中研院三民所,1984 年。

111. 朱浤源:《清末以来海外华人的民族主义》,(台湾)《思与言》第 31 卷第 3 期。

112. 朱慧玲:《21 世纪上半叶发达国家华侨华人社会的发展态势》,《华侨华人历史研究》2002 年第 6 期。

113. 朱慧玲:《韩国华侨社会的变迁与特点》,《华侨华人历史研究》1996 年第 2 期。

114. 朱慧玲:《华侨社会的变貌及未来》,东京,日本侨报社,1999 年。

115. 朱慧玲:《近 30 年美国华社人口状况及其结构变化》,国务院侨务办公室编《侨情》,2006 年。

116. 朱柳:《独具特色的泰北侨情》,国务院侨务办公室编《侨情》,2004 年。

117. 朱正中:《东南亚台商与台湾之贸易关系》,《迈向新世纪:台湾与东南亚华人经济发展与互动国际研讨会》论文,台北,1998 年 4 月。

118. 庄国土:《17—19 世纪闽南人主导海外华商网络的原因》,《东南学术》2001 年第 3 期。

119. 庄国土:《从民族主义到爱国主义:1920—1930 年代东南亚华侨对中

国的认同》,《新华文摘》2000 年第 11 期。

120. 庄国土:《菲华晋江社团变化及与祖籍地联系》,《南洋问题研究》2001 年第 1 期。

121. 庄国土:《论早期海外华商经贸网络的形成(11—15 世纪初)》,《厦门大学学报》1999 年第 3 期。

122. 庄国土:《论郑和下西洋对中国海外开拓事业的破坏》,《厦门大学学报》2005 年第 3 期。

123. 庄国土:《论中国人移民东南亚的四次大潮》,《南洋问题研究》2008 年第 1 期。

124. 庄国土:《明季华侨数量及职业和籍贯构成》,《南洋问题研究》1990 年第 2 期。

125. 庄国土:《清初至鸦片战争前南洋华侨的人口结构》,《南洋问题研究》1992 年第 1 期。

126. 庄国土:《清末华侨民族主义的形成与孙中山的辛亥革命》,张希哲、陈三井编《华侨与孙中山领导的国民革命研讨会论文集》,台北:国史馆,1996 年。

127. 庄国土:《新中国政府对海外华侨华人的政策》,《南洋问题研究》1992 年第 2 期。

128. 庄国土:《中南半岛四国华人同化浅议》,《东南亚研究》1996 年第 1 期。

129. 庄国土:《近 20 年福建长乐人移民美国动机和条件》,《华侨华人历史研究》2006 年 1 期。

130. 邹金盛:《泰国潮帮批信局史探索》,澄海文史研究会《澄海文史资料》,1990 年。

七、译著

1. [阿拉伯]阿布·赛义德等著、穆根来等译:《中国印度见闻录》,北京:中华书局,1983 年。

2. 王赓武著,天津编译中心译:《中国与海外华人》,台北:商务印书馆,1994 年。

3. 颜清湟著,粟明鲜等译:《新马华人社会史》,北京:中国华侨出版公司,1991 年。

4. [菲]芬内尔著,吴文焕译:《宿务华人的经济—社会史》,马尼拉:菲律宾华裔青年联合会,2004 年。

5. [荷]包乐史著,庄国土译:《中荷交往史》,荷兰:阿姆斯特丹,1989 年。

6.[荷]包乐史著,庄国土等译:《巴达维亚华人与中荷贸易》,南宁:广西人民出版社,1997年。

7.[荷]扬·布雷曼著,李明欢译:《契约华工与种植园制》,厦门:鹭江出版社,1992年。

8.[老挝]富米·冯维希著,蔡文枞译:《老挝和老挝人民反对美国新殖民主义的胜利斗争》,北京:人民出版社,1974年。

9.[美]卡塞·科伦等编,赵中伟、王旭辉译,《东亚一体化:共享增长的贸易政策议程》,北京:中国财政经济出版社,2004年。

10.[美]拉瓦色斯著,丘仲麟译:《当中国称霸海上》,桂林:广西师范大学出版社,2004年。

11.[美]雷麦著,蒋学楷、赵康节译:《外人在华投资》,北京:商务印书馆,1959年。

12.[美]彭慕兰著,史建云译:《大分流:欧洲、中国及现代世界经济的发展》,南京:江苏人民出版社,2003年。

13.[美]斯塔夫里阿诺斯著,吴象婴、梁赤民译:《全球通史:1500以前的世界》,上海:上海社会科学出版社,1988年。

14.[美]吴元黎等著,汪慕恒、薛学了译:《华人在东南亚经济发展中的作用》,厦门:厦门大学出版社,1989年。

15.[美]约翰·奈斯比特著,蔚文译:《亚洲大趋势》,北京:外文出版社,1996年。

16.[日]滨下武志著,高淑娟、孙彬译:《中国近代经济史研究》,南京:凤凰出版传媒集团、江苏人民出版社,2006年。

17.[日]村上直次郎辑译,郭辉译:《巴达维亚城日记》,台北:台湾省文献委员会,1970年。

18.[日]戴国辉:《东南亚华人社会研究》,东京:亚洲研究所,1974年。

19.[日]吉野久仁夫著,周南京译:《黄仲涵财团:东南亚第一个企业帝国》,北京:中国华侨出版社,1993年。

20.[日]李国卿著,郭梁、金永勋译:《华侨资本的形成和发展》,香港:香港社会科学出版社,2000年。

21.[日]木宫泰彦著,胡锡年译:《日中文化交流史》,北京:商务印书馆,1980年。

22.[日]松村金助著,刘士木译:《日本之南生命线》,上海:中南文化协会,1935年。

23.[日]田村寿著,张荫桐译:《南洋华侨与经济之现势》,上海:商务印书馆,1946年。

24.[日]岩村成允著,许云樵译:《安南通史》,新加坡:星洲世界书局,1957年。

25.[日]游仲勋著,郭梁、刘晓民译:《东南亚华侨经济简论》,厦门:厦门大学出版社,1987年。

26.[意]白蒂著,庄国土等译:《郑成功:远东国际舞台上的风云人物》,南宁:广西人民出版社,1997年。

27.[印尼]林天佑著,李学民等译:《三宝垄历史——自三保时代至华人公馆的撤销》,广州:暨南大学华侨研究所,1984年。

28.[印尼]许天堂著,周南京译:《政治旋涡中的华人》,香港:香港社会科学出版社,2004年。

29.[英]W.G.赫夫著,牛磊、李洁译:《新加坡的经济增长——20世纪里的贸易与发展》,北京:中国经济出版社,2001年。

30.[英]凯特著,王云翔等译:《荷属东印度公司华人的经济地位》,厦门:厦门大学出版社,1988年。

31.[越]莫唐:《1975年以后胡志明市的华人社会:潜能和发展》,河内:社会科学出版社,1994年。

32.[越]朱海:《越南的华人共同体》,胡志明市:社会科学出版社,1992年。

33.颜清湟著,李恩涵译:《星马华人与辛亥革命》,台北:联经出版事业公司,1982年。

34.陈开俊等译:《马可波罗游记》,福州:福建科技出版社,1981年。

35.马金鹏译:《伊本·白图泰游记》,银川:宁夏人民出版社,1985年。

八、译文

1.[新]克尼尔·辛格·桑杜:《华人移居马六甲》,《中外关系史译丛》第3辑,1986年。

2.[法]利奥内尔·韦隆:《1975至1979年间的越南华人》,《八桂侨史》1989年第2期。

3.[法]苏尔梦:《华人对东南亚发展的贡献:新评价》,《南亚东南亚评论》(3),北京:北京大学出版社,1989年。

4.[菲]黄淑秀:《近现代菲律宾的华人企业家族》,陈文寿主编《华侨华人新论》,北京:中国华侨出版社,1997年。

5.[荷]施莱格:《婆罗洲的中国公司》,《南洋问题资料译丛》1958年第1期。

6.[美]菲律乔治:《西班牙与漳州之初期通商》,《南洋问题资料译丛》1957年第4期。

7. [美]弗雷德·赫斯奇德:《中国与东盟的贸易:对太平洋时代的影响》,《南洋问题资料译丛》1992年第3期。

8. [美]施坚雅:《古代的暹罗华侨》,《南洋问题资料译丛》1962年第2期。

9. [美]施坚雅:《门户开放和地域开放:1917年以前暹罗的中国移民及其人口增长》,《南洋问题资料译丛》1964年第1期。

10. [缅]貌貌李:《缅甸华人穆斯林研究》,《南洋问题研究》2007年第1期。

11. [日]福田省三:《荷属东印度的华侨》(二),《南洋问题资料译丛》1962年第2期。

12. [日]过放:《初期日本华侨社会》,《南洋问题资料译丛》2004年第4期。

13. [日]井村薰雄:《华侨寄款与祖国经济关系》,《南洋研究》第10卷第1期,1941年。

14. [日]可儿弘明:《从新大陆转向东南亚的"猪花"》,《南洋问题资料译丛》1984年第3期。

15. [日]岩生成一:《关于近世日支贸易数量的考察》,《史学杂志》第62卷第11号。

16. [日]原不二夫:《新经济政策下的马来西亚华人企业》,《南洋问题资料译丛》1991年第3期。

17. [泰]素帕拉·乐帕尼差拉功著,杜建军译:《1824—1910年泰国洪字秘密会社》,《南亚与东南亚资料》1984年第6期。

18. [新]居维宁:《海外华人的种族认同》,陈文寿主编《华侨华人新论》,北京:中国华侨出版社,1997年。

19. [印尼]甫榕·沙勒:《荷兰东印度公司成立后在印度尼西亚的中国人》,《南洋问题资料译丛》1957年第3期。

20. [英]安德鲁·D. W. 福布斯著,姚继德摘译:《缅甸的滇籍穆斯林—潘泰人》,《回族研究》1992年3期。

21. [英]布赛尔:《东南亚的中国人》,《南洋问题资料译丛》1958年第2—3期。

22. [日]松本国义:《从菲律宾华侨看同化》,厦门大学南洋研究所编《资料选编》1971年第2期。

23. [越]陈庆著,黄汉宝、陈金云译:《越南华人的人口学分析》,《八桂侨刊》2001年第3期。

24. [越]莫唐著,冯永孚译:《胡志明市华人经济的发展》,《八桂侨史》1996年第1期。

九、外文论文

1. Arensmeyer,Elliott C. ,Foreign Accounts of the Chinese in the Philippines:18th~19th Centuries,*in Philippine Studies* ,Vol. 18,1970.

2. Boxer,C. R. ,Chinese Abroad in Late Ming and Early Manchu Period, in *T'ien Hsia Monthly* ,Vol. 9.

3. Chan Kwok,Bun and Tong Chee Kiong,Rethinking Assimilation and Ethnicity:The Chinese in Thailand, in Wang Ling-chi & Wang Gungwu eds. , *The Chinese Diaspora* ,Singapore:Time Academic Press,1998.

4. Charney Mike,Esculent Bird's Nest,Tin and Fish:The Overseas Chinese and Their Trade in the Eastern Bay of Bengal(Coastal Burma)during the First Half of Nineteenth Century, in Gungwu, Wang and Chin-Keong, Ng,eds. , *Maritime China in Transition* 1750—1850, Wiesbaden:Harrossowitz Verlag.

5. Chen Ching-Ho,On the Rules and Regulations of the"Duong-thuong Hoi-quan"of Faifo(Hoi-an),Central Vietnam,Paper presented to the International Conference on Asian History,5—10 August 1968 at University of Malaya,Kuala Lumpur, *Southeast Asian Archives* ,Vol. II ,Kuala Lumpur, 1969.

6. Chia Siow Yue,East Asian regionalism,in *East Asian Cooperation* , *Progress and Future Agenda* ,Institute of Asia-Pacific Studies (Chinese Academy of Social Sciences,CASS)and Research Center For APEC and East Asian Cooperation,Beijing,August 22—23,2002.

7. Cooke,Nola,Book Review:Law and Society in Seventeenth and Eighteenth Century Vietnam,*Journal of Southeast Asian Studies* ,Vol. 29,1998.

8. Emerson Rupert,Paradoxes of Asian Nationalism,in R. Tilman,ed. , *Man,State and Society in Contemporary Southeast Asia* ,New York,Praeger,1969.

9. Fairbank,John K. ,Tributary trade and China's Relations with the West,in *Far Eastern Quarterly* ,Vol. 1,1942.

10. Francis,Ng and Yeats Alexander,Major Trade Trends in East Asia, What are their Implications for Regional Cooperation and Growth? in *World Bank Policy Research Working Paper* 3084,2003.

11. Fujiwara,Riichiro, The Regulation of the Chinese under the Trinh Regime and Pho Hien,in *Pho Hien:The Centre of International Commerce*

in the 17th—18th *Centuries*, comp. Association of Vietnamese Historians, Hanoi: The Gioi Publishers, 1994.

12. Fujiwara, Riichiro, Vietnamese Dynasties' Policies Toward Chinese Immigrants, in *Acta Asiatica*, Vol. 18, 1970.

13. Heinberg, John D., Jeffrey K. Harris and Robert L. York, The Process of Exempt Immediate Relative Immigration to the United States, *in International Migration Review*, Vol. 23, 1989.

14. James R., Rush, Social Control and Influence in Nineteenth Century Indonesia: Opium Farms and the Chinese of Java, in *Indonesia*, No. 35, 1983.

15. Kaempfer Engelbert, *The History of Japan: Together with a description of the Kingdom of Siam*, 1690—1692, Glasgow: James MacLehose and Sons, 3 Vols, 1906.

16. Leckie, Stuart Charles, The Commerce of Siam in Relation to the Trade of the British Empire, *The Royal Society of Arts* (RSA), 42, 1894.

17. Leonard Blusse, Minnan-jen or Cosmopolitan? The Rise of Cheng Chih-lung Allas Nicolas Iquan, in E. B. Vermeer, ed., *Development and Decline of Fuchien Province in the* 17th—19th *Centuries*, Leiden, 1990.

18. Masahiro Kawai, East Asian economic regionalism: Progress and challenges, in *Journal of Asian Economics*, issue 1, 2005.

19. Paisal, Sricharatchanya, Some Are More Equal, in *Far Eastern Economic Review*, Vol. 118, 1982.

20. Peng, Dajin, Ethnic Chinese Business Networks and Asia Pacific Integration, in *Journal of Asian and African Studies*, Vol. 35, No. 2, May 2000.

21. Peng, Dajin, Invisible Linkages: A Regional Perspective of East Asian Political Economy, in *International Studies Quarterly*, Vol. 46, No. 3, Sep 2002.

22. Sakakibara Eisuke and Sharon Yamakawa, Market-Driven Regional Integration in East Asia, paper prepared for the *Workshop on Regional Economic Integration in a Global Framework* to be held on 22—23 September, Beijing, China, 2004.

23. Skeldon, Ronald, Singapore as a Potential Destination for Hong Kong Emigrants before 1997, in Jin Hui, Ong, Chan Kwok Bun and Chew Seen Kong, eds., *Crossing Borders: Transmigration in Asia Pacific*, Singapore: Prentice Hall.

参考文献

24. Smith,Paul J.,Illegal Chinese Immigrants Everywhere and No Let-up in Sight,in *International Herald Tribune*,1994.

25. Suryadinata, Leo, Ethnic Chinese in Southeast Asia: Overseas Chinese,Chinese Overseas or Southeast Asians? in Leo Suryadinata ed., *Ethnic Chinese as Southeast Asians*,Singapore:Institute of Southeast Asian Studies,1997.

26. Suryadinata,Leo,Issues and Events of Ethnic Chinese Communities, in *Chinese Heritage Center Bulletin*,No. 9,2007.

27. Teresita Ang See, *China, New Chinese Immigrants, and Transnational Crimes in the Philippines:Problems and Challenges*,Paper presented to International conference on 30 years of Philippines-China relations:Charting new directions in a changing global environment,Manila,2005.

28. Teresita Ang See,The Ethnic Chinese as Filipinos,in Leo Suryadinata,Ethnic *Chinese as Southeast Asians*, Singapore:Institute of Southeast Asian Studies,1997.

29. Tilman,R. O.,Philippine Chinese Youth:Today and Tomorrow,in C. J. McCaarthy,ed., *Philippine Chinese Profile*,Manila,1974.

30. Tran Khanh,Ethnic Chinese in Vietnam and Their Identities,in Leo Suryadinata, *Ethnic Chinese as Southeast Asians*, Singapore:Institute of Southeast Asian Studies,1997.

31. Van Ravenswaay,L. F.,Translation of Jeremias van Vilet's Description of the Kingdom of Siam,in *Journal of the Siam Society*,Vol. 7,Bangkok:Cambridge.

32. Wang,Gungwu,The Study of Chinese Identities in Southeast Asia, in J. Cushman & Wang Gungwu, *Changing Identities of the Southeast Asian Chinese Since World War Two*,Hong Kong:Hong Kong University Press,1988.

33. Wang,T. P.,Chinese Towkay and Worker Strikes in the Straits Settlements(1857—1900),With Special Reference to Singapore,in *Nanyang Quarterly*,Vol. 11,1981.

34. Wong Lin Ken,Singapore:Its Growth as an Entrepot Port,1819—1942,in *Journal of Southeast Asian Studies*,Vol. 9,1978.

35. Yang, Ruoqian,Why Chinese Workers Falling Easy Prey in Singapore:Analysis,in *People Daily*,July 10,2002.

36. Yen Ching Hwang,Ch'ing Sale of Honors and the Chinese Leader-

ship in Singapore and Malaya 1877—1912, in *Journal of Southeast Asian Studies*, Vol. 1, No. 2, 1970.

37. Zhuang Guotu, The Social Impact on Their Home Town of Jingjiang emigrants' Activities during the 1930s, in Leo Douw & P. Post eds., *South China : State, Culture and Social Change during the 20th Century*, Amsterdam: Royal Academy Press, 1996.

十、外文著作

1. Akin, Rabibhadana, *The Organization of Thai Society in the Early Bangkok Period* 1782—1873, Ithaca: Cornell University Southeast Asia Program, Data Paper No. 74, 1969.

2. Aler Peter, *Nationalism*, London: Edward Amold, 1994.

3. Amyot, J., *The Manila Chinese*, Quezon City, 1973.

4. Anderson John, *A Report on the Expedition to Western Yunan via Bhamo*, Calcutta: Office of the Supt. of Govt. Print., 1871.

5. Antonio S. Tan, *The Chinese in the Philippines*, 1898—1935, Garcia Publishing Co., Q. C., 1972.

6. Antonio S. Tan, *The Chinese Mestizos and the Formation of the Filipino Nationality*, Manila: Kaisa Para Sa Kaunlaran, inc., 1994.

7. Antonio S. Tan, The Status of Overseas Chinese Studies, In *Chinese America : History and Perspectives*, San Francisco: Chinese Historical Society of America, 1994.

8. Antonio San, J. F., *The Philippine Chronicles of Fray San Antonio*, Manila: Casalinda and Historical Conservation Society, 1977.

9. Armstrong, Jocelyn M., eds, *Chinese Population in Contemporary Southeast Asian Societies*, Richmond Survey: Curzon Press, 2001.

·10. Australia: Department of Foreign Affairs and Trade Press, Overseas Chinese Business Networks in Asia, *East Analytical Unit*, 1995.

11. Bacon, George B., *Siam, Land of the White Elephant*, New York: Charles Scribner's Sons, 1892, reprinted in Bangkok: Orchid Press, 2000.

12. Blair, E. H., and Robertson, J. A., *The Philippine Islands*, 1493—1898, Cleveland: Arthur Clark Co., 1903.

13. Blusse, Leonard & Jaap de Moor, *Nederlanders Overzee : de eerste vijftig jaar*, 1600—1650, Franeker: T. Wever, 1983.

14. Blusse, Leonard, *Strange Company : Chinese Settlers, Mestizo Women*

and the Dutch in VOC Batavia, Dordrecht-Holland: Foris Publications, 1986.

15. Blusse,Leonard, *Tribuut aan China: vier eeuwen Nederlands-Chinese betrekkingen*, Amsterdam: Otto Cramwinckel Uitgever,1989.

16. Blythe,Wilfred, *The Impact of Chinese Secret Societies in Malay: A History Study*,London: Oxford University Press,1969.

17. Bowring John,*The Kingdom and People of Siam: with a Narrative of the Mission to That Country in* 1855, Vol. I , London: J. W. Parker and son,West Strand,1857.

18. Buch,W. J. M. ,De Oost-Indische Compagnie en Quinam. De betrekkingen der Nederlanders met Annam in de XVIIe eeuw, Amsterdam, 1929. Translated by Ruurdje Laarhoven, in Li Tana, Anthony Reid(ed.), *Southern Vietnam under the Nguyen: Documents on the Economic History of Cochinchina(Dang Trung)*, 1602—1777, Singapore: Institute of Southeast Asian Studies,1993.

19. Burusratannaphand, Walwipha, Chinese Identity in Thailand, in Tong Chee Kiong & Chan Kwak Bun eds, *Alternate Identity: The Chinese of Contemporary Thailand*,Singapore: Times Academic Press,2001.

20. Butcher John and Howard Dick, *The Rise and Fall of Revenue Farming: Business Elites and the Emergence of the Modern State in Southeast Asia*, New York: ST. Martin's Press,1993.

21. Campbell,W. , *Formosa under the Dutch*,reprinted in Taipei,1951.

22. Caron François & Schouten Joost,Translated by Sir Roger Manley, *A True Description of the Mighty Kingdoms of Japan and Siam*,London, 1671.

23. *Census of the Philippine Islands*:1903, Vol. I ,Washington D. C..

24. Choisy, Abbe de, translated and introduced by Michael Smiths, *Journal of a Voyage to Siam* 1685—1686, Lumpeur: Oxford University Press,1993.

25. Colquhoun,Archibald R. , *Across Chryse: Being the Narrative of a Journey of Exploration through the South China Border Lands from Canton to Mandalay*,Vol. 2,London: S. Low,Marston,1883.

26. Comber,Leon *Chinese Secret Societies in Malaya: A Survey of the Triad Society from* 1800—1900, published for the Association of Asian Studies,New York: J. J. Augustin,Locust Valley,1959.

27. Constance Lever-Tracy,David Ip and Noel Tracy, *The Chinese Diaspora and Mainland China*, London:MacMilan Press,1996.

28. Coppel,Charles A. , *Indonesian Chinese in Crisi*, Kuala Lumpur: Oxford University Press,1983.

29. Crawfurd John, *Journal of An Embassy from the Govern-general of India to the Courts of Siam and Cochin China*,London:Colburn,1828.

30. Crawfurd John,Report to George Swinton,in John Crawfurd, *The Crawfurd Paper*,Bangkok:Vajiranana National Library,1915.

31. Cushman,J. W. and Wang Gungwu,eds, *Changing Identities of the Southeast Asian Chinese since World War* Ⅱ,Hong Kong University Press, 1988.

32. Cushman,J. W. , *Family and State:the Formation of a Sino-Thai Tin-mining Dynasty*, 1797—1932, Singapore: Oxford University Press, 1991.

33. Dalpino Catharin and Steinberg David, *Georgetown Southeast Asia Survey*,2003—2004, Washington:Georgetown University,2003.

34. East Asia Analytical Unit. ,*Overseas Chinese Business Networks in Asia*,Department of Foreign Affairs and Trade,Parkes ACT,1995.

35. Edgar Wickberg,Some Comparative Perspectives on Contemporary Chinese Ethnicity in the Philippines, *Asian Culture*,No. 14,1990.

36. Edgar Wickberg, *The Chinese in Philippine Life*, 1850—1898, New Haven:Yale University Press,1965.

37. Edgar Wickberg, The Chinese Mestizo in Philippine History, Manila:Kaisa Para Sa Kaunlaran,Inc. ,2001.

38. Fernando,M. R. and David Bulbeck,eds, *Chinese Economic Activity in Netherlands India:selected Translations from the Dutch*, Singapore:Institute of Southeast Asian Studies,1992.

39. FigzGerald,C. P. , *The Third China:the Chinese Communities in Southeast Asia*,Melbourne,1965.

40. Fukuyama Francis, *Trust:The Social Virtues and the Creation of Prosperity*,New York:Free Press,1995.

41. G. W. Skinner, *Chinese Society in Thailand:An Analytical History*,New York:Cornell University Press,1957.

42. Gervaise Nicolas, *the Natural and Political History of the Kingdom of Siam*,translated and edited with an introduction and notes by John

参考文献

Villiers,Bangkok:White Lotus Press,1988.

43. Godley, Michael R. , *The Mandarin-Capitalists from Nanyang: Overseas Chinese Enterprise in the Modernization of China* 1893—1911, Cambridge:Cambridge University Press,1981.

44. Gordon,Charles Alexander, *Our Trip to Burma:with Notes on that Country Bailliere*,London:Tindall and Cox,1877.

45. Gregorio F. Zaide, *Philippine Political and Cultural History*,Vol. I,Manila:Philippine Education Company,1957.

46. Gutzlaff,Charles, *Journal of Three Voyages along the Coast of China in* 1831,1832,*and* 1833,*with Notices of Siam,Corea and the Loo-Choo Islands. to which is prefixed an Introductory Essay on the Policy,Religion. etc. of China*, London:Rev. W. Ellis,1840.

47. Hall,D. G. E. , *Europe and Burma*, Oxford:Oxford University Press,1945.

48. Hart,Alice Marion Rowlands, *Picturesque Burma,Past and Present*,London,1897.

49. Henry,Croley, *Geography of the Eastern Peninsula:Comprising a Descriptive Outline of the Whole Territory,and a Geographical,Commercial,Social and Political Account of Each of Its Divisions,with a Full and Connective History of Burmah,Siam,Anam,Cambodia,French Cochin-China,Yunan,and Malaya*, India:Nilgiri Hills,1878.

50. Hirth,Frederick and Rockhill,W. W. , *Chu Fan Chih*（诸蕃志）:*Chau Ju-kua,on the Chinese and Arab Trade*,Sant Peterburg,1911.

51. Hock,Chen Mong, *The Early Chinese Newspapers of Singapore:* 1881—1912,Singapore:University of Malaya Press,1967.

52. Huntington,Samuel P. , *The Clash of Civilizations and the Remaking of World Order*,London,1997.

53. Immigration Statistics,2002,Ministry of Justice,Republic of Korea.

54. Jesudason,James V. , *Ethnicity and the Economy*, Oxford University Press,1989.

55. Josh,Kurlantzick,China's Charm Offensive in Southeast Asia,*Current History*, 2006.

56. Kitano, Harry H. L. , Daniels Roger, *Asian Americans-Emerging Minorities*,New Jersey:Englewood Cliffs,Prentice-Hall,Inc. ,1995.

57. Kwong,Peter, *The New Chinatown*, New York:Hill and Wang,

1996.

58. Lai,Eric & Arguelles Dennis,eds. , *The New Face of Asian Pacific America: Number, Diversity & Change in the 21st Century*, California: Berkeley,2003.

59. Lin Ken,Wong, *The Malayan Tin Industry to* 1914,Tucson,1965.

60. Lin,Nan, *Social Capital: A Theory of Social Structure and Action*, Cambridge University Press,Cambridge,2001.

61. Manarungsan,Sompop, *Economic Development of Thailand* 1850—1950, Institute of Asian Studies,Chulalongkorn University,1989.

62. Maurice Freedman, *The Studies of Chinese Society*, California: Stanford University Press,1979.

63. Mona,Lohanda, *The Kaptian Cina of Batavia* 1837—1942,Indonesia:Djambatan,2001.

64. Morse,H. B. , *An Inquiry into the Commercial Liabilities and Assets of China in International Trade*,Shanghai:Chinese Maritime Customs, 1904.

65. Norman,Henry, *The peoples and politics of the Far East*,London, 1900.

66. Organization for Economic Co-operation and Development(OECD) SOPEMI: *Trends in International Migration: Continuous Reporting System on Migration*,Paris:OECD,1997.

67. Poh Ping, Lee, Chinese Society in Nineteenth Century Singapore, Kuala Lumpur:Oxford University Press,1978.

68. Pui Hunen,Lim,P. , *Wong Ah Fook: Immigrant, Builder and Entrepreneur*, Singapore: Time Media Private Limited,2002.

69. Purcell,Victor, *Chinese in Southeast Asia*,Oxford University Press, Kuala Lumper,1980.

70. Purcell,Victor, *The Chinese in Malay*, London: Oxford University Press,1948.

71. Raffles,Thomas Stamford, *The History of Java*, London:Black, Parbury and Allen,1817.

72. Reeves,Terrance J. and Claudette E. Bennett, *We the People: Asians in the United States—Census* 2000 *special Report*, Washington: U. S. Department of Commerce,2004.

73. Rush,James R. , *Opium To Java: Revenue Farming and Chinese*

Enterprise in Colonial Indonesia ,New York:Cornell University press,1990.

74. Schrader,Heiko, *Changing financial Landscapes in India and Indonesia* :*Sociological Aspects of Monetization and Market Integration* ,New York:St. Martin's Press,1997.

75. Smith Martin, *Ethnic Chinese in Burma* , London: Anti-Slavery International,1994.

76. Smith,Paul J. , *Human Smuggling* ,introduction,p. x. ,Washington D. C:The Center for Strategic and International Studies,1997.

77. Smyth,H. W. , *Five Years in Siam* ,From 1891—1896. Vol. 1,London,1986.

78. Song Wong Siang, *One Hundred Years of History of the Chinese in Singapore* , Singapore:Oxford University Press,1984.

79. *Straits Settlements Blue Book for the Year* 1881,Singapore:Government Printing Office,1882.

80. *Straits Settlements Legislative Council Proceeding* 1881,Singapore: Government Printing Office,1882.

81. Suryadinata,Leo, *China and The Asean States* :*The Ethnic Chinese Dimension* ,Singapore:University Press,1985.

82. Suryadinata,Leo, *Chinese and Nation-Building in Southeast Asia* , Singapore:Singapore Society of Asian Studies,1997.

83. Suryadinata,Leo, *Ethnic Chinese as Southeast Asians* , Singapore: Institute of Southeast Asian Studies,1997.

84. Suryadinata,Leo, *Understanding the Ethnic Chinese in Southeast Asia* ,Singapore:Institute of Southeast Asian Studies,2007.

85. Swettenham,Frank, *British Malaya* ,London,1948.

86. Tatchell,Winter Christopher, *Six Months in British Burmah or India beyond the Ganges in* 1857,London:R. Bentley,1858.

87. *The Statutes at Large of the United States* ,Vol. 32.

88. T'ien-tse Chang, *Sino-Portuguese Trade* , Leiden,1933.

89. Tracy,Constance L. , *The Chinese Diaspora and Mainland China* , London:Macmilan Press,1996.

90. Trocki,Carl. A. , *Opium and Empire* :*Chinese Society in Colonial Singapore* ,1800—1910,Ithaca and London:Conell University Press,1990.

91. Turnbull,C. Mary, *A Short History of Malaysia* , *Singapore and Brunei* , Singanore,1981.

92. Villiers,John,*The Natural and Political History of the Kingdom of Siam*,Bangkok:White Lotus Press,1988.

93. Vincent, Frank, *The Land of the White Elephant: Sights and Scenes in South-eastern Asia :A personal Narrative of Travel and Adventure in Farther India,Embracing the Countries of Burma,Siam,Cambodia, and Cochin-China*,1871—1872,London: S. Low, Marston,Low and Searle, 1873.

94. Viraphol,Sarasin, *Tribute and Profit: Sino-Siamese Trade* 1652—1853, Cambridge,Mass. 1977.

95. Wang Gungwu and Cushman,J. ,eds, *Changing Identities of the Southeast Asian Chinese since World War* Ⅱ ,Hong Kong University Press, 1988.

96. Wang Gungwu, *China and the Chinese Overseas*,Singapore: Times Academic Press,1992.

97. Wang Gungwu, *Community and Nation :China,Southeast Asia and Australia*,Singapore,1992.

98. Wickberg, Edgar, Relations with Non-Chinese, in Lynn Pan ed. , *Chinese Encyclopedia*,Singapore:Archipelago Press,1998.

99. Williams,Lea E. , *Overseas Chinese Nationalism :the Genesis of the Pan-Chinese Movement in Indonesia*, 1900—1906, Glence Illinois: The Free Press,1960.

100. Willmott,Donald Earl, *The Chinese of Semarang : A Changing Minority Community in Indonesia*, Ithaca, New York: Cornell University Press,1960.

101. Willnott,W. E. , *The Political Structure of the Chinese Community in Cambodia*,London:The Athlone Press,1970.

102. Wright, Arnold and Cartwright H. A. , eds. , *Twentieth Century Impressions of British Malaya : Its History ,People,Commerce,Industries and Resources*,London:Lloyd's Greater Britain Pub. ,1908.

103. Xiao An,Wu, *Chinese Business in the Making of Malay State*, 1882—1941:*Kedah and Penang*,London & New York:Routledge Curzon, 2003.

104. Yen Ching Hwang, *A Social History of the Chinese in Singapore and Malaya* 1800—1911,Singapore:Oxford University Press,1986.

105. Yen Ching Hwang, *Coolies and Mandarins*, Singapore: Singapore

University Press,1985.

106. Yoshihara Kunio, *Philippine Industrialization：Foreign and Domestic Capital*,Manila：Ateneo de Manila University Press,1985.

107. Yule,Henry, *A Narrative of the Mission Sent by the Governor-general of India to the Court of Ava in 1855,with Notices of the Country，Government,and People*,London Smith Elder and Co,1858.

108. Zhuang Guotu, *Tea，Silver，Opium and War：The International Tea Trade and Western Commercial Expansion into China in 1740—1840*,Xiamen：Xiamen University Press,1993.

109.陈回笙：《从西贡到胡志明市华人的经济活动》(越文),河内：越南青年出版社,1998年。

十一、日文著作

1. 山胁悌二郎：《长崎的唐人贸易》,《日本历史丛书》(六),吉川弘文馆,1945年。

2. 岩生成一：《侨居平户的华人首领李旦》,《东洋学报》第17号,1958年。

3. 横滨市史编辑室：《横滨市史》,1963年。

4. 陈正雄：《华侨学校教育的国际比较之研究》(上),东京：丰田财团资助研究报告书,1988年。

5. 福田省三：《华侨经济论》,东京：严松堂书店,1937年。

6. 江传英文等：《国籍法——法律全书59—Ⅱ》,东京：有斐阁,1988年。

7. 实繁惠秀：《中国人留学日本史》,香港：香港中文大学出版社,1982年。

8. 市川信爱：《现代南洋华侨的动态分析》,九州：日本九州大学出版会,1991年。

9. 斯波义信：《关于明治期侨居日本的华侨》,1981年。

10. 小岛淑男：《留日学生和辛亥革命》,东京：青木书店,1989年。

11. 竹内昭太郎、谢俊哲：《外国人就职、研修申请指南》,日本加除株式会社,1993年。

十二、主要报刊

1.(朝)《朝鲜日报》
2.(菲)《商报》
3.(菲)《世界日报》
4.(菲)《新闻日报》
5.(光绪)《商务官报》

6.（光绪）《学部官报》

7.（光绪）《政治官报》

8.（柬）《柬埔寨星洲日报》

9.（马）《槟城新报》

10.（马）《工商世界》月刊

11.（马）《国际时报》

12.（马）《南洋商报》

13.（马）《南洋商报》

14.（马来西亚）《星洲日报》

15.（曼谷）《中华日报》

16.（缅）《新仰光报》

17.（日）《读卖新闻》

18.（泗水）《千岛日报》

19.（台湾）《联合晚报》

20.（台湾）《两岸经济统计月报》

21.（泰）《世界日报》

22.（香港）《华人月刊》

23.（香港）《亚洲周刊》

24.（香港）《亚洲周刊》

25.（新）《叻报》

26.（新）《联合早报》

27.（新）《星州日报》

28.（仰光）《伊江周报》

29.（印尼）《罗盘报》

30.（印尼）《罗盘报》

31.（印尼）《生活报》

32.（印尼）《印度尼西亚日报》

33.（越）《西贡解放日报》

34.《21 世纪经济报道》

35.《参考消息》

36.《第一财经日报》

37.《福建侨报》

38.《国际商报》

39.《海外周刊》

40.《华声报》

41.《经济日报》

42.《南方周末》

43.《侨民教育》

44.《泉州晚报》

45.《人民日报》

46.《人民日报》(海外版)

47.《上海证券报》

48.《天津日报》

49.《亚太经济时报》

50. *Indonesia Observer*

51. *Indonesia Media*

52. *The Strait Times*

53. *Asia Times Online*

十三、年鉴、会刊与统计

1. 傅无闷编:《南洋年鉴》(辰编),新加坡:南洋商报出版社,1939 年。

2. [印尼]中华商报社编:《印尼商业年鉴》,雅加达:中华商报社,1955 年。

3. 荷属华侨学务总会编:《荷印华侨教育年鉴》,巴城刊行,1928 年。

4. 华侨经济年鉴编委会:《华侨经济年鉴》,台北:台湾侨务委员会,1973—2003 年。

5. Council for Economic Planning and Development, *Taiwan Statistical Data Book*, Taipei, 2007.

6. The ASEAN Secretariat, *ASEAN Statistical Yearbook* 2003—2006.

7. 中国商务年鉴编辑委员会:《中国商务年鉴(2008)》,北京:中国商务出版社,2008 年。

8. 港澳经济年鉴编辑部:《港澳经济年鉴(2001)》,北京:港澳经济年鉴社,2001。

9. 对外经济贸易年鉴编委会:《中国对外经济贸易年鉴(1984—2004)》,北京:中国外经贸出版社,2005 年。

10. 中国海外投资年度报告编辑委员会编:《中国海外投资年度报告(2005—2006)》,北京:社会科学文献出版社,2006 年。

11. 缅甸中央统计局:《缅甸联邦计划财政部统计年鉴(1979—1989)》,昆明:云南国际问题研究所,1991 年。

12. 梅州石堡梅北中学罗芳伯纪念堂碑记,1987 年立。

13. 新加坡绿野亭公所:《福德祠绿野亭沿革史特刊》,新加坡,1963 年。

14.《泰国客属总会六十周年纪念特刊》,曼谷:泰国客属总会,1988 年。

15.《泰国福建会馆七十周年纪念刊》,曼谷:福建会馆,1962 年。

16.《泰京广肇会馆一百周年纪念刊》,1977 年。

17. 泰国天华医院编:《天华医院成立八十周年纪念特刊》,1984 年。

18.《泰国中华总商会成立八十五周年暨新大厦落成揭幕纪念特刊》,曼谷,1995 年。

19.《菲律宾华侨善举公所九十周年纪念刊》,菲律宾:菲律宾华侨善举公所发行,1968 年。

20.《庆福宫百周年庆典特刊》,仰光:庆福宫,1961 年。

21.《旅缅安溪会馆四十二周年纪念特刊》,仰光:旅缅安溪会馆,1963 年。

22.《星洲应和会馆一百四十一周年纪念特刊》,新加坡:应和会馆,1965 年。

23.《南洋中华汇业总会年刊》,新加坡:南洋中华汇业总会,1947 年。

24. 柬埔寨中国商会:《柬埔寨中国商会会刊》,金边,2001 年。

十四、中外网站资料

1. 中国网,http://www.china.com.cn

2. 中国丹东市—朝鲜新义州网,http://www.xttzw.com

3. 桂经网(广西经济之窗),http://www.gxi.gov.cn

4. 福建乡音网,http://www.fjxy.com

5. 广东侨网,http://www.gdoverseaschn.com.cn

6. 联合早报网,http://www.zaobao.com

7. 美国之音中文网,http://www.voachinese.com

8. 美国安全局网站,http://www.dhs.gov/ximgtn/statistics/

9. 韩国劳动部网站(英文版),http://www.molab.go.kr.

10. 老挝寮都公学网,http://www.hslmw.com

11. 哥斯达黎加台湾商会网站,http://www.cacotacr.com

12. 教育部网站,http://www.chisa.edu.cn

13. 人民网,http://opinion.people.com.cn

14. 中国网,http://www.china.com.cn

15. 朝鲜日报中文网络版,http://chn.chosun.com

16. 中新网,http://www.chinanews.com.cn

17. 新华网,http://news.xinhuanet.com

18. 中国侨网,http://www.chinaqw.com.cn

19. 星岛网,http://www.stnn.cc

20. 国侨办网站,http://www.gqb.gov.cn

21. 星岛环球网,http://www.singtaonet.com

22. 福建侨联网,http://www.fjql.org

23. 东南亚联盟网站,http://www.aseansec.org

24. 中国驻缅甸使馆经济商务参赞处,http://mm.mofcom.gov.cn

25. 中国商务部网站,http://www.mofcom.gov.cn

26. 中国驻老挝使馆经济商务参赞处,http://la.mofcom.gov.cn

27. 中国驻柬埔寨使馆经济商务参赞处,http://cb.mofcom.gov.cn

28. 中国驻缅甸使馆经济商务参赞处,http://mm.mofcom.gov.cn

29. 中国驻新加坡使馆经济商务参赞处,http://sg.mofcom.gov.cn

30. 中国驻泰国使馆经济商务参赞处,http://th.mofcom.gov.cn

31. 中国驻印尼大使馆经商参处,http://id.mofcom.gov.cn

32. 泰国投资部数据,http://www.boi.go.th

33. 新加坡华源网站,http://www.myhuayuan.org

34. 泰国华人青年商会网站,http://www.tycc.org

35. 泰国泰华留学生协会网站,http://www.rudaoism.com

36. 菲律宾驻北京大使馆网站,http://www.philembassy-china.org

37. 台湾日报网络版,http://www.twsociety.org.tw

38. 人民日报网,http://english.people.com.cn

39. 华声报网,http://www.tigtag.comr

40. Asia Times Online,http://www.atimes.com

41. 柬埔寨中国商会网站,http://www.cambo-china.com

42. 《广州日报》网络版,http://www.southcn.com

43. (美)《时代周刊》*Times* Online,http://www.time.com

44. (台湾)《经济日报》网络版,http://www.shingfong.com.tw

45. 云南省福建商会网,http://www.ynfjsh.cn

46. 中国商人网,http://www.zgsrw.com

47. 泉州晚报网,http://www.qzwb.com

48. 中国—东盟博览会官方商务部网站,http://www.caexpo.org

49. 印尼《星洲日报》网,http://news.qq.com

50. 地平线月刊网,http://www.skylinemonthly.com

51. 维基百科网,http://zh.wikipedia.org/wiki

52. (美)中央情报局国际网 CIA World Factbook,http://indexmundi.com

53. (马)南洋网,http://nanyang.com

54.（日）中文导报网,http://www.chubun.com

55.马来西亚政府统计局,http://www.statistics.gov.my

56.云南省电子政务门户网,http://www.yn.gov.cn

57.福州新闻网,http://news.fznews.com.cn

58.厦门侨声,http://www.xmqs.xm.fj.cn.

59.海外华人研究网站,http://www.lib.nus.edu.sg/chz/chineseoverseas/

60.中国海外联谊会网,http://www.cofa.org.cn

61.中华人民共和国中央人民政府门户站,http://www.gov.cn

62.中国国家旅游局网站,http://www.cnta.gov.cn

63.央视国际网站,http://www.cctv.com

64.中华人民共和国外交部网站,http://www.mfa.gov.cn

65.新加坡政府网站,http://www.fta.gov.sg

66.东盟网站,http://www.aseansec.org

67.亚洲区域一体化中心网,Asia Regional Integration Center,http://www.aric.adb.org.

68.日本外务部网,Ministry of Foreign Affairs of Japan,http://www.mofa.go.jp

69.泰国投资促进委员会,http://www.boi.go.th

70.无锡市发展和改革委员会网站,http://www.jsdpc.gov.cn

71.《亚洲周刊》网站,http://www.yzzk.com

72.中国商务部台港澳司,http://tga.mofcom.gov.cn

73.中华人民共和国外交部驻香港特别行政区特派员公署,http://www.fmcoprc.gov.hk

74.香港政府统计处,http://www.censtatd.gov.hk

后　记

　　本书是本人主持的教育部基地重大项目"台湾与东南亚的政治、经济关系"、国务院侨办重点研究项目"世界华侨华人数量、分布和发展趋势"及"国家清史工程·华侨志"的阶段性成果,也系本人近 10 年来对华人华侨研究的总结。

　　本书的研究主旨、章节架构由本人提出,博士生刘文正、硕士生陈君协助本书的完成。本人撰写本书绪论、第一、二、三、四、五、六、七、八、十二、十三、十四章、结论和后记,刘文正撰写第九章、第十章、第十一章。陈君任本人助理三年,一直协助我搜集史料、编写参考书目和审读、校对文稿。本书能按时完成,实有她莫大之贡献。全书最后由本人修改和统稿,书中的失误也由本人负责。本书力求依时叙事,探讨东亚华人社会发展的脉络、相互整合和发展趋势,但由于各地华人社会历史、现状和发展状况差异很大,因此,各章主题相对独立,导致内容和引证资料或有部分交叉。本书于2003 年开始撰写,部分章节的内容先后独立成文,发表于国内外的中、英、日文学术刊物上。

　　本研究项目的立项和开展,得到国侨办政研司、国家清史工程典志组和教育部社科司的关心和支持,在此深表谢意。也感谢厦门大学东南亚研究中心暨南洋研究院的同事们多年来的合作和关爱,没有他们的理解,我也不能抽出大量时间从事研究工作。参与本书资料搜集工作的尚有我的历届博士生和硕士生数十人,门下王付兵、沈燕清、潘少红、阎彩琴、黄素芳、刘桔红、陈君、萧彩雅、李瑞晴、康晓丽等,对本书的资料累积贡献尤著。

　　尤其要感谢的是厦门大学出版社陈福郎总编、侯真平副总编和薛鹏志编辑。与陈先生结缘可溯自 21 年前,当时,他编辑拙作《〈荷使初访中国记〉研究》,前些年又将本书申报列入"十一五"国家重点出版规划项目,此压力使本人不得不在近年内全力以赴完成这部巨著。侯真平副总编是我的学弟和多年挚友,厦门大学南洋研究院的一系列著作,都凝聚其关爱和斧正。责任编辑薛鹏志的细心和学识,实让我肃然起敬。

最后,我最应当感谢我的妻子谢美华,她多年来一直无怨无悔地支持我全力以赴从事研究工作和行政工作,本书和我的其他著作,都凝聚了她的一份心血。

庄国土

2009 年 5 月

后记

图书在版编目(CIP)数据

东亚华人社会的形成和发展:华商网络、移民与一体化趋势/庄国土,刘文正
著.—厦门:厦门大学出版社,2009.9
ISBN 978-7-5615-3337-6

Ⅰ.东… Ⅱ.①庄…②刘… Ⅲ.华人社会-发展-研究-东亚 Ⅳ.D634.331

中国版本图书馆 CIP 数据核字(2009)第 177573 号

厦门大学出版社出版发行

(地址:厦门市软件园二期望海路 39 号 邮编:361008)

http://www.xmupress.com

xmup @ public.xm.fj.cn

厦门金凯龙印刷有限公司印刷

2009 年 9 月第 1 版 2009 年 9 月第 1 次印刷

开本:787×1092 1/16 印张:36

插页:3 字数:700 千字

定价:118.00 元

本书如有印装质量问题请直接寄承印厂调换